U0772444

Frontier & Frontier Governance Series

中国的边疆治理：挑战与创新

周 平 李大龙◎主编

Chinese Frontier Governance:
Challenges and Innovations

中央编译出版社
CCTP Central Compilation & Translation Press

前言 Preface

在今天中国的国家发展中，尤其是在推进边疆治理体系现代化的进程中，边疆治理的地位和意义日渐凸显。可是，纵观中国的边疆治理，虽然取得了巨大的成就，但也面临着严峻的挑战。在新形势下，边疆治理必须根据国家发展的需要而不断创新。只有通过适时创新，才能构建起适应国家发展的边疆治理体系，从而通过有效的边疆治理来推动国家发展。

中国的边疆最早确立于秦汉之际，所指为国家疆域的边缘部分，是相对于核心区而言的。而国家疆域内的“边疆”一旦确定，不同于核心区治理并与之相对的边疆治理便随之展开和不断推进。在国家统一的情况下，边疆治理在国家治理中占有重要位置，往往受到相当程度的重视。在长期边疆治理实践的基础上，中国逐渐形成了富有智慧的边疆治理方略，以及各种因势而定的具体的边疆治理方式。纵观中国历史上的边疆治理，虽然也经历了曲折和挫折，有许多的教训值得总结和汲取，但总体上来看是成功的。国家疆域的巩固、拓展以及国家的发展，都与这样的边疆治理直接相关。

然而，中国传统的边疆治理也存在着与生俱来的不足。将国家疆域的边缘部分划定为边疆，是边疆治理的前提。而传统边疆是以中央政权所在地为核心区的前提下确定的，是国家疆域的远僻之地，被赋予丰富而深厚的文化和道德内涵，在政治和文化的差序等级中处于末端或亲疏关系的远端。在这样的边疆架构中，边疆治理在国家治理中的地位并不突出，必须服从于和服务于核心区的利益和治理，因而边疆发展的要求要从属于稳定的要求。

这种传统的边疆治理，潜藏着对边疆治理取得绩效和不断发展的障碍因素。在今天的形势下，中国传统边疆治理正面临着越来越严峻的挑战。

首先，传统边疆治理对国家发展要求的不适应性日渐明显。经过了改革开放推动下的现代化30多年的快速发展，中国已经由全面建设时期转为全面发展时期，国家更加注重整体性的发展和综合国力的全面提升。在这样的发展形势下，国家领土范围内的陆地边疆和海洋边疆已经成为最有潜力的区域，甚至成为国家发展的新的增长点，对国家的战略安全、地缘政治战略发挥着越来越突出的影响。传统边疆治理中对边疆重视不够，以及重陆疆轻海疆的思维和做法已经明显不适应。

其次，传统边疆治理越来越不适应维护国家海外利益的要求。中国在快速发展的过程中，融入世界的程度也达到了前所未有的水平，并深受国际形势尤其是地缘政治因素的影响。在这样的形势下，中国的国家利益已经不局限于领土的范围，甚至已大大超越于领土的范围而遍及全球。中国必须在一个更大和更加广阔的地理空间范围内来谋求国家发展，必须以一种新的视角来看待国家的边疆。在这样的形势下，传统的仅仅在领土的范围内并围绕着核心区治理而开展的边疆治理，已经不能适应形势的发展要求。

最后，传统边疆治理所依凭的边疆观越来越不适应新的形势。在全球化日渐深化的进程中，当代的国家疆域形态也在发生根本性的变化。在主权性疆域即领土的基础上，非主权的疆域形态逐渐浮出水面，许多国家纷纷在新形态疆域的基础上划定边疆，从而形成了利益边疆、战略边疆、太空（高）边疆、底土边疆、信息边疆等新形态边疆，并因此获得了巨大的国家利益。因此，中国如果仍然拘泥于传统的边疆观并据此来构建和开展边疆治理，必然会落后于形势的发展，并滞后中国的边疆治理。

在这样的条件下，中国维护国家利益的行动，不仅不能只从核心区的角度谋划，而且也不能只在领土范围内谋划。这就表明，在实现中国梦的进程中，尤其是国家治理体系和治理能力现代化成为全面深化改革的根本目标的条件下，以一种更加广阔的政治地理空间思维来看待边疆和边疆治理，就显得十分必要和迫切。

在严峻的挑战面前，全面研究古今中外的边疆治理，总结历史上边疆治理的经验和教训，探求创新边疆治理方式的路径，是国家治理和国家发展的必然要求。从这个意义上说，能否实现边疆治理的创新，直接关系到边疆治理的成效，乃至国家治理的水平。

国家社科基金重大项目《中国边疆治理及边疆治理理论研究》课题组，在开展项目研究的过程中，深刻地意识到上述问题的严重性，因而决定举办一次全国性的高端论坛，就中国边疆治理理论的挑战与创新问题进行专题研讨。在云南大学、中国社会科学院边疆治理史地研究中心的支持下，论坛最终以“云南大学、中国社会科学院边疆史地研究中心主办，云南大学政治学系、中国社会科学院《中国边疆史地研究》编辑部、云南大学历史系承办”的方式，于2013年12月5日在云南大学举办。

围绕“中国边疆及边疆治理理论的挑战与创新”主题，来自中国社会科学院边疆史地研究中心、中国社会科学院世界史研究所、中国社会科学院民族学与人类学所、国家清史编纂委员会、国家民族事务委员会民族问题研究中心、新加坡国立大学、复旦大学、吉林大学、武汉大学、山东大学、兰州大学、中央民族大学、陕西师范大学西北民族研究中心、西南民族大学、新疆大学、新疆社会科学院、三峡博物馆、烟台大学、中国藏学研究中心、黑龙江民族研究所、云南大学、云南师范大学、云南民族大学、云南省社会科学院、昆明陆军学院等学校及科研单位的60余名知名学者，进行了深入而热烈的研讨。

在参会学者们提交的数十篇论文中，我们辑选了29篇，以会议论文集的形式出版。该论文集既是中国边疆及边疆治理研究高端论坛上学者们思想的体现，也是我国边疆及边疆治理研究的重要成果；既是以我国边疆及边疆治理研究的一个总结，也是进一步进行边疆及边疆治理研究的一个新起点。

目录 Contents

关于中国边疆研究的几个问题*

| 邢广程 |

从当今世界格局上看，中国的快速发展和崛起已经成为全世界最大的政治变量和经济变量，国际社会都在研究中国崛起给世界及自身所带来的巨大影响，一些国家已经制定出针对中国崛起的一些战略和政策，比如美国的“亚太再平衡”战略就有针对中国崛起的战略意图。与此同时，随着中国的崛起，中国周边国际环境也出现了新情况、新因素和新问题。一些不愿意看到中国崛起的国家旨在中国边疆问题上做些文章，干扰中国发展进程。还要看到，中国 30 多年的改革开放促使中国边疆形态也出现了很多变化，中国边疆问题研究所需要关注的领域和范围大大拓宽，需要进行深入研究和解答的问题越来越多。这就需要我们着眼于中国边疆所面临的新情况、新因素和新问题，构筑新的边疆研究学科体系，以中国边疆学为基本框架来全面、深入和客观地分析和判断中国边疆安全、稳定和发展问题，维护中国的国家利益，促进中国周边国际环境的根本改善。

一、我国边疆地区的新形势与边疆研究的新要求

当前，我国边疆地区与周边形势出现新变化，党和国家对边疆研究提出了新要求。

我国是世界上邻国最多、陆地边界最长的国家之一，边疆地区包括陆

---

* 此文的撰写得到了中国边疆史地研究中心孙宏年等科研人员的支持，他们对本文亦有所贡献。

疆和海疆，近年来随着国内外形势的变化，我国边疆地区及周边环境也出现新变化，边疆地区的安全、稳定和发展面临多元复杂的威胁和挑战：

一是，我国是当今世界上唯一未能完成国家统一的大国，“完成祖国统一”是党和国家三大历史任务之一，是实现“中国梦”的重要组成部分。当前，“台独”分裂活动仍然是两岸关系和平发展、祖国统一的最大威胁，国家领土主权完整仍受到严重威胁，反对“台独”分裂图谋的任务依然很重。

二是，海疆维权形势尤其严峻，边疆安全问题极其突出。我国同日本、菲律宾、越南等国的海洋权益争端日益加剧，而美国等域外国家利用“南海航行自由”、领土争端等问题挑拨中国与邻国的关系。2012 年黄岩岛和钓鱼岛问题牵扯了我国很多的外交资源和精力。

三是，西藏依然存在不稳定因素。2008 年“3·14”事件以后，十四世达赖喇嘛和“藏独”分子在境外活动更加猖獗，加紧向境内渗透，藏区“自焚”事件一度频繁发生。达赖喇嘛还抛出了“中间道路”的想法，以掩盖其分裂西藏的真实目的。

四是，新疆维稳和反分裂斗争形势非常严峻。2009 年“7·5”事件以来新疆不断发生暴力事件，“东突”势力的恐怖活动呈加剧态势，新疆地区的不稳定因素持续存在。

五是，我国边疆地区存在两个世界级的热点地区：朝鲜半岛形势一再升温，对我东北边疆安全产生影响；阿富汗形势出现新变化，塔利班势力大有卷土重来之势，会对我新疆产生不利影响。

六是，历史时期中国与邻国的关系与现实问题紧密联系，不时发酵，对我国边疆地区的对外关系产生负面影响。有的邻国借历史问题影射现实，把历史问题现实化、学术问题政治化，对我国边疆地区稳定与发展产生不利影响。

七是，中印边界问题依然存在，不时升温，今年出现了“中印士兵帐篷对峙”事件。

八是，西方大国防范、遏制中国的战略意图明显，特别是美国“亚太再平衡”战略阻碍了我国构建“和谐周边”战略的实施，南海问题发酵和缅甸政局突变都有美国策动的影子。

面对我国边疆地区及周边国际环境所出现的新情况和新变化，党和政府从国家长治久安的战略高度进行了一系列部署。党的十八大报告明确提出，当前我国面临生存安全问题和发展安全问题、传统安全威胁和非传统安全威胁相互交织，我们要“完善国家安全战略和工作机制，高度警惕和坚决防范敌对势力的分裂、渗透、颠覆活动，确保国家安全”①。仔细研读党的十八大报告，其中涉及我国边疆安全、稳定和发展问题的论述就有十几处。习总书记多次强调要增强忧患意识，他在中共中央政治局第三次集体学习时强调：“中国人民怕的就是动荡，求的就是稳定，盼的就是天下太平。”② 而维持我国边疆安全、稳定和发展恰恰是非常重要的任务。党和国家从维护国家安全和领土主权完整、促进边疆长治久安和跨越式发展的战略高度，对中国边疆研究提出了新要求，要求我们要有大局意识和忧患意识，深化边疆研究，构建中国边疆研究的学科体系，在基础研究与应用研究方面都推出高质量的学术成果，为中央和地方政府的决策提供智力支持，把中国边疆史地研究中心（下简称“边疆中心”）建设成为我国边疆安全、稳定和发展的重要智库。

二、建设中国边疆学：中国边疆研究视野的拓展

近年来，面对中国边疆地区与周边形势的新变化，对照党和国家对边疆研究提出的新要求，我国边疆问题研究面临诸多挑战。

边疆史地学科不能完全覆盖新形势下的边疆问题研究。比如边疆中心成立之初，学科建设定位以边界、历史疆域等基础研究为主；后来逐渐转变为边疆历史与现状、基础与应用并重；目前边疆安全、稳定和发展等方面的研究任务明显加重，对疆域理论研究也提出新要求。因此，现有的中国边疆史地学科已不适应现实需求，需要着力加强边疆理论研究，着力深化应用研究，构建完善的中国边疆学研究体系已势在必行。

为解决边疆史地学科不适应党和国家需要、中国边疆发展的问题，我国

① 《中国共产党第十八次全国代表大会文件汇编》，人民出版社2012年版，第35页。

② 习近平：《决不拿核心利益做交易》，http://www.chinadaily.com.cn/hqgj/jryw/2013-01-30/content_8165311.html（访问时间：2013年10月18日）。

学术界已提出创建“中国边疆学”的思路，边疆中心应在构建创新体系进程中牢牢占领“中国边疆学”学术制高点，在国际上增强我国在边疆学领域的话语权，捍卫国家利益，在边疆研究方面发挥国家级现代智库的重要作用。

王伟光院长在2013年中国社会科学院工作会议上指出：“按照巩固、调整、发展的原则，加强传统学科建设，扶持新兴学科、交叉学科，优化学科布局。”中国边疆学属于新兴学科和交叉学科，其学术潜力巨大。作为特殊的地域空间，中国边疆研究的性质和特性决定了必须开展多种学科相结合的综合性研究。我们将运用历史学、地理学、政治学、社会学、经济学、法学、国际关系、军事学等多种学科，对我国边疆历史、边疆地理、边疆政治、边疆经济、边疆民族和宗教问题、边疆资源和生态、边疆与周边国际环境等方面进行综合性研究，在此基础上创建“中国边疆学”，进一步推进边疆研究学科建设的创新，提升边疆中心在引领学科建设和发展中的地位。

第一，打通古今学科，即对我国边疆历史变迁和现实问题进行统合研究，形成我国边疆历史与现实问题研究的时间纵深感；第二，打通中外学科，即对我国边疆问题与周边国家之间的关系进行统合研究，知己知彼，形成边疆问题的空间感，比如南海问题和钓鱼岛问题迫切需要这样的统合研究；第三，打通自然科学和社会科学学科，即对我国边疆问题从安全稳定发展到生态保护、资源地理以及边疆地区遥感和测绘领域进行统合研究，未来还要加强对高边疆的研究，形成具有学术立体感的我国边疆问题研究体系。

“中国边疆学”不仅仅是对中国边疆史地研究的“扩容”，而是一门因学科多重交叉而生成的新兴学科，创建“中国边疆学”已成为学科建设创新、深化边疆研究的迫切需要。因此，边疆中心应该站在中国边疆学学科建设的学术前沿，就像20年前那样继续引领中国边疆史地学科学术潮流。

创建“中国边疆档案数据中心”。王伟光院长在2013年中国社会科学院工作会议报告中指出：“运用信息技术等先进手段，改进科研办法，加强文献资料整理和研究，筑牢研究工作的基础。”文献资料的整理和研究是中国边疆研究最重要的基础性工作。边疆中心将致力于从国内相关机构和英、美、法、日、俄、蒙古等国搜集、整理、研究中国边疆研究的相关档案，系统建立南海、钓鱼岛、新疆、东北边疆、北部边疆、西藏研究等专题档案库，从现在起经过数年的努力，建成我国最权威的“中国边疆档案数据中心”，为深化边疆研究夯实基础。

坚持基础学科和应用研究并重的原则，继续拓展中国边疆史地学科的优势，加强对近现代中国边疆治理、近代边疆社会变迁等领域的研究，与此同时加强对我国边疆问题的前瞻性、战略性的研究，为党和国家的决策提供理论支撑。

加强对我国边疆地区社情、舆情和民情的调研，适时启动“21 世纪初期中国边境县经济社会发展调查”项目，从而建成并进一步完善我国边疆地区的数据信息系统。

创新人才培养机制，落实“人才强院”战略。根据未来我国所面临的国际环境和国家战略需求，根据我国沿边省区的实际需求和中国边疆学自身学术研究规律的要求，为创建“中国边疆学”，今后我国边疆问题研究要着力培养历史学、国际法、社会学、经济学、国际关系、现代地理信息等方面的人才，为中国边疆学创建提供人才保障，创新人才培养的制度，努力建设一个国内领先、国际知名的边疆研究团队。

三、将“建设海洋强国”作为中国边疆学研究新的学术增长点

党的十八大首次提出“建设海洋强国”的战略目标。这是党中央对我国疆域尤其是海疆治理的最新目标表述，具有极其重要的战略意义。“建设海洋强国”也给中国边疆学提出了非常重要的学术任务，即为什么我国要成为海洋强国？如何将我国建设成为海洋强国？通过什么样的途径建设海洋强国？我国建设海洋强国与周边国际环境是一个什么样的关系？国际社会对我国建设海洋强国的目标持何态度？所有这些问题都需要从事边疆问题研究的学者加以思考和回答。海洋强国是指在开发海洋、利用海洋、保护海洋、管控海洋方面拥有强大综合实力的国家。①

① 《国家海洋局局长：十八大报告首提“海洋强国”具有重要现实和战略意义》，http://news.xinhuanet.com/politics/2012-11/10/c_113656731.htm（访问时间：2013 年 10 月 18 日）。

建设海洋强国需要解决以下若干问题：

一是，提高海洋资源开发能力。实事求是地说，我国具备一定的海洋资源开发能力，但我国的海洋资源利用方式总体上还处于比较低级的水平，用三个关键词来概括，即“初级”、“粗放”和“有限”。如果从近岸海域开发和远海海域拓展方面来看，我国海洋资源的开发则更集中于近岸海域开发，甚至某些近岸海域呈过度开发状态，出现不可持续的现象。所以，从总体上提高海洋资源开发能力，应该成为建设海洋强国的一个重要步骤。我们要注重海洋资源的三个“提高”，即提高海洋资源的开发水平，提高海洋资源的利用效率，提高海洋资源对国民经济发展的贡献率。在提高海洋资源开发能力方面，首先应转变海洋资源利用方式。我们应研究海洋资源由粗放利用向精深加工转变的一般规律，集中精力挖掘海洋宝库，尤其是远海和深海宝库，注重运用现代最新科学技术来实现对海洋资源的深度加工。我国海洋资源的可持续利用问题解决得并不好，需要关注这个问题。

二是，发展海洋经济。海洋经济是与海洋有关的各类产业及相关经济活动总和。2010 年，海洋生产总值占国内生产总值的比重接近 10%，涉海就业人员超过 3300 万；海水产品产量 2798 万吨，比 2002 年增加 26%；沿海港口 150 多个，年货物吞吐量 56.45 亿吨，比 2002 年增加 228%，其中吞吐量位居世界前十位的港口有 8 个；海洋油气年产量超过 5000 万吨油当量，占全国油气年产量的近 20%；滨海旅游业增加值约占海洋产业增加值的 22%，发展迅速，已经成为海洋经济的重要支柱产业。① 当然，海洋经济发展还存在很多问题，最主要的是，缺乏国家宏观协调、规划和管理。我国海洋经济居世界沿海国家中等水平，还有很大的提升空间。研究我国海洋经济发展问题意义重大，这是实现我国海洋强国战略目标的重要组成部分。

三是，保护海洋生态环境。这方面需要研究的问题特别多，比如如何制订保护海洋生态环境的法律法规，如何健全海域管理机制和体系，如何提高海域监管能力。应该看到我国海洋生态服务功能在逐步退化，我国近

---

① 《国家海洋局公布全国海洋功能区划》，http：//www.chinanews.com/gn/2012/04－25/3846144_4.shtml（访问时间：2013 年 10 月 18 日）。

岸部分海域污染比较严重，滨海湿地退化趋势非常明显，近岸部分海域赤潮、绿潮等海洋生态灾害时有发生。更令人痛心的是，我国近岸海域溢油、化学危险品泄漏等重大海洋污染事故不时出现，这些人为污染所造成的后果非常严重。所以，保护海洋生态环境是建设“海洋强国”的重要环节之一。

四是，加强对海洋的管理。合理配置海洋空间资源，改革开放以来，我国一些地区出现了盲目围填海现象，有些海岸和近岸海域资源利用过于粗放、局部海域生态环境因过度开发而受到严重破坏。这就提出加强我国海洋管理的急迫问题。从我国海陆疆统筹协调的原则出发，关注陆地空间与海洋空间的关联性，关注海洋系统的特殊性，关注综合协调陆地与海洋的开发利用和环境保护。国家海洋局公布全国海洋功能区划，这是我国海洋空间开发、控制和综合管理的整体性、基础性、约束性文件，是编制地方各级海洋功能区划及各级各类涉海政策、规划，开展海域管理、海洋环境保护等海洋管理工作的重要依据。①

五是，要对我国陆疆海疆施行统筹管理和规划。党的十八大提出“优化国土空间开发格局”，在这里所谓“国土空间”也泛指我国的海疆。首先要统筹我国陆海资源配置和科学的经济布局，因为从历史上看，我国现时期有条件、有能力和明确战略意识来从容对我国陆疆和海疆、陆海资源进行综合性战略统筹。这是我国综合国力发展的必然结果。除陆海资源统筹之外，我们还要研究我国海洋近岸开发与远海拓展的统筹问题，因为我国经济发展的一个非常重要的特征是外向型经济，而外向型经济的重要特点是高度依赖海洋资源和海洋空间，海洋通道是我国商品和能源运输的最主要的战略通道，与此同时，我国海洋近岸开发的储备资源已显不足，远海开发已经成为我国经济发展的重要方向之一。

六是，增强全民族的海洋意识。长期以来，我国就存在海洋意识淡薄，重陆轻海，对海洋的战略价值缺乏充分的估计和了解。随着我国的发展，全民的海洋意识有所增强，我国已经提出的“五海”观念，即规划用海、集约用海、生态用海、科技用海和依法用海。其中依法用海非常关

① 《国家海洋局公布全国海洋功能区划》，http：//www. chinanews. com/gn/2012/04 – 25/3846144_4. shtml（访问时间：2013 年 10 月 18 日）。

键，应以法律为准绳管理海洋。中国边疆学应从我国海陆兼备的国土形态出发，在提高全民族海洋意识方面积极贡献知识和力量。

七是，维护国家海洋权益。从国家需要的重要性和迫切性出发，我们将以海疆和新疆作为学术战略主攻方向。加强海疆问题研究迫在眉睫，第一，党的十八大在我党历史上第一次明确提出建立“海洋强国”的战略任务；第二，美国实施“亚太再平衡”战略，海疆问题日益突出；第三，日本、菲律宾和越南等国在南海和钓鱼岛问题上与我国的较量还会持续下去，因此，中国边疆学必须要将海疆问题研究纳入到重点学科发展范畴内，加强研究。

四、加强对我国边疆长治久安问题的深入研究

“3·14”事件和“7·5”事件标志着我国西藏和新疆反分裂斗争进入了一个新的阶段。达赖集团和“三股势力”在境内外加紧活动，新疆和西藏的反分裂斗争自然十分尖锐；新疆和西藏实现跨越式发展理论难点问题需要破解。因此，我们要加大新疆和西藏问题的研究力度，确保在该领域的优势地位。

一是，要正确认识新疆和西藏的大局。现在我国处于经济快速发展时期，国力增强，国家具有强大的凝聚力。尽管国内外暴力恐怖势力和分裂势力加紧活动，但从敌我力量对比来看，优势在我一边。新疆和西藏绝大多数各族民众拥护国家统一和民族团结，这是基本大势。党中央高度关注新疆和西藏工作，提出新疆和西藏长治久安和跨越式发展两大历史任务，这是党中央治疆和治藏的基本纲领。

二是，新疆和西藏反分裂斗争是长期的过程。回顾20世纪新疆地区反分裂斗争的历史，就可以看出，新疆分裂与反分裂的斗争是非常激烈的，几乎是贯穿20世纪新疆历史始终的。特别值得注意的是，在20世纪30—40年代新疆地区先后出现了两个短命的分裂政权：一个是1933年的“东突厥斯坦伊斯兰共和国”，另一个是1944年的“东突厥斯坦共和国”。新中国成立后，从50年代到80年代新疆地区分裂与反分裂斗争依然持续。从90年代至今，随着国内外形势的变化，新疆地区的分裂与反分裂

斗争并没有停止。这是因为新疆地区滋生民族分裂主义和暴力恐怖活动的国内外环境还继续存在。这是新疆地区出现分裂主义和暴力恐怖活动的深层次根源。西藏也是如此，近代以来，西藏的分裂与反分裂斗争就一直没有停止。1959 年 3 月，达赖逃到国外。60 年代，达赖在境外成立了所谓的“西藏流亡政府”，在我国边境进行了长达 10 年之久的军事干扰活动。1987 年 9 月 24 日，达赖宣称“西藏是一个独立国家”，而 9 月 27 日，拉萨就发生了严重的骚乱事件。

我们要正确认识和评价新疆和西藏这几年所取得的成绩，这几年新疆和西藏在全党和全国的支持下努力维护稳定，寻求跨越式发展，在各领域都取得了很大的成绩，得到了各民族民众的支持和拥护，这是最主要的。尽管这几年新疆出现了一些暴力恐怖事件，但不能因此抹杀新疆所取得的总体成绩。

三是，从目前和未来的大势看，中国持续快速的发展引起全世界的关注。一些西方国家尤其是美国不希望中国崛起，更不希望中国成为世界级的强国。因此，美国就将中国陆疆、海疆作为遏制中国发展的基本范畴，在我国陆疆和海疆制造各种麻烦，其中新疆和西藏就是美国高度关注的重点地区，有其重大的地缘政治目的。美国竭力支持热比娅等在国外的新疆分裂势力是其重要的战略环节；美国竭力支持达赖分裂中国的活动也是其重要的战略环节。还要看到，冷战结束后，世界范围的伊斯兰教呈复兴之势。在这个进程中伊斯兰极端势力也随之做大，伊斯兰原教旨主义和极端势力不仅给美国、欧洲和俄罗斯增添了很多麻烦，同时也对我国形成了战略威胁。随着中国越来越崛起，伊斯兰极端势力也会加大对我国境内外新疆分裂势力尤其是对“东突”势力的支持和资助。因此，在未来我国将面临来自西方和伊斯兰极端势力这两个重要外部势力的挑战。这是不以我们意志为转移的。我们的任务就是要系统应对，富有智慧地开展治疆工作。

四是，未来新疆和西藏地区还可能会出现这样或那样的问题，甚至是暴力恐怖案件，一旦出现问题，我们不必过于忙乱，只要我们战略正确，政策有效，处置方法得当，就会牢牢控制新疆和西藏大局的主动权，我们应对新疆和西藏反暴力恐怖斗争和反分裂斗争充满信心。除了国际上两个不利因素之外，我们也有很多维护新疆稳定的有利因素，比如我们与中亚国家关系良好，建立了战略伙伴关系，我们与俄罗斯的关系处于历史上最正常的时期。上海合作组织在不断壮大，已经成为维护该地区和平、稳定与发展的重要区域平台。这些都是能够支撑新疆稳定的重要外部因素。

五、加强对边疆地区发展问题的研究

随着我国的快速发展和改革的全面推进，边疆地区的发展问题日益凸显，东西部的社会经济发展差距在逐步扩大，内地与边疆地区的社会经济发展差距在逐步扩大，而因内地与边疆地区经济发展差距的逐步扩大，两者之间的居民收入和社会保障水平等方面的差距也在逐步扩大，因此，内地与边疆之间的差距是综合性的、全方位的。在建设中国边疆学的进程中，我们要特别关注这个问题，因为内地与边疆之间差距的全面扩大会引发很多战略性的问题，尤其是边疆地区的安全和稳定问题，而如果边疆地区出现不稳定局面，则会对内地和发达地区的发展构成直接和间接的影响。因此，我们要从国家长治久安的战略高度来看待边疆地区的经济和社会发展问题。只有边疆地区总体发展程度和水平与内地的总体发展程度和水平的差距不断缩小直至接近，我国的边疆地区才能够达到长治久安的战略目标。这是事关我国国家核心利益的重大问题。所以，中国边疆学应下大力气，研究边疆地区的发展问题。

我国边疆地区发展相对落后是一个历史问题，长期以来，我国内地与边疆之间就存在着发展位差。我国自古以来中原地区就相对发达。元朝和清朝一统天下，入主中原，也相继将中原作为经济发展的重点地区，反倒忽视了其起源地的经济发展问题。当然，清朝前期在治理边疆方面颇有章法，在发展边疆地区的经济方面也有很多值得借鉴的地方。这些方面需要我们加以研究。近代以来，我国边疆地区频受外敌侵扰，守边任务都很难完成，更顾不上“兴边”问题了。新中国成立以来，尤其是20世纪60年代以后，我国的边疆地区都处于非常紧张的状态之中，中苏关系的恶化及其局部武装冲突，使得我国从东北到西北边疆都处于高度戒备状态，我国很多大型重要企业都建设在“三线”地区。这些情况自然加剧了边疆地区与内地经济发展的差距。改革开放以后，我国首先是从沿海地区实施开放的，这带动了我国东部和东南部地区的迅猛发展，虽然我国又推出了沿边开放的战略，但沿边地区的开放并没有带来像沿海开放那样的聚集性经济增长效应。这是由其周边国际环境的特殊条件和我国沿边地区的特殊条件所决定的。从长远看，我国边疆地区的发展甚至跨越式发展需要在进一步改革和开放的状态下加以实现，东部沿海地区的发展为西部和北部边疆地区的发展创造了很好的条件和发展基础。这就提出了一个需要解决的问题，即内地发展与边疆地区发展的统筹协调问题。按照邓小平同志的改革开放战略设计，我国在一部分人和一些地区先富裕起来之后要支持另一些人富裕起来和其他地区富裕起来，而边疆地区特别需要先富裕起来的东部地区的支持和帮助。这不可能是一个自发的过程，尽管有些实业家在自发地进行支持边疆的慈善事业。这需要国家从战略和宏观的层面系统地、持续地、科学地统筹全国资源和力量，全面支持我国边疆地区的发展。但是按照一般的发展思路还不能具有实质性意义地缩小边疆与内地的经济社会差距，需要以更加积极的姿态和更加科学的思路来解决这个问题。因此，我国在新疆维吾尔自治区和西藏自治区所实施的发展战略方面提出了新的思路，即跨越式发展的战略思路。那么，什么是跨越式发展战略？这需要我们加以深入而具体的研究。新疆和西藏实施跨越式发展战略，最主要的战略目的就是要缩小新疆和西藏与内地之间的经济差距，维护上述地区的稳定。我国对西藏经济社会发展战略目标的设计分为两个阶段：第一个阶段是：到 2015 年，要显著缩小西藏农牧民人均纯收入与全国平均水平的差距，提高基础公共服务能力，改善生态环境，加强基础设施建设，夯实全面建设小康社会的基础；第二阶段是：到 2020 年，使西藏农牧民纯收入接近全国平均水平，全面提升人民生活水平，使基本公共服务能力接近全国平均水平，全面改善基础设施条件，明显增强自我发展能力，使西藏成为重要的国家安全屏障、重要的生态安全屏障、重要的战略资源储备基地、重要的高原特色农产品基地、重要的中华民族特色文化保护地、重要的世界旅游目的地。[①] 新形势下新疆工作的目标任务是，到 2015 年新疆人

① 《中共中央国务院在边疆召开第五次西藏合作座谈会》，http：//www. gov. cn/ldhd/2010 - 01/22/content_1517549. htm（访问时间：2013 年 10 月 18 日）。

均地区生产总值达到全国平均水平，城乡居民收入和人均基本公共服务能力达到西部地区平均水平，基础设施条件明显改善，自我发展能力明显提高，民族团结明显加强，社会稳定明显巩固；到2020年促进新疆区域协调发展、人民富裕、生态良好、民族团结、社会稳定、边疆巩固、文明进步，确保实现全面建设小康社会的奋斗目标。①

实现新疆跨越式发展是党中央制定的重要战略思想。发展是解决新疆问题的基础，产业是推进新疆经济跨越式发展的关键。新形势下加强新疆建设，是深入实施西部大开发战略、培育新的经济增长点、拓展我国经济发展空间的战略选择。研究如何用全面、协调、可持续的思想推进新疆跨越式发展的重大理论和实践问题，着重研究和探讨新疆如何走具有自身特色的新型工业化、信息化、城镇化和农业现代化的道路。新疆具有资源、地缘等优势，实现跨越式发展的基础和条件已经具备，问题在于如何发挥这些优势，如何发挥投资的拉动作用，如何加快重大基础设施建设，如何发展特色优势产业，如何在发展经济的同时注重环境保护和资源有效利用。研究加快新疆与内地一体化政策、新疆生态环境及国土再造，研究新疆区域经济及其发展模式。研究新疆充分利用国家政策支持、全国各地的支援与切实增强自我发展能力之间的关系，充分发挥自身比较优势和后发优势，加快缩小同东部地区的发展差距，加快促进南北疆协调发展，加快形成城乡经济社会发展一体化新格局。同时，还要注重研究科技支撑新疆跨越式发展问题，推进科技创新体系建设，发展高新技术产业。

除新疆和西藏之外，我国的其他边疆地区也需要大发展。党的十八大关注边疆地区的发展问题，强调要继续实施区域发展总体战略，这里当然包括边疆地区的总体战略，发挥边疆地区的比较优势。党的十八大报告还特地强调“优先推进西部大开发”、“全面振兴东北地区老工业基地”、“采取对口支援等多种形式，加大对革命老区、民族地区、边疆地区、贫困地区扶持力度”，而我国边疆地区很多地方属于民族地区和贫困地区。比如，我国对口支援新疆已经成为一种新的系统援疆模式。但我们还要研究对口援疆具体措施和方式的有效性和针对性问题。

---

① 《中共中央国务院召开新疆工作座谈会》，http://www.chinaxinjiang.cn/zt2010/zth/3/t20100521_593797.htm（访问时间：2013年10月18日）。

六、加强对我国边疆地区与周边关系的研究

边疆是我国与邻国进行能量交换最频繁的地方，也是我国与外部世界接触最直接、最敏感的地方，西方和周边一些敌对势力一贯利用我国边疆的特殊性、复杂性和相对落后性，在我国边疆持续进行渗透、颠覆活动。因此，必须从我国边疆长治久安的战略需求上来构筑边疆学的学科体系，将周边国际环境及其对我边疆地区影响纳入研究视野。中国是一个大国，是一个海疆和陆疆兼备的国家。独特的地理位置决定了中国拥有众多的陆上邻国和海上邻国。近代以前，中国与邻国自然形成了朝贡体系，但进入近代后，中国与邻国的朝贡体系被打破，中国与邻国的关系在很大程度上受世界大国所左右和塑造。近代意义上的中国与邻国的边界形成和领土划分也深深地刻上了不平等的烙印。现在，中国正处于崛起时期，国际社会非常关注中国对周边世界的态度、立场和行动。而经过 30 多年的改革开放，中国已经形成了比较完整的与周边国际社会打交道的理念和思想。边疆的发展也离不开周边国际环境。党的十八大报告明确指出全面提高开放型经济水平，“创新开放模式，促进沿海内陆沿边开放优势互补，形成引领国际经济合作和竞争的开放区域，培育带动区域发展的开放高地”。“统筹双边、多边、区域次区域开放合作，加快实施自由贸易区战略，推动同周边国家互联互通。提高抵御国际经济风险能力。”① 党中央还提出，与邻为善、与邻为伴的思想，强调努力使自身发展更好惠及周边国家，扩大同各方利益汇合点。上述战略思想需要通过我国边疆地区加以具体贯彻落实，而如何贯彻落实，就需要我们拿出真知灼见。

一是，中国的发展需要良好的周边国际环境。中国最大的任务就是解决发展问题，中国的发展离不开世界，中国若关起门来搞发展，效果不会好。中国的发展是建筑在全面向世界开放基础上的。最开始中国搞沿海开放，得到巨大的正面效果后，中国不仅实行沿海开放，也实行沿边开放。中国的发展和改革开放决定了中国必须与世界各国和平共处，实行和平的

① 《中国共产党第十八次全国代表大会文件汇编》，人民出版社 2012 年版，第 22、23 页。

外交路线和政策。如果不实行和平外交政策，中国怎么能够获得良好的周边国际环境呢？而良好的周边国际环境是中国发展的必要外部条件。中国的外交战略是和平发展的战略，和平发展是中国的必然选择。而中国所追求的发展是开放的发展，合作的发展和共赢的发展。中国与世界关系的基本路径是通过争取和平国际环境发展自己，又以自身发展维护和促进世界和平。中国的开放战略自然涉及中国与周边国家的关系，所以，中国才会一直强调周边外交战略的重要性。中国提出了与周边国家建立紧密关系的战略思路，旨在扩大同周边国家各方的利益汇合点，尤其是与俄罗斯的利益汇合点。中国在确定区域性外交战略方面将促进区域经济合作作为重要内容。中国与周边国家谋求建立新型邻国关系。中国明确提出了坚持与邻为善、以邻为伴的理念，巩固睦邻友好，深化互利合作。中国明确阐述了中国发展与周边国家互利关系，即努力使自身的发展更好惠及周边国家。中国不谋求地区事务主导权，不经营势力范围。比如俄罗斯是中国的最大邻国，与俄为善，以俄为伴，努力使自身的发展惠及俄罗斯，这是中国区域外交战略的重要组成部分。

二是，中国有和平解决领土争端的成功经验。最近几年，中国周边国际环境出现了一些问题，中国与一些周边国家的矛盾和摩擦增多，于是，一些国外别有用心的人就说，崛起的中国故意在周边挑起争端。在这个问题上我们有必要多讲中国解决领土争端的成功经验。

20 世纪 80 年代，中苏两国逐步开始了关系正常化进程。1989 年 5 月，戈尔巴乔夫正式访华标志着两国的敌对关系已经结束，中苏关系进入了睦邻友好的新时期。在长时间的对抗彻底结束以后，解决好中苏边界问题和边界地区的互信问题，是一项非常紧迫的任务。1989 年 11 月，中苏开始有关两国边境裁军问题的谈判。1990 年 4 月，中国与苏联签署了有关在两国边境地区相互裁减武装力量和增进军事领域信任措施的原则决定。1991 年 5 月，中苏两国就中苏东段边界达成协议，签署了《中苏东段边界协定》，但西段边界协定尚未达成。1991 年底苏联突然解体，给中苏西段边界谈判带来了不确定因素。经过磋商，俄罗斯与新独立的哈萨克斯坦、吉尔吉斯斯坦和塔吉克斯坦共同组成代表团与中国方面继续进行谈判，这就是学术界所称的“4 + 1”谈判模式。到 1995 年 12 月，双方进行了22轮谈判，最后就中国同上述四国关于在边境地区相互裁军协定以及其他有关文件的内容达成一致。1996年4月，中国与俄、哈、吉、塔在上海签署了《关于在边境地区加强军事领域信任的协定》。1997年4月，中国与上述四国在莫斯科签署了《关于在边境地区相互裁减军事力量的协定》。这两个协定的签署促进了中国与俄、哈、吉、塔四国边境地区的和平、稳定与安宁，为维护亚太地区乃至世界的和平与稳定提供了一种不同于冷战思维的新安全模式，也是加强地区安全的一个创举。在平等信任和互谅互让基础上，中国先后分别与俄罗斯、哈萨克斯坦、吉尔吉斯斯坦和塔吉克斯坦成功解决了边界划分问题。横在中国与俄罗斯和中亚三国历史遗留的非常敏感问题就这样得到和平解决，给世界和平解决复杂的领土纠纷问题提供了范式，不仅如此，还催生了上海合作组织的诞生。

三是，区域经济合作。中国已经明确提出了全面提高开放型经济水平的战略思路。中国旨在适应经济全球化新形势，实行更加积极主动的开放战略，完善互利共赢、多元平衡、安全高效的开放型经济体系。[①] 中国还准备进一步加快走出去步伐，增强企业国际化经营能力，培育一批世界水平的跨国公司。至于区域经济合作，中国旨在统筹双边、多边、区域次区域开放合作，《中华人民共和国国民经济和社会发展第十二个五年规划纲要》、《全国主体功能区规划》等文件都阐述了区域开放的战略意义。比如我国东北地区正在寻求区域开放，黑龙江和内蒙古东北部地区沿边开发开放规划已经得到了国务院的批准，同时《中华人民共和国东北地区与俄罗斯联邦远东及东西伯利亚地区合作规划纲要（2009—2018年）》也已签署，这说明中俄区域合作走上新的发展阶段。中国与东盟的深度合作已经验证了区域开放合作的巨大益处。中国加快实施自由贸易区战略，推动同周边国家互联互通。中国正在推动中吉乌铁路方案的实施，推动与南亚国家的通道建设，准备与巴基斯坦一道建设中巴经济走廊。中国在与周边国家开展经济合作中将坚持出口和进口并重，强化贸易政策和产业政策协调，形成以技术、品牌、质量、服务为核心的出口竞争新优势，促进加工贸易转型升级，发展服务贸易，推动对外贸易平衡发展。所有这些措施都

① 《中国共产党第十八次全国代表大会文件汇编》，人民出版社2012年版，第22页。

会对我国边疆地区的发展起到积极推动作用。

中国最近提出了区域合作的新思路，即用创新的合作模式，共同建设“丝绸之路经济带”，旨在挖掘古代丝绸之路的历史价值和现实意义，以点带面，从线到片，逐步形成区域大合作。欧亚大陆的主要力量应加强经济合作，共同推动欧亚大陆东西交通网络的畅通，欧盟、俄罗斯、中亚国家和中国应共同建设横跨欧亚的高速铁路、高速公路和高速信息网络，实现欧亚大陆的交通便利化和便捷化。

四是，中国周边国际环境的塑造离不开与世界大国打交道。首先是美国对中国与周边国际环境影响最大。最近几年，随着中国的崛起，美国明确提出了“亚太再平衡”的战略，美国在军事方面频频在中国周边搞多边军事演习，在经济上搞 TPP。中美关系时有起伏。针对中美关系的重要性，中国最近提出与美国建立新型大国关系的设想，这是在新的国际形势下，中国发展对美关系的新思路。其主要内涵：其一是不冲突、不对抗；其二是相互尊重；其三是合作共赢。中国旨在加强与美国的沟通，共同为维护亚太地区的平和、稳定和发展负起责任。

中俄已建立起新型大国关系，中俄关系是新型大国关系的典范。最近俄罗斯准备大规模开发远东地区，中国也在加大力度发展东北地区。中俄双边合作具有全面战略协作伙伴关系的性质。中俄既是世界大国，又互为邻国。中俄关系的稳定与发展不仅关系亚洲地区的和平与发展，而且也关系世界的和平与稳定。中俄在上海合作组织、金砖国家、中印俄、朝鲜六方会谈等多边合作机制方面密切配合，相互协调。当然，也要看到，随着中国与中亚国家经济关系的不断深化，俄罗斯也感到了压力，俄罗斯一些人认为中国与俄罗斯在能源方面已经展开竞争。[①] 但从中俄两国能源结构上看，中国与俄罗斯在中亚地区的能源领域不构成竞争。原因很简单，中国是石油和天然气消费国，而俄罗斯是石油和天然气的出口国，中俄能源结构具有巨大的互补性。正因为如此，中俄在石油领域的合作正在不断深化，中俄在天然气领域的合作正在谈判过程中。事实上，作为石油和天然气的巨大消费国，中国特别希望与俄罗斯展开深度的能源合作，很早就与

① 笔者2013年10月5日在希腊罗德岛“文明对话”论坛上的发言中就有俄罗斯学者提问：如何看待中俄在中亚地区的竞争问题。

俄罗斯方面展开谈判，但出现了一些波折。在与俄罗斯谈判不够顺利，搁置安大线建设的情况下，中国需要寻找新的能源合作伙伴，以支撑中国经济高速发展所急需的能源进口。在这种情况下中国与哈萨克斯坦建设了石油管道，随后又与土库曼斯坦经由乌兹别克斯坦和哈萨克斯坦建设了天然气输送管道。中国在中亚地区实现了能源领域合作的战略突破，而俄罗斯长期垄断中亚地区的能源出口，中国此举打破了俄罗斯的能源垄断地位，这也是事实。但这谈不上中俄之间的竞争关系。问题是中国是石油和天然气消费国，在与俄罗斯谈判不够顺利的情况下中国从中亚国家进口石油和天然气是自然的，无可非议的。而事实上俄罗斯与中亚国家则存在着某种程度上的竞争，它们都是能源输出国，都需要中国这个巨大的买主。还有一个问题，俄罗斯盛产石油和天然气，同时俄罗斯又大规模购买中亚地区的石油和天然气并转卖给欧洲等国家，俄罗斯的这种做法带有明显的苏联区域分工的痕迹，苏联解体后俄罗斯也很想垄断中亚地区的能源出口。但一方面俄罗斯能源公司与中国能源公司的谈判不顺畅，在与中国能源合作方面表现出更多的患得患失；另一方面又不希望中国从中亚地区进口能源，试图长期垄断中亚地区的能源出口，这表明俄罗斯还没有意识到在全球化的今天，单纯的国际能源垄断已经不可能长久维持下去。从上述情况来看，中国与俄罗斯在中亚地区的能源领域不是竞争关系，而俄罗斯与中亚国家在能源输出方面确实存在竞争关系，但那已是俄罗斯与中亚国家的关系问题。俄罗斯的现实选择就是更加积极主动地与中国展开大规模的能源合作，以实现两国能源结构的互补性。

七、研究“一国两制”的成功经验，促进中国统一大业

“一国两制”是中国解决香港和澳门问题的创造性模式，是中国解决近代以来所遗留下来的有关疆域领土的成功范例，是中国收回固有领土的富有智慧的重大战略举措。所以，香港和澳门回归祖国的历史应该成为中国边疆学研究的重要课题。不仅如此，香港和澳门实行“一国两制”的实践进程也应纳入中国边疆学研究的重要范畴。中央政府对香港和澳门政策的根本宗旨分两个层面：其一是维护国家主权、安全、发展利益，其二是

保持香港和澳门长期繁荣稳定，这两点是紧密结合在一起的。我们需要研究的重点在于：第一，如何把坚持一国原则和尊重两制差异有机结合起来。香港和澳门回归祖国是在坚持一个中国原则下实现的，所以，香港和澳门是中国的有机组成部分，中国解决香港和澳门问题的创造性在于，尊重内地与香港和澳门两种政治制度的存在和差异，并在一国原则的框架下在实践中并行运转这两种不同的制度。我们要着重研究，在尊重两种制度差异的条件下如何使香港和澳门与内地在一国原则的框架下更加有效和更加灵活地相衔接。第二，如何将维护中央权力和保障特别行政区高度自治权有机地结合起来。应全面准确贯彻香港和澳门在“一国两制”的框架下实现高度自治的方针，而香港和澳门高度自治在政治上就体现在“港人治港”、“澳人治澳”，特别行政区行政长官和政府的职责，其一是依法施政，其二是集中精力发展香港和澳门经济，其三是改善民生，其四是循序渐进推进民主，其五是包容共济，建设和谐特别行政区，实现香港和澳门的社会稳定和团结。而一国原则要求中央权力必须在香港和澳门得以完全体现和维护，中央政府应严格依照基本法行使在香港和澳门的国家主权，不断完善与基本法实施相关的各项制度和机制。第三，如何将发挥祖国内地坚强后盾作用和提高港澳自身竞争力有机结合起来。这实际上是香港和澳门如何实现同祖国内地优势互补和共同发展的问题。第四，研究近几年所出现的“港独”问题，维护香港的政治稳定。第五，如何防范和遏制外部势力干预港澳事务的问题。以美英等国为代表的外部势力不断干涉港澳事务，已经影响到香港的稳定，例如英国外交及联邦事务部国务大臣施维尔 2013 年 9 月在香港媒体上发表文章《选举、民主和香港的未来》，公然干涉香港政治。[①] 10 月，美国“国会—行政部门中国委员会”发表 2013 年度中国人权和法治报告，对香港政治发展问题横加指责。外部势力干涉港澳事务，应引起我们的高度关注。随着中国不断发展，西方利用港澳问题给中国制造麻烦的战略意图越来越明显。这个问题值得研究。

---

① 〔英〕施维尔：《选举、民主和香港的未来》，http：//www. chinareviewnews. com/crn-webapp/new/doc/docDetail. jsp? coluid = 9&kindid = 1690&docid = 102749063（访问时间：2013 年 10 月 16 日）。

和平统一台湾是中国的三大历史任务之一。“和平统一、一国两制”是解决台湾问题、实现祖国完全统一的基本方针，这是中国发展的时代要求，也是必然的历史进程。和平统一是中华民族的历史夙愿，既符合台湾同胞的根本利益，更符合包括台湾同胞在内的全体中华民族的根本利益。和平统一台湾就要坚持一个中国的原则。以中国疆域形成的历史视角去观察，台湾是中国历史的不可分割的组成部分，台湾与大陆所形成的历史联系是血肉联系，属同脉之源。这是中国边疆学应着力研究的重要方面。从现实上看，虽然目前台湾与大陆尚未实现统一，但这一状态并不能改变两岸同是一个中国范畴的客观事实，大陆和台湾从未分割国家领土和主权，这是客观的法律现实状态。这自然也是中国边疆学应着力关注的重要学术点。当然，“台独”势力企图想将台湾从中国领土和国家主权方面分割出去、分离出去，但将台湾从中国版图上分裂出去，这在历史和现实法理两个学术层面都是站不住脚的，是违背台湾绝大多数同胞和大陆民众基本意愿的。因此，一个中国的框架和原则是最根本的实现台湾统一的基石。在这个框架下，若实现和平统一，一个最重要的政治前提就是确保两岸关系的和平发展。不断发展两岸关系实际上就是在不断积累两岸统一的正能量，在维护一个中国框架的共识之下，不断和逐步增强两岸共同认知，增强民族认同。目前，两岸关系实现重大转折，两岸全面直接双向“三通”已得到实现，全国所期盼的两岸全方位交往格局已经出现。应着力研究以下几个重要问题：其一，探讨国家尚未统一特殊情况下两岸如何进一步发展政治关系，如何作出合情合理的安排，如何塑造两岸命运共同体和中华民族的共同家园。其二，应探讨建立两岸军事安全互信机制问题，以便稳定台海局势，避免不必要的局势误判。其三，协商达成两岸和平协议很有必要，以此开创两岸关系和平发展的未来，增进和平统一共识。其四，加强两岸经济合作，应着力研究如何进一步实施两岸经济合作框架协议，夯实两岸经济合作的物质基础。其五，如何增强两岸文化交流和传统文化的共同保护。其六，如何遏制和反对“台独”分裂的图谋，如何让台湾的绝大多数民众清醒地认识到“台独”分裂行径必然会损害两岸同胞共同利益。其七，防止美国利用向台湾出售武器等方式干涉中国内政。

八、中国边疆史地研究依然是中国边疆学的核心内容和重要研究领域

尽管中国崛起的现实，要求加强对我国边疆安全、稳定和发展以及我国边疆与周边国际环境的关系问题进行研究，但中国边疆史地研究还应该继续得到强化。从我国边疆演化的历史与我国边疆现状和未来这三个时间维度上看，我国边疆史地研究不是可有可无，而是必须全面、深入和客观地加以研究。从我国陆疆和海疆两大空间上看，我国边疆史地研究应对陆疆和海疆的历史演化进程作出令人信服的分析和研究。我国改革开放时期所掀起的中国边疆史地研究热潮不仅要持续下去，而且还要更加深入。①我们将学术目光再推向 19 世纪边疆史地研究，那个时期的中国边疆史地研究体现了时代精神。徐松巍先生对此概括为：第一，忧患意识，这种意识以筹边谋防、抵御外辱的爱国精神为内涵，实际上是指与关注国家、民族、社会前途和命运而产生的一种自警精神和危机感。在他看来，这种忧患意识有两个层面：一是对研究的缺乏或疏漏而致的“暗于边情”之状况的焦虑和忧惧；二是对“边患”认识不足的优患和焦灼。第二，将我国的“边务”乃至国家、民族的“休戚安危”与外部世界联系起来加以考察，将我国的筹边谋防和抵御外辱与了解“夷情”联系起来。“也就是说开始用世界的眼光来审视和筹划中国的边疆防务和国家安全问题。这在中国历史撰述上是前所未有的。”② 进入 21 世纪，我国的边疆安全、稳定和发展面临新的机遇和挑战，当今中国边疆学的发展依然需要新的 21 世纪的时代精神，关注边疆、关注中华民族的伟大复兴、关注世界局势的发展与变化。

我们不应因着力建设中国边疆学而忽视对中国边疆史地问题的研究，

① 《中国边疆史地研究》杂志 1991 年第 1 期发表了《加强中国边疆史地研究笔谈》，同期还发表了边众先生的《论当前开展中国边疆史地研究的几个问题》、吕一燃先生的《中国边疆史地研究的回顾和展望》和谭其骧先生的《历史上的中国和中国历代疆域》等文，集中讨论了中国边疆史地学科的发展问题，至今依然具有重要学术价值和意义。

② 徐松巍：《19 世纪边疆史地研究的时代精神》，载《中国边疆史地研究》，1998 年第 2 期。

忽视中国边疆史地学科的完善，事实上，中国边疆史地学科是中国边疆学的一个重要组部分，依然是中国边疆学的基础与核心。

当然，为了全面地把握边疆局势，我们还要研究边疆的民族问题、宗教问题和文化问题。这些都是客观认识边疆问题必不可少的研究领域。此外，其他国家有关边疆问题的经验教训也特别值得我们研究和关注。

九、几点认识

中国经过改革开放 30 多年的积累，越来越成为世界关注的焦点，越来越成为世界级的大国。中国发展到今天，已经进入了能够相对从容地认识边疆、统筹边疆、治理边疆、发展边疆、开放边疆和通过边疆进行区域国际合作的重要历史时期并获得了相应的国内外基本条件。中国对自身疆土的认识越来越全面、客观和深入。改革开放 30 多年来，中国在治理边疆方面提出了一系列新理念，我国边疆形态也出现了很大变化：（1）我国在改革进程中提出了沿海开放和沿边开放的战略，取得了举世瞩目的成绩。这次沿海沿边开放完全不同于近代的我国沿海开放，这是我国根据改革和发展经济的战略需要主动采取沿海沿边开放战略，旨在获得发展经济的资金、人才、技术、国外市场和良好的国际环境。（2）邓小平提出了“主权在我、搁置争议、共同开发”的解决海洋岛屿争端的基本原则，这是中国的一个重要解决海洋领土问题的政策。（3）提出了互谅互让、在平等基础上解决边界问题的基本方针。自近代以来，中国终于有了比较从容治理边疆和与有关国家解决边界问题和领土纠纷的条件。（4）提出“一国两制”的战略思想，以此作为解决香港、澳门和台湾问题的基本方针和思路。（5）提出了“与邻为善、以邻为伴”和睦邻、富邻、安邻的基本政策，提出中国的发展要惠及周边国家。（6）提出建设“海洋强国”战略，使我国在统筹陆疆和海疆建设方面达到了历史的最新高度。如果说进入 21 世纪中国对自身疆域认识有任何变化和改变的话，其最大的认识变化莫不过于对海疆认识和理解的深化，建设“海洋强国”就是基于这些理解和认识的深化而提出来的。（7）提出建设“丝绸之路经济带”和“海上丝绸之路”的战略思想，使中国的经济利益和文化影响与周边相关国家的利益和文化影响相契合，挖掘中国古代“丝绸之路”的历史价值和传统文化影响。（8）我国对边疆问题的内涵和外延的认识大大拓展了，出现了“利益边疆”、“文化边疆”、“经济边疆”、“高边疆”等概念。与此同时，我国边疆问题研究除坚持史地研究方法之外，还运用民族学、宗教学、国际关系、社会学、经济学等理论和方法进行综合性的研究，使边疆问题研究的领域和范围大大拓宽。

改革开放30多年来，我国的边疆形态也发生了很大的变化：（1）我国的边界形态发生巨大的变化，我国与俄罗斯、哈萨克斯坦、吉尔吉斯斯坦和塔吉克斯坦彻底地解决了边界问题，与越南解决了陆上边界问题。我国与印度边界问题的谈判正在进行中。（2）香港、澳门回归彻底终止了我国近代以来所形成的香港、澳门被“租借”状态，彻底改变了香港、澳门殖民地的历史状态，在“一国两制”的框架下实现了香港和澳门的回归祖国这一历史壮举。（3）两岸关系实现重大转折，两岸实现了全面直接双向“三通”，形成了两岸经济合作的战略框架。（4）我国疆域行政区划出现新的变化，成立海南省意义重大，最近又组建了三沙市，昭示了我国在南海行政化管理方面新的思路。（5）我国沿边地区形成了一系列开发开放战略，中哈共同建设霍尔果斯国际边境合作中心、中俄共同实施俄罗斯远东地区和我国东北地区的深度区域经济合作。我国与东盟国家在区域经济合作取得了非常显著的成效。广西北部湾经济区成为区域经济发展的新高地，云南的“桥头堡”战略的实施增强了我国与南亚的区域经济合作。（6）我国沿边地区初步形成了北、西和南三面能源管道输入战略布局，比如中俄石油管道、中哈石油管道、中国与土库曼斯坦经由乌兹别克斯坦和哈萨克斯坦的天然气管道、中缅天然气管道。

我国改革开放30多年来在治理边疆、稳定边疆和发展边疆方面所提出的一系列战略思想和我国边疆形态的一系列变化值得我们深入研究。

中国边疆观的挑战与创新*

| 周　平 |

中国的民间语言和官方用语中，“边疆”都是一个使用频率极高的词汇。在国家的法律、执政党和政府的政策性文件中，“边疆”概念不仅被经常性地使用，而且还有专门针对边疆和边疆问题的政策。“边疆”概念看似简单，其实却蕴涵着在长期的历史过程中积淀的有关边疆的认识和看法——边疆观。内涵丰富的边疆观在中国的国家治理尤其是边疆治理中的影响十分深远，并成为中国传统政治文化的重要组成部分。然而，在两千多年的边疆实践中形成并发挥重要影响的边疆观，在今天却面临着严峻的挑战——对于已经处于国家发展新阶段并日益融入世界的中国来说，传统的边疆观不仅无法为今天边疆的实践提供积极的引导作用，甚至成为消极因素和思想桎梏，制约着适应国家发展要求的边疆战略的构建。面对中国的发展形势，以及一些国家依凭不断创新的边疆观而制定的边疆战略促成国家快速发展的现实冲击，在边疆观和边疆问题上墨守成规、故步自封，不仅会滞后国家发展，而且会错失历史提供的难得机遇。面对这样的形势，中国必须在边疆观上进行创新，进而构建适应国家发展要求的新边疆观。这既是国家治理和国家发展的紧迫需要，也是当前政治文化建设的重要任务。

* 国家社科基金重大项目“中国的边疆及边疆治理理论研究”（11&ZD122）研究成果。

一、历史上边疆观的形成及其内涵

中国的边疆观在历史上源远流长。早在秦汉之际，中国历史上的王朝就开始在国家疆域内划定边疆，并采取特殊的政策对其进行治理。在长期的边疆及边疆治理实践中，对边疆的认识、看法便逐渐积淀下来，形成了具有特定内涵的边疆观。这样一种内容丰富的边疆观，在深刻地影响着国家的边疆政策和边疆治理的同时，也在国家的边疆实践及边疆治理中巩固、充实，从而成为中国传统政治文化的重要内容。

公元前221年秦统一六国后，王朝国家便面临着如何治理庞大疆域的重大现实课题。秦王朝在将国家权力集中于中央并建立起中央集权的国家权力体系的同时，将庞大的疆域划分为郡县这样的行政区域进而委派官员进行治理。在此过程中，为了对疆域内远僻的区域进行针对性的统治和治理，便依据此前长期存在的“一点四方”和“九服”的观念，将远离王畿之地和处于统治疆域之边缘的郡确定为边郡，采取特殊的措施进行治理。[①] 然而，秦王朝的历史较短，还未来得及全面解决疆域边缘部分的治理问题就被汉朝取代了。全面承袭秦代统治体系和制度安排的汉王朝，进一步在明确王朝疆域的核心区与边缘区的区别基础上，将核心区外围的边缘性疆域划定为边远疆土，有目的、有计划和系统化地制定专门政策对其进行治理，不仅将秦代初现端倪的边疆思维和边疆治理体制做实，而且将其进一步扩大和充实。此后的历代王朝，也大都从国家治理的需要出发，仍然将疆域的边缘部分专门区分出来并采取特殊措施加以治理，并在此构架下增添了新的内容。在这样的历史过程中，“边疆”也就逐渐凸显了出来。

将王朝疆域的边缘性区域确定为边疆并采取特殊措施治理的做法，在国家疆域的拓展中不仅被发扬光大，而且在边疆的有效治理和国家的统一过程中发挥了重要作用。秦统一中国后，国家疆域的拓展持续了相当长的时间。中国历史上的疆域拓展主要是通过两种方式实现的：一是在王朝国

① 周平：《国家视阈里的中国边疆观念》，载《政治学研究》，2012年第2期。

家基于强大的国家实力和辉煌文明形成的国家影响力、文明感召力和军事威慑力的作用下，周边的其他民族群体纷纷归附、依附、内附于王朝国家，这些民族群体生活的区域也就被纳入到王朝国家的疆域版图，王朝国家的疆域因此而得到拓展；二是周边其他民族群体入主中原，控制了王朝国家统治体系和成为王朝国家的统治者以后，便将原先的统治区域归并到王朝国家的疆域版图，从而导致王朝国家的疆域扩大。但是，不论是哪种类型的疆域拓展，王朝中央大都采取秦汉以来的边疆体制和边疆治理格局，将核心区以外的边缘性疆域确定为边疆，采取特殊的措施进行治理。因此，王朝国家疆域的拓展以及边疆的扩大，又进一步巩固了王朝国家划定边疆的思维和制度。

值得注意的是，王朝国家将疆域的边缘性部分划定为边疆的做法本身并不是目的，这样做的目的在于对这些与核心区存在明显异质性的区域采取专门或特殊的政策来进行治理。实现对边疆的有效治理进而达成国家的全面治理，才是王朝国家划定边疆的目的之所在。回顾中国历史上的国家治理，边疆治理及其方略是其中十分重要的部分，并在国家统一和疆域拓展中发挥着独特的作用（遗憾的是，这方面的研究虽已进行多年并取得了突出的成就，但却还远远不够）。中国历史上统一、稳定的王朝，都在边疆治理方面积极作为，有的王朝对此作出了重大的贡献。长期持续的边疆治理实践，不仅进一步巩固了边疆制度，充实和丰富了边疆思维，也使统治者和知识阶层中的边疆观念更加明朗和稳定。

王朝国家时代的边疆是基于王朝国家有效治理的目的而确定的，王朝国家的国家实力的盛衰变化时有发生，因此，王朝国家时代边疆的盈缩变化便不时发生。在此情况下，边疆与核心区之间的分界线时常变化，边疆的外沿线更是处于变动之中。在中国王朝国家发展的相当长的时期，王朝国家是没有边界的。[①] 国家的边疆基本上是由内而外地划定的。中俄签订《尼布楚条约》和《布连斯奇条约》后，中国才开始与其他国家划定边界，

① 边界与国家主权之间存在不可分割的联系，并蕴涵着国家主权的内容。它不仅是主权国家领土的界限，由相关国家通过条约来确定，而且是国家主权管辖的分界线。因此，边界以国家主权体制的确立为前提。在国家主权确立前，并不存在真正意义上的边界。一些学者用主权、边界等概念来描述和分析中国王朝国家前期的边疆，不仅不准确而且具有某种时空混乱的意味，实在不宜提倡。

开始由外而内地划定边疆，并逐渐接触到国家主权和相关问题。但是，历史上长期形成的由内而外地划定边疆的思维并没有因此而根本改变。

从总体上看，中国历史上的边疆观，是在国家面对庞大且不同区域间的异质性特征突出的疆域进行治理的实践中，对核心区和边缘区有针对性地采取不同治策和方略的基础上，以及国家疆域以特殊的方式进行拓展的过程中逐渐形成的。换句话说，这样的边疆观是王朝国家边疆演变过程和边疆治理实践的主观反映，在中国传统政治文化的形成和发展中占有重要地位。这样的边疆观反过来又在国家发展和边疆治理中发挥着重要作用，尤其是在国家的统一和国家疆域拓展方面，发挥了独特的作用。诚然，边疆观和边疆治理中的某些内容，放在今天道德评价的平台上也许会受到诟病。但是，历史事实的价值只有在其当时所处的具体历史时空中才能作出正确的评价。而且，政治评价与道德评价的标准本身也存在根本性的差异。用今天的道德标准去评价历史上的边疆及边疆治理实践的做法，更是有失公允。

在长期的历史过程中形成的边疆观，其内涵是十分丰富的。许多研究中国边疆问题的学者，从不同的角度对中国边疆进行的界定中也揭示了边疆观的许多内涵。但从总体上看，中国历史上的边疆观总是包含着以下内容：一是边疆是在以王朝所在地为中心，并将王朝国家统治的传统范围确定为核心区的前提下确定的，因而被视为拱卫国家核心区的外围区域，是远僻的蛮芜之地；二是边疆生活着与核心区的汉族不同的其他民族群体并远离国家政治中心，因而被视为少数民族地区，被赋予了丰富而深厚的文化和道德涵义；三是边疆在政治和文化的差序等级中处于末端或亲疏关系的远端，因而在王朝国家的统治和治理战略中的地位和受重视的程度远低于核心区，远离核心区的海洋边疆更是不受重视甚至是被漠视；四是边疆通常被视为核心区战略安全和军事安全的屏障，是国家的军事设防之地，所以国家通常采取“守中治边”、“守在四夷”等治理策略；五是边疆及其治理必须服从于、服务于核心区的利益，这样的战略地位决定了边疆稳定的意义远高于发展，因而其发展的要求总是从属于稳定的要求，并在特定条件下被束之高阁，甚至连边疆的某些区域都有可能被舍弃。

二、传统边疆观面临的挑战及应对

中国历史上的边疆观已经历了两千多年。它与王朝国家的边疆形态、边疆治理和边疆政策不可分割地联系在一起。这样的边疆观不仅是在王朝国家的制度体系下形成的，而且是为王朝国家的边疆治理服务的。但是，在中国由王朝国家转变为民族国家以后，尤其是中国的国家发展形势改变以后，这样的传统边疆观就变得越来越不适应形势的要求了，越来越面临着严峻的挑战。

传统边疆观在近代以来面临的第一次真正意义上的挑战，来自于民族国家的构建。中国的民族国家构建肇始于20世纪初期，标志是辛亥革命推翻了中国历史上的最后一个王朝，并由此结束了中国王朝国家的漫长历史。此后，中国的民族国家构建经历了内部的国族构建和外部的抵抗异族入侵，最终在民族独立的基础上完成。中华人民共和国的成立，标志着中国民族国家构建的基本完成。中华人民共和国就是中华民族的民族国家。① 作为全新的国家制度体系，民族国家的构建对传统的边疆观造成了巨大的冲击。

在巨大的历史和时代变迁及由此导致的冲击面前，传统的边疆观已经无法以原状继续存在下去了。于是，传统的边疆观在民族国家构建起来以后，根据形势的需要，进行了重大的增补——主要是增加了反映时代特征和民族国家特点的内容，比较突出的有以下几个方面：一是按照民族国家主权原则界定疆域——把疆域界定为国家主权的管辖区域，即领土，进而重视体现领土主权的边界在边疆界定中的意义，因而就十分重视边界的划定，并采取灵活的方式解决历史上遗留下来的边界问题；二是高度重视边疆在维护国家主权和领土安全中的作用，采取大规模的实边、稳边行动②，

---

① 关于中国民族国家构建的分析和论述，参见周平：《论中国民族国家的构建》，见黄卫平、汪永成主编：《当代中国政治研究报告Ⅵ》，社会科学文献出版社2009年版；周平：《多民族国家的族际政治整合》，中央编译出版社2012年版，第12—17页。

② 中华人民共和国成立初期，国家在边疆的驻军、屯垦、移民、开发等，都是在宏大的边疆思维和一定的边疆战略的框架下实施的，是富有成效的边疆治理实践，对边疆及整个国家的稳定和建设发挥了重要的影响。

全面加强边防和边境管理，把边境的安宁作为维护边疆稳定的重要环节；三是按照民族国家的要求，把边疆置于国际形势尤其是地缘政治格局的总体形势中来看待，注重运用国际规则来解决与我国边疆有关的国际争端。

传统的边疆观经过了上述调整和改造以后，尤其是按照民族国家的要求增添了新的内容以后，不仅内容更加丰富了，而且适应性得到了增强，进而在国家的边疆维护、边疆安全、边疆开发和边疆建设中发挥了积极的作用。然而，以上的调整和改造并不是根本性的，并未实现传统边疆观的更新。一方面，这是由于传统的边疆观已经存在和运行了两千多年，并且与中国的传统文化——尤其是传统的政治文化——紧密地融合在一起并形成完整体系，因此，在传统政治文化体系没有改变或结构松动以前，将边疆观独立出来单独进行更新是难以做到的；另一方面，也与传统边疆观受到挑战的强度直接相关。中国的民族国家构建在中华人民共和国成立时就基本完成，但王朝国家的影响十分深厚并长期存在，民族国家制度体系的完善是一个过程，民族国家融入世界体系的步伐由于多种因素的影响而比较缓慢，因此，民族国家的构建对传统边疆观形成的挑战是逐步地释放的，较短时期内的冲击十分有限。

在传统的边疆观并未被新边疆观取代的情况下，人们仍然以国家的经济、政治和文化中心为圆心，以国家的核心区为立足点，来看待和界定边疆；视边疆为远僻和经济文化落后之地，以及少数民族地区——边疆常常被等同于“少数民族地区”，甚至用“边疆少数民族地区”来指代；[①] 在国家治理的总体战略中，边疆都要服务于和服从于内地，边疆治理中的重稳定轻发展意味十分明显；边疆问题常常被纳入到民族问题的框架进行研究和决策，国家目前最为重要的边疆政策“兴边富民行动”，就是由国家民族事务委员会推动和促成的。在这样的边疆观及相应的边疆治理思维影响下，边疆基本上被局限于陆地，主要是指陆地边疆，海洋边疆很少被提及，新形态边疆的问题在决策层面上更是付之阙如。边疆在国家发展中的意义未能得到恰当的认识，边疆治理在国家治理的整体格

① 周平主编：《中国边疆治理研究》，经济科学出版社 2011 年版，第 412—413 页。

局中被置于从属地位，边疆开发和建设的滞后性十分明显，边疆与内地在发展中的差距逐渐被拉大。[①]

可是，跨入21世纪以来，传统的边疆观遇到了更为严峻的挑战。这样的挑战，是由于国家发展的新形势和新要求导致的。一方面，中国经过了改革开放推动下的现代化30多年的快速发展，“已经由全面建设时期向全面发展时期转变”[②]，因而国家在发展中更加注重整体性的发展和综合国力的全面提升。在这样的发展形势下，国家领土范围内的陆地边疆和海洋边疆不仅成为最有潜力的区域，而且对国家的战略安全、地缘政治战略发挥着越来越突出的影响。另一方面，中国融入世界的程度达到了前所未有的水平，不仅给世界予重大的影响，也深受国际形势尤其是地缘政治因素的影响。在这样的形势下，中国的国家利益已经不局限于领土的范围，已经大大超越于领域的范围而遍及全球。在这样的条件下，中国维护国家利益的行动，不仅不能只从核心区的角度谋划，而且也不能只在领土范围内谋划。这就表明，中国必须在一个更大和更加广阔的地理空间的范围内来考虑国家发展，从而以一种新的视角来看待国家的边疆。如今，在实现中国梦的进程中，国家治理体系和治理能力现代化成为全面深化改革的根本目标，以一种更加广阔的政治地理空间思维来看待边疆和边疆治理，就显得更为必要和迫切。

在这样的情况下，越来越不适应国家发展形势的传统边疆观，已经成为国家发展中的制约因素，影响了国家治理的总体战略的实施，甚至直接成为适应国家发展要求的边疆战略构建的障碍，影响了中国的稳步发展和崛起。另外，国际形势和周边地缘政治环境提供给中国的发展机遇既难得也十分有限，国家发展形势提供给中国调整边疆观念和边疆思维的时间窗口也是稍纵即逝的。在这样的严峻挑战面前，应对的选择只有一个，那就是通过坚定而有效的创新来构建适应国家发展要求的新边疆观。同时，在构建新边疆观的过程中，根据现实的环境条件和要求，对传统边疆观进行

① 近年来边疆地区的民族问题、社会矛盾及社会政治稳定问题呈上升态势，其原因是十分复杂的，但与边疆的开发和建设滞后不无关系。

② 周平：《中国的崛起与边疆架构创新》，载《云南师范大学学报》（哲学社会科学版），2013年第2期。

全面的改造，将其合理的成分保留于新边疆观之中，与新边疆观中的其他成分一起发挥作用。

三、国外主流边疆观的演变及启示

在中国已经越来越深刻地融入世界的今天，不论是讨论中国的边疆治理，还是讨论中国的边疆问题和边疆观，都不能离开国际环境和国际形势；分析中国边疆观尤其是新边疆观的构建，不仅必须关注国外的边疆观及其演变，而且应该从对国外主流边疆观的梳理中获得必要的启示和借鉴。

放眼世界，相当数量的国家都将国家疆域的特定部分界定为边疆，并形成了自己的边疆战略，通过有效的边疆治理促进了国家发展的例子也不胜枚举。但是，边疆的形态虽然具有突出的多样性，从根本上说都是国家的疆域的边缘性部分。边疆的形成、划定、调整和治理，都是与国家本身不可分割地联系在一起的。而国家本身不过是人类创造的政治形式，它也是不断地发展变化的。在人类社会发展的不同阶段，国家采取了不同的形式，从而形成了国家形态演进的历史进程。而不同的国家形式及国家间关系，导致了国家占有地理空间的方式不同，国家的疆域形态具有相当大的差别，因而形成了不同的边疆形态。边疆形态的演变过程本身，就体现着一定的边疆观。因此，通过对历史上不同边疆形态的考察，可从一个侧面观察到边疆观念的变化。

"欧洲的国家形态演进具有典型的意义，在此过程中各种国家形态依次登上历史舞台，形成了一个完整的国家形态演进过程。"[①] 到目前为止，欧洲国家在形态演变中大致经历了城邦国家、罗马帝国、中世纪普世世界国家、王朝国家、民族国家这样一些形态。伴随着西方国家形态的演变以及国家间关系的变化，西方国家的边疆形态也在不断地变化。从总体上看，西方国家的边疆在演变的过程中，其形态大致可概括为三种类型：一是殖民地边疆、二是领土边疆、三是多元边疆。

殖民地边疆形态在西方国家的发展史上广泛而长期地存在，并且还可

① 周平：《多民族国家的族际政治整合》，中央编译出版社2012年版，第13页。

细分为多种更加具体的形态。当某些或某一类型的国家通过军事征服而对外扩张，占有和控制其他国家的疆域，对这些国家实行殖民统治，并将其占有或控制的其他国家的疆域作为自己国家的边疆（frontier），殖民地边疆就出现了。那些对其他国家实施殖民统治的国家，也因此而成为帝国。因此，殖民地边疆是通过对其他国家实行殖民统治而形成的边疆形态。但具体来说，殖民地边疆又可分为古代殖民地边疆和近代殖民地边疆两种类型。

古代殖民地边疆由古代国家通过对其他国家的军事征服和殖民统治而形成。在古代国家发展史上，特定国家凭借自己强大的经济实力和军事实力对其他国家的征服，在将被征服的国家变成自己的殖民地并对其实行殖民统治之后，将被征服国家的疆域并入自己的疆域版图，并将其视为自己的边远疆域时，这些区域就成为殖民地边疆。古代殖民地边疆，以古罗马的殖民地边疆为典型。罗马共和国也正是由于对其他国家的征服和殖民统治，才将自己变成一个庞大的帝国。

近代殖民地边疆由近代民族国家通过对其他国家的殖民统治而形成。近代以来，西方那些率先取得民族国家形态的国家，通过资本主义经济的发展和民族国家的制度体系而大大增强国力后，便重拾历史上帝国对外侵略扩张的手段，对其他国家进行军事征服并将其变成自己的殖民地，进而将其他国家的疆域作为自己的边疆，即所谓的海外边疆。而这些帝国主义国家通过这些殖民地边疆的掠夺，国家的实力得到极大的提升。英国就是这样的典型。昔日的“日不落帝国”，正是通过庞大的殖民地边疆才成就了“日不落”的“荣耀”。

领土边疆与民族国家的主权体制之间存在着不可分割的联系。领土是国家主权管辖的地理范围。正是由于有了国家主权，尤其是主权体制的确立，国家疆域才逐渐转化为领土，其界限由主权国家通过条约确定的边界而划定。所以，领土、边界不仅与国家主权紧密地联系在一起，而且是国家主权的体现形式。而国家主权原则是由王朝国家时期的威斯特伐利亚体制确立的。民族国家继承了王朝国家的主权制度，并将其内涵于自己的制度体系中，从而使其成为民族国家制度的基本特征。[①] 随着民族国家的建

① 周平：《对民族国家的再认识》，载《政治学研究》，2009年第4期。

立和普遍化，领土也逐渐取代了疆域而成为国家政治地理空间的主要形态。民族国家领土的边缘部分，或新获得的领土便成为国家的边疆。不过，只有在第二次世界大战以后，尤其是帝国主义的殖民体系瓦解以后，民族国家的主权体制才在世界范围内被广泛接受，并成为国际社会的基本规则。因此，在此之前的相当长的历史时期内，殖民地边疆与领土边疆在西方列强那里常常是并行不悖的。帝国主义殖民体系瓦解，以及主权成为国家间相互关系的基本规则后，领土边疆才成为边疆的主要形态。

在民族国家时代，通过拓展领土边疆而为国家发展提供条件并促进国家发展，是国家发展的重要方式，并极具战略意义。在这方面，美国的例子就颇具代表性。“一部美国历史，是不断拓展‘边疆’的历史。”正因为如此，“美国能够在短短的两百多年里，从英属北美13个殖民地壮大为一个独立的民主共和国、从一个位于大西洋西岸的孤立国家演进为一个影响巨大的世界大国、从一个并不先进的农业国发展成为一个世界顶级的工业强国”。[①]

世界进入全球化时代以来[②]，日渐深入而广泛的全球化在对国家的行为及活动方式造成深刻影响的同时，也深刻地影响到国家对地理空间的控制方式，导致国家占据或控制地理空间的方式发生了重大的变化，出现了超越主权的控制方式，即国家在自己主权管辖范围之外的其他地理空间进行不具主权管辖性质的占有或控制，以实现或维护自身的利益。这种超主权的控制并不具有主权的性质，但却是凭借国家的硬实力和软实力而实现的。这样的控制大致有三种情形：一是对尚未属于具体的主权管辖区域的占据或控制，如对地球公地的控制；二是对已经属于具体主权管辖区域的控制，即对他国领土的控制；三是对并不存在主权归属的太空的控制。于是，国家疆域形态逐渐多样化，利益疆域、战略疆域、太空疆域逐渐浮出

① 石庆环：《从“大陆边疆”到“全球边疆”——美国走向世界的历史进程》，载《辽宁大学学报》（哲学社会科学版），2005年第4期。

② 20世纪90年代以后，全球的国家和地区之间的联系在深度和广度方面出现了迅猛发展和根本性的变化，从而使得人类生活在全球的范围内展开和发展成为必然。人类社会生活发生了前所未有的变化。于是，用以描述这种变化的“全球化”一词广泛流传并炙手可热。导致如此深刻变化的“全球化”形成、充分显现并发挥影响的历史时段，就是全球化时代。然而，虽然全球化特征的充分凸显是在20世纪90年代以后，但充分体现全球化的这些因素或特征是在第二次世界大战后逐渐形成的，因此，全球化时代的开始可以追溯到第二次世界大战。

水面，海洋疆域有了新的内涵。在这样的背景下，新的边疆形态也逐渐凸显，利益边疆、战略边疆、太空边疆或高边疆、底土边疆的概念逐渐出现在一些国家的边疆战略中。此外，信息边疆、经济边疆、文化边疆的概念也逐渐出现和被频繁使用。于是，边疆形态多元并存的局面逐渐形成。一些国家，尤其是美国，充分运用或极力去获得与传统边疆不同的新形态边疆的活动也日渐突出，并因此获得了巨大的国家利益。

国外边疆形态及其蕴涵的边疆观演变的过程表明：国家的边疆形态并非一成不变的，而是随着时代的变化而变化；抓住历史提供的机遇而主动调整自己的边疆观，进而通过对边疆的占有和治理而促进国家发展的国家，都获得了极大的发展；在边疆问题上墨守成规，国家就可能丧失历史机遇，错失良机。面对西方大国富有扩张性的边疆观的形成并付诸实践，我们也不能自缚手脚，拘泥于传统的边疆观。崛起的中国，也需要学习和借鉴西方的边疆观并顺势而为。

四、新边疆观的内涵、特点及要求

传统边疆观面临着严峻挑战，对其增添某些内容而作的修修补补的调整并无法满足国家发展的要求，因此，只有通过卓有成效的创新而构建新的边疆观，才能适应国家发展的需要。同时，国外边疆观的演变和一些国家不断调整自己的边疆观，进而制定恰当的边疆战略，促进国家发展的事实也启示我们，只有根据国家发展的形势和世界潮流，适时更新自己的边疆观，才不会错失历史提供的发展机遇。

但是，边疆观内涵和意义并不简单，边疆观的创新和新边疆观的构建，所涉及的理论问题和现实问题都十分突出。只有以科学的态度来对待这些问题，并形成符合实际的理论判断，才能实现新边疆观的构建。其中，以下三个方面的问题具有特别重要的意义：

首先，要在国家疆域问题上形成正确的认识。任何国家都必须占有或控制一定的地理空间范围。因此，国家不仅是人类创造的政治形式，也是政治地理空间单位。国家占有或控制的地理空间范围，就是国家的疆域。国家的疆域并不是一成不变的，相反，它随着国家政治形式的演变和人类活动范围的变化而变化。在前民族国家时代，国家的疆域缺乏明确的界定，往往依国家实力的变化而变动。民族国家确立国家主权体制以后，国家的疆域依主权而界定，其主要形态是领土。但是，第二次世界大战后由于大量民族国家的形成，国家拥挤成为引起越来越多关注的重要政治现象①，国家的边疆争夺日趋激烈。而与此同时，随着科学技术的快速发展，人类活动范围也迅速拓展。在这样的形势下，领土疆域已经不能满足国家发展对地理空间范围要求，于是，超主权的疆域形态随之凸显并受到了越来越多的重视，且形成了若干新的疆域形态。随着疆域形态的变化，作为国家疆域之边缘地区的边疆的形态，也随之发生了根本性的变化。

其次，必须借鉴国外典型的边疆理论和观念。国家的边疆与国家的疆域是连在一起的。随着人们对疆域的认识的变化，边疆观也会随之变化。第二次世界大战以来，一些西方大国不仅积极参与国家间的边疆争夺，而且根据国家疆域形态的变化而提出许多新的边疆概念和边疆理论，如高边疆、利益边疆、战略边疆、底土边疆、信息边疆等。这些国家在提出新的边疆理论和观念以后，便制定相应的边疆战略，将新边疆理论和新边疆观付诸实践，并且取得了不错的成效，有效地维护了自己的国家利益。对于这样的现实，对其进行意识形态的批判并避而远之，并不是明智的选择。今天这个时代，抱着某种意识形态的偏见自作清高，只能是作茧自缚并自损利益。我们不仅应该也完全可以借鉴国外的边疆理论和边疆观念。

最后，要准确把握国家发展对边疆观的要求。经过改革开放推动下现代化快速发展了30多年的中国，已经发生了巨大的改变。而这样的变化，绝不是经济总量跃居世界第二这样的简单判断所能表达的。经过30多年的快速发展，中国已经由国家建设时期转变为国家发展时期，全面发展、整体发展已成为必然的要求。与此同时，在世界全球化的今天，中国已经快速地融入世界，并且这样的融入已经达到了前所未有的程度。因此，不论是确定中国的发展还是界定国家利益，只着眼于领土的范围尤其是只盯着国家陆地领土的核心区的思维和内敛式的边疆观，不仅已经过时而且其负面的影响十分突出。今天中国的发展，对国家占有和控制的地理空间范

① 关于国家拥挤的论述，参见周平：《边疆在国家发展中的意义》，载《思想战线》，2013年第2期。

围提出了新的要求，也对如何看待和界定边疆提出了新的要求。面对这样的现实，必须通过对疆域和边疆的重新认识，构建适应国家发展需要的新边疆观。

在这样的基础上构建的边疆观，必然与传统边疆观之间存在着本质的区别，因而具有三个显著的特点：第一，是将中国置于世界格局中，从中国与世界的关系上界定边疆。今天来看待和界定边疆，从国家核心区的角度看待边疆，将边疆看做“边疆少数民族地区”等，都明显不适应形势的要求。许多将中国的边疆孤立起来，把边疆看做邻近边界的区域的做法，也显得狭隘。与此相反，新边疆观有更加广阔的视野，从中国与世界的关系上，尤其是要根据国家疆域观发展变化以后的国际形势来看待和界定边疆。第二，是从多个角度全方位地看待边疆，从而形成完整的边疆观。首先是将陆地边疆与海洋边疆结合起来，将平面边疆与立体边疆结合起来；其次是领土边疆与非领土的边疆结合起来，即将领土性的排他性的硬边疆与非领土的不具排他性的软边疆结合起来。通过这样的结合，形成一种多元化的完整的边疆观。第三，是将边疆置于国家发展的总体布局，全面凸显边疆对于国家发展的意义。过去一谈到边疆，总是不免将边疆视为远僻落后之地，让边疆的开发与建设服务于、服从于核心区的发展，对边疆的忽视显而易见。新边疆观则在重新审视边疆的基础上，彻底改变忽视边疆的地位和意义的做法，高度重视边疆在国家发展中的意义，要通过对边疆的维护和有效的治理而促进国家发展。

作为一种全新的边疆观，在具有丰富的内涵和显著的特征同时，也内在地包含着若干基本的体现新边疆观本质的要求：

一是要重新审视陆地边疆，把陆地边疆作为国家发展的新增长点，加强对陆地边疆的治理。传统边疆观将边疆视为核心区的支撑和安全屏障，没有将陆地边疆作为国家发展的重要区域，甚至在国家危难时通过放弃边疆而换取核心区的安全。这样的观念和思维定势必须抛弃。同时，要在科学的空间运筹基础上重构陆疆治理战略，将陆疆作为国家发展的新增长域，并以陆疆发展及其与周边国家的利益交融来主动谋求地缘政治安全。

二是要重视海洋边疆，构建完整海洋边疆架构。大国之路始于海洋。在传统边疆观的影响下，海疆管控和治理不力及海疆衰弱，迟滞了我国崛起步伐，也是诸多海洋问题的渊薮。随着国力增强，须将沿海、大陆架、海洋、岛屿、堡礁结合，统筹经济战略、资源战略、军事战略、安全战略、地缘政治战略，构建完整海疆架构，促进海洋经济，保障海疆安全。

三是要全面维护利益边疆，把利益边疆的构建作为国家边疆战略的重点。在国家利益遍及全球与一些大国已构筑利益边疆并在全球掀起新圈地运动的背景下，必须厘清国家的海外利益格局，构筑利益边疆，并据此确定国家的安全战略和外交战略。

四是要充分认识战略边疆的意义，努力构建国家的战略边疆。随着国家安全形势日益复杂和严峻，不仅要高度重视战略边疆的构建，而且必须将战略边疆与利益边疆结合起来，以战略边疆支撑利益边疆。

五是要适应形势的变化，适时探索确立其他边疆形态的可能性。在一些西方国家探索太空边疆、底土边疆、信息边疆、经济边疆和文化边疆，并逐步将这样的边疆观念引入国家战略的情况下，我们也必须探索在我国确立这些边疆形态的可能性和必要性。

六是要整合各种边疆形态，构建完整的边疆体系。须将内部疆域与外部疆域整合为完整的场域空间，进行运筹和谋划；在统筹陆疆与海疆、领土边疆与利益边疆、现实边疆与战略边疆的基础上，确定国家发展与安全的战略支点和重点，构建完整的边疆体系。

五、结　语

对于一个快速发展并融入世界的中国来说，边疆绝不只是意味着国家的边缘和局部，而是事关国家全面发展和崛起的重要区域。边疆治理已经成为国家治理中关乎国家持续发展的重大问题。边疆观对关于边疆的认识和边疆实践发挥着根本性的指引作用，因此，应该从国家治理和国家发展的角度来看待边疆观。

随着中国的崛起和日渐融入世界，中国形成于王朝国家时期并延续数千年的传统边疆观，虽然仍有广泛的影响，但已经不适应形势的变化和国家发展的要求。如果在此问题上仍然故步自封、抱残守缺，就会失去重新规划国家边疆的良机。边疆观的创新和构建新边疆观，不仅必要而且紧迫，必须从国家发展的全局来尽早谋划。

通过创新而构建新边疆观，并不意味着对传统边疆观的彻底否定或抛弃，而是要对传统的边疆观进行扬弃，继承其积极的合理的因素，并将其在新的架构中加以重新整合，使其能够在新边疆观中继续发挥积极的作用。

新边疆观的构建，是政治文化建设庞大工程中的重要内容，它展开为一个过程。要使这个过程尽快取得实效，就必须以实际的行动来充实这个过程。一方面，国家要根据新边疆观来谋划并构建国家的边疆战略，开展边疆治理；另一方面，学界尤其是边疆研究领域的学者，要关注边疆观的研究和创新，进而依新边疆观来界定边疆，拓展边疆研究的视野和领域，在边疆和边疆治理中形成新的解释理论，进而构建适应国家发展要求和体现时代特征的边疆理论和边疆治理理论，在边疆问题上形成中国特色的理论体系。

关于构建中国边疆学的几点思考

| 周伟洲 |

一、中国边疆学发展历程及其特征

中国边疆学的发展历程大致可划分为三个时期：（1）萌芽时期，即清代嘉庆、道光年间兴起的西北史地研究之学及1840年鸦片战争前后，开始注重对边疆地区的研究时期；（2）发展和初步形成时期，即20世纪30至40年代，以“边政学”为主的边疆研究，从理论和方法等方面，初步奠定中国边疆学基础时期；（3）从80年代至今，中国边疆研究繁荣及重新构建中国边疆学学科的时期。

（一）中国边疆学的萌芽时期

早在一百多年前的清代嘉庆、道光年间兴起的西北史地研究之学及1840年鸦片战争前后，开始注重对边疆地区的研究，可以说是中国边疆学的萌芽时期。当时中国清朝一部分有识之士，包括任职的官吏、文人学士，鉴于中国与西方及北方诸国和西北边疆民族接触日益增多，迫切需要了解他们的情况，以“安邦定国”。特别是1840年鸦片战争后，资本主义列强入侵中国，有识之士更迫切希望了解西方诸国和他们侵略的中国边疆，提出“以夷之长技以制夷”等类似的方针和策略。因此，从嘉庆以后，乃至1840年前后，以西北史地及研究边疆民族的史地、政治、军事、文化等方面论著、译著大量问世，涉及历史上边疆民族与域外交往的内容，即包括以后称之为中国边疆学的主要内涵。

比如，以考据之学研究西北史地的，有宦游从征者的著述：七十一之

《西域闻见录》、松筠《新疆疆域总叙》及其命徐松所撰之《新疆识略》、汪廷楷的《西陲总统事略》、和瑛《三州辑略》。遣戍者的著述：有洪亮吉的《天山客话》；纪昀《乌鲁木齐杂记》、《河源纪略》；林则徐《荷戈记程》、祁韶士《西域释地》。其他方面的著述：如傅恒《皇舆西域图志》、《西域图文志》，齐召南《西域诸水篇》；沈垚《元史地理志释》、《水经注地名释》、《西游记金山以东释》、《西域小记》等；李兆洛《历代地理韵编》、《外藩蒙古要略序》；张穆《蒙古游牧记》；魏源《圣武记》、《元史新编》、《西北边域考》、《外藩疆考》、《西征布鲁特记》、《新疆后事记》；何秋涛《北徼汇编》、《朔方备乘》、《元代西北疆域考》、《哈萨克述略》；洪钧《出使各国》、《元史译文证补》、《中俄交界图》、《西夏国志》(未刻)；邹代钧《西征记程》、《中俄界记》、《蒙古地记》等；沈曾植《元朝秘史注》、《蒙古源流笺证》、《元经世大典西北舆地考》、《岛夷志略广证》；丁谦对于历代史籍边地所作地理考证，凡二十九种等。

这一时期的边疆研究的特点，仍然是沿袭中国史学研究的传统，没有脱离历史学的范畴，不过更加重视"经世致用"，也开始注意西方的研究成果。对于中国边疆学来说，仅可以说打下了一些基础，处于萌芽的阶段。

（二）中国边疆学的发展和初步形成时期

从清末"新政"到民国北洋政府时期，随着帝国主义列强对中国侵略的深入，中国半殖民地化的加深，西方的近代文化也传入中国。其中，与中国边疆学相关的是，通过国内的精英（主要是留学生）将西方的民族学、人类学、社会学、政治学等理论和方法传入到中国。于是，到20世纪30至40年代，在西方列强，特别是日本侵华的抗战时期，中国的边疆地区首当其冲，为日本等列强侵略和宰割的对象。在这民族和国家存亡的关头，全国各阶层，特别是国内有识之士，更加关注边疆。一时关于边疆的论著如雨后春笋，纷纷出版发行，各种报刊均有关于边疆的报导和评论。其中，有承袭中国史学传统撰写的边疆史地著作，如顾颉刚、史念海的《中国疆域沿革史》（商务印书馆1938年版）、葛绥成的《中国边疆沿革史》（商务印书馆1938年版）、蒋军章的《中国边疆地理》（文信书局1944年版）、童书业的《中国疆域沿革略》（开明书店1946年版），等等。

同时，有关边疆的学术团体及其所办刊物也纷纷面世，如影响较大的中国边疆学会及其创办的刊物《中国边疆》月刊（重庆总会办）和《边疆周刊》（成都分会办）；新亚细亚学会及所办的刊物《新亚细亚》；中国边政学会及其创办的《边政公论》等等。在40年代全国各地许多高等、中等学校、训练班开设了有关边疆的课程，而最终在1944年于中央大学、西北大学增设了“边政学系”，专门培养为边疆服务的人才。此外，当时许多民族学家、人类学家和社会学家及一些自然科学家纷纷到边疆少数民族地区进行调查，取得了丰硕的成果。除当时流行的“边政学”的学科名称外，同时也出现了“边疆学”的名称，如1933年在《殖边月刊》上首次出现此名称，但影响不大。

在这一大的背景之下，作为中国边疆学的前身中国边政学这门学科的理论构建也初步完成。其标志应是时任蒙藏委员会顾问兼中国边政学会常务理事的民族学、人类学家吴文藻先生在1941年发表的《边政学发凡》[①]，以及民族学家杨成志在1941年9月发表的《边政研究导论——十个应先认识的基本名词与意义》[②]。《边政学发凡》提出了边政学的定义是：“边政学就是研究边疆政治的专门学问。通俗的说，边疆政治就是管理边民的公众事务。用学术语，边政学就是研究关于边疆民族政治思想、事实、制度及行政的科学。”文中对研究边疆的性质、目的，边政学研究的内容及与其他学科的关系作了阐述。[③] 除上述提到对边政学研究有代表性的学者外，还有华企云、凌纯声、黄文弼、马长寿、梁钊韬、方国瑜、徐益棠等。

显然，边政学突出的是边疆的政治、治理问题，与今日边疆学的定义有一定的差异，这是与当时的边疆的形势有关。但其内涵也包括了对边疆地区经济、文化、民族等方面的内容，与现代的中国边疆学的概念及内容

---

① 吴文藻：《边政学发凡》，载《边政公论》，1942年第1卷第5、6期合刊。

② 杨成志：《边政研究导论——十个应先认识的基本名词与意义》，载《广东政治》，1941年第1卷第1期。

③ 关于民国时期边政学及边疆研究，过去研究不多，近十余年才开始引起学界的注意，发表的论著日益增多。如马大正、刘逖：《二十世纪的中国边疆研究》，黑龙江教育出版社1997年版；符雪红：《20世纪中国边政研究与边区开发理论评述》，载《学术探索》，2004年第9期；王利平等：《20世纪上半叶的中国边疆和边政研究——李绍明先生访谈录》，载《西南民族大学学报》，2009年第12期；段金生、董继梅：《试论南京国民政府边政研究的内容和方法》，载《云南师范大学学报》，2010年第1期；李勇军：《时局与边疆：民国时期边政学的发展历程》，载《中国边疆史地研究》，2013年第3期。

可以说基本相同。因此，我们认为，这一时期边政学理论的构建和实践，是中国边疆学初步形成的时期。其特点，是在当时边疆危机、民族存亡的关头，上自政府下至一般百姓均关注边疆问题，边疆研究蔚然成风。这一时期的边疆研究已由过去传统历史学之下的史地之学，而逐渐形成为由新的民族学、人类学、社会学等理论和方法所主导，多种学科综合的新的学科——边政学。

（三）中国边疆研究繁荣及重新构建中国边疆学学科的时期

1949 年新中国成立至 1979 年改革开放前夕，由于民族学、人类学、社会学被视为资产阶级的学科而遭到忽视，加之对国民政府时期的历史认识、研究不够等诸多原因，中国的边政学或边疆学几乎再未提及，更勿论这一学科的构建和发展。但是，这一时期对边疆地区及民族仍然十分关注，边疆地区的研究仍在继续。比如国家对少数民族地区（其中大部分为边疆地区）颁布的一系列法规，包括经济、文化、宗教等方面的政策，促进了边疆社会的发展与变革等。又如 50 年代的民族“识别”工作及少数民族社会历史调查，少数民族五种丛书的编纂；70 年代关于帝国主义（主要是沙皇俄国）对中国边疆的侵略研究；中印、中苏边境的反击战相关的研究，等等。

到 80 年代改革开放后，中国的边疆研究又提上日程，以 1983 年中国社会科学院成立“中国边疆史地研究中心”的专门机构为标志，边疆研究又开始逐渐走向繁荣时期。从 80 年代至今，又可分为两个阶段：

第一个阶段从 80 年代至 90 年代末世纪之交。这一阶段边疆研究虽然以“边疆史地”的研究为主，但重点逐渐向边疆的现实研究转变。2001 年，笔者在《中国边疆史地研究》2001 年第 1 期《笔谈专稿：面向 21 世纪的中国边疆研究》中，发表的《世纪之交中国边疆史地研究的回顾与展望》一文[①]，对 90 年代边疆研究的成绩作了回顾：（1）“研究领域的扩大及发表、出版论著增多。”（2）“边疆史地研究与现实紧密结合、基础理论与应用研究的紧密结合，直接面对现实边疆出现的新问题、新形势，闯

① 周伟洲：《世纪之交中国边疆史地研究的回顾与展望》，载《中国边疆史地研究》，2010 年第 1 期。

出了一条与边疆史地学直接为现实服务的路子……这可以说是中国边疆史地研究在90年代以来取得的重大突破和最重要的收获之一。”（3）“过去边疆史地研究的主要困难，是人才的匮乏和研究经费困难。随着我国经济和教育事业的发展，以上困难得到了缓解。”（4）“90年代以来边疆史地的资料的整理出版也取得了令人欣喜的成绩。”

但是，主导这一阶段的边疆研究仍然是边疆史地之学，虽在实践上有所突破，然于中国边疆学的本身的理论构建，除少数论著之外①，却无多建树。于是在世纪之交，国内学界重新构建现代的中国边疆学呼声不断，已迫在眉睫。就在上述笔谈中，时任中国边疆史地研究中心主任的马大正先生等就提出“中国边疆学的建立是中国边疆史地研究学科发展的必然趋势”。笔者在上述笔谈稿中，也提出：“加强本学科的建设，特别是理论建设……真正构建科学的具有特色的中国边疆学的理论体系，应是21世纪边疆研究一项重要任务。从现实意义及学科发展等方面看，我认为正式将传统的‘边疆史地’更名为‘边疆学’的时机已基本成熟。即是研究单位及刊物名称也应将‘史地’两字去掉。中国边疆学，名副其实地将现实边疆问题纳入研究范围内，即以古今边疆为其研究对象：它既是一门单独的、专门的学科，又是一门综合、交叉的学科。这门学科的理论构建，将更有利于学科的发展，也是21世纪时代的需要。”

第二个阶段从2001年世纪之交至今，中国边疆研究更是处于繁荣时期，特别是处在西部边疆的新疆、西藏地区，三股分裂势力，“独疆”、“藏独”的分裂活动及合流，严重影响到该地区的社会稳定和发展，边疆问题在新的形势下再次凸现。这一切促使边疆研究重心转向边疆现实的研究；民族学、人类学、社会学、政治学、经济学等学科的学者纷纷加入到边疆研究之中，使原来以历史学为主导的边疆研究向多学科综合研究的方向发展；发表、出版有关边疆的论著数量和质量超过以往任何时期。②

① 如邢玉林：《中国边疆学及其研究的若干问题》，载《中国边疆史地研究》，1992年第1期；马大正、刘逖：《二十世纪的中国边疆研究——一门发展中的边缘学科的演进历程》，黑龙江教育出版社1998年版。

② 关于这一阶段边疆研究及活动、人才培养等方面，此处从略。

在重新构建中国边疆学的理论方面，这一阶段更是取得很大的成绩。除上述开始对20世纪“边政学”的研究之外，对如何构建现代中国边疆学学科的研究更是取得大的突破。其中，贡献最大的首推马大正先生。他从2001年开始，先后发表十余篇关于构建中国边疆学的论文，如《关于构筑中国边疆学的断想》[①]、《深化边疆理论研究与推动中国边疆学的构筑》[②]、《我的愿望是构筑中国边疆学》（马大正访谈录）[③]、《关于中国边疆学构筑的几个问题》[④] 等。此外，他在主编的《中国边疆经略史》一书中《“中国边疆通史”丛书总序》对“边疆”含义作了理论的阐释等。[⑤] 在上述论著中，马大正先生一再强调：“创立一门以探求中国边疆历史和现实发展规律为目的新兴边缘学科——中国边疆学，这就是肩负继承和开拓重任的中国边疆研究工作者的历史使命！”他认为，“边疆学，它不仅仅局限在历史学，实际上是一个多学科的交叉边缘学科……边疆学研究既有基础研究又有应用研究”。“中国边疆研究的主要任务，一是研究统一多民族中国形成和发展的规律，二是研究中国疆域发展的历史和现状”。

另外，还有一些学者在构建中国边疆学理论方面也发表了一些论文，提出了有益的意见，如李国强的《中国边疆学学科构筑的透视》[⑥]、方铁的《论中国边疆学学科建设的若干问题》等[⑦]。特别是与中国边疆学理论构建相关的还出版一批专著，如郑汕著《中国边疆学概论》（云南人民出版社2012年版）、吴楚克著《中国边疆政治学》（中央民族大学出版社2005年版）、罗崇敏的《中国边政学新证》（人民出版社2006年版）、梁双陆的《边疆经济学——国际区域经济一体化与中国边疆的发展》（人民出版社2009年版）等。其中郑汕的《中国边疆学概论》是一部构建中国边疆学学科体系的专著，书中提出，中国边疆学是以中国边疆为研究对象的多学科、多领域的系统学科；既是底定中国疆域的理论学科，又是总结

① 马大正：《关于构筑中国边疆学的断想》，载《中国边疆史地研究》，2003年第3期。

② 马大正：《深化边疆理论研究与推动中国边疆学的构筑》，载《中国边疆史地研究》，2007年第1期。

③ 马大正：《我的愿望是构筑中国边疆学》载《北京日报》，2007年10月8日。

④ 马大正：《关于中国边疆学构筑的几个问题》，载《东北史地》，2011年第6期。

⑤ 马大正主编：《中国边疆经略史》，中州古籍出版社2001年版，第1—3页。

⑥ 李国强：《中国边疆学学科构筑的透视》，载《云南师范大学学报》，2008年第5期。

⑦ 方铁：《论中国边疆学学科建设的若干问题》，载《中国边疆史地研究》，2007年第2期。

底定边疆历史经验的学科及新兴的社会综合学科。书中对中国边疆学的研究方法及架构体系也发表了自己的看法。[①]

这一阶段，在构建中国边疆学学科的实践方面，也开始起步。中国社会科学院中国边疆史地研究中心，正式出版了名为《中国边疆学》（第1辑）的刊物，并申请了“中国边疆学学科构建”的创新项目（2013）；南京大学、云南大学也继续招收中国边疆学或边疆研究的研究生，等等。作为重新构建的现代中国边疆学学科，可以说已从“呼之欲出”，走到了“初见成效”的阶段。

二、中国边疆学学科基本理论的构建

通观上述中国边疆学发展历程及特征，事实上，20世纪30至40年代的“边政学”已经初步奠定了中国边疆学的理论基础，因此，我们对21世纪构建的中国边疆学，称之为“重新构建的现代中国边疆学”。经过约百多年、几代学者的努力，特别是21世纪国内学者对构建现代中国边疆学学科的不懈的追求，目前在中国边疆学学科的基本理论和框架上已达成共识。这些共识，虽然在表述上和个别问题上有不同意见，但其基本涵义或精神是一致的。这些共识，主要有以下几点：

1. 关于现代中国边疆学的定义（或称为概念、定位等）：中国边疆学是研究中国历史及现实中国边疆（包括陆疆和海疆）的一门综合、交叉的学科。[②] 它既是基础学科，也是实用的学科。前者是学科的研究的对象，后者是学科的性质、特征。

2. 中国边疆学研究对象“中国边疆”的解读。首先，关于“边疆”的含义，学者有各种解读。按各类辞书及学者的通俗解释：边疆，“边境之地”；或是“靠近国界的领土”；“一个国家的边远地区”；或离京师较远的领地；较远靠近国境的地区及地带等。这都没有错。实际上，“边疆”的内涵极为丰富，且与其综合、交叉学科的性质是密切相关的。

---

① 参见陈明富：《首部探索构建中国边疆学学科体系的专著——评郑汕教授〈中国边疆学概论〉》，载《中国边疆史地研究》，2013年第3期。

② 有的学者用“边缘学科”欠妥。

从纵的方面看，边疆是一个历史的概念，它有自已形成、发展变化的历史，这应是其与历史学关系密切的原因。因此，中国边疆史地学、边疆考古学当为中国边疆学的分支学科。

从横的方面看，边疆又首先是一个地域的概念，是一个国家内区别于其他地区，邻近边境的地区，有它独特的地形、气候、矿产和生态环境等自然条件。这与自然科学中许多学科（地理学、地质学等）相关。

它又是一个政治的概念，因为边疆是国家领土的一部分，有边疆的政策、治理（包括行政建置）及思想、边防、外交等凡有关政治、军事、外交等内涵，于是有“边政学”或“边疆政治学”的分支。

它又是一个地域经济的概念，有其独特的经济类型、生产方式、对外贸易等内涵，于是有“边疆经济学”的分支。

它又是一个社会和民族的概念，边疆独特的社会阶层、组织、结构等内涵，及那里的人又由各种民族所组成，边疆民族的形成、发展及其经济、文化、宗教，甚至跨国民族等也皆为边疆的内涵之一。于是民族学、人类学和社会学等学科早在20世纪30—40年代就介入边政学之中。现今“边疆民族学”、“边疆人类学”、“边疆社会学”等分支也必将兴起。这些分支学科与现实边疆研究结合更为紧密，越来越为社会所关注。

它又是一个文化的概念，边疆地区独特的文化及与域外、内地的文化交流、边疆文学等，也是其内涵之一。①

总之，以上对“中国边疆”的解读，可以视为中国边疆学学科之内涵及各分支边疆学构建的架构，也是对其作为一门综合、交叉学科的注释。

3. 关于中国边疆学的研究方法，学者们认为，既然中国边疆学是一门综合、交叉学科，其研究方法应如马大正先生所说：“从研究方法言，是多种学科研究方法的整合。”② 需要补充的是，在研究中国边疆时，视其研究内容有时偏重某一学科的方法，而兼采用其他学科的方法。如研究边疆治理，则主要采用政治学的研究方法，而兼历史学、民族学、社会学等学科的方法。

① 参见马大正主编：《中国边疆经略史》，中州古籍出版社2001年版，第1—3页。

② 参见马大正：《关于中国边疆学构筑的几个问题》，载《东北史地》，2011年第6期。

除了上述的共识之外，还有的学者用“文明板块”[①] 或以“底定边疆”、“经略边疆”为纲，来认识和解释中国边疆学[②]，均对研究中国边疆学有所启发。然而，在中国边疆学中对中国历史上的边疆的认识上，学术界意见仍有分歧，未取得共识。下面笔者想谈谈自己的看法。

关于中国历史上边疆问题，实际上也是历史上中国的疆域问题，因为只有有了疆域，才会有所谓的边疆。在历史上的中国（即古代中国）是否有不断变化的疆域和边疆？又怎样确定古代中国的疆域和边疆？

目前国内很多学者认为，中国的边疆只是在近代“民族国家”出现时形成的，即清朝乾嘉时才确定了中国的疆域和边疆，在此之前都是中国边疆的形成期，即是说根本没有古代中国的疆域和边疆，有的只是古代中国封建王朝的“天下观”下的“天下”，或是一些大大小小的“政治实体”，或五大文明板块；或即是在今天或清乾嘉时形成的疆域和边疆。而国外学者如日本学者及美国中国边疆研究学派的拉铁摩尔（O. Lattimore）及其后继的学者，他们本着近代一个民族一个国家的“民族国家”论，认为古代只有汉族建立的政权（古代国家），才是古代的中国，而其他民族如契丹、女真、蒙古、满族建立的政权不是古代中国，而是异民族统治中国。即是说，在古代，只是汉族建立的政权才有古代中国的疆域、边疆，于是古代长城两边成了农耕汉族与北方游牧民族分界点，才构成了两边的边疆地区等。[③]

我们认为，古代中国至少从秦汉时起，就是一个多民族统一的国家，也即是“多元一体”的国家，有统一和分裂，而至近代最终统一，形成为近现代的中国。古代中国统一多民族国家及其分裂时各割据政权都有自己的疆域和边疆，而且发生着变化。这即是古代中国的疆域和边疆，也就是中国传统史地之学研究的主要内容之一。

而现今国内学者多持一种观点，即认为研究古代中国的疆域、边疆，不能用近代主权国家（即“民族国家”）的概念来解析古代中国的疆域、

① 参见于逢春：《时空坐标、形成路径与奠定：构筑中国疆域的文明板块研究》，黑龙江教育出版社2012年版。

② 参见郑汕著作的《边疆学概论》绪论部分。

③ 参见〔日〕日本东亚所编：《异民族统治中国史》，韩润棠等译，商务印书馆1964年版；〔美〕拉铁摩尔：《中国的亚洲内陆边疆》，唐晓峰译，江苏人民出版社2010年版。

边疆问题。近代主权国家，按西方学界的理论，主要由人民、领土和主权三要素构成，自然古代中国或古代世界各国不能以此来解读他们的疆域、边疆问题。但是，古代国家与近代国家，都是国家，且近代国家是由古代国家发展而来。用“国家”（或称之为“政权”、“王朝”、“汗国”等）来解读古代国家的疆域及边疆问题，则应是合乎历史事实和科学的。

关于国家的产生及本质、功能等理论，马克思主义经典作家有较为详细的论述，西方学者也有论述，在这里不作讨论。关于国家有政治统治职能和社会管理职能，则是公认的。问题在于古代国家是否有其一定的控制、管理的范围，即是否也有疆域、边疆的问题？作为有政治统治职能和社会管理职能的古代国家，其统治和管理应有一定范围和人民（包括各民族），这是常识。中国正史中的《地理志》所记述的各种地方行政制度（如分封制、郡县制、羁縻制、土司制等等），即有大致的疆界、疆域和边疆，否则《中国历史地图集》就画不出来，画出也毫无意义。那么，古代中国疆域或由此产生的边疆确定的标准是什么？笔者曾在《历史上的中国及其疆域、民族问题》一文中[①]，曾提出：“只能用一个国际上也通用的标准，即行政管辖，即只有历史上中国统一的多民族国家管辖到的地方和民族，才是历史上中国的地方和民族。”当然，古代国家的行政管辖与近代主权国家的行政管辖不完全相同，但有行政管辖的范围，即疆界和疆域、边疆是相同的；不同的是，古代国家管辖方式与其疆界和疆域没有近代主权国家那样严格，管辖方式及本质有所变化，其边界与领土的观念更为强烈，且与国家主权紧密联系在一起。古代中国无论统一的或分裂时期的各政权都有一套管理自己控制地域（即疆域）的制度，其余古代世界各国均有自己特点的管理疆域的制度。就古代中国而言，先秦时期的封建分封制，到秦汉以后的郡县制和在边疆少数民族聚居地区执行的属国制、都护制、羁縻府州制、土司制等，就体现出古代中国对其疆域和边疆的管辖制度。正是有了这些管理制度，才使人们对古代中国的疆域、边疆确定有了一个较为明确的标准，即凡古代中国统一或分裂时期的政权管辖到的地域，即是古代中国的疆域及由此而产生的边疆。今天国内学界探讨的所谓

① 周伟洲：《历史上的中国及其疆域、民族问题》，载《云南社会科学》，1989年第2期。

"藩属体系"、"羁縻府州制"、"土司制"等，正是在确定古代中国边疆民族地区的归属及管理制度。①

事实上，无论中国传统的史地学也好，还是21世纪以来一些重要的有关中国边疆的著作，如上述马大正先生主编的"中国边疆通史丛书"及《中国边疆经略史》、程妮娜教授著《古代中国东北民族地区建置史》（中华书局2011年版）等著作也好，都是与我们所论古代中国疆域和边疆的看法是基本一致的。我们对国外研究中国边疆的成果，凡符合中国历史事实，有创见的观点，都应研究，取其精华，以充实构建中国现代的边疆学。但是，对他们歪曲和割断中国历史，如什么古代中国仅只指汉族所建政权之类的谬论，则不能苟同；不能以与国际接轨之类的借口，跟在外国学者后面，而抛弃了中国边疆学的传统和特色。

三、关于构建中国边疆学学科的几点建议

在今天重新构建中国边疆学学科初见成效的时刻，笔者建议目前迫切需要做好以下工作：

1. 继续探索构建中国边疆学学科的理论问题，通过争鸣和相互探讨，尽可能在一些重大理论上取得基本一致的意见。

2. 尽快成立全国性的"中国边疆学学会"及各分会，并出版有关中国边疆学的刊物。早在20世纪30至40年代，边政、边疆学会都能如雨后春笋，纷纷成立。难道在21世纪边疆问题凸现的新形势的今天，成立一个边疆学学会就那么难吗？

3. 继续在相关的研究机构及大学内，建立专门研究中国边疆的机构，并充分发挥他们在边疆研究中的作用。本世纪以来，除中国社会科学院建立的"中国边疆史地研究中心"（应改名为"中国边疆研究所"）外，中国教育部所设人文社会科学研究基地中，有四川大学藏学研究所、吉林大学的边疆考古研究中心、云南大学的西南边疆民族研究中心、兰州大学和新疆大学的西北民族研究中心，均与边疆研究相关。近来，又有一些大学

① 周伟洲：《关于中国古代疆域理论若干问题的再探索》，载《中国边疆史地研究》，2011年第3期。

设置边疆研究的机构，如陕西师范大学成立的“中国西部边疆研究院”等。此类研究机构还可以在边疆省区专门筹建。

4. 边疆研究的人才培养也十分重要。国家教育部研究生教育的学科分类中，将“中国边疆学”专门列为一级学科是十分困难，几乎不可能。但是，事实上有一级学科的博士、硕士授权点的重要大学或上述重点研究基地，可依据中国边疆学为综合、交叉多学科的特点，在政治学、民族学、社会学、经济学等一级学科之下，自行设置中国边疆学或其分支学科的二级学科点。事实上，云南大学、南京大学等学校已经这样做了。今后，希望更多的大学设置中国边疆学的二级学科，培养更多、质量更高的边疆研究人才。

5. 国家和有关边疆省区、大学等对边疆研究加大在人力、财力的支持力度。关于此，目前发展势头很乐观。国家 2011 年创新平台、智库的启动，中国社会科学院创新项目的资助，国家社会科学基金项目，各省区的社会科学基金项目，均对边疆研究的经费倾斜；边疆研究的各项重大项目的启动，等等。

6. 加强与国外边疆学研究机构和学者的交流，互派留学生、举办学术研讨会，等等。

我们希望尽快完成现代中国边疆学学科的构建，让它为中国（特别是边疆地区）的社会发展、现代化的实现，发挥其应有的作用。

中国边疆学构建面临的几点理论挑战

——以拉铁摩尔、狄宇宙和濮德培为例

| 王　欣 |

近百年来，西方学者不断从各个角度挑战中国传统的国家观和边疆观，并以西方中心主义和近代民族国家的理论重新解读各种文本与考古和语言材料，在利用汉族中心主义和多民族共存的事实，解构中国多民族大一统国家观的同时，力图建构各种重新阐释中国边疆形成的理论。在这一方面，如果说拉铁摩尔（E. Lattimore）[①]是20世纪上半叶的集大成者的话，那么近30年来随着中国的崛起和国际影响的不断扩大以及在发展过程中边疆问题的日益凸显，本世纪西方学者更加关注中国边疆的形成，并以此解读当代中国的边疆问题，代表人物便是狄宇宙（N. Di Cosmo）[②]和濮德培（P. C. Perdue）[③]。前者在中国积贫积弱、内忧外患不断的背景下，多少还带有西方学者对中国边疆未知领域的了解和探索的色彩，那么后者则明显带有对中国崛起的关注甚至忧虑的意味。不管怎样，从学理的角度回应西方学者的各种边疆理论、学说与挑战都是必要的，而建构中国自己的边疆学理论体系，掌握话语权，则显得尤为迫切。本文仅就上述三位学者的一些论点谈些自己不成熟的看法，借以抛砖引玉。

---

① 拉铁摩尔的代表作是：《中国的亚洲内陆边疆》，唐晓峰译，江苏人民出版社2005年版。本文引文均据此版。

② 狄宇宙的代表作是：《古代中国与其强邻》，贺严、高书文译，中国社会科学出版社2010年版。本文引文均据此版。

③ 濮德培的代表作是：《中国西征——清朝对中央欧亚的征服》（*China Marches West*：*The Qing Conquest of Central Eurasia*），Cambridge：Belknap Press of Harvard University Press，2005。

一

在建构中国的边疆学体系之前，首先要界定边疆的主体，即什么是中国，中国是谁的？从现代国际法的概念来看，这原本不是个什么问题。当代中国当然指的是中华人民共和国，其边疆自然指的是中华人民共和国领土主权范围所及的边境地区。但是从历史的角度来看，历史上的中国又是一个动态的概念，有统一也有分裂时期，所谓“分久必合，合久必分”，由此虽然也造成历史上不同时期中国边疆范围的伸缩与变化，但是中国边疆的主要形态在近代之前却已基本形成。这是一个自然的历史的过程。另一方面，中国边疆的基本形态又具有历史的连续性和继承性，近代以来中国边疆是从历史上演变而来的，是对历史边疆的继承，具有历史的和法理的基础与依据；另一方面，历史上尤其是近代边疆形态演变过程中所出现的各种问题又的确对当代疆域的界定产生程度不同的影响。事实上，当代国际上的任何主权国家的边疆演变史也莫不如此。问题在于，在近代西方主导的“民族—国家”（Natio-State）语境下，一个民族一个国家的学说成为西方学者解读和解构中国和中国边疆的学理基础。于是中国（China）是汉人或汉族（Chinese）的中国，中国的边疆是汉人的边疆，便成为西方世界尤其是学术界流行的看法和观念。

拉铁摩尔在其代表作《中国的亚洲内陆边疆》正文首页便列出了一张“中国本部十八省”，所谓的“中国本部十八省”主要指的是明代长城线以南的黄河与长江中下游地区，并不包括东北、内蒙古、新疆、青海、西藏（含西康，即今川西北的甘孜、阿坝州）甚至宁夏北部等区域。前者是他所指称的“中国本部”，而后者自然是他心目中的“中国边疆”。据此，拉铁摩尔又进一步明确认为，所谓的“中国本部”的面积约为150万平方公里，人口4亿—5亿间。① 显然，拉铁摩尔的“中国本部”指的是传统的汉人农业区，与历史上所谓的游牧或畜牧区域相对应；他的“中国”是汉人的“中国”，“中国边疆”指的是历史上少数民族尤其是游牧民族活

① 〔美〕拉铁摩尔：《中国的亚洲内陆边疆》，唐晓峰译，江苏人民出版社2005年版，第7页。

动的区域。但是，即使按照拉铁摩尔的角度来讲，他有关中国和中国边疆的认识在时间和空间上也是混乱的。

首先，拉铁摩尔指的“中国本部十八省”是按清朝末年的标准划分的，满族兴起的东北地区并不包括在内，满族建立的清帝国并不是“中国”。按照这一逻辑，中国历史上的各个非汉民族所建立的朝代及其所统治的区域都不是“中国”，那么历史上的中国则完全成为一个并不存在的虚幻概念了。一方面，在先秦甚至两汉时期，拉铁摩尔心目中的“汉人中国”王朝统治范围并未能完全涵盖所谓“中国本部十八省”的全部；另一方面，唐代和明代“汉人中国”的实际统治区域又远远超过了“中国本部十八省”的范围。更何况，历史上在“中国本部”区域曾经活动和统治过的还有很多非汉民族，而他们大多都与所谓的汉人相融合，本身就成为后来汉人的一部分。就中国历史上而言，不同时期、不同朝代，其疆域都有伸缩变化，汉人与非汉人的活动区域也各不相同或多有重叠之处；加之不同时期汉人的内涵也有变化，汉人与非汉人、非汉民族之间的界限也并非泾渭分明的，因此，以汉人和非汉人定义“中国本部”显然将复杂的历史简单化了，更与事实不符。

为了解释这些显而易见的矛盾，拉铁摩尔别出心裁地根据中国南北方在生态环境和生产方式的差异，将南方的少数民族称为“前汉族”，因为他们有着与汉人相接近的生态环境与农业生产方式，易于与汉人相融合；而北方少数民族则称为“非汉族”，因为他们有着与汉人不同的草原生态环境和游牧生产方式，不易于与汉人相融合。他认为，“南方的地理环境有利于‘前汉族’的少数民族的长期存在。在北方，汉族的发展把保留的少数民族推到了一个新环境中。在那儿，他们不是‘前汉族’而成了‘非汉族’。”① 而事实却恰恰与拉铁摩尔的学说相背离，直到近现代，中国南方依然是少数民族成分最为丰富的地区，而历史上却有大量北方少数民族与汉族相融合，最典型的就是十六国时期的“五胡”——匈奴、鲜卑、羯、氐、羌，其中不乏有大量的游牧民族，他们似乎更像是拉铁摩尔所谓的“前汉族”而非“非汉族”。

① 〔美〕拉铁摩尔：《中国的亚洲内陆边疆》，唐晓峰译，江苏人民出版社2005年版，第228页。

其次，拉铁摩尔选取明代长城作为历史上中国北部疆域的一条“绝对边界”，完全无视明代长城以北的千年前秦代长城的存在。尽管他注意到了长城两侧由于生态环境的关系所造成的人们在生产方式、生活方式乃至种族、语言、宗教和政治组织等方面的差异，但他显然将这些东西也绝对化了。更何况，即使从生态环境的角度来看，中国北部农牧交错带宜农宜牧，从来就不是泾渭分明；河西走廊和天山南北绿洲地区也适于从事农业生产，而无论什么时期，长城也没有成为中国历史上各个朝代的“绝对边界”。

为了说明中国西北疆域的形成过程，拉铁摩尔继“前汉族”之后又创造性地提出了所谓“次级绿洲”的概念。这片“次级绿洲”的东部位于他所指称的“中国初民所在的黄河河曲及附近的谷地”，西部则是“新疆的绿洲”。拉铁摩尔认为，“在东、西部中间，有一片可称为‘次绿洲’的地带，特别是在甘肃西部，从兰州向西，沿南山北麓直到安西，从安西开始是艰苦的沙漠道路，西北直至哈密，再西到罗布泊。这个地理区域可以加上流入蒙古腹地的额济纳河地区和兰州到宁夏的黄河地区。这种所谓的次绿洲（在新疆北部或准噶尔盆地也有这种绿洲）的特点是，虽然它们之间的交通情况不如黄河河曲谷地那样好，却比塔克拉玛干周围的绿洲强得多。”① 拉铁摩尔提出“次级绿洲”的概念无非是为了说明，这里的居民与汉人不同，并在汉人农业文明的扩展下“脱离绿洲而完全依赖草原”②，成为所谓的非汉的“蛮族”，因而这一区域原本并不是汉人“中国”的，而只是汉人“中国”的边疆而已。其最终目标是据此“有了一个研究汉族渗入中亚的重要着眼点”；虽然拉铁摩尔不得不承认“这个地区终究是由汉人控制的”，但他却强调汉人“虽然可以控制，却永远不能使这些地区与汉地合为一体”③，从而将这一区域排除在他所谓的“中国本部”之外。拉铁摩尔在此显然过分夸大了生态环境的影响和作用。从西

① 〔美〕拉铁摩尔：《中国的亚洲内陆边疆》，唐晓峰译，江苏人民出版社 2005 年版，第 107 页。

② 〔美〕拉铁摩尔：《中国的亚洲内陆边疆》，唐晓峰译，江苏人民出版社 2005 年版，第 108 页。

③ 〔美〕拉铁摩尔：《中国的亚洲内陆边疆》，唐晓峰译，江苏人民出版社 2005 年版，第 109 页。

汉武帝时期开始，随着河西四郡的建立已经使得中原与河西诸绿洲成为一体，而此后西域都护的设立及其对西域地区的有效管辖，则将汉朝的疆域推进到中亚地区。至于汉代以后各王朝西北疆域的伸缩则与其各自势力的兴衰以及周边民族的活动密切相关，并非是拉铁摩尔所强调的“次级绿洲”作用的结果。

造成拉铁摩尔在“中国”与“中国边疆”认识上时空混乱的原因，归根到底还是在于将中国等同于汉人的“中国”；将中国和中国的边疆视为一种静态的存在。这一点与近代以来某些日本学者所鼓吹的“异民族统治中国”的学说倒是异曲同工。显然，这既不符合历史事实，也显示出其对中国历史复杂性认识的浅薄。一方面，所谓的汉人原本就是历史上多民族的一个融合体，在不同的时期具有不同的内涵与外延，并不存在绝对“纯正”的汉人；另一方面，中国历史上有许多非汉民族（包括长城以北的游牧民族）统治过黄河与长江中下游地区的农业区，并通过民族融合成为所谓汉人的一部分。所以，以汉人及其活动区域来定义中国甚至等同于中国，既没有历史的依据，也缺乏现实的可能性。易言之，中国从来就不是或不仅仅是汉人的中国，而是历史上在这一区域生活和活动过的各个民族共同的中国。此外，随着王朝的更替及其势力的盛衰，历史上中国的边疆在近代西方主权国家的观念引入之前也一直处于伸缩与变化状态，是一个动态的概念；以所谓的“中国本部”来界定中国的边疆，不仅有先入为主之嫌，也将复杂多变的边疆演变史简单化了。

二

如果说拉铁摩尔是立足近代中国已经基本定型边疆来反观其演变过程的话，那么狄宇宙则是从早期中国北部疆域的形成入手，试图从代表古代中国的农业文化与北方草原游牧文化的二元对立与互动的视角，解构传统的“中国中心主义”。这一点只要从他著的《古代中国与其强邻——东亚历史上游牧力量的兴起》的书名及其所研究的历史时段——公元前3世纪至公元前100年，就可以看得很清楚。在狄宇宙看来，“边疆地区是这样一种地区，不同的民族，其对生活、社会和道德的理解迥然有别，而且构成他们自身和确定他们的民族性的价值观也完全不同，边疆还是这样一种地区，它是建立在那些使用文字和不使用文字的人之间的（从而证据就具有片面性）。”[①] 显然，狄宇宙是以民族和文化来定义边疆的，这一点与拉铁摩尔并无本质区别，和古代中国多民族共存的历史也不相符，其出发点仍然是近代西方民族—国家理论与学说；另一方面，狄宇宙对早期中国边疆的看法也脱离了先秦时期便已形成的“天下观”和“大一统”的语境，而这种“天下观”和“大一统”思想无疑是以自我为中心。

事实上，在对待中国边疆的形成问题上，以所谓的“世界史”或“全球史”的视角解构“天下观”和“大一统”思想下的“中国中心主义”，一直是近百年来包括上述三位西方学者在内的西方学术界的不懈追求。这一点也得到了一些华人世界学者的欣赏和认同。[②] 从多视角透视和研究中国古代的边疆，对于全面认识中国边疆的形成，深化本领域的研究，无疑具有积极的学术意义。需要强调指出的是，中心与边疆原本就是一对相互依存的范畴；不存在没有中心的边疆，而脱离边疆的中心自然也就没有存在的意义。正是从这种意义上来讲，所有的边疆都是有中心的。问题在于，在西方学者的心目中，中国仅仅是汉人的中国，“中国中心主义”于是便成了“汉人中心主义”；而在“汉人中心主义”和“民族—国家”的理论体系的共同作用下，“非汉地区”就成为“中国”的边疆。将历史投射到现实，新疆、西藏、蒙古乃至东北（所谓的“满洲”）自然便不属于“中国本部”，而成为“中国本部”之外的边疆了。

在近代之前的王朝时代，黄河和长江的中下游地区无疑是中国乃至整个东亚的政治、经济和文化中心；在这一中心的周围自然形成了不同时代伸缩变化的边疆，但是这种边疆并不是近代以来西方世界“民族—国家”语境下的边疆，而是具有自身内涵和特点的边疆。就中心而言，该中心从来就不仅仅是所谓“汉人”的中心，历史上就有很多“非汉”民族入主中心，并大部分与汉人相融合；就边疆而言，不同时期的一些

① 〔美〕狄宇宙：《古代中国与其强邻》，贺严、高书文译，中国社会科学出版社 2010 年版，第 6 页。

② 参见薛涌：《狄宇宙的华夷新辨》，载《书城》，2009 年第 5 期；李鸿宾：《阐释南北关系的一个视角》，载《中国边疆史地研究》，2011 年第 3 期。

汉人也以各种形式流寓边疆，最终成为“非汉”民族的一部分。“入主中原”不仅是历史上汉人的理想，也是许多“非汉”民族的追求。正是从这个意义上来讲，历史上所谓的“中国本部”不仅仅是汉人的中心，也是许多“非汉”民族的中心；边疆也不仅仅是“非汉”民族活动的场域，也是所谓的汉人流寓的地区。汉人与“非汉”民族的双向流动以及“非汉”民族间的相互往来，事实上也打破了按照民族标准界定的所谓中心与边疆的二元划分。如果严格按照西方学者以民族活动场域划分古代中国的边界与边疆的话，那么所谓的“中国本部”反而失去了存在的依据。

需要强调指出的，王朝时代的中国边疆具有自身的多重属性，即政治边疆、经济边疆与文化边疆；所谓历史上中国边疆便是这些多重属性的复合体，并在不同的时代具有各自不同场域和特定的含义，因之也是一个相对动态的概念。

所谓政治边疆指的是各朝代相对“中心”而言实际统治或控制的边缘地带，是其政治势力所及的有效范围，具体表现在统治体制及各项统治措施的有效延伸，诸如军事驻扎与屯戍支撑、郡县制度的推行与羁縻府州的设置以及朝贡体制下的政治认同等等。与此同时，在政治边疆的范围内还常常会设定特别的职官制度，代表“中心”对边疆地区实施有效的管辖与控制，从而会出现一些“次级中心”。正因如此，政治边疆的一个最为显著特点便是政治制度的多样性。由于“中心”各王朝所处的历史环境、内外形势和统治实力各有不同，其有效统治或控制范围自然也存在不同程度的差异，从而使得中国历史上的政治边疆范围在整体上呈现出相对动态的状态。一方面，当“中心”王朝实力与势力强盛的时候，其政治边疆的范围则比较广大，实际统治区域便呈现出“大一统”的状态；在“中心”王朝实力与势力衰减的情况下，其有效统治区域内缩，实际控制范围便比较狭促，原来的政治边疆常常处于分裂与割据状态。另一方面，当所谓的“中心”也处于分裂割据状态的情况下，统一的政治边疆自然也不复存在，取而代之的常常是原来那些“次级中心”，在不同的区域维系着各自的政治边疆，等待着下一轮的“大一统”时代的到来。如果说中国历史上的政治边疆会随着王朝的更替、统一与分裂的政治形势变化而处于动态状态下的话，那么政治边疆相对稳定以及复归一同的深层次原因则是秦汉时期中国经济边疆与文化边疆的形成与确立。与政治边疆（很大程度上与各王朝统治集团的利益直接相关）不同，经济边疆和文化边疆的形成有其内在的逻辑性与延续性，并与该区域内各族民众的内在需求密切相关，即使政治环境发生变化，各种形式的族际间经济与文化交流仍然在民间延续；两者的场域虽然在一定程度上与政治边疆相重叠，但是其自身的发展却一般并不因政治边疆的变化而中断和改变，具有较强的稳定性和连续性。甚至可以说，正是经济边疆与文化边疆的这种内在连续性与稳定性，才构成了政治边疆形态的形成和恢复直至重建的基础。

与拉铁摩尔静态的考察中国历史上的边疆不同，狄宇宙则强调中国边疆的“流动性特征”，并认为“在北部边疆的确定上，至少有三种相互联系，但又各自独立的进程起着重要的作用，一种是生态和经济进程，另一种是文化进程，最后是政治进程”。他甚至承认，“文化边疆，这一被理解为是不同物质文化的承载者之间进行接触的地域，早在商代就存在于中国北方了。”① 事实上，狄宇宙正是从早期华夏农业文明核心区域与北方民族游牧文明之间的互动关系，来考察史前至西汉时期中国北方边疆的形成过程的。在他看来，正是文化的界限最早（周王朝）将中国与世界其他部分区分开来，形成较为明确的“边界”；随着统一了游牧部落的匈奴和统一了中国的汉王朝的兴起，“当边界作为匈奴和中国之间的界限开始以地域的和政治的名义而被确定下来之后，边疆关系就开始通过朝廷之间的沟通、外交使团的派遣以及互换贡品等活动而固定下来”②。

狄宇宙的贡献在于将中国边疆形态的形成与确立看做是一个动态的过程，同时又将中国的古代边疆视为一个经济（生态）边疆、文化边疆和政治边疆的“综合体”，并从后现代主义的立场出发，解构了司马迁历史文本书写（《史记·匈奴列传》）所建构的中国北部边疆体系。狄宇宙虽然

① ［美］狄宇宙：《古代中国与其强邻》，贺严、高书文译，中国社会科学出版社 2010 年版，第 58—59 页。

② ［美］狄宇宙：《古代中国与其强邻》，贺严、高书文译，中国社会科学出版社 2010 年版，第 370—371 页。

通过司马迁有关“天人感应”的书写，成功解读了以之为核心的中国古代“天下观”在构建北部边疆形态上的作用，并且也认识到这一时期“这一条边境不能认为是由生态环境或生活方式的深刻不同所造成的。华夏民族、戎、狄和夷等之间确实存在着不同，但同样的差别也存在于各诸侯国之间”，从而避免落入西方学术界以往简单以生态环境、经济生活方式和民族差异界定中国古代边界与边疆的陷阱，但是他却依然认为“这一政治性的边界到战国末期随着北方‘城墙’的建立而向北扩展到了极限”。[①] 显然，一旦回到政治边疆的语境下，长城作为中国古代边疆具有符号意义的边界，其在界定中国古代边界与边疆上的功能与作用同样也被狄宇宙夸大和绝对化了。从中国古代边疆完整的演变过程来看，且不说秦朝统一六国后在阴山北部所建长城的地理位置远远超越了战国末期北方诸侯国的“北方城墙”的极限，没有建设长城防线的唐朝和清朝的政治边疆的范围反而分别达到了历史上的两个极限和顶峰。因此，长城充其量只是历史上某个特定时期和特定王朝政治边疆的具有象征意义的边界符号，其兴建存废与范围的伸缩反而恰恰反映出中国古代边疆动态发展的历史特点。至于狄宇宙所称的“早期长城的基本功能是进攻功能的理论”[②] 也并不像有些学者认为的那样，是狄宇宙的发明和创造。拉铁摩尔早就认为，是汉族的发展而不是蛮族的入侵才导致早期中国北部疆域形态的形成[③]。在这一点上，拉铁摩尔与狄宇宙等西方学者的表述更像是为所谓的“中国中心主义”纠偏，对于全面认识古代中国疆域的形成以及农业王朝国家与北方游牧政权的关系有不无积极的学术研究意义，但是这种纠偏却常常滑入另一个绝对和极端，即“去中国中心主义”。事实上，拉铁摩尔与狄宇宙等一些西方学者有关古代中国边疆的各种学说和出发点在整体上也正是建立在此基础上的。

① 〔美〕狄宇宙：《古代中国与其强邻》，贺严、高书文译，中国社会科学出版社2010年版，第371页。

② 〔美〕狄宇宙：《古代中国与其强邻》，贺严、高书文译，中国社会科学出版社2010年版，第185页。

③ 〔美〕拉铁摩尔：《中国的亚洲内陆边疆》，唐晓峰译，江苏人民出版社2005年版，第223页。

三

如果说拉铁摩尔和狄宇宙对中国边疆的研究偏重其历史过程的话，那么濮德培的研究则带有显著而强烈的现实关怀情节。在上述三人中濮德培所著的《中国西征》（*China Marches West*，副标题为“The Qing Conquest of Central Eurasia”，清朝征服中央欧亚）尽管晚出，但是他的研究在“去中国（汉人）中心主义”的学术倾向上却比前两者走得更远，并明确对中国多民族国家发展的学说提出挑战。

濮德培在本书的“前言”中毫不讳言地说：“我选择‘中国西征’作为本书的书名是很慎重的，因为这是一个被当今中国民族国家所认可的征服事件。但它是‘清的征服’（Qing Conquest）而不是‘中国的征服’（Chinese Conquest），因为其中主要参与者里有很多并不是汉人中国人（Han Chinese）；之所以选择‘中央欧亚’（Central Eurasia）一词而不是更常用的‘中亚’（Central Asia）、‘蒙古’（Mongolia）或‘新疆’（Xinjiang），是为了表明帝国获取这片领土的范围之广、疆界之模糊。”针对中国历史学家所称的“清代多民族国家对蒙古和维吾尔人的统一”以及俄国人和蒙古人所说的“好战的满清对蒙古人的入侵”等说法，濮德培认为其中都有政治的含义，因而都不是中立的；为此，他强调自己的研究既要批评民族主义，同时也要证明帝国与民族国家间的延续性。①

《中国西征》一书主要讨论的虽然是清朝17至18世纪对西北边疆的征服问题，但是濮德培在该书“导言”中也明确指出：

> 本书还对现代中国历史编纂学中的某些主导范式提出批评，这些范式主要见于中国学者的著作中，但也被很多西方学者所接受。简而言之，海峡两岸的历史学家都受到了当代民族主义思潮的影响，将中国民族国家现在的疆域和文化边界视为理所当然的存在。他们将对蒙古和新疆的征服视为某种发展的成就，并在20世纪的中华民国达到

① P. C. Perdue, *China Marches West: The Qing Conquest of Central Eurasia*, Cambridge: Belknap Press of Harvard University Press, 2005, p. XIV.

> 顶峰；或者按照中国人的话来讲，是中国多民族国家“统一”了中央欧亚民众。这些历史学家认为在1800年左右清帝国版图的扩张达到顶点，因为这一扩张过程从此终结。此后，帝国在19世纪从其荣耀的顶峰开始衰落，直到1949年才重新恢复了绝大部分区域的主权。当然，外蒙古、乌苏里江以北的大部分满洲地域和台湾一样，至今仍然在中华人民共和国之外。在中国民族主义者的观念中，所有这些地区都应该是其近代民族国家的一部分。的确，大陆的中国领导人们不断地重申，他们依然视这些地区为国家的一部分。当然，他们还强烈坚持台湾属于一个中国。尽管这些民族主义者将满人视做中国现代化进程中的阻碍而加以排斥，但是中国民族国家观念中的疆域概念却派生于18世纪清帝国扩张的最大版图。与其他民族主义者一样，中国人也是在排斥的基础上建构过去的。①

需要指出的是，濮德培的这部著作实际上是对近十几年来在美国学术界兴起的所谓“新清史”学派的继承和延续。该学派虽然在理论方法、研究角度、研究观点以及满、蒙等少数民族史料的使用上有所突破，但是却仍然无视中国统一多民族国家发展的历史事实，片面突出和强调满人建立的清朝与历代部分所谓汉人建立王朝的差异，以“满人中心主义”替代“汉人中心主义”；其本质上依然是西方学术界在民族—国家理论以及“汉”与“非汉”二元对立背景下审视和解构中国近代多民族国家形成与发展进程的延续，最终目标还是要实现其“去中国（汉人）中心主义”的学术追求。

在上引濮德培的“序言”中，他强调“清的征服”并不是“中国的征服”，直接原因居然是征服活动的参与者中“有很多并不是汉人中国人”。按照他的逻辑，清朝并不代表当时的中国，因为其建立者是满人，那么所谓的中国只能是“汉人中国”；这种将“清朝”与“中国”、满人与汉人截然相对立的看法，甚至还不如濮德培曾研究过的雍正皇帝在《大义迷觉录》中所驳斥过的“华夷中外之分论”。易言之，甚至清朝统治者

① P. C. Perdue, *China Marches West: The Qing Conquest of Central Eurasia*, Cambridge: Belknap Press of Harvard University Press, 2005, pp. 1 – 2.

也清楚地意识到，满族虽然建立了清朝，是清朝的统治民族，但是清朝并不仅仅是满人的清朝，中国也不仅仅是满人的中国。为此，雍正帝在《大义迷觉录》中还特别论述到："况明继元而有天下，明太祖即元之子民也。以纲常伦纪言之，岂能逃篡窃之罪？至于我朝之于明，则邻国耳。且明之天下丧于流贼之手，是时边患肆起，倭寇骚动，流贼之有名目者，不可胜数。……我朝统一万方，削平群寇，出薄海内外之人于汤火之中，而登之衽席之上。是我朝之有造于中国者大矣，至矣！"显然，雍正强调明朝取代元朝的合理性，目的无非是为了表明清朝统治者是以明朝的后继者和中国的代表者自居的，是中国的"再造者"。在"天下观"的语境下，这种中国的"再造者"无疑是超越"华夷"或"满汉"之别的。"新清史"学派当然自我标榜是"以满族自身为研究主体"纠偏以往的"汉族中心研究方式"，但在学术实践中却或多或少地、有意或无意偏离了这一立场，其"去中国（汉人）中心主义"的企图昭然若揭。

濮德培在"导言"中以民族主义的影响为由，对中国统一的多民族国家的历史编纂主导范式提出批评和挑战，但是他显然忘记了所谓"民族主义"恰恰是近代以来从西方输入的；以西方近代的"民族主义"范式批评中国传统的主导范式，一方面脱离了近代前中国国家形态自身发展的场景、语境与规律，另一方面也过分夸大了近代民族主义在中国的影响。事实上，辛亥革命以后以"五族共和"取代"驱逐鞑虏，恢复中华"，正是为了摆脱"民族主义"的影响，回归中国国家形态自身发展的轨道。濮德培的上述言论无非是为了割裂历史上中国国家形态自身发展的连续性与继承性，从而从根本上否定当代中国疆域的合法性。

在当今世界，领土与边疆的归属在本质上还是一个政治问题，神圣而不可侵犯；承认各国疆域的现状，尊重主权国家的既有疆域范围和主权完整也是国际法的基本准则之一。任何以学术研究的名义违背这一准则的行为显然是与之相悖的，而这样做即使不是别有用心的话，那么也与通过学术研究促进人类和平共处与共同发展的宗旨相背离。

古代中国边疆的范围虽经不同时代的演进而时有伸缩变化，但其基本形态为何却完整地延续地保存到近代并为当代中国所继承？在"去中国（汉人）中心主义"的理论背景下，拉铁摩尔和狄宇宙等西方学者并未对此给出令人信服的解说，甚至完全回避乃至无视这一历史事实。濮德培在自己著作的最后倒是注意到了这一点，但更多的却是对此表示特别的“惊讶”，并轻描淡写地将之归于“很多偶然因素的结果”① 而一笔带过。与他前面的长篇大论相比，这样做显然是很轻率和不负责任的。

在当前建构中国边疆学体系的过程中，我们一方面要回应西方学者的理论和挑战，但更重要的还是要从古代中国政治边疆、经济边疆和文化边疆的视野出发，充分认识和评价无形的经济边疆和文化边疆在有形的政治边疆形态发展和演变进程中的地位与作用，揭示中国国家形态自身发展规律，从而阐明当代中国边疆的历史延续性与合理性。这样或许在学理上有助于我们建构完整、科学并具有自己独立话语权的中国边疆学理论体系，进一步夯实统一的多民族国家发展学说。这是我们当代中国学人的责任，也是使命。

① P. C. Perdue, *China Marches West: The Qing Conquest of Central Eurasia*, Cambridge: Belknap Press of Harvard University Press, 2005, p. 565.

关于民族区域自治与中国边疆治理的思考

| 秦和平 |

关于边疆事务及边疆治理理论等，千头万绪，最重要的是制度建设，从制度建构或制度管理上着手，方能长效久安。目前，我国绝大部分陆地边疆是民族自治区、自治州或自治县，制度决定治理，治理确保稳定，因而我国边疆治理及相关理论的设计等必须正视民族区域自治制度，在这制度之下做足“文章”。

再者，边疆治理也有历史的承袭性，史事提供借鉴、清醒认识，故在阐述制度建设之前，还得先从清代及民国政府治理边疆地区说起。

一、清季民国治理边疆地区概况

鸦片战争以前，除与俄国订立《尼布楚条约》、划分外兴安岭等地的边界线外，清政府与其他邻国的陆地边疆多以传统习惯边界线来确定。由于没有条约的确定，习惯边界线往往因国力的强弱呈现“张”或“缩”的现象，变化不定。

近代以来，俄国等殖民主义国家窥视这种状况，依仗强势，强迫清政府订立《爱珲条约》、《中俄北京条约》等，攫取原传统边界线内侧我国的大量土地。19 世纪后期，清政府先后与英、法、日等国订立约章，用条约形式划分了陆地的边界线，希望能避免侵噬。不过，当时即使订立了国际条约，有了约束，但列强仍玩弄各种花招，侵噬不已。如 1897 年 2

月，英国藉口1895年6月中法两国《续议界务专条附章》中涉及所谓“江洪”的划分问题①，压迫清政府订立《续议缅甸条约附款》，改变了已议结滇缅部分边界的走向，将已约定是中国土地的“科干”（今缅甸果敢地区）归入了缅甸殖民地②。

在此情形下，强敌环视，改革传统的治理方式，实施直接统治，加强力量，势在必行。19世纪末年，清政府改变了台湾、西北及东北等地的传统管理体制，建立行省，任命台湾、新疆巡抚和东三省总督。在西藏亚东开关设埠，特设靖西厅，隶属四川省管理，该厅同知由四川总督拣任。稍后，朝廷支持川滇边边务大臣赵尔丰在川边地区（今四川甘孜及西藏昌都等地）、驻藏大臣联豫在西藏地区、驻库伦大臣三多在外蒙古地区（乌里雅苏台）开展“新政”，增派军队，加强力量，改土归流，拟建行省（如西康省），改造基层社会，借向民众宣传“大皇帝”、朝廷等，灌输国家观念，形成并强化认同意识，从制度上维护统一，等等。

然而，当这些措施尚在实施时，辛亥革命的突然爆发，清朝被推翻，代之而起的是民国政府及国民政府。新兴政权虽然制定了相关法律，政府领导人也强调国家的统一，并在《临时约法》中规定：“中华民国领土，为二十二行省，内外蒙古、西藏、青海。”及《中华民国宪法》中强调：“中华民国领土，依其固有之疆域，非经国民大会之决议，不得变更之。”其间，国民政府还在青海、宁夏等地建立行省，施以直接统治；并在部分边区创建过渡型政区，建立行政区、设治局等，替代土司等。

不过，因局势尚待稳定、政府力量尚需加强，制度建设有待措手，对

---

① “江洪”指云南西双版纳地。1894年3月，中英《续议滇缅界商务条款》第三条规定江洪（西双版纳）归中国。1895年6月，中法《续议界务专条附章》第三条中规定“自南乌江发源处，界线顺南乌江与南腊河并各支河中间之分水岭，其西边之漫乃、倚邦、易武、六大茶山等处归中国，其东边之猛乌、乌得、化邦哈当贺联盟猛地各处归越南”。当时越南是法国的殖民地，故边界划分由法国出面。后法越南殖民地（印度支那殖民地）分解为越南、老挝及柬埔寨三国。猛乌、乌得等地今在老挝境内。因当时的猛乌、乌得视为江洪的范围，英人藉此指责清政府违反约定，要求再分滇缅边界，将已划入中国的科干（果敢）割去。

② 关于这个问题，参见并比对《续议滇缅界商条约》第三款与《续议缅甸条约附款》第三条的相关规定。

边地的控制有些力不从心，更谈不上治理。在他国的策动或怂恿下，个别边地或公开“独立”（如外蒙古），或并入他国（如唐努乌梁海、科布多部分地方）等等，国土日削，边地危机严重。

1949年，中华人民共和国成立，中国人民站起来了，人民解放军进驻各边疆地区，实现了对国土的占领，保卫疆域，粉碎了列强图谋蚕食鲸吞的妄想。

可是，我们也注意到，目前我国大陆地区，从辽宁鸭绿江口起到广西北伦河口止，逶迤数万公里的陆地边疆地区，基本是各少数民族的自治区、自治州或自治县①。这样的制度建构，使得我们在思考当前中国边疆地区治理及相关理论时，都绕不开民族区域自治，必须正视，在该框架上加以研究，因此，我们还从民族区域自治制度的建立及发展谈起。

二、民族区域自治与边疆地区的关系

（一）民族区域自治的由来

在国家建制及民族理论上，中国共产党历经了从“民族自决”到“民族自决”与“民族自治”混用，再到“民族自治”，最后确定了“民族区域自治”的过程。

1949年9月底，第一届中国人民政治协商会议全体代表审议并通过《共同纲领》，该纲领起到临时宪法的作用，指引新中国的政治建设及各项重要工作的开展。对我国的民族地区，《共同纲领》规定：“各少数民族聚居的地区，应实行民族的区域自治，按照民族聚居的人口多少和区域大小，分别建立各民族自治机构。”于是，“民族区域自治”成为新中国的政治制度，及时实施，广泛建设。需要说明的是，最初民族区域自治主要施用于边疆地区，如1947年创建内蒙古自治区，1950年毛泽东对西藏工作规定两个原则：区域自治、不吃地方。

1951年2月初，政务院会议指令各大行政区军政委员会，要指导各地

① 我们的陆地边疆地区，除黑龙江、辽宁、吉林及云南四省外，其他省区均为民族自治区。但在吉林、云南及辽宁三省边地，又是若干自治州或自治县；唯有黑龙江边地少有民族自治地区。

政府认真推行民族区域自治及民族民主联合政府的政策和制度，等等①；接着，中央政治局会议决定，“认真在各少数民族中进行工作，推行区域自治和训练少数民族自己的干部是两项中心工作”②，将制度建设提上了日程。

民族区域自治的创立，有历史的继承性，是中国共产党关于民族理论及民族政策的具体落实；更有时代的发展性，它“是民族自治与区域自治的正确结合，是经济因素与政治因素的正确结合，不仅使聚居的民族能够享受到自治权利，而且使杂居的民族也能够享受到自治权利”③。尽管周恩来总理对此积极阐述，认为“这样的制度是史无前例的创举”，指出这“自治”中包括民族自治及区域自治，是两者的结合。然而，民族自治区域的“自治权利”有哪些内容，该如何行使呢？

（二）民族区域自治的“问题”

20 世纪 50 年代初，少数民族上层甚至个别民族干部认为民族聚居地就是该民族的地区，共产党虽然确定了区域自治，规定有“自治权利”，但他们当家不做主，“自治权利”是空的。如何体现、如何行使呢？如 1956 年 7 月，在中央政治局研究甘孜藏区等地民主改革时，李维汉就曾表示“民族自治地方的自治权利，有名无实或者名多实少，不能做主”④，挑明了“问题”。其后，在一些重要场合，民族地区少数干部及上层人士等，不同程度地提出类似要求⑤。因而，“自治权利”的范围多大、有多少、如何行使等，长期以来是民族自治地方的重要要求之一，该如何对待？

---

① 《政务院关于民族事务的几项决定》，见中共中央统战部编：《统战政策文件汇编》（第 3 册），1958 年版，第 1348 页。

② 《中共中央政治局扩大会议决议要点》，见中共中央文献研究室编：《建国以来重要文献选编》（第二册），中央文献出版社 1992 年版，第 43 页。

③ 周恩来：《关于我国民族政策的几个问题》，见中共中央统一战线工作部、中共中央文献研究室：《周恩来统一战线文选》，人民出版社 1984 年版，第 372—373 页。

④ 毛泽东：《在听取甘孜、凉山两个自治州改革和平乱问题汇报时的谈话》，见中共中央文献研究室等编：《西藏工作文献选编（一九四九——二〇〇五年）》，中央文献出版社 2005 年版，第 170 页。

⑤ 如在 1962 年中共中央统战部组织召开的民族工作会议，就有民族干部或上层有所要求。关于这个问题，参见《中共中央批转〈关于民族工作会议的报告〉》，见中共中央文献研究室编：《建国以来重要文献选编》（第十五册），中央文献出版社 1994 年版。

再者，受条件的限制或认识的不足，部分民族自治区从建立初起，并没有完全按照《共同纲领》中在少数民族聚居区实行区域自治的这项限定。仅就自治区来说，除西藏、新疆外，内蒙古、广西及宁夏三个自治区中的少数民族（蒙古族、壮族、回族）比例不高，前者约20%，后两者均约30%①，它们均没有达到少数民族聚居区的人口比例。甚至有部分自治地方，当地少数民族只占总人口的10%多。显然，这些自治区少数民族比例与《共同纲领》要求聚居区的规定不吻合。就是说，若按《共同纲领》规定衡量，这些地区能否称为少数民族的聚居区，但它们则是民族自治区、自治州或自治县，"名"、"实"如何做到相符？

再者，《民族区域自治实施纲要》（1952）规定自治区内的各民族都享有平等权利，承认平等，但也要求"自治区的人民政府机关，应以实行区域自治的民族人员为主要成分组成之"②。就是说，在机关干部中，少数民族要占大多数，并担任主要的领导。其实，如果该地区的"实行区域自治的民族"（以下简称"自治"民族）占了区内人口的大多数，政权建设、干部配置等则不成其问题；反之，就变成了人口"少数"的民族来领导人口"多数"的民族。"少"管理"多"，这恐怕有些问题，尤其是边疆民族地区，该如何对待呢？

当时，党中央已认识到这些"问题"，前述周恩来总理强调我国的民族区域自治是民族自治与区域自治的结合、是经济因素与政治因素的结合等指示，应与之有关系。即民族自治区不一定是某个少数民族的特占地区，是众多民族共有的区域，不能限定于某特定的少数民族，区域与民族的结合。

（三）民族区域自治的发展

前面曾叙，民族区域自治载之《共同纲领》，成为国家的法定规定，

① 内蒙古自治区创建在1947年，早在《共同纲领》制订时，其创建原因有所不同。但广西壮族自治区和宁夏回族自治区创建于1958年，应受《共同纲领》或《宪法》的约束，但该区的壮民或回民却占当地总人口较小的比例。原因何在？关于这个问题，参见周恩来：《民族区域自治有利于民族团结和共同进步》，见中共中央统一战线工作部、中共中央文献研究室编：《周恩来统一战线文选》，人民出版社1984年版。

② 《中华人民共和国民族区域自治实施纲要》第十二条。该条的全文是："各民族自治区的人民政府机关，应以实行区域自治的民族人员为主要成分组成之；同时应包括自治区内适当数量的其他少数民族和汉族的人员。"

“为中华人民共和国各民族现阶段团结奋斗的总道路，各民族自治区人民管理本民族内部事务，须遵循此总道路前进”。之后，中央政治局及政务院均将民族区域自治列为建国初要开展的主要民族工作之一，抓紧抓好。

1952年2月，政务院审议并通过《中华人民共和国民族区域自治实施纲要》，8月中央政府委员会批准，付诸实施，指导区域自治的建设工作。该纲要从法规的角度强调各民族自治区是中国领土不可分割的一部分，各自治区政府是中央政府领导下的一级地方政权，并接受中央政府的领导。该纲要对“自治权利”作出了明确的规定，在经济、财政、文化教育及文字等方面上有特别的要求，强调政府机关要以“自治民族”人员为主要成分组成，简言之，机关民族化。

其后，受多次政治运动等的干扰，《民族区域自治纲要》没有得到全面贯彻。1981年8月，针对新疆个别地区发生骚乱、破坏稳定、影响团结，甚至极个别干部中出现消极甚至分裂言论，邓小平在新疆考察期间，认为：

> 新疆的根本性问题是搞共和国还是搞自治区的问题，要把我国实行的民族区域自治制度用法律形式规定下来，要从法律上解决这个问题，要有民族区域自治法。①

应指出的是，邓小平的这指示不仅是针对新疆维吾尔自治区的“问题”，而是泛指全国边疆民族地区，他建议以立法形式，法律保障，用制度建设来维护国家统一、确保民族团结。

根据邓小平等指示，中央决定进行民族自治区的制度建设。1982年11月，五届全国人大第五次会议对《中华人民共和国宪法》加以修改或补充，民族区域自治是其中的重要内容之一。根据宪法等的规定，1984年5月第六届二次全国人大会议审议通过《中华人民共和国民族区域自治

① 邓小平：《新疆稳定是大局，选拔干部是关键》，见中共中央文献研究室等编：《新疆工作文献选编》，中央文献出版社2010年版，第252页。邓小平讲的“共和国”指联邦制内的共和国。因此，他又说：“新疆的根本问题，是共和国还是自治区。我们和苏联不同，宪法要肯定。”“宪法要肯定”，指1954年宪法中规定的民族区域自治制度。参见《王震传》编写组：《王震传》，人民出版社2008年版，第604页。

法》。该法律确定民族区域自治是“国家的一项重要政治制度”，属于我国政治体制的一部分，不可轻易改变；规定自治区、州及县的行政官员由“自治民族”的公民担任，强调“实行自治区主席、自治州州长、自治县县长负责制”①，即有职有权；要求自治机关所属工作部门的干部中，要尽量配备实行区域自治的民族和其他少数民族②，等等。

2000 年 2 月，第九届全国人大常委会对《民族区域自治法》加以修改，将民族区域自治制度提升到“国家的基本政治制度”的高度，与现行的人大制度、政协制度和基层民主制度相并列，地位重要。此外，对前项法律中的某些经济“自治”权利作了修改或补充，以顺应时代变化的要求。

除制定相关的法律或法规，适时修改，与时俱进外，我们也注意到，在实践中，民族区域自治也在处于发展及健全过程中。

从制度建构的层面上讲，在 1959 年前，除西藏地区外，全国各民族自治地区的政治制度，已初步形成了统一的体制，即所谓“四大班子”（党、政、人大和政协）和“四小班子”（组织、宣传、公安和税收）③等实施管理。1959 年平息西藏叛乱后，国务院宣布解散西藏地方政府（噶厦），废除西藏地区的旧制度，建立新型的行政体制及管理制度，与全国各地基本同一（只是西藏部分地方没有设立人民政协）。还有，各自治区政府机关的工作人员（干部）构成，也由过去“与人民群众有联系的领袖人物”（民族上层）和民族干部变为了党所培养的新型民族干部。自然而然，各自治区的组织构建及干部配置，均发生了变化，共产党实现了领导，完成了制度及人事的统一。

尽管如此，我们在边疆治理中还必须注意和高度重视民族区域自治制度，从治理理论的角度上研究相关问题。

---

① 《中华人民共和国民族区域自治法》（1984）第十八条，2001 年修改后的《民族区域自治法》亦保持这条规定。

② 《中华人民共和国民族区域自治法》（1984）第十九条，2001 年修改后的《民族区域自治法》对该条规定中“要尽量配备”改为“应当合理配备”。

③ 其中对公安部队的规定是：《民族区域自治实施纲要》规定“按照国家统一的军事制度，得组织本自治区的公安部队和民兵”（第二十二条）。《民族区域自治法》（1984、2001）修改为“依照国家的军事制度和当地的实际需要，经国务院批准，可以组织本地方维护社会治安的公安部队”（第二十四条）。

三、边疆治理必须正视民族区域自治

首先，民族区域自治已确定是“国家的基本政治制度”，无论认识边疆治理或构建边疆治理理论都绕不开它，必须在此框架上开展。

我国的绝大多数边疆地区是民族自治区、自治州或自治县，执行《民族区域自治法》等。不可否认，实行民族区域自治的初衷是维护那时尚处在“落后”、“贫穷”状态下的少数民族的权益，避免受到“先进”民族的歧视或不公正待遇。解放后，经过数十年来的积极扶持、大力援助，更重要的是少数民族，尤其是聚居北方的少数民族积极奋斗，发展迅速，与所谓“先进”民族差距缩小，甚至赶超。然而，《民族区域自治法》以法律的形式承认了各民族间的差异，将民族区域自治升格为“国家的基本政治制度”，意味着我国各少数民族是长期存在的，民族区域自治制度也是长期的、很难改变的，这也是研究边疆治理无法回避的现实，治理的相关理论还得以此为基础做“文章”。即在贯彻执行民族区域自治下，治理边疆地区，保持稳定。

其次，尽管我国各边疆地区存在种种差异、发展不平衡，但边疆治理需要统一，避免差别，摈弃个性。

目前，我国民族区域自治及相关制度，既存在民族差异与区域差别；在同一自治区内，也有“自治民族”与非自治的少数民族、少数民族与汉族间的差别。差别意味彼此的待遇或要求有所不同。虽然，我们宣传“汉族离不开少数民族，少数民族离不开汉族，少数民族相互离不开”（三个离不开），强调了民族团结、民族平等，但在边疆地区各民族间又存在各种差别，如何在差别上有效地实现团结、实现统一，保持边疆地区的稳定，需要认真思考。

再者，如何对待及解决民族自治区的“自治权利”。

前面曾述，在“自治权利”尤其是人事权上，过去有关部门曾提出并实施“机关民族化”及“党员民族化”等，还规定了具体的比例及实现期限，以实现少数民族当家作主，但强调“自治权”、实现“民族化”并不能达到预期的成效。毕竟“汉族离不开少数民族”是历史形成的，得到证实；反之，“少数民族离不开汉族”也是如此！

不过，我们也注意到，“少数民族当家不作主”等说法，已在各民族地区的少数干部等中讲了多年，在个别地点至今仍有反映，还能听到“声音”。于是，《民族区域自治法》（1984、2001）特别规定自治地方的主席、州长或县长要“由实行区域自治的民族的公民担任”，还特别强调实行主席、州长或县长的负责制，似乎突出这些自治地方的首长既能当家也要作主。

然而，目前中国社会里，党领导一切，各自治地方的区委、州委或县委的书记，并非全由该“区域自治的民族”公民出任；当地若干重要部门的管理位置也如此。如何做到及体现当家作主呢？如果党委书记等职由他们担任，又会怎样呢？当然，在中央政府强有力的情况下，边疆民族地区的这类“问题”或许不成为“问题”。反之，中央政府无力控制时，自治地方会不会沦为实行“自治民族”控制的地盘，所谓“自治权利”会不会滥用呢。届时发生这些问题，该如何对待呢？

还有，我国边疆地区的少数民族多是跨境民族，与毗邻国家的同族民众有血缘纽带、来往密切。在我国各级政府强而有力时，控制边疆地区时，这些来往并不会构成威胁。反之，则出现部分边民外迁、边地不稳等现象。如1958年滇西边疆民族地区曾有大量民族群众外迁境外就是典型[①]，类似现象亦曾发生在新疆等地。

邓小平曾说，解决民族问题的基础是经济、是发展，自治权利中最重要者是财政权。[②] 因而，当家作主应体现在经济上，看来民族区域自治制度也应如此，受此制约的边疆治理也要这样。

我们认为在研究边疆治理新思路时，宜依靠现行的民族区域自治制度，利用“自治权利”的规定，积极地、变通地发展经济，增加收入，提高边疆地区民众的生活水平，缩小甚至消除差距，实现共同富裕，衣食足而知礼仪，化边区为内地，边疆才能长治久安！

---

① 仅1958年9月至11月间，边疆23个县有11万余名边民外流，“生产陷于停顿，边境动荡不稳”。参见本书编写组：《云南民族工作四十年》（上），云南民族出版社1994年版，第190页。

② 邓小平：《解决民族问题的基础是经济》，见中共中央文献研究室编：《新疆工作文献选编》，中央文献出版社2010年版，第104页。

构建中国边疆治理与防御理论的几个问题

| 吴楚克 |

一、中国传统边疆治理与边疆防御的关系

构建中国边疆治理与防御理论，重点是要解决中国边疆治理和边疆防御的历史和现实问题，因为中国跨界民族形成和中国边疆治理的历史过程相伴随，中国的地缘安全与中国边疆防御的荣辱历史相共存，今天，边疆民族地区社会稳定是中国跨界民族与地缘安全和谐发展的标志。因此，中国边疆治理和防御是跨界民族与中国地缘安全的主体，而且中国的边疆治理起源于中国古代国家文明史之初，中国的边疆治理史就是中国形成史。世界上只有中国把自己的文明以不间断的历史轨迹延续到今天。因而，这也是构成中国边疆治理和中华各民族形成的共同历史，没有边疆治理也就没有中国地缘政治；没有边疆安全，也就没有地缘安全。中国的跨界民族就居住在占中国土地总面积63%的边疆民族地区。

传统的中国边疆治理与边疆防御的含义主要是指中国古代疆域形成与防卫。这里首先遇到的一个问题就是中国国家疆域的确立与变迁。国家应该是公民、国土、主权三者合一，如此来看，有记载的夏、殷、商即是中国国家建立之始。但中国古代国家历史经历了一个由氏族集团到诸侯分裂再到皇权统一这样一个过程，而在封建皇权统一过程中，国家也几次经历了地方政权割据和少数民族入主中央政权的历史时期，因此，中国古代疆域随着国家统治权限的缩小和扩大处在一个变化的过程中，也因此中国古

代疆域防卫就处在一个“内防”与“外防”的动态变化之中。这个过程展现出的最伟大之处在于：中华文明绵延数千年而未有中断，它创造的历史奇迹是以中原为核心的中国周边少数民族疆域共同构筑、维护和传承中华文明。这就使中国传统的边疆治理与边疆防御呈现出自己的历史特殊性。

第一，以“和为贵”的政策原则。在封建帝国时代，中央王朝在与周边地区和民族交往中，主张以维护共同利益为前提的“羁縻怀柔”政策。能够实施“羁縻怀柔”需要两个前提：一个是主体有强大的综合国力为后盾，一个是客体在“羁縻怀柔”关系中得到存在和发展。如汉唐时代的中央政府与西北胡族王朝的关系。这在中国历史上是一个成功的边疆防御战略，也是“以不战而屈人之兵”成功的国防战略。但是，当中央王朝出现内乱，被羁縻的各方就很可能出现动乱，这种动乱导致的不是“脱离”，而是“内侵”或者“入主中原”。根本原因还是因为中国是东方文明和财富的中心。

第二，以“远交近攻”为特点的边疆防御原则。中国封建帝国时代的“远近”与今天的边疆区域和周边国家关系不是一个概念，它应该泛指政权所及的边缘和相邻国家地区，当政权统治的边缘处在变动之中时，“远近”自然也就是一个变动的泛指。“远交近攻”的准确含义应该是指巩固的边疆区域与和谐的周边关系，中国的历史事实证明了这一点，能够在边疆区域实施有效的攻防是与周边国家建立和谐关系的前提。当然，这个战略原则是基于古代交通的缓慢封闭为前提，“近攻”可以保证边疆防御的主动性，而“远交”可使敌方无后援。

第三，以“诱敌深入”为特点的边疆防卫战术原则。中国古代封建王朝把长城沿线以外区域作为战略缓冲区，实施“诱敌深入”的战术原则，这虽然使兵力动员和军需物质得到有效保障和发挥，但也限制了开辟敌后战场和进攻性防御战略的实施。或许，“长城”在封建统治者心理构筑的“安全防线”远远超出了实际上的安全作用，阻滞了中国边疆防卫的发展。

第四，以“戍边屯田”为战略的边疆防卫策略。封建时代，中原农业高度发达，农民的特点就是守家与积累，建立起人口聚集的发达的城市和商业，这与游牧民族性格和西方海盗习性相距甚远。因此，号召“戍边屯田”就是封建中央王朝解决边疆防卫、保证国家领土主权不被侵犯的策略，出现这种情况的主要原因是国家核心区域与边疆区域的距离。直到今天，“屯田”虽然已经不是边防军队生存下去的主要手段，但“戍边”依然是边防军队的根本职责，变化主要来自于军队的机动快速反应能力已经消除了距离带来的困难。

毫无疑问，近代以前的中国传统边疆防卫战略战术是成功的，有效地保卫了国土和防卫了外敌的入侵，在保证中央政府对边疆少数民族地区实施有效地治理和控制方面也发挥了应有的作用。但是，总结中国传统边疆治理和边疆防御关系的经验教训，有如下几点认识：

首先，“羁縻怀柔”政策实施的结果是构成一种松散的宗主国之间的所谓“朝贡关系”，没有对已经纳入其内的领土主权实施有效的直接管理，在中央政权稳固时期，这种朝贡关系还可以保持稳定，在中央王朝出现削弱，特别是在中国封建历史上周期出现的王朝更迭情况下，松散的周边地区就会出现分裂局面，或者周边少数民族地方势力向内地进攻，建立中央封建王朝。在近代以前，这种“此起彼伏”的征服与被征服情况，还依照马克思曾经描述过的“野蛮的征服者，按照一条永恒的历史规律，本身被他们所征服的臣民的较高文明所征服”① 的情景运行着，而在近代以后，这种“柔性”的周边关系政策变成对中国国家领土和主权安全的严重威胁，使近代中国与西方列强被迫签订不平等条约，丧权辱国。

其次，“远交近攻”是中国封建时代军事交通的一种特殊需要，以便能够集中优势兵力，借助中原丰富的战争资源，来战胜敌人，这也是当时为了遏制中国周边广大少数民族地方势力不断南下劫掠的一种战略。在那个时代，实施这一战略的结果是有效平息了边疆民族地区出现的战乱，战胜了周边国家的入侵。但是，“远交近攻”的结果也使周边战乱不断，限制了中央政权为了和平目的而开疆拓土，走向世界和海洋。因此，“远交近攻”是封建时代的国防战略，绝对不适应 19 世纪后的国际政治局势和东亚地缘安全，也不能成为当今中国边疆防御战略和周边关系的战略经验。

① 《马克思恩格斯选集》（第 1 卷），人民出版社 1995 年版，第 768 页。

最后，中国传统的边疆治理和边疆防御的最终目的是防御，在汉族文化可以进入的地方和民族习俗可以接受的地方形成防御地带，重点是保护中原的城市和发达的农业。这也就要求中央政府在边疆区域始终保持强大的国防力量，这一方面耗费了大量的国家财力，另一方面也放弃在边疆地区建设永久的生产设施和基地，造成中国边疆地区社会经济发展水平始终处在落后于内地的状况。从某种意义上说，至今中国依然没有改变国防防御战略的传统，这是近代以来中国在国防战略和对外关系中始终处于被动局面的一个重要原因。事实上，进攻才是最有效的防御，这是一般的军事常识，时刻准备进攻就是要把敌人拒之门外，把战争控制在敌方境内或者是最前沿，这就是最有效的防御，但“准备”并不是就要进攻，而我们从开始就把战略防御作为出发点，才会有“诱敌深入”的战术，当然面对比我们强大的敌人，纵深防御是必须的。冷战结束后，企图以战争侵略为手段占领别国领土已经成为不可能，因此，在战略层面以“诱敌深入”为目的的防御是不可取的。

总之，传统边疆防御战略有很多值得我们学习、总结、发扬的经验。需要我们根据已经变化了的国际环境和战争手段来调整边疆治理和边疆防御的战略战术。

变化最大的是时空距离的改变。一是信息传输方式的改变革命，使时空距离完全可控；二是战争技术方式的革命，使作用于战场的武器完全脱离战场，所有的时空场所都可以是战场；三是投送战争力量的革命，使战争可以在任何时空条件下迅速展开。所以，传统的边疆防御战略是一种战略观念，让我们理解今天的一些状态是运用这些观念产生的结果。

二、近代中国边疆治理与边疆防御的失策

在西方近代冷兵器时代结束以后，中国的武器防御技术依然处在一个十分落后的状态，因此，在抵御西方列强的入侵时遭遇失败。然而，随着抵御外辱遭遇的严重挫折，一些人开始怀疑传统中国边疆防卫的战略战术，并错误地认为我们的失败是由于西方的“船坚炮利”，结果导致把解决问题的核心放到引进和模仿西方的军事制造技术上。事实证明，近代中

国遭遇的失败和面临的问题不仅仅在于我们武器的落后，而在于落后的封建制度严重束缚了生产力发展和科学技术向生产力转化，在于封建意识形态严重束缚了人们的思想解放和科学创新，因而，从根本上阻滞了中国社会的进步和发展，导致近代中国社会几乎所有方面都处在一个严重滞后而又难于迅速改变的状态下。

然而，满族建立的清代帝国却与以往的封建王朝不同，这一不同表现在中国的边疆治理与边疆防御的关系上，具有以下特点：

第一，满族联合蒙古族共同组成的清代统治集团，改变了传统的中央王朝防御北方边界的战略，它直接造成两个结果：一是使中国强悍的北方各少数民族更加认同中华帝国，将自己的传统领地纳入中国版图，并以入主中原的姿态保卫这个国家，这从根本上改变了历代中国传统边疆防御的态势；二是使广大的中国北方领土界线的模糊状态结束，北方其他少数民族更容易接受以满蒙为统治核心的中央王朝，这也从根本上改变了国防军队的主体人员构成和统治民族的身份，甚至把属于统治民族的军队不远万里调往边疆防御一线。当然，在清朝后期这种情况发生了改变，但基本情况没有大的改变。

第二，正因为出现了北方少数民族入主中原，建立少数民族统治的中央王朝，使传统的边疆治理和边疆防御的关系发生根本改变，也就放弃了中原汉族王朝时代对边疆领土的防御意识。这导致在晚清国家出现危难时刻，统治集团的国家意识和民族利益发生分裂。满族以如何维护自己的统治为核心利益，所以，在镇压国内反抗和抵御外辱上，他们选择了镇压反抗，接受外辱。这种选择对统治集团来说是必然的，因为，国内反抗是要结束他们的统治，而外国入侵是要分得利益。因此，近代中国当时面临的矛盾十分复杂，统治阶级与人民大众既存在阶级矛盾，也存在民族矛盾，而进入统治集团的汉族也面临维护统治阶级的利益和恢复主体民族利益的矛盾。这种来自于中华民族内部的矛盾斗争，直接导致清朝统治者在西方列强的入侵劫掠面前，卑躬屈膝，割地赔款，以达到和解的目的，致使中国的边疆和国防遭遇毁灭性的挫折。

第三，帝国主义是近代中国人民最凶恶的敌人，根源在于帝国主义利用了清王朝统治集团与中国的主体民族汉族的阶级和民族矛盾，帝国主义通过不断地侵略威胁，迫使统治集团进一步丧权辱国，从而加剧了国内民族矛盾；同时，反抗满族统治的国内民族主义运动也就必然带有西方“输入”的色彩，因为西方列强打败封建统治的武器正是中国人民需要的东西，包括思想的和物质的两种武器。这也就能够理解为什么从近代到现代的中国革命都有西方先进思想影响的痕迹，也就能够理解近代中国洋务运动和现代引进西方先进技术的历史动因。从某种意义上说，这就是马克思在《不列颠在印度的统治》一文中提到的“不自觉的历史推动者”的作用。不过，帝国主义入侵劫掠的是整个中华民族，包括各少数民族人民在内，他们都成为帝国主义殖民统治和剥削的对象。同样，进入统治集团的汉族当然也属于统治阶级，但在面临复杂的民族和阶级矛盾面前，统治阶级内部也出现分裂，而部分汉族统治阶层最先从统治阶级内部分裂出来，他们宣布脱离中央政府实施割据，从而加速满清王朝的垮台。此后，中国出现短暂的军阀割据的局面，而这种局面的出现一方面加速中央政府的灭亡，另一方面加剧了中国的边疆防御的危机。

第四，如果我们能够认真地以历史的眼光研究清朝灭亡后中国出现的地方割据，就会发现军阀割据是国内反清民族主义成功后出现的必然结果，那些能够宣布与中央分庭抗礼的地方势力，都宣称自己是爱国主义，或民族主义，或国家主义，不管是哪种主义，总之，脱离腐败的满族清王朝统治是大部分中国人民的追求。然而，历史的巧合在于，这个时候正是俄国十月革命前，使脱离封建主义制度和摆脱帝国主义殖民压迫的两种可能同时出现在20世纪初的中国人民面前，这就加剧了已经处在分裂边缘的中国边疆出现巨大的防御漏洞，在外蒙古独立问题上，军阀割据造成的边疆防御无所作为，和国内各派政治势力面对外蒙古宣布独立时反应缓慢和态度暧昧，都是导致外蒙古独立的内部原因。事实上，在蒙古民族内部，摆脱满族王朝是直接目的，如果没有苏俄的直接支持，外蒙古宣布独立正如当时国内一些地方政府也宣布自治和独立一样，带有地方革命性质，如果当时中国有迅速和强有力的中央政府出现，外蒙古独立问题将不存在。这是中国在国防与边疆防御上遭遇的重大挫折。

因此，近代中国边疆治理和边疆防御的失策，外在原因是已经实现资本主义工业化的西方列强对仍然处在封建统治之下的中国进行侵略和劫掠，内在原因是国内民族矛盾与阶级矛盾混杂在一起而致使国家内部分裂，当然，根本原因是中国的社会发展进程没有保持世界先进水平，生产力没有得到科技革命的推动，因而生产关系也就自然处在封建落后时代。今天，依然需要深入全面地分析研究近代中国边疆治理与边疆防御的经验教训，而不是简单地归结为落后。中国历来需要一个强大的中央政府以维护多民族国家的统一，国家才能和平发展，这也是坚持党的领导和坚持社会主义道路的历史经验。

三、新中国开启边疆治理与边疆防御大战略

抗日战争和解放战争是中国传统边疆防卫战略战术的恢复和发展阶段，在这个伟大而又艰难的历史时期，中国人民和中国共产党人逐步找回了中华民族自强不息的精神源泉，重新具有了与敌人殊死搏斗并坚信能够胜利的信心，并把传统防御战略战术与现代战争的特点结合在一起创造了抗日战争和解放战争的奇迹。新中国成立后的几次边疆防御战争，更是以前所未有的战略战术，确立了中国共产党领导下的中国人民重新屹立于世界东方。

在抗日战争时期，国民党军队并没有彻底完成对地方军阀派系的整编，蒋介石一方面利用剿共铲除异己，扩充实力，另一方面不得已在正面战场抗击日本侵略者。在蒋介石看来，铲除共产党比打败日本帝国主义侵略者更为紧迫和重要，因此，他把民族内部出现的阶级矛盾置于民族矛盾之上，其结局必然被人民所抛弃。尽管抗日战争期间部分国民党军队也曾有过与日寇浴血奋战的经历，但如果没有第二次世界大战盟军的胜利和苏军出兵中国东北，抗日战争或许需要更长的时间，这与蒋介石消极抗日有直接的关系。

在中国共产党领导下，人民军队经历了血与火的考验，这是一支由无产阶级信仰和革命战斗精神组成的军队，虽然构成军队的大部分人员来自中国贫困的农村，但他们在革命战争的洗礼中懂得了什么是无产阶级战士，什么是革命军队的灵魂，什么是英雄主义和勇于牺牲的精神，并最终成长为一支战无不胜的中国共产党领导下的人民军队。可以说，长征是人

民军队浴火重生的开始，是人民军队战略战术的形成，是铸就人民军队军魂的时代熔炉。从此，以毛泽东军事思想为代表的中国共产党军事思想成为中国人民解放军的指导方针。

抗日战争期间，八路军完成了军队正规化和政治化建设，并在大规模部队集结和战役指挥方面取得长足进步，为解放战争的胜利打下了必要条件。从某种意义上说，日本帝国主义入侵中国，使广大中国人民终于认识到中国共产党的伟大和国民党的黑暗，相信中国共产党才是中国摆脱帝国主义侵略和压迫的唯一领导力量，也是使人民军队迅速扩充并能够深深植根于广大人民当中的历史动因。抗日战争时期八路军的发展和战略战术的成熟，直接表现为解放战争的迅速胜利。

其一，中国共产党提出了“人民战争”的伟大战略，把国家的命运和人民的命运联系在一起，使每一个人都成为与敌人作战的英勇战士，从而把一切敌人都淹没在人民战争的汪洋大海之中。这在中国历史上是前所未有的创造，是把马克思主义无产阶级革命理想与中国人民摆脱帝国主义压迫争取民族独立发展的愿望美好地结合在一起的典范，彻底走出了传统中国国内革命的往复式斗争，把人民军队的使命提高到一个从来没有的高度，把人民军队的牺牲精神提高到一个“人民英雄”的标准，把人民军队的战略战术与创建和保卫新中国的伟大目标结合在一起，这就是我军的军魂所在，是战胜一切敌人的源泉。

其二，把党的领导和党员的先锋模范作用作为军队战斗力的核心，这是任何旧式军队和西方资本主义国家军队所不具备的。事实上，纵观中国革命史和新中国成立后的战争史，人民军队无往而不胜的精神正是来自于中国共产党的坚强领导和共产党人的牺牲精神，今天，人民军队的根本依然是党对军队的绝对领导，因为这是取得胜利的根本保证。

其三，集中优势兵力，消灭敌人有生力量，是我军战略战术的原则。毛泽东把它比喻为“宁可断其一指，而不求伤其十指”，解放战争时期的三大战役，决定了新中国的命运就是典型。今天中国面临的台海问题、南沙群岛和中印边境问题，也必然需要我们坚持我军历来的战略战术原则，才能取得不对称对抗中的决定性胜利。

其四，突其不意，有备而来，是我军取得胜利的战术原则。在新中国成立后的几次边疆防御战争中，我军充分灵活应用在抗日战争和解放战争中的优良传统，把局部战争控制在一定范围和时间的要求下，充分准备，突其不意，取得了辉煌的战果，成功保卫了祖国的领土和人民生命财产的安全。

新中国成立后，通过朝鲜战争、中印边境自卫战争、中苏珍宝岛边境战争、西沙海战和中越边境自卫反击战，使中国的国防重心向边境防御转移，开启了中国国防和边疆防卫关系的新时代。它的特点集中表现为：

第一，摆脱了帝国主义侵略和剥削的半殖民地状态，打败了国民党腐败统治和国内分裂势力，以独立的毫不妥协的社会主义大国的姿态与世界各国发生关系，以前所未有的决心和信心维护国家的统一和民族的团结，尽管在社会主义国家关系方面出现严重的曲折和失误，但依然坚持和保证了新中国独立后的国家主权与领土完整，成功地击溃了边境来犯者，赢得世界各国的尊重。

第二，至20世纪70年代后期，受所谓“社会主义大家庭”关系的影响，在处理与周边所谓“社会主义国家”关系时，党的性质和意识形态的作用有时超出国家利益，影响双边关系的定位，导致边界问题和边境防御的战略制定困难重重，由此引发的边界事件时起，“朋友翻脸”时现，“盟友倒戈”防不胜防。这段历史的沉重教训告诉我们：无论大国还是小国，必须放弃传统的仁义大国心态，以国家利益和绝对优势为原则，应对周边国家的挑衅和领土争端。

第三，新中国成立后，从20世纪50年代的“防美反蒋”，到60年代的“援越抗美”，再到60年代末至70年代后期的“反修防苏”，构成了当代中国前30年国防和边疆防御的主要内容。也就是说，在一定时期内，国家的防御战略还是有重心，边界危机引发的战争冲突的可能性还是存在的，因此，在国防战略重点和边界争端问题上，要有机地联系在一起对待，形成国家战略防御的短期、中期、长期目标，确定国家战略防御的近期、中期、远期战略对象。

第四，边防防御战线的确立既有历史性，也有现实性。至20世纪90年代，边防管理划分一线、二线、三线，分别处于不同的管理级别上，这对应对当时复杂的边疆防御局面、保证边疆少数民族地区的稳定、解决敌对国家对边界的渗透和破坏有相当的作用和意义。可以肯定，边防三线的管理作用在今天仍然具有重要意义，不能一废了之。

四、当代中国多重边疆与防御的新挑战

进入 21 世纪，各国的边疆防御概念进入了一个全新时代，除了传统的陆疆以外，海疆提升到边疆防御的首要紧迫的位置上，维护海洋权益在我国的边疆防御上更加明确和清晰起来。同时，空疆防御和“太空”安全维护也开始明确提上中国边疆防御的议事日程，此外，“网疆”、“宇疆”正在成为新的边疆形态而进入“防御理念”，相应地也出现所谓“网军”、“天军”或者“太空部队”的概念和建置。毫无疑问，这些概念都代表了事实上出现的各国边疆面临的多重防御和新挑战。

近些年来，各国疆域的广泛化与国家联盟的出现呈现矛盾状况：一方面是类似欧盟和区域合作组织之间的权利互惠，一方面是各国把国家疆域的权利想方设法扩展。不过，透过现象，我们依然可以肯定各国的疆域扩展是本质，事实上，扩展疆域的目的是为了争夺资源和权利，而国家联盟和区域组织的加强是为了把“利益链条”变成一种多国利益，以解决疆域扩展过程中遇到的新的多重疆域无法分割而面临的局部利益得不到承认的境况，所以，在一个“利益链条”上的多国都承认新的疆域有利可图，那么，就可能形成新的利益增长点。同时，欧盟和区域合作组织的出现也是为了扩大与大国之间讨价还价的力度，增强组织的竞争力。因此，破解周边国家区域组织中某国以自己的利益要求，却假以区域合作组织的面目出现的阴谋，也成为与周边国家关系中的一个新挑战。

我国在应对当代多重疆域和边疆防御的新挑战时，需要首先搞清楚以往国防和边疆防御中存在的旧观念和旧习惯，从思想意识层面反思过去制定战略战术时一些思想倾向的影响，才能继承优良传统，克服缺陷，勇于创新，大胆前进。

第一，丢掉传统大国心态，以新的强国姿态与周边国家发生关系，不应该以国家大小为轻重。因为在周边关系中，小国往往会首先与其他大国结盟，制造纠纷，获取利益。这是中国周边国家关系的一个特点，这就要

求我们一视同仁，严阵以待。不能自以为大，姑息容忍，最终酿成事端。

第二，放弃意识形态的影响作用，其中也应当包括正确看待传统文化对周边的影响作用，事实上，当国家利益发生冲突时，通过一代人的“偏见教育”就可以改变传统文化的影响。而在我们自己的思想意识中却依然保持着长久以来的印象，致使一些对外政策的制定受到来自内部的不利影响，也不被公众理解。传统文化影响的存在和大小与历史有关，更与该国政府的态度有关。

第三，克服边疆防卫过程中的“无事”原则，切忌不能“大事化小、小事化了”，而是应当正确区分经济纠纷、文化纠纷、领土纠纷和政治纠纷，从而以不同的处理方式应对出现的问题。特别是在原则问题和重大影响问题上，应该高调回应，坚决反击，而不只是官方出面否认，众多媒体无声。应该少说否认，因为在国外公众看来，“否认”是事后的掩盖和划清界线的一种被动方式。官方出面“否认”应该是十分慎重的，美国新闻发言人很少否认什么东西，而是宣布或者声明，我们也应该借鉴这个经验。

第四，提高和完善边境防御的硬件设施和官兵待遇。这主要是因为我国边疆处在偏远少数民族地区，一般经济发展落后，自然条件恶劣，经过近几年的快速发展，我国边防硬件设施得到了全面提升，但在防卫手段方面，特别是电子化和信息化监控装备方面还有待系统提高，开发耐用、低电、小型和传输迅速准确的通讯设备是一项紧迫任务。守卫边疆的边防战士多来自内地，特别是长期驻守的士官，远离亲人和故乡，需要为他们提供稳定的经济生活条件和子女教育条件。这是现代化条件下我国边疆防御必须尽快解决的问题。

如果不能够自觉地从理论上清理一些旧的观念和习惯，即使是所有硬件条件提升了，在面对新的挑战时，我们依然处在被动局面，因为改变了的环境和对象，就需要改变了的战略和策略。从某种意义上说，20世纪最后十年出现的苏联解体标志着全球社会主义运动走向了各国自我发展的不同道路，摆脱了以往不正常的意识形态界限和国家关系，把国家和人民的生存权、发展权、主权作为核心利益，所有的所谓“战略盟友”、“战略伙伴”、“战略合作”关系都是在维护本国的核心利益基础上建立的。

而21世纪最初十年出现的美国奥巴马上台，标志着西方国家在美国带领下构建单极世界努力的结束，传统西方保守主义占据主流的局面被打破，资本主义“久盛不衰”的景象出现了明显的后继乏力，所有的人都开始反思人类更加进步的发展道路，马克思对资本主义的批判也从来没有像今天这样重新受到人们的关注。其中，印度和中国的发展比较，清楚地证明了那些输出民主自由的西方发达国家和接受民主自由的不发达国家对自由民主信仰的怀疑和焦虑，同时，非洲和亚洲一些不发达国家在引进或者被迫接受西式民主制度后，频频出现的内战和分裂，也开始让世人清醒起来。

笼统地讲，民主是个好听的东西，在有些国家也可能不仅听起来是个好东西，但任何民主都必须与当地当时的情况为条件，正如在印度，当选票和民意只属于政党手中的武器时，主宰了国家政治智慧的只能是欺骗和讹诈；当富人的利益与穷人的利益根本不处在同一个水平上时，广大穷人阶层的民主自由呼声，只能是一种伪善的门面装点而已。所以，在印度修建一条高速公路需要得到的民意支持最少需要十年以上，而投入巨资购买外国武器只需要一个小时。如何真实地认清自己的国情，在这样的国家都成为一种奢望，我们更不必提到伊拉克和阿富汗为民主自由付出的代价。印度在人口、独立时间和当时的社会发展水平方面与中国接近，不同的是，印度号称以“不抵抗、不合作”把英国殖民者赶走，却完全迷恋和继承了英国殖民时期留下的西方资本主义的东西，甚至包括英语也成了现代印度人比其他人文明的标志，这个被西方媒体别有用心地夸奖为接受西方民主的“楷模”国家，依然陷入种姓隔离、野蛮迷信、饥饿贫穷和社会不公等泥潭而难以自拔。新中国完全是在中国共产党领导下，以自己的血肉之躯，靠英勇的战士一枪一炮打下来的，人民也在革命的风雨中经受了伟大的考验，它所铸就的军魂、党魂和人民英雄的气概，从她站起来的那一天起就完全不同，这正如磨难之于勇士，只能使其更加坚强一样，这是印度之类国家根本不能理解的。

所以，坚持走建设有中国特色的社会主义道路，坚持中国共产党的领导，坚持独立自主和改革创新，就是我国边疆治理和边疆防御的根本路线，只有在这个正确路线指引下，才能把我国的边疆建设得更好。

其一，制定长远的连续治理和边疆防御战略，以国防建设为主，以边疆防御为重的战略支撑，使边疆防御以强大的国防建设为后盾，有效维护、保证国家的统一和领土完整，确保国家自由行使主权、生存权和发展权。所以，坚强的边疆防御是以强大的国防力量为基础。

其二，把应对国家间的局部冲突作为防御重点，快速发展海空联合部队和有效遏制核武器，部署战略防御和反击的航空航天部队。而发挥这些硬件作用的是全体人民的国家认同意识和民族自豪精神，因此，应当高举中华民族的优秀文化和爱国主义精神的旗帜，以维护和提高广大人民的利益和生活水平为核心，把保卫人民和保卫国家统一在一起，当前最重要的，就是从教育入手提高民族语言文化的自信力，保卫中华民族的文化边界。

其三，提高网络天空的“边界监督”，把信息工程和信息打击战略结合起来，学习美国组织“网军”监控所有信息和传媒活动。事实上，在美国人看来，让别国“网络失控”，让他国“媒体自由”是信息化战争的一个重要战略，所以，不遗余力地鼓吹“网络功能”和“信息传输自由”的同时，歇斯底里攻击“网络监控”和批判别国“人权状况”，都是西方传统战略的新手段。在 2011 年 8 月的英国伦敦上演“打砸抢”骚乱后，首相卡梅伦也提出要在英国实施强有力的互联网监管和信息监控，世界各国都需要向他们学习。

其四，把过去边防一线、二线的管理区域，变成边防体制的划分区域，即在边防一线区域内，基础建设、事业单位和口岸贸易区的部门行业均由国家统一计划和投入，确保国家在边防一线的经济主导权。在边防二线，重点以发展教育、医疗和旅游加工业为主，避免大型企业和污染性企业的建设。在边境大城市，加强统一管理和协调，避免执法部门的交叉和空白，应该把边境常住人口的户籍管理坚持并完善起来。

其五，在地形复杂和广阔海疆区域配备飞行器巡逻制度，有效监管地貌地形变化和人为破坏。在发达国家和地区，飞行器巡逻制度早已配备，战略轰炸机和战略海巡舰艇执勤，也是一种常态。它与现在一些国家口岸管理通行的物证预留和安全号码制度，都是高科技前提下，预防和控制的有效手段，对打击“三种势力”和刑事犯罪都十分有效。应当把发展强大的海空力量作为边防防御的重点。

综上所述，国防和边疆防御的关系从纵向看就是一个大的“环”套着一个小的“环”，小环依靠大环；从横向看就是边疆防御是国防的中心，是常态化的“亮点”，是随时可能出现的“热点”。所以，建设强大的国防和构筑坚强的边防是一个问题的两个方面，而边疆防御装备的常备化、尖端化和部队的快速性、有效性又是其独特之处。我们要正确把握和理解两者的统一关系，在新形势下，以科学发展的理念指导我们不断探索新问题，创造新条件，获得新发展。

论中国陆地边疆的硬治理模式*

| 方盛举　吕朝辉 |

边疆自古以来就是一个国家尤其是一个大国边缘性和特殊性的组成部分，如果以边界来加以划分，至少可以分为陆地边疆和海洋边疆。学者马大正关于陆地边疆的定义比较有代表性，他认为陆地边疆就是指沿国界内侧有一定宽度的地区，具有与邻国相接的国界线，并且具有自然、历史、文化诸多方面的自身特点。① 那么，我国陆地边疆即指邻近陆地边界线中国一侧一定范围的主权领土区域。我国陆地边境线长达2.2万公里，毗连14个国家，陆疆地域十分辽阔。如果从广义上把包括广西、云南、西藏、甘肃、新疆、内蒙、黑龙江、吉林、辽宁等9个具有陆地边界线的省级行政区算做边疆区域的话，其面积约达到577万平方公里，占整个国土面积的60%，人口约2.8亿，占全国人口的21%；如果从狭义上的边境地区来定义陆疆的话，在漫长的陆地边界线上分布着135个陆地边境县（旗、市、市辖区），其中107个是民族自治地方，居住着朝鲜、蒙古、维吾尔等40多个少数民族，与邻国同一民族跨界而居，陆地边境地区人口2200多万人，其中少数民族人口约占47%。② 由此可以看出，不管从实现我国

---

* 本论文为2011年国家社科重大招标项目《中国的边疆与边疆治理理论研究》（批准号：11&ZD122）和2010年国家社科基金项目《边疆治理模式绩效评估及创新研究》（批准号：10BZZ033）以及2012年度云南省贯彻落实十八大精神哲学社会科学规划项目《云南边疆多民族地区法治文明建设研究》（批准号：YB2012115）、2013年云南省教育厅科学研究基金项目《云南边境地区法治文化认同研究》（批准号：2013Y248）的阶段性成果。

① 马大正：《关于当代中国边疆研究中的几个问题》，载《当代中国史研究》，2004年第4期。

② 参见张保平：《我国边境安全的基本态势》，载《太平洋学报》，2008年第4期。

陆疆科学与和谐治理的角度衡量，还是从国家层面的整体发展和安全统一大局着想，陆地边疆治理的战略地位都是十分地举足轻重。

在当今全球化趋势愈演愈烈的形势下，我国陆疆地区所面临的国内外政治与社会环境发生了巨大改变。从国际上看，在“和平发展、合作共赢”成为时代发展主题的今天，局部国际环境仍然十分不安宁，强权政治和“霸权主义”仍然横行，民族极端主义、恐怖分裂活动仍然猖獗。从国内看，伴随着改革开放矛盾多发期的到来，边疆传统的社会结构加速解构，民族群体与社会阶层利益日益分化，民族与宗教矛盾出现了新的变化，不安定、不和谐的因素在边疆治理的各个领域均不同程度的存在，加之国内“三股势力”时刻图谋不轨，愈发凸显了边疆社会问题的复杂性、综合性、突出性、敏感性特点。针对国内外安全威胁和边疆特殊社会生态的双重压力，本文通过总结过去的边疆治理经验，梳理出一种以国家权力强制和直接运用为基本特征的硬治理模式，并试图作出理论上的初步阐述。

一、陆地边疆硬治理模式的基本内涵

政治学意义上的“治理”（governance）一词，即以维护特定的政治秩序和实现既定的社会目标为旨向，国家公共权力组织对社会开展的管理、规范、控制与引导的一切活动的总和。顾名思义，“硬治理”就是把公共权力的强制力直接运用到治理过程中的一种治理方式。在学者高奇琦看来，硬治理是基于成文或不成文的约定、单一治理主体实施的、以外部强制为主要方式的治理。[①] 据此，可以归纳出硬治理应有的几个基本特征，即以秩序规范为目标、以法律规制为手段、以政权系统为主体、以强制权力为保障，另外还有一层引申意义，即以公共权力为后盾的集中统一的规划力量。

综合以上分析可知，所谓陆地边疆的硬治理就是国家政权系统最直接地发挥公共权力的强制力，在经济发展领域，集中谋划边疆经济发展的战

① 高奇琦：《公共权力与欧盟的软治理》，载《欧洲研究》，2011 年第 3 期。

略布局和产业规划，增强边疆地区的自我发展和变革能力；在边疆社会治理领域，平衡并明确各类社会主体的权利义务关系，强调法律法规的严格执行，崇尚党纪国法的至上权威，确保边疆社会的和谐有序；在国家安全领域，严格运用法纪力量打击一切破坏犯罪活动，坚决采取专政力量对付一切破坏国家统一的敌对分子，巩固陆疆地区安全稳定局面。而把陆地边疆硬治理实施中的成功做法上升到一种具有普遍指导意义的理论高度，就是陆地边疆硬治理模式。

作为一种以国家权力直接运用为核心特征的边疆硬治理模式，至少体现出标准的明确性、方式的原则性、手段的强制性、效果的即刻性等四大特点。

硬治理标准的明确性意味着：边疆硬治理的承担主体、适用客体、规制范围及运用方式都必须具有清楚明白、确切无误的法律制度规定，最大程度地减少诸如“适当、恰当、应当”此类的含糊不清、模棱两可的法律用语。标准的明确性可以最大程度上降低边疆治理过程中的主观任意性，防止硬性权力的软性滥用。

硬治理方式的原则性意味着：边疆硬治理的实施过程和方式运用处处讲原则、讲法纪，内在地遵循合理合法、公平公正的现代文明要求，与国家的根本大法与基本法律的精神原则不相抵触，与国家整体利益和边疆各族群众的根本利益不相违背，与社会主义的价值准则和道德标准不相冲突。

硬治理手段的强制性意味着：公共权力的直接行使以国家暴力机器为后盾，主要依靠专政的力量和法治的力量。在体现“公意”的国家利益和边疆各族广大群众的根本利益面前，不受边疆个别地方、个别组织和个别群体“一己私利保护主义”的左右，直接运用不受客体意志为转移的强制性公共权力，坚决有力地保护普通群众、惩戒犯罪分子、打击敌对势力。

硬治理效果的即刻性意味着：如果说边疆软治理实施产生的是情感认同和文化认同两大治理产品，其治理效果的长期性和持久性特征十分明显，那么，依靠国家权力控制和法律规制手段的边疆硬治理，惩戒的真实效果和威慑的心理效应来得立竿见影，其治理效果往往来得快捷、迅速。

理解边疆硬治理模式，必须认清这么一个事实：根本不存在对任何治理领域具有普世价值的万能型治理模式。作为一种把边疆硬治理的基本做法上升到理论高度的模式，同样不能“包治百病”，也只能在特定的边疆治理范畴内起优势作用，治理范畴一旦无限放大，必定存在不可避免的缺陷。因此，只有通过对边疆硬治理模式优缺点进行全面分析，才能全面准确地理解边疆硬治理的内涵，才能真正做到扬其所长、避其所短。

边疆硬治理的优点有以下几点：

第一，有利于增强边疆地区自我发展的能力。如果说以被动接受式的物质给予和倾斜照顾为内容的边疆软治理过于泛滥，容易造成边疆自我发展惰性蔓延的话，那么边疆硬治理所采取的战略布局和产业规划方式，则可以为边疆各族群众建构起怦然心动的发展前景，打造一个干事创业的良好政策环境，从而激发出边疆社会的无限动力和活力，形成一种主动求创新、积极谋发展的社会氛围，进而吸引更多的人口到边疆地区从事生产和生活，促进国家安全和边防巩固。

第二，有利于提高边疆治理的法治化水平。对法纪、制度和规则的推崇契合了现代法治文明的精神内核，对规范化、制度化、程序化的边疆硬治理过程的强调则是建设边疆法治文明的必由之路，法律规制的惩戒性和可预期性的配套效应则可以提高边疆各族群众的守法意识，政府权力的法律规范则可以保证公正合理的政府执法行为，政治权力与政治责任的相对应则可以保证法律监督的有效性。以上这些硬治理要求所产生的综合效能意味着边疆治理法治化水平的全面提升。

第三，有利于培育边疆各族群众现代理性的公民意识。公民意识是边疆法治化的内驱力和助推器。边疆硬治理过程自始至终渗透着公民权利享有与义务承担之间平衡与对等的价值理念，这一过程的洗礼就是边疆社会公民意识的成长历程。边疆硬治理所强调的主体意识、责任意识、法律意识是公民意识的核心内容，所以硬治理的扎实推进可以有效培育边疆社会文明理性公民意识的普遍生成。

第四，有利于严厉打击与制裁各种民族分裂行为与邪教活动。对于敌我矛盾性质的民族分裂势力和邪教组织的头目和主要成员而言，残暴无度、不达目的不罢休是他们的本性。此时，若采取柔性安抚和软性教育不仅起不到应用效果，反而还可能失去最佳的打击时机，对各族人民群众的生命财产造成更大损害，这是我们最不愿意看到的，却是“三股势力”所乐见的。硬治理可以凭借具有强力惩戒性、严厉制裁性和重拳打击性的专政力量，迅速快捷地应对一切暴力恐怖袭击活动，让一切民族分裂行为和邪教活动在边疆地区无容身之处、无藏身之地。

第五，政治权力的强力运用有利于集中力量、快速有效地解决边疆治理中的急、难、险、重任务。边疆硬治理依托于国家政治权力的强力运用，注重发挥党和国家强大的集中动员和资源整合力量。在边疆地区遭到紧急棘手的突发偶发事件时、碰到难以处置的矛盾纠纷时、受到国内外安全威胁时、遇到繁重艰巨的抗灾救灾任务时，硬治理力量统一、资源集中、迅速快捷的优势就可以淋漓尽致地体现出来。

边疆硬治理的缺点也同样不可忽视，具体可以归纳为如下几点：

第一，对法律法规严肃性、严厉性的过分强调，容易造成治理行为情感含量的下降。情感因素好比一块硬币的正反两面：一方面，边疆治理若运用过多的情感维度，会陷入“人情大于法律”的泥潭，削弱法治的权威；另一方面，缺乏情感含量的治理行为，则得不到边疆各族群众心理上的认可和接收。过分突出法律规制的严厉性一面，会造成法律“人情味”的缺乏，长此下去，会产生政治冷漠、人情淡漠等硬治理的负面副产品。我国边疆地区由于过去长期的封闭，以致“重情感胜于法纪”的文化传统仍然遗存，过度强调法制的“刚性”治理容易造成各类社会主体的抵触情绪，甚至是抵制行为，会降低边疆治理整体效果。

第二，过分突出法律的原则性及其适用的确定性，过分强调制度的明确性和程序的规范性，容易造成治理行为灵活性的下降，以及对偶发性和突发性的边疆治理问题应对不灵和不及时。对原则性的过分迷信，在治理过程中容易忽视或者无视治理客体和治理环境的变化，容易留下治理中的刻板印象，进而会使权变治理方式的发挥空间受到阻碍或压缩。

第三，过度使用边疆硬治理模式，容易造成边疆治理政策和治理行为“刚性”过强，而“柔性”不足，从而造成边疆治理主客体之间关系的紧张。对于文化习俗异质性差异相对较大的边疆地区而言，民族的宗教性、宗教的民族性特征十分明显，民族与宗教问题的敏感性也很突出，边疆治理政策上的一次失误或者治理行为的一次偏差，都有可能形成治理主客体间紧张关系的内在张力，极易诱发边疆特殊问题的滋生。西方敌对势力也常常加以利用、授以话柄，借此制造民族矛盾，煽动极端民族情绪，对边疆社会的安全稳定带来极大威胁。

第四，过度使用边疆硬治理模式，容易忽视边疆地区的特殊性和少数民族的特殊性。边疆的特殊性是客观存在的事实，是边疆治理有效实施的出发点。过度迷信硬治理的万能作用，容易导致边疆治理流入一般化和泛化，治理过程脱离边疆的特殊社会政治生态。对硬治理方式的过度开发和利用，容易引起边疆治理过程的硬化和僵化，导致治理中的教条主义滋生，"一刀切"治理方式泛滥，这样会极大地影响边疆治理的效果。

二、建构陆地边疆硬治理模式的现实动力

（一）陆地边疆发展战略布局和产业规划问题的紧迫性

边疆治理问题固然很多，但解决好边疆发展问题始终是实现边疆有效、和谐治理的关键"钥匙"，如何解除边疆发展的落后和不平衡状态始终是边疆治理最为棘手的现实问题。我国陆疆地区往往集偏远地区、民族地区和贫困地区于一体，是跨境民族分布广泛、少数民族聚居集中、宗教信仰普遍盛行的连片区域，在这个特殊区域，发展问题通常凸显出如下特征：地理区位和发展资源的先天不足造成边疆发展的脆弱性和依赖性；多向度的边疆定位思维造成边疆自我发展的动力不足；国家战略选择的长期边缘化导致了简单重复发展模式在许多边疆地区占据主导，独具特色的边疆持续发展模式少之又少。因此，边疆既要解决与内地存在共性并且严重性还更为突出的发展问题，诸如区域发展不平衡、产业结构不合理、人与自然不和谐等常见难题，还得在立足于边疆各地实际情况，着力发展自身的特色经济产业，唯有如此，边疆经济社会的可持续发展才可能得以实现。

治理边疆发展问题的方式，可以分为两种：一种是以帮助、援助、优惠、照顾等为实施内容的外部"输血式"的软治理方式；另一种则是以政权力量谋划战略布局与产业规划推动边疆自我发展的"造血式"的硬治理

方式。软治理往往是国家政权系统通过主动调配外部资源输入边疆地区增加边疆一时的社会财富，有限地缩短边疆发展的时间周期，但其起到的作用充其量以维系边疆社会正常运转为限。而以产业规划和战略布局为内容的硬治理方式，则可以切实提升边疆自我发展的活力，切实增强边疆自我发展的实力。所以，在边疆发展过程中，必须要克服一味热衷于注资金、上项目、投物资的短视发展观，避免陷入"唯GDP至上"的片面发展误区，应该采取硬治理方式认真研究和制定长期性和全局性的边疆经济发展战略规划，树立全面、可持续的发展理念，增强陆地边疆自我发展的潜力和能力，这才是解决边疆发展问题的硬道理。

（二）陆地边疆内外部安全局势的特殊性

我国陆地边疆地区面临着发展落后、环境恶劣、民族众多、周边复杂、宗教盛行等特殊的社会政治生态，这些因素的综合效应加上外部力量的诱导，使得陆疆安全局势显得更为扑朔迷离、复杂多变。首先，陆疆地区除了自身发展落后以外，还有一个不容忽视的客观事实，即邻国的经济社会发展也大都比较落后，深层次的社会矛盾冲突在这些国家时有发生，间接或直接地对我国边疆的安全稳定构成威胁。其次，我国陆疆地区大都位于崇山峻岭、戈壁沙漠之间，山高路远，气候干燥，羊肠小道盘根错节，境内外民族同宗同源，经常互通有无，与实行轮换轮班的边防战士相比，边境线一带的边民往往更为熟悉当地的复杂山形，为走私贩毒等跨境犯罪活动提供了潜在的便利条件，世界两大毒源地"金三角"和"金新月"就分别以我国西南和西北边疆地区为最佳突破口，时不时向我国偷运毒品。再次，陆疆地区是我国少数民族的集中居住地，宗教信仰情况十分复杂，国内外敌对分子常常以这一区域为西化分化中国的突破口，常常有意夸大边疆社会问题，挖空心思怂恿、煽动与制造民族与宗教矛盾。如臭名昭著的达赖集团和热比娅集团，为了一己私欲，与国外反华势力相互勾结，完全置祖国和人民的根本利益于不顾，一面策划发动暴力袭击和恐怖犯罪活动，另一面假借宗教学说的传播，资助边境地区尤其是跨境民族聚居地区的少数民族学生学习极端宗教思想，向他们灌输分裂祖国的思想，对他们进行思想毒害。最后，就周边形势而言，陆上邻国要么国内社会矛盾积压太深，要么本身就位于世界安全稳定的热点地区，如印度和巴基斯坦围绕克什米尔地区的领土之争、朝鲜核问题、中亚“颜色革命”后的历史遗毒、缅甸的长期武装割据斗争等等，这些周边安全隐患好比一颗深水炸弹，随时有可能引爆。以上这些要么暗流涌动、要么频频发生的边疆安全威胁，必须得采取以专政、法纪为力量的硬治理方式，一方面强力保障边疆安全局势的稳定，另一方面严厉打击一切在境内外从事危害国家安全活动的敌对分子。

（三）陆地边疆社会内部矛盾与问题的复杂性

边疆除了存在多方面的外部安全威胁因素，在改革开放逐步深入的转折期内，边疆社会内部的利益矛盾也日益凸显，不安定因素在一定范围内有可能激化。倘若边疆社会的种种矛盾得不到有效化解、社会问题得不到有效处理，边疆社会的整体秩序就会出现混乱，道德沦丧、法律权威流失现象严重，公平正义处处遭到破坏，“三股势力”伺机而动。在那样的社会状态下，边疆各族群众的根本利益和安全幸福感不仅得不到任何保障，甚至可能彻底丧失，国家整体利益也会处处受损，国家统一与繁荣也会失去最重要的一块屏障，后果不堪设想。

诱发或诱致边疆社会矛盾的原因主要体现在：其一，公民权利与义务的失衡，边疆绝大多数各族群众对党和国家怀有深厚感情，在充分享受祖国发展巨大成果的同时也认真履行作为一名中国公民应尽的责任和义务，但总有那么极少数个人和群体在利益意识极度膨胀的驱使下，弃法律责任于不顾，追求一己私利，从而作出违法乱纪的事来。其二，传统风俗习惯与现代理性文化的冲突：一面，民族特色浓厚的传统观念仍在大部分边疆占据着人们的头脑；另一面，民主、公平、责任、自由等现代理性元素却开始不断解构和冲击边疆固有的传统观念，这种冲突可能衍生出人们内心价值观迷失、民族群体心理失衡、局部族群利益膨胀等对边疆社会安全稳定造成潜在威胁的“副产品”。比如人治和法治的对立现象：一方面，法治已确立为边疆治理的主导方式；另一方面，在现实的边疆社会里，还处处存在根深蒂固的传统人治思想，表现在部分少数民族干部群众法律意识淡薄，尊重宗教势力大于世俗权力，尊重人情面子大于尊重法律法规，这恰恰是边疆法治文明建设的最大障碍。其三，国内“三股势力”实施的暴力犯罪和蓄意破坏活动所诱发的社会不安定因素，以及由此引发的社会恐慌、民族隔阂和群体不信任心理等，也是诱发边疆社会矛盾的潜在原因。此外，边疆内生的社会治理资源和内在的治理能力的欠缺，会进一步加深吸毒卖淫、偷渡贩卖、艾滋病等边疆社会问题及其滋生出来的危害性的严重程度。

上述问题在全球化的新背景下，形式变得愈来愈多样、手段变得愈来愈隐蔽、表现手法变得愈来愈新颖、破坏力变得愈来愈深层。所以，我们必须采取硬治理方式，通过法律法规的建立健全，加强边疆社会管理，打击与惩戒一切破坏社会秩序的违法犯罪行为，规范与维护边疆的社会秩序。

（四）陆地边疆政府与市场双重失灵的严重性

硬治理模式运用的根本任务之一，即借助法律制度规制政府的公共权力失范行为，以及有效克服因市场因素固有缺陷凸显而带来的市场失灵。基于民族习惯心理、偏僻地理区位、传统文化阻力等现实因素的制约，相对于内地发达地区，大部分陆疆地区市场发育还不太成熟、市场体系还不太健全、市场活力还不太充分，甚至在许多山高路远的偏远边境村寨，自然经济特征还十分明显，市场力量的触角难以触及。以上客观状况，注定了边疆走向完善的社会主义市场经济体系还有一段艰难缓慢的过渡期。在这个过渡期内，边疆固有的传统民族习俗仍旧发挥着强有力的惯性作用，同时现代理性的市场经济和法治文化尚未得到普遍而深入的认同，导致市场竞争法则对弱者利益的保护不力、唯利是图本性对道德和良知底线的屡屡突破等市场经济的负面性被放大，加之边疆不同民族地区的发展不平衡造成的群体失衡心理，诱发了许多破坏边疆社会稳定秩序的潜在的不安定因素。另外不得不承认的是，相对于东中部发达地区，我国广大陆疆地区许多基层政府的法治建设、作风建设、能力建设和活力建设还远不够，工作效率低下、官僚作风盛行、地方保护主义等问题均不同程度地存在，政府失灵现象在边疆比较突出，法治政府、责任政府、服务政府、阳光政府的建设任务还十分艰巨。如何改变政府和市场双重失灵的现实状况是边疆治理必须首先解决的重要课题：一方面，市场失灵可以通过对政府权力的合理规范和有效行使得以最小程度的克服；另一方面，政府失灵则可以通过市场体系的逐步完善获得治理动力和监督力量，治愈市场失灵和政府失灵的最好一剂“良药”就是采取以公共权力有限与有效运用为基本要求的硬治理模式。

三、陆地边疆硬治理模式的价值追求

边疆硬治理模式具有自身特有的价值追求，它决定着边疆硬治理的行动逻辑：

（一）边疆硬治理首先特别注重经济的可持续发展

陆地边疆的经济发展是一个软治理与硬治理综合作用的结果，两者相辅相成、互为条件、互为支撑、缺一不可。当需要一种外部的经济发展助推力量时，边疆软治理方式有其不可或缺的治理功效，但仅仅依靠物质帮扶、财政补助、工程援建等软治理手段，可以治愈制约边疆经济发展中的一时性物质资源匮乏和基础条件薄弱等“贫血”病症，但却难以产生边疆经济发展中持久的发展活力和动力等“造血”功能。为此，必须通过国家制定中长期的经济产业规划和有效的人才政策支撑等硬治理方式，实现边疆经济与社会、人口、资源、环境有机协调和内在统一的基本原则，即在边疆经济社会的发展过程中，自始至终地遵循可持续发展理念。总体价值取向就是在坚持眼前利益和长远利益、短期利益和长期利益、局部利益和全局利益有机结合的基本原则的前提下，切实以增强边疆经济社会自我发展实力和能力为旨归，综合考量边疆发展资源的现有存量、自然资源的承载能量、区域发展的平衡力量等相关因素。首先，通过国家层面的战略布局和宏观规划，以市场机制作为配置资源的基础性手段，培育和发展具有市场竞争力的边疆特色产业、优势产业和支柱产业；其次，有效运用法律规制保护边疆自然资源的原生态性和可持续性，以及文化资源的产业化发展；再次，制定宽松的创业政策，吸引更多企业、更多人才加入到开发边疆、建设边疆的行列，夯实边疆的人口基础。

（二）边疆硬治理特别强调治理过程的公平公正

坚持公平公正原则，是边疆硬治理的基本价值导向。采取国家产业规划这一基本的硬治理手段，促进边疆地区的产业经济、特色经济、优势经济、绿色经济和拳头经济培育和发展起来后，边疆区域与国家核心区域之间的平等对话和互利共赢才具备坚实的经济基础和扎实的社会基础。在此基础上强调边疆治理过程的公平公正现实意义十分重大，一则有利于有力保障和有效维护边疆各民族之间平等、团结、互助的民族关系。对边疆不同地域、不同民族采取双重标准的法律规定和法律适用，只会加剧不同群体间权利享有的不对等和义务承担的不平衡。只有在边疆经济发展实力和自我发展能力得到增强，与发达地区的发展鸿沟拉得不是太大的时候，不同民族族群之间的权利和义务平等与均衡关系才具备牢靠的根基。二则有利于加快边疆法治文明建设的步伐。当前，边疆的法治建设在民族风俗的影响、宗教教义的干扰、人情世故的困扰面前，遇到的阻力和障碍因素太多，离法治文明状态还有很长一段距离。所以必须在边疆硬治理中，突出法律内容的公平性和司法审判不偏不倚的公正性原则，强调法律面前人人平等，不管你是何种民族、不管你信不信仰宗教，不管你信仰何种宗教，都受到法律的平等保护和规制，没有例外。

（三）边疆硬治理崇尚法治

边疆硬治理核心在于公共权力的规范性和有效性运用，与以崇尚法纪、崇尚制度、崇尚规则为基本价值取向的法治方式异曲同工。总体上看，我国法治文明的价值基因已有效地植入到边疆治理过程，但由于民族与宗教因素的复杂原因，局部边疆地区的法治状况仍不容乐观，建设任务仍十分艰巨。比如，我国陆地边疆地区均不同程度地存在人情面子大于法律权威、宗教势力干涉世俗政权、宗教教义替代法律条文、民族习俗左右司法审判等不良现象，很大程度上阻碍了边疆法治文明的建设进程。如果不及时对以上现象加以有效治理，法治权威将会受到极大挑战，边疆社会的公平正义将会失去最有力的屏障，边疆法理型组织资源也难以得到积累和巩固，最终可能会导致边疆社会的异质化和分化程度加深，进而在一定程度上削弱边疆各族群众对党和国家的普遍认同。边疆硬治理把法治作为核心的价值追求，特别强调完善边疆治理的法律法规，增强边疆各族群众的遵法守法意识，建立严格的法律监督体系，保障政府行政执法的公平正义，保障司法审判的公正。绝不允许有超越于法律之上的特权及其行为，更不允许有超越法律之上的所谓“潜规则”，一切权力行为都必须能够找到法律的依据，否则都应视为违法，都应受到严厉的责任追究。

（四）强调国家安全和政治稳定的至上性是边疆硬治理的重要理念之一

边疆的国家安全和政治稳定是整个国家安全稳定体系中最为脆弱的环节，是国内外敌对势力重点着力的地方。古往今来国家的兴衰存亡史已充分表明，边疆的动乱或安宁是衡量一个规模较大国家是否繁荣稳定的“晴雨表”，从某种程度而言，边疆乱则国家不稳，边疆稳定则国家安全。在全球化新形势下，边疆的领土、边防、政治、军事、经济、文化等传统领域的安全和稳定问题不仅仍然存在，而且还出现了许多新的变化，同时，战略安全、利益安全、信息安全等新形态边疆问题也日益凸显出来。保障边疆国家安全和维护边疆政治稳定：一方面，要与周边国家实现政治上的互相理解、军事上的互相信任、经济上的互相帮助以及文化上的互相包容；另一方面，要坚决使用以国家专政和法纪力量为后盾的硬治理方式，严厉打击一切危害国家安全、破坏政治稳定的犯罪行为，有效控制和规范一切不利于边疆团结稳定的个人、组织与群体行为。此外，必须清醒地认识到，我国陆地边疆是西方敌对势力、国内“三股势力”制造事端的重点地区，内外部安全与稳定环境都存在难以预计的影响和破坏因素，保障这一地区国家安全和政治稳定的任务十分复杂而且艰巨。为此，针对敌对势力和发动分子的猖獗行为，强调法治的严肃性、明确性、约束性、强制性，以及强调专政的打击性、压制性、震慑性、威胁性，就显得不可避免和必不可少。

四、陆地边疆硬治理模式的基本要求

边疆硬治理模式以国家政权的强制力作为后盾，强调直接而有效地运用法律、制度、规则手段，强力保障民主和法治的社会秩序，为边疆经济社会的健康有序发展提供必要动力和营造良好环境，具体要求做到以下几点：

（一）政治权力与政治责任合理匹配

边疆硬治理范畴一方面体现在国家政权系统运用专政和法纪力量实现边疆社会的健康发展和有序运行，另一方面体现在边疆政府自身的法治化和责任化建设。后一个范畴即以权力规制权力，“把权力关进笼子里”，这是边疆硬治理中最容易被忽视的部分。长期以来，少数边疆基层政府时常仗着“山高皇帝远”的地理区位条件，以边疆特殊性为借口，对政府自身作风建设缺乏自觉性，对开拓、创新、求真、务实的政府精神塑造缺乏能动性，造成一些特殊官僚弊病，如“不催不动、小催小动”的惰性作风和“上有政策、下有对策”的被动式执行，导致政治权利和政治责任的严重失衡。强调政治权力与责任匹配的硬治理要求：首先，要求边疆各级地方政府的一切活动必须在法律法规和组织纪律的范围内活动，必须符合边疆各族群众的根本利益；其次，要求边疆各级地方政府的治理权限法定、责任承担明确、法律监督有力，不管是超越权限、决策失误或治理缺位，还是无所作为和消极应付，均需承担必要的政治责任；最后，考虑到我国陆地边疆民族自治地方数量较多的实际情况，要求民族区域自治机关在依法充分享有宪法和法律规定的自治权的同时，必须自觉履行维护国家统一与民族团结的责任，自觉履行法律和政治责任。

（二）公民权利与公民义务基本对等

边疆硬治理模式内在地要求边疆各族群众在充分享有法定权利的同时，必须同时履行相对应的公民基本义务，不管是作为个体的公民、作为集体的组织，还是作为群体的民族等都必须如此。新中国成立以来，在国家整体发展和党的民族政策的双重作用下，边疆各族广大群众的权利享有充分而真实。然而，部分边疆地区的个别组织、群体或个人，处处以民族特殊性为借口，一味追求权利享有，却有意无意地忽视责任和义务的承担，造成边疆社会一些特殊问题的滋生，影响了国家法制的尊严和权威。当然，公民权利和义务的失衡现象要一分为二地来剖析：第一种类型是国内“三股势力”这一小戳顽固不化分子，一面借助少数民族的特殊身份“开着豪车挣着大钱”，一面却完全忽视作为一名中国公民应尽的基本义务，处心积虑策动暴力恐怖事件，肆意破坏边疆各族普通群众的生命财产安全；第二种类型则属于人民内部矛盾范畴的权利义务失衡现象，是极少部分受到“三股势力”唆使的不明真相的少数民族群众国家意识自觉性不够造成的。对于前者，必须采取“严厉打击、决不姑息”的专政手段，依法严惩暴力恐怖犯罪分子；对于后者，要通过广泛宣传和严格执行国家法律法规、民族与宗教政策，形成一种人人自觉履行公民义务、人人主动遵纪守法的边疆法治氛围，铸就共同抵制西化分化和犯罪活动的铜墙铁壁。

（三）边疆治理过程规范化和程序化

边疆治理中一个不得不面对的客观事实是，处于我国改革开放前沿阵地的核心区域的法治文明和制度文明已步入了快速建设的正确轨道，其政府治理的规范化、民主化和程序化也已初具雏形，与此相反，广大陆地边疆政府治理的规范化、民主化和程序化建设却还大体上处在一个漫漫求索和苦苦追赶的历史阶段。在部分边疆民族地区，农业社会后期阶段的特征还很明显，民族传统习俗和宗教文化信仰的影响和束缚仍旧突出，“人情占主导、法律非主流”的传统不良因素在边疆社会一定范围内还普遍存在，总之，离现代工业文明社会所要求的法理型文化的特征要求还有很长一段距离。而法理型文化的核心要求就是政府治理过程的规范化和程序化，目的在于限制政治权力的滥用，所以，以政治权力直接使用为特征的边疆硬治理，格外强调规范化、制度化、民主化和程序化的要求：规范化是强调边疆治理内容和标准的明确性和统一性；制度化关键是要求政府的一切行为均需遵照法律制度行使，清除“以言代法、以情代法”的人治痕迹；民主化强调边疆治理的一整套法律制度体系从维护人民的根本利益出发，并得到边疆广大各族群众的普遍认同；程序化则要求边疆治理过程严格按照一套能确保公平公正原则的方式与流程来展开。

（四）法律法规建立健全并严格执行

边疆硬治理以法律法规的直接运用为基本方式，首先必然要求制定一套完整的体现现代法治精神、遵循国家宪政原则以及吻合边疆社会现状的“良法”体系，这套“良法”体系要把边疆治理的相关问题均纳入法律规制的轨道，尽可能保证各种边疆公共治理行为均有“良法”可依。具体而言，“良法”就是指能切实保护边疆各族广大群众的自由平等权利，能强力打击暴力恐怖活动，能有效制止违法犯罪行为，能切实维护公平正义，能有效促进民族团结和社会和谐的一套建立健全的边疆治理法律法规体系。“良法”的建立健全是实现边疆“善治”的前提条件，而“良法”只有得到不折不扣的严格执行，边疆硬治理才能真正实现“善治”目标。我们把强调法律法规的建立健全和严格执行作为边疆硬治理的基本要求之一，首先要求中央政府及边疆地区的各级政府，在维护好中央权威和法律统一的前提下，用足、用好、用活《民族区域自治法》，要善于以边疆重大公共问题为切入点来建构边疆议题，并围绕边疆议题做好立法工作。其次必须要建立完整的法律监督体系，完善统一的监管机制，保障所制定的法律法规得到不偏不倚的严格执行和实施，切实提高边疆治理效能。

（五）以法律规制作为边疆硬治理的主要工具

法律规制是以法律为基本手段规范与控制个人、组织和群体的行为。法律规制的特点十分鲜明：以暴力为后盾，保障法律的严格执行，具有明显的强制性；对一切违法犯罪行为，施之以权利剥夺和义务履行为具体内容的真实惩罚，具有有形的惩戒性；法律强制性与惩戒性的巨大威慑力对社会民众具有无形的约束性；人们可以明确预见每一种违法行为的责任与后果，具有明显的可预测性。此外，法律规制是迄今为止人类发明的保护公民自由平等权利的最具效度和最能体现公平正义的治理工具，法律规制的建立健全是代表一个国家或政府治理过程规范性与程序化运行的重要标志和象征。所以，法律规制理所当然地成为边疆硬治理最常采用的基本治理工具，边疆问题的治理都应纳入法律规制的轨道：一是必须运用敏锐的政治洞察力，及时发现、判断、分析、整理、提出、建构重大而特殊的边疆立法议题；二是要从法律内容上充分体现出政治权力行使和政治责任承担之间的合理匹配关系，以及公民权利享有和公民义务履行之间的平等对应关系；三是要有效保证法律规制内容的边疆适用性和手段的可操作性，既要确保司法审判的独立和公正原则，又要适当考虑边疆民族与宗教情感的因素，尽量避免界定模糊的法律用词，明确各项权利与义务的具体内容。

（六）以行政规制作为法律规制的必要补充

边疆治理中的法律规制有其他治理工具所不能替代的优点，譬如法律适用的平等性、法律周期的稳定性、法律实施的规范性、法律后果的可预期性等，但也存在不容忽视的缺点：一是难以面面俱到，在偶发性或突发性事物领域内，可能缺乏具体规定。一方面制定法律的复杂流程意味着法律规制难以涵盖到复杂多变的边疆社会问题，另一方面“三股势力”处心积虑钻法律空子，更有可能放大这一缺点；二是在较为微观的领域其可能会失灵。比如针对隐蔽性极强的市场交易活动中的“昧良心”行为，以及社会生活中道德失范的个性化行为，法律规制往往难以触及；三是法律规制复杂的实施程序会造成时间成本较高。法律规制一般要经过报案—立案—侦查—审判—执行—监督等复杂过程，对人民内部矛盾而言，这是确保公平正义的必经程序。但对于穷凶极恶的暴力恐怖分子而言，严格遵循这套复杂的实施程序就极有可能错失严厉打击罪犯的最佳时机。行政规制往往在某种政治价值标准的引领下，直接使用行政权力，具有灵活、便捷、快速的优点。法律规制的缺点恰恰就是行政规制的优势所在，如在偶发性事务领域可以迅速作出具体规定、在较为微观的领域可以直截了当的现场处置、有一套简易的实施程序等。当然其也有缺点，就是行政规制实施的随意性容易导致行政权力的无限扩张。为此，必须发挥行政规制与法律规制优势互补、相互支撑、相互配合的整体协同式治理效能。

中国人民的海权意识与对海疆的经略

| 郑　汕 |

一、中国是一个海陆兼备的统一国家

“海陆兼备”是中国疆域的重要历史特征。列宁指出：“国家是在比现在小得多的地理范围内形成起来的，技术薄弱的国家机构只能为一个版图较小、活动范围较小的国家服务。”① 中国第一个奴隶制国家夏朝发源于黄河中下游的河洛、河济地区，至秦汉时代，中国的疆域已扩展至大海。《墨子》记载：“古者尧治天下，南抚交趾，北降幽都。”② 历代中国人民在开疆拓土活动中，树立了牢固的国土意识，包括海疆国土意识。中国的海疆规模是经过了历代中国人民的辛勤开发和顽强斗争形成的。中国的航海技术一直领先于世界，直到近代，中国在工业革命中落后于世界，遭到西方列强的欺辱和侵略，形成了边防危机和海防危机交错出现的严峻局面。经过长期的民族民主革命，中国人民推翻了三座大山，建立了新中国，中国成为了海陆兼备的统一国家。时至今日，在中华民族的伟大振兴中，建设“海洋强国”是“中国梦”的重要目标。

（一）中国人民很早就有自己的海洋国土意识

中华民族在自己的生成发展过程中，以农业经济为主的炎黄部落主要

---

① 《列宁全集》（第4卷），人民出版社1965年版，第48页。

② 《墨子·节用篇》。

居住在中原地区；以渔猎经济为生的“九夷集团”[①] 主要居住在东部沿海地区。他们以木舟、竹筏捕鱼为生，舜帝就是“东夷之人”[②]。炎黄部落在征讨九夷部落中，扩大了势力范围，“东至于海，登丸山及岱宗，西至崆峒，登鸡头，南至于江，登熊湘，北逐荤粥，合符釜山”[③]。尧帝在南征过程中也曾大战于“丹水之浦”[④]。这说明中国远古先民很早就有了自己的海洋意识。日本污蔑中国是一个“陆疆大国”[⑤]，是不符合历史事实的。至商周时期，中国的疆域已扩展到“左东海，右流沙，前交趾，后幽燕”[⑥] 的广袤地区，成为“邦畿千里，维民所止，肇域彼四海”[⑦] 的国家。

至春秋末期，在各诸侯国争霸的基础上，产生了中国的古代水军——舟师。公元前549年，“楚子为舟师伐吴”[⑧]，这是我国史籍有明确记载的最早的内河水战。公元前485年，吴国派“舟师自海入齐”[⑨]，这是我国史书记载的第一次海战，在此基础上产生了中国早期的海权思想。楚国对东南用兵时就采用了“为舟师以略吴疆”[⑩] 的战略想法。中国古代舟师和海权思想的产生比欧洲要早1000—1500年。

春秋战国时期的兼并战争促进了航海技术的发展。至战国中期，吴国古代舟师使用的战船已发展为上下两层的桨船，上层作战，下层划桨。舟师承担的主要任务是协同步兵作战，战船全凭人力驱动，主要战法是接舷战和撞击战。

中国人的海洋疆土意识是随着国家的统一建立起来的。从公元前221年秦统一中国到公元前210年，秦始皇曾四次东巡沿海，其中以第四次巡海规模最大，行程最远。他先到湖南九嶷，沿长江而下，过丹阳，到钱塘（今浙江杭州市）。然后航海北上，到山东琅琊登陆（今山东胶南市）。公

① 九夷是指畎夷、于夷、方夷、黄夷、白夷、赤夷、玄夷、风夷、阳夷。
② 《孟子·离娄》。
③ 《史记》卷一，《五帝纪》。
④ 《吕氏春秋·召娄》。
⑤ 〔日〕安倍晋三讲话，载《读卖新闻》，2013年3月14日。
⑥ 《淮南子·泰族训》。
⑦ 《诗经·商颂·玄鸟》。
⑧ 《吴越春秋》卷二。
⑨ 《左传·哀公二年》。
⑩ 《文献通考》卷一五八。

元前219年和210年，秦始皇两次命徐福出海远航，第二次远航曾到达扶桑国（今日本）。秦始皇在全国设三十六郡，沿海岛屿均归大陆郡县管辖，如海南岛归象郡管辖，后由广州郡管辖，东南沿海岛屿归闽中郡管辖。[①]这说明从秦代开始，中国帝王已具有了“海疆领授”意识。

中国人的海疆国土意识还表现在海洋资源的利用上。汉代已慕民在边疆和海岛屯田，发展农耕，解决驻军口粮问题；并在沿海地区开发盐田，盐铁实行官卖制度，盐税成为重要的国家财政来源。随着航海技术的提高，沿海岛民对渔业海产大量输往大陆贸易，经济日益得到发展。魏晋南北朝时期孙吴政权由于地理环境濒临江海河湖，航海技术得到了较大的进步，开辟了到夷州（今台湾）和日本的航线，还开辟了由长江口至辽东和朝鲜半岛的航线。南北朝时期，南朝的造船技术有较大的提高，南齐大科学家祖冲之发明的“千里船”是一种机械传动的“车船”，可“日行百余里”。[②] 南梁时期徐世普建造的船只，有专事火攻的“火舫”，也有机械传动的快速“车船”。南梁还有一种“快帆”船，共有千余艘，“两边悉八十棹，棹手皆越人，去来趣袭，捷过风电”。[③] 隋唐时期开辟了“西南丝绸之路”和“海上丝绸之路”。唐政府开辟的“通海夷道”，从广州经南海，过苏门答腊，渡印度洋，最远达波斯湾和非洲东岸。唐朝海运最远到达过非洲的王兰国（今坦桑尼亚的达累斯萨拉姆）。唐代还从山东莱州、登州、明州（今浙江宁波）、扬州四处出发，开辟了四条通往日本的航路。

中国人的海疆意识还表现在靖海意识上。海洋航行波涛汹涌，很容易出现海难事件。中国民间妈祖文化中的“伏波祈福”的思想，就是建立在航海技术的发展和进步上。宋元时期，我国的航海技术和海洋地理知识有很大提高。中国水师对南海的武装巡逻始于北宋，北宋在海南岛建立了靖海军，镇辖南海，“琼山郡靖海军节度本军州事，大观元年（公元1107年）黎母山夷峒建镇州，赐军额为靖海”[④]。北宋的造船技术有了很大的进步。北宋名将李纲制造了大型车船数十艘，“上下三层，挟以车轮，彭

① 《史记·秦始皇本纪》。

② 《南齐书》卷五十二，《祖冲之传》。

③ 《梁书》卷四十五，《王僧辩传》。

④ 《宋史》卷九十，《地理志六》。

蹈而进”[1]。北宋时已将指南针应用于航海，出使高丽的徐兢在航海中记载，“若晦暝，则用指南浮针，以揆南北”[2]。指南针在航海中的应用，是航海史上一件划时代的大事。我国的指南针在12世纪末经阿拉伯传入欧洲，导致后来的地理大发现和新航线的不断开辟，促成了世界航海时代的到来。北宋航海技术的发展，还有两项在世界航海史上占有重要地位。一是已经把对潮汐的研究成果运用于航海上，编制出了潮汐表，二是航海图的绘制，对世界航海技术的发展都有重大影响。另外，从北宋开始，我国的兵器发展进入了一个新的历史时期。火药应用于军事，水军已普遍装备了火球、火鸡、火箭、火炮等十几种抛射火器，提高了水军的战斗力。元代，形成了新的海洋地理概念，出现了“东洋、西洋”的概念。东西洋分界大致在马六甲海峡的南巫里（亚齐）。南巫里以东的海域称为东洋，南巫里以西的海域称为西洋。这一地理概念影响久远，一直沿用至近代，把日本人称为“东洋鬼子”，把西方列强称为“西洋鬼子”。

中国人的海洋国土意识海还表现在“岛屿沙洲各有专属”的海防思想上。明清两代进行了大规模的海防建设。明朝的海防建设是在宋元时期的基础上发展起来的，明政府日益重视海疆建设，明成祖朱棣是一个有雄才大略的君主，他认为“上国”要“御临天下”，应“居中夏而治四方”[3]，“耀兵异域，示中国富强”[4]。因此，他打破了朱元璋的海禁政策，从永乐三年（1405）至宣德八年（1433），派郑和七次下西洋，前后28年，最远航程6000海里以上，遍历东南亚、印度洋、红海、东非30多个国家和地区。郑和舟师下西洋带官兵27000多人，在印度尼西亚的三佛齐港、斯里兰卡的锡兰山、苏门答腊的棉兰进行过三次大的两栖作战，开创了我国古代水师在海外作战以少胜多的范例，清除了东西方海路交通的障碍，保障了亚非航道的畅通；调解了一些亚非国家的国内矛盾和国际争端；对稳定亚非局势和国际和平作出了重要贡献。明代的海防设置实行卫所制度，贯彻岸防和水域并重的原则。于岸防方面，在沿海各地设置卫所，派陆军

① 《梁谿文集》卷二十九。
② 《宣和奉使高丽图经》。
③ 《明成祖实录》卷三十。
④ 《明史》卷三零四，《郑和传》。

分区戍守；于水域方面，沿海建立水寨，水军分区巡防，形成了水陆配合、兵力和防御设施纵深配置的海防体系。在东北海防，明政府在东北滨海地区设置奴儿干都司[①]，管辖范围西起鄂嫩河，东达库页岛（苦夷），北至外兴安岭，南临日本海的广大地区。到正统十二年（1447），奴儿干都司辖卫184个、所20个，到万历年间增加到384个卫、24个所。在东南沿海地区，包括长江口在内，置54个卫，99个所，353个巡检司，997个烽堠，190个堡，313个墩。[②] 明代的海防重点是打击倭寇的侵扰。抗倭名将戚继光创造了有名的“鸳鸯阵”战法，此阵法以12人为一队，“长短兵器迭用”[③]，组成一个坚强的战斗集体。至嘉靖末年，戚家军和俞大猷等其他爱国将领，在浙江、福建、广东等的抗倭斗争中，屡次击败倭寇。他们历经了80多次战争，不断打击倭寇。如1561年的浙江台州之战，九战九捷，迅速荡平浙江倭寇；1562年的福建横屿战役、1563年的福建平海卫之战，都给倭寇歼灭性的打击。1564年，戚继光和俞大猷等又集中力量扫清了广东的倭寇，到1566年，东南沿海的倭患全部平息，抗倭斗争取得了最后的胜利。

中国人的海防意识是随着海疆观念的成熟而发展起来的。清朝定鼎中原以来确立了“疆址森然”的边防政策，公元1793年英使马嘎尔尼来华，向中国提出要一海岛囤货做生意。乾隆皇帝给英王的“回信”中指出：“天朝尺土俱归版籍，疆址森然，即岛屿沙洲，亦必划界分疆，各有专属。”[④] 从“疆址森然”的观念出发，清政府在海陆边防都驻防八旗军，畿辅、热河及陵寝围场驻防1.7万人，内地各省也仅驻兵1.6万人，在绥远张家口地区驻防就有2万人，在东北驻防4万人，在西北驻防1.8万人[⑤]，其余非战略要地由绿营兵戍守。清朝前期，我国东部海疆的范围，北起格布特岛、经库页岛、台湾岛等岛屿延至曾母暗沙。清代把鄂霍次克海称为“北海”，把鞑靼海峡南部和日本海北部称为“东海”，把日本中部和南部称为“南海”，现在的渤海乃称“渤海”，现在的黄海称为“东

① 《满洲金石志稿》第2册，第3—6页。

② 根据《筹海图编》统计。

③ 《明史》卷二一二，《戚继光传》。

④ 《清高宗实录》卷一四三四。

⑤ 戴逸：《简明清史》（第一册），人民出版社2000年版，第286页。

大洋”，现在的东海称为“南大洋”，现在的南海称为“七洲洋”。在乾隆帝“岛屿沙洲各有专属”思想指导下，十分重视海疆治理，主要措施有：一是派官设治，二是驻军设防，三是定期巡逻。鸦片战争以前的清前期，库页岛属吉林将军管辖；台湾统一后，由福建省管辖；海南岛设一府三州十县，即琼州府辖儋、崖、万三州，琼州府由广东省管辖。西沙、中沙和东沙合称为“万里长沙”，南沙称为“万里石塘”，统属万州管辖。清政府对所属各海域，定期组织水师巡防。由于西方列强的早期侵略，清政府把海防重点明确放在东南海疆，在广东驻军7万，浙江4万，江苏5万。在此基础上，形成了中国古代的海疆规模和海防体系。

（二）中国海疆的规模是历史形成的

中国传统海疆的形态是一种皇权主义的形态。在王朝历史条件下，皇帝有至高无上的权力。海疆作为疆域的重要组成部分，仍是“江山社稷”观念的反映。中国古代的海疆规模是由国家的地缘条件所决定的，中国地处太平洋西岸，只能面向太平洋发展。古代沿海居民的“耕海”思想，开发了西太平洋沿岸的众多岛屿和大片海域。中国的海疆规模虽然很大，但没有明确的划分海洋边界。英国学者安东尼·吉登斯认为：“阶级分化社会的外部边界，与现代民族国家体系的外部边界的一个不同点在于，前者有边陲而无边界。”① 中国传统海疆辽阔，海岸线延绵2万多公里，都不是靠战争和暴力掠夺来的。中国人民一直把自己的海疆看成是“祖宗基业”。古代中国是一个宗法性很强的国家，宗统和政统合一，中央集权集中于皇权上，“人君一人实天下国家之本”②。因此，古代海疆的皇权性特征、集中反映了传统海疆的基本形态，皇权对海疆经略是一种“陆主海从”的经略，古代海防也是一种“居中驭外”、“王霸互用”、“和战相间”的“夷夏之防”。

进入近代以来，中国开始由“王朝国家”向“民族国家”转变，但这一转变并不彻底。由于国际条件的变化，西方资本主义国家崛起，中国封建主义制度的衰落，普遍的边疆危机存在，开启了中国近代“重边主

① 〔英〕安东尼·吉登斯：《民族—国家与暴力》，胡宗泽等译，生活·读书·新知三联书店1998年版，第98页。

② 《大学衍义》卷一。

义”时代。这一时代的到来，并非是统治重心的转移，而是筹边观念发生变化，筹边重点由“内防”转向“外防”，“夷夏之防”向“中外之防”转变。由于西方列强的对华侵略，两次鸦片战争打开了中国的海防大门。据统计，1840—1949 年的 110 年间，世界上大大小小的资本帝国主义列强蜂拥而入，如狼似虎地吞噬中国这块肥肉，中国在 1300 万平方公里的疆域基础上，被掠夺和割裂了 340 多万平方公里的神圣领土。中华民族经过数千年奋斗创造的中国历史疆域，仅仅一个世纪就丢掉了 1/4，晚清的统治范围奠定了中国近代的疆域规模。海疆规模也随之发生变化，东北滨海地区和库页岛的丢失，使中国东北地区丧失了北太平洋的出海口，海疆规模由此缩小。

国家主权原则在威斯特伐利亚会议上被当时西欧各国所认同，表明各国都认识到，“民族国家的资源分布、利益分配和统治权限在客观上都是有地域限制的，因此，要在无序的西欧国际社会进行利益分配和利益平衡，各民族国家必须共同遵循一定的理性的‘游戏规则’，即必须在‘理性’的前提下，根据主权独立和平等的原则、根据条约来划定和维护民族国家各自在西欧版图内的利益范围，在主权原则的基础上建立一个新型的民族国家体系”①。主权观念随着资本主义的扩张而扩展到全世界，这必然要求各民族国家之间必须以“理性”的方式划定各自的统治地域，这种“理性”即是以国际法原则为基础的“条约”，以确定国家之间的边界。近代中国海疆规模的缩小，就是帝国主义以“船坚炮利”强迫中国签订不平等条约掠夺走的。

海疆意识的核心是海权观念。进入近代以来，两次鸦片战争打开了古老中国的大门，《南京条约》的签订使油尽灯枯的清王朝开始沦为半殖民地半封建社会。《瑷珲条约》的签订，不仅使中国丧失了东北滨海地区 100 万平方公里的领土，而且还丧失了库页岛周围的鄂霍次克海和日本海西岸大片海域。惨痛的教训使中国人民的海权观念逐步觉醒。在“海警”和“边患”交织的情况下，晚清政府进行廷议，才有了“海防与塞防”之争，确立了“海防与塞防并重”的方针，开始编练新式海军。洋务运动

① 肖佳灵：《国家主权论》，时事出版社 2003 年版，第 138 页。

建立了北洋、南洋、福建三支新式海军，学习西方船坚炮利的经验，原本指望着由这三支海军建立海防，护卫海疆。但是中法战争和中日甲午战争使洋务运动破产，北洋、南洋、福建三支新式海军全军覆没。1895 年签订的中日《马关条约》割让台湾给日本，日本占领台湾整整 50 年。在危及存亡之秋，维新派提出了“厚海军”的思想，主张“厚海军以威海外”[①]。湖广总督张之洞认为：“今日御敌大端，惟以海军第一要务。”[②] 至 1896 年清政府重建海军，在陆军部设立海军处，重建海军的努力收到了一些效果，虽然实力远不如甲午战争以前，但使晚清海军具备了一定规模。辛亥革命后，北洋政府主导下的海军发生了严重的分裂，并卷进了军阀内战的漩涡，帝国主义侵华变本加厉地推行炮舰政策，干涉中国内政，破坏和镇压中国革命，支持蒋介石的反革命政变，掠夺中国的渔业资源，垄断中国的水上航运事业。在抗日战争中，国民党海军在长江水道坚持水道堵塞战，坚守长江，拱卫陪都，在近海进行岸防要塞战和布雷游击战，迫使日军始终不能利用长江水道正面突破江防进攻重庆。但由于海军力量弱小，没有制海权，使国民政府被迫局限于西南大后方。

海政和海防都是维护海疆权益的军政制度。在近代中国，晚清政府、北洋政府和国民政府在这两方面都无大的作为。晚清政府在海疆危机中，于 1885 年设立了台湾省，但在甲午战争失败后丢掉了台湾。辛亥革命成功以后，虽然“五族共和”的思想深入人心，但中国并没有完成王朝国家向民族国家的彻底转化，建立新的国家海疆制度。代表中央政权的北洋政府并没有利用有利时机，收复被沙俄割占的东北滨海地区和库页岛周围海域。国民党政府在抗日战争胜利后，虽然收复了被日寇占领的中国海疆，重新规范了海岛和海域的命名，在一些海岛上树立了主权碑，但其政权反共反人民的性质，遭到了人民的唾弃。1949 年，新中国成立时，蒋介石集团不得不退守台湾，使台湾成为割据政权。

新中国的海疆规模是历史形成的。中国有 1.8 万公里的大陆海岸线，海疆包括了内海渤海和毗邻太平洋的黄海、东海、南海，还包括了两个岛屿省份台湾和海南，台湾省仍没有实现和祖国大陆的统一。1958 年 9 月 4

① 汤志钧：《康有为政论集》（上册），广东人民出版社 1986 年版，第 142 页。

② 《张文襄公奏稿》卷二四。

日国务院发布了领海声明，宣布中华人民共和国的领海宽度为 12 海里。1992 年，中国新颁布《领海及毗连区法》确定，中国领海基线采用直线基线法划定，由各相邻基点之间的直线组成。领海基线是领海与内海之间的界线，也是确定领海与外部界线的依据。根据《国际领海与毗连区公约》，从领海基线算起 24 海里内为毗连区。其外部界线为一条与领海基线距离等于 24 海里的毗连区线。领海是国家领土的一部分，国家对其行使完全主权管辖。沿海国在毗连区行使的不是主权，而是一种管制。专属经济区是指领海以外，并连接领海的一个区域，其宽度从领海基线算起不超过 200 海里。专属经济区不是公海，也不是领海，只是国家管辖范围内的特定海域，对该海域的资源享有开发、利用、管护的权利。大陆架是陆地在海域底部的自然延伸，大陆架外缘最远不超过 350 海里。大陆架的权利专指自然资源的专属权，包括海床和海底的矿藏及生物资源的专属性权利。中国领海面积约为 23 万平方公里，海洋毗连区面积大体相当于领海的面积，约为 23 万平方公里。内海渤海的面积为 8 万平方公里。[①] 黄海、东海、南海面积共 475 万平方公里，其中黄海面积 38 万平方公里，东海面积 77 万平方公里，南海面积 360 万平方公里。中国海防形势相当严峻，黄海海疆与朝鲜、韩国存在着海洋权益的争端。东海与日本存在着钓鱼岛与海洋油气田开发的争端。南海与越南、菲律宾、印度尼西亚、马来西亚、文莱存在着海洋权益的争端。属中国管辖的海域约为 300 万平方公里，海上有大小岛屿 7100 多个。海上争议包括了岛屿主权和海域面积的争议，具体情况是：中国与朝鲜存在着 1. 4 万平方公里的海域争议，与韩国存在着 5. 5 万平方公里的海域争议；中国与日本存在着 22. 5 万平方公里的海域争议，在钓鱼岛的主权归属、东海油气田的开采、大陆架的区分上，中日两国都存在分歧和矛盾；中越存在着 100 万平方公里的海域争议，越南非法占领了中国 29 个岛礁和 40 万平方公里的海域；菲律宾与中国有 44. 6 万平方公里的海域岛屿争议；马来西亚与中国存在着 24. 8 万平方公里的海域争议；文莱与中国存在着 4. 7 万平方公里的海域争议；印度尼西亚与中国存在着 4. 3 万平方公里的海域争议。[②] 因此，底定海疆仍然

---

① 《辞海》(缩印本)，上海辞书出版社 1979 年版，第 973 页。

② 参见毛振发主编的《边防论》“海防篇”部分。

是经略海疆的重要任务。

（三）建设“海洋强国”是“中国梦”的重要目标

中国是一个“海洋大国”，但并不是一个“海洋强国”，建设海洋强国是实现“国家富强、民族振兴、人民幸福”的“中国梦”的重要目标。这是由国际潮流、我国国情和人民意愿所决定的。

从国际潮流看，建设“海洋强国”是实现“国家富强”的必由之路。国际上的濒海国家都走过了开发海洋、建设强大海军的道路。据美国资料统计，全球70%的工业资本和80%的人口集中在地球沿海地区。[①] 自工业革命以来，荷兰首先成为海上霸权国家，被称为“海上马车夫”，随后英国在海外拓展殖民地，被称为“日不落帝国”，第二次世界大战后，美国取代英国，夺取了海上霸权，成为世界霸主。中国走和平发展道路，不谋求世界霸权。但是如果不建设“海洋强国”，就不可能有效地维护国家的主权和领土完整，“国家富强”的中国梦也不可能梦想成真。据估计，地球陆地资源储藏量可供人类使用500多年，而海洋资源包括生物资源、矿产资源、海洋能资源（潮汐能、波能、温差能、海流能、盐差能等）、化学资源、海水资源的利用则刚刚起步。海洋资源的开发已日益受到人类的重视。中国是一个海陆兼备的大国，如果不注重开发海洋资源，就会落后于世界。向海洋进军，“耕海牧洋”，是全世界人类发展的大趋势。

从我国国情来看，建设“海洋强国”是中华民族复兴的必备条件。民族振兴的首要前提是要实现祖国“大一统”。“大道之行，天下为公”[②] 的民族大义，需要我们尽快完成祖国统一大业，消除台湾的割据现状，实现台湾与祖国大陆的大一统。建国初期，美苏两个超级大国都承认，“台湾是中国的一部分”，这是根据《波茨坦公告》第八条的精神所采取的立场。1950年1月5日，美国总统杜鲁门发表声明，表示美国及其他盟国承认1945年以来中国对台湾行使主权，并说支持中国统一，其目的是为了离间中苏关系，防止中苏结盟。但是《中苏友好互助同盟条约》签订后，

① 张植荣：《中国边疆与民族问题》，北京大学出版社2005年版，第149页。

② 《礼记·礼运篇》。

苏美两国都改变了在台湾问题上的态度。苏联将援助中国共产党解放台湾的军用物资给了朝鲜的金日成；同年6月，朝鲜战争爆发，美国政府为了孤立、遏制中国，不仅派第七舰队进驻台湾海峡，而且抛出“台湾地位未定”等谬论。目前台湾仍孤悬海外，民进党坚持“台独”立场，美国仍把台湾作为围堵中国第一岛链的钥匙。根据《反分裂国家法》，“如果出现台湾被以任何名义从中国分割出去的重大事变，如果出现外国侵占台湾，如果台湾当局无限期的拒绝通过谈判和平解决两岸统一问题”①，都将采取断然的军事措施，以武力统一台湾。因此，建设“海洋强国”是由我国尚未实现完全统一的国情所决定的。

从人民意愿来看，建设“海洋强国”是全国人民的共同愿望。建设中国特色社会主义现代化强国，包括了国家的郅治、海疆的安宁和人民的幸福。马汉的“海权论”指出，“海洋权力需要强大的海上力量来维持和保障”②。全国各族人民都希望加强海防力量，维护海疆安全，为实现“中国梦”作出贡献。与之相对应，美国提出了“太平洋梦”。美国新任国务卿约翰·克里在2013年4月访华时提出了这一概念，并在《关于21世纪的太平洋伙伴关系》的演讲中说：“现在北京领导人提出所谓‘中国梦’。今天，我想讲一讲我们在这个日益全球化时代所拥有的机会，那就是为太平洋地区设计并定义我们的梦想，在国家与人民之间构建伙伴关系，塑造我们共同的未来。”③ 可是，美国说一套做一套，美国战略重点转移到亚太后，中国海疆面临的所有挑战，都与美国有关系，美国频繁在西太平洋进行军演，推动日本、菲律宾、越南等国向中国海疆声索主权，并将60%的兵力向亚太地区转移，加剧了这一地区的紧张局势。维护海疆安宁是当前海防建设的紧迫任务。全中国人民都深信，在党和政府的领导下，我们一定能从容应对当前复杂多变的形势，赢得主动，赢得优势，赢得未来。

---

① 国务院新闻办公室：《“一个中国”的原则与台湾问题》，第13—14页。

② 〔美〕艾尔弗雷德·赛耶·马汉：《海权论》，萧伟中、梅然译，中国言实出版社1997年版，第25页。

③ 〔美〕哈里·卡齐亚尼斯：《从轴心到再平衡，现在又是“太平洋梦”》，http://news.xinhuanet.com/world/2013-04/17/c_124590575.htm（访问时间：2013年4月17日）。

二、中日岛争的实质与应对之策

在我国辽阔的海疆水域中有着7100多个岛屿，岛屿总面积达8万平方公里。其中有人居住的岛屿450多个，大部分是无人居住的海岛。他们有60%散布在东海，30%散布在南海，10%散布在渤海和黄海。钓鱼列岛是坐落在东海水域的一组无人居住的小岛。钓鱼列岛自古就是中国的固有领土。在美国的策划下，中国和日本形成了钓鱼岛主权归属的争端。这是中日之间海洋权益争端的表象，实质问题是日本企图充当美国“重返亚太”的马前卒，妄想通过岛争牵制中国，复活日本军国主义。在日本政坛不断右翼化的前提下，我们要警惕日本重新成为世界战争的策源地，并对中日岛争的长期性、复杂性和尖锐性有足够的认识，采取有效措施，防止日本借岛争问题发动新的侵略战争。

(一) 美国的扶日政策与中日岛争的形成

日本国是亚洲东部太平洋西岸的岛国，面积37.78万平方公里，首都东京，居民主要为大和民族，居民多信奉佛教和神道教。中日之间存在着海洋国土的争端，主要是东海划界、油气田的开发、岛屿主权归属问题。钓鱼岛及其附属岛屿的争端只是其中的焦点问题。钓鱼岛位于台湾东北角我国东海大陆架边缘，由5个小岛和3个岩礁组成，即钓鱼岛、黄尾屿(九场岛)、南小岛屿、北小岛、赤尾屿（大正岛)、冲北岩、冲南岩、飞濑，总面积6.5平方公里。钓鱼诸岛自明朝洪武五年（1372）至永乐元年(1403）就为中国人首先发现和命名，自明代以来就是中国固有的领土，一直在中国海防区域之内。清代，慈禧太后于光绪十九年（1893）曾下诏将钓鱼岛赐予邮传大臣盛宣怀经营开发，诏书存于台湾当局内政部档案中。1895年，日本政府批准冲绳县兼并钓鱼诸岛。“二战”结束后，美国占领日本，将钓鱼岛作为美军的靶场。1972年5月，美国将琉球及钓鱼岛交给日本。1979年5月，日本海上保安厅在钓鱼岛修建了一个面积为40平方米的混凝土直升机机场。日本侵占钓鱼诸岛不仅是6.5平方公里的岛屿领土问题，而且涉及到以此向外扩展200海里的专属经济区，形成了22.5万平方公里的海域争端。正如日本学者井上清教授所说，日本占领钓鱼岛，在岛上“建立军事基地，就是在中国鼻子底下架起大炮”①。

日本是第二次世界大战的战败国，历史上曾多次侵略中国，除中日甲午战争外，1931—1945 年，日本发动了长达 14 年的侵华战争。中国在战争中牺牲了 3000 万军民，仅南京大屠杀日军就残酷地屠杀了 30 万中国人。当年美国在主持东京大审判的时候，出于私心和冷战的需要，对日本的战争清算并不彻底。这主要表现在：一是没有取消天皇制。天皇是最大的战争罪犯，没有得到任何惩治，这使日本国民的“忠勇思想”、“扩张意识”和“国家至上”融为一体的武士道精神得以继承下来，成为扩张主义的思想基础。二是对战争罪犯打击不力，以致像岸信介这样的漏网战犯很快就进入政坛当上了首相。三是没有追究战犯的反人类罪，以致像臭名昭著的 731 细菌部队的标本和菌种至今仍下落不明。四是日本军国体制向民主体制转型时，没有对民众进行深入的历史观的教育，以致日本至今仍对战争罪行不认错。日本至今仍把 14 个受到惩罚的甲级战犯的灵位安放在靖国神社，许多政要参拜靖国神社，把战犯当“英雄”崇拜，不以为耻，反以为荣，这就为日本“向右转”奠定了社会基础。五是落实《波茨坦公告》不彻底。冲绳原是琉球王国，应该脱离日本恢复原来的面貌；钓鱼岛本是中国固有领土，应该交还中国，而美国私相授受，交给日本。这都违背了《波茨坦公告》的精神。

美国贯彻扶日政策，并与日本结成军事同盟。在朝鲜战争中，日本为美军提供后勤保障，发了战争财。此后，美日推行敌视中国的政策。中国实行“寄希望于日本人民”的方针，做了大量的中日友好工作。在中日关系正常化中，两国政府达成了“搁置争议”的共识，签订了《和平条约》，正式建立了外交关系。但是，在美国高调宣布战略重点转向亚太后，日本野田政权单方面对钓鱼岛实行“国有化”，使中日岛争骤然紧张起来。美国前国务卿希拉里强调，在中日岛争中“不持立场”，但又声明钓鱼岛属《美日安保条约》管辖范围，实际上是支持和袒护日本。由于美国担心日本走得过远，中日之间的岛争可能会擦枪走火，引发局部战争。美国又要求日本“克制”。2013 年 4 月，中国政府发布了第八份《国防白皮书》，

① 〔日〕井上清：《钓鱼岛·历史与主权》，贾俊琪、于伟译，中国社会科学出版社 1997 年版，第 3 页。

“指责华盛顿的政策鼓动了日本、越南和菲律宾等国家在领土问题上更加大胆的与中国对抗”，美国政府派出美军参谋长联席会议主席登普西访华，“升温中美两军关系，稳定亚太局势”。[①] 美国人明白，一旦日本重新成为战争策源地，美国将无法控制局势，美国在亚太的利益也将遭受重大的损失。

（二）警惕日本重新成为世界战争的策源地

日本明治维新后，走上了军国主义道路，对外推行侵略扩张政策。其“大陆政策”的核心内容，是强调日本开拓“万里波涛”，首先要占领朝鲜和台湾，再侵占全中国，然后称霸全世界。1931 年“九·一八”事变，日本率先成为第二次世界大战的策源地国家。1945 年战败后，日本右翼势力一直不服气，企图复辟军国主义，推翻第二次世界大战的胜利成果，谋求修改《和平宪法》，取得对外交战权，重新成为世界战争的策源地。

战后美国在日本驻军的目的是防止日本复活军国主义。但是美国并没有履行好自己的职责，反而改变了对日政策，转而和日本结成军事同盟，支持和武装日本。日本在经济上复兴后，企图挣脱美国的管束而成为“正常”国家，妄想突破《和平宪法》第九条的规定，取得“集体自卫权（交战权）”，美国对日本复活军国主义的举措，常常睁一只眼闭一只眼。日本已私自将自卫队“改厅设省”，突破了战后不允许日本有军队的规定，“防卫省”就是国防部。日本现有军队 24 万人，其中陆上自卫队 15 万人，海上自卫队 5 万人，航空自卫队 5 万人，另有 4 万人的院校和各级机关保障人员。[②] 日本自卫队人员精干，官多兵少，装备精良，战时可以得到很快的扩充。中日发生钓鱼岛争端以来，日本前首相野田佳彦声称“政府有必要行使集体自卫权”。他解释说，所谓集体自卫权是“本国在遭受他国攻击时有行使武力的权力”。[③] 自民党总裁安倍晋三在竞选时，也强调要

① 《美国之音电台》2013 年 4 月 24 日广播稿。

② 英国战略情报所公布的资料；中国人民解放军国防大学战略研究部主编的《世界各国军事力量手册》，解放军出版社 2006 年版。

③ 《日本经济新闻》，2012 年 10 月 14 日。

"富国强兵","建设强盛的日本"。[①] 安倍晋三上台任首相后,变本加厉地扩大事端,制造岛争紧张气氛,加快修宪步伐。联系日本国会通过的《有事法案》,日本把中国的台湾和朝鲜半岛都列为日本的"生命线",一旦有事,日本将出兵占领这些地区。这不得不使人产生警惕,日本政界的整体"右倾化",有可能使日本重新成为战争的策源地,走上对外侵略扩张的道路。

日本重新成为世界战争策源地的可能性决不能低估。这是因为,一是有适宜的国际气候。世纪初的浮躁心理,使各国都在抢占安全主动权,第一次世界大战发生在1914—1918年,不到半个世纪,又爆发了第二次世界大战。这种国际性的安全浮躁心理,使日本有机可乘。二是有美国的支持。美日结成军事同盟是缺乏正义性的,美国对日本政坛"右倾化",不加约束,目的是为了牵制中国、俄罗斯和朝鲜,日本正是利用美国的支持,加快恢复"正常国家"的步伐,实际上是要复活军国主义。而美国对日政策缺乏远见,对此视而不觉。三是有国情基础。日本是个岛国,资源贫乏,国土狭小。日本要成为"强盛国家",必然对外进行掠夺和扩张。四是有政治基础。日本的"官二代"政治家有强烈的复仇心理,他们中的大部分和被审判的战犯家族都有或多或少的亲缘关系,对战胜国有很强的报复心理。五是有社会基础。日本是个民族主义很强的国家,日本新生代对日本军国主义的战争罪行不甚了解,很容易被右翼势力煽动和利用。六是有经济基础。日本经济总量占世界第三位,具备对外发动战争的经济实力。但日本目前国内矛盾较多,仍没有摆脱经济下滑的趋势。根据一般规律,当出现经济危机时,当权者有可能把国内矛盾向外转移,通过战争机制稳定内部。七是有军事基础。日本的军事势力已具备对外发动战争的条件,他们有对外发动战争的欲望和传统。对此,我们必须保持高度的警惕性。

但是,我们也要看到,随着美国战略重点东移,世界各种力量都在进行大分化、大动荡、大改组,和平与发展仍然是世界人民的共同愿望。大国博弈和新兴国家力量的增长,制衡着战争因素的膨胀。日本右翼势力企

① 《日媒:欧美媒体对日本民粹主义保持警惕》,http://world.cankaoxiaoxi.com/2012/1015/104655.shtml(访问时间:2012年10月15日)。

图逆潮流而动，把日本重新变为战争策源地，仍有许多门槛迈不过去，在可预见的未来，中国被卷入世界性战争的可能性仍然很小，而中日岛争的紧张局势导致局部战争的可能性，则不能低估。

（三）中国对钓鱼岛的维权斗争常态化

中日钓鱼岛争端的紧张局势引起了世界各国的严重关切，都希望双方能采取有效措施，和平解决争端。钓鱼列岛是中国的固有领土，事关国家主权和领土完整的问题，涉及国家核心利益。尽管如此，中国政府仍采取和平、克制的态度，敞开和平谈判的大门。但是，日本却得寸进尺，采取强硬立场，声称“不存在着岛争问题”却频繁和美国举行夺岛军演，克里在主管美国国务院后，重申美对钓鱼岛争端的立场不变，强调“美国反对任何单方面改变现状的行动，尖阁诸岛（钓鱼岛）属于《日美安保条约》的适用范围”[①]。安倍晋三在回答日本国会质询时，声称“要用武力保卫尖阁诸岛”，强调“华盛顿会履行《日美安保条约》的义务，积极采取军事行动，将中国军队驱离尖阁诸岛”。[②] 由此看来，中日钓鱼岛争端要回到日本宣布“国有化”以前“搁置争议”的状态已不可能。中国不得不对钓鱼岛的维权斗争采取“常态化”的对策。

中国对钓鱼岛维权斗争常态化的主要措施：一是向世界公布了钓鱼列岛的领海基线，制定了海图，公诸于世，表明了钓鱼列岛及其周围海域主权归属于中国的法律基础。二是派出海监船、渔政船在钓鱼岛水域进行常态化巡逻，表明我国对钓鱼岛及其领海范围的主权管辖进入了常态化。三是对侵入钓鱼岛及其领海范围内的船舰进行驱离，表明中国海疆不允许外人侵犯的立场。四是派出海监飞机在钓鱼岛及其周围水域上空定期巡逻，表明中国从立体规模上维护领海主权和安宁的信心和决心。五是通过外交渠道，举行新闻发布会，表明中国政府愿意坐下来谈判，和平解决争端。六是针对美日的战争叫嚣，做好军事斗争准备。国防部发言人杨宇军在新闻发布会上批评日本在钓鱼岛问题上制造事端，将争端复杂化、扩大化的

---

① 《美国务卿克里重申美对钓鱼岛立场不变》，http://news.xinhuanet.com/world/2013-04/16/c_124585036.htm（访问时间：2013年4月16日）。

② 《美国务卿克里重申美对钓鱼岛立场不变》，http://news.xinhuanet.com/world/2013-04/16/c_124585036.htm（访问时间：2013年4月16日）。

举动，声明“中国反对战争，不希望打仗，但如果有人要把战争强加到我们头上，我们就必须能够决战决胜，不辱使命”①。

中日钓鱼岛争端的紧张局势，引起了世界舆论的高度警觉。新加坡舆论认为，日本在第二次世界大战中不仅侵略过中国，也给东南亚人民带来了深重的灾难，正值中国与日本在钓鱼岛争端持续升温之际，美国与日本走得太近，高调搞所谓“区域维稳”，将可能“自食恶果”。② 美联社的文章也指出，日本拒绝反思“历史问题”，不仅对中国充满了“怨恨”，对美国在广岛、长崎扔下两颗原子弹也充满了“仇恨”。日本每年都要进行原子弹受害纪念日活动，就是在全民族培养一种“仇美”心理。③ 澳大利亚媒体担忧美国的“海空一体战”引发核战争的危险加大，澳大利亚战略政策研究所“敦促政府眼下不要对核计划公开表示支持”④。英国舆论则强调，日本政府“在迎合右倾化媒体机构的支持下，一小群极端民族主义者可能对外造成危害，形成军事冲突”⑤。法国舆论指出“世界各国都认为日本不拿亚洲邻国当回事”，称“日本政治右倾化可能对地区安全产生重大影响”，美国在亚洲的政策应充分注意这一点，否则，“珍珠港事件有可能在关岛重演”。⑥ 日本右翼重组新党，“积极寻求在二战结束一百周年前终结美国驻军的提议”⑦，更说明力促美军撤出日本已是日本右翼复活军国主义的头号目标。如果中日岛争引发了战争，受害的不仅是中日两国人民和亚洲人民，美国也不可避免地遭受损害。

三、南海争端的实质与应对之策

南海权益的争端是我国海疆存在的焦点和热点问题。南海周边国家越南、菲律宾、印度尼西亚、马来西亚、文莱都与我国存在岛屿归属、海域

---

① 新华社，2013 年 4 月 17 日报道。
② 〔新加坡〕《联合早报》，2012 年 10 月 11 日报道。
③ 美联社东京电，2012 年 10 月 13 日。
④ 〔澳〕《时代报》网站，2013 年 4 月 15 日报道。
⑤ 〔英〕《经济学家》网站评论员文章，2012 年 10 月 6 日。
⑥ 法新社网站综述文章，2012 年 10 月 7 日。
⑦ 〔美〕《华尔街日报》，2012 年 10 月 26 日报道。

管辖、资源开发等争端，其中越南是南海争端的“领头羊”，菲律宾是南海争端的“急先锋”。南海自古就是中国海疆的固有领土，历史上并未发生争端。自从南海发现丰富的石油蕴藏量以后，南海周边国家在逐渐由“资源开发的争端”转向“主权争端”。自美国战略重点转向亚太后，美国在亚太推行“再平衡”战略，在南海“搅混水”，南海争端急剧升温。我国政府采取“双边谈判、政治解决”的方针，取得了一定的成效。但随着国际形势复杂多变的发展，南海争端的局势仍很严峻，不确定因素较多，解决争端仍需较长的时间。

（一）南海自古就是中国的海洋国土

南海，国际上称为“南中国海”。南海自古就是中国的海洋国土。秦汉时期，称南海为“涨海”，那时就已进入中国的管辖范围，是中国人民以辛勤的劳动开发了这片海域。隋唐时期，南海已正式列入海南崖州都督府管辖。宋代，北宋水师已开始在南海进行武装巡逻。元代政府 1280 年已在南海的西沙建立天文观测据点。明代郑和七次下西洋，对南海诸岛进行了巡航与查访。清代，称南海为“七州洋”，在 1817 年绘制的《大清皇舆全图》中，明确地标明南海是中国的海域，并在 14 座大的岛屿上命名勒石，标示主权。辛亥革命后，中华民国国民政府对南海进行了有效管辖，在其出版的地图中，清楚地标明了中国管辖的海域范围和岛屿位置。抗日战争胜利后，国民党海军派军舰到南海受降，并举行了接受仪式，在一些重要岛屿上竖立了“主权碑”。1948 年 2 月，国民政府宣布曾母暗沙为我国国界的最南端。国民政府在其出版的《中华民国全图》标示了“九段线”，明确了中国在南海的主权范围。新中国成立后，1950 年解放海南岛，接受了南海全境，并多次发表声明，中华人民共和国对南海拥有无可争辩的主权。

南海诸岛及其海域战略地位十分重要，是太平洋通往印度洋的“黄金水道”和“咽喉要地”。南海海区南北长 1600 海里，东西宽 900 多海里，总面积 360 万平方公里。属于中国管辖的海域有 210 多万平方公里，是我国面积最大、海水最深、资源最丰富的海域。南海有 2000 多个岛礁，由北向南可分为东沙群岛、西沙群岛、中沙群岛、南沙群岛。其地理位置：东沙群岛位于南海东北部距广东汕头港 160 海里的大陆架上；西沙群岛位于距海南岛东南仅182海里的大陆架上；中沙群岛位于西沙群岛东南约70海里处；南沙群岛位于距海南岛550海里的大陆架边缘。最南端的曾母暗沙距赤道仅400多公里，终年高温，属无台风区。

中国对南海的主权有充分的法理根据，也有大量的历史文献、地图、文物佐证，世界各国政府和国际机构及相关会议都承认中国对南海的主权。如1930年召开的远东气象会议、1951年在旧金山召开的对日和约会议、1987年联合国教科文组织下属国际海洋委员会第十四届年会，都承认南海是中国“不可分割的领土”。即使是与中国发生争端的越南、菲律宾政府出版的地图、教科书，对中国在南海的主权都给予承认，历史上并未发生争端。在越南战争期间，越南北方的越共政权还就美国将西沙海域划为“战斗区”，向美国政府提出抗议，指责“美国侵犯了中华人民共和国的领海主权”。① 直到20世纪60年代，南海发现了丰富的石油和天然气资源，南海周边五国才先后提出“主权声索”，越菲两国成为闹得最凶的国家。

南海海底是一个呈东北至西南走向的“S”形深海盆地，已探明的油气构造区有18个，油气蕴藏量达600多亿吨。其中位于我国传统海疆内的油气构造区有16个，油气总含量450多亿吨。曾母暗沙海域的油气构造达14万平方公里，油气含量超过100亿吨以上。② 南海被誉为“第二个波斯湾”，是世界“四大海底储油区之一”。据《聚焦南海》的统计资料，越南自1981年至今，已从南海掠夺开采石油1亿多吨，天然气15亿多立方米，石油出口占外贸总额的1/3，越南从南海掠取的其他资源和油气等海洋经济占越南GDP总量的48%，至2020年，越南计划将这一比率提升到53%。菲律宾在南海盗走的石油可满足其国内40%的需求量，马来西亚出口的石油70%来自南海，印度尼西亚的石油出口量50%来自南海，文莱国民经济收入90%来自石油出口，其中40%的油气产自南海。③ 据美国能源总署2002年5月发布的信息，越南、菲律宾、马来西亚、印度尼西亚、文莱五国每天产出的石油152.5万桶，天然气每年产出1.8亿立方

① 1965年5月9日越南民主共和国声明。

② 《令人震惊的南海现状》，载《国际先驱导报》，2009年4月21日。

③ 吴士存、朱华友：《聚焦南海》，中国经济出版社2009年版，第158页。

英尺。[①] 这是多么令人震惊的数字。

南海争端的诱发因素除上述因素外，还与地缘政治中的安全因素有关。南海周边五国受美日散布的“中国威胁论”鼓动，都在扩军备战，以维护从南海争端中获取的“既得利益”。2002 年，越军根据越共“九大”提出的海洋发展战略，将军事战略方针调整为“陆守海进”，把“保卫海洋领土和资源”作为其军事战略重点。[②] 越南先后在南海占领的岛礁上非法建造了 26 处海空军基地[③]，派军舰和军机在南海进行海空巡防。菲律宾也在南海设立了两个小型空军基地和三个陆军基地，形成了以中业岛为指挥中心的军事基地群。2011 年，菲律宾就中国南海传统边界标示的“九段线”，向联合国提出抗议，并提出将国际上通用的“南中国海”名称，更名为“西菲律宾海”。2012 年 4 月，菲律宾出动海军驱赶和抓扣在黄岩岛作业的中国渔民，中菲两国在黄岩岛发生了近半个月的舰船对峙。黄岩岛事件为美菲在南海进行联合军事演习提供了借口，是南海争端升温的重要事件。

（二）美国在南海“搅混水”的“再平衡”战略

南海争端升级的国际因素与美国的战略转型有着直接的关系。“9・11 事件”发生后，美国深陷伊拉克战争和阿富汗战争的泥淖，降低了美国控制国际局势的能力，标志着美国从单边主义顶端跌落下来。美国有求于中国，为了摆脱“独木难支的困局”[④]，美国在南海争端中采取了“不选边、不介入”的方针，但声称在南海有“自由航行”的海权。2010 年，中国经济总量超越日本，成为世界第二大经济体后，美国患上了“时代焦虑症”和“中国恐惧症”[⑤]，高调宣布“重返亚太”，在亚太推行“再平衡”战略，进行战略转型。美国战略重点的东移，在南海争端中起到了“搅混

① 中国（海南）改革发展研究院：《南海开发计划与海南战略基地建设——对我国“十一五”规划的建议（18 条）》，载《太平洋学报》，2005 年第 7 期。

② 《越南大力推行海洋战略 打造南中国海精锐海军》，http：//news. ifeng. com/mil/4/200704/0410_342_100175. shtml（访问时间：2007 年 4 月 10 日）。

③ 《国际先驱导报》，2007 年 4 月 22 日。

④ U. S. State Secretary Hillary Clinton，“The Pacific Century of the United States”，*Foreign Policy*，U. S.，November 2011，p. 8.

⑤ Hilary Rodham Clinton，“Ammerica’s Engagement in the Asia-pacific”，http：//www. State. gov/secretary/rm/2010/10/150141. htm（访问日时间：2010 年 10 月 15 日）。

水”的作用。

美国在亚太推行“再平衡”战略有三个支点：一是对美国在全球的战略部署进行“再平衡”。美国前国务卿希拉里认为“亚太地区已成为全球政治的一个关键的驱动力”①，使美国从“中东与北非乱局”和欧债危机的“困局”中，迅速抽身出来。通过对亚太地区的控制和影响力，提升美国在世界的“领导能力”，维护美国在全球的霸权。二是改变美国对华政策的重点，牵制中国的发展，实现对华关系的“再平衡”。美国总统奥巴马感到“美国已深陷危机中”，担心中国有朝一日超过美国，声称美国绝不做“世界老二”。② 美国认为“中国不再是一个崛起中的大国，事实上，他已经是世界大国了”③。为了抵消中国不断增长的国际影响力，美国联合亚洲盟国对华采取“再平衡战略”，实质是要制造一种“低烈度”对抗的力量均衡态势。本世纪头十年是中国发展的黄金期，2001 年中国的 GDP 只相当于美国的 12.8%，占世界总量不到 4%，2011 年中国的 GDP 相当于美国的 48.5%，占世界总量的 8.8%，中国的快速发展引起了美国的警觉，美国改变了对中国“利益攸关方”的战略定位，把对华关系“接触 + 遏制”两面政策的重点，由“接触和合作”转为“遏制和打压”，中美之间的“战略互信”降到了最低点。三是对盟国的力量进行“再平衡”。美国推出了“海空一体战”和“联合介入作战”理论，重点针对中国进行“前沿部署”，在西太平洋建立了以东南亚军事基地群、日本军事基地群、关岛军事群为支撑点的指挥中心和前进基地，将 60% 的兵力部署在亚太地区。为了围堵中国，美国部署了两条包围线，即陆地包围线和海上包围线。陆地包围线从蒙古国经中亚到南亚；海上包围线有三条岛链：第一岛链由配置在韩国、日本、中国台湾、菲律宾、新加坡直到印度洋的迪戈加西亚岛的军事基地群组成，第二岛链由配置在以关岛为中心的军事指挥中心延伸到澳大利亚、新西兰的基地群组成，第三岛链由以夏威夷为核心的诸群岛至中途岛及阿拉斯加、阿留申群岛的基地组成。陆地包围线

① U. S. State Secretary Hillary Clinton, “The Pacific Century of the United States”, *Foreign Policy*, U. S., November 2011, p. 8.

② Remarks by the president in State of the Union Address, http://www.whitehouse.gov/the-press-office/remarks-president-state-union-address（访问时间：2010 年 1 月 27 日）。

③ Li Xiaokun, “Mullen Addresses Sea Disputes”, *China Daily*, July 11, 2011.

和海洋包围线的结合部在印（度）缅（甸）地区。在战略部署上，美国把盟国的力量向前推，实行“前沿部署”，而把美军自身的力量后置，重点放在关岛和澳大利亚一线。这种部署，既加强了对盟国的控制利用，又强化了对亚太地区中小国家和新兴经济体的恐吓和威胁。美国战略重点东移，加剧了亚太地区固有的矛盾，使亚太地区乱象丛生，呈现出“一碗面条”似的混乱战略态势①。

美国“再平衡战略”在南海争端中“搅混水”的作用，主要表现在：一是使东盟国家产生恐慌心理，出现了危机感。美国将60%的军力投放到亚洲，滥用“安全保护”责任，使东盟国家不得不“选边站”，在安全上“依赖美国”，在经济发展上“依赖中国”。二是使中国东盟自由贸易区“空壳化”，降低中国在东盟国家中的经济推动力。美国抛开东盟提出了“跨太平洋伙伴关系协议”（TPP），突出了美国经济霸权，削弱了东盟的主导作用。TPP一旦运转起来，东盟的主导平台将完全失去作用。美国先后否决了马来西亚前总理马哈蒂尔提出的“东亚经济集团”构想，也反对日韩提出的“亚洲货币基金组织”的设想。美国的目的是要阻止东亚经济一体化的进程，同时削弱中国的经济影响力，从而造成东亚经济乏力的局面。三是挑动越南、菲律宾“挑事”，使南海争端复杂化。美国政要频繁访问越南、菲律宾，鼓动两国带头闹事，向中国发难。2011年11月，越菲两国先后在东盟峰会和APEC会议上再次建议东南亚国家在南海主权问题上形成一个联合战线对抗中国。2012年6月21日，越南国会通过了《越南海洋法》，以国内立法形式宣示对西沙群岛和南沙群岛的主权。2012年7月，菲律宾在第四十五届东盟外长会议上，提出将南海争端列入会议议程，并制定约束中国的《南海行为准则》，遭到与会国家的抵制，是东盟国家组织唯一一次没有发表“会议公报”的高官会议。中菲黄岩岛事件发生后，菲律宾于2013年1月单方面向国际海洋法仲裁委员会提起国际司法诉讼，企图通过国际司法诉讼霸占中国的海洋领土，遭到中国的坚决反对。这就使国际仲裁的法律主体和法理基础存在缺陷，即使美国从中捣鬼，国际司法程序繁杂，短期内也难以奏效。四是美国直接介入南海争

① “The Noodle Bowl—Why Trade Agreements are All the Rage in Asia”, *The Economist*, Sep. 3, 2009.

端，并使中日钓鱼岛争端与南海争端“连体化”，增加了解决问题的难度。美国本不是南海争端方，但打着“航行自由”的旗号，深度介入南海问题，2011 年 10 月，希拉里在《外交政策》发表《美国的“太平洋世纪”》一文，批评中国的南海政策，强调维护美国在南海的利益，表示支持越南和菲律宾对南海主权的声索。路透社评论：“美国已经深深卷入南海争端。”① 随着美国的深度介入，日本、印度、澳大利亚等域外大国也都迅速跟进，2012 年，美、日、印三国一年之内举行三次对话，谋划对中国实行“囚龙政策”，他们认为：“在西起波斯湾、经由印度洋与马六甲海峡直至南中国海的航道，拥有共同利益。”控制了这条“生命线”就等于用一条绳索“将中国绑得更严实”。②

美国介入南海争端的搅局行为，对解决南海争端增加了难度，也使地区安全形势增加了热度。克里主政美国国务院以来，采取了“说软话、办硬事”的策略，避免“刺激中国”，实际上并没有改变美国在南海的立场。香港媒体评论，由于中国的政治智慧，南海争端中的黄岩岛事件反而给中国提供了“争取印度，削弱日本，反制美国，将缠绕身上的绳索砍断”③ 的机遇。

（三）中国“双边对话、政治解决”的应对之策

南海问题是中国与南海周边“当事国”的争端，美国和域外大国势力插手并无益处。中国政府一贯坚持与“当事国”双边谈判的方针，在习近平总书记提出的“政治解决南海领土争议”④ 思想原则的指导下，中国与南海周边各国保持了相对平稳的外交关系，降低了南海争端的热度。

邓小平生前关于解决海洋国土争端的方针，提出了“主权在我、搁置争议、共同开发”的思想原则，其基本含义是：第一，主权属我。无论是

---

① 《希拉里金边发言剑指中国》，http：//world. huanqiu. com/hot/2012 – 07/2911451. html（访问时间：2012 年 7 月 13 日）。

② 《美日印被指谋划“囚龙战略”中心议题针对中国》，http：//news. xinhuanet. com/world/2012 – 10/31/c_123892088. htm（访问时间：2012 年 10 月 31 日）。

③ 《美日印被指谋划“囚龙战略”中心议题针对中国》，http：//news. xinhuanet. com/world/2012 – 10/31/c_123892088. htm（访问时间：2012 年 10 月 31 日）。

④ 朱锋：《东亚安全的结构性危机会爆发吗？——2012 年东亚安全形势回顾与 2013 年展望》，载《和平与发展》，2013 年第 1 期。

钓鱼岛还是南沙群岛等问题，邓小平维护主权的立场是十分坚定的。如在南沙群岛问题上，邓小平多次声明，反复强调，南沙历来是中国的神圣领土。1984 年 2 月，他针对有些周边国家强占我南沙岛礁，明确指出：那里历来是中国的领土。我们多次声明主权是中国的，管你占领不占领，主权还是中国的。向世人表明，主权不是一个可以讨论的问题，在主权问题上我们决不妥协。他的这一坚定立场在后来接见外宾时又多次给予强调。第二，对领土争议，在不具备彻底解决的条件下，可以先不谈主权归属，而把争议搁置起来。搁置争议并不是要放弃主权，而是将争议先放一放。第三，对有些有争议的领土，进行共同开发。南沙群岛位于南海航道要冲，南海有丰富的海底资源和油气资源，共同开发对大家都有好处。这无疑是解决海洋权益争端的思想导向和正确原则。

“主权在我”是中国政府解决海洋权益争端的底线。在南海争端中，越、菲等国不断挑战这一底线，这就使争议无法搁置下来。本来中越之间在北部湾划定了海上边界，中国在北纬 20 度以北让出了一片海域给越南，越方在北纬 30 度以南让出了一片海域给中方，公平合理地解决了北部湾划界问题。这是中国与海洋毗邻国家划定的第一条海上边界线。但是越方不顾中越两国人民的友谊，在南海争端中追随美国，伙同菲律宾一道，提出了“多边谈判”的建议，实际上是要把南海争端国际化，是对中国施压的表现。南海争端各方有各自的利益和具体情况，只有照顾各方的利益和重要关切，才能公正公平地解决问题，避免出现“群狼争食”的打群架事件。关于“共同开发”的问题，南海争端各方出现了“单方面开发”、“各自开发”的混乱局面，深化了各方矛盾，增加了解决问题的难度。

针对以上情况，在习近平总书记“政治解决”原则的指导下，采取了“双边谈判”的机制，应对南海争端升级的复杂局面。主要措施有：一是和美国举行双边对话。美国是南海争端升级的幕后推手，在克里访华期间，双方达成共识：辽阔的太平洋完全有容量接纳中美两国的利益，两国应增信释疑，共同维护地区的和平与稳定。2013 年 4 月，美军参谋长联席会议主席登普西访华，与我军总参谋长房峰辉进行会谈，登普西解释了美国“重返亚洲”政策的相关内容，表示华盛顿“不会鼓动”日本、越南和菲律宾与中国对抗，中美两军应加强交流与信任，为地区和平与稳定作贡献。这就为南海争端的降温创造了外部条件。二是坚决捍卫国家主权，被动式地应对相关国家的挑衅。就在越南国会通过《越南海洋法》的当天，中国政府宣布在南海设置三沙市和警备区管辖中沙、西山和南沙群岛。在菲律宾挑起黄岩岛事件时迅速派出渔政船和海监船与之对峙，并辅以经济和贸易手段，对菲律宾施压。中国利用"经济杠杆"进行外交调节收到了一定的效果。美国对此非常重视，美国国会已进行过关于中国是否会使用"经济杠杆"对付中美摩擦的讨论。这说明中国初次使用"经济杠杆"就已触动美国"重商主义"这根敏感神经。三是区别情况，分别对待。南海争端参与方较多，依据"双边谈判"解决机制的灵活性精神，应区别不同情况，灵活处置分歧和矛盾。对于友善国家应从政治、经济给予优惠和倾斜，政治上给予礼遇，经济上给予实惠。对于带头挑事的争端方所采取的一些穷凶极恶措施，应坚决给予惩戒。尤其值得注意的是太平岛的安危，太平岛目前由台湾管辖，是面积较大条件较好的一个岛屿，但防守力量薄弱。越南已盯上了这个岛屿，如果越南敢于对该岛动武，我军就应采取果敢措施。针对菲律宾向联合国提出国际仲裁的行为，中国已照会菲律宾政府，撤出被其非法占领的 8 个岛屿。四是加强海上力量建设，增强"政治解决"的军事后盾。国务院已将我国海事管理的 8 个部门，合并成"海洋局"，加强对涉海事务的领导力量。海上巡逻执法要常态化，只有强大的海上力量才能为"政治解决"提供坚强的后盾和保障。

四、我国的海洋战略与"海陆并重"的发展趋势

我国的海洋战略包括了海洋开发战略、危机管控战略、军事防卫战略，是建设"海洋强国"的总体指导方针，也是建设中国特色社会主义总体布局的战略指导。海疆是我国疆域的重要组成部分，"海陆并重"的思想体现我国历代经略和底定海疆的经验教训，也体现了今后海陆经济齐头并举和海政海防建设目标的发展趋势。

（一）"海洋开发"战略与"海洋经济"的发展方向

"开发海洋"是中国特色社会主义事业发展的重要战略方针，也是我国发展"海洋经济"、建设"海洋强国"的必由之路。改革开放以来，我

国的海洋经济有了很大的发展，特别是像广东、浙江、山东、江苏、福建、海南等省，都取得了骄人的成就。但大多停留在捕捞业、养殖业、晒盐业和海岛旅游等传统低端产业。海洋经济的总产值在国民经济总产值中所占的比例仍然不高，甚至不如与我国存在海洋争端的一些小国。海洋经济的发展仍有许多潜力可挖，“开发海洋”已成为全国人民的共识。

我国有着丰富的海洋资源，但遭人掠夺的现状触目惊心。自 20 世纪 80 年代以来，南海渔业资源出现明显衰退，2/3 的主要鱼种和几个重要渔区被过度开发，沿海渔民出海捕捞常被争端方抓扣，安全没有保障。近海养殖业对环境污染没有得到很好解决。根据我国海疆渔业资源遭受破坏的情况，我国政府对各个海区都宣布了休渔期，我国渔民都自觉遵守。1999 年，我国政府宣布每年在南海实行夏季休渔期，但越南、菲律宾却提出抗议，声称“中国无权宣布休渔”[①]，致使南海渔业资源无法得到有效养护。因此，“开发海洋”要加强海上执法力度，贯彻“可持续发展”的经济方针，使资源的保护和开发有效地结合起来。

海洋油气田的开发是海洋权益争端的重头戏。从目前情况看，我国海疆的油气田主要集中在内海—渤海。在东海和南海的油气田大多是周边争端国家单方面建立的，他们“无视争端，各自开发”，使“共同开发”无法实现。我国在“向海洋进军”的过程中，要在独立自主的原则上，加大技术创新力度，自主建设有独立产权的油气田。2011 年 5 月 23 日，中国自主设计建造的世界先进第六代 3000 米深水半潜式钻井平台——“海洋石油 981”号已成功交付，标志着中国海洋石油勘采由 300 米浅海正式迈入 3000 米深海。2012 年 5 月 9 日，该钻井平台在南海正式开钻，标志着我国海洋石油工业的“深水战略”迈出实质性步伐。[②] 针对外国在我国海疆内设立油气田大量掠采油气资源的情况，我国应进行立法，收取资源费和参股要求，无论这一目标能否实现，都会产生重大的政治影响。

开发海洋资源，发展海洋经济，是经略海疆的重要举措，也是底定海疆的经济基础。应从战略高度提高认识，采取实际步骤，加大投入，促进

① 岳文典：《浅析南海问题的性质转向与战略应对》，载《和平与发展》，2012 年第 6 期。

② 张毅等：《中国海洋油气开采将从大陆架走向深海》，http：//news. xinhuanet. com/politics/2011 -05/23/c_121448501. htm（访问时间：2011 年 5 月 23 日）。

技术创新，实现由传统产能向高新技术产能的转变。在经济建设布局上，应从“海陆并举”的高度，部署经济建设方案，实现海陆经济的互补和齐头并进发展，使我国成为海洋经济强盛大国。

（二）“危机管控”战略与“海上维权维稳”的海政目标

海政是我国边政的重要组成部分，也是我国对海疆施政的重要体现。“危机管控”是海政管理的重要内容。自美国战略重点转向亚太以来，我国海疆可能出现和正在出现的危机，主要有：有损祖国统一大业的台海危机、有损我国海疆安宁的朝核危机、与海洋毗邻国家的海洋权益争端三大问题。“危机管控”的目标，是要化解矛盾，突出重点，维权维稳，保障海疆安宁，维护国家和平发展的战略机遇期，促进祖国统一大业的实现，从整体上维护国家的主权独立和领土完整。

我国海疆“危机管控”的重点，应放在防范台海危机再现问题上。台湾是祖国领土不可分割的一部分，台海危机的管控，既是我国的内政，也和“美国因素”有着牵连。因此，要坚持“一个中国”原则，处理好“两岸和平关系”与“美国对台军售”两个问题。实现两岸统一，是“中国梦”的首要目标，从内政方面考量，发展两岸和平关系，促进两岸和平统一，是我们的既定方针，必须有“和平”与“武力”的两手准备。从美台军事关系角度看，美国对台军售是台海再度出现危机的一个重要因素。按台湾学者分析，李登辉主政 12 年，对美军购 162 亿余美元，年均 13.5 亿美元；陈水扁主政 8 年，军购 84 亿余美元，年均 10.5 亿美元；马英九主政台湾后，军购总额 183 亿美元，年均 52 亿美元，为过去 10 年最高。① 我们应该深刻认识，内政因素和美国因素互为影响的关系，两岸和平关系的发展会促使美国在对台问题上更加小心谨慎；而美台军事关系也会破坏两岸和平关系的发展。从目前情况看，台湾当局采取“亲美、和陆、友日、连结亚太、布局全球”的政治策略，我们应该提高警惕，台湾的国际空间过度膨胀，可能会出现“一中一台”的局面；还要警惕民进党再度上台，出现“台湾独立、外国占领、无限期拖延”的危机，做好

① 参见朱中博：《美国“重返亚太”与美台军事关系的发展》，载《和平与发展》，2013 年第 1 期。

“危机管控”的预防性工作。

“朝核危机”是当前东北亚地区的热点问题，也是影响我国海疆安宁和国防安全的问题。2011 年 12 月 17 日，金正日去世后，年轻的金正恩接管了朝鲜政权，仍然坚持“主体思想”，搞“先军政治”。2012 年 12 月 12 日，朝鲜进行了第二次卫星发射，2013 年 1 月 23 日，联合国安理会作出了制裁朝鲜的 2087 号决议。金正恩恼羞成怒，不断放出“硬话”，激化朝韩矛盾，美韩的联合军演，更进一步激化韩朝之间的对立，朝方提出要以“有核国家”的身份与美国谈判，强调要再次进行“更高水平”的核试验，把朝韩危机推向了战争的边缘。美国要求我国对朝鲜“施加影响”，我们应本着“朝鲜半岛无核化”与“和平解决朝核危机”的一贯立场，规劝朝鲜回到六方会谈的框架中解决问题。在此问题上，我们的危机处理方案：一要防范朝鲜有意扩大危机，把中国推向“第一线”，挑动中国与美韩两国的摩擦；二要防范美日韩对朝鲜动武，危及朝鲜政权的生存，把危机推向高峰；三要和美国讨价还价，防范美国把危机转向台海方向，危及我国的海疆安全。由此可起到“一石三鸟”的作用。

降低海洋权益争端的风险是我国海政管理的重要目标，也是“危机管控”的又一难点。在动荡的国际环境中，我国海上的维权维稳斗争既要重视打击海上走私、偷渡、偷捕等跨国违法犯罪问题，更应重视化解海洋权益争端引发的海疆危机。在国际依存关系的理论中，存在着一种“小国无常”的“小国诡计”伎俩，就是挑动大国关系，扩大事端和矛盾冲突，从大国力量较量中取胜的小伎俩。越南和菲律宾就是采用这种小诡计，投靠美国，企图用美国的力量牵制中国，从中获益。我们应识破这种小诡计，本着“建立中美新型大国关系”的精神，把南海争端中的美国因素脱钩，独立自主地处理海洋权益争端中的危机问题。有学者建议：对奥巴马重返亚太的“再平衡”战略要多“看一看”，对争端中的友善国家的政策要“稳一稳”，对改善中日关系、走出因钓鱼岛风波诱发的中日关系低谷要“等一等”，对在争端中推行战争边缘政策的恶劣行为则要“动一动”，包括军事上都应“动一动”。[①] 我们绝不打第一枪，对于敢于把战争强加

① 朱锋：《东亚安全的结构性危机会爆发吗？——2012 年东亚安全形势回顾与 2013 年展望》，载《和平与发展》，2013 年第 1 期。

给中国的行为，则应坚决回击。

(三)“军事防卫”战略与“底定海疆”的海防目标

海防是国防的重要组成部分，也是边防的重要内容，边防包括了陆防、海防、空防和底土防御。国务院和中央军委组建了边（海）防委员会，负责指导和协调边（海）防工作，贯彻“积极防御”军事战略方针，海防的重点放在“岸防”与“近海防御”相结合上。建国初期，前苏联曾提出建立“联合舰队”，企图控制中国海军，被毛泽东顶了回去。美国第七舰队曾一度进驻台湾海峡，蒋介石叫嚣“反攻大陆”，曾多次骚扰东南沿海地区。在20世纪50年代至60年代的20多年时间内，解放军海军部队经历海上战斗241次，共击沉国民党海军舰艇18艘，击伤49艘；击沉匪特偷袭舟船53艘，击伤21艘；缴获各种舰船207艘，击毙3491人，俘虏3236人。[①] 改革开放以来，“中国的安全利益正在从领土安全向海洋、太空和电磁空间延伸，从国土安全向海外利益安全延伸，从传统安全向非传统安全延伸”[②]。依据“三个延伸”的精神，中国海防态势开始发生变化，从2008年6月开始，组成海军远洋编队进入印度洋亚丁湾打击海盗，执行护航任务，确保印度洋水道畅通，保障了国家对外开放的利益空间。海防态势呈现出近海防御与远洋护航相结合的态势。

历史上中国海疆受到外国的多次侵略，据不完全统计，近代以来，先后有八个帝国主义国家出动1000多艘舰船（次）入侵中国达470次之多，规模较大的有80多次，新中国建立后，人民海军不仅粉碎了蒋介石“反攻大陆”的梦想，而且两次和越南发生海战，一次是和南越政权进行的西沙保卫战。1974年1月，南越伪军出动四艘军舰侵犯我国西沙群岛的甘泉、金银、珊瑚等三岛，我国人民海军进行坚决反击，击沉敌舰一艘，重伤三艘，取得了西沙保卫战的胜利。一次发生在1988年3月，人民海军在南沙群岛对非法侵占我岛礁的越南海军予以惩戒还击，当时中国科考船在南沙赤瓜礁海区进行作业，越南海军首先开炮，我国

① 《当代中国》丛书编辑部：《当代中国军队的军事工作》(上)，中国社会科学出版社1989年版，第354页。

② 《2008年中国的国防》白皮书。

人民海军坚决还击，击伤越军三艘军舰，越南军舰仓惶逃跑，我国海军取得了南沙还击战的胜利，捍卫了祖国尊严和海洋权益，显示了国威和军威。

马克思指出："主权就是在全国范围内集中的土地所有权。"[①] 我国海防的职责就是维护国家主权和领土完整，自美国重返亚太宣布战略转型以来，在军事战略上，高调鼓吹"海空一体战"和"联合介入作战"理论，重点对中国进行"前沿部署"，并强调"陆地离岸打击"。为此，不仅海防要加强"立体防御"，包括水面、水底和空中防御，而且要加强陆地边防的防御。目前，东北亚局势紧张，为世界所注目。我国应通过中美战略对话和"六方会谈"机制，使东北亚紧张局势降温。根据国际上关于"必须在危机出现之前来创造环境，必须在威胁濒临之前来应对威胁"[②] 的理论，我国的国防压力除海疆外，对西南战略方向的国防压力也应有清醒的认识，这是因为西南方向是美国陆地对华包围线和海上对华包围线的结合部，一旦美日介入我国海疆出现各种危机，有可能利用中印边界矛盾或缅甸国内纠纷，甚至迎合越南的复仇心理，在我国西南战略方向挑起事端，进行"离岸打击"。2013 年 4 月，美国国务卿克里曾放话，要减少美国"重返亚太"的"军事色彩"，但他很难改变奥巴马政府"将 60% 的军力转移到亚太"的决心。美国对华"再平衡战略"能走多远还有待观察。日本安倍政府的"右翼化"已暴露无遗，安倍晋三在日本"主权恢复日"的讲话中，已完全否认日本对亚洲的侵略历史，并穿上迷彩服在日本 T10 坦克上照相，并加快了修改《和平宪法》的步伐，为日本复活军国主义提供了"实证"。[③] 美日的所作所为已对我国安全构成了威胁。

凡事预则立，不预则废。军队应从"能打仗、打胜仗"的总要求出发，加强海陆作战的训练，提高打赢战争和慑止战争的能力，为完成多样化军事任务多做贡献。全国各族人民都是国防的主体力量，要提高"危机意识"和"国防意识"。必须看到，海防仍是我国国防薄弱环节，海疆仍

---

① 马克思：《资本论》(第三卷)，人民出版社 1972 年版，第 1041 页。

② 参见楚全：《新美国世纪计划》，载《国外理论动态》，2003 年第 4 期。

③ 中国中央电视台"新闻联播"2013 年 4 月 29 日报道。

处于“多事之秋”，“底定海疆”的任务远没有完成。我们要紧密团结在以习近平为总书记党中央的周围，在坚持以经济建设为中心的同时，使国防建设和经济建设同步发展，为防止外部势力可能对我国发动的侵略，做好军事斗争准备。

新中国成立后我国海疆战略与海权维护论析

| 刘俊珂 |

海疆建设对濒临海洋的国家而言，是国家建设中不可或缺的重要组成部分。中华人民共和国成立后，随着国内社会秩序的稳定和国际形势的逐渐好转，国家的重点开始转移到社会主义建设上来。由于沿海地区是主要的国防前沿和经济发达区域，所以建国后我国政府制定了一系列关于开发、利用和保卫海洋的发展战略和举措，并形成了富有中国特色的海疆建设思想。建国以来，学术界对我国海疆建设进行了深入而细致的研究，并取得了丰硕的成果。① 但从整体上看，既往的学术研究成果与我国当前维护领土主权、维护海洋权益和加强海疆管理的现实需要仍有较大的距离，也为此方面的学术研究留下了若干亟需进一步探讨和考

---

① 主要研究专著有：李国强：《南中国海研究：历史与现状》，黑龙江教育出版社 2003 年版；李耀臻：《海洋世纪与中国海洋发展战略研究》，中国海洋大学出版社 2006 年版；季国兴：《中国的海洋安全和海域管辖》，上海人民出版社 2009 年版；冯梁：《亚太主要国家海洋安全战略研究》，世界知识出版社 2009 年版；张辉：《中国海洋安全环境与安全战略》，湖北人民出版社 2012 年版；刘中民：《世界海洋政治与中国海洋发展战略》，时事出版社 2009 年版；郭渊：《地缘政治与南海争端》，中国社会科学出版社 2011 年版等。主要研究论文有：修斌、姜秉国：《中国"和平发展"战略视野下的海洋权益维护》，载《中国海洋大学学报》（社会科学版），2007 年第 1 期；金永明：《中国海洋安全战略具体措施》，载《学习与研究》，2012 年第 10 期；郭渊：《国际海洋法会议与中国对海洋权益的维护》，载《当代中国史研究》，2012 年第 1 期；课题组：《中国海洋安全现状与应对举措》，载《理论动态》，2012 年第 28 期；马千里：《日本新海洋安全战略中的对台政策》，载《太平洋学报》，2012 年第 4 期；郭渊：《20 世纪 90 年代南海地缘形势与中国对南海权益的维护》，载《当代中国史研究》，2013 年第 1 期；钟龙彪：《改革开放后中国海洋观和海洋安全战略的调整》，载《福建党史月刊》，2013 年第 12 期等。

察的空间。因此，本文拟在已有研究的基础上对建国以来海疆战略的发展轨迹进行梳理和探析，以期推动对这一问题研究的深入，不妥之处，敬请方家指正。

一、建国后海洋发展战略思想的形成与发展

“海洋战略是国家领导人、政治首脑、涉海部门领导人处理海洋事务的策略、方法和艺术，包括海权问题、海洋开发与保护问题，海洋科技问题的国家目标、行动方案、实现上述目标的方案和手段等。”① 建国后中国海洋发展战略思想的形成与发展是随着时代发展变化不断完善和丰富的结晶。从时间上来看，大致可以改革开放为界，划分为建国后30年的海洋防卫和改革开放后30年间的建设海洋强国两个阶段。

建国初期，由于国内和国际环境的影响，我国海疆建设的主要任务是建设一支强大的海军，反对帝国主义的封锁和侵略，保护我国的海洋主权。以毛泽东为核心的中央领导集体提出了建设强大海军，保卫海防和海洋主权的思想。毛泽东认为：“有海就要有海军，过去中国有海无防，受人欺负。现在太平洋还不太平，我们的海岸线这么长，一定要建设强大的海军。我们把海军搞起来，就不怕帝国主义欺负了。”他明确指出近代中国的落后主要是由海防落后造成的，“从1840年到今天，100多年了，鸦片战争、中日甲午战争、八国联军侵华战争都是从海上打进来的。中国一败再败，屡次吃亏，割地赔款，就在于政府腐败，没有一支像样的海军，没有海防”。1954年10月，毛泽东在国防委员会第一次会议上明确指出：“中国是个大国，要有强大的陆、海、空军。我国有那样长的海岸线，一定要建设强大的海军。”② 所以，建国初期我国政府一直把海疆作为国家的海防前沿，视海洋为战略屏障。而有强大的海军是保卫海洋的必要条件，1958年6月的中央军委扩大会议上通过了《关于海军建设的决议》，

① 李立新、徐志良：《海洋战略是构筑中国海外能源长远安全的优选国策——缓解“马六甲困局”及其他》，载《海洋开发与管理》，2006年第4期。

② 安建设：《毛泽东关注人民海军建设：“太平洋还不太平”》，载《党的文献》，2010年第1期。

明确提出了有计划、有步骤地建设和发展人民海军。同时，“必须大搞造船工业，建立海上‘铁路’，以便在今后若干年内建设一支强大的海上战斗力量”。针对海上强国的核威胁，1959 年 10 月，毛泽东提出：“核潜艇，一万年也要搞出来。”① 1974 年 8 月 1 日，中国自行设计的核潜艇研制成功，提高了中国海军的防卫和威慑力量。整体来看，这一时期，海疆建设思想的基本特点是以围绕防御外来威胁为主线，在此基础上稳步地进行海防建设。

1978 年中国共产党十一届三中全会的召开，标志着我国的工作重点转移到社会主义现代化建设上来，中国从此进入了改革开放和社会主义现代化建设的历史新时期。中国海洋发展战略思想也随之发生了深刻的变化。为了促进我国社会主义现代化建设，维护我国海洋安全和合理开发利用海洋资源，以邓小平为核心的中央领导集体在总结国际海洋斗争的经验与教训的基础上，提出了近海防御、开放沿海地区、维护海岛主权和开发近海资源、开拓远海公海、加强新型海军建设等诸多新的海洋战略发展理念。这些思想是对我国传统海洋观的丰富和发展，标志着中国现代海洋观的形成。

“近海防御”的战略思想，是以邓小平为核心的中央领导集体在总结建国以后我国海防发展实践经验的基础上，并结合 20 世纪 80 年代前后国际海洋发展新形势而提出的海洋战略之一。邓小平认为，中国的海洋战略核心是近海防御，“我们的战略始终是防御的。就是将来现代化了，也还是战略防御。海军不能向全球伸手，我们永远不称霸”。1979 年，他提出“我们的海军，应当是近海作战，是防御性的，不到远洋活动，我们不称霸，从政治上考虑也不能搞。海军建设，一切要服从这个方针”。“我们的战略是近海作战。大家以为近海就是边缘，近海就是太平洋北部，再南也不去，不到印度洋，不到地中海，不到大西洋。”“近海防御”的战略思想不是一种消极的海防策略，而是在与周边国家和平共处的基础上进行战略防御的积极措施。邓小平曾指出：“我们未来的反侵略战争，究竟采取什么方针，我赞成就是‘积极防御’四个字。积极防御本身就不只是一个

① 《毛泽东军事文集》(第 6 卷)，中央文献出版社 1993 年版，第 359 页。

防御，防御中有进攻。”[①] 近海防御思想的根本目的在于强调了沿海地区在国家建设中的重要地位，海上防卫的重心由海岸向近海延伸，对于保障我国沿海发达地区的安全具有重要的战略意义。

当然，要保证近海防御的有效性，必须有一支高精尖的海防力量。以邓小平为核心的第二代中央领导集体提出海洋不是护城河，中国要富强，必须面向世界，面向海洋。但在中国走向海洋的过程中必须会面临海上霸权主义的威胁，因此，海军建设要走精兵之路。“我们不需要太多，但要精，要真正是现代化的东西”，要“建设一支强大的具有现代战斗能力的海军”。[②] 邓小平认为：“我们在海军建设规模上，不仅要保持一定的数量，更重要的是要有较高的质量，使之与保卫我国万里海疆和维护海洋权益的任务相适应。在战斗能力上，必须是真正过硬顶用的，要有大批具有高度的政治觉悟、先进的军事思想和较高的科学文化素养的海军人才；要有性能优良的现代化武器装备；要有严格的训练和科学的编成，保证人和武器的紧密结合，以发挥最大的战斗效能。”[③] 建设新型海军是以邓小平为核心的第二代中央领导集体在世界海洋斗争形势日益激烈的形势下作出的重要战略选择，从此，中国人民海军的建设进入了一个新的发展阶段。

20 世纪 80 年代，随着海洋科技的不断发展，在陆地资源变得更加拮据的人类加快了开发和利用海洋的步伐，为此也引发了日益加剧的海洋政治、军事和外交冲突。1982 年，第三次联合国海洋法会议通过了《联合国海洋法公约》，为沿海国为保护各自的海洋权益提供了法律依据。针对 20 世纪 70 年代以后我国部分岛屿被海上部分海上邻国侵占的现实，以邓小平为核心的中央领导集体创造性地提出了“主权属我，搁置争议，共同开发”的战略思想。对于海岛的主权问题是不可讨论的，中国必须坚持这一根本原则。邓小平曾指出：“关于主权问题，中国在这个问题上没有回旋余地。坦率地讲，主权问题不是一个可以讨论的问题。”[④] “国家的主权

① 中共中央军委办公厅编：《邓小平关于新时期军队建设论述选编》，八一出版社 1993 年版，第 44 页。

② 中国人民解放军兵种历史丛书《海军史》编委会：《海军史》，解放军出版社 1989 年版，第 330 页。

③ 杨国宇主编：《当代中国海军》，中国社会科学出版社 1987 年版，第 2—3 页。

④ 《邓小平文选》第 3 卷，人民出版社 1993 年版，第 12—13 页。

要始终放在第一位。”而在解决争端的方法上是多种多样的，就南沙群岛、钓鱼岛的争议问题，邓小平认为：“一个办法是我们用武力统统把这些岛收回来；一个办法是把主权问题搁置起来，共同开发，这就可以消除多年来积累下来的问题。”① 所以，“主权属我，搁置争议，共同开发”的海洋战略思想，是原则性与灵活性的统一，为我国解决祖国统一和处理海洋争端问题提出了崭新的创造性的基本方针。

以邓小平为核心的中央领导集体关于海洋战略思想的提出与实施，为我国海洋现代化建设和发展奠定了思想基础，是实现我国走向海洋大国和海洋强国的重要指南。

20 世纪 90 年代，面对国际政治风云变幻和海洋安全环境的新形势，以江泽民为核心的党的领导集体，从和平与发展的时代高度出发，通过对世界发展大势的敏锐观察和思考，形成了具有中国特色的崭新的海洋发展战略思想。

首先，从战略的高度认识海洋。“一定要从战略的高度认识海洋”的思想，是以江泽民为核心的中央领导集体海洋战略思想的重要组成部分，主要包括国家海洋安全、海洋对国家长远发展的重要性等内容。1994 年 8 月 17 日，中共中央军委副主席的刘华清提出：“我们要从战略的高度来认识海洋，大力增强全民族的海洋观念，要按照我们宪法的要求，维护我国海洋权益和海上安全，建立巩固的海防。”1995 年 10 月，江泽民同志在青岛视察海军部队时指出：“我们一定要从战略的高度认识海洋，增强全民族的海洋观念。”特地指出：“海洋蕴藏着远比陆地丰富得多的资源，是人类生存与发展的重要空间”；“中国人均陆地面积仅为世界人均陆地面积的四分之一，陆地人均资源占有量大大低于世界人均水平。随着时间推移，我国陆地资源短缺的情况将变得突出起来，势必制约经济发展。可以肯定，开发和利用海洋，对于我国的长远发展将具有越来越重要的意义。”②“一定要从战略的高度认识海洋”的海洋战略思想，是在世界海洋政治、经济环境发生深刻变革的背景下提出的，表明了以江泽民为核心的

① 《邓小平文选》第 3 卷，人民出版社 1993 年版，第 87 页。

② 黄金声：《中华民族迈向新世纪的海洋战略思维》，载《海洋开发与管理》，2000 年第 1 期。

中央领导集体针对时代发展的脉搏精准把握和对中国新形势下海洋发展战略的高瞻远瞩。

其次，以江泽民为核心的中央领导集体提出了实施海洋开发战略的思想。1994 年 11 月 16 日，《联合国海洋法公约》正式生效，为调整国家之间、国家与国际组织之间在海洋资源的利用和可持续发展提供了法律依据，标志着现代国际海洋法律制度的建立，为全球海洋资源与环境的可持续发展奠定了国际海洋法律基础。1996 年 5 月，我国全国人大常委会批准了《联合国海洋法公约》。在新的历史条件，中国的海洋事业面临着巨大的挑战和机遇。“实施海洋开发战略”也正是在这样的背景下提出的。该战略把以发展海洋经济为中心，适度快速开发、海陆一体化开发、科教兴海和协调发展作为 21 世纪中国海洋开发与实施的指导思想原则。1995 年 10 月，江泽民指出：“开发和利用海洋，对于我国的长远发展将具有越来越重要的意义。因此，我们一定要从战略的高度认识海洋，增强全民族的海洋观念。”① “实施海洋开发战略”思想的提出对于我国海洋事业的全面发展具有重要的指导意义。

最后，走新型海军建设道路。在国际格局走向多极化和世界海洋秩序走向多元化的形势下，海军必须走新型海军建设道路。1991 年 10 月，江泽民同志在舟山定海视察时指出：“海军是海洋战略的支柱和后盾。没有强大的海军，蓝色国土、蓝色宝库都会失去。”1992 年 10 月，江泽民在党的十四大报告中指出：“军队要努力适应现代战争的需要，注重质量建设，全面增强战斗力，更好地担负起保卫国家领土、领空、领海主权和海洋权益，维护祖国统一和安全的神圣使命。”1995 年 10 月，江泽民指出：“我们必须把海军建设摆在重要地位，加快海军现代化建设步伐，以适应未来战争的需要。”② 1999 年 4 月，江泽民为庆祝人民海军成立 50 周年题词“为建设具有强大综合作战能力的现代化海军而奋斗”。以江泽民同志为核心的中央领导集体提出的加强新型海军建设的思想，是适应时代发展需要的海洋战略思想，创造性地回答了关于新时期海洋开发与发展所面临的一系列重大理论和现实问题，为新形势下人民海军建设提供了强大的思

① 江泽民：《论国防和军队建设》，解放军出版社 2000 年版，第 183 页。
② 江泽民：《论国防和军队建设》，解放军出版社 2000 年版，第 199 页。

想武器。

21世纪被称为海洋世纪，在陆地资源日益匮乏的今天，国际上对海洋资源的争夺变得更加激烈。我国是一个陆地大国，同时也拥有辽阔的海疆和丰富的海洋资源。以胡锦涛为核心的中央领导集体提出了“海洋安全战略”、“推动海军整体转型”和“和谐海洋”等富有时代特色的海洋战略思想。

在新的海洋竞争环境下，“海洋安全已经成为国家安全的重要领域，海洋是国际交往的大通道和人类可持续发展的战略资源宝库。无论是推进发展还是维护国家安全，我国在海洋空间都拥有巨大的战略利益”。2003年5月，中国政府首次提出要把中国建设成海洋强国的宏伟目标。为此，国务院将海洋资源开发与科技进步列为国家发展纲要之一。由此说明，海洋的安全和发展已成为国家战略利益的一个重要组成部分，标志着传统海洋观念向现代海洋观念的整体性转变。

最后，构建和谐海洋。2005年4月，胡锦涛在亚非峰会上首次向国际社会提出了共建“和谐世界”的声音。2009年4月23日，胡锦涛在庆祝中国海军建军60周年多国海军阅兵庆典上第一次提出建设和谐海洋的新思想，他认为：“推动建设和谐海洋，是建设持久和平、共同繁荣的和谐世界的重要组成部分，是世界各国人民的美好愿望和共同追求”，“加强各国海军之间的交流，开展国际海上安全合作，对建设和谐海洋具有重要意义。”“和谐海洋”的思想，是在总结当前世界海洋斗争经验教训的基础上关于海洋发展战略理论的创新性成果，反映了时代发展的新要求。它不仅为我国海洋事业的发展指明了前进方向，而且也具有重要的理论价值。

总之，建国以后，随着客观环境的变化和时代的发展，中国政府对海洋发展进行了长期不懈的探索和努力，并取得了富有中国特色的海洋战略发展思想成果。这些思想成果对于维护我国海洋主权、保护海洋权益和开发利用海洋资源具有重要的实践价值和理论意义，是世界海洋发展理论宝库的重要组成部分，对于解决当今世界海洋问题和推动海洋和谐发展具有重要的现实指导作用。

二、我国政府对海疆的有效管辖和开发

随着人类对海洋认知的不断加深和开发海洋技术的日益革新，海洋正成为社会进步和发展的重要凭借。1986 年，《联合国海洋法公约》的出台为世界海洋权益的划分提供了法律依据，同时也为国家之间海洋争端的解决找到了若干途径。我国是一个陆海兼具的国家，由于多种因素的影响，目前与周边海上邻国对海上划界仍存在不同的主张。然而，我国政府始终以客观历史事实为根据、以国际海洋法公约为准绳，为保卫蓝色国土作出了不懈的努力，有效的管辖与开发是保卫和巩固海疆的重要手段。建国后，我国政府在对海岛宣示主权的同时，也开始不断加强对海疆的管辖和开发力度。

首先，加快海岛及海域的行政管理步伐。有效的管理和开发是加强海疆建设的主要措施之一。海南岛解放以后，中国人民解放军驻粤部队派出慰问团，分别向守卫在南海大小岛屿上的部队进行慰问。1959 年 3 月，中国政府决定在西沙群岛永兴岛正式成立县级政权机构“中国共产党海南省西、南、中沙群岛工作委员会”（简称“西沙工委”）和“西、南、中沙群岛办事处”（简称“西沙办事处”），两个机构合署办公，实行“两块牌子，一套班子”的体制。该机构是中国海南省人民政府的派出行政机构，为县级编制。其主要职责是维护南海诸岛及其海域的主权并加快开发建设步伐。南海诸岛行政建设的加快，为南海海域的开发提供了组织上的保障。在广东、海南地方政府的指导下，20 世纪 50 年代初，海南行政区水产公司开始对西沙群岛上的鸟粪和其他岛上资源进行开采和销售，西沙群岛渔场被列为远洋作业渔场，并组织了水产渔业公司对海洋资源进行广泛的调查。1955 年 11 月，海南鸟肥公司成立。1956 年 4 月，广东省水产厅组织相关部门对西沙群岛、南沙群岛的水资源状况进行了详细调查，并在永兴岛上建立了中心站、开办了合作社、卫生所、俱乐部、发电站等，岛上的生活条件得到很大改观。1960 年初，海南行政区水产局成立，负责指挥西沙群岛的渔业生产的组织工作。此外，中国科学院海洋研究所从 1956 年起即对西沙群岛的海洋生物进行调查研究，其研究成果对进一步

开发南海资源奠定了良好的基础。

1969 年 3 月，“中国共产党海南省西、南、中沙群岛工作委员会”改称为“广东省西沙、中沙、南沙群岛革命委员会”。1979 年，由广东省人民政府直属管理，称“广东省西沙、南沙、中沙群岛工作委员会”。为了实现全国地名标准化，适应我国社会主义现代化建设的需要和航海事业的要求，中国地名委员会，对南海诸岛的地名进行了普查，并在 1983 年 4 月 24 日公布了《中国南海诸岛部分标准地名》287 个，1988 年又公布了南沙海域 189 个地名。1988 年 4 月，海南建省，南海诸岛由海南省管辖。与此同时，为了加强对我国海域海岛的名称标准化处理，根据《中华人民共和国海岛保护法》，国家海洋局、民政部于 2012 年 3 月将钓鱼岛及其部分附属岛屿的标准名称进行了公布，此次共公布了 71 个岛屿的序号、标准名称、汉语拼音和位置描述。名称的规范化和标准化是加强岛屿行政管理的手段之一。

为了适应海洋事业发展的需要和加强对南海各大群岛、岛礁及海域的有效管辖，2012 年 6 月 21 日，经国务院批准撤销海南省西沙群岛、南沙群岛、中沙群岛办事处，设立地级三沙市。2012 年 7 月 24 日，三沙市人民政府正式挂牌成立，市人民政府驻西沙永兴岛，是三沙市军事、经济及文化中心，下辖西沙、南沙、中沙诸群岛及其海域。三沙市是我国继浙江省舟山市之后的第二个以群岛为行政区划设立的地级市，它也是我国目前地理纬度位置最南端的市。三沙市的设立有利于我国进一步加强中国对西沙群岛、中沙群岛、南沙群岛的岛礁及其海域的行政管理和开发建设，保护南海海洋环境和生物资源。

其次，加强资源开发和勘测考察。20 世纪 50 年代以后，我国海岛资源开发开始起步。以西沙群岛为例，建国前已经有鸟粪开采的基础，1955 年在广东省海南行政委员会的组织下成立了鸟粪公司，进行大规模地开采鸟粪和加工，并在岛上建立了磷肥厂和气象台。1980 年 5 月，中国航政部门在西沙群岛的国际、国内航道要冲的北礁和浪花礁的礁盘上分别建立了永久性的太阳能灯塔。1978 年 12 月，客货轮航线海南岛与西沙群岛之间的正式开通，使得两地之间的物资交流和人员往返更加便捷。1992 年 5 月，中国海洋石油公司与美国克里斯通（Crestone）石油公司签订了在南沙万安滩附近水域联合勘探、开发石油的合同。同时，我国政府亦加强了对南海岛屿及其海域的科学考察工作。20 世纪 50 年代，已经多次派遣考察队对南海进行了自然资源的调查。80 年代以后，在中国科学院的主持下开始了对南海综合性的海洋调查。1988 年，在南沙群岛建立了第一个海洋观测站——永署礁海洋观测站。1992 年，《中华人民共和国领海及毗连区法》颁布后，中国政府也开始多次派测量船、勘探船在钓鱼岛列屿海域进行石油勘测和试采工作。

同时，建国后我国政府加快了对南海疆域的标绘工作。对于南海疆域的界限，建国后中国政府基本上沿用民国政府对南海海域 11 条断续线的划法。1949 年底，政务院会议决定保留历史原貌，并指示相关部门对制图进行规范。当时中国政府考虑到标绘断续线的目的主要是明确南海各岛屿的主权所属，所以取消了海南岛与越南海岸之间的 2 条断续线，同时在台湾岛同琉球群岛之间增加了 1 条，于是形成了南海 9 段、东海 1 段的断续线状况。同年出版发行的《中华人民共和国行政区域图》按照上述断续线首次进行标绘。1959 年，国务院组织外交部、公安部、内务部、人民解放军总参谋部测绘局等单位编制出版的《中华人民共和国边界地图集》，将南海断续线标注为“目前我国公开出版地图上的断续国界线”，其中标明曾母暗沙为中国最南领土的标志。1962 年，中国地图出版社出版的 1∶400 万《中华人民共和国地图》挂图确认南海断续线为 9 段，该图成为目前中国所有地图中海上传统海疆标准绘法的依据，其基本划法一直为今天所沿用，并且也为国际社会广泛承认。南海疆域图准确标绘是中国政府对南海主权的公开宣示，也是维护海域的重要手段之一。

最后，加强军事维权。为了捍卫海洋的领土主权，建国后我国海军开始采取有步骤的措施控制海岛及其附属海域。1959 年 3 月，海军南海舰队对西沙群岛海域进行第一次编队巡航。1983 年 5 月 22 日，人民海军史上首次到达曾母暗沙巡航。1987 年 10 月 8 日至 11 月 20 日，中国海军东海舰队合成编队在西太平洋和南海进行了一次远程航海训练，并在南沙群岛曾母暗沙海域举行了隆重的升旗仪式和海上阅兵，总航程达 54000 海里。为维护钓鱼岛列屿领土主权，1991 年中国开始派“霞工缉 3”号船在东中国海域进行巡逻，对在钓鱼岛海域向私闯海域的日本船只，实施临检及威吓射击。

此外，针对侵犯我国海洋主权的军事挑衅，我国海军进行了英勇反击。1974 年 1 月 19 日，西贡海军入侵我西沙海域并打死打伤我琛航岛渔民多人，在忍无可忍的情况下，驻守西沙群岛的中国海军被迫进行了有限的自卫还击。海战持续 1 小时 37 分，经过激烈的战斗，中国海军击沉敌护卫舰一艘，击伤驱逐舰三艘，毙伤敌人 100 余人，收复了被越军侵占的甘泉、珊瑚和金银三岛，将西沙群岛完全置于人民海军的保护之下。

针对美军飞机不断侵入我国领海和领空的挑衅活动，1965 年 4 月 9 日，毛泽东在《坚决打击入侵海南岛上空的美机》一文中指示："美机入侵海南岛，应该打，坚决打。海军驻青岛的那个师调去海南岛没有？海军应该调强的部队去，不够就由空军调强的部队去。美机昨天是试探，今天又是试探，真的来挑衅啦！既来，就应该坚决打。海军航空兵和空军应该统一指挥，海军和空军应该很好地配合起来打。"1988 年 3 月 14 日，越南军舰不顾我国在南沙群岛赤瓜礁插国旗及有人驻守的事实，强行登礁并在西北部插上两面越南国旗。为了保护礁上的我方人员，我军舰先后组织 25 人上礁并用越南语告知越方人员离开中国领土。越方不仅没有听从劝告反而首先向我方人员开枪，我守礁部队被迫自卫还击。经过短暂而激烈的战斗，我方击沉越南武装运输船只两艘，毙、伤敌 60 余人，俘虏越军 40 多人，收复了南沙群岛的永暑、华阳、东门、南薰、渚碧、赤瓜共六个岛礁。这次海战不仅保证了我国在南沙永暑礁建立海洋观测站的顺利进行，填补了我国对南沙群岛实际占领的空白点，而且也有效地维护了我国的海洋主权。

从 1991 年开始，中国海军开始进驻永暑、清碧、南熏、东门、赤瓜、华阳、双子、牛扼等八个礁和南钥沙洲。

三、我国政府对解决周边海洋争端的努力

进入 21 世纪以来，海洋资源对人类经济活动的影响愈加明显和重要。海洋主权的争夺和资源开发已上升到国家战略的高度。随之而来的是愈演愈烈的海洋主权之争和资源分割的矛盾。由于诸多因素的存在，我国与周

边海上邻国也出现了若干海洋权益的划分争议。但是，作为一个崇尚和平和负责任的发展中国家，中国始终奉行以和平和外交手段达到解决海洋争端的目的，为此，我国政府进行了长期的探索和努力，并取得了一定的成就。

首先，中国政府提出了“搁置争议，共同开发”的主张。建国后，中国与邻国边界划分问题相继得到解决，但仍存在包括钓鱼岛和南沙群岛问题在内的若干历史遗留问题。为此，以邓小平为核心的第二代中央领导集体提出了具有鲜明的时代特征以和平手段解决领土争端的新思路即“搁置争议，共同开发”。“搁置争议，共同开发”的基本含义是：第一，主权属我；第二，对领土争议，在不具备彻底解决的条件下，可以先不谈主权归属，而把争议搁置起来。搁置争议，并不是要放弃主权，而是将争议先放一放；第三，对有些有争议的领土，进行共同开发；第四，共同开发的目的是，通过合作增进相互了解，为最终合理解决主权的归属创造条件。

钓鱼岛主权问题是中日双方海洋争端的焦点之一。钓鱼岛列岛是由以钓鱼岛为主岛，包括黄尾屿、赤尾屿、南小岛、北小岛和大北小岛、大南小岛、飞濑岛三块小岛礁，即八个无人岛礁组成，分散于北纬25°40′—26°、东经123°—124°34′之间，距福州市和基隆市分别约385千米和190千米。长期以来，中日两国在钓鱼岛问题上存在不同主张。中国政府从发展中日关系的大局出发，在坚持一贯立场的前提下提出了将此问题留待以后解决的主张。

1972年7月28日，周恩来总理和日本公明党竹入义胜委员长在会谈时第一次提出搁置钓鱼岛问题的思想，他表示：“钓鱼岛问题没有必要涉及，和恢复邦交这个大问题相比，它就算不了什么问题嘛。”1974年10月，时任国务院副总理的邓小平在与日本客人会谈时首次提出了搁置问题的思想：“有些问题现在谈不拢，比如钓鱼岛主权问题，一时解决不了，可以摆下去嘛，否则，这一问题提出来，恐怕就是10年也解决不了，和约还是谈不拢。因此这个问题还是暂时搁起来为好。”日本外相园田直飞抵北京在8月10日中日领导人的会谈中，园田外相再次提到了钓鱼岛问题，邓小平副总理也再次表达了搁置争议的思想，他说：“我们两国并不是不存在一些问题，比如你们说的尖阁列岛，我们叫钓鱼岛的问题，还有大陆架的问题。在你们国内不是也有一些人企图挑起这样的事情来妨碍中日和平友好条约的签订吗？这样的问题不要牵扯进去——搁置它 20 年、30 年嘛！”10 月 22 日，邓小平重访日本，对此问题仍指出：“自实现中日邦交正常化的时候，我们双方就约定不涉及这一问题。这次谈中日和平友好条约的时候，双方也约定不涉及这一问题。”1979 年 5 月，邓小平会见了日本客人，就钓鱼岛列屿问题第一次提出了“共同开发”的设想：“这个问题我们还是应该把它搁起来，也可以考虑共同开发这个地区的资源……先由双方商量，搞共同开发，不去涉及领土主权问题。”同年 6 月，我国政府首次向日方提出了愿以“搁置争议，共同开发”模式解决同周边邻国间领土和海洋权益争端的立场。

在南海问题上，邓小平指出南沙群岛是历史上中国固有的领土，虽然自 20 世纪 70 年代以来发生了争议，但海上邻国各方应从大局着眼，先搁置一下，以后再提出双方都能接受的解决办法。1988 年 4 月，阿基诺总统访华，邓小平再次阐述了这一主张：“中菲两国都应该抓紧利用和平的环境发展自己的经济。”“从两国友好关系出发，这个问题可先搁置一下，采取共同开发的办法。”同时他也明确指出：“南沙群岛，历来的世界地图是划给中国的，属中国”，“我们有很多证据，世界上很多国家的地图都可以证明这一点。”以江泽民同志为核心的中国第三代领导人坚持邓小平提出的“搁置争议，共同开发”的原则立场，同有关国家领导人就南海的海洋环保、气象、渔业等问题进行具体协商，并取得了一定成果。中国政府所倡导的“搁置争议，共同开发”思想具有鲜明的时代特征，是和平解决领土争端的新思路。这一主张已得到周边海上邻国的积极回应，并产生了建设性的效果。

但值得注意的是，“搁置争议，共同开发”的前提是“主权在我”。主权问题不是一个可以讨论的问题。1985 年 9 月，在会见奥地利总统希思来格时，邓小平特意指出：“我们还有一个南沙群岛，是珊瑚岛，在地图上从来都在中国版图之内。现在台湾占领着一个岛，还建了机场。菲律宾占了几个岛，越南也占了几个岛，马来西亚也宣布它拥有主权，怎么解决？中国有发言权，因为它们历来都是属于中国的版图。”① 1988 年 4 月，

① 邓小平理论研究文库编委会编：《邓小平理论研究文库》（第 4 卷），中共中央党校出版社 1997 年版，第 735 页。

在会见菲律宾总统阿基诺时，邓小平又再次强调，“对南沙群岛问题，中国最有发言权。南沙历史上就是中国领土”①，充分说明了“搁置争议，共同开发”的前提是不能有损于中国的领土主权。“搁置争议，共同开发”是中国政府在特定的历史背景下，为解决海洋争端找到的一条具有创新性的路径，这一思想的提出对于维护地区的繁荣和稳定具有积极的实践和指导意义。

其次，注重用外交手段解决海洋争端。冷战结束后，和平与发展正逐渐成为时代的主题。对于领土主权争端，中国政府一直坚持用和平的方式解决各方之间的矛盾。

1991 年，中越关系实现正常化，双方边界问题谈判进程加快。1993 年，中越两国在签署了《关于解决中华人民共和国和越南社会主义共和国边界领土问题的基本原则协议》，双方一致同意按照公平原则并充分考虑北部湾的所有相关情况，通过谈判划分北部湾。1999 年 2 月，中越双方在北京发表《中越联合声明》，确定了“长期稳定、面向未来、睦邻友好、全面合作”的两国关系的发展方针和新世纪两国关系的发展框架。在此基础上，两国就北部湾问题也达成了重要共识。2000 年 12 月 25 日，双方在北京正式签署了《中华人民共和国和越南社会主义共和国关于两国在北部湾领海、专属经济区和大陆架的划界协定》和《中华人民共和国和越南社会主义共和国北部湾渔业合作协定》，并相继得到两国国会批准。北部湾划界问题的解决，是中国政府长期致力于以和平和外交手段解决领土争端的成功实践，表明了中国政府与周边海上邻国发展睦邻友好关系的美好希冀。这一成功实践对于南海地区和亚太地区的稳定具有重大意义。

在南海问题上，中国始终坚持以和平的手段处理海域的争议和共同开发问题。1991 年 7 月，中国代表参加了在印尼万隆召开的“处理南中国海潜在冲突”第二次非正式研讨会，并推动了以合作为基础的“万隆原则”的产生。1997 年以来，在历次东盟“10 + 1”和“10 + 3”峰会上，中国一直强调应该在国际法原则的框架下，通过和平谈判解决国与国之间的争议。2002 年 11 月 4 日，中国和东盟各国领导人在柬埔寨首都金边共同签

① 邓小平理论研究文库编委会编：《邓小平理论研究文库》（第 4 卷），中共中央党校出版社 1997 年版，第 735 页。

署了《南海各方行为宣言》，重申“有关各方同意以和平方式，而不诉诸威胁或使用武力，由直接相关的主权国家根据公认的国际法原则，包括1982年《联合国海洋法公约》，通过友好磋商和谈判解决他们的领土与管辖权争端”的和平解决争议的主张。时任中国副外长的王毅说：“签署这一宣言的积极意义在于向世界发出一个明确信号，即本地区各国完全可以通过对话处理好相互间存在的分歧，通过合作共同维护南海地区的和平与稳定。如果说建设自由之贸易区标志着中国与东盟的经济合作迈上了新台阶的话，签署有关南海的行为宣言则标志着中国与东盟的政治信任发展到了新水平。”

近年来，在中国的一贯倡导和努力下，对话也取得了不同程度的进展。自1995年起，中越成立海上问题专家小组，就南沙群岛争议问题举行谈判，到2000年已进行了七轮。双方同意通过友好协商寻求妥善的解决办法，同时探讨开展合作的可能性。2004年11月，中国和菲律宾签署了在双方争议地区共同勘探油气资源的协议；2005年，中国、菲律宾、越南的三家石油公司在马尼拉签署了《在南中国海协议区三方联合海洋地震工作协议》。

在东海问题上，中日双方在共同致力于构筑新型中日关系的框架下，双方通过平等协商，就东海问题达成原则共识：（1）要使东海成为和平、合作、友谊之海；（2）一致同意在实现划界前的过渡期间，在不损害双方法律立场的情况下进行合作；（3）日本法人按照中国对外合作开采海洋石油资源的法律，参加对春晓现有油气田的开发；（4）双方同意，为尽早实现在东海其他海域的共同开发继续磋商。

这些成果的取得在某种程度上化解了各方之间的诸多怀疑和误解，增进了双方的互相信任，规范了沿海国家的国家行为，为构建太平洋西岸地区的和平稳定环境迈出了重要的一步。

四、小　结

新中国的成立结束了自鸦片战争以来的半殖民地半封建社会，结束了两千多年的封建专制制度，奠定了社会主义的经济基础，这是中国历史上一个具有伟大意义的里程碑，对中华民族伟大复兴具有深远的历史意义。就海疆建设而言，建国60年来，在我国政府长期不懈的努力下，保卫海疆完整和建设海疆等方面取得了杰出的成就，为实现我国从陆上大国向海洋强国的转变奠定了坚实的基础。

第一，实现了从保卫海疆主权向维护海洋权益与开发并重的转变

20世纪70年代末期，国际社会发生了深刻的变革，和平与发展正逐渐成为时代的主题。随着陆地资源日益匮乏状况的加剧，人类开始把目光投向海洋。20世纪70年代海洋科技的突飞猛进为人们走向海洋提供了发展的契机和希望，而同时围绕海洋资源的争夺战也拉开了帷幕。在机遇和挑战面前，中国的海疆建设也进入了新的转变期。保卫海疆领土完整是一个主权国家义不容辞的责任。新时期以来，中国政府以国际公约和海洋法为武器，以和平外交为手段，以军事手段为自卫凭借，同侵犯我国海上领土的行为进行了长期不懈的斗争，有效地保卫了国家的海洋主权，为我国的海疆建设提供了根本保障。

与此同时，在海洋世纪到来之际，我国政府在新的和平发展机遇期，始终关注海疆的建设和开发事业，从经济全球化的角度树立了海洋科学发展观，制定了关于海洋政治、海洋经济、海洋军事、海洋权益、海洋科技的国家层面的海洋开发战略，对海洋事业发展的总体运筹和时空安排作出了宏观规划和具体开发安排，在海岛保护与开发、海域使用管理、海底油气矿产资源管理、港口资源配置、海洋渔业资源养护、海洋环境和生态保护与海洋执法和维护等方面进行有益的探索。

我国海疆建设目标的转变是时代发展变化的结果。新时期我国政府在准确把握海洋事业发展特征的基础上，及时实现了海疆建设主题思想的转变。这一转变为我国抓住发展机遇，维护海洋权益，加强海洋综合管理水平，保障海洋事业的可持续发展具有重要的现实意义。

第二，实现了从传统海洋观向现代海洋观的转变

从地理环境来看，中国居于中亚大陆，即英国地理学家麦金德所谓亚洲心脏地带，东南半壁则为世界上最大的太平洋所包围，是一个典型的陆海兼具的国家。“中华民族的形成，经历过农业部族和海洋部族争胜融合的过程，中华民族中也包含了向海洋发展的传统。”① 但是在长期的传统

① 杨国桢：《明清中国沿海社会与海外移民》，高等教育出版社1997年版，第1页。

社会中，海洋一直是中国屏蔽来自海上威胁的天然壁障和柔化四夷的通道，加之北方游牧民族持续的南下也给中原王朝带来了更大的安全压力，所以使得陆疆的重要性日益凸显。数千年来固有意识的因袭和传承在中国形成了重陆轻海的传统海洋观念，也因此弱化与延缓了中国走向海洋的能力和步伐。近代以来，曾经辉煌于世的中国成为海上列强所欺凌的对象，从某种意义上讲也是中国政府长期漠视海洋的管理与开发所造成的恶果。

中华人民共和国成立后，海疆的管理开发重新提上了日程，而且从根本上改变了重陆轻海的传统思想，新的海洋观念正在形成并不断完善和发展。

21 世纪，海洋正日益成为人类经济社会活动的重要空间和资源宝库，按照《联合国海洋法公约》的规定，我国有面积达 300 多万平方千米的蓝色国土，如何有效地开发和利用海洋对我国国民经济和社会发展具有重要的战略意义。新时期以来，我国政府在把握全球时代背景，立足国内现实的基础上，提出了“建设海洋强国”的战略目标，即坚持以海洋经济建设为中心，牢固树立建设海洋强国的民族意识，增强以海军为主体的综合海上力量建设、维护国家海洋权益和全面振兴海洋产业，努力营造和谐稳定的海上周边环境，以实现由海洋大国向海洋强国的历史性跨越。这不仅是我国由近海防御向远海防御纵深的推进，也是以维护中国在全球海洋核心权益的目的的强国战略，更是中国传统海洋观向新型海洋观的根本转变。

总之，在世界进入多极化与和平发展的时代，我国的海疆建设也站在了一个新的起点上。国家海洋战略的制定和实施标志着中国开始步入全面建设海洋强国的新阶段。这不仅是时代的需要，也是实现中华民族伟大复兴的必由之路。

论中原王朝的治边战略

| 方　铁 |

军事上所谓的“战略”，通常指指导战事全局的计划和策略。战略与军事思想、具体作战策略和实施措施等相区别。就治理边疆之长期性与高度复杂性而言，历朝治理边疆的战略，可概括为历朝在治理边疆方面，经过长期的实践、总结而形成的基本的谋略与传统。治边战略与应用于具体战事的计划、策略等不同。中原王朝的治边战略，具有全局性、统率性、对抗性、相对稳定性等特点，是历朝治边的重要内容之一。

历代王朝治理边疆，有无基本的谋略和相应的传统？答案是肯定的。主要原因是受农业社会的影响，中原王朝地区形成超稳定的社会结构。一个王朝因腐败或统治失控被推翻，起而代之的新王朝，在调解社会矛盾的基础上建立新的统治。由于经济基础和社会结构等并未改变，新王朝将重演前代出现过的悲喜剧。另一方面，在秦朝统一后的2000余年间，中原王朝面临的周边环境并未根本改变。尽管历朝不断更替，治边亦各有特点和探索，在治边方面长期积淀而形成的基本谋略与传统，仍得以延续和发展。边疆事务关乎王朝安危，历朝多重视总结治边方面的经验教训，由此形成深刻的认识乃至理论。

汉族和少数民族是中国历史的共同创造者。在缔造统一多民族国家的过程中，主要代表儒家文化的中原王朝和与其不同的边疆王朝，都作出了重要的贡献。中原王朝长期控制经济文化发达的中原地区，相继统治的时间甚长，治边方面的谋略和传统较为完整和成熟，并对时局和后世产生重要的影响，中原王朝的治边战略，因此具有特别重要的价值。

中原王朝的夷狄观，对其治边战略产生了深远影响。中原王朝以文明的类型为划分夷夏的标准，所谓“夷狄”包括华夏以外的其他文明。与中原王朝发生关系的夷狄，是受中原王朝管辖的边疆民族，还是接受中原王朝羁縻的属国，乃至是通过朝贡与中原王朝交往的远方他国，有时难以确定。强调夷夏有别，歧视夷狄并与之保持距离，是中原王朝夷狄观的基本内容。由于根据文化的差异来划分华夏与夷狄，在地理分布上形成以华夏为中心的部分较清晰、与夷狄毗连的区域较模糊，同时夷狄的范围可向外部延伸的情形。

中原王朝的边疆观，对其治边战略也有重要的影响。其边疆观包括以下内容：

一是视内地与边疆为中心与边缘的关系。“夷狄”指华夏以外的其他文明，边疆及其以远地区为夷狄所居，内地与边疆的关系，实则腹地与边缘及徼外的关系，华夏文明从腹地向边缘和徼外地区辐射，王朝有效控制的程度，依据距离的近远而依次递减。

二是边疆有不确定性与趋稳性。在清中叶以前，版图意义上的中国疆域尚未正式形成，仍处于不断变动的过程。中原王朝或边疆政权的疆土范围，不同时期不仅有盈缩改变，与邻国或其他政治势力之间，也时常存在犬牙交错的情形。中原王朝对夷狄实行“来则纳之，去则不追”，以及封赏朝贡者以收羁縻之效的政策，致使臣属者遍布边陲乃至更远的地区。另一方面，为避免动乱撼动王朝统治的根基，中原王朝治边以边疆安宁为目标，甚至以下嫁公主或巨额开支国库为代价。

三是中原王朝实行干枝同体、强干弱枝的政策。认为内地与边疆是主干与枝叶的关系，两者的关系须分清主次，干壮枝叶方茂，为保主干宁除枝叶，统治者多恪守固本重于拓边的原则。

四是治边以防守为主。中原王朝收服边疆夷狄的用意，主要是使其为己守卫藩篱，对夷狄实行“来则纳之，去则不追”，将“守在四夷”定为国策。

五是认为拓边成本高而效益低，须“谨事四夷”，“不以四夷劳中国（指中原王朝），不以无用害有用”。自元代起诸朝加大开发边疆的力度，积极获取边疆资源，拓边之高成本低效益的状况明显改变。

六是恪守厚往薄来、取信于人的原则。历朝普遍实行以夷狄向中原王朝进贡、中原王朝册封朝贡者为主要内容的封贡制度。在封贡制度之下，统治者看重政治上的收益而不细算经济账，通过封贡制度彰显中原王朝厚往薄来、义重于利的义利观。中原王朝交往夷狄，奉行重在诚信、求同存异的原则。

中原王朝有其地缘政治观，并将其应用于治边战略。中原王朝在治边方面的地缘政治观，集中反映在具有华夏中心观，以及重视内地与边疆的关系、边疆与邻邦的关系、边疆各地间的关系方面。历朝较重视人文因素、文化传统在地缘政治中的作用，推崇天人关系与社会等级关系，中原王朝习惯根据文化区分尊卑。历朝多恪守“守中治边”、“守在四夷”的治边传统，向外部谨慎扩展或求保稳定。历朝重视经过边疆的国际交通线和边疆管理机构的作用，注重在边疆设治、驻兵和移民。视边疆为有别于腹地的地区而实行较灵活的治策，重视边疆各地相互间的配合或牵制的关系。受地缘政治观的影响，中原王朝治边的战略，表现出积极构建以华夏为中心的地缘文化圈，在华夏与夷狄间预留必要的缓冲地带，通过传播文化软实力、积极施治、驻兵和移民等措施，逐渐扩大华夏地区的外缘部分。处理边疆事务，谋求以我为主及掌控全局，治边战略大都具有注重全局谋划与长远利益的特点。

中原王朝治理边疆，有其政治博弈观并应用于治边战略。博弈是研究个人或利益集团，在策略行动相互依存的情况下相互作用状态的科学。博弈论关注的要素，包括利益得失、信息获取、应对策略和应对评价。简言之，博弈论认为在个人或利益集团的互动活动中，任何人的行动均依赖于对方的行动，能否达到预期目的，取决于双方或多方的交互作用。将博弈理论引入治边研究，可以看出，在中原王朝与对手争夺边疆利益的过程中，双方预定的目标或底线，获取信息的快慢和可靠程度，应对策略正确的程度与及时与否，以及应对情况反馈等具有特别重要的意义。由于中原王朝治边的目标是相对保守的“守在四夷”，同时受幅员大国、官僚统治制度等因素的影响，与长期争斗的对手北方游牧政权相比，中原王朝在信息获取、应对策略制定、应对情况反馈等方面均不具优势，因此中原王朝多恪守守境相安或以物资换和平的底线，推崇文化软实力渗透的战略，处理边疆问题注重全局与长远，并不甚在意一时的得失。

中原王朝治边注重文化软实力战略。一个国家的综合实力包括硬实力与软实力。硬实力是指该国的社会生产总值和基础设施等硬件拥有的程度，软实力则是指文化与制度方面的影响力，包括文化影响力、意识形态影响力、制度安排的影响力等。软实力有内涵不易确定、外延相对模糊、内容不易量化等特点。软实力不仅体现在制度力量和文化力量方面，还包括国际认同、公共话语权、良好形象塑造能力、软实力传播途径、推动国家有序发展能力等内容。中原王朝治边文化软实力的基础，是夷夏有别观与用夏变夷观。治边文化软实力的内容，主要是彰显中原王朝的文化、实力和制度，治边文化软实力的载体是封贡制度，传播的机制是文化传播。施用文化软实力的目标是实现“守在四夷”。从内容与效果等来看，中原王朝治边的文化软实力战略，以宋元时期为界，其前后期有一定的差别。

汉、唐是中原王朝前半期的鼎盛时期。汉、唐均重视发挥文化的影响力，其特点是通过纳质制度、和亲制度对夷狄广施德化。中原王朝致力于彰显实力，一些王朝将资源大量用于治边，除治边方面的用兵外，还对徼外夷狄实行“厚往薄来”的政策。在华夏文明独领风骚的时代，包括封贡制度在内的治边战略取得很大成功，中原王朝的文化软实力有效显现，并逐渐形成以华夏为中心的文化圈。中原王朝奉行的是自然天成、消极守拙的国际主义，若天下形势有变，必然遭遇挑战。

唐宋时，华夏不再是国际关系环绕的中心。宋与辽、西夏、金、蒙古间的战争，本质上是不同文化间的竞争。元朝统一肯定了新的天下格局。明清顺应宋元以来的趋势，使中原王朝的内涵及与夷狄的关系，都出现持续演进的变化。中原王朝面临复杂的周边形势，需硬实力与软实力更合理的搭配；时局的变化莫测，也呼唤更及时、更灵活的应对；竞争至上与适者生存，逐渐成为国际社会通行的法则。宋代周边民族占据上风，以后出现元、清两个以边疆民族为主的统一王朝。在天下观、边疆观与种族观等方面，元、清两朝与汉、唐等中原王朝不甚相同。在这样的情况下，宋以后的中原王朝尤其是元、清两朝，改造和发展了中原王朝传统的治边战略。

中原王朝治边有“造势用势”的战略。军事战略学称有利态势或战机为“势”，称形成有利态势或捕捉战机为“用势”。中原王朝治边善于营造有利于己的形势，并借助这些形势采取下一步行动，此类策略可称为“造势用势战略”。中国传统文化十分重视策划布局，如象棋注重开局与布局，围棋的一个重要技巧是做眼，反映出在华夏文明之中，人们普遍有造势、用势的意识。

重视和使用文化软实力，堪称典型的“造势用势战略”。中原王朝实行朝贡册封制度，并辅以和亲、纳质、互市、盟誓等策略，与夷狄建立类似宗法制度尊卑有序的关系。中原王朝在此类关系中居于宗主地位，结盟的夷狄被视为宗亲或下属。中原王朝通过“厚往薄来”给予经济赏赐，借助农业文明的优势传播影响，形成以中原王朝为中心的华夏文化圈，在东亚地区建立有利于己的形势，并通过步步为营、渐次强化等方法变边陲为疆土。

中原王朝治边重视全局谋划与长远利益，与擅长造势用势是一致的。为了造势用势，须实行审时度势、固本待机，远交近攻、分清主次，先剪羽翼、后捣腹心，分化瓦解、各个击破等策略。中原王朝在这一方面积累了不少经验，如“治安中国，四夷自服”，“待之有备，御之有常”，有理、有利、有节，欲擒先纵、欲跃先退，以迂为直、后发制人，静如处女、动如脱兔，力不可用完、势不可使尽，“叛则伐之，降则抚之”，宽猛相济、软硬兼施，“威不足以服，则恩不足以怀”等。

中原王朝制定和实施治边战略，并非是一帆风顺，而受到诸多因素的影响。其中制度性因素的影响最大，情况也最为复杂。所谓“制度性因素”，指中原王朝的基本制度及对治边的影响，相关制度大致有：包括吏治监管、边疆官吏的来源与补充、朝廷的决策与贯彻等的官吏制度，包括边疆政治实体形式、边疆政区的划分与管辖、中央政府与边疆的关系、边疆管理制度等的行政管理制度，包括以夷狄为对象的朝贡制度、处理与属国关系的宗藩制度等的邦交制度，包括军队组建、调动指挥、给养供应等的军事制度，包括文化的传播与交流、发展边疆各类教育、变更边疆旧俗等的教育制度等。中原王朝的治边战略以统治制度为基础，同时受到相关制度的推动或制约。为解决某些制度与治边战略不相适应的问题，历朝屡次进行调整或改革，留下不少经验和教训。

中原王朝的治边战略，经历了上千年发展演变的过程。中原王朝治边战略的发展，与封建国家的形成和巩固、边疆与邻邦接界状况的确定、边疆与内地实现一体化的过程等紧密相连。中原王朝的治边战略，从早期的简单、肤浅发展到后期的严密、成熟，有历朝对治边的认识和实践经历由浅入深过程的原因，也与重北轻南的治边传统发生改变有关。元代以前，历朝治边的重点是应对北方游牧民族的南下，治边战略主要是根据北方游牧民族的特点制定，并不能全面反映边疆复杂的情况。

自元代起尤其是元、清两朝，来自北方游牧民族的压力减轻，中原王朝加强对草原以外边疆地区的经营。兼之统治者对治边战略进行补充和改造，元明清诸朝的治边战略，较之前代有明显进步，并从过去混用于广义上的夷狄，发展到区分边疆夷狄、周边邻国和远方他国而分别施用。元明清诸朝注重对象差别，而分别设计和使用的治边战略，与其时边疆趋于明确和巩固、周边邻邦演变为建立新型藩属关系的属国、中国与远方他国的关系向邦交关系演化的过程相适应。明清时西方列强东来，以华夏为中心的东亚秩序受到挑战，中原王朝的治边战略也发生新的变化。相比较而言，元明清诸朝施用的治边战略，以治理边疆地区的较为成功，应对邦交关系的治边战略则存在较多问题。

历史疆域、历史民族、民族文化与现实主权疆域的关系

| 都永浩 |

在世界历史上，历史疆域的变迁是十分频繁和复杂的，这些历史上的民族疆域状况，直接影响当代的国家主权疆域的形成，但与当代的国家主权疆域没有法律上的直接继承关系。如果脱离了这一准则，也就不存在当代的世界主权疆域的合法格局，而且任何企图否定这一准则的做法都是危险的。当前在民族和国家关系研究中，存在一个“视而不见”的误区，即认为某一“历史民族”的历史只能属于某一个国家，或以文化类型为依据论证某一个政权或区域的历史归属；更有甚者，用现代考古发现中的文化特征或类型作为依据，判断某一地区或某一民族的历史归属，这实际上违背了国际关系的最基本的准则。从当前的世界文化格局看，不同文化间的传播既迅猛又普遍，互联网对此起了推波助澜的作用。以英语、西班牙语为媒介，欧洲文化已成功登陆美洲、大洋洲，经过整合和创新成为一种新的复合文化，对整个世界文化体系产生了巨大的影响。尽管严格意义上的民族文化体系依然存在，但世界各民族文化的共同性也在日益增多，民族文化之间的沟通与交流也越来越容易，世界各民族文化的趋同是未来的发展趋势。

从历史发展的一般规律而言，国家疆域与民族活动区域的形成有一个不断开拓的过程，当然由于历史过程的影响，民族形成后既有扩张时期，也有收缩期。从中国历史形成的整个过程上看：秦朝建立了我国第一个囊括南北方的幅员广阔的国家疆域；汉、唐两朝开始向北部、西部和南部不

断拓展自己的疆域；在宋、辽、金的基础上，元朝建立了我国历史上最为广阔的国家疆域，北至西伯利亚地区，西则延伸至中亚腹地和部分东欧地区，几乎囊括了亚洲大陆；清朝末年由于沙俄的扩张，丢掉了很多领土，近500万平方公里。我国现在的疆域，是在沙俄强迫清朝签订的几个不平等条约的基础上形成的。中华人民共和国成立以后，我国与除印度以外的所有邻国签订了陆地边界协定，成功地解决了有争议的领土问题。我国现在与大多数国家（印度除外）解决了陆地领土争议，与这些国家的领土问题已经从法律上得到了解决。因此，截至目前，我国与印度外的国家不存在重大的领土问题。至于历史上的民族活动区域与疆域，那是已经过去了的“历史”，与当代的国家主权疆域没有任何直接的关系，这也是国际法中最基本的原则。从国际法角度而言，国家领土的形成有五种途径，即先占（或原有）、时效、添附、割让和征服。目前后两项已被国际法所否决，但国际社会承认既定的主权国家疆域的合法性。[①] 在这一国际法准则的基础上，白人征服美洲、大洋洲并使之合法化。在世界历史上，历史疆域的变迁是十分频繁和复杂的，这些历史上的民族疆域状况，直接影响当代的国家主权疆域的形成，但与当代的国家主权疆域没有法律上的直接继承关系。如果脱离了这一准则，也就不存在当代的世界主权疆域的合法格局，而且任何企图否定这一准则的做法都是危险的。

比如在东北亚历史与古代民族研究中，有的学者将历史上的疆域与历史民族同现实的国家与民族关系联系起来，必然得出错误的结论。若从现实的角度而言，这种观点有百害而无一益。实际上，将历史上的民族、历史上的国家关系与现实的民族与国家关系相联系，受到了狭隘的“历史决定论”的影响。譬如，英、法进行了一百年的战争[②]，德国人发动了两次世界大战，然而欧洲人绝不会因为历史上的战争影响而制订现实的外交政策。当代的国与国之间的关系，取决于现实双方共同利益的多少，以及国

① 联合国：《联合国宪章》，旧金山，1945年；联合国：《关于各国联合国宪章建立友好关系及合作之国际法原则之宣言》，纽约，1970年。

② 百年战争（Hundred Years' War）是指英国和法国以及后来加入的勃艮第，于1337—1453年间的战争，战争断断续续进行了长达116年。在百年战争中，出现了不少新战术和新武器。法国获得战争胜利，完成了民族统一，为日后在欧洲大陆扩张打下基础；英格兰几乎丧失所有的法国领地，但英格兰的民族主义也开始兴起。

际环境的发展趋势，历史问题绝不可能成为制订现实外交政策的基础。也就是“只有永远的利益，没有永远的朋友”。国与国的关系或国际民族关系，并不是一成不变的，既可由敌变友，也可能由友变敌，这一切都是由双方的实际利益和国际环境所决定的。当双方利益相对一致时，和睦、友好、合作则成为主流；当双方的矛盾冲突较为严重时，其关系就有可能恶化；既无矛盾与冲突也无共同利益时，也可保持正常的关系；在矛盾与冲突达到极限而无调节余地时，战争就有可能爆发。[①] 现代战争的爆发还要取决于现实的军事、科技、经济等综合实力的对比以及特定的国际环境，所谓的历史问题绝不是发生战争的根本原因，只有现实的利益因素才是战争发生的根本原因。至于发动战争的借口，可以有很多方式，甚至于不宣而战。历史问题可能成为发动战争的借口，但绝不是发动战争的内在原因。比如在东北亚的历史研究中，各国学者都应采取实事求是的态度，互相尊重对方的历史文化，将争论限定于学术范畴，无须与现实的国家与民族关系相联系。有些涉及多方的历史、民族与文化，可以作为共同的历史资源加以弘扬和研究，从而为现实的合作与发展作出贡献。比如说，汉文化体系中的许多因素，已经成为东北亚国家所共同拥有的文化财富。

当前在民族和国家关系研究中，存在一个“视而不见”的误区，即认为某一“历史民族”的历史只能属于某一个国家，或以文化类型为依据论证某一个政权或区域的历史归属；更有甚者，用现代考古发现中的文化特征或类型作为依据，判断某一地区或某一民族的历史归属，这实际上违背了国际关系的最基本的准则。

作为一个民族共同体，在最初形成时的确需要一个特定的共同地域，语言是其中一个重要纽带；但当民族共同体进入成熟阶段以后，地域关系逐步丧失其原有的作用，同一民族成员居住在不同政权和国家间是很正常的，也就是说，同一民族成员可以被多个古今政权或国家所拥有。

比如说中国的汉族，在历史上曾源源不断地进入朝鲜半岛，参与了朝鲜民族共同体的最终形成过程。[②] 目前，分布于山东及朝鲜半岛的同一姓

① 由于存在核武器，像第一、二次世界大战的历史不会重现。

② 舒展：《中国朝鲜族的形成与贡献》，载《中央民族大学学报》（哲学社会科学版），2007 年第 3 期。

氏的共同族谱，已经印证了这一事实。箕子朝鲜和卫氏朝鲜中的统治层很多是汉族成员。通过朝鲜半岛，亦有很多汉民族成员进入日本列岛。同样，从历史上看，朝鲜族先民也是中国古民族体系的组成部分，最初主要由秽貊系统的初生形态的民族共同体构成，而土著并非是其民族形成的主体。在现代朝鲜族中，还包括了相当数量的肃慎系统和东胡系统的民族成分，比如鲜卑、契丹、女真、蒙古等。

在中国历史上，还有一个重要的古代民族——突厥族，它成为目前我国新疆及中亚许多民族的共同祖先。它还参与了中亚重要民族伊朗人的形成过程。中国把突厥作为古代民族史的重要组成部分①，同样，目前的一些中亚国家也把突厥史作为其民族史的组成部分，这个看似矛盾的现象，实则是民族共同体存在的普遍规律。

这种普遍规律在欧洲就更加明显了，许多国家主要民族的来源一致，比如中欧古民族成了南欧主体民族的祖先。东欧民族的来源则十分复杂，仅仅由于信仰宗教的差异，塞尔维亚人和克罗地亚人被分成了两个民族。②

从民族共同体“跨界性”的特点分析，中国某些“跨界”历史民族的归属问题实在称不上什么问题，它既是中国的古代民族，同时又是国外某些民族的来源之一；既是国外某些民族的组成部分，也是中国古代民族史的组成部分。从这个意义上说，某些历史民族应该是东亚人民共同拥有的历史民族，对待历史民族“非我莫属”的观点，不仅违背历史事实，更缺乏辩证性。③

从现代民族的分布特点来看，民族的“跨界性”表现得更为突出。中国有30多个跨境民族（东北有蒙古、朝鲜、鄂伦春、鄂温克、赫哲等五个民族），其中最大的跨境民族是汉民族，目前加入外国国籍的就有几千万。这些加入外籍的汉民族成员，已经成了外国人，与国内同一民族成员在法律地位、义务及根本权利上，存在严格的区别。

① 很有趣的一个现象，突厥人参与了蒙古族的形成，后来的察合台人融入信仰伊斯兰教的维吾尔人中。

② 王联主编：《世界民族主义论》，北京大学出版社2002年版，第123页。

③ 比如，高句丽的历史归属问题实在称不上什么问题，它既是中国的古代民族，同时又是朝鲜民族形成的来源之一；既是朝鲜民族史的组成部分，也是中国古代民族史的组成部分。从这个意义上说，高句丽民族应该是东亚人民共同拥有的历史民族。

比如，欧洲的某些民族成了美洲的主体民族，从法律地位、义务及根本利益上看，欧、美两洲的同一民族没有任何利益联系。

“跨界性”是民族共同体存在、发展的普遍规律，历史上如此，现实中也是如此，未来的发展趋势也会如此。民族与民族之间总是处于相互移动碰撞与互融的过程中，特别是相邻的民族之间更是如此。以现实的国界为基础，试图将古代的民族界线划分得清清楚楚，是没有任何说服力的。

不仅如此，民族体的“跨界性”特征，决定了民族文化的发展是不受国界与疆域限制的。从现实情况上看，这一观点是不难被人们理解的。[①]然而，在民族历史学与考古学研究中，有不少学者竟得出了与此相悖的结论。

从当前的世界文化格局看，文化间的传播既迅猛又普遍，互联网对此起了推波助澜的作用。以英语、西班牙语为媒介，欧洲文化已成功登陆美洲、大洋洲，经过整合和创新成为一种复合文化，对整个世界文化体系产生了巨大的影响。尽管严格意义上的民族文化体系依然存在，但世界各民族文化的共同性也在日益增多，民族文化之间的沟通与交流也越来越容易，世界各民族文化的趋同是未来的发展趋势。

如果从历史的角度观察，尽管民族文化无国界、无疆域的特征表现得不如今天这样明显和广泛，但其特点和规律性非常明显。

以东亚为例。汉民族体形成于秦统一中国后，但汉文化在春秋、战国时期就开始广泛传播到秽貊系统的古朝鲜、高句丽、新罗、百济等民族系统中。这些民族先后接受了以儒学为核心的汉文化体系，汉字则成为上述民族政权的共同文字。自汉代及隋、唐以来，汉文化对高句丽、百济、新罗三国的影响更加广泛和深刻，并经由朝鲜半岛传播到了日本列岛。因此，在东亚地区形成了一个汉字文化圈，并深刻影响了这一区域各政权、各民族的文化特征，继而又影响了这一区域各民族的政治体制和社会结构的形成。

汉文化通过高句丽人还影响了一部分粟末靺鞨人，这部分由高句丽控制的粟末靺鞨人经过长期的历史过程，逐步高句丽化，并使用汉字，其文

---

① 都永浩：《多元民族文化与国家共同文化》，载《黑龙江民族丛刊》，2011 年第 5 期。

化素养积累到相当高的水平，因此在高句丽被唐、新联军灭亡以后不到40年，这部分靺鞨人便联合其他民族建立了文明起点很高的渤海国。

东亚民族历史发展轨迹足以证明，文化是没有疆域的，在一个国家之内可以并存多种文化体系，比如在我国的西部、南部和北部历史上都存在过与汉文化完全不同的文化体系。多个国家和多个民族也有可能同时拥有相同的文化体系，尽管这其中也存在差别。“三星堆”文化遗迹反映出5000年前在巴蜀之地就存在与汉文化完全不同的文化体系，但它无疑也是中国历史的组成部分。

因此，同民族构成一样，用文化特征来判断某一区域的历史归属在理论是荒谬的，这种研究方法只能得出自相矛盾的结论。确定某一区域归属的根据只有两点：一是直接的行政管辖，二是有效的控制和管理。[①] 这种管辖、控制虽有可能出现间断，但只要现实的主权疆域包括这一区域，其历史就可以成为本国史的一部分。

譬如，判断渤海国的历史归属，其政治制度、文化类型、特征和民族构成都不是有效的依据。我们竭尽所能论证其文化特征和“高丽别种”的含义，试图以此说明渤海国的历史归属，从理论和逻辑角度而言都是不堪一击的。判断渤海国的历史归属只能有两个依据：一是看其是否存在于现实的主权疆域内，二是在历史上对其控制和影响的程度。当然，现实的主权疆域与历史疆域没有必然的联系，也不存在法律关联，但由于历史的复杂性和不断变迁的特点，也只能将这一论据作为条件。仅从这两个依据就可以得出如下结论：渤海国是构成中国东北历史体系的一个重要组成部分。

① 一般认为，驻军、任命官员和收税是一个国家有效控制一个地区的标志。

范式变迁："边缘"与"中心"的互动

——近代民族国家视域下的边疆研究

| 段金生 |

"从道光以来，中国思想界进入不安定期，每一种学问都因内外的挑战，而产生了分子结构的变化。它们催化了后来一些范畴性的转变：……在政治上，认为过去两千年是无治状态，国其实不成为国，因而有建立一个现代'国家'的追求，希望由'皇朝'转化为'国家'，由'臣民'转化为'国民'、'公民'。"① 这是一个引人深思的论解。"他山之玉，可以攻石"，近代西方异质文化的介入，催化了中国学术思维与视野的变革。关于近代中国学术史的研究，学术界颇为重视，不论是专著抑或论文，不胜枚举。然而，由于长期以来边疆史地研究的"边缘"现状，诸多学人的学术史研究视野仍集中于某些"中心"领域，对近代边疆学术史缺乏足够的重视。即或有一些论著虽时有涉及边疆研究，但多局限于"旁及"，少有专论。而专论近代边疆学术史的研究成果，主要集中于晚清西北史地之学与20世纪三四十年代的边疆研究两个时段，较少有从整个近代民族国家构筑的视域下来思考边疆研究在"边缘"与"中心"间互动的学术演

① 王汎森：《中国近代思想与学术的系谱·自序》，吉林出版集团有限责任公司2011年版，第1页。

变历程。[①] 近代中国的国家大势是构筑一个统一、稳固的现代民族国家，学术研究的变迁也正是在这一历史场景下进行的。对于边疆研究而言，最明显的变化是国人逐步开始从传统的以夷夏观念为主导的文化疆域思维向民族国家视域下的国家主权观念转变来思考边疆问题。中国近代边疆研究范式在“边缘”与“中心”间的互动是整个中国近代学术变迁的一个侧面，本文无意对此作面面俱到的学术总结，仅拟以民族国家构筑这一发展大势下边疆研究的范式变迁历程之表现内容作为研究的出发点，辅以古代边疆研究与近代边疆研究间的转变作连接，以此为基础，对近代边疆研究产生的境遇及其转折变化与趋向，作一初步的概论性论述，只希望既能诠释近代边疆研究的复杂面相，也能增进对边疆研究重要性的认知。不妥和疏漏之处，祈请指正。

一、传统范式：夷夏观主导下的文化疆域思维

古代中国有着自己的一套疆域认知体系。先秦时期的政治家提出“五服”与“九服”学说。“五服”说，即《尚书·禹贡》篇所云：“五百里甸服，百里赋纳总，二百里纳铚，三百里纳秸服，四百里粟，五百里米。五百里侯服，百里采，二百里男邦，三百里诸侯。五百里绥服，三百里揆文教，二百里奋武卫。五百里要服，三百里夷，二百里蔡。五百里荒服，三百里蛮，二百里流。”《周礼·夏官司马·职方》则强调王畿为国家之中心，自王畿向四面以五百里为范围扩展，则依次为侯服、甸服、男服、采服、卫服、蛮服、夷服、镇服与藩服，此即“九服”说。先秦的这一认

① 关于晚清西北史地之学的代表性论著主要有：侯德仁：《清代西北边疆史地学》，群言出版社2006年版；郭丽萍：《绝域与绝学——清代中叶西北史地学研究》，生活·读书·新知三联书店2007年版；贾建飞：《清代西北史地学研究》，新疆人民出版社2010年版。关于20世纪三四十年代边疆研究的代表性论著主要有：马大正、刘逖：《二十世纪的中国边疆研究——一门发展中的边缘学科的演进历程》，黑龙江教育出版社1997年版；马大正：《二十世纪的中国边疆史地研究》，载《历史研究》，1996年第4期；段金生：《20世纪三四十年代的中国边疆研究及其发展趋向》，载《中国边疆史地研究》，2012年第1期；汪洪亮：《中国边疆研究的近代转型：20世纪30—40年代边政学的兴起》，载《四川师范大学学报》，2010年第5期。相关论著所论各有侧重，但都较少从民族国家视域下边疆研究范式变迁的视角对近代边疆研究在“边缘”与“中心”间互动的复杂过程进行考察。

知体系，对后世影响深远。东汉班固言："先王度土，中立封畿，分九州，列五服，物土贡，制外内，或修刑政，或昭文德，远近之势异也。"[①] 班固此语是先秦服事观在汉代语境下的再阐述，"远近之势异"即是距离远近不同，其政情、民俗等亦不相一，具体表现就是"物土贡"、"制外内"、"修刑政"、"昭文德"等。班固同时还强调夷夏之别："是以《春秋》内诸夏而外夷狄，夷狄之人贪而好利，被发左衽，人而兽心，其与中国殊章服，异习俗，饮食不同，言语不通，辟居北垂寒露之野，逐草随畜，射猎为生，隔以山谷，雍以沙幕，天地所以绝外内地。"[②] 这种夏、夷分野思维是中国长期文化疆域视野的重要体现，并随着汉代以后儒家经典的神圣化，而被更加强化。而这一以"畿"（后来逐步演变为汉文化区域）为"中心"、"夷"地为"边缘"的认知思维，自然容易致使先哲对边疆史地研究不甚重视。

清人赵翼曾言："义理之说与时势之论往往不能相符，则有不可全执义理者。盖义理必参之以时势。"[③] 中国古代统治集团或士人们虽然在不同时势下对边疆认知的表述或有所差异，但夷夏之辨的华夏中心观却被坚持始终。例如：清人王夫之对李渊评价甚高，认为李渊"不贪天方动之几，不乘人妄动之气"，能够正确地审时度势，具有战略眼光。[④] 然而，李渊的疆域思维仍未脱离传统文化视野的范畴，认为："画野分疆，山川限其内外；遐荒绝域，刑政殊于函夏。是以昔王御世，怀柔远人，义在羁縻，无取臣属。"[⑤] 唐太宗自称"视四海如一家，封域之内，皆朕赤子"[⑥]、"自古皆贵中华，贱夷、狄，朕独爱之如一"[⑦]、"四夷可使如一家"[⑧]，但同时也强调"中国，根干也；四夷，枝叶也；割根干以奉枝叶，木安得滋荣!"[⑨] 时至清朝，"中土居大地之中，瀛海四环；其缘边滨海而居者，是

---

① 《汉书》卷九十四下《匈奴传·赞》。
② 《汉书》卷九十四下《匈奴传·赞》。
③ 〔清〕赵翼撰：《廿二史札记》，曹光甫点校，上海古籍出版社2011年版，第489页。
④ 〔清〕王夫之：《读通鉴论》卷二十《唐高祖》。
⑤ 《册府元龟》卷一百七十《帝王部·来远》。
⑥ 《资治通鉴》卷一百九十二《唐纪八》武德九年条。
⑦ 《资治通鉴》卷一百九十八《唐纪十四》贞观二十一年条。
⑧ 《资治通鉴》卷一百九十七《唐纪十三》贞观十八年条。
⑨ 《资治通鉴》卷一百九十五《唐纪十一》贞观十三年条。

谓之裔。海外诸国，亦谓之裔”[①] 的观念，仍是士人们的一种基本理念。正如杨联陞的观察所言：“中国的世界秩序常被描绘为一个以中国为中心的等级体系。从理论上说，这个体系至少有三方面的层级：中国是内部的、宏大的、高高在上的，而蛮夷是外部的、渺小的和低下的。”[②] 西方学者费正清也观察到此种现象，将其解释为“中国人与其周围地区，以及与一般‘非中国人’的关系，都带有中国中心主义和中国优越的色彩”[③]。

诚如费正清之理解，很难将中国传统的世界秩序用现代语言来表述清楚[④]，并且“中国传统意识中的国家和旧义的‘天下’同是一个宽泛的名词”[⑤]，难以用近代国家的概念来进行类比。但作为后见之明的历史研究，不可避免地带有后人之眼光来考察前人的时空思维。古代中国夷夏文化观念主导下的疆域思维，若按现代标准衡量，则常常使其政治疆域与文化疆域难于一致。所谓“五服”或“九服”，表面上似乎界定清晰，但现实中却从未真正实现过，更似古人凭空架构的学说体系。这或是杨联陞所谓的：“对中国的历史加以观察，即可发现这个多面相的以中国为中心的世界秩序，是在不同的时期，由许多真假程度不同，有时甚至子虚乌有的‘事实’构建的一个神话。”[⑥] 不过，在民族国家这种政治实体或模式尚未在世界范围普及之前，中国的王朝国家体系却长期基本坚持了这一理想模式的疆域学说认知体系，并经历代士人们的不断阐释，形成了一种内诸夏、外夷狄的边疆思维：一是多以“华夷”不同文化分布的差异、区域经济开发的强弱等作为划分核心地区与“边疆”的分野；二是王朝的疆土范围，不同时期常盈缩改变；三是王朝对边疆及徼外蛮夷多实行“来则纳之，去则不追”，以及鼓励朝贡以收羁縻之效的政策；王朝的“边疆”范

① 《清朝文献通考》卷二百九十三《四裔考一》。

② 杨联陞：《从历史看中国的世界秩序》，见〔美〕费正清编：《中国的世界秩序：传统中国的对外关系》，杜继东译，中国社会科学出版社2010年版，第18页。

③ 〔美〕费正清：《一种初步的构想》，见〔美〕费正清编：《中国的世界秩序：传统中国的对外关系》，杜继东译，中国社会科学出版社2010年版，第2页。

④ 〔美〕费正清：《一种初步的构想》，见〔美〕费正清编：《中国的世界秩序：传统中国的对外关系》，杜继东译，中国社会科学出版社2010年版，第42页。

⑤ 坚瓠：《地方舆论》，载《东方杂志》，第12卷第23号，1923年12月10日。

⑥ 杨联陞：《从历史看中国的世界秩序》，见〔美〕费正清编：《中国的世界秩序：传统中国的对外关系》，杜继东译，中国社会科学出版社2010年版，第18页。

围，有时含混甚至迷茫难知。①

中国古代这一以文化取向为主导的边疆思维具有非常强的现实弹性，在不同时代的具体表现内容难以完全一致，在王朝的强盛或衰微、不同的统一王朝或割据王朝时期，他们的边疆思维与解释具有相当差异。但总体上，在长期稳定的农业社会情态中形成的崇古、厚古惯势心理的影响下，历代士人在哲学理论的阐释上却较少动摇儒家经典中的文化认知。尤其是儒家文化的中坚地域，农业相对较为发达，生活相对安定，更容易形成一种保守与稳固的社会心态；加以中国文化长期在周边区域中处于优势地位，缺乏外向性的冲击力；致使古代中国考虑边疆问题“明显带有中国人注重天人关系、社会等级关系、以文化分尊卑等传统思维方式的印迹”②。古代中国的边疆研究，长期以来就处于这种文化疆域视野之下，夷夏观念成为了古代考察边疆问题的范式，边疆研究自然处于“夷狄”性质的“边缘”之位。

二、范式递嬗：晚清疆域思维的流变

任何一种范式所代表的“道”，是一种“共同遵奉的信仰、价值和技术系统”，绝大部分人都安于这种范式内从事“常态的研究工作”，加以内容丰富的范式下涵盖着无数的难题，使范式能够维系很长时期的有效性，直到严重危机的出现，旧的范式才可能打破，新的“革命”性的范式才可能产生。③ 中国长期超稳定的农业生产架构，使得文化疆域思维虽然在各个朝代因时势之异致其表现内容有所调适或差别，但夷夏认知的基本思维却未尝更易；而道咸以降，中国面临着上引所言的严重内外危机，传统以文化取向为主导的疆域思维开始了“革命性”的调适或变革历程。当然，这一变革并非一蹴而就，是在不断的流变中进行的。

15、16 世纪，正当中国仍旧固守传统农业思维之际，西方国家（主

① 方铁：《古代治理边疆的理论与实践研究构想》，载《社会科学战线》，2007 年 6 期。

② 方铁：《古代治理边疆的理论与实践研究构想》，载《社会科学战线》，2007 年 6 期。

③ 余英时：《重寻胡适历程：胡适生平与思想再认识》，上海三联书店 2012 年版，第 226 页。

要指西欧）却通过“地理大发现”和“开辟新航路”，开始了持续不断的海外殖民扩张活动。至19世纪中期，西方的扩张活动终与古老的中国发生了强烈碰撞。在这场以鸦片为导火索的冲突中，以农业生产力为架构的中国惨败于已经进入工业生产力形态的西方列强，此状持续百年尚得以逐步改观。在中与西、新与旧、变革与保守之间的持续争论中，中国传统的文化疆域思维受到强烈撞击。同时，鸦片战争之前，清代兴盛的乾嘉考据学已经因汉学内部的诸多问题产生了“范式危机”，“知识与现实、知识与人生的关系出现了裂痕”，产生了“知识与现实世界断裂”的危机感，原来那种只求学术地位与声望、不管专业研究与社会福祉关系的学术研究遭到质疑，开始试图树立一种“整合政事、文章与道德为一的整体观念”。①这种学术理念的转变也自然地体现在当时知识分子的疆域观念当中。西北史地之学的兴起，正是这一疆域思维开始转变的最早、最突出的表现内容。

嘉道时期，已有一批学者转变以往官修正史中忽视边疆的思维，突出地关注边疆历史地理、民俗等内容。梁启超认为，他们在边徼地理和域外地理的研究方面，“时代略衔接，相为师友，而流风所被，继声颇多。兹学遂成道光间显学”②。赵俪生也强调，鸦片战争前后，一批学者看到清朝国势转衰，而外敌环伺，感到边徼地区有深入研究的迫切需要，于是开辟了西北边疆史地研究之学。③这批学者以祁韵士、徐松、张穆、魏源、何秋涛、龚自珍、俞正燮、沈垚等为代表。这股边疆研究流风的区域，主要限于西北青海、新疆、蒙古等地域。其间，虽然也有《海国图志》、《海国四说》、《瀛环志略》等介绍世界各国史地知识的论著出现，有利于打破传统的中国“中心”观思想，但其边疆思维仍未突破传统夷夏观念的认知范畴。④例如，沈垚曾言，“自古制戎狄之道，无不以通西域为事”，

① 王汎森：《方东树与汉学的衰退》，见氏著：《中国近代思想与学术的系谱》，吉林出版集团有限责任公司2011年版，第3—5页。

② 梁启超：《中国近三百年学术史》，东方出版社1996年版，第347页。

③ 赵俪生：《论晚清西北之学的兴起》，见氏著：《赵俪生文集》（第4卷），兰州大学出版社2002年版，第434页。

④ 段金生：《近代中国的边疆社会政治及边疆认识的演变》，载《社会科学战线》，2012年第9期。

"不知外夷不守，防守将移内地"[①]；龚自珍在论及西域时也言，"回人皆内地人也，皆世仆也"[②]。沈、龚上述言论，体现出他们虽然是西北边疆史地之学的重要代表人物，但其基本的疆域思维仍属传统的夷夏观念范畴。梁启超有谓："自徐世畲著《瀛环志略》，魏源著《海国图志》，开始（外国地理。——引者注）端绪，而其后意不光大。"[③] 此语或含有对晚清经世学者们虽然开始关注外国地理，但并未能从根本上改变中国传统疆域思维的批评之意。不过，嘉道咸时期这股以边疆为学术研究主旨之流风，实为以前中国历史所未有之景象风。汪荣祖论曰："学者对边疆史地的重视，逐渐成为史学研究的重点，到道光中叶，不但形成风气（指西北史地之学。——引者注），且对后世有深远的影响。"[④] 汪氏所谓之"对后世有深远影响"，似可指西北史地之学的出现系近代边疆思维变迁之先风。

任何固有思维模式的转变，都是一个缓慢与矛盾的长时过程。传统以文化取向为主导的疆域观念，虽在内外压力下渐有更张，但殊非一时或短期即可改观之事。清朝在西力的冲击下，实施了"师夷长技"之策，自西方的声、光、电、化等器物层面（洋务运动）到制度层面（维新变法与新政），学习内容的深度与广度不断拓展。在此过程中，中体、西用之辨却贯穿始终，华、夷思维并未完全打破，晚清王朝仍坚持华夏中心观，视西洋诸国为夷狄之辈。鸦片战争结束后，清廷公文往来中仍将与西方打交道的事务称为"夷务"，后在列强干预下才改称为"洋务"。其时，不断签订不平等条约与割地赔款的行为，刺激着国人巩固国家疆域的思想；另外，随着中外交流的渐增，西方学理知识不断传入中国，部分中国精英人士开始试图用一种新的视野来思考中国的疆域事务。例如，郭嵩焘当时已经认识到中国处于一个前所未有的国际局势中，著成《绥边征实》，以试图"纠正南宋以来学者虚文无实之弊"。[⑤] 郑观应也在 1875 年撰文强调应

---

① 沈垚：《新疆私议》，见氏著：《落帆楼文集》（卷一）。参见贾建飞：《晚清西北史地学研究》，中国社会科学院研究生院博士学位论文，2002 年，第 36—37 页。

② 龚自珍：《上镇守吐鲁番领队大臣宝公文》，见氏著：《龚自珍全集》，上海人民出版社 1975 年版，第 310—312 页。

③ 梁启超：《清代学术概论》，东方出版社版 1996 年版，第 51 页。

④ 汪荣祖：《陈寅恪评传》，百花洲文艺出版社 2010 年版，第 34 页。

⑤ 杨联陞：《从历史看中国的世界秩序》，见〔美〕费正清编：《中国的世界秩序：传统中国的对外关系》，杜继东译，中国社会科学出版社 2010 年版，第 20 页。

抛弃传统的华夷思维，视中国为国际体系中之一员："若我中国，自谓居地球之中，余概目为夷狄，向来划疆自守，不事远图。……夫地球圆体，既无东西，何有中边。同居覆载之中，奚必强分夷夏。如中国能自视为万国之一，则彼公法中必不能独缺中国，而我中国之法，亦可行于万国。"①郭、郑二氏之思维，体现当时的社会心理开始渐有改变，但此种转变尚限于部分精英人物，并非社会之普遍心理。

"因有之旧思想，即深根固蒂，而外来之新思想，又来源浅觳，汲而易竭。"② 中国传统思维的惯性力量缓滞着近代社会心理的变革进程，而西方学理的传入虽催化着近代中国社会思想的变革，但由于近代西方学理的导入是与西方对中国的侵略相伴随的，易引起中国社会心理之排斥，加以早期西方学理传入内容的浅显，加剧了近代中国社会文化及心理变革的难度。于此背景之下，传统夷夏观模式的疆域思维虽受到近代西方民族国家疆域思维之冲击，但仍保持有强大的韧性。直到 19、20 世纪之交，梁启超、严复等知识精英不断鼓吹"国家"、"国民"等新概念，开拓了许多知识分子的视野，人们才逐步明确认识到中国仅是世界中之一国。③ 例如，陈独秀直到 1901 年后才知道："此时我才晓得，世界上的人，原来是分作一国一国的，此疆彼界，各不相下。我们中国，也是世界万国中之一国。"④ 陈氏对国家疆域之认知如此，估计其他人亦复不在少数，但这一渐变过程中孕育的新知——民族国家视域正日益彰显。正如有学者认为的那样："从整个中国边疆研究发展史角度观察，此时（晚清。——引者注）仍处于一个更新发展阶段前的酝酿时期，新的学术理论和思想以及与此密切相关的新的社会、国家、民族理论和思想已在酝酿，但尚未改变一时之社会面貌和学术风气。"⑤ 时至 1924 年，梁启超仍言："所谓'以夷攻夷，以夷制夷，师夷长技以制夷'之三大主义。由今观之，诚幼稚可

① 郑观应：《论公法》，见夏东元编：《郑观应集》（上册），上海人民出版社 1982 年版，第 66—67 页。

② 梁启超：《清代学术概论》，东方出版社版 1996 年版，第 88 页。

③ 王汎森：《晚清的政治概念与"新史学"》，见王汎森：《中国近代思想与学术的系谱》，吉林出版集团有限责任公司 2011 年版，第 198—205 页。

④ 唐宝林、林茂生：《陈独秀年谱》，上海人民出版社 1988 年版，第 17 页。

⑤ 马大正、刘逖：《二十世纪的中国边疆研究——一门发展中边疆学科的演进历程》，黑龙江教育出版社 1997 年版，第 62 页。

笑，然其论实支配百年来之人心，直至今日犹未脱离净尽。”① 结合前述内容，梁氏此论或表现出晚清至民国初期，一方面近代西方民族国家之思维在中国传播之广度与深度不断加大，另一方面传统的华夷疆域观念仍继续对中国社会心理产生着顽强的影响。双方在冲突与调适中的不断互动，或正为下一阶段20世纪三四十年代明确的民族国家视域的边疆研究高峰的出现提供了土壤。“社会倘永为一种势力——一种心理之所支配，则将成为静的，僵的，亦无复历史之可言。”② 学术研究亦是如此，随着边疆研究逐步冲破传统范式，向近代民族国家视域走近，其发展之路似更为宽广。

三、范式重构：民族国家视域下的边疆研究

晚清无法因应新变的世界格局，民国代清成为了历史的选择。中华民国成立，中国至少在政体上步入了近代民主共和体制的行列，国人也试图以“新国民”的思想来重新认识中国。而由于政体的变革与社会心态或权势基础的变革并未同步，中国很快陷入帝制复辟、南北政争之中，但政体的变革却促使国人更清楚地认识到边疆主权之重要。时人评论道，清末民初直到20世纪20年代末，“当时谈实际的边疆问题者，每每注意于‘土地’与‘主权’，而边地民众之如何认识，如何开化，如何组织与训练，均不甚加以重视也”③。此论强调的虽然是当时边疆研究方法的单一化问题，但“每每注意于‘土地’与‘主权’”之语，却折射出国人疆域主权意识较之晚清有了质的提升，体现了在前期流变的基础之上已突破传统夷夏观念并在民族国家视域下思索边疆问题的疆域观念。于此民族国家视域的内部学理之中，加以20世纪30年代边疆危机这一外因之刺激，20世纪三四十年代的中国边疆研究呈现出热潮，并渐有向独立学科发展的取向。④

关于民族国家的理论探讨较多且颇有分歧，但无可置疑，其基本特征

---

① 梁启超：《中国近三百年学术史》，东方出版社1996年版，第349页。

② 梁启超：《中国历史研究法》，东方出版社1996年版，第137页。

③ 徐益棠：《十年来中国边疆民族研究之回顾与前瞻》，载《边政公论》，1942年第一卷第5、6期合刊。

④ 段金生：《20世纪三四十年代的中国边疆研究及其发展趋向》，载《中国边疆史地研究》，2012年第1期。

是明确的主权国家。近代以降，世界上“民族国家逐渐成为主导的地缘政治形式，成为地缘政治中的实体。它们之间为争夺土地、人口等资源，进行长期争战，从而引起各国领土和疆界的起伏变化”①。边疆的伸缩或盈余，遂成为民族国家主权的基本内容。晚清国人虽然逐步认识到边疆的重要，但尚未普遍形成现代民族国家的疆域认知。民国建立后，颁布了《中华民国宪法》，规定了明确的领土范围，显现了民族国家之视域。其时，传统王朝国家文化边疆的思维虽然仍继续存在，但敌国外患之侵凌强化了国人的主权思维，民族国家视域下的边疆研究渐发展成为民国困境下边疆研究新范式，边疆研究似也渐从传统的“边缘”走向“中心”，并呈现出一些基本趋势或特征，但其路漫漫。

（一）超越“边缘”：走向独立的边疆研究

在夷夏观主导的文化疆域思维之下，边疆区域一直处于不断变动或调整的不稳定状态，历代对边疆经营的空间范围时有变动，难以形成民族国家形态下那样有严格疆界或国界区别、边疆是一国疆域的组成部分的明确疆域认知。中国历史有着漫长的发展演变过程，涵盖着深广的时空内容及复杂景象，任何言语的表述均难以全面或精准将其描绘。但不论是从正面、反面，抑或横观、纵察，边疆研究在整个中国史学话语体系中当属“失势”之状，向来属于“边缘”领域。历代官修正史中涉及边疆民族的内容，一般多集中记载在“四裔传”中，正可谓是边疆在古人视野中的“边缘”地位之折射。

近代以降，在中国学术流变内在转型与西方殖民扩张的背景之下，中国边疆研究出现了晚清西北史地之学、以“边政学”提出为突出表现的20世纪三四十年代的边疆研究这两次高峰场景。晚清西北史地之学，“如果从学科门类来看，当时的边疆研究属于历史学和历史地理学这样一个范畴。这些都是中国的传统学问，……那时的边疆研究不是借用新兴的学科。而是借助中国传统的史学工具来研究边疆问题的”②，尚属于传统研

① 于沛、孙宏年等：《全球化境遇中的西方边疆理论研究》，中国社会科学出版社2008年版，第2页。

② 王利平等：《20世纪上半叶的中国边疆和边政研究——李绍明先生访谈录》，载《西南民族大学学报》，2009年第12期。

究的范畴；发展至民国时期，尤其是20世纪三四十年代，“经过前期的积累及西学传播后国人学术思维、视野近代化的影响，中国的边疆研究已经不再局限于传统史学研究的藩篱，学者们开始尝试架构边疆研究自身的方法与理论”，伴随吴文藻提出了“边政学”概念，边疆研究呈现向独立学科发展的趋向。① 当然，这些研究并未能改变边疆在国人视野中的边缘地位之状况。

1946年，时人有论：“边疆的涵义是不待开明的，与中原相较，这原是一个落伍与保守的地方，不能与中原地区的西化或现代化相比。然而，边疆的概念实在也显示文化中一个重要的部分。一件文化的实体，好比一张桌子，必定有它的四周与边沿，没有边沿也便没有中心，这件互相对待的事实，显示边疆与中央有同样重要的地位。”② 正如王明珂所言：“当我们在一张纸上画一个圆时，事实上是它的‘边缘’让他看起来像个圆。”③ 前引借用“一张桌子，必定有它的四周与边沿，没有边沿也便没有中心，这件互相对待的事实”作喻，认为“边疆与中央有同样重要的地位”，所论体现出超越传统“边缘”视野，边疆研究应有一种独立与自我话语体系的认知思维，此应是近代中国构筑民族国家进程中边疆研究的自然内容。事实上，民国时期已经有论者评论道，长期以来，中国的边疆是文化的边缘地区、地理上的边地、政治上的边区，“在民族前途上讲，不能将边缘转变为中心，文化边缘永久存在，实非国家之福”。④

（二）本位考察：重视以边疆为中心的研究

“一切历史和人们对历史的体验（历史学）都要由历史学家的人文价值的理想来驾驭。在这个意义上，每个史家首先都是历史哲学家。历史学的对象（比如说史料）是一堆建筑的原材料，历史学家则以自己的哲学和理想、依据自己的心中的蓝图，把这堆材料建构成一座大厦（史学体系）。”⑤ 受主客观历史条件的限制，中国古代史家对边疆的研究或记载，

---

① 段金生：《20世纪三四十年代的中国边疆研究及其发展趋向》，载《中国边疆史地研究》，2012年第1期。

② 胡庆钧：《今日的边疆问题》，载《云南日报》，1946年10月20日。

③ 王明珂：《华夏边缘：历史记忆与族群认同》，社会科学文献出版社2006年版，第3页。

④ 邓珠娜姆：《中国边疆之路》，出版地、出版社、出版年代不详，第1—3页。

⑤ 何兆武：《诗与真——历史与历史学》，载《历史学家茶座》，2007年第8辑。

多从中原或内地文化视野来构建，较少考察边疆民族或居民自身的认知。

在王朝国家传统文化疆域思维之下，古人多从华夏文明的角度去观察边疆，过分强调华夷之辨。实际上，边疆地区有着广阔的地域，居民众多，将之按现代观念考察，分属不同民族，其对中国疆域有着自己的见解或认知，与内地文化思维形成调适或折冲，对中国疆域的发展起到重要而独特的作用。有学者就从夷夏观的视角，通过对汉民族与边疆民族在中国疆域形成中的历史作用进行过细致考察，指出中国疆域的形成大致可以分为两个时期：唐朝以前汉族起主导作用，唐以后则是边疆民族主导着疆域发展的历程；强调边疆民族"尽管被称为夷，其民族观中也继承了先秦时期夷夏观的某些内容，只是这种继承不是简单的承袭，而是批评地继承，总的发展趋势则是不断冲击'华夷之辨'观念，并最终打破这种观念的束缚"①。而在近代民族国家构筑进程中，无论是汉民族，还是边疆其他民族，都不同程度地担负着构建民族国家的重任。因此，应抛除原有单一重视汉文化的夷夏思维，从一个更宽宏的视野将内地与边疆融合来思考中国的疆域问题；涉及边疆问题时，尤应从边疆本位的视角进行思索。

传统王朝国家从内地或内地化的视角来审视边疆，既由于夷夏思维的作用，客观上也是边疆民族文化相对落后、文字史料缺乏等客观因素导致之结果。近代随着民族国家构筑的不断深化，边疆民族的自我意识增强、文化水平显著提升，这为以边疆为"中心"来考察边疆问题提供了可能条件。民国当时就有论者认识到此点："从边疆的观点来解释历史，要比从中央政权的观点别有意义，看到许多隐微的部分。特别在我国，辽阔的边疆具备不同的地理、经济与文化背景，使中原人士视为畏途。然而，历史上也明显地看出国防地带与经济重心□（字迹不清。——引者注）生了矛盾。这就是自东南及中原一带开发了之后，变成了国家的经济重心，这些地方，人口繁殖很快，也成了国人心向往之的地带。但是国防地带却在人口稀少的边疆，于是'筹边'、'移民实边'，与'开发边疆'等口号，在名义和实际上都发生了一些调和的力量"；而且"人类间的事体意识，特别在生产技术停滞交通不便的社区中，'我群'与'他群'的分别，非常

① 李大龙：《传统夷夏观与中国疆域的形成——中国疆域形成理论探讨之一》，载《中国边疆史地研究》，2004年第1期。

浓厚，这也便是所谓严夷夏之分，外国人与中国人，汉人与边民，都各自构成他们自己的团体，而不容易进入对方的团体中”。[①] 该论者所论包括两层含义：一是边疆社会经济、地理环境与内地不同；一是边疆社会心理与内地有异。因此，以边疆本位为中心来考察边疆问题，或许能看出一些以内地化或内倾化为视角所观察不到的问题，这或是边疆研究的一个新趋向。

（三）巩固疆域：边疆研究的经世之用

中国学术研究向有经世之意，不论儒家之入世抑或道家之出世，皆是治国策略的一种选择。明末清初，经世思想甚为彰显，但即隐没，至道咸时期再兴。其间变化之原因颇为复杂，梁启超认为这是学术流变与时代环境多重变奏的结果：清初“‘经世致用’之一学派所以中绝者，因由学风正趋于归纳的研究法，厌其空泛，抑亦因避触时忌，聊以自藏”。道咸时期，经世之学得以复苏，是考据学这一“汉学专制”局面自身蜕变的结果，即“凡一有机体发育至一定程度，则凝滞不复进，因凝滞而腐败，而衰谢，此物理之恒也”；同时，“嘉道以还，积威日驰，人心已渐获解放”，而“‘鸦片战役’以后，壮士扼腕切齿，引为大辱奇戚，思所以自湔祓，经世臻用观念之复活，炎炎不可抑”。[②] 在经世之风复苏的背景下，列强对边疆的不断侵凌反而强化了国人的保疆卫国意识。“以‘九一八’事变为契机，这几年中国全部边疆显然交了多事之秋”[③]，这促醒着国人关注边疆的经世情怀。关注边疆、加强边疆研究的呼声日益高涨。

“边疆问题，就是中国的存亡问题。”[④] 而“我国今日之东北与西北，已成为东西邻之角逐场，以中国之大好河山，而沦为他人支配设施之军事地，喧宾夺主，鹊巢鸠占，再以事实证之，英之于康藏，法之于滇黔，俄之于外蒙新疆，盖以公认为其势力范围，而含有不许主人过问之态度，虽日言亲善，究其实，不过利用政治外交方式，便其经济文化侵略之野心，且门户久已洞开，命脉悉为人据，而我国内地人士，对于边圉问题，以为

① 胡庆钧：《今日的边疆问题》，载《云南日报》，1946年10月20日。
② 梁启超：《清代学术概论》，东方出版社版1996年版，第64—65页。
③ 思慕：《中国边疆问题讲话》，生活书店1937年版，第2页。
④ 边事研究会：《发刊词》，载《边事研究》，1934年创刊号。

鞭长莫及，漠不关心，置全民族安危于不顾，惟个人之私利之是图，国步既因而愈艰，犹复汇沓偷安，举世蒙蒙，不知大难之将至”；希望国人“努力于目前救亡之途，俾得促醒醉生梦死的国魂，发扬沟通民族的精神，使之整个团结在同一目标下，御侮图存，群策群力，挽此浩劫”。[①] 类似此种加强边疆研究以巩固国家疆域的经世言论，成为当时研究边疆的学者们的基本共识，是近代民族国家视域下边疆研究现实关怀性之体现。

（四）统合抑或分离：边疆研究与民族问题

在人们的一般观念中，陆地边疆是与民族联系在一起的，边疆研究中应该突出民族史或民族问题的研究。中国古代的夷夏观念，即按文化来划分边疆与民族，并基本将边疆问题与民族问题混同在一起。民国时期，国人亦多将边疆问题与民族问题视为等同：“盖中国边疆问题，亦即中国民族问题”；[②] “关于边疆政治上之实施，应以民族主义为核心，自系必然之结论”；[③] “边疆问题，最重要的是民族问题。”[④] 类似言论，在民国边疆研究的论著中极多，难以一一列举，显示了当时国人的一种普遍思维或认知。但边疆研究应该与民族研究等同吗？尚值深思。

边疆问题与民族问题虽然有联系，但是二者系属于不同范畴的概念：边疆虽然可以从政治、经济、文化、地理等角度进行解释，但归根到底是空间或政治范畴意义上的概念；民族问题仅是发生在边疆这一空间区域范围中相对重要或突显的问题之一，并非边疆问题之全部，而且民族问题也并非仅发生在边疆地区。在过去的研究中，民族研究多取代了边疆研究，而在民族国家视域下，应该突出一国疆域的综合化与全面性研究，不能以个体或局部取代全局认识，故有必要将边疆研究与民族研究区别开来。

“近代中国的历史使命就是重建一个中央集权的主权独立与政治稳定的现代民族国家。”[⑤] 而近代以来，缘于列强的刺激，边疆研究逐渐引起

① 边疆半月刊社：《发刊辞》，载《边疆半月刊》，1936 年创刊号。
② 格桑泽仁：《边人刍言·自我介绍》，西藏文化促进会 1946 年印，第 1 页。
③ 周昆田：《三民主义之边政建设》，载《边政公论》，1942 年第一卷第 1 期。
④ 社论：《云南的边疆问题》，载《云南日报》，1946 年 10 月 14 日。
⑤ 胡涤非：《民族主义与近代中国政治变迁》，知识产权出版社 2009 年版，第 25 页。

国人的广泛关注，并与民族国家构筑的历史使命形成二元互动关系。[1] 以往中国近代史的研究论著，“虽然其中有一些谈到了边疆问题的重要性，在论述中也多少有所涉及，但作者重视的程度，显然有别于政治史、党派斗争史、中外关系史等与中国近代发展的基本走向紧密联系的问题，即便一些论及边疆问题的研究著述，大都也是围绕上述重大问题而展开”[2]。因此，有必要在民族国家的视域下重新审视以往处于“边缘”领域的边疆研究。

总之，就学术研究的内在脉络而言，任何一种研究领域的兴起，必然有其复杂的演变过程和原因。诚如梁启超所言：历史事件的发生，“有可能性谓之因，使此可能性触发者谓之缘”，“因缘果报，恒复杂幻变至不要思议”。[3] 边疆研究从古人忽视的“边缘”领域到近代两次研究高峰的出现，并在民族国家的视域下，渐有成为独立学科的取向，隐藏在这一“边缘”与“中心”互动变迁中的复杂面相背后的诸多深层原因，当非简单的一文所能阐释清楚。本文在此仅系抛砖引玉，或许将来仍有另文继续讨论。

① 段金生：《边疆研究与近代民族国家之构筑——以 1941 年〈边政公论〉发刊词为中心的考察》，载《烟台大学学报》，2012 年第 4 期。

② 段金生：《南京国民政府的边政·方铁序》，民族出版社 2012 年版，第 5 页。

③ 梁启超：《中国历史研究法》，东方出版社 1996 年版，第 145 页。

世界历史进程中我国陆疆与海疆地区的经济发展

| 赵文洪 |

我国的边疆地区，不但包括传统意义上的陆疆地区，也无疑应该包括海疆地区。我国领海同其他国家的海洋的边界以及同公海的边界以内的一定范围，就属于海疆地区。我国的辽宁、山东、江苏、浙江、台湾、海南、上海、广东等濒临黄海、东海、南海的省、市，都属于海疆地区。我国不研究边疆问题的民众，包括在写本文之前的我，在讲到边疆、想到边疆时，“边疆”都是指陆疆地区。这表明了对海洋、海疆的不重视。如果我们把海疆地区包括进边疆地区，“边疆”的概念的内涵与外延都将发生重要变化，人们头脑中的边疆地区，就不再总是同遥远、偏僻、落后等印象连接了。本文中的“边疆地区”，包括陆疆地区与海疆地区。只是为了避免同大众观念中的“边疆”混淆，才在题目中没有使用“边疆地区”一词。

本文讲的世界历史进程，指大约自1500年开始的全世界各地区越来越紧密地连接在一起的过程中发生的人类历史进程，其最显著、持久的三个特点：一是资本主义文明从欧洲开始向其他地区扩张；二是共产主义运动从欧洲开始向其他地区发展；三是现代化运动从欧洲开始在全球展开。

一、历　史

中国全面进入世界历史进程，是从1840年鸦片战争开始。自此，我国海疆、陆疆地区的经济便受到了世界历史进程的巨大影响。

（一）1840 年以来世界历史进程对我国海疆地区经济的影响

一是欧美资本主义文明，包括文化观念、生活方式、产品、技术、资本、人员等等，主要通过海路进入我国海疆地区。在每一个中国人的记忆中，虎门销烟、鸦片战争、列强的船坚炮利、甲午战争、出国留学（叫做"留洋"）、洋务运动，等等，在近代改变我国命运的大事，几乎都与海洋有关。上海海关大楼成为中外不平等经济关系的象征。上海这个中国的经济中心，完全是处于世界历史进程中的海洋的产物。这一切同海路的便捷、海运的廉价有直接关系。

二是从 19 世纪末直到今天，我国最大的海上邻国日本，对海疆地区经济负面的和正面的影响巨大；另一海上邻国韩国在 20 世纪 80 年代以来，对海疆地区经济影响较大。近代以来，日本占领台湾 50 年；此后长期在我国沿海地区大肆掠夺经济资源；侵华战争毁灭了沿海经济；日本还直接霸占了沿海地区达八年之久，这都是对沿海地区经济的摧残。我国改革开放后，从日本引进了大量的产品、技术、资本、人才，对海疆地区的经济发展起到了良好的作用。韩国对我国海疆地区的经济影响主要是正面的。

三是海疆地区的台湾、香港、澳门，相对于全国其他地区，受欧美资本主义经济、政治、文化影响最深。三个地区，都曾经发育出典型的殖民地经济（台湾一度完全并入日本版图，比殖民地还惨），这种经济一方面是没有主权的经济——决定了经济的最大获益者是宗主国；另一方面是高度资本主义化的经济——资本主义性质同欧美一样。这同大陆地区先后存在过的经济形态差别很大。在后殖民时代，三个地区都保留和强劲地发展了资本主义经济，而且台湾和香港还具有全球经济影响力。这是我国经济形态的一个特点，饱含了近代以来国家遭遇的酸甜苦辣。

这一切，决定了海疆地区一方面在我国既最多、最深地遭受经济侵略、经济损失，另一方面在现代化进程中，又必然要走在国内其他地区前面。殖民主义对殖民地的双重影响（一方面是掠夺破坏，另一方面是传播了比封建主义文明更加高级的资本主义文明）在这里表现得都很突出。就以人的经济活动能力和素质来说，上海人的敬业精神、服务态度、办事效率，在全国都是领先的。我国的改革开放，很重要的一个方面，就是学习资本主义先进的管理经验，吸收资本主义世界一切可以为我所用的资源。在这方面，海疆地区当然具有历史的、现实的天时地利人和。

（二）1840 年以来世界历史进程对我国陆疆地区经济的影响

一是俄罗斯、苏联的影响。沙俄接受了资本主义文明后迅速发展强大，这直接决定了对我国陆疆地区的影响是双重的：

1. 灾难性的——主要的。强占 150 多万平方公里的领土；屠杀众多无辜同胞；掠夺大量的经济资源。①

2. 建设性的——次要的。对我国东北地区的经济开发，尤其是基础设施的建设有促进作用。

作为世界共产主义运动产物的苏联，对我国陆疆地区的影响也是双重的：

1. 建设性的——主要的。我们不能忘记，更不能否定苏联对我国经济发展的巨大支持。对于中苏边境地区，尤其我国东北地区我方的经济发展，苏联在技术、资金、基础设施、文化教育等方面的积极影响是巨大的。东北成为我国最重要的重工业基地，与苏联的援助是分不开的。

2. 破坏性的——次要的。中苏关系的恶化导致双方经济交往的萎缩和停滞，漫长的边境线上、广大的边境地区内陈兵百万、剑拔弩张。在珍宝岛等地区，还发生了激烈的军事冲突。这一切，对中苏边境地区的经济发展是不利的。

后苏联时代俄罗斯的影响主要是建设性的，中俄双边贸易对我国边境地区的发展具有促进作用，像满洲里、黑河这样的边境口岸城市的繁荣与发展，都得益于同俄罗斯的贸易与文化交流。但是，遗憾的是，俄罗斯经

① 1858 年（咸丰八年）《中俄瑷珲条约》割去黑龙江以北、外兴安岭以南 60 多万平方公里领土。1860 年（咸丰十年）签订的《中俄北京条约》，确认《中俄瑷珲条约》；将乌苏里江以东约 40 万平方公里领土划归俄国；规定中俄西段疆界。1864 年（同治三年），根据该条约关于中俄西段疆界的规定，签订《中俄勘分西北界约记》，割去中国西部巴尔喀什湖以东、以南和斋桑淖尔南北 44 万多平方公里领土。1900 年江东六十四屯惨案后，俄罗斯霸占即使根据《中俄瑷珲条约》也属于我国的黑龙江左岸、从精奇里江口往南到霍尔莫勒津屯，南北约 140 里，东西七八十里的大片土地。1881 年（光绪七年）签订的《中俄伊犁条约》以及 1882—1884 年订立的五个勘界议定书，又把霍尔果斯河以西地区和北疆的斋桑淖尔以东地区 7 万多平方公里领土割去。

济的重心一直在其欧洲部分，而且自20世纪八九十年代剧变以来，一直没有出现非常繁荣的经济局面，根本原因是俄罗斯在世界历史进程中出现了落后与徘徊现象。

二是日本的影响。日本不但深刻影响我国海疆地区，也深刻影响我国的陆疆地区——东北地区的经济。它是通过占领朝鲜而获得从陆地而不是海洋进入中国陆疆地区的条件的。对东北地区经济影响的后果是灾难性的——将整个东北地区吞并，将那里的经济资源统统据为己有。

三是其他陆地邻国的影响。在我国的陆地邻国中，除了俄罗斯之外，其他国家在现代化进程中都长期处于世界上比较落后的地位。对于我国陆疆地区经济的发展，它们的影响是复杂的。首先，它们使得欧洲的经济、文化资源从陆地进入我国西部、南部地区的距离更加遥远，交通更加困难。其次，由于它们基本不能向中国提供在现代化进程起飞阶段特别需要的技术、资本、产品，而主要只能提供中国已有的劳动力和原料，所以，在相当长的时间里，对我国陆疆地区经济的发展影响微弱。

二、未　来

伟大的改革开放彻底地、革命性地改变了中国在全球现代化进程中所处的位置，尤其是相对于海疆与陆疆邻国的位置。同俄罗斯、日本、韩国这样的优势国家相比，我们总体上还有较大差距，但是，赶超它们的可能性很大，目前的经济发展势头比它们的都好。同其他邻国相比，则已经具有非常明显的经济发展阶段优势了：资本密集、技术密集相对于劳动力密集、原料密集的优势。

这种状况使得我国海疆地区与陆疆地区都获得了新的发展机会。海疆地区的资本、技术、产品向全世界的输出，以及从全世界输入必要的资本、技术、产品、人才，将进一步繁荣本地区经济，并且不断提升本地区经济在全国、全球经济中的地位。陆疆地区一是将发挥更大的边境贸易功能，建设更加繁荣的口岸经济——因为海疆地区以及陆疆地区同我国陆疆邻国的贸易都要通过陆疆地区的口岸；二是将和海疆地区一道，通过占领陆疆邻国更大的市场而提升本地区的经济层次。在我国内部，相当长的时间内，海疆地区与陆疆地区的经济层次对比，接近海疆地区同我国陆疆邻国的经济层次对比：资本密集、技术密集同劳动密集、原料密集的对比。未来一段时间内，陆疆地区既不能把海疆地区对劳动力、原料需要的市场轻易地让给陆疆邻国，又不能长期处在产品价值链的上游，而要力争同海疆地区一起，去开拓全国的市场、陆疆邻国的市场、全球的市场；在这种开拓中，追求对海疆地区的赶超。

历史已经给予陆疆地区发展的新机遇：与陆疆邻国的经济关系，从经济发展阶段相近、双方经济互补性不强，逐渐转变到经济发展阶段明显不同、双方经济互补性较强；原来疲弱的陆疆邻国市场，成为潜力巨大的市场。

海疆陆疆携手，必将创造新的经济辉煌。

近代以来西方对中国西南边疆的认识和研究

| 陆　韧 |

改革开放以来，国外学术界的中国研究成果大量被翻译和介绍到国内，但是，已经介绍到国内的大多是对中国中心区域的研究，而对边疆地区的研究介绍较少。事实上，国外对中国边疆的研究已经开展很长时间，如西方对中国西南边疆的考察和研究已经走过了一个半世纪的历程，而且在当代美国的中国史研究领域中，中国西南边疆史研究正在成为一个热点，研究的深度、广度和研究方法都超过了以往。国外的中国西南边疆史研究具有独特的学术路径、考察视野和研究方法，本文拟对此作探索性的评述。

一、殖民利益驱动下的“云南神话”

云南神话”是瓦伦·B. 华尔斯 1943 年在《远东季刊》第 2 卷发表的一篇文章的题目①，在这篇文章里，作者认为西方对中国西南边疆的关注、认识和研究是从云南开始的。历史上云南与周边的东南亚国家有两千多年的贸易传统，形成了传统的贸易通道和数量可观的互补性贸易。因此，19 世纪云南周边的国家缅甸、老挝、越南等相继沦为英法殖民地，殖民主义者立即为云南与东南亚各国之间巨大的贸易量、广阔的市场和畅

① Warren B. Walsh, “Yunnan Myth”, *The Far Eastern Quarterly*, Volume 2, Issue 3, 1943, pp. 272 - 285.

通的贸易道路所吸引，于是将觊觎的目光投向云南。英法两国展开了对云南的激烈争夺，一方面，他们急于开拓云南市场，把云南纳入自己的东方殖民市场体系；另一方面，他们把云南作为自己全球殖民战略的关键链环，以自己在东南亚的殖民地缅甸、越南为据点，试图通过修筑铁路深入云南，掠夺矿产，撷取财富，进而以云南为跳板，向中国内地渗透，达到将中国市场与其殖民地连通，进而侵略和瓜分中国的目的。在这样的背景下，西方殖民主义者和御用学者疯狂地深入云南进行探险考察，搜集云南的资源、道路和民族等方面的情报，一度认为云南是中国最富饶的地方和"神话般的聚宝地"①。的确，19 世纪英、法两大殖民主义国家从政府到商业集团、从宗教团体到新兴的工业企业，上至国王贵族、政府官员、外交家、政治家和军官，下至各类工程技术人员、普通平民、商人和传教士都表现出对云南的巨大热情，掀起了云南财富狂热，他们纷纷进入云南探险、考察和传教。于是 19 世纪中叶至 20 世纪初，英法两国出版了大量关于中国云南探险记、考察报告、研究论著、书信文集等出版物。据不完全统计，这类图书至今在中国国家图书馆仍存有 50 余种，在英国、法国和美国各大图书馆的收藏量则更大，这充分反映了那个时代英法殖民主义者对云南的狂热和战略考虑。这些图书中，影响较大的有：1839 年英国出版的霍华德著《在东南亚的旅行：环绕印度斯坦、马来半岛、暹罗和中国》②，1873 年在法国巴黎出版的法文《印度支那探险报告》③，1876 年英国出版的安德森的《从曼德勒到勐缅（腾越）：1868 年和 1875 年在中国西部的两次探险》④，1880 年的约翰·威廉的《金沙江：穿越中国和西藏

① Warren B. Walsh, "Yunnan Myth", *The Far Eastern Quarterly*, Volume 2, Issue 3, 1943, p. 277.

② Howard Malcom, *Travels in South-eastern Asia, Embracing Hindustan, Malaya, Siam, and China: With Notices of Numerous Missionary Stations, and a Full Account of the Burman Empire*, London: Charles Tilt, 1939.

③ Garnier, Francis, *Voyage D'exploration en Indo-Chine Effectue Pendant les Annees 1866, 1867, et 1868*, Paris: Hachette et cie, 1873.

④ John Anderson, *Mandalay to Momien: A Narrative of the Two Expeditions to Western China of 1868 and 1875, Under Colonel Edward B. Sladen and Colonel Horace Browne*, London: Macmillan and Go, 1876. 该书记载了约翰·安德森两次追随英国陆军上校爱华德、贺瑞斯深入中国西部云南探险的经历。

东部到缅甸行记》[①]，1883 年葛洪的《穿越 Chryse：穿越中国南部边地从广州到曼德勒的探险行记》[②]，1909 年英国出版的 H. R. 戴维斯著《云南：连接印度和扬子江的链环》[③]，以及《云南游记：从东京湾到印度》[④] 等等。这一系列书籍的出版，使英法乃至整个欧洲社会普遍认为“云南拥有巨大的潜在财富”；“不容怀疑，云南省矿产丰富”；“云南的中部、西部和西南部有中国最富饶的土地，人民过着富裕的生活”；“云南是中国南方各省中最富饶、人口最多的省份。云南市场巨大，每年进口大量的棉花，向周边国家出口茶、大烟、铁器、铜器、生丝、药材和各种生活日用品”；“从缅甸经云南连接扬子江的道路，将是进入中国的最好、最便捷贸易通道”；云南既有“从法国的东京湾[⑤]利用红河水道的运输便利，又有从英属印度仰光至八莫的航道[⑥]与进入云南的道路相勾连”，等等，于是，欧洲社会关于云南财富的传言甚嚣尘上，酿成了“云南神话”[⑦]。

正如瓦伦·B. 华尔斯指出的，19 世纪西方探险家、政客和商人的一系列考察报告在英国、法国发表后，曾一度使欧洲政界、贵族和商人集团视云南为“神话般的聚宝地”，引发了寻求进入云南市场牟利热潮。但随着帝国主义逐步打开了中国的内地市场，对西南地区地理环境的认识也逐渐加深，加上清帝国的灭亡、第一次世界大战爆发等因素的影响，“云南神话”在 20 世纪初逐渐消逝。[⑧]“云南神话”破灭之后，20 世纪 30 年代，

---

① William John Gill, *The River Golden Sand: The Narrative of a Journey through China and Eastern Tibet to Burman*, London: John Murray, 1880.

② Archibald R. Colquhoun, *Across Chryse: Being the Narrative of a Journey of Exploration through the South China Border Lands from Canton to Mandalay*, London: Sampson Low, 1983. “Chryse”是当时欧洲人创造的对中国南部、西南部和东南亚联系在一起的广大地区的一个地域名称，这一地名的出现和使用，清晰地反映了英法殖民主义将中国西南地区纳入其东南亚一体及其贸易市场的战略。

③ H. R. Davies: *Yun-nan, The Link between India and the Yangtzre*, Cambridge: Cambridge University Press, 1909. 该书已翻译为中文《云南：联结印度和扬子江的锁链》，李安泰等译，云南教育出版社 2000 年版。

④ ［法］亨利·奥尔良：《云南游记：从东京湾到印度》，龙云译，云南人民出版社 2000 年版。

⑤ 指今越南红河的入海口处。

⑥ 指从当时的英国殖民地缅甸的重要海港仰光沿伊洛瓦底江轮船航行至滇缅边界附近八莫。

⑦ 参见 Warren B. Walsh, “Yunnan Myth”, *The Far Eastern Quarterly*, Volume 2, Issue 3, 1943, pp. 272 – 285。

⑧ Warren B. Walsh, “Yunnan Myth”, *The Far Eastern Quarterly*, Volume 2, Issue 3, 1943, pp. 272 – 285.

国际形势和中国政局都发生了深刻的变化。紧接着爆发了第二次世界大战，中国是反法西斯的重要战场，云南成为反法西斯同盟在亚洲的战略基地和大后方。19 世纪英法殖民主义者梦寐以求的云南通道，在特殊的战争形势下戏剧性地得以实现，在世界反法西斯全局中，充分展示了云南“连接印度和扬子江的链环”的地位和作用。战争是残酷的，战争也用特殊的方式昭示着：从中国的视角看，西南边疆对于国家的整体统一、领土完整和民族安危具有无可替代的战略意义；从全球的视野看，殖民时代的“云南神话”，虽有在经济上夸大云南财富之嫌，但在全球战略格局中和世界市场体系中，云南仍不失为中国与南亚、东南亚的关键链环。因此，无论从哪个角度看，中国西南边疆的历史、现状和发展都是值得关注和研究的。

尽管“云南神话”是西方世界在殖民利益驱动下对云南在中国的经济地位等问题上的严重误判，但这毕竟是西方世界第一次深入云南，对中国的西南边疆进行考察、认识和研究的开端，也是云南首次进入西方视野并被纳入世界体系范畴的研究，因此，可视为西方认识和研究中国西南的第一阶段，这一阶段的研究带有明显的逐利和猎奇色彩。因而西方学者早期对云南的考察研究是在殖民利益驱动下进行的，“云南神话”也是那个时期西方对云南财富的误判，但是他们对云南战略地位重要性的认识和研究基本上是准确的。

二、冷战时期西方中国西南边疆史研究的衰减和失误

历史虽然证明了中国西南边疆研究的重要性，但学术发展则很难完全摆脱政治的干扰和国际关系的制约。从学术研究的角度看，与“云南神话”时代和20 世纪80 年代以来西方对中国西南边疆史的研究相比，30 年代至80 年代初是西方的中国西南边疆研究的衰减期。据粗略统计，从20 世纪初至2004 年西方学术界发表的用英文撰写的涉及云南的研究论文约97 篇，其中，30 年代至70 年代，仅有17 篇，1980 年至2004 年达86 篇，反映了西方学术界对中国西南研究的衰减。

不言而喻，西方学术界对中国西南研究的衰减，并非研究对象的重要

性降低，而是特殊的战争时期和第二次世界大战后冷战国际环境影响的结果，特别是新中国建立后，以美国为代表的西方学术界不仅受制于国际政治环境，失去了进入中国进行研究的基本条件，而且更受到冷战思维的干扰，对中国西南的研究热情衰减，并出现了严重偏差。

首先，这一时期西方学术界缺乏以西南为独立研究对象的强有力的研究论文或论著，大多数涉及中国西南，特别是云南的研究，要么被置于东南亚、南亚研究的边缘，要么仅是中国内地宏大历史的附缀。例如，《穿越缅甸到中国的贸易路线》①、《云南：东南亚的枢纽》②、《汉代中国与印度联系的考古证据》③、《古代缅甸的道路——一个传奇?》④、《中古以来缅甸与印度、中国的经济和外交关系》⑤ 以及里奇的论文《缅甸的边疆》和专著《缅甸高地的政治制度：克钦社会结构研究》⑥ 等论文和论著，都有较大篇幅涉及云南，但是这些论文和论著均不是以云南为主体的研究，他们重点在探讨不同历史时期东南亚、南亚与中国的交流和交通关系时才涉及云南。与此同时，云南作为中国的一部分，西方学者凡是研究中国历史的都不可能不触及云南，但却很少有以云南为主体的独立研究，更多只是在中国宏大叙述史或某些专题研究中提及，如何炳棣《1368—1953 年中国人口研究》⑦、余英时《贸易与汉代的扩张：中外经济关系研究》⑧、

---

① John L. Christian, " Trans-Burma Trade Routes to China", *Pacific Affairs*, Volume 13, Issue 2, 1940, pp. 173 – 191.

② Owen Lattimore, "Yunnan, Pivot of Southeast Asia", *Foreign Affairs*, Volume 21, No. 3, 1943, pp. 476 – 493.

③ Schuyler Van R. Cammann, "Archaeological Evidence for Chinese Contacts with India during the Han Dynasty", *Sinology*, Vol. 5, No. 1, 1956, pp. 1 – 9.

④ Walter Liebentha, "The Ancient Burma Road: A Legend?", *Journal of the Greater India Society*, Vol. XV, No. 1, 1956, pp. 5 – 19.

⑤ Janice Stargaedt, "Burma's Economic and Diplomatic Relations with India and China from Medieval Sources", *Journal of Economic and Social History of the Orient*, Vol. 14, 1971, pp. 38 – 62.

⑥ Edmund R. Leach, "The Frontiers of 'Burma'", *Comparative Studies in Society and History*, Vol. 3, No. 1, 1960, pp. 49 – 68; E. R. Leach, *Political Systems of Highland Burma: A Study of Kachin Social Structure*, London: G. Bell and Sons, 1954.

⑦ Ping-Ti Ho, *Studies on the Population of China 1368 – 1953*, Cambridge: Harvard University Press, 1959.

⑧ Yu Yingshi, *Trade and Expansion in Han China: A Study in the Structure of Sino-Barbarian Economic Relations*, Berkeley & Los Angeles: University of Berkeley, 1967.

C. P. 菲兹吉尔德《中国人的南向扩张》[1]、玛丽·C. 怀特《清代的矿业劳工》[2]、肯特·克勒克·史密斯《清的政策与中国西南的发展：鄂尔泰总督1726—1731》[3]、施坚雅《中华帝国晚期的城市》[4]、罗伯特·A. 凯普《20世纪西南中国历史的论题》[5]、李伦文《晚明对四川贵州边疆地区的控制》[6] 以及李中清的早期研究《中国历史上的移民与扩张》[7] 等等。当然费正清的一系列研究对云南也有少量的涉及，论及云南的内容少得可怜，与云南在中国历史上的作用不成比例。就笔者目前掌握的情况看，这一时期以云南为主体的论文仅有瓦伦·B. 华尔斯：《云南神话》[8]、E-tu Zen Sun《滇铜历史概观》、《清代滇铜的京运》[9]、麦克《云南的1900年危机：晚清战局的转变》[10]、唐纳德·S. 萨顿著《省级军阀与中华民国，云南军队，1905—1925年》[11] 和查尔斯·巴克斯1977年完成的博士论文《南诏国与唐代的西南边疆》[12] 等寥寥数篇，这与"云南神话"时代西方学者对云南的热情不可同日而语，也许瓦伦的《云南神话》一文正是对西方在云

---

① C. P. FitzGerald, *The Southern Expansion of the Chinese People*, New York and Washington: Praeger Publishers, 1972.

② Mary C. Wright, *Approaches to Modern Chinese History*, Berkeley: The University of California-Press, 1967.

③ Smith, Kent Clark, "Ch'ing Policy and the Development of Southwest China: Aspects of Ortai's Governor-Generalship, 1726 - 1731", Ph. D. diss., Yale University, 1970.

④ William Skinner, *The City in Late Imperial China*, Palo Alto: Stanford University Press, 1977.

⑤ Robert A. Kapp, "Themes in the History of 20th-Century Southwest China", *Pacific Affairs*, Volume 13, Issue 2, 1978, pp. 448 - 459.

⑥ Li Lung-Wah, "The Control of the Szechwan-Kweichow Frontier Regions During the Late Ming", Ph. D. diss., Australian University, 1978.

⑦ James Lee, "Migration and Expansion in Chinese History", in William McNeill and Ruth S. Adams (ed.), *Human Migration: Patterns and Policies*, Bloomington & London: Indiana University Press, 1978, pp. 20 - 47.

⑧ Warren B. Walsh, "Yunnan Myth", *The Far Eastern Quarterly*, Volume 2, Issue 3, 1943, pp. 272 - 285.

⑨ E-tu Zen Sun, "The Transportation of Yunnan Copper to Peking in the Ch'ing Period", *Journal of Oriental Studies*, Vol. 14, 1971, pp. 132 - 148.

⑩ H. Michael Metzgar, "The Crisis of 1900 in Yunnan: Late Ch'ing militancy in Transition", *Journal of Asian Studies*, Vol. 35, No. 2, February 1976.

⑪ Donald S. Sutton, *Provincial Militarism and the Chinese Republic, The Yunnan Army, 1905 - 1925*, East Lansing: The University of Michigan Press, 1980.

⑫ 该博士论文于1981年由剑桥大学出版社出版，1988年由林超民教授翻译为中文，由云南人民出版社出版。

南研究上的“火与冰”现象的思索和感慨。

其次，西方学界严重忽略了西南地区，特别是云南在中国历史上的作用和社会历史的特殊性，以及云南与中国内地在地理环境上、民族构成上和社会历史发展进程上的差异。施坚雅在他经典的关于中华晚期帝国经济地理区域研究中，云南和贵州被视为与西北、岭南、长江中游、长江上游、东南沿海、华北、长江下游等完全并列的单独的一个大的“地文区”来论述，忽略了西南地理环境的复杂性、民族构成的多样性以及边疆、边民、边政的特殊性，正因为如此，国内外学者对其云贵经济区的划分和分析已有诟病[①]。这一时期西方的研究还有将中国西南边疆概念内缩的倾向，如李伦文的《晚明对四川贵州边疆地区的控制》[②]，如果晚明时期中国的西南边疆在四川贵州一线，那么云南是什么呢?

更有甚者，这时西方学界对中国西南的历史认识出现重大失误，《剑桥中国史》就是典型。南诏（738—937）是中国历史上曾与唐王朝并存的地方政权，它统治着今天云南全省、贵州西部以及境外缅甸北部、泰国北部的广大地区。但是，在《剑桥中国隋唐史》却将它完全忽略。《剑桥中国隋唐史》第十章《唐朝之灭亡·边境问题：四川和安南》竟然这样说：“从汉朝以前起，这个地区为处于文化发展先进阶段的非汉族建立国家所占据”，到唐代“在长江流域发生动乱的同时，唐朝在它将近2000英里之外的西南边境上，面临着来自南诏扩张主义政权的严重威胁”。[③] 这样的论述轻率地抹杀了两汉魏晋中原王朝已经在云南的设治，从而否定了云南作为中国不可分割的部分的重要历史。同时也不顾唐初的云南设治、唐中叶唐朝与南诏战和不定的密切关系以及唐代后期南诏归附唐朝及唐后

---

① William Skinner, *The City in Late Imperial China*, Palo Alto: Stanford University Press, 1977. 泰国学者 Chiranan Prasertkul 并不赞同施坚雅的云贵为一大经济区的分区，他认为19世纪及其以前，云南与周边东南亚国家的经济贸易关系比云南与贵州间的经济联系更紧密，但施坚雅的研究对云南与东南亚国家的经济联系考虑不充分，将云贵作为一个经济区不恰当。参见 Chiranan Prasertkul, *Yunnan Trade in The Nineteenth Century: Southwest China's Cross-boundaries Functional System*, Bangkok: Chulalongkorn University Printing House, 1989。

② Li Lung-Wah, "*The Control of the Szechwan-Kweichow Frontier Regions During the Late Ming*", Ph. D. diss., Australian University, 1978.

③〔英〕崔瑞德编：《剑桥中国隋唐史》，中国社会科学院历史研究所西方汉学研究课题组译，中国社会科学出版社1998年版，第702—703页。

期设置云南安抚使的历史，将南诏与中国割裂处理。同样，与两宋同时期的云南大理政权（937—1252），其性质与当时北方的辽、金、西夏政权完全一致。《剑桥中国史》用整整一卷叙述了辽、西夏、金、元史，却没有任何关于大理政权的论述[①]。《剑桥中国史》对云南历史的严重忽略，不能不说正是冷战时期西方中国史研究的重大失误，是对云南研究衰减、冷漠的必然结果。

在这样的学术背景下和冷战国际环境中，国外研究甚至出现了对云南历史的刻意歪曲。最典型的事例是西方有人提出南诏为泰族建立的国家的论点。1923 年，美籍牧师杜德（W. C. Docld）出版的《泰族》一书认定南诏是暹罗的前身。此后，英国人伍德（W. A. R. Wood）《暹罗史》更发挥了这一观点，进而推论“中国古代的疆域不会超过扬子江以南，江南各地实属蛮夷，其中大半为泰族”。伍德的观点被泰国学者全盘接受，南诏与现代泰国同为一体的大胆假设在泰国变成神圣不可侵犯的理论，也成为当时的西方和日本学者主导的观点[②]。虽然这样严重歪曲史实的研究，在中国学者的努力下已经得到纠正，但反映了一段时间里西方学界对云南研究存在着严重失误。

可以这样说，这一时期西方出版的学术论著，既缺乏对云南历史完整的、纵向的叙述史，也没有在宏大的中国历史叙事史中给予应有的地位，即便有一些专题讨论，也支离破碎。因此，至少在 20 世纪 80 年代以前，西方学术界无论是追随狂热的殖民主义掀起“云南神话”般的考察热潮，还是复杂的国际环境影响下的研究衰减期，其研究都存在着严重的失误缺憾。

三、当代美国多学科交叉的中国西南边疆史研究

历史到了 20 世纪 70 年代末 80 年代初，中国开启了改革开放的新纪

① 〔德〕傅海波、〔英〕崔瑞德编：《剑桥中国辽西夏金元史》，史卫民等译，中国社会科学出版社 1998 年版。

② 〔美〕查尔斯·巴克斯：《南诏国与唐代的西南边疆·译者序》，林超民译，云南人民出版社 1988 年版。

元，世界政治格局悄悄地发生着变化，美国学术界一代新型学者正在兴起，中国西南边疆和云南的研究即将进入一个崭新的阶段，美国学术界掀起的中国西南边疆历史的研究热潮，一系列研究论文发表在美国亚洲学会主编的《亚洲研究》等权威性的学术杂志上，例如，李中清《西南中国的粮食供应与人口增长：1250—1850》①、约翰 E. 赫尔曼《帝国深入西南：清初土司制度改革》②、纪若诚《"混杂的人群"：中国西南早期现代边疆的社会变迁（1700—1880）》③、龙戴维《被蒙蔽的视角：伊斯兰教的认同、回族与中国西南潘泰起义，1856—1873》④、大卫·贝洛《西南鸦片流毒：19 世纪早期清政府在云贵川三省的禁烟》⑤ 等等。近年来美国连续出版了关于中国西南边疆历史研究的力作，如，龙戴维《中国的伊斯兰教徒聚居地：伊斯兰教、民族划分和中国西南的潘泰起义，1856—1873》⑥、贝洛的《鸦片与帝国的局限：中国内地的禁烟，1729—1850》⑦、纪若诚《亚洲的边界地方：清代中国的云南边疆变化》⑧、赫尔曼《在云雾之间：贵州的中国殖民，1200—1700》⑨ 等，还有一些论著已进入出版程序⑩。

① James Lee, "Food Supply and Population Growth in Southwest China: 1250 - 1850", *The Journal of Asian Studies*, Volume 41, 1982, pp. 711 - 746.

② John E. Herman, "Empire in the Southwest: Early Qing Reforms to the Native Chieftain System", *The Jurnal of Asian Studies*, Volume 56, No. 1, February 1997, pp. 47 - 74.

③ C. Pat Giersch, "'A Motley Throng': Social Change on Southwest China's Early Modern Frontier, 1700 - 1880", *The Journal of Asian Studies*, Volume 60, No. 1, February 2001, pp. 67 - 94.

④ David G. Atwill, "Blinkered Visions: Islamic Identity, Hui Ethnicity, and the Panthay Rebellion in Southwest China, 1856 - 1873", *The Journal of Asian Studies*, Volume 62, No. 4, Novermber 2003, pp. 1079 - 1108.

⑤ David Bello, "The Venomous Course of Southwestern Opium: Qing Prohibition in Yunnan, Sichuan, and Guizhou in the Early Nineteenth Century", *The Journal of Asian Studies*, Volume 62, No. 4, November 2003, pp. 1109 - 1142.

⑥ David G. Atwill, *The Chinese Sultanate: Islam, Ethnicity, and the Panthay Rebellion in Southwest China, 1856 - 1873*, Palo Alto: Stanford University Press, 2005.

⑦ David A. Bello, *Opium and the Limits of Empire: Drag Prohibition in the Chinese Interior, 1729—1850*, Cambridge: Harvard University Press, 2005.

⑧ C. Patterson Giersch, *Asian Borderlands: The Transformation of China's Yunnan Frontier*, Cambridge: Harvard University Press, 2006.

⑨ John E. Herman, *Amid the Clouds and Mist: China's Colonization of Guizhou, 1200 - 1700*, Cambridge: Harvard University Press, 2007.

⑩ 如 Yang Bin, *Between Wind and Clouds: The Making of Yunnan (Second Century BCE-Twentieth Century CE)*（已进入出版程序）。

2002年以来，美国亚洲学会每年的年会上，都有中国西南的专题论坛。与此同时，从80年代至今，至少有十余位学者选择研究中国西南历史论题做博士学位论文，这批学者进入美国的多所高校任教，促使美国中国西南研究不断发展，而且每年都有一批学者来到中国收集资料、考察和学术交流。

我们看到从20世纪80年代以来，美国学界兴起的中国西南边疆史研究完全不同于此前两个阶段的特点，摒弃了殖民利益驱动下的“云南神话”时代的逐利、猎奇和侵略目的，也逐渐摆脱冷战政治环境影响下的政治偏见和研究局限，进入了新的研究阶段，具有一些新的特点。

第一，一支训练有素的研究队伍正在崛起。在美国中国研究学界，中国西南边疆史的研究是一个比较新的研究领域，美国大多数老一辈的汉学家或中国史学家的研究较少涉及这一领域，但从20世纪80年代起，美国的一些博士研究生直接选择中国西南边疆史作为研究方向，撰写博士论文。如，1977年查尔斯·巴克斯完成了他的博士学位论文《南诏国与唐代的西南边疆》，1981年由剑桥大学出版社出版。[①] 接着是美国当代中国西南边疆史开拓的关键学者李中清，他对中国内地的明清比较人口统计学和比较人口社会学等方面的系列重要研究成果已被翻译和介绍到国内，成为国内学者广泛关注和重视的美国的中国研究专家。值得关注的是，李中清的中国史研究的学术生涯是以研究中国西南边疆史起步的。20世纪70年代末80年代初，他选择元明清时期的中国西南政治经济史主攻方向，1980年作为改革开放后第一批进入中国大陆进行研究的美国学者，他在北京中国国家历史档案馆、国家图书馆和云南大学进行了较长时间的资料收集和访学，拜会了方国瑜、江应樑、马耀、尤中、林超民等一批当时国内著名的西南史学者。返回美国后，1983年李中清完成了博士学位论文《中国西南的经济：政治结构与经济发展，1350—1850》，获芝加哥大学博士学位。尽管李中清的博士论文至今尚未出版，但是，该论文的精髓或重要部分，已有多篇论文相继在美国和中国发表，如《中国西南的移民遗产：1250—1850》、《中国西南的粮食供应与人口增长：1250—1850》、

① ［美］查尔斯·巴克斯：《南诏国与唐代的西南边疆·译者序》，林超民译，云南人民出版社1988年版。

《西南：云南与贵州》①、《明清时期中国西南的经济发展和人口增长》②、《1250—1850年西南移民史》③ 等，对80年代以来美国的中国西南边疆史研究产生了重大影响，几乎所有的研究中国西南史的美国学者在涉及明清西南移民、人口问题时，必以其研究为参照或依据。

巴克斯和李中清的研究完全摆脱了早期西方在中国西南研究中的殖民逐利色彩和冷战政治桎梏，跳出了以往西方学者对中国西南边疆民族地区只有猎奇般的描述及附庸学者为各自国家或集团政治经济利益争吵不休和偏见的窠臼，具有回归严谨、客观的学术研究的特点，使美国的中国西南边疆史研究迅速与西方史学和中国史研究接轨。从这一层面上说，他们是带领美国的中国西南边疆史研究步入"新的研究轨道"④ 的重要学者。考察他们的学术背景，我们可看到，他们接受博士研究训练的地方都是在美国具有中国史研究传统的著名大学，其研究成果使他们成为开辟中国西南边疆史研究的一代新型学者。此外，还有赫尔曼、龙戴维、纪若诚、贝洛⑤等都是80—90年代以后以研究中国西南边疆史的专题论文而获博士学位的学者，他们正是当今美国学界中国西南边疆史研究的中坚力量，同一时期在美国出版和发表的中国西南边疆史研究的力作，大多是他们的博士学位论文或后续研究成果。

第二，多视角下的清代西南边疆研究成为主题，多学科交叉成为主要

---

① James Lee, "The Legacy of Immigration in Southwest China, 1250 - 1850", *Annal de de'mographie historique*, 1982, pp. 279 - 304; James Lee, "Food Supply and Population Growth in Southwest China, 1250 - 1850", *Journal of Asian Studies*, Vol. 41, No. 4, 1982, pp. 711 - 746; James Lee, "The Southwest: Yunnan and Guizhou", in Pierre - Etienne Will and R. Bin Wong, with James Lee, *Nourish the People: The State Civilian Granary System in China, 1650 - 1850*, Ann Arbo: Center for Chinese Studies, The University Michigan, 1991, pp. 432 - 474.

② 〔美〕李中清：《明清时期中国西南的经济发展和人口增长》，见《清史论丛》第五辑，中华书局1984年版。

③ 〔美〕李中清：《一二五〇年—一八五〇年西南移民史》，载《社会科学战线》，1983年第1期。

④ 〔美〕查尔斯·巴克斯：《南诏国与唐代的西南边疆·译者序》，林超民译，云南人民出版社1988年版。

⑤ 赫尔曼（John E. Herman）1993年获华盛顿大学博士学位；1996年戴英钟（Dai Yingcong）获华盛顿大学博士学位；纪若诚（Charles Patterson Giersch）1998年获耶鲁大学博士学位；龙戴维（David G. Atwill）1999年获夏威夷大学博士学位；贝洛（Bello, David Anthony）2001年获南加利福尼亚大学博士学位；杨斌（Bin Yang）2004年获美国东北大学博士学位等。

的研究方法。在此，介绍一些重要学者的典型研究：

在美国中国西南研究崛起的过程中，李中清的《中国西南边疆的社会经济（1250—1850）》[①] 是以边疆为视角考察1253年蒙古征服云南后的近五百年间，云南如何从一个处于早期发展阶段的边疆社会一跃而成为一个充满活力的经济区域，开拓了西南边疆政治经济学的研究。

龙戴维著《中国的伊斯兰教徒聚居地：伊斯兰教、民族划分和中国西南的潘泰起义，1856—1873》[②] 是运用人类学视角和方法对晚清发生于云南的重大事件潘泰起义（即杜文秀起义或云南回民起义）的全新研究之作。他批驳了以往学者所认为的“杜文秀起义”是单纯的“回汉之争”的观点，认为这是一次云南多民族反抗清朝残酷压迫的起义。该文特别关注回民对其信仰、民族认同和其在潘泰起义期间反抗的表达方式进行研究，指出发生在晚清的民族起义等重大事件往往具有民族、宗教和政治行为的复合性，并把云南视为中国统一政权下的国家领土的组成部分，起义则是统一政权下的阶级冲突和对抗。

2006年出版的纪若诚《亚洲的边界地方：清代中国的云南边疆变化》一书[③]，在西南边疆史研究方法上颇具创新。他认为以往学者讨论清朝边疆，特别是西南边疆时，过分强调了帝国在其中的主导作用，忽略了移民与土著力量的重要性，而事实上清代云南边疆在社会与政治上突破了现代人所认为的在国家与族群性之间难以逾越的牢固疆界而获得整合。一方面，他提出清代云南边疆新月状地带（a crescent-shaped zone）是缅甸人、中国人、暹罗人之间长期残酷争斗的地区，也是清廷官员、汉人移民、边疆少数民族土著的交汇地。清朝政府在这里推行移民，进行儒家教化，推进政治制度的一体化进程，促进了边疆政治文化机制变革、边地长途商品贩运网络的形成和异族通婚，清帝国从而逐渐将边远的蛮荒之域整合为帝国稳固的边疆；另一方面，纪若诚认识到了民族对于边疆政治和文化认同

---

① 李中清：《中国西南边疆的社会经济（1250—1850）》，林文勋、秦树才译，人民出版社2012年版。

② David G. Atwill, *The Chinese Sultanate: Islam, Ethnicity, and the Panthay Rebellion in Southwest China, 1856 - 1873*, Palo Alto: Stanford University Press, 2005.

③ C. Patterson Giersch, *Asian Borderlands: The Transformation of China's Yunnan Frontier*, Cambridge: Harvard University Press, 2006.

的复杂性，他批判了传统国家是边疆事务的唯一重要的决定者的观点，并采用理查得·怀特（Richard White）的“中间地带”（The Middle Ground）的分析方法，尝试把清代云南边疆新月状地带作为“中间地带”进行思考，他认为“中间地带”是清朝政府、臣属于清朝的外来移民群体与土著民族间动态的多边关系发展的结果，边疆地区“中间地带”的存在，可以理解为制度和自然条件多样性互动影响的结果。这一研究范式并不意味着仅局限于清朝的西南边疆，在其他国家的边疆地带也有类似的情况，边疆史、移民史与文化人类学结合的研究上具有方法创新的特点。

赫尔曼《贵州的中国殖民，1200—1700》① 是一部考察中国晚期帝国元、明至清初，中华帝国如何在多民族、多元文化的贵州、云南和四川南部地区通过征服、殖民（移民）等手段及推行中国的军事、政治、社会、文化和经济制度，实现对西南边疆地区稳固的控制的研究。作者特别以清代以云南贵州交界地区的彝族为个案，对当地土著民族在中华晚期帝国推行边疆一体化进程中的反映和文化变迁进行了探讨，认为清朝政府向边疆地区推进政治和经济控制时给边疆民族关系和民族社会带来重大影响。

美国的中国史研究著名学者罗威廉《中国西南的教育与帝国作用：陈宏谋在云南，1733—1738》一文，从陈宏谋在云南兴办“义学”教育在边疆地区推行的视角，来考察教育在国家权力深入边疆和边疆民族社会发展中的作用，他指出“教育实践通常能清晰反映国家与社会、中央与边疆、精英与普通民众之间的各种本质的关系，以及清代精英士人们不断变化着的人性观及其影响”。在这个全新的视角下，作者认为清代在土著民族中推广教育是清朝边疆治理的首要任务，是“中华帝国采用优势文化的推广方式来促进边疆在政治上隶属中央王朝和改善地方经济”的手段，是提高边疆土著民族的文明化程度的重要措施。教育唤醒了边疆土著“民族意识”，也在“边民”中强化了中国国家认同观念，从而把边疆民族教育

① John E. Herman, *China's Colonization of Guizhou, 1200 - 1700*, Cambridge: Harvard University Press, 2007.

的意义提到了前所未有的高度。①

贝洛（David Bello）的两篇研究论文《西南鸦片流毒：19世纪早期清政府在云贵川三省的禁烟》②、《去汉人不能久待的地方：瘴疠与清代云南边疆地区的民族管理空间结构》③ 在研究视角的选取上，很有新意。在《西南鸦片流毒》一文中，贝洛认为中国近代受鸦片贸易影响的范围波及清朝统治下的所有民族和地区，包括边疆地区，鸦片这种使人成瘾的消费品具有使国家和私人都能得到稳定利益回报的巨大市场力量，使得国家控制较弱的西南边疆土司地区逐渐成为鸦片流毒的重灾区，所以必须从西南边疆的地理和民族视角重新对清朝鸦片问题进行探讨，揭示鸦片是如何对西南边疆的民族关系产生重要影响的。《去汉人不能久待的地方》④ 一文是以瘴疠这一生态和疾病现象为切入点，对清王朝的边疆控制、边疆开拓和边疆行政管理进行了研究，他指出西南边疆地区复杂的地理环境、生态及民族多样性对清代西南边疆秩序、国家权力深入和行政管理体制有决定性的影响，是清朝在西南维持不同的民族行政管理空间结构的重要原因。

上述所举，仅是基于历史学范畴的美国学术界关于中国西南边疆历史的研究情况，在美国的其他学术领域，如文化人类学、社会学、经济学、国际关系学等也呈现出中国西南的研究热潮，在欧洲、日本等也有共同特点，在此，笔者关注的是历史学范畴的美国学界中国西南边疆历史研究，余不论及。但不管怎样，我们今天所看到的情况是，美国学术界对中国西南边疆史的研究，无论是研究成果的数量或是研究热情，都达到前所未有

---

① William. T. Row, "Education and Empire in Southwest China, Ch'en Hung-mou in Yunnan, 1733 - 1738", in Benjamin A. Elman and Alexander Woodside (eds.), *Education and Society in Late Imperial China, 1600 - 1900*, Berkeley Los Angeles London: University of California Press, 1994.（罗威廉：《中国西南的教育与帝国：陈宏谋在云南，1733—1738》一文为本杰明·A. 艾尔曼与亚历山大·伍德斯德主编《中国晚期帝国的教育与社会，1600—1900》一书的第十二章，是该书中唯一论述清代少数民族地区教育的独立论文。）

② David Bello, "The Venomous Course of Southwestern Opium: Qing Prohibition in Yunnan, Sichuan, and Guizhou in the Early Nineteenth Century", *The Journal of Asian Studies*, Vol. 62, No. 4, November 2003, pp. 1109 - 1142.

③ David Bello, "To Go where No Han Could Go for Long, Malaria and Qing Construction of Ethnic Administrative Space in Frontier Yunnan", *Modern China*, Vol. 31, No 3. July 2005, pp. 283 - 317.

④ David Bello, "To Go where No Han Could Go for Long, Malaria and Qing Construction of Ethnic Administrative Space in Frontier Yunnan", *Modern China*, Vol. 31, No 3. July 2005, pp. 283 - 317.

的程度，俨然成为美国的中国史研究不可忽视的力量和正在蓬勃兴起的学术领域。

总之，近代以来西方对中国西南的关注、认识和研究，经历了殖民利益驱动下的"云南神话"时期、冷战政治环境影响下的衰减期，以及20世纪80年代以来当代美国学界的中国西南边疆史研究热潮兴起等几个阶段。由于早期西方学界对中国西南边疆的认识和研究有明显的利益驱动和政治干扰，因而前两个阶段曾出现过严重的偏差和失误。改革开放以来，中外学术交流的加强，以美国为代表的西方学界对中国西南边疆史的研究逐渐摆脱了政治干扰，回归学术，其主力军是90年代以来成长起来的获得博士学位的美国新一代学者，他们的研究深度、广度和研究方法都超过了以往西方学者的相关研究水平，跃升上了一个新的台阶。他们对中国西南边疆史的研究更加深入和理性，他们采用多学科结合的研究方法，具有宽阔而独到的研究视角，这些都值得国内学者关注。

朝贡制度对古代王朝疆域形成与治理的历史作用

——以东北边疆为中心，兼论两种朝贡制度的区别

| 程妮娜 |

一、确立中原王朝与边疆民族的君臣关系

中国历代王朝建构和经营边疆民族地区朝贡制度的首要目的是将其纳入王朝（政权）的政治统辖之下，在四海地区确立天子至高无上的地位，明确君臣名分，确立朝贡成员的高下、贵贱等级是建构朝贡制度的基本原则。四夷藩属的朝贡活动要遵守“礼”的秩序，中原王朝通过册封在政治上确立君臣观念。从秦汉到明清，历代王朝对朝贡成员的册封内容有所变化，这里以东北边疆民族朝贡制度的册封内容变化为例，从一个侧面透视朝贡制度对巩固和强化王朝对边疆统治的作用。

秦汉时期，中央王朝对于东北朝贡成员的册封主要有三种：一是以藩国名称册封该国主，如“朝鲜王”、“濊王”（授予濊王、夫余王）、“高句丽侯”、“高句丽王”，有王、侯等级；二是以具有政治含义的封号册封乌桓、鲜卑等大小游牧民族酋长，如“率众王”、“亲汉王”、“率众侯”、“率众君”、“率众长”等，有王、侯、君、长不同等级；三是东汉前期在撤销乐浪郡东部都尉时，以原县名册封当地族群酋长，如“沃沮侯”、“不耐侯”、“华丽侯”、“夫租薉君”等，有侯、君不同等级。[①] 日本学者

---

① 参见《三国志》卷三〇《魏书·东夷传》、《乌丸鲜卑传》，中华书局1959年版，第834—846页。以下版本同。

金子修一先生将第一种封号称为“本国王”，第二种称为“德化王”。他认为“本国王”可传给子孙，“德化王”只限于一代不能继承。[①] 第三种册封可能与第一种册封相同，封号可以继承。汉朝对于受册封者赐予朝服衣帻、印绶“以方寸之印，丈二之组，填抚方外”[②]。对诣阙朝贡的蕃酋有时赐予“赤车参驾”（鲜卑）。对地位较高的藩王朝廷还赐予死后用的葬服“玉匣”（夫余王）。汉朝通过册封授印确立了皇帝与朝贡者之间的君臣关系，并以封号和赐物规定了朝贡成员的高低地位，开创了一代之制。尽管秦汉时期册封制度还不成熟，但它对以后的王朝产生了深刻影响，其形式与基本规则为历代王朝的朝贡制度所继承。

魏晋南北朝时期，中国陷于分裂状态（只有西晋时出现暂短的统一），与东北边疆民族发生过政治关系的王朝、政权多达20有余，其中较大的王朝和政权的统治者，无论是汉族还是北方民族都力图证明自己具有正统地位，并皆怀有重建大一统王朝的雄心。在这种形势下，朝贡制度蓬勃发展起来，作为朝贡制度的主要内容之一册封活动出现新变化。以魏晋王朝对慕容鲜卑大人的册封为例，对其曹魏明帝时册封“率义王”；魏齐王册封“大都督、左贤王”，之后进拜“鲜卑单于”；晋武帝册封“鲜卑都督”；愍帝册封“镇军将军、昌黎辽东二郡公”；东晋元帝加封“监平州诸军事、安北将军、平州刺史，增邑一千户”，不久再次“加使持节都督幽平二州东夷诸军事、车骑将军、平州牧，进封辽东郡公、邑一万户，侍中、单于并如故。遣谒者即授印绶、丹书、铁券，承制海东，命备官司，置平州守宰”；成帝册封“使持节、侍中大将军、大都督河北诸军事、幽州牧、大单于、燕王”。[③] 其中“率义王”属于汉代以来传统的册封内容；“左贤王”、“鲜卑单于”属于北方民族政权的称号；“昌黎郡公”、“辽东郡公”、“燕王”是内地郡和地区封爵；“使持节都督幽平二州东夷诸军事、车骑将军、平州牧”、“平州刺史”，则属于王朝地方军政官职。从一般的蛮夷藩王的封号到具有北方民族特点的封号，最后发展为具有汉地封

---

① 〔日〕金子修一：《册封体制论与北亚细亚·中亚细亚》，载《唐史论丛》，2008年第十辑。

② 《汉书》卷六四上《严助传》，中华书局1962年版，第2782页。以下版本同。

③ 《十六国春秋》卷二三《前燕录一·慕容廆》、卷二五《前燕录三·慕容皝下》，四库本。以下版本同。

爵和汉官号（汉官职）特点的封号。这个过程伴随着东部鲜卑朝贡制度从塞外为主，转为塞内为主，体现了东部鲜卑对中原王朝的政治隶属关系日益加强。

进入南北朝以后，北朝与南朝对东北民族朝贡成员的册封有相同之处，也有明显的差异。以高句丽为例，北朝对高句丽王的册封前期主要是持节、都督辽海诸军事、征东将军，领护东夷中郎将，辽东郡开国公、高句丽王；后期则为安东将军（骠骑大将军、车骑将军），领护东夷校尉，辽东郡开国公、高丽王。[①]“都督辽海诸军事”与“安东将军”等封号表示北魏统治者赋予高句丽王对东北东部边疆民族有军事镇抚权，“领护东夷中郎将”和“领护东夷校尉”是赋予高句丽王对东北边疆东部民族以统领权。南朝对高句丽王的册封前中期主要是使持节、都督营平二州诸军事、征东将军、高丽王、乐浪公；后期只册封为宁东将军、高丽王、乐浪公。[②]“都督营平二州诸军事”、“征东将军”表现了南朝希望高句丽为其收复营州与平州的愿望，“高丽王”与“乐浪公”的含义与北朝略同，南朝对高句丽王册封属于虚封并且军事色彩更浓一些。从册封内容上看，东北民族朝贡成员与南北王朝的君臣隶属关系是相同的，然南北王朝对东北民族朝贡成员的政治统辖关系则是北朝比南朝更为紧密，这主要是地缘政治关系的原因。

隋唐王朝时期，从中央到地方政治制度全面发展，边疆朝贡制度也进入成熟时期。唐朝于东北边疆地区普遍设置羁縻府州后，东北民族进入以羁縻府州形式进行朝贡的发展阶段。隋唐王朝对东北民族朝贡成员的册封更加制度化，形成阶、官、爵、勋四种要素。[③] 如隋文帝册封高丽王为“大将军、辽东郡公”，“上开府仪同三司”。[④] 唐玄宗册封契丹酋长窟哥为

---

① 《魏书》卷一〇〇《高句丽传》，中华书局1974年版，第2215页。以下版本同；《北齐书》卷四《文宣帝纪》，中华书局1972年版，第44页。以下版本同。

② 《宋书》卷九七《高句丽国传》，中华书局1974年版，第2392页。以下版本同；《南齐书》卷五八《东夷高丽国传》，中华书局1972年版，第1009页。以下版本同；《梁书》卷三《武帝纪下》，中华书局1972年版，第63页。以下版本同。

③ 高明士：《天下秩序与文化圈的探索：以东亚古代的政治与教育为中心》，上海古籍出版社2008年版，第137页。

④ 《隋书》卷一《高祖纪上》、卷二《高祖纪下》，中华书局1973年版，第16、40页。以下版本同。

"使持节十州诸军事、松漠都督，封无极男，赐氏李";① 册封渤海王大钦茂为"渤海郡王、左金吾大将军、忽汗州都督"，后又进封大钦茂为渤海国王、检校太尉。德宗授渤海王大嵩璘为"银青光禄大夫、检校司空，册为渤海国王，依前忽汗州都督"② 对各羁縻府州的首脑授予羁縻都督府的都督，对其统辖的各部落大人授予羁縻州刺史，羁縻府州官职为世袭职，各族按照本族的习惯法进行继承。对具有较强政治实力的国王、部落联盟首领（他们同时又是羁縻都督府的都督）封王授爵，如渤海郡王、渤海国王，可传子孙；松漠郡王，可为下任继承；辽阳郡王、北平郡王、崇顺王、恭仁王（契丹）、奉诚王、归义王、怀信王、昭信王（奚）等，只限于一代，不能继承。对于各级朝贡成员（包括番王、番酋、大小部落渠帅）授予各种官号，其中武官号有左、右骁卫大将军，左金吾大将军、左监门大将军、左、右武卫大将军、将军、果毅都尉、折冲；武散官号有大将军、将军、镇军大将军、怀化大将军、游击将军；勋官号有大将军、上开府仪同三司，上柱国、中郎将、郎将、员外郎。还有专授少数民族首领的官号，如左、右金吾卫员外大将军、左、右羽林军员外大将军、左骁卫员外大将军、左、右领军卫员外大将军、左威卫员外将军。朝贡成员与中央王朝之间君臣关系进一步被拉紧。

北方民族王朝对东北边疆实行强力统治的政策，辽金元时期不再有地方政权长期存在于东北边疆地区。辽朝将尚处于原始社会发展阶段的各族群相继纳入属国、属部的羁縻建置统辖之下，并专门定制了一套属国、属部封号、官职对朝贡成员进行封授，《辽史·百官志》记载：

> 属国职名总目：某国大王、某国于越、某国左相、某国右相、某国惕隐，亦曰司徒、某国太师、某国太保、某国司空，本名闼林。
>
> 某国某部节度使司，某国某部节度使、某国某部节度副使。
>
> 某国详稳司，某国详稳、某国都监、某国将军、某国小将军。

① 《新唐书》卷二一九《契丹传》，中华书局1975年版，第6168页。以下版本同。

② 《旧唐书》卷一九九下《渤海靺鞨传》，中华书局1975年版，第5361页；《唐会要》卷九六《靺鞨》，中华书局1955年版，第1723页。以下版本同。

从生女真部族节度使的任职情况看，各种属国、属部官职可能为世袭职，成为辽朝北面官僚体系中的一部分。如《辽史·百官志》所言，辽朝对“属国、属部官，大者拟王封，小者准部使。命其酋长与契丹人区别而用，恩威兼制，得柔远之道”。金朝关于册封朝贡成员的记载极少，如《蒙古秘史》记载，金章宗时曾“与成吉思合罕以札兀惕忽里之号，与格列亦惕之脱斡邻勒罕以王号矣”。[①] 元朝东北朝贡制度只限于黑龙江下游与库页岛地区，不见关于册封事迹的记载。

明朝在东北边疆实行羁縻卫所形式的朝贡制度，明宣宗说：“鞑官远人以官爵縻之，为中国藩篱耳。”[②] 朝廷对前来朝贡的各部落“官其长，为都督、都指挥、指挥、千百户、镇抚等官”[③]，羁縻卫所的官职共有13级：都督、都督同知、都督佥事、都指挥使、都指挥同知、都指挥佥事、指挥使、指挥同知、指挥佥事、正千户、副千户、百户、镇抚、头目，有官无俸，皆为世袭职。明对羁縻卫所各级官员皆赐诰印冠带袭衣，由兵部掌管羁縻卫所朝贡成员的官职升迁、罢黜与袭替，除了正常的叙年升迁外，官职升迁的依据主要是能否捍御北虏，忠顺朝廷，守边有功。《明神宗实录》万历四十三年（1615）四月戊寅条载：“兵部请将朵颜卫头目失林看、福余卫头目马哈喇等各升授都指挥佥事，颁给敕书，令其赍捧回卫管束部落，恪守职贡，如或北虏犯边就彼并力截杀，以效忠顺，若统驭无法，致扰地方，就将职级褫革，以示惩戒。”到朝贡制度末期，朝贡成员的身份已经从最初的藩属向中央王朝的官吏转变。

朝贡成员与帝王之间的君臣关系也体现在双方往来的文书和朝贡册封的礼仪上，隋文帝在责让高丽王元的玺书中曰：

> 朕于苍生悉如赤子，赐王土宇，授王官爵，深恩殊泽，彰著遐迩。王专怀不信，恒自猜疑，常遣使人密觇消息，纯臣之义岂若是

① 《蒙古秘史》卷四，道润梯步译注，内蒙古人民出版社1978年版，第100页。绍兴十六年，金熙宗曾命册蒙古部酋长鄂抡贝勒“为蒙古国王，蒙人不肯”。参见《建炎以来系年要录》卷一五五，中华书局1988年版，第2514页。

② 《明宣宗实录》卷二二，宣德元年冬十一月乙未，台湾中研究院史语所1962年校印本，第593页。以下版本同。

③ 《明史》卷九〇《兵志》，中华书局1974年版，第2193页。以下版本同。

也？盖当由朕训导不明，王之愆违，一已宽恕，今日以后，必须改革。守藩臣之节，奉朝正之典，自化尔藩，勿忤他国，则长享富贵，实称朕心。彼之一方，虽地狭人少，然普天之下，皆为朕臣。今若黜王，不可虚置，终须更选官属，就彼安抚。王若洒心易行，率由宪章，即是朕之良臣，何劳别遣才彦也？①

隋朝皇帝自称“朕”，称高丽国主为“王”、“藩臣”。皇帝“赐王土宇，授王官爵”，高丽王应“守藩臣之节，奉朝正之典”。否则，皇帝就要“黜王”，于其地“更选官属”，另立藩王。于是，高丽王遣使谢罪，上表自称“辽东粪土臣元”云云。② 君臣关系十分明确。到明代，朝贡成员与中央王朝之间的关系更接近君主与官吏的关系，如明宪宗赐兀良哈蒙古三卫敕书曰：

尔三卫皆我祖宗所立，授以官职，卫我边境，尔之前人，岁时朝贡，无有二心，尔等正当继体前人之志，感恩图报，却乃随从毛里孩为非，抑不思昔有从也先作歹者，也先今安在哉。今尔等年年来朝，受赏赐升官职，谁与尔耶。今既改悔差人来朝，并奏报事情，特从宽贷仍赐表里，以答尔意并准尔所奏，岁时差人朝贡每卫许放百人，须以本卫印信文书为照。须效尔前人所为，各守境土，防护边疆，勉于为善，竭诚报国，庶几享太平之福钦哉。③

中国古代王朝的朝贡制度通过册封、朝贡礼仪、君臣身份明确的称谓，在政治上确立君臣观念和等级观念，使朝贡者认同自己是王朝的臣民。从秦汉王朝册封蛮夷君长的封号，魏晋以后增加军官与地方官的官号，到隋唐王朝册封内容制度化，授予羁縻府州官职，封号有爵、勋、官、阶；经辽朝授予属国、属部官职，到元明时期边疆地区已经取消羁縻封号，明代授予羁縻卫所官职，反映了朝贡制度经过两千年的发展，对确

① 《隋书》卷八一《东夷·高丽传》，第1815—1816页。
② 《隋书》卷八一《东夷·高丽传》，第1815—1816页。
③ 《明宪宗实录》卷三四，成化二年九月戊寅，第677—678页。

立、加强边疆民族与中原王朝日益紧密的君臣关系起到了重要的作用。

二、建构古代王朝边疆统辖制度

中国古代王朝奉行"君临万邦，四海共主"的边疆观念，积极建构和经营边疆的朝贡体制，形成了符合中国边疆多民族文化共存、社会发展不平衡的实际状况，并且随着古代王朝国家结构的发展而发展的边疆政治统辖制度。

秦汉王朝是建构边疆朝贡制度的初始时期，君臣们采取灵活多样、因俗而治的政策，东北边疆形成了多种形式并存的朝贡制度。其一，在塞外各民族中建立的朝贡制度，其成员既有实力较强的民族政权，如西汉朝鲜国、两汉夫余国、东汉高句丽国；也有桀骜不驯的游牧民族部落，如两汉的乌桓部落、东汉的鲜卑部落；还有弱小的原始民族部落，如沃沮、秽人等。其二，在民族地区建置（包括羁縻建置）下实行朝贡制度，即在辽东属国、西汉玄菟郡统辖的高句丽地区、乐浪郡东部都尉统辖的秽、沃沮地区实行的朝贡制度。其三，在塞内缘边郡县内少数民族聚居地实行的朝贡制度，两汉时期不仅时有塞外民族要求内迁，而且有几次塞外民族大规模内迁的事件，如东汉时期百余万乌桓人迁入缘边十郡、数万鲜卑人迁入辽东郡等①，汉朝令其合族聚居实行具有羁縻统辖特点的朝贡制度。魏晋南北朝时期各王朝皆以"混一六合，天下一统"为最高政治目标，继承了汉代朝贡制度的模式，积极建构、发展各自的朝贡制度。秦汉到南北朝期间，各个王朝通过多种形式的朝贡制度，在东北边疆地区建立起了王朝的统治秩序。

为了保证有序的政治统治，王朝要求东北朝贡制度下的成员各安其位，不得以强凌弱，不可擅自出兵②，而且从自身利益出发不希望朝贡体

① 据《后汉书》、《三国志》记载：东汉初年光武帝二十五年（49）乌桓大人郝旦等九百余人帅众诣阙内属，所率部众或有几十万，其后顺帝建康元年（144）乌桓七十万余口内属，桓帝延熹九年（166）匈奴、乌桓二十万口相继归附迁入塞内，迁入塞内的乌桓超过百万。顺帝永建二年（127）鲜卑三万余人诣辽东郡降。

② 《汉书》卷六四上《严助传》："闽越复兴兵击南越。南越守天子约，不敢擅发兵，而上书以闻。上多其义，大为发兴，遣两将军将兵诛闽越。"，第2777页。

制内形成实力强大、对朝廷能构成威胁的政治势力，要求朝贡体制下各成员安守本分，不得彼此兼并，亦不得阻止其他成员朝贡。如汉武帝出兵讨伐朝鲜国时理由之一即是“诱汉亡人滋多”，“真番旁众国欲上书见天子，又拥阏不通”。[①] 但是中央王朝只有在国力较为强盛的时期才能对不遵守朝贡体制规则的成员施之武力，以维持朝贡体制的秩序。而在国力衰弱时期，对于成员间的兼并行为，只能听之任之。魏晋南北朝时期政治形势复杂多变，东北朝贡制度成员由塞外大量流向塞内，各政权推行朝贡制度也呈现出较为复杂的多方面作用。设置在边地的护乌桓校尉、护鲜卑校尉、护东夷校尉与当地州郡官吏具有管理、维护朝贡制度的职责。在诸校尉先后撤销以后，边地州郡官吏便担负起这个职责，使一度中断朝贡活动的边疆民族，重新恢复朝贡，并使之“朝贡不绝”。因此，在分裂时期各王朝对东北边疆的统治不仅没有削弱，反而有所发展。

隋唐王朝并没有停留在前朝边疆朝贡制度的水平上，而是进一步发展和完善。唐代东北民族朝贡制度只建立在塞外民族地区，并逐步在各民族地区建立羁縻府州，实行羁縻府州形式的朝贡制度，加强了朝贡制度的管理，使之更加规范化。在每个羁縻都督府建立后，唐朝都明确规定该羁縻都督府的上级统辖地方机构，如唐朝设立松漠、饶乐都督府后，以营州都督兼护东夷校尉（后改为东夷都护）统领二府。[②] 玄宗时，营州设置平卢节度使，松漠、饶乐二都督府由其统领。肃宗上元二年（761）平卢节度使迁往山东半岛，唐“以范阳节度为押奚、契丹使”，有时也由幽州各级长官统领松漠、饶乐二都督府事，如德宗贞元年间，以刘怦为“幽州大都督府长史、兼御史大夫、幽州卢龙节度副大使、知节度事、管内营田观察、押奚、契丹、经略卢龙军使”。[③] 其他诸羁縻都督府也都有明确的上级统属机构，如初建黑水都督府时“置长史，就其部落监领之”[④]。忽汗州都督府、黑水都督府初由营州都督府管辖，其后改由幽州都督府、平卢节度使、淄青平卢节度使等相继管辖。室韦都督府初受平卢节度使管辖，

① 《史记》卷一一五《朝鲜列传》，中华书局 1959 年版，第 2986 页，

② 《旧唐书》卷八三《张俭传》，第 2776 页。

③ 《旧唐书》卷一四三《刘怦传》，第 3899 页。

④ 《旧唐书》卷一九九下《北狄 · 靺鞨传》，第 5359 页。

后改由幽州节度使管辖。边地府州与朝贡成员（羁縻府州）之间还时常互派官员进行聘问，沟通军政事务，督促朝贡成员履行对中央王朝应尽的义务，朝贡成员与中央朝廷及州县地区之间的政治、经济关系明显加强。唐朝将羁縻府州朝贡成员纳入了唐朝地方政治制度体系，更加明确了中央王朝对东北边疆的政治统辖关系，将王朝对边疆地区的统治向前推进了一大步。

辽金元时期，由于各王朝的国家规模与政治形式不同，边疆朝贡制度的形式与发展也有区别。

辽朝契丹统治者奉行强化边疆统治的政治理念，根据契丹王朝政治制度的特点，在实行朝贡制度的民族地区普遍设置属国、属部制度，并将其纳入五京道，隶属于北面官统辖体系。辽朝对东北民族朝贡制度管理的新形式，最大限度地强化了对东北民族朝贡成员的政治统治，推进了东北民族朝贡体制向行政建置转变的历程，不仅对辽朝建立较为有效的边疆统治起到重大作用，而且对辽朝增加国家实力也发挥了重要的作用。契丹统治集团通过属国、属部朝贡制度所获得的大量贡品成为辽王朝财政收入的一部分，如《辽史》所言："至于邻国岁币，诸属国岁贡土宜，虽累朝军国经费多所仰给"；"诸蕃岁贡方物充于国，自后往来若一家焉。"① 同时还促使辽廷与属国、属部之间经济关系日益加强，推进了朝贡成员向国家直接统辖的编户齐民转变的进程。

发祥于东北白山黑水之间的女真人建立金朝后，很快在东北大部分地区建立起行政建制，实行中央集权的统治。在灭辽、北宋与南宋划淮而治后，金朝主要发展方向是向南统一全国，对在边远民族地区构建和发展朝贡制度的热情不高。女真人是渔猎农业民族，不具备对西北部草原游牧民建立强力统治的优势，以长城作为直辖区与草原部族朝贡区的分界线，不允许草原朝贡成员入境，通常在长城各关口接受诸部酋长、使者的朝贡，对于其进行回赐，《元史·太祖纪》记载："初，帝贡岁币于金。金主使卫王允济受贡于静州。"对黑龙江下游各原始族群族，女真统治者则认为"得其人不可用，有其地不可居"，疏于管理。② 金代史籍中关于边疆民族

① 《辽史》卷六〇《食货志下》、卷八五《萧挞凛传》，中华书局1975年版，第2117页。
② 《金史》卷九五《马惠迪传》，中华书局1975年版，第2117页。

朝贡活动的记载极少，这反映出金朝在经营边疆民族朝贡制度时，但求边疆稳定，无战事即可。

蒙古人以武力取得天下，在王朝内最大限度地推行直接统辖机制。征服黑龙江下游地区的各原始部落居民后，蒙古统治者采取与契丹统治者相同的政策，建立羁縻建置实行朝贡制度。所不同的是元朝羁縻建置名称为千户所、百户所，并设置了专门管理朝贡事务的万户府，如兀者吉烈迷万户府、吾者野人乞列迷等处诸军万户府，从而使元朝成为在黑龙江下游地区首次建立起较为稳定朝贡制度的中国王朝，这在中国古代边疆史上具有重要意义。

明朝建立后，统治者坚持传统的“内华夏、外夷狄”的政治理念，朱元璋认为：“自古帝王临御天下，中国居内以制夷狄，夷狄居外以奉中国，未闻以夷狄居中国治天下者也。”① 在这种思想的指导下明朝在边疆民族地区重新恢复了朝贡制度，那么采取哪种模式的朝贡制度比较合适？明成祖朱棣说：“盖以此辈贪残，自昔数为边患，劳动中国。至宋，岁赂金币，剥及下人膏血，卒为大患。今既畏服来朝，则恩遇之。从所欲授一官，量给赐赉，损小惠以弥重患，亦不得不然。”② 明朝在女真、兀良哈蒙古地区建立的羁縻卫所朝贡制度，有唐朝羁縻府州朝贡制度的遗制又有明显的不同，唐朝是在一个民族或政权地区设置一个羁縻府州，明朝则是在一个民族地区设置若干个羁縻卫所，如在兀良哈蒙古地区设置 3 个羁縻卫，在女真地区设置 300 多个羁縻卫，采取分而治之的政策，政治统治程度比唐朝要紧密得多。为强化对羁縻卫所的管理，永乐七年（1409）到宣德末（或到成化中期）明廷于黑龙江下游设立奴儿干都司，直接隶属中央兵部职方司，中央九次派遣宦官亦失哈率官员与军队巡查黑龙江下游地区。正统年间，中央又派锦衣卫官员出巡海西女真（黑龙江流域）地区。奴儿干都司撤销之后，由辽东都司与中央对羁縻卫所实行双重统辖制度。尽管明朝对边疆的统治力度较元朝有所减弱，但对边疆的政治统属关系是十分明确的。

从汉代确立东北民族朝贡制度以来，朝贡制度作为中国古代王朝对东

① 《明太祖实录》卷二六，吴元年十月丙寅，第 401 页。
② 《明太宗实录》卷一一三，永乐九年二月甲辰，第 1441 页。

北边疆的政治统辖制度，总体发展趋势是由疏松的羁縻统辖关系向设有特殊建置的羁縻统辖关系发展，进而向具有民族特点的行政建置统辖制度转变。明代重新恢复的羁縻卫所朝贡制度，虽然在形式上具有汉唐朝贡制度的遗制，但中央对边疆的实际政治统辖关系远远超过汉唐时期。清朝初年最后完成了东北民族朝贡制度向东北民族地区建置制度全面确立的变革。在这个过程中，中国古代王朝的东北边疆完成了形成、确立到巩固的过程。

三、稳定王朝边疆统治秩序

自秦汉王朝初建朝贡制度时日起，朝贡成员就负有为王朝保塞安边的任务。所谓“保塞”是指为朝廷保护边地郡县不受其他少数民族侵扰、掠夺；所谓“安边”是指为朝廷出力稳定边疆地区的统治秩序。历代王朝在利用朝贡成员为王朝保塞安边时，要求朝贡成员为王朝打击寇边的少数民族，同时要求朝贡成员不得单独或联合侵扰边郡。

然而，在边疆朝贡制度运作过程中，既有朝贡成员为王朝出兵打击反叛寇边势力，也有朝贡成员本身寇抄边郡的事件发生。而且，后者是造成王朝边疆不稳定的主要因素。对于朝贡成员的叛盗行为，臣服于汉朝的匈奴单于曾说：“乌桓与匈奴无状黠民共为寇入塞，譬如中国有盗贼耳!”① 这反映了当时朝贡成员对寇抄边郡行为的一种认识，寇边行为多数是以贪图财物为目的，与汉人劫掠乡民的盗贼无异。游牧民族较为单一的经济类型使其经常从邻近农业民族那里获得日常必要的粮食、布匹等生活用品，若正常互市达不到要求，就会发生以武力掠夺的事件。寇抄劫掠者不是为了脱离王朝统治，而是在王朝统治下的违法行为。如从这个角度考察朝贡体制下不稳定的现象，便可以在一定程度上说明朝贡制度成员们为何总是朝贡与寇边交替出现。中原王朝平定边疆民族寇盗的战争拉紧了中原王朝与边疆朝贡成员的关系，而不是分离了彼此的关系。在魏晋南北朝中原陷于分裂，出现战乱时，边州刺史也曾率领包括朝贡成员在内的军队参与中

① 《汉书》卷九四下《匈奴下》，第94页。

原战争，这一时期时常出现拥兵自重的边地州郡军政长官，其中一个重要原因就是他可以调动塞内外边疆朝贡成员的军队或部落兵。然而，如果朝贡成员提出请求为自己报仇出兵攻打另一朝贡成员，宗主国一般是不会应允的，如慕容廆为报先世之仇请求攻打宇文鲜卑，晋武帝弗许。[①] 勿吉请求与百济共同攻打高句丽，魏孝文帝诏敕："三国同是藩附，宜共和顺，勿相侵扰。"[②]

保塞护边始终是朝贡制度的主要政治功能之一，为进一步强化朝贡成员"使为中国扞蔽"的义务，在隋唐王朝羁縻府州朝贡制度下，朝廷通常授予羁縻府州首脑以军职官号，如契丹松漠都督为"左金吾卫员外大将军兼静析军经略大使"、奚饶乐都督为"右金吾员外大将军兼保塞军经略大使"、忽汗州都督为"左骁卫员外大将军"、黑水都督为"云麾将军兼黑水经略使"等，这使各朝贡成员（羁縻都督府长官）在职务中有为唐朝防御、打击各种侵扰边地州县势力的职掌。若朝廷发动平定边疆民族或民族政权叛乱的战争，各羁縻都督府的部落兵要随时听从朝廷或边地都督府（东夷都护府）的调遣，出兵助战。当东北边疆发生战乱时，朝贡成员有时会主动出兵，助唐朝平定叛乱，如黑水靺鞨与室韦部等主动派骑兵五千助唐打击反叛的渤海军队。[③] 唐朝调集朝贡成员的军队参加平定叛乱战争，不仅可补充府州军队的不足，而且少数民族骁勇善战，在平定边疆叛乱的战争中朝贡成员的部落兵往往充当先锋[④]，可大大提高军队的战斗力。唐朝以蕃兵作战，使少数民族之间厮杀，实际上是汉族统治者一贯奉行的"以夷制夷"政策的体现。

辽朝经常征调各朝贡成员的部落兵随从征战，属国军已成为辽朝正规军的重要补充力量。辽制规定：对各属国、属部"有事则遣使征兵，或下诏专征；不从者讨之。助军众寡，各从其便，无常额"[⑤]。如分布在辽东

① 《十六国春秋》卷二三《前燕录一·慕容廆》记载："初涉归与宇文鲜卑素有隙，廆将修先君之怨表请讨之，武帝弗许。"

② 《魏书》卷一〇〇《勿吉传》，第2220页。

③ 〔唐〕韩愈：《昌黎先生集》卷二六《乌氏庙碑铭》。四库本。

④ 《旧唐书》卷一八上《武宗纪》，第590页。

⑤ 《辽史》卷三六《兵卫志下·属国军》，第417页。

半岛的熟女真，“或遇北主征伐，各量户下差充兵马，兵回，各逐便归本处”①。有辽一代，无论是平定边疆属国、属部的反叛行动，还是出兵讨伐邻国，辽朝军队中都有由属国、属部派出的部落兵组成的“属国军”参加。如彰愍宫使萧韩家奴所言，使属国、属部“岁修职贡。叛则讨之，服则抚之。诸部既安，必不生衅”。“一部或叛，邻部讨之，使同力相制，正得驭远人之道”。② 可见，朝贡成员组成的属国军成为补充辽朝军队实力、维护辽朝边疆稳定、开拓辽朝疆土不可或缺的力量。

明朝取代元朝统治之后，前朝的残存势力一直是明朝防御的主要对象，“土木堡之变”，英宗北狩，使明朝把蒙古部作为防御的重中之重。东北边疆对于明朝来说其战略地位十分重要，不仅可防止蒙古部势力向东北扩展对明朝形成威胁，而且在东北部可对蒙古部形成一定的牵制作用。如明代君臣所言：“祖宗设置朵颜、泰宁、福余三卫为东北藩篱，每年朝贡宴赐特厚”；“朝廷设置建州卫，授以官职，俾世守其地，以为我国家藩篱”；“永乐间，女直各卫授都督等官，令率所部为中国藩篱。”③ 当明朝有大的军事行动时，羁縻卫所朝贡成员要服从明朝调动随军从征。平时无军事活动时，他们有义务随时向明朝奏报边疆各地边事军情，其中最重要的是蒙古部的动向，其次是朝贡成员内部各种异常动向。羁縻卫所常贡人员、奏报人员和马市贸易人员的通报，是明朝获得蒙古部和边疆地区情报最主要的渠道。明英宗敕兀良哈三卫大小头目等曰：“倘北虏欲来犯边，尔等风闻即先驰报沿边总兵等官隄备，或同心并力攻杀，有功一体升赏，尔等其钦承之。”④ 足见明朝希望得到边地情报的迫切性。因此，东北民族羁縻卫所的朝贡制度不仅为明朝建构了一道防范牵制北元政权的藩篱，也是明朝稳定东北边疆统治的保障，这正是明朝尽力经营东北民族朝贡制度的主要原因之一。

在古代王朝边疆范围与界限模糊的时代，朝贡制度的“保塞安边”作用主要不是为王朝防御外国的侵略势力，而是为王朝消除边疆的反叛势

① 《契丹国志》卷二二《四至邻国地里远近》，上海古籍出版社 1985 年版，第 212 页。

② 《辽史》卷一〇三《萧韩家奴传》，第 1445 页。

③ 《明宪宗实录》卷三四，成化二年九月戊寅，第 677 页；卷七五，成化六年辛卯，第 1442 页；《明孝宗实录》卷七五，弘治六年五月乙亥，第 1422 页。

④ 《明英宗实录》卷一八六，正统十四年十二月辛亥，第 3716 页。

力，维护边疆稳定和巩固王朝的边疆统治。17 世纪中叶以后，沙俄开始入侵中国东北，当清朝东北民族面临着守土卫疆时，为加强边疆军事守卫力量，清政府在边疆各地相继建立民族地区建置取代了东北民族朝贡制度。

四、促进边疆地区社会发展

中国古代王朝的边疆民族朝贡制度是基于宗主国与藩属国（部）双方政治关系而建立的，边疆民族积极加入朝贡制度，实因朝贡成员可从中获得重要的政治利益和丰厚的经济利益。换言之，朝贡制度对促进边疆民族地区社会发展具有重要作用。

在政治方面，朝贡体制下各属国与族群的王、贵族、酋长们依靠王朝的册封，提高自己的政治地位，加强自身的政治实力，不仅稳固了自身的统治，而且有助于其发展和壮大。如西汉孝惠高后时朝鲜王卫满得到汉朝册封，“以故，满得兵威、财物，侵降其旁小邑，真番、临屯皆来服属，方数千里”[①]。鲜卑大人其至鞬被汉朝册封“率众侯”之后，实力明显增强。[②] 随着朝贡制度的发展，边疆各族对中原王朝的政治认同普遍加强，不论是地方政权还是称霸一方的政治势力，如果能获得王朝对其进行较高爵位官号的册封，便可在朝贡体制内获取合法的统领地位，得到各朝贡成员的认可，发展自身势力也出师有名。如东晋初年，鲁昌对慕容廆曰：“明公虽雄据海朔跨总一方，而诸部犹怙众称兵，未遵道化者，盖以官非王命，又自以为强故也。今宜通使琅邪，劝承大统，然后敷宣帝命以讨有罪，谁敢不从。”高诩亦曰：“宜遣使江东，示有所遵，然后仗大义，以征诸部，不患无辞矣。”[③] 后来，慕容皝得到东晋册封燕王后，第二年便出兵讨伐高句丽。

朝贡成员也有打着为上国出兵平叛的旗号实为自己谋利的现象，如晋永嘉三年（309），辽东太守庞本以私憾杀东夷校尉李臻，辽东附塞鲜卑素

① 《史记》卷一一五《朝鲜列传》，第 2987 页。
② 《三国志》卷三〇《魏书·乌丸鲜卑传》，第 836 页。
③ 《十六国春秋》卷二三《前燕录一·慕容廆》。

喜连、木丸津等，托为李臻报仇，实欲因以为乱，杀掠士民，屡败郡兵。慕容翰言于慕容廆曰："求诸侯莫如勤王，自古有为之君，莫不尊天子，以从民望，成大业者也。今连津跋扈，王师覆败，苍生屠脍，岂甚此乎。竖子外以庞本为名，内实幸灾为寇，封使君以诛本请和，而毒害滋深，辽东倾没。垂已二纪，中原离乱，神州屡败，勤王仗义，今其时也。大单于宜明九伐之威，救倒悬之命，数连津之罪，合义兵以诛之。上则兴复辽东，下则并吞二部，忠义彰于本朝，私利归于吾国，此则吾霸王之基也，终可以得志于诸侯。"廆笑曰："孺子乃能及此乎?"遂率骑东击连津，以慕容翰为前锋破斩之，尽并二部之众，得所掠民三千余家，徙之棘城，立辽东郡而归。[①] 在中原王朝衰弱时期，如果边疆民族的国王和首领对汉朝谨守臣礼，则保塞无事；若其另图发展与汉朝为敌，则成为边地祸患，可见册封制度是一把双刃剑，是古代王朝朝贡制度无法摆脱的隐患。

朝贡制度对一些族群由原始社会向文明社会的过渡和变革，或由分散的部族到建立政权都具有重要的推动作用。以契丹为例，隋朝时契丹人社会还处于分散的氏族部落时期，进入唐朝才开始逐渐形成部落联盟。唐太宗贞观三年（629），太宗因契丹酋长摩会朝贡，"赐鼓纛，由是有常贡"[②]。唐朝承认摩会部落联盟长的地位，这对刚刚建立部落联盟的联盟长来说，巩固他在契丹各部落中的地位无疑是十分重要的。之后，太宗又于契丹部落联盟地区建立了松漠都督府，以契丹部落联盟长为松漠都督，这对提升联盟长及其家族的地位都有重要意义，这恐怕是之后契丹联盟长积极请求唐朝册封的主要原因之一。据《辽史·世表》记载："隋唐之际，契丹之君号大贺氏。"大贺氏部落联盟时期，联盟长在大贺氏家族中产生，"法常三岁代"。[③] 有明确记载唐代大贺氏联盟长的几届连续更替是在玄宗开元年间，失活、娑固（718—720）、郁于（720—722）、咄于（722—725）、邵固（725—730），新、旧《唐书》记载松漠都督的连续更替是出于军事首长（唐授静析军副使）可突于的擅权。但如果考虑到此时契丹的习惯法为联盟长三年一代，亦有可能是可突于利用"三年一代"的

① 《十六国春秋》卷二三《前燕录一·慕容廆》。

② 《新唐书》卷二一九《契丹传》，第6168页。

③ 《辽史》卷六三《世表》，第950页。

习惯法，用血腥的手段操纵联盟长的更替。尽管这个时期契丹联盟内部矛盾斗争激烈，但始终保持与唐朝的朝贡关系，新联盟长继位后，都积极请求唐朝册封，这说明在当时东北边疆民族中已形成“待唐玺纛乃能国”[①]的观念，得到唐朝的册封才能取得部民和邻族的认可。这种稳定的朝贡册封制度加速了契丹社会中具有个人或家族色彩的政治权利的膨胀，当契丹部落联盟的权力由大贺氏转为遥辇氏之后，从遥辇阻午可汗、松漠都督李怀秀开始，“三年一代”的习惯法废止了，从阻午可汗到痕德堇可汗(735—906)，170余年间八代可汗，每代少则十几年，多则二十几年。从契丹社会发展的状况看，大贺氏部落联盟是具有公选色彩的部落联盟制，遥辇氏已发展为具有个人政治权力色彩的酋邦制联盟，这个发展转变与唐朝在契丹地区建立朝贡制度密切相关，促进了其由原始社会向文明社会发展的进程。同时唐朝发达的中央集权制对契丹发展道路产生了重要影响，10世纪契丹建国时没有遵循匈奴、突厥等游牧民族的政治道路，而是建立了具有一定中原制度色彩的中央集权国家。在朝贡制度发展的过程中类似的事例很多，如晋朝的慕容鲜卑建立燕国、辽代的生女真建立金朝、明代的建州女真建立清朝等。

在经济方面，朝贡制度给朝贡成员带来了各种经济利益，不仅中原王朝、政权赏赐朝贡者以丰厚的物品，而且在边地开设互市，尤其是汉族王朝奉行“厚往薄来”的政策，对于经济落后的朝贡成员，尤其是经济生产比较单一的游牧民族朝贡成员来说，具有很大的吸引力。朝贡成员们通过朝贡、互市等途径，从王朝获得生活需要的粮食、绢帛和各种手工业用品。史籍中常见中原王朝赏赐朝贡成员“衣食”、“币帛”的记载，东汉明章时期，对鲜卑的赏赐，“青徐二州给钱岁二亿七千万为常”。[②] 辽朝于宁江州置榷场，“女真以北珠、人参、生金、松实、白附子、蜜蜡、麻布之类为市”[③]。

明代相关记载比较丰富，女真与兀良哈蒙古羁縻卫所朝贡成员通过朝廷的常贡赏赐、马市贸易、市赏抚赏等形式获得大量的中原物质，朝贡者

① 《新唐书》卷二一九《北狄传·赞》，第6183页。
② 《后汉书》卷九〇《乌桓鲜卑传》，第2985页。
③ 《契丹国志》卷一〇《天祚皇帝上》，第102页。

在京师会同馆和返回的途中，以赏赐的钞币购买铧犁、牛、各类生活用品等。明前期对于朝贡者购买铁器没有严格限制，宪宗成化年间开始对其实行禁购武器和铁器令，引起女真、兀良哈蒙古人的不满而入寇，这从侧面反映朝贡制度地区农业经济已具有一定规模。早在英宗正统八年（1448）四月，锦衣卫指挥佥事吴良奏："臣奉命使海西，见女直野人家多中国人驱使耕作。"① 邻近辽东都司的建州、毛怜女真地区农业经济更为发展，15 世纪时，"兀剌山北隅吾弥府，见水两岸大野率皆耕垦，农人与牛布散于野"；"婆猪江土地沃饶，(李)满住累岁居住，营建家舍，耕牧自在"。②明朝先后于开原、广宁、抚顺、清河、叆阳、宽甸开设马市，义州开设木市，以待兀良哈三卫和女真等族卫所人员，兀良哈蒙古人主要"以马易盐米"③，又市牛及农具等物。女真人以人参、貂皮、兽皮、山货、马匹等交易布匹、丝绸、陶瓷、铁锅等生活用品。东北羁縻卫所朝贡成员的日常生活很大程度上依赖马市贸易，建州女真都督努尔哈赤直到公开反明之前，一直在"抚顺、清河、宽奠、叆阳四处关口，互市交易，以通商贾。因此满洲民殷国富"④。

在文化方面，随着朝贡活动的开展，中原文化在双方的努力下不断向边疆地区传播与渗透。王朝对边疆民族朝贡成员的上层人物实行儒家学说的教化，力图使朝贡者心甘情愿地接受王朝统治，以加强朝贡制度的稳定性。朝贡成员则希望通过学习、吸收中原文化，来提高本国政治统治水平和社会文化水平，如高句丽小兽林王时期"立太学，教育子弟"⑤。目前所发现的高句丽国碑刻、墓葬中的墨书都是汉字。⑥ 文化的进步推动了朝贡国自身实力的进一步发展，南北朝后期高句丽国官制、税制、法律、礼乐、经书皆备⑦，成为东北边疆强国。

---

① 《明英宗实录》卷一〇三，正统八年四月己酉，第 2090 页。

② 《李朝世宗实录》卷七七，世宗十九年六月己巳，朝鲜王朝手抄本，太白山本第 24 册，第 316 页；卷八二，世宗二十年八月庚申，太白山本第 26 册，第 15 页。

③ 《明世宗实录》卷三七六，嘉靖三十年八月壬戌，第 6689 页。

④ 《清太祖实录》卷二，戊子年四月，中华书局 1985 年版，第 73 页。

⑤ 《三国史记》卷一八《高句丽本纪第六》，吉林文史出版社 2003 年版，第 221 页。

⑥ 吉林省集安市发现的《好太王碑》、韩国忠清北道中原郡发现的高句丽碑；集安高句丽冉牟墓发现的墨书题记，均为汉字隶书。

⑦ 《北史》卷九四《高丽传》，中华书局 1974 年版，第 3110 页。

又如唐代渤海国，唐朝在渤海国地区设立忽汗州都督府将其纳入朝贡制度初期，渤海还处于不发达的早期国家阶段。随着渤海与唐朝之间朝贡关系稳定发展，渤海每年派出使团进京朝贡时，还送质子轮流住在长安，而且“其王数遣诸生诣京师太学，习识古今制度”①。唐朝先进的政治制度、经济制度、生产技术及文化不断传入渤海，对渤海社会产生了强烈的影响。经过二百年的发展，到9世纪，渤海王大仁秀（818—829）时期，渤海中央设三省（宣诏省、中台省、政堂省）六部（忠、仁、义、智、礼、信），台、寺、监、局具备，武员有左右猛贲、熊卫、罴卫，南左右卫，北左右卫。地方设有五京、十五府、六十二州，“大抵宪象中国制度”，“至是遂为海东盛国”。②

王朝建立朝贡制度的主要目的是为了实现对边疆的政治统治，朝贡制度对促进当地民族社会发展具有重要作用是毋庸置疑的，但是如果中央政权对边疆控制减弱，便会出现边疆政治势力（政权）坐大，甚至出现独立倾向，导致边疆的不稳定。然而，从长时段看，在两千年的朝贡活动过程中，逐渐形成了边疆与中原无法割断的经济关系，文化的传播和交融加强边疆民族对中央（中原）王朝的向心力，从深层次上强化了边疆与中原的政治一体关系。

五、两种朝贡制度的区别

中国古代王朝的朝贡制度是建立在“大一统”理念和“华夏中心论”的基础上，并由边疆地区推广到邻国，甚至遥远的国家。中外学者常用同心圆来比喻以中国王朝为中心的具有等级特点的东亚封贡体制，即以天子所居的京师王畿为中心，其外是州县地区，其外是边疆民族地区，其外是藩属国地区，再其外是贸易国地区。学界一般认为边疆民族与藩属国之间的界限模糊，二者时常互相转换，往往视为一类不去分辨。然而二者间的

① 《新唐书》卷二一九《北狄·渤海传》，第6182页。

② 《旧唐书》卷一九九下《北狄·渤海靺鞨传》，第5360页；《新唐书》卷二一九《北狄·渤海传》，第6182页。

区别是客观存在的，近年有学者已进行这方面研究，并取得重要成果。[①]如何区别两种朝贡制度？首先应明确朝贡制度的基本性质，抓住根本问题进行考察，才可能将这一复杂的问题分辨清楚。我认为朝贡制度是一种政治制度，对于中国王朝而言，无论是作为边疆统治的朝贡制度，还是作为外交关系的朝贡制度，其政治属性居首要地位，经济与文化属性居附属地位。这里以东北亚地区封贡体制为例，重点从政治关系的角度来讨论东北边疆民族朝贡制度与东北亚地区藩属国[②]封贡制度的区别。

首先，东北边疆民族朝贡制度自建立之日起就被纳入王朝的地方政治体系，由地方政府统辖；东北亚地区藩属国则与王朝地方政府无政治统辖关系。

秦汉魏晋时期，东北民族朝贡制度由塞外朝贡制度与塞内边郡朝贡制度（又存在不同形式）两部分构成，朝贡地点以边郡为主，不仅边地郡（州）具有管理东北民族朝贡活动的职责，而且王朝还专门设置了护乌桓校尉府、护东夷校尉府、护鲜卑校尉府管理塞外朝贡成员事务，掌管赏赐、质子、岁时互市，具有率领朝贡成员平定边疆叛乱等军政职责。东晋十六国隋唐王朝以来，东北民族朝贡地点转为京师，然边州、都督府仍具有管理边疆民族朝贡制度的职责，如隋营州总管韦冲“宽厚得众心。怀抚靺鞨、契丹，皆能致其死力。奚、霫畏惧，朝贡相续”[③]。唐代边地都督府、节度使还常派使者至朝贡成员地区，如幽州节度府遣行军司马张建章往聘渤海等。[④] 辽朝以详稳司、都统司与府州，金朝以招讨司，元朝以万户府与招讨司管理东北各族朝贡制度事务。明朝先后以奴儿干都司、辽东都司管理东北羁縻卫所朝贡制度事务。东北民族朝贡制度是王朝地方政治统辖体系的组成部分，这一政治属性，随着王朝国家结构形式的发展越来越鲜明，管理朝贡制度的上级地方机关自秦汉到清初除上述军政职责外，逐渐增加巡查、安抚、赈济朝贡成员等行政职责。东北亚地区藩属国主要指日本、南北朝百济、新罗、辽金高丽、

① 参见李大龙：《汉唐藩属体制研究》，中国社会科学出版社2006年版。

② 本文“藩属国”专指与中国王朝无政治隶属关系的朝贡国。

③ 《隋书》卷四七《韦冲传》，第1269页。

④ 《唐张建章墓志》，王承礼、张中澍点校《渤海国志三种》附录，天津古籍出版社1992年版，第773—774页。

明清朝鲜等国，上述诸朝贡国一般是诣阙朝贡，在进入中国王朝的口岸时与当地的地方政府打交道，主要是办理入境朝贡手续，可能也会有些贸易活动。当王朝有重大军事活动征调朝贡国的军队参战时，由朝贡国将领统帅自己的军队，并不是编入王朝地方军队由王朝地方将领统帅。因此，东北亚地区藩属国未曾被纳入王朝的地方政治统辖体系，与东北民族朝贡制度有着质的区别。

其次，隋唐时期王朝政治制度进一步改革完善，东北民族朝贡制度开始以羁縻建置形式进行朝贡，并为后来的王朝所继承；东北亚地区藩属国则从未以羁縻建置形式进行朝贡。

以羁縻建置形式进行朝贡是区别两种朝贡制度的重要标准之一，应该说明的是直到明朝以前，东北边疆民族地区同时存在不以羁縻建置朝贡的形式，但是以羁縻建置进行朝贡皆属于边疆民族朝贡制度。汉代以来东北民族朝贡制度中既已出现羁縻建置内少数民族的朝贡制度，唐代在边疆民族地区普遍设置羁縻府州，由中央王朝任命本族蕃王、蕃酋任羁縻都督府的首脑，于是东北民族开始以羁縻府州的形式进行朝贡，但应该看到这时一些羁縻府州并不稳定，有的有名无实。而且有的地区羁縻府州撤销后，转变为王朝边疆以外的藩属国。辽朝在各朝贡成员地区建立属国属部后，羁縻建置形式的朝贡制度稳定发展，并出现向具有民族特点的行政建制转变的趋向。明朝是羁縻建置朝贡制度最为完善和发展时期，作为朝贡成员的羁縻卫所官员由朝廷任命，升迁罢黜袭替由中央兵部掌管，朝贡活动由中央礼部与地方都司管理，朝贡成员已具有一定地方建置官员的特点。东北亚地区藩属国身份的朝贡成员具有政治上的独立性，中国王朝也未曾在邻国朝贡成员辖区建立任何羁縻性质的地区建置。秦汉王朝建立朝贡制度时期，并没有形成国家的“主权”观念，中国王朝的领土疆界也不明确。当边疆地区开始设置羁縻府州以后，中国王朝的边疆才逐渐清晰，明代东北边疆已经十分明确，实行羁縻卫所朝贡制度地区属于明朝的“藩篱”（边疆），明朝允许各族羁縻卫所之间的贸易往来，而且“欲市易听于辽东境上，不尔禁也”，但不允许羁縻卫所与藩属国朝鲜有贸易关系。[①] 可

① 《明宣宗实录》卷六五，宣德五年四月己卯，第1534页。

见在明朝的朝贡体制下不同层次的朝贡成员之间界限是很明确的，并且不允许彼此有外交关系。这也证实了我们的认识：凡是中国王朝设置羁縻建置的地区，皆属于边疆民族朝贡制度辖区。

再次，朝贡制度是建立在等级观念基础上的，边疆民族地区朝贡制度进一步确立了实质的君臣关系；东北亚地区藩属国的朝贡制度则奉行“事大字小”的原则，为名义上君臣的交邻关系。

我们发现一种现象，在东北亚地区越是与王朝政治关系紧密的朝贡制度地区，各种战事越多，其中游牧民族朝贡制度地区战事尤为频繁。这种现象首先是与王朝对不同朝贡制度地区统辖的方法不同，以及由此派生出来不同的政治关系有关。边疆民族朝贡成员作为王朝的臣民，服从王朝的政令，同时也要求王朝给予政治保护，希望能够获得物质赏赐，与内地建立贸易关系，当这种要求没有得到满足时，朝贡成员往往采取武力进行抢夺。其次是与游牧经济类型民族对王朝经济依赖性较高有关，游牧经济的单一性使其迫切要求与邻近的农业民族进行经济贸易，当草原遇到天灾，为了生存游牧民们就会掠夺临近的农业民族。这种经济关系使草原游牧民希望与中原王朝建立朝贡关系。美国学者巴菲尔德先生认为游牧民族以敲诈的手段从中原获得贸易权和奉金，他们边疆地区进行大肆掠夺并最后与中原朝廷签订和约。中原本土王朝宁愿给游牧民族金钱以让他们走，因为这较之于来去无踪的民族交战更合算。①然而这主要是北方草原出现强大的游牧帝国时期的情形，与东北西部游牧民族朝贡制度地区的情形有较大区别。尽管如此，巴菲尔德先生的论述也说明了游牧经济与农业经济的依赖性。在东北边疆，王朝对各种经济类型朝贡成员的反叛行为并不手软，在平定朝贡成员叛乱、寇边的过程中采取一系列政治、军事手段，反而进一步拉紧了双方之间的君臣关系。由这种君臣关系派生出来的诸种政治观念，也使朝贡成员接受王朝奉行的一些政治思想，其中很重要的一项就是“华夷一体观”。在王朝分裂时期，客观上为朝贡成员崛起提供了时机，强大起来的朝贡成员脱离王朝统治后，其政治要求就是否认传统的“华夷之辨”，倡导“华夷

① 〔美〕巴菲尔德：《危险的边疆——游牧帝国与中国》，袁剑译，江苏人民出版社2011年版，第12页。

一体”、“华夷一家”，建立以本民族为统治者的政权，取得正统地位，进而重建中国大一统王朝。因此，表现出边疆民族朝贡制度地区大大小小的战事频繁，原是朝贡成员的北方民族建立政权时战争规模甚至很大。这种现象在藩属国朝贡制度地区几乎见不到，这是由于王朝在这一地区奉行“事大字小”的交邻原则，表现出一种友好和平的外交关系。因此，战争比较频繁的朝贡制度地区往往是边疆民族朝贡地区，和平友好的朝贡制度地区通常是藩属朝贡国地区，这在南方、东南亚朝贡体制地区也是如此。

最后，清代前期东北边疆民族朝贡制度被民族地区建置所取代；清代后期东北亚藩属国朝贡体制为近代国际条约体制所取代。

努尔哈赤建立后金政权后，靠武力征服东北边远地区原始族群，效仿明朝建构起朝贡制度。清朝统治时期，东北边疆实行朝贡制度的地区已经很小，主要分布在黑龙江、乌苏里江和东部沿海地区。17 世纪 40 年代，沙俄开始侵入贝加尔湖以东地区，康熙时期，沙俄在黑龙江流域的活动日益猖獗，为有效地阻止沙俄的入侵活动，清朝统治者在派兵对其实行军事打击的同时，开始在朝贡成员地区全面设立行政建置，以提高边疆地区抗击沙俄侵略的军事能力。到雍正朝，东北边疆民族朝贡制度最后皆为民族地区建置所取代。鸦片战争以后，随着西方列强对东亚各国经济控制的加强，清朝与周边藩属国之间传统的政治、经济联系相继断裂，对等的条约关系开始成为双方的共识。清朝与各属国之间的边界以条约的形式加以确定，主权国家的观念已经形成。中国与各属国之间的关系不再是不平等的封贡关系，而是主权国家之间的平等关系，东北亚封贡体系最终瓦解①，近代条约体系取代了古代东亚国际体系——封贡体系。

古代边疆民族朝贡制度经历了近两千年的发展史，从中原王朝统辖边疆的主体制度到辅助制度，又恢复为主体制度，几经变化，为中国历代王朝确立、发展、巩固边疆统治，促进边疆与内地各民族共同形成中华一体关系，发挥了十分重要的作用。最后作为明朝东北朝贡制度成员的女真人

① 杨军、张乃和主编：《东亚史》，长春出版社 2006 年版，第 362—363 页。

（满族）建立的清朝，顺应中国历史发展的趋势，选择了全面发展中央集权的道路，逐渐废止边疆民族地区羁縻统治的朝贡制度，确立了具有民族地区特色的行政建置，从而使边疆民族进入新的发展时期，中国边疆也得以更加明确和巩固。

“藩属体系”还是“朝贡体系”？
——对唐朝前期“天下”制度的几点认识

| 李大龙 |

前　言

历史上东亚地区的政治秩序，是一个得到国内外学界普遍关注的问题，可谓成果丰硕。综合分析这些已有的研究成果，尽管学者们讨论的对象是一个，但由于视角和应用理论的不同，对于这一很有特点的政治秩序有了很多不同的称呼和解读。依据研究视角的不同，大致可以将其归纳为以下数类：

1. 朝贡体系。又有朝贡制度、朝贡关系、朝贡体制、朝贡贸易体系等不同称呼。这是一种较为普遍的称呼，国外学者中以费正清和滨下武志先生为代表，前者的代表性著作有杜继东翻译的《中国的世界秩序：传统中国的对外关系》①，后者的代表性著作有《近代中国的国际契机：朝贡贸易体系与近代亚洲经济圈》②，国内学者则以李云泉的《朝贡制度史论——中国古代对外关系体制研究》③ 为代表。持此类观点的学者，其关注点更多的是放在朝贡行为等方面，可以说是从经济交往的视角来称呼和解读东亚历史上特有的这种关系。

---

① 〔美〕费正清编：《中国的世界秩序：传统中国的对外关系》，杜继东译，中国社会科学出版社 2010 年版。

② 〔日〕滨下武志：《近代中国的国际契机：朝贡贸易体系与近代亚洲经济圈》，朱荫贵、欧阳菲译，中国社会科学出版社 1999 年版。

③ 李云泉：《朝贡制度史论——中国古代对外关系体制研究》，新华出版社 2004 年版。

2. 宗藩体系。又有宗藩关系、宗藩贸易等不同称呼，是中国学者较为普遍的用法。代表性的著作是张存武先生的《清韩宗藩贸易（1637—1894）》[①]，孙宏年《清代中越宗藩关系研究》[②]，宋慧娟《清代中朝宗藩关系嬗变研究》[③] 等等。持有此类观点的学者多数是从宗属国和藩属国的视角来称呼和解读东亚以中国历代王朝为中心的政治秩序。

3. 藩属体系。又有藩属体制、藩属制度等称呼，是中国学者的一种认识。代表性的著作有李大龙《汉唐藩属体制研究》[④]、张永江《清代藩部研究——以政治变迁为中心》[⑤]、陈维新《清代对俄外交礼仪体制及藩属归属交涉（1644—1861）》[⑥]、黄松筠《中国古代藩属制度研究》[⑦] 等。持有此种观点的学者多是将“藩属”作为一个整体，从历代王朝在“藩属”地区构建的政治体制的角度去命名和解读这种关系。

4. 册封—朝贡体系。又有封贡体系、封贡关系、藩封等不同称呼，是国内学者的一种认识，以陈尚胜[⑧]、杨军[⑨]、李金明[⑩]、高士华[⑪]等学者为代表。持有这种观点的学者多是从中国历代王朝和藩属之间存在的册封和朝贡的视角来命名和解读这种关系。

比较上述各说，笔者认为单纯地从朝贡的视角，或从双方的册封和朝贡政策的角度，或从宗主和藩属国关系的角度来命名这种关系或秩序，都不是十分准确，笔者依然认为称呼其为“藩属体制”是最为准确的，因为

---

① 张存武：《清韩宗藩贸易（1637—1894）》，“中央研究院”近代史研究所1978年版。

② 孙宏年：《清代中越宗藩关系研究》，黑龙江教育出版社2006年版。

③ 宋慧娟：《清代中朝宗藩关系嬗变研究》，吉林大学出版社2007年版。

④ 李大龙：《汉唐藩属体制研究》，中国社会科学出版社2006年版。

⑤ 张永江：《清代藩部研究——以政治变迁为中心》，黑龙江教育出版社2001年版。张永江在论述中的标题用了“藩属制度”，但行文中则“宗藩关系”、“宗藩制度”、“封贡关系”混用，没有作明确区分，但在近期一次学术讨论会上倾向于用“藩属体制”，故笔者将其归入此类。

⑥ 陈维新：《清代对俄外交礼仪体制及藩属归属交涉（1644—1861）》，黑龙江教育出版社2012年版。

⑦ 黄松筠：《中国古代藩属制度研究》，吉林人民出版社2008年版。

⑧ 参见陈尚胜：《试论清朝前期封贡体系的基本特征》，载《清史研究》，2010年第2期。

⑨ 杨军：《东亚封贡体系确立的时间——以辽金与高丽的关系为中心》，载《贵州社会科学》，2008年第5期。

⑩ 李金明：《明朝中琉封贡关系论析》，载《福建论坛》，2008年第1期。

⑪ 高士华：《文明·秩序·边疆丛书·总序》，见〔美〕费正清编：《中国的世界秩序：传统中国的对外关系》，杜继东译，中国社会科学出版社2010年版。

无论是册封，还是朝贡，都是一种政策，不足以涵盖这种关系的全部，而持有“宗藩关系”的观点的学者虽然试图将其和中国古代传统的“宗法制度”相联系[①]，但“宗法制度”中的“宗”是家族的观念，并不适用于历代王朝处理和“藩属国”的关系。[②]

下以唐朝前期的“天下”观念、“天下”秩序及朝贡在其中的关系为例，对这种体制应该称为“藩属体制”作一解读。

一、唐太宗时期的“天下”观念

唐朝统治者对“天下”的认识似乎有狭义和广义之分。狭义的“天下”是指唐王朝正式设置府州的区域，不包括羁縻府州区域；广义的“天下”则包含了羁縻府州及其外围的藩属区域。

“九州”、“九瀛”也是唐王朝统治者在论及天下时使用的概念，“九州”相比“九瀛”更为常用。《册府元龟·帝王部·亲征》：“辽东，旧中国之有，自魏涉周，置之度外，隋氏出师者四，丧律而还，杀中国良善不可胜数。今彼弑其主，恃险骄盈，朕长夜思之而辍寝，将为中国复子弟之仇，为高丽讨弑君之贼。今九瀛大定，唯此一隅，用将士之余力，平荡妖寇耳。然恐于后子孙，或因士马强盛，必有奇决之士，劝其伐辽，兴师遐征，或起丧乱。及朕未老，欲自取之，亦不遗后人也。”

“九州”虽然是一个不十分准确的地理概念，起源于我国历史上的传说时代，并且在不同的时期具有不同的含义，但在唐太宗的认识中基本上是指称西汉王朝强盛时期的郡县区域，一方面表明唐王朝作为“华夏正统”，其疆域和前代有着继承关系，另一方面则表明唐王朝统治者对天下的认识也是源出于中国传统的天下观。

“四海”也是唐王朝统治者经常使用的一个概念，而且往往被称之为“天子”的“家”。

---

① 柳岳武对此有详细论述，参见柳岳武：《中国传统宗藩体制述论》，载《南京师范大学学报》，2009年第6期。

② 笔者曾经对“藩属”与“宗藩”进行过详细的分析，参见刘志扬、李大龙：《“藩属”与“宗藩”辨析——中国古代疆域形成理论研究之四》，载《中国边疆史地研究》，2006年第3期。

《旧唐书·懿宗本记》载:“朕以四海为家,兆人为子。”

《新唐书·陈子昂传》载:高宗崩,陈子昂上书言东都可以营造山陵:“且天子以四海为家,舜葬苍梧,禹葬会稽,岂爱夷裔而鄙中国耶?”

“海内”和“海外”是基于“四海”而出现的两个概念,唐朝统治者也经常使用这两个词。

《旧唐书·褚遂良传》:“时太宗欲亲征高丽,顾谓侍臣曰:‘高丽莫离支贼杀其王,虐用其人。夫出师吊伐,当乘机便,今因其弑虐,诛之甚易。’遂良对曰:‘陛下兵机神算,人莫能知。昔隋末乱离,手平寇乱。及北狄侵边,西蕃失礼,陛下欲命将击之,群臣莫不苦谏,陛下独断进讨,卒并诛夷。海内之人,徼外之国,畏威慑伏,为此举也。今陛下将兴师辽东,臣意荧惑。何者?陛下神武,不比前代人君,兵既渡辽,指期克捷,万一差跌,无以威示远方,若再发忿兵,则安危难测。’太宗深然之。”

“海内”是包括了“九州”在内的更辽阔的区域,它和“四海”的含义是相同的,唐朝统治者观念中的“海内”大致包括两个不同的组成部分:一是以汉族为主聚居的“九州”或称之为“中国”;二是以“四夷”为主聚居的“九州”之外部分。

“海外”是和“海内”对应的一个词。“海外”在《旧唐书》和《新唐书》中涉及到的具体民族政权主要有三个,一个是新罗,一个是百济,一个是吐蕃。《旧唐书·地理二》有:“归义州,总章中置,处海外新罗,隶幽州都督。”这明确表明新罗是处于唐王朝统治者所认识的“海外”区域。

汉代人认为“陛下以四海为境,九州为家”(《汉书·严助传》)。唐朝统治者则认为“天子以四海为家”,也将“四海”之内的非汉族聚居地区包括了进来,看做是“家”的组成部分。也就是说,在唐代,天子之“家”的范围已经由“九州”扩大到了“四海”即“海内”。之所以有这样的变化,一方面是唐王朝的管辖范围有了更进一步的拓展,安北、单于、安西、北庭、安南、安东等都护府的设置已经使唐王朝的有效管辖区域突破了汉代郡县的范围;另一方面唐王朝和没有实施有效管辖的边疆民族也建立起了“藩臣”关系,因而天子之“家”的范围由“九州”扩大为“四海”也是很自然的。

唐朝的“天下”观念是分为九州、海内、海外三层的：九州（中国）是核心；“海内”是接受唐朝管辖的“夷狄”的分布区域；海外则是吐蕃等“藩国”。

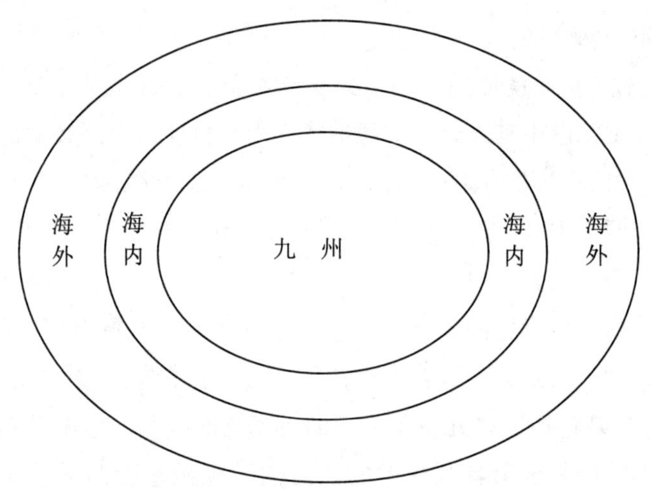

二、唐朝前期的“天下”结构

在唐王朝统治者的心目中，“九州”（中国）是最为核心的区域，是保持天下稳定的核心。唐朝按照“中国百姓，天下本根；四夷之人，犹于枝叶。扰于根本，以厚枝附，而求久安，未之有也”（《旧唐书·李大亮传》）的原则构建“天下”秩序。

府州统治区是指正式设置的府州，是在汉代郡县区域基础上发展而来的，也是唐王朝统治体系的核心区域，与唐王朝统治者观念中的“九州”形成对应，是统治体系中的核心或称之为第一层次。这一区域是唐王朝的直接统治区域，有着严密的管理体系，《大唐六典·户部尚书》载：“凡天下之州府三百一十有五，而羁縻之州盖八百焉”，所谓“三百一十有五”州府即是指这一区域。

对于《新唐书·地理一》所载“大凡府州八百五十六，号为羁縻云”这一区域的统治，唐朝是通过设置边州都督府和都护府来实现的，但都督府一般位于这一区域的内层，而都护府则处于外层，其辖有的羁縻府州也

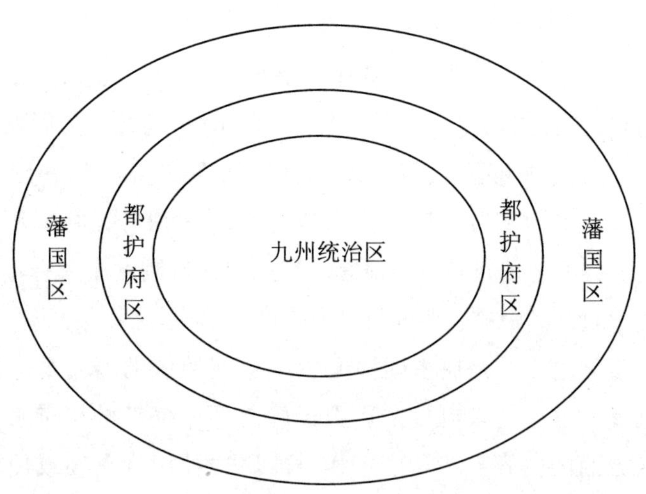

远远多于边州都督府。这是唐朝“天下”体系中的第二层。

在都护府统治区之外，还存在着一个藩国区，这是唐王朝统治者观念中“家”之外的区域，是唐王朝统治者天下观念中最外层的区域。在这一区域内的多是一些势力比较强大的边疆民族政权，诸如突厥、薛延陀、吐蕃、百济、新罗等。这些政权和唐王朝的关系大致可以分为三类：一类是向唐王朝称臣的政权，薛延陀、南诏、百济、新罗等都属于此类；二类是和唐王朝保持“舅甥”关系的政权，吐蕃即是；第三类是保持“敌国”关系的政权，唐王朝初期的突厥汗国属于此类。

我在《汉唐藩属体制研究》中对唐朝三个层次“天下”秩序的建构有系统的梳理，特别需要指出的是：唐朝的“天下”秩序虽然大体保持三层结构的特点，但是不断变化的，不同时期不同层次涵盖的范围是不同的，如突厥最初是“敌国”，后成为“羁縻府州”，后又成为“藩国”。

三、唐朝前期维持“天下”秩序的主要措施

在《汉唐藩属体制研究》中，我罗列了礼仪制度、都护制度、使者来往、册封与和亲政策、军事讨伐等作为唐朝维持“天下”秩序的主要手段。值得说明的是，礼仪制度是唐朝维持“天下”秩序的根本制度，而

“藩臣之礼”、“舅甥之礼”、“敌国礼”构成了其主要内容，也是唐朝和众多政权之间的朝贡关系得以存在的基础。

《礼记·曲礼上》对“礼”有如下解释：“夫礼者，所以定亲疏，决嫌疑，别同异，明是非也。”但实际上“礼”对中国社会的影响是难以用如此简单的一句话能够完全概括的，唐朝初在“隋礼”基础上制定了“贞观礼”，后又制定了《显庆礼》、《唐礼》、《大唐开元礼》等，而且这些礼仪制度也广泛地传布到边疆地区。在这些礼仪制度中就有不少是用来规范藩属关系的，其中最主要的就是所谓的“宾礼”。

所谓“藩臣之礼”是唐王朝根据中原王朝传统的藩属观念而制定的一套礼仪制度。这套礼仪制度从边疆民族首领或使者的接待来看，大致可以分为两方面的内容：一是唐王朝对藩属边疆民族首领或使者的接待礼仪；一是边疆民族政权对唐王朝使者的接待礼仪。对于前者上述已经有较详细的介绍，其主要性质即是藩属边疆民族首领或使者（包括边疆民族政权的统治者）的不断“再拜”，反映着唐王朝和边疆民族政权的所属关系。

宾礼的确立原则是在汉代。《汉书·宣帝纪》载：甘露二年（前52)，匈奴呼韩邪单于在匈奴内战中失败，遣使降于西汉。汉宣帝“诏有司”议定有关礼仪制度。当时“有司”的大臣们意见比较统一，咸曰：“圣王之制，施德行礼，先京师而后诸夏，先诸夏而后夷狄。诗云：‘率礼不越，遂视既废，相土烈烈，海外有雀戈。’陛下圣德，充塞天地，光被四表。匈奴单于乡风慕义，举国同心，奉珍朝贺，自古未之有也。单于非正朔所加，王者所客也，礼仪宜如诸侯王，称臣昧死再拜，位次诸侯王下。”主张采用周代就形成的传统礼仪制度。但大臣们的这些建议并没有为汉宣帝接受，因为他想借此显示自己的德绩，因而下诏：“盖闻五帝三王，礼所不施，不及以政。今匈奴单于称臣北藩，朝正月，朕之不逮，德不能弘覆。其以客礼待之，位在诸侯王上。”三年正月，呼韩邪单于来朝，“赞谒称藩臣而不名，赐以玺授、冠带、衣裳、安车、驷马、黄金、锦绣、缯絮。使有司道（导）单于，先行就邸长安，宿长平。上自甘泉宿池阳宫。上登长平阪，诏单于毋谒（注谓：不拜见也)。其左右当户之群皆列观，蛮夷君长王侯迎者数万人，夹道陈。

上登渭桥，咸称万岁。单于就邸。置酒建章宫，飨赐单于，观以珍宝。二月，单于罢归”。

值得注意的是：称臣、接受册封、纳贡、纳质、定期朝见、听从朝廷的诏令等是藩臣之礼实施的先决条件。也就是说，只有确立了藩属关系，才能适用于藩臣之礼，而朝贡只是其中的一环。

四、朝贡在“天下”秩序中的作用

朝贡是确立政治隶属关系的标志之一，但并非所有的边疆政权都有朝贡的资格，在唐代有以下几个与朝贡有关的例证值得关注。

（一）高昌

《旧唐书·西戎传·高昌》载：贞观十三年（639），高昌遣使者来朝，唐太宗对其使者说：“高昌数年来朝贡脱略，无藩臣礼，国中署置官号，准我百僚，称臣于人，岂得如此！今兹岁首，万国来朝，而文泰不至。增城深堑，预备讨伐。日者我使人至彼，文泰云：‘鹰飞于天，雉窜于蒿，猫游于堂，鼠安于穴，各得其所，岂不活耶！’又西域使欲来者，文泰悉拘留之。又遣使谓薛延陀云：‘既自为可汗，与汉天子敌也，何须拜谒其使。’事人阙礼，离间邻好，恶而不诛，善者何劝？明年，当发兵马以击尔。”

唐太宗罗列的讨伐高昌的理由包括：不朝贡、仿照唐王朝设置官职、不来朝见、阻碍其他民族使者入唐、挑拨其他民族和唐王朝的关系等，而其中“朝贡脱略”被列在首位，并与“无藩臣礼”直接联系在一起，可知对唐王朝来讲，是否前来朝贡是衡量一个民族或政权能否和唐王朝保持“藩臣”关系的基本标志，边疆民族和唐王朝朝贡建立起“藩臣”关系始于朝贡自然也是说得通的。

《资治通鉴》卷一九七唐贞观十八年九月条载：“焉耆贰于西突厥，西突厥大臣屈利啜为其弟娶焉耆王女，由是朝贡多阙，安西都护郭孝恪请讨之。诏以孝恪为西州道行军总管，帅步骑三千出银山道以击之。会焉耆王弟颉鼻兄弟三人至西州，孝恪以颉鼻弟栗婆准为向导。焉耆城四面皆水，恃险而不设备，孝恪倍道兼行，夜，至城下，命将士浮水而渡，比晓，登城，执其王突骑支，获首虏七千级，留栗婆准摄国事而还。”郭孝恪兵伐焉耆的理由和高昌颇为类似，“朝贡多阙”也是其主要的原因，并导致了灭国之灾。

（二）铜鱼制度

《唐会要·杂论》：“故事，西蕃诸国通唐使处，悉置铜鱼。雄雌相合，各十二只，皆铭其国名。第一至十二雄者留在内，雌者付本国。如国使正月来者，赍第一鱼，余月推此。闰月赍本月而已，但校其雌雄。”

东营市历史博物馆藏有一件唐代铜鱼，说明认为是唐中晚期神策军调兵凭证，又及朝贡制度中的铜鱼是否与此相同不得而知，但似乎可以作为佐证。

既然唐王朝铸造雌雄铜鱼各12只，并将朝贡之国的名称铭其上，自然也会对朝贡之民族政权和唐王朝的关系有一个清楚的认识。因为前来朝贡的民族政权必须携带铜鱼前来，两铜鱼相合才能算做朝贡，一方面唐王朝可以避免边疆民族使者冒用朝贡之名而行贸易之实；另一方面也可以对朝贡的边疆民族政权进行区分和管理。

（三）东谢蛮朝贡事件

《新唐书·南蛮下》：东谢蛮“建中三年，大酋长检校蛮州长史、资阳郡公宋鼎与诸谢朝贺，德宗以其国小，不许，诉于黔中观察使王础，以州接牂柯，愿随牂柯朝贺，础奏：‘牂、蛮二州，户繁力强，为邻蕃所惮，请许三年一朝。’诏从之”。此处的“朝贺”在《旧唐书》中被称为“朝贡”。

（四）康国求臣未许

《新唐书·西域下》：康国，“隋时，其王屈木支娶西突厥女，遂臣突厥。武德十年，始遣使来献。贞观五年，遂请臣。太宗曰：‘朕恶取虚名，害百姓，且康臣我，缓急当同其忧。师行万里，宁朕志邪？’却不受”。

综合分析上述几个实例，愚以为在唐朝前期，尤其是就唐太宗时期的“天下”秩序而言，有几个问题需要关注：

1. 唐太宗对称臣的民族或政权的范围有一个清楚的界定，高昌是必须称臣纳贡的，而康国则不是。类似的高句丽、吐谷浑都是属于必须称臣的。换言之，唐朝的“天下”也是有范围的。

2. 朝贡是确立和维持“藩臣”关系的标志之一。

3. 唐朝针对朝贡确立了铜鱼制度，应该预示着唐朝统治者已经觉察出了由此出现的“贸易”问题。

4. 并非所有的边疆政权或民族都有资格朝贡，东谢蛮似乎是一个例子。也就是说，即便是有了朝贡的资格，也不是所有的政权都能够到都城朝贡，地方州县也接受贡物。

结 语

历代王朝在外围地区构建藩属体制的指导思想是先秦时期形成的服事制理论。《国语·周语上》载：“先王之训也，有不祭则修意，有不祀则修言，有不享则修文，有不贡则修名，有不王则修德，序成而有不至，则修刑。于是有刑不祭，伐不祀，征不享，让不贡，告不王。于是乎有刑罚之辟，有攻伐之兵，有征讨之备，有威让之令，有文告之辞。”

在唐朝前期尤其是唐太宗时期构建和维护“天下”秩序运转的实践中，先秦时期的服事制和西汉王朝的实践活动起到了十分主要的指导作用。朝贡活动只是唐朝前期构建和维持“天下”秩序运转的政策之一，其存在的前提是政治上的隶属关系，其次才具有“贸易”性质。也就是说，藩属政权向历代王朝朝贡行为存在的前提是中国历代王朝为边疆地区的稳定而构建藩属管理体制，在这一体制中无论是册封，还是朝贡，都是历代王朝维持这一体制运转的具体治策和措施，这一体制构建的本意是“藩卫”核心地区的安全，因此称为藩属体系更为恰当，朝贡体系或朝贡贸易体系并不能准确反映其全部特点。

中国历朝历代治理新疆简论

| 潘志平 |

酋长自治，间接统治

自西汉以来至晚清，中国历代王朝对新疆的治理大体上采取的是间接统治，其要点为：

军府制。汉代在新疆建有直属中央（相当于今之省）一级军事机构"西域都护府"，自汉以降，中央王朝在西域先后设有"西域长史府"（东汉、曹魏、西晋），"安西都护府"、"北庭都护府"（唐），"北庭都元帅府"（元），伊犁将军府（清），其职责为镇抚西域诸部，指挥军事，讨伐动乱，督察政务，但不直接管理民事。

酋长自治。西域各自有酋长，或王，或单于、或可汗，或速檀（苏丹），或伯克，经朝廷册封，如西汉西域诸国"自译长、城长、君、监、吏、大禄、百长、千长、都尉、沮渠、当户、将相，至侯王，皆佩汉印绶，凡三百七十六人"，东汉莎车王康被绶以"西域大都尉"。唐高宗显庆四年（659）"诏以石、米、史、大安、小安、曹、拔汗那、悒怛、疏勒、朱驹半等国置州府百二十七"。这是给当地酋长名义上的州府长官之衔，掌管其内部事务。酋长逝去，则按传统由其子弟自行接任，唯经军事长官认可并报备朝廷即可，事实上实行的是"酋长自治"。早在前凉时期（320—376）在高昌地区建立郡、县、乡三级政权，这是首次将郡县制引入西域，具有深远的历史意义。唐代也设立过伊、西、庭州，但这些都是在与内地相邻的汉人较集中的东疆地区，并未成古代西域建制的主流。

驻军屯田。中央王朝驻军西域，自汉代起便就地屯田，屯田士卒平时种粮，战时御敌，寓兵于农，既减轻当地百姓负担，又有效地保障了驻军的后勤补给。

军府制下的“酋长自治”模式的优点是，以极小的代价既保障了中央对西域的治理，又尽可能不扰民。但缺点是，这种治理主要是通过“酋长自治”的方式进行间接统治，当酋长领头叛乱，整个部落都被席卷而走，特别是中央王朝衰弱之时，新疆就处于分裂动乱之中。

1884 年：置行省，直接统治

乾隆二十四年（1759）清王朝统一新疆，大体上沿用了历代军府制模式，在伊犁设将军府，以下分设参赞大臣、办事大臣、领队大臣。军事大臣只理军事，民政、行政事务悉依旧俗，交由当地王公伯克自行治理，是为军府制下的伯克制。伯克本是维吾尔社会世袭封建主，清朝政府对这一制度进行了改革：即改伯克世袭为任命，伯克之任免、补缺、选调、升迁、罢黜均由各城驻扎大臣掌管；众建伯克而不设全族的总管伯克，同时规定大伯克回避本城，小伯克回避本庄；政教分离，阿訇只准习经不得干政。这样伯克便由世袭之土官改为朝廷之流官，本质上是因俗而治下的有限度的“改土归流”。

但这种有限度的“改土归流”之弊端是固有的，并随着时间的推移愈来愈强化。军事大臣虽凌驾于伯克之上，但不理民政，伯克虽不再是世袭土官，但伯克的选拔范围完全限于维吾尔权贵，尽管高级伯克子弟再贪暴，也仍被选中，有的伯克可在一城一地为所欲为几十年以致老死，俨然成一方土王。伯克制是建立在落后的封建领主制的基础上。伯克不仅领取养廉银（政府薪金），还享有带燕齐（农奴）的养廉地（领地）。实际上伯克凭借权势肆无忌惮地兼并土地。其时内地已普遍实行摊丁入亩的田赋制度，而维吾尔社会仍按丁索赋。拥有大片领地和燕齐的伯克可免纳钱粮，富户地多丁少赋役轻，而贫者无地或少地丁多赋役反重。各地应纳之钱粮总额不变，势必转嫁贫户，致使“民穷”恶性循环。

早在 1820 年，思想家龚自珍已看到伯克制的弊病，撰文疾呼：建省，夺伯克之权①，但不被当权者理会。若干年后，领兵平定浩罕入侵的长龄将军策划在南疆各城设置同知、巡检等文职官员，以改变军府大臣不问民政，伯克权势过重的问题，但遭到道光帝的断然否决，理由是，如果有这个必要，60 年前“定当早经筹及，讵何今日”②。墨守成规、因循守旧、无所作为，已是那个时代的风气，哪怕一丁点的改革都不为所容，新疆社会发展不得不付出沉重代价。

军府制下的伯克制终不可抑制地演化成社会毒瘤，从而酿成同治年间的农民大暴动，在这一背景下，境外浩罕军官阿古柏入侵于南疆，帝俄哥萨克入侵北疆伊犁，大半个新疆失于外敌之手十几年，西北边疆陷入深重的危机之中。

待左宗棠领兵规复新疆时，维吾尔王公伯克都已“家产荡尽”，衰败没落，如一位清朝将军报告说，“旧制荡然无存，万难再图规复”。③左宗棠认为“际此天事、人事均可乘之机，失今不图，未免可惜”④，力废伯克置行省。1884 年新疆建省，实行与内地划一的郡县制，裁撤伯克，实行与内地同一的典型地主制的摊丁入亩田赋制度。如果说，乾隆初定新疆时进行了有限度的“改土归流”，那么光绪年间的这次变革是第二步的“改土归流”。可以说，这是清朝步入晚期的一次边疆治理政策的重大变革，如美国学者所评说的，“这一制度的革新成为中国边疆史上的里程碑”。⑤ 无论如何，这场变革是历史的进步，既加强了国家的统一，也一定程度上缓和了维吾尔社会的尖锐矛盾，由此直到清朝灭亡，新疆社会大体平稳。清人亦说：“英俄交侵……二国争棋其间，蒲犁（塔什库尔干）以先设官而存，帕米尔未设官而亡，郡县之所系，其重若斯。”⑥

---

① 〔清〕龚自珍：《西域置行省议》。

② 《清宣宗实录》卷二百。

③ 《刘襄勤公奏稿》卷三。

④ 《左文襄公全集·奏稿》卷五十三。

⑤ 〔美〕费正清主编：《剑桥晚清史》（下卷），中国社会科学院历史研究所译，中国社会出版社 1985 年版，第 115 页。

⑥ 王树楠等纂：《新疆图志·职官》卷四。

1931年：不成功的“改土归流”酿成大祸

清代对新疆的治理，无论理论和实践都远远超过以往的历朝历代，正因为如此，当年的新疆夹在俄英两大帝国的争夺之下，孤悬塞外，竟未被外来势力所鲸吞。如前所述，清朝在治理新疆的过程中围绕伯克制的“重建”与“废止”，经历了分两步走的“改土归流”。但认真考察，清代在新疆的“改土归流”并不彻底，还是留下尾巴。由于自始至终忠心于清廷，哈密王的领地被完整地保存下来。尽管左宗棠引进内地的地主制已腐朽没落，但相对于维吾尔社会的领主制还算进步，因此，在塔里木盆地阶级矛盾缓和的同时，东疆哈密地区的矛盾却持续尖锐发展。在这种情况下，动乱高发地区由南疆转向东疆，进入民国时期则更为突出。

民国最初的十六年（1912—1928）为杨增新主政。杨增新作为守旧的封建军阀，反对革命，在政治设施无一非满清遗制，努力维持落后的社会平衡与稳定，但他作为身居边陲的封疆大吏，守土保疆方面还是力图所为，事实上，在他统治时期，不仅寸土未失，而且还收复了阿勒泰，难能可贵。然而，杨增新实行闭关自守的愚民政策，以停滞甚至倒退社会经济发展为代价，只能求得一时安宁，新疆社会潜伏的深刻社会矛盾终以杨增新被刺身亡爆发。杨增新死后，金树仁当政。此人更加腐败，他却没有杨增新掌执的手腕，新疆终因1931年哈密之乱而漫延全疆各地。

如前所述，哈密世袭王是清代二次“改土归流”留下的尾巴，其领地就占全县大半，民忿与日俱增。1930年，哈密王沙木胡索特病逝，其子聂孜尔继位。金树仁下令废除王制，改土归流，表面上是迎合民意，但实际上，除了擅自增加赋税外，还悍然将维吾尔农民耕种的熟地作为荒地强行划拨给自己甘肃同乡，从而激起民变，在新疆这样复杂的民族宗教情势下，民变先表现为激烈的民族矛盾，而很快转化为残暴的宗教仇杀，金树仁不成功的“改土归流”由此酿成大祸。

启　示

边疆（特别是在民族宗教关系复杂的边疆地区）治理，本身就是一个非常的难题。无论是延续很长时期的“酋长自治”，还是清朝分两步走的“改土归流”，在实施之初，都有其合理性。但这些治边策略，都有其固有的弊端，还是要随着时代有所调整，变革。因循守旧不变革，随着时间的推移，积极因素在不断消逝，而消极因素在滋长，终没出路。同时，也要注意，变革如错失方向，也会酿成大祸，如金树仁不成功的“改土归流”。

联想到中华人民共和国建立以来，在包括新疆在内实行的民族区域自治制度，这无疑是个超越前人的治理多民族地区的好制度，当然要坚定不移地坚持，但迄今已实施了 60 多年，它当然也存在一个与时俱进地不断调整和完善的问题，希望以此短文，与学术界朋友共勉。

唐朝北部疆域的变迁
——兼论疆域问题的本质与属性*

| 李鸿宾 |

本文以唐朝前期为段限，针对唐朝北部疆域的变迁揭示出了隐藏其后的疆域之本质属性和特点，即在以中原为核心区、周边为外缘区二元制的王朝构架内，北部边疆地区是在唐与草原帝国多方面交往互动过程中以夹处二者之间的定位而存在的。因受制于南北两个性质迥然有别的帝国外层地缘非确定性因素的影响，边疆地区不是以明确的间隔线索而是以游移不定的模糊状态呈现出来的，它自然就受制于双方对它的拉动和吸引。唐朝的北部边疆之战略地位，就存在于唐与游牧帝国的较量与博弈中，于是，当我们一方面看到其地位超越局部区域的同时，我们也看到这片所谓的疆域地带的游移与模糊，但其确定性的逐步增强，似乎也是一种趋势。

唐朝立国前后的289年，在它所依托的地理空间上，以王朝经营运转的方式展现出的格局之变化，吸引了我们的注意力，尤其当下社会政治与国际关系中衍生的疆界问题，更促使我们对这种疆域的早期衍变产生兴趣，其原因不言自明：当下的疆域问题几乎都不是当下本身的产物，而是历史遗留的结果。本文关注于唐朝的写作就是由此而产生，但问题是：唐朝的所谓疆域或疆界问题，与今天存在前后延续的同时，果真是一回事吗？答案显然不是。本文首先要解释的就是二者之异同，以唐朝前期的疆

---

* 本文系“国家社科基金项目《墓志所见唐朝的民族关系与文化认同问题》09BZS038”成果之一。

域变迁做线索进行阐释。[①]

一

唐朝的疆域表现在它既控制领土的中心又兼及四周[②]，本文关注的目标放在北方的周边地区。我的考虑是：北方草原地区原本不在唐朝的控属范围内，但唐征服东、西突厥尤其前者之后，这一带也成了朝廷的管辖区，然而此地后又脱离了控制，另行独立，相继演化成为另外的（游牧型）政治体属地。事实上，北部疆域的诸多变化已成为我们观察唐朝整体疆域变迁的一个缩影，它的意义就在于，北部疆域所映现出来的除农耕化了的中原王朝的自身场景之外，还常常展现出游牧政治体的社会活动，尤其是双方政治、军事、经济和贸易的交往，可以这样认为，“互动”是双方关系的核心属性。而二者的联系涉及的地区分布于欧亚大陆的整体，唐朝与其北方游牧人政权的交往只不过是其中的一个组成部分而已。[③] 这是

---

① 我在此文中将唐朝前期作为整体的考察对象而不是动态的分析，之所以如此，这种方式观察问题的好处是能脱离众多的具体细节，上升到一定的抽象程度，以便掌握问题的线索和本质。这也是马克斯·韦伯观察问题的方式。诚如洪天富所说：“只有通过这种清晰的理想型之建构来分析社会现实或社会行动，社会学家才有可能从经常是互相抵触的、混乱的经验材料中理出个头绪来，从而精确地显示事实的最关键性的层面。”（参见〔德〕马克斯·韦伯：《儒教与道教》，洪天富译，江苏人民出版社 1993 年版，第 6 页。）本文涉及的唐朝边疆问题大体是从这个朝代前期整体的角度着眼，非注重具体的个案，因而如何判定和论证，就需要从长时段整体王朝的角度着眼。由此，一定程度的抽象和形而上的观察方法可能就成为“不二法门”了。但它也易使我们忽略细节和具体问题，问题的关键还在于，这种抽象有时并非事实本身，而是事实之上的提炼。由此，我对本文论述的方法总结为：非对史事的澄清或钻研，而是通过具体史事蕴示的观念、思想和行为进行判定和概括。易言之，本文多关注性质和价值型的判断，而非事实自身的认定。

② 这涉及唐朝疆域的基本特性，详下。

③ 涉及到欧亚大陆东部地区以中国为中心的南北关系的论著，以拉铁摩尔的《中国的亚洲内陆边疆》（唐晓峰译，江苏人民出版社 2010 年版）最为知名。此书从南部的中原和北部的草原相互交往的视角立论，突破了中原单一的观察传统。继此之后，从南北双向角度观察这一问题的还有 Sechin Jagchid 与 Van Jay Symons 合著的 *Peace, War, and Trade along the Great Wall: Nomadic-Chinese Interaction through Two Millennia*（Terre Haute: Indiana University Press, 1989），Thomas J. Barfied 的 *The Perilous Frontier: Nomadic Empires and China*（Blackwell Publishers Inc., Massachusetts, 1992. 〔美〕巴菲尔德：《危险的边疆：游牧帝国与中国》，袁剑译，江苏人民出版社 2011 年版）等著作。聚焦于隋唐时段的南北关系的论著，有 Pan Yihong 的 *Son of Heaven and Heavenly Qaghan: Sui-Tang China and Its Neighbors*（Washington: Western Washington University, 1997），Jonathan Karam Skaff 撰写的 *Sui-Tang and Its Turko-Mongol Neighbors: Cultural, Power, and Connections, 580-800*（New York: Oxford University Press, 2012）等。

我选择的目的。更本质地表述，我认为北部疆域的价值主要体现在疆域变迁背后隐藏的涵义。当我们将它描述为“疆域”，特别是“边疆”或“边界”乃至“长城地区”的时候，我们一定是建立在中原核心区的预设范围之内。这个预设蕴含的就是唐朝以前形塑的中国王朝地域的核心观念，即我所谓的“中原中心说”的“二元制建构”。①

二元制构造与近代以来形成的民族—国家政治体之差别，不啻于性质，具体到诸项内容同样有本质之别。如果我们不能脱离后者的视域和观念，那么理解包括唐朝在内的疆域问题，就会变得很困难。② 二元制建构的内涵主要体现在疆域和族群两个层面均由内外不同的部分所构成。③ 从地域角度讲，中原农耕作为王朝立国的核心，是支撑王朝的本土腹地；其周边外围地区则多系游牧和半农半牧地区，形成王朝的次级外缘地带。这两个地域轻重之差别明显存在，毋庸置疑。与此对应的族群也呈现汉人定居于中原，从事农耕，构成了王朝政治体的支撑力量；周边非汉人（或胡人）群体则与外围地域重合，起着次级维系的作用。这两个群体在王朝的

① 如同前述观察唐朝前期整体的那样，这个建构也是我们用以分析古代王朝地缘与族群的基本特性而作出的抽象和概括。但这样的建构具体落实在唐朝的某个特定的阶段或地区，情形就相当复杂而另当别论了。事实上，对这个结构的解释，许倬云尤其李大龙均提出了三个层级的划分。参见许倬云：《传统中国社会经济史的若干特性》，见氏著：《求古编》，新星出版社2006年版；李大龙：《汉唐藩属体制研究》，中国社会科学出版社2006年版。

② 民族—国家在疆域和族群方面的主要属性表现在：国家由固定的边界展现领土所属，在此范围内国家政治体实施统治和管理，疆界受国际法的承认和保护；疆土范围内的民众以公民身份显现。疆域、主权、公民这些要素构成了民族—国家的基本特质（参见宁骚：《民族与国家》，北京大学出版社1995年版，第251—317页）。此前王朝国家之疆域则存在着内外二元特性，内缘是其依凭的核心，比较稳定，外缘处于变动之中；疆域内外缘的民众亦有主次之别，甚至采用法律手段将群体分层；其疆域的变动不受国际社会法规条文的干涉，事实上也不存在所谓的“国际社会”。这种传统与现代国家在疆域方面的显著差别，英国学者吉登斯认为是后者“具有明确边界的行政实体”（〔英〕安东尼·吉登斯：《民族—国家与暴力》，胡宗泽、赵力涛译，生活·读书·新知三联书店1998年版，第2页）。如此追溯，王朝国家疆域的特性就是“边界”的概念不明确，甚至模糊。正因为这样，王朝国家政治体对双方之间的地区，常常表现出占领与放弃、关注又漠视的矛盾心理。整体而言，“疆界”始终处于遥远和摇摆的状态，亦常成为大国相互交织的缓冲地。

③ 疆域与族群是王朝国家构件的两个核心要素，诚如伊札尔所说：“对一个具体的国家的定义必定是与一片领土以及占据着这片领土的人口这两个方面有关的。”参见〔英〕亚当·库珀等编：《社会科学百科全书》，上海译文出版社1989年版，第756页。

地位、作用也有所差别。①

具体到唐朝，北部疆域在这个定都长安、以关中为腹地制衡山东、宰制江南的王朝版图内，它虽是以维护北部边地的角色而显现，但因该地处于南北两大政治体之交汇，其地位早已超越区域限制而具有王朝整盘战略的作用了。唐朝的北部疆域大体上是以往长城工程为标志的长城沿线地区，这个地区以北则是游牧势力活跃的草原，与中原的农耕社会迥异，因而北部的疆域至少在唐朝决策集团的眼界里，它关涉到的是南北对应的问题而绝非边地自身。现在我们的问题则是，为什么二元制结构是唐朝的基本特性？是历史自身的发展与变迁的轨迹，还是人为因素的造成？应当说，这种结构不始于唐，而是此前王朝政治体发展演变的延续，至少从秦朝立国始，这样的局面就已形成了。② 众所周知，秦朝的建立，是战国诸雄之一的秦国，通过武力征服的方式，由西向东、自北而南地逐步蚕食六国，最后构成了范围广阔的秦王朝。其统治集团的西北特性和关中主宰全国的地域特征，从此而形成。取而代之的汉朝，同样走的是特定的政治集团与关中区位制衡全局的道路。③ 这实际上涉及了中国王朝建立的根本特性。就隋唐二朝的建立而论，其统治集团均来自陈寅恪所刻画的关陇集团。这个集团是掌控西魏实权的宇文泰为与东魏抗衡而将入关的代北虏姓军人、山东土豪、裹挟在西魏宗室属下的各路豪霸与关陇本土大族势力结

---

① 有关这个问题，我曾在几篇文章中有所涉及。参见李鸿宾：《“二元制构造”下的唐朝华夷观及其变化》，见陈尚胜主编：《儒家文明与中国传统对外关系》，山东大学出版社2008年版，第118—128页；李鸿宾：《王朝国家体系的构建与变更——以隋唐为例》，见孙家洲、刘后滨主编：《汉唐盛世的历史解读——汉唐盛世学术研讨会论文集》，中国人民大学出版社2009年版，第165—175页。

② 若进一步追溯，夏朝的建立就标志着国家政权与确定的领土产生直接对应的开始。参见谢维扬：《中国早期国家》，浙江人民出版社1995年版，第367页；唐晓峰：《中国早期国家地域的形成问题》，见唐晓峰：《人文地理随笔》，生活·读书·新知三联书店2005年版，第243—254页。

③ 关于秦汉建国方式和途径的专门性讨论，就我目力所及，似不多见。谢维扬的《中国早期国家》（浙江人民出版社1995年版）一书最后有一章《中国中原周边地区的国家进程》（第475—523页）是就中原王朝与周边政权的相互影响进行的讨论，可视做国家进程和衍化的代表作。另一个关注此问题的领域是历史地理学，如谭其骧的《中国历史上的七大古都》（此据谭其骧：《长水集续编》，人民出版社1994年版，第18—38页）即为其例，该文侧重于建都的地理要素。研究地缘政治学的作品如叶自成主编的《地缘政治与中国外交》（北京出版社1998年版）在涉及本文讨论的古代时期亦无此说法。

合混杂而成的政治集团，它的建立旨在与东魏争雄。[①] 当接续西魏之后的北周终于扭转弱势征服北齐之后，北方中国的区域性政权内部又衍生了外戚杨坚的夺权禅位行动[②]，乃至李渊篡夺杨隋建立李唐。导致这一系列以禅位幌子映照下的王朝更替的原因，是篡位者对掌权者行使统治权的疑虑，取而代之的目的旨在恢复法统。[③] 虽然旗号的招举目标不一，但这几个王朝创建者都来自关陇集团倒颇为一致。陈寅恪的贡献体现在他将王朝的创建归咎于特定的政治集团，而且这个政治集团是与其他政治势力相互角逐之后才确立的统治。这也正是这个早期王朝建构的模式——由若干政治势力角逐中战胜对手而建国的当下再现。

这种由多个势力角逐出现的政治势力，在建构王朝的过程中采取逐步的、一点一滴的方式似乎不可避免，即建国的进展与该势力的逐步壮大同步。与此伴行的必然如同毛汉光所宣称的那样：试图建国的政治势力通常采取先行占有一个确定的根据地，再稳步扩展地域，最终达成建国的目标。这就是所谓核心集团、核心区域的创建模式。[④] 他在这里提出了政治集团与其发展地缘的有趣的转移图示，即以 200 年为时间段，拓跋氏的北魏至北齐期间，其统治区以云代为核心；此后的西魏至唐玄宗的天宝年间，是以关陇集团的关中为核心区；这以后直至北宋建国，魏博、汴梁则

---

① 陈寅恪：《唐代政治史述论稿》，上海古籍出版社 1980 年版，第 15—17 页；张伟国：《关陇武将与周隋政权》，中山大学出版社 1993 年版。

② “禅位”是此一时期篡夺政权的一种外在的表现形式，通常攀附尧舜禅让而使禅位的政权建设合法化。清人赵翼曾说：“古来只有禅让、征诛二局，其权臣夺国，则名篡弑，常相戒而不敢犯。王莽不得已托于周公辅成王，以摄政践祚。然周公未尝有天下也。至曹魏则既欲移汉之天下，又不肯居篡弑之名，于是假禅让为攘夺。自此例一开，而晋、宋、齐、梁、北齐、后周，以及陈、隋皆效之。此外尚有司马伦、桓玄之徒，亦援以为例，甚至唐高祖本以征诛起，而亦假代王之禅；朱温更以盗贼起，而亦假哀帝之禅。至曹魏创此一局，而奉为成式者，且十数代，历七八百年，真所谓奸人之雄，能建非常之原者也。”参见《廿二史札记》卷七《禅代》，中华书局 1963 年版，第 127—128 页。

③ 例如李渊即位的告书就曾说：“大业末年，纲维废弛，三光改耀，九服移心。……隋氏既以天禄永终，历数攸在，敬禅阙位，授于朕躬。……上答苍灵之眷，俯顺亿兆之心。”分明将自己视为拯救亿万于生灵涂炭之中的救星。参见《唐大诏令集》卷二《帝王·即位赦上·神尧即位赦》，学林出版社 1992 年版，第 5 页。

④ 这种模式并非中国独有，罗素曾说：“一般说，统治者领导一个部落或一个宗派进行征服，跟从他的人觉得自己分享了他的光荣。”他对君主专制政体特点进行的描述，证实这种建国的方式乃是过去那个时代人类建构政治体的通行方法。参见〔英〕罗素《权力论：新社会分析》，吴友三译，商务印书馆 2012 年版，第 147 页。

成为核心区。[①] 唐朝的建国就是其中的一个重要的环节。李渊所走的道路同样采取的是核心集团、核心区的战略。他从太原起兵，聚集力量后迅速向关中靠拢，通过扶持隋朝宗室、然后再废黜（隋炀帝于江都被弑之后）傀儡皇帝的方式创建新朝，其布局如同上文所说，以长安为首都、以关中制衡山东，进而宰制江南的布局构建王朝；其核心集团同样是关陇势力。虽然到高宗、武则天之后政治势力出现转移，即朝向山东转轨，但这种核心集团、核心区的格局并未崩溃。

二

上述核心集团与核心区的特质，是我们了解和分析唐朝政治结构的一个基本尺度。这种构造是中国传统在7世纪初期的延续和再现。二元制建构对唐朝建国的意义主要体现在它须通过核心集团、核心区的方式建构政权，我们看到，至少就包括唐朝在内的前后各个朝代而言，似乎舍此别无他法，亦即这是古典王朝建国的“必经之路”[②]。在这个构造中，边缘地区的位置是次于核心区而呈现的。这也是我们对唐朝地缘格局的基本定位。譬如唐太宗就曾说：“中国百姓，天下根本；四夷之人，乃同枝叶。扰其根本以厚枝叶，用求久安，未之有也。”[③] 他在这里虽着眼于人群，但地域与人群的活动及其特质相互协调，同样具有主辅之区隔，这是上文强调的重心。王朝依托于不同的群体获得支持，首先体现在核心区的“中国百姓”即汉人群体身上，而周边的非汉群体则处于第二位。这样的区分只能从当时的社会环境解释才行得通。疆域问题正是建立在这种差异的基

---

① 毛汉光：《中国中古政治史论》，上海书店出版社2002年版，第1—28页。

② 对这个问题的解释，王德权曾有如是的说法：“在古代中国生产力相对微弱、各地域社会之间水平联系有限的背景下，国家权力的形成，多表现为一个核心地域集团通过军事征服与制度建构，联系核心权力与地域社会。在这个脉络下，政治过程表现为‘核心—周边’的空间扩充，形成‘王畿与四方’的政治空间格局，以及以‘国’（城市）经‘野’（农村）的政治控制体系。”［参见氏著：《“核心集团与核心区”理论的检讨——关于古代中国国家权力形成的一点思考》，载《政治大学历史学报》（台北），2006年总第25期。］他将这种王朝建构的方式归咎于生产力水平的限制，我是认可这种解释的。

③ 〔唐〕吴兢撰，谢保成集校：《贞观政要集校》卷九“议安边第三十六”，中华书局2003年版，第500页。唐人的“根本”、“枝叶”，用汉人的观点表述，又称为“腹心”与“肢体”。参见王立器：《盐铁论校注》卷八《诛秦》，天津古籍出版社1983年版，第497—498页。

础上，这同样是我们理解唐朝疆域概念的基本把握。① 那么，在这个范畴内，北部在地缘的构建中其特点、本质又是什么呢？

与东南沿海地区不同的是，以北部为标志的唐朝内陆边缘地区，大致处在与其他政治体相互交织的地缘状态中。北部的表现之所以典型，是因为唐朝农耕本土面对的广阔的草原，生活其上的游牧群体无论从何种角度讲，都与中原存有明显的差别。这个差别最本质地体现在两大族群的生活方式即南部的种植业和北部的游牧业特质上面。种植业需要开垦土地和挖渠灌溉，投入技术和施放肥料，从土地中获得粮食；草原的放养牲畜则需要保持草场的充足和自然的相貌，特别忌讳人工的开采，所以无论任何一方都不能在同一块土地上既开垦种植又保养放牧，二者不可兼容。受此生计的制约，农耕人对土地的利用与游牧人对草场的保持，以及由此衍生的文化、信仰等几乎都处于对峙的状态而不可兼容。然而，存在着如此迥异差别的农耕人与游牧人非但没有相互阻隔，而是相互交往。我们进而看到，中原、北方的对峙关系，其实只是欧亚大陆南北两种形态对应关系的组成部分，从南欧、西亚，到亚洲东部近海都是如此。唐朝时期的南北对应，是这个整体关系在公元7—10世纪的具体表现。易言之，这两种对峙而不兼容的区域与群体，对唐朝而言（从游牧世界的角度讲同样如此）无疑是两个既相排斥、又脱离不了干系的矛盾体②，实际上，双方结成的关系是欧亚大陆南北对峙的组成，是一种结构性的关系。就此而言，唐朝北部边地的地位就不能视为局域性问题，而是整体性的战略问题。进一步

① 罗素曾说："每一国家的权力，多少都与地理有关：通常从一个中心向四周辐射，距离中心越远，权力也越弱。结果，在离开中心一定距离的地方，一个国家的权力就和其他国家的权力达成平衡，若没有传统力量的干扰，这里就成为它们的疆界。"（参见〔英〕罗素：《权力论：新社会分析》，吴友三译，商务印书馆2012年版，第131页）这个论述的实质与本文相似，但罗素的着眼点却具有普遍性，可见，古代王朝国家的建构形式虽有具体的诸多差异，但就其本质而言，也有相似性。其背后的因缘如同前述王德权的解释：出自生产力的制约。

② 当然就唐朝本土的西部而言，青藏高原在族群与疆域方面同样存在这类问题。中国古代尤其元朝以后，青藏的归属始终成为内地朝廷着手解决的重大问题之一，但直到清朝解体之前，内地政治集团对西藏的管辖始终未能达到直接设置同属内地的行政和军事制度，以及建基于此的教育、文化等软实力设施的程度，这些都要在1959年以后才逐渐成为现实。有关隋唐时期南北之间的关系，新近出版的Jonathan Karam Skaff撰写的 *Sui-Tang and Its Turko-Mongol Neighbors: Cultural, Power, and Connections*, New York: Oxford University Press, 2012, pp. 580 - 800中有系统的阐述。

讲，假如我们认可唐朝地缘组合中存在的内外二元制建构，那么北方边地则是这个结构中具有全局性的角色。唐朝的北部地区所呈现的疆域特点，也具有形塑整个王朝边疆地缘的功能。[①] 那么，这个地带的疆域特点是如何呈现出来的呢？

三

唐朝之所以重视北部疆域，与其统治集团的来源又有直接的关联。如同陈寅恪所说的李唐皇室关陇集团的出身，说明李唐建国的统治集团与北方鲜卑拓跋的政治统续存在着密切的关系，用谷川道雄的话概括，就是包括唐朝在内的王朝，其政治端绪就是北魏以来演变的结果，“隋唐帝国的形成过程其实就是一个政治上的统一过程”，这个过程发端于北魏末期的内乱，经过西魏、东魏的对峙，到北周兼并北齐，再衍生隋唐。[②] 这个过程也是北魏的拓跋文化与中原文化统合并购的过程，充满了北方文化的特色，超越了中原文化的窠臼。学界讨论的3—6世纪中国社会发展，诚如阎步克所说，魏晋南北朝这个帝国体制的衰败，最终以北朝为其“历史出口”[③]，从而又转成了隋唐二朝用以证明自身法统纯正的依凭[④]。如此看，北朝系统的本质就是陈寅恪所概括的“胡”“汉”之融合，“盖取塞外野蛮精悍之血，注入中原文化颓废之躯”。[⑤] 顺着这样的思路上溯，即北魏拓跋北方渊源的线索就与上面讨论的南北两个系统的血脉承接起来，问题至此，我们即可看出唐朝政治承接的体统实是源自农耕对应的北方，南北

---

① 参见李鸿宾：《北方边地在唐朝的战略地位及其变化》，见刘庆主编：《孙子兵法论丛》（第1辑），解放军出版社2011年版，第143—154页；李鸿宾：《唐朝的地缘政治与族群关系》，载《人文杂志》，2011年第2期。

② ［日］谷川道雄：《隋唐帝国形成史论》，李济沧译，上海古籍出版社2004年版，第4页。陈三平进一步揭示了李唐宗室与拓跋鲜卑的联系，在作者看来，至少唐玄宗以前的各位君主均有拓跋干系。参见 Sanping Chen, *The Legacy of the Tuoba Xianbei*: *The Tang Dynasty*, *Multicultural China in the Early Middle Ages*, Philadelphia: University of Pennsylvania Press, 2012, pp. 4 – 38。

③ 阎步克：《品位与职位：秦汉魏晋南北朝官阶制度研究》，中华书局2002年版，第47页。

④ 刘浦江：《南北朝的历史遗产与隋唐时代的正统论》，见《文史》第2辑，中华书局2013年版。

⑤ 陈寅恪：《李唐氏族之推测后记》，见氏著：《金明馆丛稿二编》，上海古籍出版社1980年版，第303页。

的结合汇聚形成的体系，是唐朝立国的政治和文化根基。处于二者之间的北方边缘地区所具有的意义也就超出了单个具体的位置，实与王朝的整体连接，北部边地的地缘战略之特色因而彰显无遗。那么，唐朝是如何处理北部的疆域问题的呢?

首先，我们看到，北部疆域对唐朝而言，并非是一条明确的界限，将它自身与外界隔绝开来，相反，那里是一片充满了未知数的广阔地域。这个地域也不是没有人群活动的真空地带，而是游牧人驰骋的草原。早在6世纪中叶，突厥脱离柔然人的控制，建立了横亘草原的游牧帝国。唐朝与突厥的对峙，正是它建立中原统治之后的现实状态。易言之，唐朝处理北部疆域问题，就是与突厥如何打交道的问题。这个地区的特点主要表现在两大势力对峙之间的缓冲，因而它经常受到两大势力的牵引和拉动，用拉铁摩尔的话说，就是接近南部汉地的群体倾向于中原，而接近草原腹地的群体则倾向于游牧。①

其次，对唐朝而言，北方长城地区是以边防或边缘的角色出现的，但对突厥讲，长城地带则是它的南部边缘。北方边地在这里并非单一角色呈现而具多元性，这正是两个自我为中心王朝控辖地域交叉的结果。② 如上所述，以中原为核心区建构的唐朝，长城地区只是它的边缘之一，同样，以草原（阿尔泰山至阴山）为中心的突厥，长城地区亦作为边缘而显现。但它在唐与突厥的视域里其作用和位置则有差异。在游牧王朝的眼界中，这里是通向农耕腹地的必经之路，如同学者们论述的那样，旨在以获得中原粮食、丝绸布帛为目的的游牧人的南下，长城地区常常成为他们进攻的目标。③ 而从唐朝的角度出发，包括突厥人在内的游牧势力南下抢掠的行为，理应予以拒绝，于是防务就成为农耕王朝采取与游牧王朝的和亲、羁縻、互市等方式之外的对应手段，唐朝北部边地攻防战略布局的安排就是

---

① 〔美〕拉铁摩尔：《中国的亚洲内陆边疆》，唐晓峰译，江苏人民出版社2005年版，第316页。

② 突厥人自我中心观的描述，可参见〔俄〕李特文斯基主编：《中亚文明史》（第3卷），马小鹤译，中国对外翻译出版公司2003年版，第367页。有关自我中心观的进一步论述，参阅〔美〕刘易士、魏根：《大陆的神话：元地理学批判》，杨瑾等译，上海人民出版社2011年版，第55—56页。

③ 参见萧启庆：《北亚游牧民族南侵各种原因的检讨》，载《食货月刊》，1972年第12期。

如此考虑的。康乐撰写的《唐代前期的边防》从边防形势、政治策略到版图定型、军队建置等方面对唐朝前期的边防所做的研究，就是唐廷应对北方边务安排的典型范例。[①] 而唐朝为因应这种局面，出于各种考量，采取了攻势战略，主宰并支配了建国之后一个阶段的边地经营。[②] 雷家骥教授说，唐朝国防军事采用的方略，是以居中制外、强干弱枝为特征，以外交、和亲、政治、军事各种方式达致联络其他外国以图另一外国之目标，进而确保国家安全，即唐太宗时期的“耀兵振武，慑服四夷”与“偃革兴文，布德施惠”的相互交替。[③]

最后，在这种战略支配下，北方边地的处置成为唐初朝廷重点关注并予解决的主要对象。这是因为东突厥对长安朝廷构成的威胁和压力超出了其他地区。如上所述，突厥的建国早于唐朝，李渊起兵反隋之时，与其他各地反抗势力一样，都曾经向突厥臣服以获取支持[④]，达到战胜对手、独自建国的目标。然而，一旦唐朝剿灭对手建立了实力强盛的帝国之后，唐朝就放弃了这种政策，突厥顿觉唐的威胁和敌意，它对唐朝的态度也就从支持、联合转向了对抗。显然，突厥更希望南部各个势力相互掣肘，求助于它，它便从中渔利，达到控制南部或至少可以获得农耕区物质财富的目标。[⑤] 唐朝的坐大，破坏了突厥的愿望，双方的关系急转直下，突厥的进攻遂不可避免。易言之，唐朝北方面临的威胁日益凸显。针对这种情况，唐廷采取了驻扎边兵、修筑城堡和灵活调动军队等方略应对事变。[⑥] 贞观四年（630）征服东突厥之后，唐廷遂在长安以北地区建构了三道防线，即关中北部渭水盆地至横山山脉间设置原、鄜二州都督府，以洛水中上游

① 康乐：《唐代前期的边防》，台湾大学历史研究所硕士论文，1976 年。

② 参见氏著：《山居存稿续编》，中华书局 2011 年版，第 329—352 页。

③ 雷家骥：《从战略发展看唐朝节度使体制的创建》，载《简牍学报》，1979 年第 8 期；参见唐代学会编：《唐代研究论集》第四辑，新文丰出版股份有限公司 1992 年版，第 253—318 页。

④ 《通典》记云：“薛举、窦建德、王充、刘武周、梁师都、李轨、高开道之徒，虽僭尊号，北面称臣，受其可汗之号。……大唐起义太原，刘文静聘其国，引以为援。”参见王文锦等点校：《通典》卷一九七《边防十三》，中华书局 1988 年版，第 5470 页。

⑤ 游牧人对农耕地区物质资源的依赖，显然大于后者对前者的需求。关于这方面情况，参阅 A. M. Khazanov, *Nomads and the Outside World*, London: Cambridge University Press, 1984, p. 3。

⑥ 双方关系的交涉很复杂，且持续唐高祖一朝和太宗初期。参见吴玉贵：《突厥汗国与隋唐关系史研究》，中国社会科学出版社 1998 年版，第 147—185 页；朱振宏：《隋唐与东突厥互动关系之研究（581—630）》，中正大学历史学研究所博士论文，2005 年，第 165—281 页。

接延水流域，是为第一道防线；又于河套南缘、横山北麓设灵、夏二州都督府，组成第二道防线；这之外则设置燕然都护府以统铁勒、回纥诸部，单于都护府以羁控突厥，又在丰、胜等州置都督府统领军队，阻河为守，内以巩固河防，外以支援两个都护府。这样，“南北三列军事防御层，而且东西相对呼应，外加东边隔河的河东道可以从东方随处支援”①。

由此可见，所谓唐朝的北方边地，是夹处在建国之后的唐朝与东突厥两大政治体之间的一片广袤的区域。这是我们了解唐朝北方疆域的前提。这片区域随着南北两大政治体即唐朝与东突厥交往、互动而日益凸显，成为双方争夺的焦点。正如我们理解近代民族—国家以后的疆界作为一条明确界定的线索一样②，此前的王朝国家如果有“疆界”的话，那么首先就是一片模糊且不固定的“地域”。贞观四年（630）唐朝剪灭东突厥之后，这片地区连同东突厥的整个属地随之并入唐朝，即唐朝打破了旧有疆域的限制，深入漠北。此时，帝国的疆域就扩大为横跨长城南北了。

四

显然，“疆域”在唐朝的眼界里是个变动无常的“异数”，它受制于唐与北方游牧势力政治、军事诸种因素的影响。贞观四年（630）东突厥降附唐廷，并不意味着北方地区从此走向了稳定，相反，贞观十三年（639）发生的突厥贵族未遂政变的九成宫事件③，除了说明突厥上层对唐朝征服其国不满的情绪之外，也在很大程度上促使唐廷改变了纯粹依托羁縻府州进行控制的行政措置，唐廷一方面令部分突厥人北渡黄河进入阴山

① 严耕望：《唐代交通图考》（第1卷），台北，中央研究院历史语言研究所出版社1985年，第316页。

② 吉登斯曾说：“社会科学家们习惯于把‘社会’看成是具有明确边界的行政实体，……那么一般而言，这并不是因为，具有明确边界的行政实体是社会联合所固有的一切属性，而是因为，它是与民族—国家相伴随的独特社会整合形式的产物。”参见〔英〕安东尼·吉登斯：《民族—国家与暴力》，胡宗泽、赵力涛译，生活·读书·新知三联书店1998年版，第2页。

③ 参见朱振宏：《论贞观十三年（639）“九成宫事件”及其影响》，载《台湾师大历史学报》，2010年第43期；李鸿宾：《九成宫事变引发的突厥贵族政治认同问题——兼及〈阿史那（李）思摩墓志〉》，见宝鸡市九成宫文化研究会编《第二届全国九成宫文化研讨会论文集》，陕西人民出版社2012年版，第92—99页。

以南防遏其他游牧势力，另一方面则强化都督府、都护府的军事功能，试图采用震慑的方式巩固北方边地。然而，这些都没能阻止突厥人复国的行动。7 世纪 80 年代，经过大规模且持续不断的抗争，降服的突厥人终于复辟建国，形成后突厥汗国。随后，双方再次于长城区域展开复杂的冲突和交往，这个地带又进入了两大政治体纵横捭阖的时代。中宗当政后，负责北部防务的将领张仁愿趁突厥西征而主力调离之机，调派唐军在今河套沿黄河北线修筑三座受降城，又于北部外围构筑了东西 1800 里之烽候警戒系统，从而形成了一道新的防线。[①] 这就是我们从文献中见到的唐朝与突厥之间最明确的分界线，唐朝的北部疆域在此被明晰化了。

但这条防线并不是最终的分界点，事实上也没有获得突厥的认可。虽然后突厥初起之际给唐朝带来了不小的威胁，武则天对之亦无可奈何，但后突厥也没有持续坐大，终在天宝年间被回鹘帝国取代，草原南北随之进入到相对和缓的回鹘与唐朝的对峙时代。长城地区就是在这种互动的状态中维系的。除了 1800 里长的烽火警戒线外，在长城南北交互的过程中，我们似乎看不出有一条阻隔双方的明确的界限，而是模糊不定的广阔区域，正因为这样，南北才在这里展开了争竞。唐朝先是设置镇戍守捉系列的防边体系，到建立羁縻府州加以控制，再到加强军事职能的都护府体系的构建，直至玄宗天宝时期形成的以驻守特定区域为核心的军区系统的完成，这些建置强化的目的，都是围绕着这片不甚固定的地区而作出的刻意安排。我们看到，不论是早期的羁縻府州、都督府或都护府，还是后来演化而成的节度使，虽然有其相对稳定的区域，但与外族接界的地点普遍不清晰，以节度使为例，我们先看《资治通鉴》相关的记载：

> 朔方节度捍御突厥，统经略、丰安、定远三军，三受降城，安北、单于二都护府，屯灵、夏、丰三州之境，治灵州，兵六万四千七百人。河东节度与朔方犄角以御突厥，统天兵、大同、横野、岢岚四军，云中守捉，屯太原府忻、代岚三州之境，治太原府，兵五万五千人。范阳节度临制奚、契丹，统经略、威武、清夷、静塞、恒阳、北

① 参见李鸿宾：《唐朝三受降城与北部防务问题》，见中国长城协会编：《长城国际学术研讨会论文集》，吉林人民出版社 1995 年版，第 143—153 页。

平、高阳、唐兴、横海九军，屯幽、蓟、妫、檀、易、定、漠、沧九州之境，治幽州，兵九万一千四百人。①

这段记载中的其他七个节度使的情形与此相似，我们看出节度使的治所、辖军、驻军地点（文中的胡注）以及兵力配置等项都有具体而清晰的描写，唯独没有辖区四至的精确介绍，这不应是书写者的忽略，而是辖区尤其针对北方势力的地带模糊不定状况的真实反映。如众所周知，即使因固定而呈现出的地域区分越来越清晰的节度使体系下其北部疆界尚不清楚，此前的都护府管控地带尤其是北部，其界限的模糊程度只能更为明显。这些情况都足以表明，至少本文论述的北方长城地带是以农耕、草原两大势力对峙的过渡性中间区域的相貌（或者说主要如此）而非相隔一条明确的界限而展现的。唐朝与突厥以及后来的薛延陀、回鹘等草原势力相互的角逐、抗衡、交往等都是围绕这个区域而展开。

这个区位重要性之体现，倘若从南北任何一方的核心区角度考虑，似乎都是“无足轻重”的边鄙和外缘地带（较诸中原汉地，游牧势力对其南部边缘更加重视，乃出自这里是其经济资源获取途径的考量），而从超越双方的角度考虑，这里正如拉铁摩尔所描述的那样，因汇聚了多方势力及其文化、影响，反而成了促动四方发展的“贮存地”，由此连接不同的政治和文化而变成了中心区。② 美国学者怀特在研究美国大湖区的印第安人与来到此地的欧洲人之关系时，提出了“中间地带”的概念，旨在揭示外来者与本土人相互接触和博弈而呈现出的通过变革与抗争架构形成的超越文化鸿沟之桥的时空互动之特质。③ 这表明“中间地带”已经超越了王朝核心区单级世界政治运作的关注，转而将各个政治体交叉博弈所蕴藏的相互关系摆到了议事的核心，进而从交互关系的尺度观察诸国整体互动的基本特点。怀特的“中间地带”是从北美的例子印证拉铁摩尔的亚洲东部

① 《资治通鉴》卷二一五唐玄宗天宝元年正月条，中华书局1956年版，第6848—6849页。

② 〔美〕拉铁摩尔：《中国的亚洲内陆边疆》，唐晓峰译，江苏人民出版社2010年版，第169—172页。

③ 纪若诚（C. Pat Giersch）：《“混杂的人群”：中国西南近代早期边疆的社会变迁（1700—1880）》，沈海梅译，见陆韧主编：《现代西方学术视野中的中国西南边疆史》，云南大学出版社2007年版，第145—147页。

南北交往的特性，这个特性也决定了唐朝与游牧帝国疆界的本质，那就是所谓的疆界，是隐藏在两个政治体步入王朝各自核心区的外围，因其王朝核心区的保护并扩展，“外围”区域成为王朝交相作用而经营的地带，其作用彰显与否，受制于核心区稳定之后王朝扩展的幅度和程度，以及双方整体实力的对比，是维持平衡，还是打破平衡？前者促成边缘即“中间地带”的相对稳定；后者则促使它流向攻击力强势的一方。

从唐朝与北方游牧势力的对峙关系看，贞观四年（630）以前是双方角逐和较量的时代，夹处中间的长城地带成为双方争夺的焦点，但其指向则随强势的一方而从。突厥进攻的优势战略迫使唐廷在北部多以修筑城堡、调派军队予以防守，这是唐朝的被迫之举。① 但这一年东突厥被唐朝征服后，中间地带便不复存在，唐廷既从理论上又从实践上占有了大漠南北。朝廷在这些地区普遍设置了羁縻府州，即如《新唐书》所说“虽贡赋版籍，多不上户部，然声教所暨，皆边州都督、都护所领”②，这意味着这些州县有别于朝廷直属的正州正县，而只有这些州县才谈得上疆界问题（详下），它们与朝廷的关系虽说列入国家疆域的范围，但界限模糊，且归属变动无常，采用谭其骧的说法，那些迁入唐朝原有界内的侨居州县，姑且有规范的行政畛域，置于唐朝的管辖之下殆属无疑；但设置于编外各族原住地的那些羁縻州，则在它们归属朝廷之后为唐土，既叛之后就与唐廷无关了，所以他认为是否属于唐朝的范围，关键就是唐廷对这些地区是否行使了明确的管辖权。③ 依此而定，被安置在灵州（治回乐，今宁夏吴忠西）至幽州（治蓟县，今北京城南）长城沿线羁縻州的这些突厥降户从此开始即被纳入到唐朝的范围，其所在的地区也成为唐朝的领土，但北部原住地的界限仍旧不清，这些多为草原之地。然而，到了高宗调露元年（679）以后突厥降户相继叛乱复辟建国，成为独立的后突厥政治体，它所控制的地区就脱离了唐朝。唐与突厥仍旧恢复到了贞观四年以前的状态，虽然存在诸多具体的差异。天宝年间回鹘帝国取代后突厥称霸草原，

① 参见康乐：《唐代前期的边防》，台湾大学历史研究所硕士论文，1976 年，第 11—21 页；李鸿宾：《唐初御敌弃修长城之检讨》，待刊。

② 《新唐书》卷四三下《地理志七下》，中华书局 1975 年版，第 1119 页。

③ 谭其骧：《唐代羁縻州述论》，见氏著：《长水集续编》，人民出版社 1994 年版，第 133—155 页。

与唐廷维系的关系仍旧延续，双方间明目张胆的对抗有所缓和，回鹘出兵协助唐廷镇压安史叛乱，但这些形势的好转代替不了二者对峙的王朝状态。在此前后，唐朝针对北方形势巨变带来的压力，采取了一系列前后应接的防边措施，即如上文所述军镇守捉、羁縻府州，到都护府，再到节度使体系的变革，均能证明唐廷御边措置反映的边地的形势及边疆的本质，那就是本文强调的夹处双方之间变化无常的“中间地带”或者“缓冲区”的再现。这是我们了解唐朝边疆的特质之一。

其次，唐朝的边疆特质还表现在唐廷经营该地的主要目的是治民而非治土之上。《资治通鉴》描写太宗军队攻灭高昌国之后于其地的措施有一段记载如下：

上欲以高昌为州县，魏征谏曰：“陛下初即位，（麴）文泰夫妇首来朝，其后稍骄倨，故王诛加之。罪止文泰可矣，宜抚其百姓，存其社稷，复立其子，则威德被于遐荒，四夷皆悦服矣。今若利其土地以为州县，则常须千余人镇守，数年一易，往来死者什有三四，供办衣食，远离亲戚，十年之后，则陇右虚耗矣。陛下终不得高昌撮粟尺帛以佐中国，所谓散有用以事无用，臣未见其可。”上不从，（贞观十四年，640）九月，以其地为西州。[①]

魏征反对设置西州的理由一是耗费人力，二是得不到物质利益。这样的举措在他看来，就是“散有用以为无用”，不值得。唐太宗没有采纳他的意见，是出于经略西域腹地整体战略的考量。[②] 双方在同一事上态度相左，唐太宗执意在这里设置如同内地的行政和军事建置[③]，魏征的一意反对，其关注的核心似乎都集中在高昌这片土地之上，但仅仅是土地本身吗?《贞观政要》在描写东突厥降附唐朝后各部落酋长和首领纷纷称臣前

① 《资治通鉴》卷一九五唐太宗贞观十四年八月条，中华书局 1956 年版，第 6155—6156 页。

② 王永兴：《唐灭高昌及置西州、庭州考论》，见氏著：《唐代前期西北军事研究》，中国社会科学出版社 1994 年版，第 107—119 页。

③ 参见张广达：《唐灭高昌国后的西州形势》，见氏著：《文书、典籍与西域史地》，广西师范大学出版社 2008 年版，第 114—152 页。

往长安之时，尚有拓拔不至，唐屡次招慰，面对此种形势，凉州都督李大亮上书太宗，说道：

> 中国百姓，天下根本；四夷之人，犹于枝叶。扰其根本以厚枝附，而求久安，未之有也。……且谓之荒服者，故臣而不内。……其自竖立称藩附庸者，请羁縻受之，使居塞外，必畏威怀德，永为藩臣，盖行虚惠而收实福矣。[①]

李大亮不主张将这些边夷之人迁往长安布列朝廷的理由是他们与汉人有别，汉人乃是王朝的正宗根本，而他们乃属化外之人，理应列置边鄙之地，这样才能做到内外有别而天下一统。可见，他所秉承的就是"华裔五方格局"的传统观念。[②] 说到底，对边区的经营首先体现在民众群体身上，他们生活的地区因其而纳入到经营的范围之内，地域是以民众群体为依托的。换句话说，在本文论述的唐人心目中，边疆的概念首先是针对着那个地区内的人群，其次才是他们活动的地区。经营那个地区的目的也是为了控制那里的群体，说到底，群体才是关注的起始点，也是终结点。既然为控制群体而经营地区，就势必出现如何经营的问题，也就是朝廷如何设置军事特别是行政体制的问题。上文所说唐朝征服高昌后，主要从行政和军事建置两个层面采取诸多措施，将其纳入唐朝的直属范围[③]，而行政建设的实质就在于"分民而不分土"[④]，意思是说，行政建置的根本目的就是通过地区的划定达到治理的效果，而地区的划定就涉及了所谓的边界，用周振鹤的话说，"边界的概念也是随着行政区划的产生而出现"[⑤]。如果说战国以前的中原地区各个诸侯国之间普遍存在着缓冲地带，并且随着各国交往的加深，特别是竞争加剧导致缓冲区减小乃至消亡的话，那么

---

① 〔唐〕吴兢撰，谢保成集校：《贞观政要集校》卷九"议安边第三十六"，中华书局2003年版，第503—504页。

② 参见陈连开：《华夷五方格局与东夷、南蛮、西戎、北狄》，见氏著：《中华民族研究初探》，知识出版社1994年版，第190—237页。

③ 参见张广达：《文书、典籍与西域史地》，广西师范大学出版社2008年版，第114—152页。

④ 周振鹤：《体国经野之道：中国行政区划沿革》，上海书店出版社2009年版，第5页。

⑤ 周振鹤：《体国经野之道：中国行政区划沿革》，上海书店出版社2009年版，第57页。

秦始皇统一农耕区之后的王朝面临的则是与北方游牧势力的竞争，其间的缓冲区则由内地转向了边地，正如秦汉与匈奴之间的空地“瓯脱”那样，其性质亦随之发生了变化。与此同时，自战国开始以后，随着城邦国家向领土国家的转换，边境的概念逐渐形成，秦汉通过构建郡县行政区而强化了边界。[①] 继承秦汉体系由隋直接衍化成的唐朝，其边界观念亦随之而得以继承。唐朝初起之后在北部边地构建的行政和军事设施即防御布局，就是加强边疆保护的具体体现。诚如上文所说，唐与突厥的中间区随着二者的博弈而不断出现南移或北转的趋向，当贞观四年征服东突厥之后唐廷设置羁縻府州，这已经走向了行政建制的道路，边界的概念早已形成，但即使如此，羁縻府州北部的界限仍旧模糊不清，即使张仁愿派人修筑三受降城和北部1800里的烽候防御警戒体系，应当说标志着前期唐朝划定最清晰的边界线，但也仅是一种象征，并非存世长久。就唐朝前后290年的历程而言，它与周边各外族势力地理区位的隔离，虽然不乏有中后期唐与吐蕃通过清水会盟划定的分界，但这也不是具体而清晰的线条形状[②]，而一如汉朝与匈奴那般“长城以北，引弓之国，受命单于；长城以内，冠带之室，朕（汉文帝）亦制之”[③]，都是大致的划分且多系个案性例证。总体讲，唐与周边外族之间的交界地基本是采用中间带和缓冲区的形式予以分别。究其原因，边缘区的不固定与其说是土地自身的问题，不如说是其地民众归附不固定的结果，只有他们进入唐境或脱离唐廷，该地区才有可能被纳入朝廷的管辖范围或脱离这个范围。

五

综上所述，我对唐朝的边疆观（概）念理解如下：

---

① 周振鹤：《体国经野之道：中国行政区划沿革》，上海书店出版社2009年版，第58—59页。

② 《旧唐书》卷一九六下《吐蕃传下》，中华书局1975年版，第5247—5248页。参见李方桂：《唐蕃会盟碑（821—822）考释》，吴玉贵译，见耿升主编：《国外藏学研究译文集》第八辑，西藏人民出版社1992年版，第1—96页；陈楠：《论唐蕃清水会盟》，见氏著：《藏史丛考》，民族出版社1998年版，第167—183页。

③ 《史记》卷一一〇《匈奴列传》，中华书局1959年版，第2902页。

第一，唐朝是存在着边疆问题及其相关概念的。它是建立在内地核心区与边缘外围区二元制的基础上。前者因处于农耕地带而成为王朝建构的基础并趋于稳定，后者则多系游牧或半农半牧状态处于以耕作为中心的王朝之边缘而存在。唐朝所谓的边疆地区，通常就是指此而言，其地位和作用显然不能与前者相颉颃。这是其特质之所在。这种地缘内外的有别，归根结底还是受制于活动在核心区、边缘区之上的民族群体的划分，即农耕区的汉人如前文所言如"中国根本"那样成为王朝依托的主体，边缘区的民众则是游走于王朝的外围群体，当其归附王朝之时，就成为王朝管辖的对象；反之，当他们脱离王朝时就转成了王朝攻击的对象。核心区与边缘区之划分，本质上就是活跃在这些地区人群划分的结果。

第二，唐朝的边缘区（主要表现在陆地而非海洋）实际上处在其他政治体边缘区的交叉与重合之处。以北方为例，如同唐朝中心、边缘的二元制构建一样，草原也早就形成了自身的势力范围，与南部农耕地域对峙。长城沿线地区就夹在中原王朝的唐与草原东西突厥、薛延陀、回鹘等帝国势力之间，呈现出来的是一片地区而非畛域分明的疆界线条，或者称为"中间地带"，或者称为"缓冲区"。边疆地区的意涵，对与此有关的王朝而言，就是如何经营和控制这片地区，而经营的本质则是双方或多方在此地区展开的政治、军事、经济乃至文化的交往、对峙、抗衡、冲突和博弈。就唐朝而论，它经营这个地带，首要的动因就是处置它与北方政权的关系。当唐朝疲软于对方的时候，它就采取守势，通过修筑城堡和调派军队等方式加强守护；一旦它强盛超越对手，它就如同贞观四年发兵一样征服东突厥，随后，唐朝采取行政性的诸如羁縻府州的设置加以控制。防守形势下的修筑城防和组建军队因应，更能增强疆域的概念①，边疆界限的观念就是在这些具体的对应处置的过程中形成并固定起来了。上文所谈的唐廷于关内道内外三层的防御、张仁愿的

① 如同唐人的民族观那样，当唐朝的势力膨胀壮大之时，他们就采取"天下主义"的彼此不分，一旦势力衰弱遇到异族的强有力挑战之时，就转为"华夷有别"的畛域自分。参见潘蛟：《"民族"的舶来及相关的争论》，中央民族大学民族学与社会学学院博士论文，2000年，第26—30页。

三受降城与1800里烽候警戒系统的建立，就是这种疆界明晰的展现。所以说，唐朝北部疆域的观念，是在与草原游牧政治体的纵横捭阖的博弈过程中产生，而在行政建置的设计中实施和兑现的。然而，这种明确的界限常常被双方的博弈所打破，事实上，它并不受构筑界限的对手所认可，一旦新的冲突发生，这种界限就会被突破，新的界限和区隔再次构筑。疆界就在彼此的博弈互动中变来变去，但其走向和划定，常由强者所决定。①

第三，疆界的划定由行政的划定而产生，行政的划定则出自朝廷对该地区的管控和经营，经管、控制又由朝廷与北方政治体的交往所决定。这三者之间是因果关系，后者决定前者，而不是相反。这表明，南北的互动是疆界划定的原始之因，但须经过行政治理这个层面，如果没有这个环节，疆界划定也不会必然出现，疆界划定的直接动因乃是行政划定。② 由于疆界所在的政治体之间的关系摇摆不定，疆域所在的区域因此而变化无常，这就决定了行政划定的反复无常，所以说到底，疆界划定本身也是不固定的、常常变化的。我们看到，唐朝的290年间，它与周边外族势力之间疆界的明确划定，远远小于疆界的模糊，其原因就在于双方关系的不确定。进入到民族—国家的时代后，由于疆界划定与国家主权和治权的联系进一步紧密，疆界划定的精确就成为处理国与国关系不可逾越的手段，疆界的精确才被一国和相邻的国家所承认，进而上升为国际法的规范，疆界的概念及其敏感，随之进入人们的视线之中。这是今人对疆域界限理解的基础，我们之所以常常自觉或不自觉地依此概念和范畴去讨论民族—国家以前的古典王朝时代的同类事务，是因为今日的民族—国家形态的政治体正是古代王朝国家的延续（以中国为典型），这种性质上的差别丝毫掩盖不了前后的继承和延续关系，这也就是本文开头所说的今天的疆界问题不

---

① 拉铁摩尔在《中国的亚洲内陆边疆》专门辟出“固定边疆之不可能”一节，他的意思是说，正因为南部的汉人势力和北部草原的游牧势力处在对峙的状态中，“在这两个基本势力的冲突的基础上，又产生次级势力，对基本势力的活动产生影响，并使其更复杂化”，这种情形下的边疆之确定，显然是不可能的。参见〔美〕拉铁摩尔：《中国的亚洲内陆边疆》，唐晓峰译，江苏人民出版社2010年版，第327页。

② 参见周振鹤：《体国经野之道：中国行政区划沿革》，上海书店出版社2009年版，第57—59页。

产生于今日而是古代遗留的结果。但若只考虑连续性而忽视概念的断裂和迥然有别的历史变迁，我们讨论的古今边疆、边界问题，也常会混淆而紊乱①，易言之，如果不作清楚的区隔和自觉的辨识，终究解决不了古人面临的问题。这是需要我们特别警醒的。②

① 这也就是我们在讨论古代疆域的问题时，认识的思路常常采用目前通用法则之缘由，这应当说是时代对我们的限定。正如华勒斯坦所说，我们常常不自知地将当下的规范和框架回溯至以前迥然有别的时代，"'民族'一词的界定或多或少要以一个国家的地理边界为准，已经存在或正在确立的国家边疆目前所占据的空间范围也从时间上被回溯至过去"（参见氏著：《开放社会科学——重建社会科学报告书》，刘锋译，生活·读书·新知三联书店1997年版，第17—18页）。为使讨论更切近目标，脱离民族—国家之窠臼，对此进行检讨和反思是必要的。

② 民族—国家的观念对我们造成的冲击之强，已经到了我们在面对民族—国家以前时代的任何问题都不自觉地以其标准和界度进行考量的程度。英国哲学家罗素从道德准则的角度解释人们之所以对国家表现出忠诚乃是国家权力的增加所致（参见〔英〕罗素《权力论：新社会分析》，吴友三译，商务印书馆2012年版，第203页）。的确，我之提出这个问题，是我们生活的周遭世界每天都在讨论国家与国家之间的各种关系，甚至在彼此的冲突中表现出来的包括民族主义情绪在内的思想和感情，无不与所在的国家本身联系在一起，以致到了国家政治体是解决一切问题的初始点和终结点的地步。我这样说的目的，还是在于从学理的层面思考本文开头提出的话语，即今日疆域问题之产生的逻辑系统与民族—国家之前语境的差异。这方面的情形细致梳理，仍需要学界同仁的共同努力。

南宋至明初的海防与海权意识

| 刘清涛 |

近年来，海洋史或海域史研究方兴未艾，受到越来越多的关注。[①]海域史或说“海洋史”范围或大或小，如一些学者将从东海经南海直至印度洋这一历史久远的贸易网络所连接的海域看做是各个国家、地区的少部分人开展交通、贸易和冒险活动的共有的海疆（water frontier），也有以东亚海域为历史空间。此类研究的内容涵盖海上贸易、交通、海盗等活动，以及与之关联的周边国家、地区的港口贸易、政治、经济、文化等内容。这种海域史的视角不再局限于某一国家，而是超国家的区域史，强调了海域作为人类活动连接体的历史作用，以求在更广阔的视野内发现历史发展的过程与动力。

与此类研究蓬勃发展相比，以国家为中心的海疆史研究却相对冷落。在历史上，随着航海和海上经济贸易活动的繁荣，王朝出于安全和

① 海域史或海洋史研究涵盖了海上交通与史地考证等传统，范围逐渐扩大贸易、交通、文化交流等领域，一直受到国外学者的青睐，近年来也逐渐在国内呈现蓬勃发展之势。如近年广东省社会科学院推出了《海洋史研究》集刊（2010 年开始由社会科学文献出版社出版第 1 集，目前已经出版 4 集），汇集了中外相关领域的学者，以汉、英双语编发。此外，从一些论文集和相关著作翻译的出版中也可见一斑，如复旦大学文史学院《世界史中的东亚海域》（中华书局 2011 年版）、《跨越海洋：海上丝绸之路与世界文明进程国际学术论坛文选》（浙江大学出版社 2012 年版）等会议论集，日本学者滨下武志《中国、东亚与全球经济：区域和历史的视角》（社会科学文献出版社 2009 年版）、松浦章《明清时代东亚海域的文化交流》（江苏人民出版社 2009 年版），澳大利亚学者安东尼·瑞德：《东南亚的贸易时代（1450—1680）》（上下）（商务印书馆 2010 年版），等等。

秩序的考虑也开始对沿海地区和周边海域产生新的认知和对策，这可以看做是国家海疆史的视角。[①] 我国学者围绕海疆史研究已经有过一段时间的讨论，也出现了一些海疆史的论著[②]，但对古代海疆内涵的认识并没有完全一致的看法。“在中国古代是否存在海疆，它在何时形成，其内涵、形态如何等一系列问题，在学术界或尚未展开充分研究，或存有分歧，其原因与人们对海疆（包括现代、古代）概念的认识不同有密切的关系。”[③] 在围绕海疆史的探讨中，有学者指出“中国古近代海疆史的‘海疆’概念应定位于中国的沿海地区，主要指海岸带，包括沿海的陆地、滩涂、港湾、岛屿……鉴于‘海疆’概念的古今差异，我们应从实际出发，在具体内容叙述上合理地照顾到沿海水域问题”[④]。也有学者提出以某时间点为限来定义海疆，认为明代中期以前，仅仅是沿海及岛屿，没有空间概念的海疆。[⑤] 之所以有这些探讨，就是因为需要厘清古代沿海地区及海域由地理形态向国家政权加以控御的边疆空间逐渐演变的历史过程。

我国古代海疆形态逐渐浮现的历史过程，也是前近代海防和海权观念逐渐萌生的过程。有关中国海防史的探讨中，有学者主张中国海防起源很早，有学者认为起源于宋朝，有学者却认为真正的海防起源于明朝。也有学者对古代海权观念进行研究，有的认为宋代中国已是海权大国，有的认

① 海疆作为一国之疆，无疑是属于一国之史。有学者指出：“海疆首先是一个国家范畴的地理概念。”参见张炜：《中国海疆史研究几个基本问题之我见》，载《中国边疆史地研究》，2001年第2期。也有认为，海疆史研究具有封闭的特性，往往强调国家权力对海的控制，从而显得视野过于狭隘，而“东亚海域史研究”对扩展我国海疆史研究的视野有着启示意义。（参见陈波：《元明时代的滨海民众与东亚海域交流》，绪论“一、关于‘东亚海域史研究’的立场、理论与方法”，南京大学博士毕业论文，2009年。）笔者想说的是作为国家防控意义上的海疆形态如果真正存在于前近代中国历史中，不管其是否具有封闭性，都是值得研究的；海域史研究是一种很好的视角，对海疆史研究亦有裨益之处。

② 张炜、方堃主编：《中国海疆通史》，中州古籍出版社2003年版。

③ 李国强：《关于中国海疆史地学术研究的思考》，载《中国边疆史地研究》，2001年第2期。

④ 张炜：《中国海疆史研究几个基本问题之我见》，载《中国边疆史地研究》，2001年第2期。

⑤ 方堃：“首届边疆学论坛”发言，2013年11月14日。

为明代才有海权意识。[①] 海疆史研究的内容包括海疆空间开拓、行政建置、社会发展、治理政策、海防与海权意识以及对海疆空间乃至海外关系的认识和观念等。古代真正海防与海权意识的出现，很大程度上决定了海疆形态的浮现，所以海防和海权意识的研究是海疆史具有标定意义的重要内容。

因此，本文在前人研究的基础上，试图进一步在厘清南宋至明初影响我国古代海防与海权意识产生的内、外因素以及海防与海权意识演变的历史线索。无论如何，不能指望古代拥有跟现代一样明确的相关观念，只能基于历史事实和语境，尝试进行梳理，希望对我国古代海疆史研究有所裨益，不当之处，还请方家指正。

一、南宋以前海疆历史发展中的四个维度

历史上，沿海地区和近邻岛屿自从纳入滨海政权或统一王朝的版图后，海洋之于王朝政权就并非仅是一道天然屏障。王朝能利用海洋航行开展军事行动，依托海上的反叛势力也对王朝构成一定威胁，同时海洋也一直作为中外贸易和交流的渠道。但历史上很长时间以来，历代并没有形成海防与海权的意识。

其一，王朝政权很早就能够组建水军并从海上发起军事及拓殖行动。[②] 秦汉统一后，王朝就已能够组织大规模的海上军事行动。如建元三年，闽粤发兵围东瓯，汉武帝遣严助“发会稽郡兵浮海救之”；元封二年（公元

① 罗荣邦《宋末元初中国作为一个海上强国的崛起》一文中，把宋朝看做是海上强国。参见罗荣邦：《宋末元初中国作为一个海上强国的崛起》，载《远东季刊》，1955 年第 4 期。高月《近代中国海权思想的形成与演进》指出：“中国海权思想的产生应具备两个条件。一是海洋由天堑变通道，海洋不再具有不可逾越性；二是陆疆安全从海上而来。只有满足这两个条件，中国人才会产生控制海洋、防御海洋、经略海洋的思想，即中国的海权思想。纵观中国历史，与海洋上的他者发生对抗应始自明代的倭寇。”李恭忠、李霞《倭寇记忆与中国海权观念的演进——从〈海图编〉到〈洋防辑要〉的考察》批判性地探讨了海权与倭寇记忆相关联的问题。参见李恭忠、李霞：《倭寇记忆与中国海权观念的演进——从〈筹海图编〉到〈洋防辑要〉的考察》，载《江海学刊》，2007 年第 3 期。

② 早在公元前 485 年，便有吴王夫差通过海上进攻齐国的战争。《史记》卷三十一《吴世家》载：“齐鲍氏弑齐悼公。吴王闻之，哭于军门外三日，乃从海上攻齐。齐人败吴，吴王乃引兵归。”该记述出自《左传·哀公十年》。

前109）秋，汉武帝又“募罪人击朝鲜”，“遣楼船将军杨仆从齐浮勃海兵五万”。[①] 之后历代发起海上军事征讨和拓殖更是屡见不鲜，较重要的有东汉伏波将军马援海上征交趾，孙权海外征讨“夷洲”，隋炀帝征高句丽、海外征“琉球”，唐初的白江口之战不仅显示了唐朝造船和水战技术的发展水平，还是第一次与海外国家发生大规模的海战。[②]

其二，利用海岛险远和海上交通的便利，历代依托于海上的“海贼”、海盗乃至叛乱、起义也对社会秩序甚至王朝统治构成的挑战。西汉初年，就有田横亡入海的事件。[③] 两汉时期“海贼”频发，人数多时达到“万数”的规模。[④] 之后历代“海贼”、海盗的记载更是屡见不鲜。[⑤] 有时候也出现以海为依托的民众起义，如东晋末年孙恩、卢循海上起义，前后历经13年，规模一度达数十万人，楼船千艘，成为以后滨海民众据海反抗王朝统治者典型，对后世影响深远。[⑥] 总之，海上威胁对王朝政权来说并不陌生，但此类依海为依托的武装反叛行动并没有促使王朝产生海疆与海防的观念。

其三，海上交通贸易和中外往来的活动逐渐发展。早在汉代通过海路的海外交通就有了重要发展，《汉书·地理志》记载了从雷州半岛的徐闻、合浦出发到达印度洋的黄支国的航线。之后海外贸易活动不断得到发展。到唐朝时，大量波斯、大食商人航海东来的，使得历史上海外贸易达到一个新阶段，唐朝也因应设立了市舶司，进行管理。海外国家航海来朝的历史记载也几乎与统一王朝相始终。西汉时有了“会稽海外有东鳀人，分为

---

① 《汉书》卷九十五《西南夷两粤朝鲜传》。

② 参见熊义民：《唐初海军初探》，载《史学月刊》，2002年第1期。

③ 《汉书》卷一《高祖本纪/高帝纪》：“田横归彭越。项羽已灭，横惧诛，与宾客亡入海。上恐其久为乱，遣使者赦横，曰：‘横来，大者王，小者侯。不来，且发兵加诛。’横惧，乘传诣洛阳。”

④ 王子今、李禹阶：《汉代的“海贼”》一文指出：“东汉时期的文献记录明确出现‘海贼’称谓，然而反政府的海上武装集团在西汉时期已经形成历史影响。‘海贼’活动对‘缘海’地方行政秩序形成威胁。‘海贼’‘引兵入海’之众至于‘万数’，推想已经形成船只数量可观的舰队。”“乘船浮海，深入远岛”，汉王朝军队以为“攻之未易”。参见王子今、李禹阶：《汉代的“海贼”》，载《中国史研究》，2010年第1期。

⑤ 参见郑广南：《中国海盗史》，华东理工大学出版社1993年版，第71—80页。

⑥ 参见郑广南：《中国海盗史》，华东理工大学出版社1993年版，第71—80页。郑书将这些反抗势力纳入海盗史进行叙述，笔者认为并不妥当，海盗尽管因不同地域不同时期各有特色，但不宜将对官府的民众反抗势力视为海盗。

二十余国，以岁时来献见云”[①] 的记载。汉武帝平朝鲜后，日本与汉朝开始了海上交通。东汉时期，中日交流日益频繁。[②] 此后，历代对海外诸国朝献的记载越来越多，海外世界也越来越明晰。

其四，南北政权割据时期，各自也面临着从海上相互攻防的问题。如三国时期，魏国也曾萌生过海上征伐吴国念头，如景元三年冬，“又令唐咨作浮海大船，外为将伐吴者”[③]。“永安七年夏四月，魏将新附督王稚浮海入句章，略长吏资财及男女二百余口。将军孙越徼得一船，获三十人。”[④] 而占据东南的孙吴政权显然有着更强大的海上军事力量，然而更多时候是沿海向南到交广用兵，包括那次海外寻异俗的远征夷洲。唯有一次沿海向北的念头，就是在黄龙三年，“公孙渊降而复叛，权盛怒，欲自亲征”，经劝阻，事罢。[⑤] 之后的东晋和宋齐梁陈诸朝也面临同样的境况，虽然这些南方王朝都能建立起海上军事力量，但南北政权的对峙并未使其建立完备的海防建制。

以上四个维度的历史事件与王朝政权息息相关，但南宋以前，历代王朝并没有出现整体上的海防意识，更不论产生海权意识。尽管历代多次发起海上军事行动，往往是因征伐而起，战争结束即告一段落，没有常备的海军建制，也没有整体的海防建置，有的也仅是局部的针对性海防。[⑥] 总之，“沿海地区虽然客观上形成了疆域，但在人们的主观认识方面，还不能独立思考海疆的问题，也不可能摆脱‘海界’的概念”（虽然此处所引论述是关于汉代，但笔者认为也可以用于南宋以前所有朝代）。[⑦]

---

① 《汉书》卷二十八下《地理志》。

② 《后汉书》卷经由八十五《东夷列传》。

③ 《三国志魏书》卷二十八。

④ 《三国志吴书》卷四十八。

⑤ 《三国志吴书》卷五十三。

⑥ 如唐代海防除了在山东半岛有登州守捉、东牟守捉外，几乎不见有海防记载。参见杨金森、范中义：《中国海防史》上册，海洋出版社 2005 年版，第 9 页。其他地方，唐廷一度于东莞设屯门镇，加以防范，泉州有些许防御。从波斯、大食掠夺广州这一事件及唐政府的反应，也能反映唐代基本不太注重海防。北宋时期也主要是局部针对性海防，主要在山东半岛的登州。这里与辽朝的辽东半岛隔海相望，“便风一帆，奄至城下”；而太宗淳化五年（994），契丹曾泛海劫千乘县（今山东半岛北部广饶县附近），故北宋在这里“常屯重兵，教习水战，日暮传烽，以通警急，每年四月，遣兵戍驼基岛，至八月方还，以备不虞”。参见王青松：《南宋的海军》，河北大学硕士学位论文，2004 年。

⑦ 张炜、方堃主编：《中国海疆通史》，中州古籍出版社 2003 年版，第 80 页。

在探讨南宋及以后我国历史上出现海防与海权意识的历史背景的时候，正需要我们根据以上四个维度的因素进行对比分析，看哪些因素是之前一直存在的，但此时出现从量变到质变的积累，哪些是之前没有过的新因素，以此来分析中国古代海防与海权意识发展的线索。

二、南宋海防建制的出现和海权意识的产生

海外华人学者罗荣邦先生早在上个世纪五六十年代就对中国历史上的海权和海军进行了卓越的研究，其撰写了三篇相关论文，即《宋代后期和元代初期中国作为海上强国的出现》[①]、《海上商业及其与宋代海军的关系》[②]、《明初海军的衰落》[③]。罗先生使用了马汉的海权理论，主要从中国内部经济、人口、环境、观念及与内陆边疆的关系等社会史角度，对南宋到明初这三百年间中国作为海权大国（向海发展）的出现和衰落的原因进行了论述。在论及南宋如何成为一个海权强国的时候，罗荣邦先生借鉴了马汉海权理论，认为“仅仅拥有一支海军并不能成为海权大国（sea power），海权是马汉所言一套地理学和社会学条件累计的结果及物质的表达”[④]。在论及南宋成为海权大国的过程时，其形象地比喻为，犹如一个倾斜桌面上的圆球不可避免地划出桌面，而经济和人口向东南沿海地区聚集也将一部分人口挤向海上。这一过程发生在数个世纪前就已开始的经济重心南移的大背景下，包括了当时气候变化、政治动乱、北方民族入侵、人口迁移等因素所导致的社会条件各方面的变化；巨大的财政负担使政府无法仅依靠传统土地财政，从而转向依赖商业及海外贸易，将注意力转移到海上，积极招徕海外商人进行贸易；在精神领域，官僚学者阶层积极支持科学探究、发明创造，民众展现出拓殖冒险精神，积极参与海上贸易和

① Lo Jung Pang, “The Emergence of China as a Sea Power during the Late Sung and Early Yuan Periods”, *The Far Eastern Quarterly*, Vol. 14, No. 4, Agu. 1955, pp. 490 – 491.

② 〔美〕罗荣邦：《海上商业及其与宋代海军的关系》，载《东方经济社会史杂志》，1969年第1期。

③ 〔美〕罗荣邦：《明初海军的衰落》，载《远东季刊》，1958年第2期。

④ Lo Jung Pang, “The Emergence of China as a Sea Power during the Late Sung and Early Yuan Periods”, *The Far Eastern Quarterly*, Vol. 14, No. 4, Agu. 1955, p. 494.

海外拓殖，中国海商开始逐渐取代阿拉伯商人，成为东亚、东南亚海上贸易的主要力量；技术层面上，加快了对地理、航海、造船、火器等领域知识与技术的进步。这一累积的结果就是南宋中国呈现出不同于人们对古代中国的一般化的概括性特征，历代王朝从来没有这样依靠并积极寻求向海上发展。而这一切都是南宋海权的基础。①

当然，如果没有金朝从海上进攻的直接威胁，尽管有强大的海洋经济和航海基础，南宋政府可能也不会如罗荣邦先生所言，在我国历史第一次建立起一支作为独立专职兵种的国家常备海军。② 南宋政府能够迅速建立起这样一支海军力量，并且能够维持下去，当然是基于罗荣邦先生所分析的南宋向海发展的整个社会与经济基础，如其能从航海人群中招募从祖辈那里继承航海技术的人作为水军，必要条件下能征集民船甚至民间参与海防等方面。③ 南宋海军主力是隶属于沿海制置司的定海水军，属于殿前司的许浦水军、澉浦水军、金山水军等，另外有福建、广东地方厢军或厢军改为禁军的一些驻地方水军。分布上，从长江口到雷州半岛，规模上，人数最多时候达到五万多人。④ 南宋海军尽管中间也经历了衰退和复兴，但基本上可说出色地发挥了作用，不仅在胶西海战中给予金朝海军歼灭性打击，之后反过来对金朝及蒙古形成了震慑，阻遏了他们从海上进攻南宋的企图。⑤

海防建制形成以后，海军除了驻防、巡海等常规军事职能外，更多时候在缉拿海盗、打击走私，维护秩序等方面发挥了重要作用。且到南宋后期，出现了各地海军受驻地使臣节制的趋势，这反映了地方治安形势的严

① Lo Jung Pang, "The Emergence of China as a Sea Power during the Late Sung and Early Yuan Periods", *The Far Eastern Quarterly*, Vol. 14, No. 4, Agu. 1955, pp. 489 - 503.

② Lo Jung Pang, "The Emergence of China as a Sea Power during the Late Sung and Early Yuan Periods", *The Far Eastern Quarterly*, Vol. 14, No. 4, Agu. 1955, p. 491.

③ Lo Jung Pang, "The Emergence of China as a Sea Power during the Late Sung and Early Yuan Periods", *The Far Eastern Quarterly*, Vol. 14, No. 4, Agu. 1955, p. 491.

④ Lo Jung Pang, "The Emergence of China as a Sea Power during the Late Sung and Early Yuan Periods", *The Far Eastern Quarterly*, Vol. 14, No. 4, Agu. 1955, p. 491.

⑤ 王青松：《南宋的海军》，河北大学硕士学位论文，2004 年。

重和维护地方秩序的重要性。[1] 从另一方面看，南宋这种向海发展导致了沿海经济和海上贸易活动的空前繁荣，维持海疆这样一种开放、繁荣的状态，势必需要王朝维护秩序，对海疆加以控御。从史料可以反映出，南宋时期的“海贼”频发远远超出之前各朝历代。就地域言，东南沿海特别是福建沿海为多发地区。这或许是因为南宋以前沿海地区远离政治中心，一些海贼事件由于缺少政治影响而被忽略，也可能是因为首都南迁导致海上贸易路线的变化和沿海一些港口地区的繁荣有关。[2] 总之，虽然防御金朝是南宋海防建立的主要动因，但维护海疆秩序，也使得南宋海防建制成为必要。

对拥有海上军事实力，又将注意力放在海上的宋朝来说，海上空间便更加明晰，随之也萌发了一种海权的意识。如罗荣邦先生所注意到的，曾有过海防筹备经验后来官拜右丞相兼枢密使的吴潜在奏疏中论及定海水军时称：“若海道之责，则西接许浦，南接福建，北接高丽，东接日本，广袤且逾万里，探望以舟师，巡棹以舟师，把守诸处隘口以舟师”；“今定海水军，虽得控扼之地，然于防制倭丽则有余，而于遮护京师则不足。”可见，伴随着海防军事力量的发展壮大，在内向性海防意识基础上，外向性的海权意识也在中国历史上第一次萌生。这种海权意识把海洋看做一个军事波及的空间，同时也是有指向海外邻国高丽和日本的针对性。在南宋时期，除了高丽曾断绝与南宋的关系并拒绝南宋利用其作为进攻金朝的基地，和日本商船可能发生的一些不法事件外，没有文献记载日本和高丽对南宋产生过任何现实威胁，但南宋官员却有了“防制”高丽和日本的意识。可见，守卫性的海防意识或可由海上威胁触发，但外向性的海权意识是伴随着海权实力的产生自然萌生的意识，不一定有外来威胁触发。

对比分析，与之前南北王朝对峙所不同的是，由于航海技术和海上贸易已有了巨大的进步，金朝对南宋的海上威胁不仅是停留在可能性上，不再是一些企图或零星侵扰事件，而是步入实际的大规模操作了。“背海立

---

① 南宋海军主力是隶属于沿海制置司的定海水军，属于殿前司的澉浦水军和许浦水军，另有福建、广东地方厢军或厢军改为禁军的一些地方水军。参见王青松：《南宋的海军》，河北大学硕士学位论文，2004 年。

② 〔日〕松浦章：《中国的海贼》，谢跃译，商务印书馆2011 年版，第30 页。

国”的南宋在应对金朝海上入侵的直接促动下，以民间航海与海上贸易活动的社会力量为支撑，不仅很快建立起从长江口直到雷州半岛全面的海防建制，还在海上军事力量的基础上萌生了一种史无前例的前近代中国的海权意识。可以说，主要是航海贸易活动的繁荣和航海技术的进步等中国内部因素积累，宋金对峙出现了不同于之前南北王朝对峙的结果，金朝海上进攻的现实威胁使得南宋建立起完备的海防军事建制，并发展成一直强大的海上军事力量，并在此基础上出现了海权意识的萌生。同时，海外贸易繁荣和沿海的开放状态，也为王朝维护海疆秩序提出了要求，这也是海防军事建制显得必不可少的一个因素。这都可以看做是中国历史上内部因素积累的结果。然而，外来因素很快就接续成为我国历史上海防意识产生的一个重要原因。

三、元代海防意识中的日本因素

元朝且作为陆上统一王朝，已经没有了来自北方割据政权海上威胁的问题，但海防自始至终就是元朝加以重视和积极筹备的。一方面，元朝继承了南宋海疆开放、海上贸易繁荣的状态，需要维护海疆秩序。宋末元初沿海地区海贼活动猖獗，同时元初还积极准备征服海外各国，因此，元朝一开始就不断加强沿海防御和海上军事力量的组建。另一方面，日本因素对元朝海防意识产生了重要影响，这可看做历史上首次由外来因素对我国海防意识和海防建制产生重要影响。

伴随着对高丽和南宋的征服，元朝迅速获取了强大的海上军事实力，并用于继续其停不下来的征服事业中。高荣盛先生认为，支撑忽必烈有计划、有目的且不停止的征服姿态的是其“‘混一’天下、即所谓‘薄海内外亲如一家’的观念，其中当然包括了他‘学步’历代帝王、向往万国来朝的政治心态”①，以至于成为元朝处理对外关系的意识形态：“朕惟祖宗立法，凡不庭之国，先遣使招谕，来则安堵如故，否则必致征讨”② 所以，元初对日本、安南、占城、爪哇进行了海上军事征讨。在元朝这种以

① 高荣盛：《元史浅识》，凤凰出版社2010年版，第14页。

② 《元史》卷二一〇《外夷传》。

征服者的高姿态下建立的中外关系体系中[1]，两次征讨未果的日本虽然没有“敌国关系”的宣称，但却必然成为防范的对象。一些日本武装商船的贸易往来一直引起元朝高度警惕。这些武装商船的现实威胁是存在的，如至大元年（1308）焚掠庆元事件，但在这种“敌对”关系背景中，也会有一定的放大效应，从而对元朝海防意识产生重要影响。

元朝第二次征日失败后，元日双方都加强了戒备。就在元朝第二次征日失败的当年即至元十八年（1281）十月，“高丽王并行省皆言，金州、合浦、固城、全罗州等处，沿海上下，与日本正当冲要，宜设立镇边万户府屯镇，从之。十一月，诏以征东留后军，分镇庆元、上海、澉浦三处上船海口”[2]。可见，连高丽都产生了对日本的海防意识。至元二十九年，“六月己巳，日本来互市，风坏三舟，惟一舟达庆元路。冬十月日本舟至四明，求互市，舟中甲仗皆具，恐有异图，诏立都元帅府，令哈剌带将之，以防海道”[3]。在大德八年（1304）开始在定海设立千户所，“夏四月丙戌，置千戶所，戍定海，以防岁至倭船”；“甲子，倭商有庆等抵庆元贸易，以金铠甲为献，命江浙行省平章阿老瓦丁等备之”。[4] 武宗至大元年（1308）日本商人焚掠庆元，“官军不能敌”，随之加强了防御。[5] 至大四年十月，以江浙省奏言：“两浙沿海滨江隘口，地接诸蕃，海寇出没，兼收附江南之后，三十余年，承平日久，将娇卒惰，帅领不得其人，军马安置不当，乞斟酌冲要去处，迁调镇遏。”枢密院议：“庆元与日本相接，且为倭商焚毁，宜如所请，其余迁调军马，事关机务，别议行之。”

可见，防御日本商船成为元朝不断加强海防的一个重要因素。除了这次焚掠庆元之外，日本的武装商船“出其重货，公然贸易，即不满所欲，燔城郭，抄掠居民”类似行为的直接或间接记录也散见于一些史料中，加之后期又出现专事抢掠的倭寇，总之元代延及中国东南沿海倭寇活动逐渐

① 笔者认为历朝历代在处理中外关系的观念和方式上，都有其具体的内涵和特点，如元代这一征服意识形态下的中外体系便与其他朝代不同，有其特殊性，所以不采用笼统的“朝贡体系”一词。

② 《元史》卷九十九《兵二・镇戍》。

③ 《元史》卷十七《世祖本纪》。

④ 《元史》卷二十一《成宗本纪》。

⑤ 《元史》卷九十九《兵二・镇戍》。

呈现严重事态。[①] 整个元代，日本因素成为元朝海防建设的重要动因。

日本武装商船对中国海防意识的可能性影响或可以追溯的到宋朝。“从十三世纪开始，九州和濑户内海沿岸富于冒险的武士和名主携带同伙，一面到中国和朝鲜（高丽）进行和平贸易，同时也伺机为海盗，掠夺沿岸居民，对方称此为倭寇，大为恐怖。”[②] 淳熙二年（1175），发生了倭船火儿滕太明殴人致死的事件，南宋政府将其交付给日方纲首还归日本，治以其国之法。[③]《许国公奏议》卷 4《条奏海道备御六事》：淳祐九年（1249），定海水军“当年遂擒捕到积年大（舟＋宗）海寇数百人，赶逐倭船出境，捕获铜钱二万贯，实得全军在寨之力”。同卷还有《奏给遭风倭商钱米以广朝廷柔远之恩亦于海防密有关系》，可见当时有日本、高丽商船的人员由于遭风难失舟不得不在沿海滞留并陷入困境的事情，可惜的是奏疏中未展开述及与南宋海防有何具体关系，但也推测这些滞留流浪的人员可能会在沿海当地制造一些冲突扰乱。宝祐六年（1258）八月，南宋出现“诏申严倭船入界之禁”[④]。这到底是因为日船因为违反宋朝规定如走私铜钱等行为，还是有抢掠等扰乱沿海秩序的行为，不得而知。然而，如前文所述，就这点零星事件，在宋金对峙和维护沿海秩序的大背景中，不足以对南宋海防与海权意识的出现产生根本性影响。然而，如前文所述，到元代历史背景不同了，日本的武装商船成为元代海防意识有着重要的影响。

总之，元代外来因素（日本武装商船及后期倭寇）第一次成为影响中国历史上海防与海权意识的一个重要原因。元朝在继续推进海外贸易繁荣、保持海疆开放的状态下，维护海疆秩序的需要也是海防建制存在的重要原因。这内、外两方面因素到底在元朝海防意识产生中各占有多大的分量，难以评估，学界对元朝整个海防建制也缺少全面的研究。然而，且不说元日“敌对”关系，就是在前近代一般中外关系的框架中，外来因素无疑都会有放大效应。外国的海寇虽然客观上破坏性不见得大过本土海寇，

① 参见高荣盛著作的《元史浅识》“元代‘倭寇’论”部分。

② 〔日〕井上清：《日本历史》上册，闫伯纬译，陕西人民出版社 2011 年版，第 116 页。

③ 《宋史》卷四九一《外国七日本》。

④ 《宋史》卷四十四《理宗本纪》。

但其性质不同。如元人吴莱所言的“丧士气，亏国体，莫大于此”，“徒以中国之大而使见侮于小夷”①。然而，倭寇活动自元末愈演愈烈，成为影响明初海防与海禁政策的重要因素。

四、倭寇与明初的海防与海权意识

13 世纪初，对马岛等地的海盗团伙曾对高丽进行过寇掠，《高丽史》高宗十年（1223）五月条出现“倭寇金州”记载。之后几十年不见倭寇的记载，直到 13 世纪中期又出现数起倭寇事件。但真正倭寇的兴起是在一个世纪以后的 1350 年。《高丽史》将忠定王二年（1350）发生的事件称为“倭寇之侵”、“倭寇之兴”，又有“庚寅以来的倭寇”的说法，反映了 14—15 世纪朝鲜人自己对倭寇兴起的认识。②

而高荣盛先生认为，13 世纪前期的对马岛倭寇可以看作偶发事件，而 13 世纪中后期特别是以元宗四年（1263）倭寇掠夺熊神县勿岛高丽贡船及居民事件为标志，倭寇问题便于朝鲜半岛逐渐呈扩大趋势。其将 13 世纪中后期发生于朝鲜半岛的倭寇事件与日本国内社会状况的恶化结合分析，认为倭寇兴起应定于 13 世纪中后期（以寇掠贡船与居民的 1263 年为标志），而不是近一个世纪以后的 1350 年。这样便衔接起至大元年（1308）日商焚掠庆元事件及以后延及中国东南沿海逐渐呈现严重事态的倭寇活动，构成单线条的倭寇活动兴起过程。③

然而，笔者同意田中健夫的看法，武装商船可以看做广义的倭寇，但与专门从事抢掠的倭寇还是有所区分，因为前者毕竟有经商的目的。不仅当时的高丽人自己认为倭寇自 1350 年始，在明代也有类似认识，如明太祖洪武二年（1369）冬十月谕高丽国王：“况倭人出入海岛十有余年，必知王之虚实。”④ 可见这波专事抢掠的倭寇一兴起便很快遍及朝鲜和中国沿海。

---

① 吴莱：《渊颖集》卷 5《论倭》。

② 〔日〕田中健夫：《倭寇——海上历史》，杨翰球译，武汉大学出版社 1987 年版，第 7—9 页

③ 参见高荣盛著作的《元史浅识》“元代‘倭寇’论”部分。

④ 《明太祖实录》，洪武二年冬十月壬戌。

明初沿海各地几乎连年遭受倭寇侵掠，范围从山东到广东几乎遍及整个沿海。加之，在平定海疆的过程中，发生过滨海民众反叛的兰秀山之乱，并有部分民众窜逃高丽、耽罗，还有勾引倭寇一同为乱的嫌疑。明太祖于洪武四年终于采取了全面关闭海疆、洗海靖岛政策。[①] 把海疆数百年来民间航海贸易的开放繁荣状态一举肃清，统一到编户齐民农业立国的封闭性治国策略之中。而延续了数百年的民间航海所积淀的力量被整编入国家控制的卫所军事建制中去。这样，愈演愈烈的倭寇侵掠完全成为其沿海防御的主要对象。洪武时期，以卫所体制为基础，沿海地区建立起全面海防军事建制。就东南六省而言，共有54个卫，127个千户所，保守估计有两千七百艘战船[②]，保持了强大的海上军事力量。

在对民间实行闭关锁国政策的同时，明太祖积极建立与海外诸国的朝贡关系。当对外关系出现矛盾和龃龉的时候，明太祖多次以其海上军事实力自诩，同时流露出他的海权意识。如洪武九年四月，诏谕日本“国王良怀”中有：“今吾与日本止隔沧溟，顺风扬帆止五日夜耳，王其务脩仁政以格天心，以免国中之内祸，实为大宝，惟王察之。”[③] 在高丽王被弑后，与高丽关系一度紧张，在多次诏谕高丽的文书中，明太祖表达出他的海权意识，如：“遣高丽使还，以敕谕之曰：汝承奸臣之诈，不得已而来诳我，今命尔归，当以朕意言于首祸之人曰：尔杀中国无罪之使，其罪深矣，非尔国执政大臣来朝及岁贡如约则不能免问罪之师。尔之所恃者沧海耳，不知沧海与吾共之尔。如不信，朕命舳舻千里，精兵数十万，扬帆东指，特问使者安在，虽不尽灭尔类，岂不俘囚其大半，尔果敢轻视乎？”[④] 另一处，其又认为其水军优势使得其更胜过汉唐：“尔国入贡，复以空纸圈数十杂于表函中，以小事大之诚果如是乎？尔之所恃者以沧海之大、重山之险，谓我朝之兵亦如汉唐耳。汉唐之兵长于骑射，短于舟楫，用兵浮海或以为难。朕起南服江淮之间，混一六合，攘除胡虏。骑射、舟师，水陆毕备，岂若汉唐之比哉？”[⑤] 相较于元朝征日，明太祖自认为其现有海军力

① 对于明太祖什么时间开始海禁，是不是全面海禁，近来有不少探讨，暂不展开。

② 〔美〕罗荣邦：《明初海军的衰落》，载《远东季刊》，1958年第2期。

③ 《明太祖实录》卷一〇五，洪武九年三月。

④ 《明太祖实录》卷一二一，十一年十一月。

⑤ 《明太祖实录》卷二二八，洪武二十六年六月。

量更胜一筹。如："谓元之艨艟漂于蛇海，将谓天下无敌。吾不知以天欤以人事欤？若以人事较之，元生紫塞，不假舟梁，蹄轮长驱，经年不阻，而为有疆，盖长于骑射短于舟楫耳。"①

明太祖的海权意识并非纯粹虚张声势，虽然沿海卫所体制中军力分散，但集中调动起来，颇具实力。如，洪武二十九年三月庚申，"命中军都督府都督佥事朱信、前军都督府都督佥事宣信，总神策、横海、苏州、太仓等四十卫将士八万余人，由海道运粮至辽东，以给军饷。凡赐钞二十九万九千九百二十锭"②。单海运就可以调动起这样强大的军力，由此可见一斑。另外，从明成祖时期郑和下西洋的壮举中也可反映明初确实拥有相当的海上军事实力。

总之，从明朝开始，外来因素（也即倭寇）成为中国海防意识的主要原因；国家对民间航海力量的整编和积极的军事扩建，使得明初中国仍能成为一个海权大国。在前近代的国际关系体系中，明太祖作为中国皇帝，第一次表达出明确的海权意识。

五、结　语

中国历史上海防与海权意识的产生有内部因素的积累，也有外来因素的作用，有必然性，也有偶然性。必然性来说，是我国沿海地区经济发展和民间航海力量发展的结果，如果以更广阔的视野看，也可以看做是整个东亚乃至包括印度洋海域贸易发展驱动的结果。偶然性来说，如中国内部割据与统一，王朝注意力放在内陆还是海疆，王朝的性格是开放还是封闭，日本武装商船以及倭寇因素，等等。

中国历史上海防和海权意识出现在南宋时期，是中国社会内部因素的积累所造就的。影响元代海防意识的，既有维护海疆秩序的内部因素，也有日本武装商船的外部因素；外部因素（日本武装商船）第一次对我国古代海防意识产生了重要影响。进入明代，倭寇兴起，外来因素成为影响明代海防意识的主要因素。明初将民间航海力量整编入国家海防军事建制中

---

① 《明太祖实录》卷一三八，秋十四年秋七月。

② 《明太祖实录》卷二四五，二十九年三月庚申。

去，建立起全面完备的海防体制，一时拥有强大的海上军事力量，也出现了较明确的海权意识。

海防意识可以看做内向防御性的，而海权意识是外向伸张性的。当然前近代中国的海防与海权意识无法与现代清晰的海疆战略相比，但在前近代中国能产生把广大海域当成军事力量所能跨越和施展的空间这样的海权意识（“尔之所恃者沧海耳，不知沧海与吾共之尔”）也算难能可贵。当然，这只是前近代中国萌生的朴素的海权意识，与近代世界的海权观念可比性不大。至于罗荣邦先生用马汉的理论来论述中国古代的海权，笔者认为也只能是在解释南宋海权实力产生的社会和海上贸易基础方面有借鉴意义。其次罗荣邦先生也忽视了外来因素在中国海防与海权意识发展中的作用。马汉的海权理论是 19 世纪末 20 世纪初工业革命以后，帝国主义为殖民地和商业利益相互竞争的世界背景中产生的，前近代中国这种海权意识也仅是在与海外国家构建以中国为中心的国际体系过程中萌生的一种朴素简单的意识，就性质和内涵而言，与马汉的海权理论不可同日而语。

一旦有了相关观念意识后，反过来会对实践产生作用，可惜的是，虽然明初萌生了这种朴素的海权意识，但却没能继续使其指导实践。在下西洋活动和海运废止以后，随着卫所制度的颓坏，明朝海上军事力量迅速失落，由于海禁政策导致的民间航海力量不复存在，明代海上军事实力很难再度兴起，海权意识不复存在，而只有海防意识。值得指出的是，此时期也即本文所述的“海权意识”的萌生是南宋到明初海上军事实力的一种自然反映，与明代中后期大量著作中出现的“御海洋”等观念不同，后者只能看做是一种海防的战略。

民国时期越侨在云南边疆地区社会活动与管理的历史考察*

罗　群　黄翰鑫

越侨作为民国时期活跃在云南边疆地区的一支外侨群体，一直以来史学界对其关注的程度并不够。然基于越侨的存在与云南自身的地理区位有着紧密的联系，再加上19世纪80年代末以来，蒙自、河口的相继开埠通商和滇越铁路的修筑通车，促使越侨在近代云南地区的社会经济活动空间不断得到加强，旅居滇省日趋成为一种较为普遍的社会现象。因此，笔者认为有必要对民国时期越侨群体在云南地区的社会经济活动作一个全面地考察，并通过研究这一历史现象的具体演化过程，从制度层面来探讨民国云南地方政府管理越侨的各项措施。

一、越侨入滇的社会背景

（一）边贸经济的发展和交通环境的改善

清季以来，随着滇越边贸经济往来的不断发展和交通环境的逐渐改善，“越侨入滇”这一特有的社会经济活动现象渐而形成。当时法人在昆明、蒙自、河口等地成立了东方汇理银行，且经营和流通越币业务，此举便利了越侨来滇开展各种商贸活动。进入民国以后，云南地方政府对滇越

* 本文系云南省教育厅科学研究基金项目“民国时期越侨与云南地区社会经济关系的历史考察”（项目编号2012J058）阶段性研究成果。

边贸的管理一直采取相对开放的政策措施。唐继尧统治时期的云南“自治”程度相对较高，对外政策的制定权归由督府管辖，加上基于与民国北京政府的抗争需要，考虑到筹集军费、财政窘迫等一系列经济问题需要着力解决，因而对云南周边各国的边贸活动多采取支持、鼓励的政策措施，通过对外开放进一步打开云南的边境市场，不断向邻国、海外输出云土、矿产和各种土产商品，致使关税、厘金和内地税的财税收入得到稳定增长。到了龙云统治时期，民国政府进一步加强对西南地区政治和军事的扩张影响，中央与地方的关系从最初的军政对抗关系逐渐转变为后来的行政隶属关系。1930 年 5 月 16 日，中法两国政府正式签订了《中法规定越南及中国边省关系专约》，约定：“缔约国双方依照各本国的法律章程，互相给予最惠国待遇。对于两国边境居民因工作或事务关系，须在彼此邻边境内暂时居留或时常往来者，发给临时通行证或永久通行证之制度，无所变更。”“缔约各国之人民，应享有居住、游历及经营工商业之权利。凡依照越南或中国之现行章程、法律所给予各该人民行使此种权利之待遇，不得较逊于任何他国人民所享受之待遇。”① 此举一直延续到“二战”时法国维希傀儡政权投靠法西斯阵营致使中法断交而结束。战后，中法两国政府在 1946 年签订的《中法新约》，对中国、法越侨民的权利以及货物国际通运等问题作出了新的解释和规定，这给中越两国的边境互贸重新注入了新的活力。

除国内外政治制度环境因素影响外，民国时期交通环境的改善也促使越侨入滇的途径更为便捷。当时的滇南，形成了以蒙自为中心，滇越铁路为运输干线，外接越南、香港，直达滇中昆明的交通枢纽线。公路运输则以昆明为起点，经嵩明、宜良、弥勒、开远、蒙自至河口，全长 512 千米②，并与从蒙自、蛮耗取道红河进入越南老街、河内、海防等地区传统的水路交错相通。而一些越侨商人也积极利用当地的马帮运输作为初中级市场联系纽带的交通工具，往来于滇越边境的经贸活动中。譬如越侨高文襤（Cao Van Chian），于 1923 年 2 月携妻、子女七人，定居在昆明主要商业街金碧路 443 号，通过铁路、马帮等便利交通长期从事越南海味、海盐

① 民国云南通志馆编：《继云南通志长编》（下），云南省编纂委员会办公室 1986 年版，第 83 页。

② 云南省开远市志编纂委员会编：《开远市志》，云南人民出版社 1996 年版，第 166 页。

和滇省药材、土产等贩运生意，且经济状况尚佳。[①] 此外，民国时期（尤其抗战期间）入滇外侨人数的不断增加，西方物质文化生活的市场需求在云南也日渐扩大，如在昆明市区内的西餐厅、面包店、咖啡室、音乐厅等西式饮食休闲场所，此时不仅数量增多，形式丰富，而且也多由越侨经营运作。[②]

（二）维护法国驻滇各类社会组织机构正常运作的需要

唐继尧统治时期，为了维护滇越铁路的正常运作，当时已有部分越南人在法方的统筹安排下进入云南，在铁路沿线充当工、机务组人员、技工和机工等职。如越侨杨水纲（Duang Nua Cuong）在1914年就已来昆参加滇越铁路的机务组工作，并一直居住在滇越铁路车站内长达35年。[③] 即便在“二战”期间，中国政府收归滇越铁路昆河段的所有权，然“原有的越籍职工，仍由中方雇用，照常服务”[④]。后来随着法国领事馆、甘美医院、中法学校、清修祈祷院等社会机构组织的不断扩大，许多越侨因职业所需也迁居到滇省各地。以昆明的甘美医院为例，当时医院所聘用的医护人员大多来自越侨，如医生吴文肥（Dinao Van Chi）、X光室主任吴雅炽（Nai Wuy Le）、化验室主任谢仲质（Ta Afzooy Chat）、药剂师阮廷如（Nguyen Dina Nhu）、护士阮氏义（Nguyen Thi Na）等都长期在甘美医院供职[⑤]，他们为提高当地的医疗服务水平作出了自己的贡献。此外，法国在蒙自、河口的领事馆里也聘用越侨来承担各类文职或公务工作。仅在1925—1928年这四年里，法驻蒙自副领事德洪聘用越侨充任秘书2人、职员4人、财务员1人、司机2人。[⑥] 可见，越侨被法国各类驻滇机构大量聘用，不仅反映出法越宗主—殖民国际关系的政治现状，而且也揭露了法国利用中越地缘性的客观有利条件，进一步加强自身对云南传统势力范围的渗透。

---

① 昆明市警察局外事科：《外侨户籍册》，云南省博物馆馆藏，1948年12月编订。

② 罗群、黄翰鑫：《〈外侨户籍册〉与民国时期外侨在昆明的活动》，载《中国国家博物馆馆刊》，2013年第9期。

③ 昆明市警察局外事科：《外侨户籍册》，云南省博物馆馆藏，1948年12月编订。

④ 民国云南通志馆编：《继云南通志长编》（下），云南省编纂委员会办公室1986年版，第81页。

⑤ 昆明市警察局外事科：《外侨户籍册》，云南省博物馆馆藏，1948年12月编订。

⑥ 云南省蒙自县志编纂委员会编：《蒙自县志》，中华书局1995年版，第279—280页。

（三）越南国内局势的影响

民国时期的越南，正处于法、日两国的殖民统治时期，由于国内的阶级矛盾和民族矛盾异常尖锐，土地、经济作物等生产资源被本国大地主、军人资本家和法国列强的大肆兼并和垄断，造成越南国内贫雇农阶层破产的现象十分严重。以越南东京为例，当时大量的村寨土地被各种不在籍地主利用各种国家关系所控制，而占村寨人口70%的村民大众所拥有的土地不足两成。[①] 这不仅使村民很难养活自己，而且对有些根本没有土地的村民，只能依靠租佃为生，或更多从事与耕种无关的第二职业，如手工艺制作销售和小商品买卖等，进而促成这部分缺乏基本生产资料的农民最终陷入贫困境地的几率也就越大。《民耻半月刊》曾记载："法人之于越南人民，一方面用高压政策把他们压住，使他动弹不得；同时又以利禄来收买汉奸，以破坏安南的反抗运动，法人的这种愚民政策，各地都是一贯的使用着。……所以安南的革命，不单是要革法人的命，而且还要革这些封建的汉奸，才会成功的。"[②] 因而在20世纪二三十年代，越南国内掀起了大规模的反法民族解放运动，一些爱国志士在运动失败后，也被迫来到云南境内寻求政治避难。1940年6月，日本占领越南，国内的生存环境更为恶劣。此时滇越边境的大批越南流民开始越境入滇，通过经商、做各种手艺活、家务打杂等手段在滇南地区谋生。据《云南日报》刊载："旅居本省贸贩之越南人，多散居于昆明、宜良、迤南之开远、蒙自、个旧各县，战前一二年及中日战事爆发之初期，会达到五千人以上之最高峰。滇越铁路中断后，散居各市之越人约有千余人，并多为无护照及居留证之非法越境之侨民。"[③] 这样，地缘性客观因素的存在和越南国内生存环境的恶化使得越侨成为民国时期居滇外侨的主力阵营。

① 〔越〕阮鸿峰：《越南村社》，梁红奋译，云南省社会科学院印行1983年版，第32—33页。

② 《滇越边境概况》，载《民耻半月刊》，1935年第10期。

③ 《独立自由谁不爱，留滇越侨齐返国》，载《云南日报》，1946年1月22日。

二、越侨在云南的分布

根据《1941年越侨在云南省异动调查表》、《云南省侨务处越侨调查统计表》（见表1）的统计数据分析来看，民国时期越侨的分布与自身经济地理区位有着明显的关系。

表1　1941年越侨在云南主要居住地人口数量表

地区	人数	来滇原因调查		
		经商	政府公职	其他
昆明	169	68	13	88
文山	297	149	8	140
蒙自	238	142	12	84
开远	359	172	5	182
个旧	198	106	7	85
宜良	414	229	6	179
总数	1675	866	51	758

资料来源：《1941年越侨在云南省异动调查表》、《云南省警务处越侨调查统计表》（1942年1月），云南省档案馆馆藏，全宗号：1010，目录号：2，卷号56，第46—48、74页。

注：表中有关“来滇原因调查”中的“其他”，主要有以下三种方面的情况：一是在越南国内参加民主解放运动失败后，被迫进入云南境内寻求政治避难的爱国志士；二是在越南国内已经破产的越南农民和手工业者，采取非法偷渡的方式越境入滇寻找新的谋生机遇；三是在云南省各地医院、教会、学校等社会公共场所供职的越南侨民。

首先，由于受到边贸商业辐射的影响，来滇的越侨以经商居多，且主要散居在滇越铁路、公路这些交通便利的边贸市县里。他们通过判断市场供求变动的趋势，利用价格与价值的背离关系，低价购进，高价售出，从而获得丰厚的利润。以文山地区的越侨为例，他们经常把内地的桐油销往越南市场，每星期就达数吨之多。在返回文山时，又从越南贩运海盐和药材回滇销售。由于边民互市额大增，云南省财政厅到麻栗坡组建消费税局，征收出入境货物税以扩大政府财源。①

其次，民国时期来滇的越侨除少数兼任政府公职外，多数则以家庭为单位举家迁居滇省来寻求新的谋生机遇，因而他们在云南的分布有一定的聚居性，并以滇南、滇东南作为主要的活动区域。但值得注意的是，由于他们来滇受到一定的社会背景和时阶性的影响，势必造成这些越侨居滇多为短暂性的社会行为，一旦本国恢复了正常的统治秩序，他们又急切地返回本国，重建自己的家园。据《云南日报》记载："自去年（1946 年）9 月 25 日越南旧时政府成立后，越南人纷纷回国。'三·九'事变逃入迤南之法越军，凡属越籍稍有爱国心者，莫不相率回国报效旧时政府。目前滞留本市（昆明）之越人，为数仅约百余人，多数均整装静待临时联合政府命令，以便回国参加保卫独立工作。"②

最后，从越侨居住地的分布来看，凸显出职业性的特征。以昆明为例，当时居昆的越侨以商人、工人和手工艺、打杂谋生为职业的居多，约占总人数的 94.2%（见表 2）。其中越侨商人的居住分布集中在昆明兴仁街、塘子巷、护国路、临江里和金碧路等这些主要的商业街道上。而越侨工人的聚居区域也集中在滇越铁路车站内和当时驻昆的各类军工、机械、厂矿里。由于受到职业特性的影响，以手工艺、打杂谋生的越侨则居住分布零散，在昆明各大街小巷的生活区内几乎遍及有他们出没的足迹，便利昆明市民的各种生活需求。

民国时期的昆明一直是越侨在云南从事经商贸易、传教、教育、医疗卫生活动的主要地区之一，虽然人口基数相对于迤南地区的其他市县相对较少，但他们所扮演的职业角色则是最全面又最具有典型性的。据《1938 年 12 月昆明市各区公所外侨入境检查报告》的反馈来看："上月来昆的越侨就达 50 人，其中工人、手工业者 28 人，经商 14 人，传教 2 人，学生 6 人，除学生为短期来昆学习、游历外，其余在昆申请居住时长都在 2 年以上。"③ 下面笔者通过对昆明市警察局外事科编修的《外侨户籍册》中相

① 文山壮族苗族自治州地方志编纂委员会编纂：《文山壮族苗族自治州志》（第 4 卷），云南人民出版社 2002 年版，第 293 页。

② 《独立自由谁不爱，留滇越侨齐返国》，载《云南日报》，1946 年 1 月 22 日。

③ 《市向省府报告外籍人士入境人口统计表》（1938 年 12 月），昆明市档案馆馆藏，全宗号：32，目录号：3，卷号：288，第 49 页。

关的越侨信息进行爬梳整理，从他们的年龄性别、经济状况、宗教信仰和职业分布来作一个解读。

表2　民国时期越侨在昆明的年龄、性别、经济状况、宗教信仰和职业分布表

内容		人数	比例%	内容		人数	比例%
年龄	20岁以下	18	7.9%	宗教	佛教	92	40.5%
	21—49岁	167	73.6%		天主教	7	3.1%
	50岁以上	42	18.5%	职业	商人	75	33.3%
性别	男	142	62.6%		教士	2	0.8%
	女	85	37.4%		医护	10	4.4%
经济状况	尚佳	19	10.9%		教师	1	0.4%
	平常、尚可	73	41.9%		工人、技工	57	25.3%
	自给、贫困	82	47.2%		其他	80	35.6%

资料来源：昆明市警察局外事科：《外侨户籍册》，云南省博物馆馆藏，1948年12月编订。

注：①“职业”一栏中的“其他”主要包括滇越铁路的公职人员，以及大量通过各种手艺活、家务打杂等手段谋生的越南侨民。②在昆明市《外侨户籍册》登记的227名越侨里，没有在“宗教”、“职业”一栏标注信息的越侨分别有127人（其中1人明确标注“无宗教信仰”）和2人，因而“比例”换算的各项基数与总数存在一定的差异。

从表2的统计数据来看，民国时期居昆越侨多以年富力强的中青年人为主，且以男性居多，在当地基本上没有任何社会关系，来滇的原因以谋生为主，通过从事一些需要技能和体力的劳动来养家糊口。依据《外侨户籍册》上有“经济状况”记录的174名越侨进行分类考察，属于“尚佳”部分的越侨在昆明经商都有自己的私人产业。如陈文秋（Fraon Van Tha），男，57岁，夫妻二人在拓东路227号开设崇利西餐馆，有近20年的历史；黎阮氏（Le Nguyen Thi），女，43岁，夫妇全家六人于1937年迁居昆明护国路27号，开设春记咖啡室，并自任经理，经营状况颇佳。[①] 此外，由法殖民政府供给的越籍驻滇领事馆公务人员、甘美医院的医护人员和从事新兴行业的工人职员（如雪佛兰汽车维修机匠、经营汽油的员工等），他们

① 昆明市警察局外事科：《外侨户籍册》，云南省博物馆馆藏，1948年12月编订。

的经济状况也属“尚佳”。而通过出卖劳动力、贩商和做手工艺活来实现自给的越侨，其经济状况多在“平常”、“尚可”之列。如杨自雄（Duong Thi Young），男，43 岁，1940 年来昆谋生，因熟悉华语，从事泥工工作，经济状况“平常”。[①] 还有一些出生在昆明当地的越侨，如林秀英（Lan Ta Anh）、陈愿（Traon Hinalich）、陶文艺（Dao Van Ughia）等，由于长期接触中国的社会和教育，已被本地的风气习俗所同化，语言沟通顺畅，在从事家务、司机、裁缝等服务业工作中得心应手，同时也增加了他们在滇谋生的就业机会。而因躲避国内战乱和政治迫害的越籍流民，其经济状况多为“贫困”，所占比例也最多。一旦生活没了保障，他们也常向昆明市民政局、红十字会、示范救济院等政府慈善机构寻求救助。据《1939 年昆明市民政局调查难民姓名清册》中记载：“截止当年 12 月，来昆越侨向本地民政局、慈善会寻求救助的有 36 人，其中以家庭为单位申请救济的有 4 户，多为暂时‘失业’或‘无业’的越籍流民。”[②] 然值得一提的是，当时昆明地方政府并没有救济外侨难民的财政预算，向省民政厅、警务处寻求下拨抚恤、救济经费也常无果。如作为难民处理将其遣送回国又恰逢日本侵越期间中越边境封锁，最终只能将有劳动能力的越侨由本地政府安排就业，自食其力；而无劳动能力的越侨则安置在昆明天主教大修院、中华圣公会、清修祈祷院等宗教机构接济度日。[③] 除此之外，由于近代越南一直遭受法国的殖民统治，因而该国民众的宗教信仰主要以原先的佛教和列强带来的天主教为主，这种情形在居昆的越侨中也同样反馈出来。在《外侨户籍册》上有“宗教与党派”标注的 99 名越侨当中，信仰佛教的有 92 人，天主教 7 人（其中 2 人为清修祈祷院教士）。而昆明自 1905 年开埠通商以来，地方政府对外来宗教的管理多采取相对自由、包容的政策措施，通过募捐方式建立起多处天主教堂以供信徒开展宗教活动。而且昆明的佛教资源也十分丰富，如圆通寺、昙华寺、大德寺、筇竹寺等都是当地历史悠久的佛教寺庙，基本上能够满足越籍佛教信徒的活动

① 昆明市警察局外事科：《外侨户籍册》，云南省博物馆馆藏，1948 年 12 月编订。

② 《1939 年昆明市民政局调查难民姓名清册》（1939 年 12 月），昆明市档案馆馆藏，全宗号：32，目录号：17，卷号：93，第 70—72 页。

③ 《昆明市越侨难民安置救济办法》（1940 年 3 月 7 日），昆明市档案馆馆藏，全宗号：32，目录号：17，卷号：94，第 36—38 页。

需求。总之，从年龄、性别、经济状况、宗教、职业的分布来考察民国时期居住在昆明的越侨群体，可以总结出他们具有多样性、社会性的时代特征。

三、越侨在云南的社会经济生活——以越侨阮吉祥（Nguyen Cat Toong）家庭生活账簿为研究个案

民国时期，越侨对云南社会经济生活的影响是多方面的。由于区域地理环境和职业分布有一定的差异性，因而越侨在滇省各地的生活状况基本上与当地社会经济的发展水平相适应。一般说来，在云南居住生活的越侨，如经济状况为“尚可、平常”乃至“尚佳”者，他们社会地位也相对较高，热衷于在当地参与或自发组织各种社会活动。譬如 1943 年 6 月，越南民众响应中国抗战后援会昆明总会为了加强援华工作联络和组织系统起见，派越籍徐范两员赴滇越线路，先后分别在开远县党部、宜良县党部设立分会，并召开正式成立分会典礼。当时参加者有当地各机关代表及越侨民众约近百人，情形极为热烈。[①] 同年 7 月，越南民众响应中国抗战后援会昆明总会为纪念我国抗战六周年，特发动旅滇越侨现金两千元，以示崇敬。并发表《告越南同胞书》，号召越南内外民众，无论在物资或工作上应尽可能一致拥护中国抗战，直到完全胜利为止。并向我政府呼吁，尽可能援助越南革命，使达到完全自由独立之日。[②] 此外，还成立了“越侨旅滇同乡会”、“越南革命同盟会云南特别分会”等社会团体组织，除积极声援中国抗战和拥护中国政府收回滇越铁路华段主权外，还在当地以各种形式纪念本国抗战阵亡烈士——胡学览、范鸿泰等同志，声讨日寇罪行，激发侨民的革命斗争热情[③]，并在后来的越南民族解放运动中发挥着重要作用。为了丰富居滇越侨文化生活，经济条件优越的越侨还自发集资筹建“越侨青年励志社”，定期在昆明、开远、宜良等地公演越剧，演出

① 《越响应抗战后援会，设开远、宜良分会，加强援华工作联络》，载《云南日报》，1943 年 6 月 3 日。

② 《旅滇越侨参加献金，并向我政府呼吁援助越南革命》，载《云南日报》，1943 年 7 月 8 日。

③ 《旅滇越侨纪念胡学览、范鸿泰烈士》，载《云南日报》，1943 年 6 月 20 日。

服装、布景完全以越南风俗为主，用国语或越语轮换表演，此举有利于中越两国地方文化的交流；[①] 而经济状况多为“自给”或“贫困”的越侨，由于受到物质财富和教育文化水平的制约，参与社会活动相对较少，解决个人生计问题成为他们当时融入地方生活的主要需求。

有关越侨在民国时期云南经济生活的历史考察，笔者结合昆明市档案馆馆藏的有关越侨阮吉祥（Nguyen Cat Toong）1939 年的家庭生活账簿作为研究对象[②]，利用 20 世纪 30 年代末孙蕙君对昆明本地富户家庭所做的社会调查进行对比参照分析，进而客观展现越侨在近代云南经济生活的基本概貌。

依据《外侨户籍册》相关户籍信息的记载，阮吉祥，男，42 岁，信仰佛教，熟习华语，有吸烟嗜好，1937 年 9 月来昆，居住在护国路 27 号，开设有春记咖啡室一间，自任经理，经济状况“尚佳”。其妻黎阮氏（Len Heyln Thi），43 岁，携子女三人也一同来昆定居生活。[③] 从该越侨 1939 年向昆明市民政局提供的财产状况记录来看，其收入来源较为单一，以经营咖啡酒水和西式餐饮为主，不像昆明本地富户有田产（大宗收入来源）、薪金、房金等多种收入来源作为支柱，造成该侨年收入总额虽远不及昆明本地的富户收入，但与同期的越籍侨商相比，已属富足殷实之户。而且从另一个侧面也反映出当时昆明上流人士和外侨群体对西式餐饮消费的市场需求还是很大的。孙蕙君在《昆明市家庭生活情形调查》中记载：“咖啡室内陈设雅致，全盘西化……只要你会享受，有钱有胆量——因为饮食品都很贵，不知不觉便是十余元，所以要有胆量，否则就要度德量力，摸一摸口袋再坐下。普通的一份西餐为一菜一汤，价洋 5 元。最优等的则以点佳肴美汤之多寡而定价不等。”[④]

---

① 《越侨青年励志社定期公演越剧》，载《云南日报》，1944 年 7 月 3 日。

② 《1939 年越侨阮吉祥（Nguyen Cat Toong）家庭生活账簿》，昆明市档案馆馆藏，全宗号：32，目录号：3，卷号：287，第 54—67 页。

③ 昆明市警察局外事科：《外侨户籍册》，云南省博物馆馆藏，1948 年 12 月编订。

④ 孙蕙君：《昆明市家庭生活情形调查》，见李文海主编：《民国时期社会调查丛编——城市（劳工）生活卷》（上），福建教育出版社 2005 年版，第 175 页。

通过表3“支出项目”的统计数据来观察，有以下三个方面的史料信息是值得关注的。

表3　越侨阮吉祥与本地富户1939—1940年间在昆明生活开支基本情况表

<table>
<tr><td colspan="3">时间
收支项目</td><td colspan="3">1939年越侨阮吉祥生活费用表</td><td colspan="3">1939—1940年昆明本地富户平均支出生活费用表</td></tr>
<tr><td colspan="3">收入（元）</td><td>97400</td><td>合计</td><td>所占支出比例%</td><td>212880</td><td>合计</td><td>比例%</td></tr>
<tr><td rowspan="13">支出项目</td><td>衣物(元)</td><td>衣裤鞋袜等</td><td>916.2</td><td>916.2</td><td>6.4%</td><td>817.64</td><td>817.64</td><td>6.7%</td></tr>
<tr><td rowspan="3">食品(元)</td><td>生活必需品</td><td>4788.2</td><td rowspan="3">6445.7</td><td rowspan="3">45%</td><td>5381.72</td><td rowspan="3">7723.72</td><td rowspan="3">63%</td></tr>
<tr><td>营养食品</td><td>511.7</td><td>466.8</td></tr>
<tr><td>茶烟酒</td><td>1145.8</td><td>1875.2</td></tr>
<tr><td rowspan="2">租房(元)</td><td>房租（包括铺面租金）</td><td>1659</td><td rowspan="2">2372.5</td><td rowspan="2">16.6%</td><td>820</td><td rowspan="2">1642.4</td><td rowspan="2">13.4%</td></tr>
<tr><td>水电、燃费</td><td>713.5</td><td>822.4</td></tr>
<tr><td>交通(元)</td><td>火车、汽车、人力车、电报、信件等</td><td>757.3</td><td>757.3</td><td>5.3%</td><td>455.8</td><td>455.8</td><td>3.7%</td></tr>
<tr><td>文教(元)</td><td>学杂费、报刊、购书等</td><td>1023.7</td><td>1023.7</td><td>7.2%</td><td>809</td><td>809</td><td>6.6%</td></tr>
<tr><td rowspan="2">店铺经营（元）</td><td>铺面装修</td><td>764</td><td rowspan="2">1787.7</td><td rowspan="2">12.5%</td><td>0</td><td rowspan="2">179.4</td><td rowspan="2">1.5%</td></tr>
<tr><td>捐税</td><td>1023.7</td><td>179.4</td></tr>
<tr><td rowspan="2">其他(元)</td><td>医药</td><td>105</td><td rowspan="2">1013</td><td rowspan="2">7.1%</td><td>88</td><td rowspan="2">624</td><td rowspan="2">5.1%</td></tr>
<tr><td>社交</td><td>908</td><td>536</td></tr>
<tr><td colspan="2">支出（元）</td><td>合计</td><td colspan="3">14316.1</td><td colspan="3">12251.96</td></tr>
</table>

资料来源：①《省府外籍侨民财产调查表》（1940年3月）、《1939年越侨阮吉祥（Nguyen Cat Toong）家庭生活账簿》，昆明市档案馆馆藏，全宗号：32，目录号：3，卷号：287，第46—52、54—67页；②参见孙蕙君：《昆明市家庭生活情形调查——富户之生活情形》，见李文海主编：《民国时期社会调查丛编——城市（劳工）生活卷》（上），福建教育出版社2005年版，第157—171、228—232页。

首先，从年度支出总额来看，该越侨家庭与昆明本地富户的开支数额差距不大，且食品和房租占据了生活支出的绝对比重，其情形与本地的富户支出基本一致。然多出的支付数额主要与该侨所经营的店铺消耗有关，如铺面租金、装修和营业捐税等。此外，还两次乘车回国购置上好的咖啡豆和西餐作料，力求打造纯正的西式餐饮招牌。

其次，该侨的家庭生活逐渐融入到当地的社会习俗之中。譬如饮茶吸烟已经成为他们家庭生活的一种嗜好，当年购置的普洱、毛尖、红茶大约230元，是本地富户平均消费额（118.4元）的二倍，叶子烟、切烟、纸烟的年消费也将近800元，可见茶烟在食品中的消费比重是较大的。此外，还有该侨家庭欢度中国传统年节（如端阳节、中秋节、重阳节和阴历年）的消费记录，虽然数额不大，却反映出越侨对中国传统文化习俗的一种社会认同。

最后，注重在文教、社交方面的投入。虽然身处异国他乡，越侨阮吉祥对子女的教育还是十分重视的，每月都有单独的购书预算。其中儿子就读于中法学校，当年的学费、制服、笔纸书籍（包括字典）的支出就达120元左右。为方便了解地方社会动态和掌握更多的市场信息，该侨还订阅了《云南日报》、《民国日报》和《云南新商报》三份报刊。在社交活动方面，他加入了由驻滇越侨自发成立的越南相济会这一民间社团组织，并以个人名义多次积极自愿认捐和救济本会受害之越南同胞，仅1939年的捐资款额就达500余元。[①] 此外，在其生活账簿上还记录了向昆明市红十字会捐款接济因受日军空袭后无衣食可依的本市贫民，以及无偿给省府示范救济院提供主副食品及消耗物品的捐助信息，可见该侨在抗战时期积极参与地方上的各种慈善活动，展现了居昆越侨“国际互助”、“扶危济困”的社会精神风尚。

四、云南地方政府对越侨的管理

如前所述，越侨作为民国时期居滇外侨当中一支特有的社会群体，由于人数众多，分布较广，且涉及地方社会经济生活的方方面面，因而云南地方政府要想对其进行有效的控制和管理，就必须在一系列有针对性的法令制度的框架内展开。下面，笔者结合相关的档案史料，着重从户籍、财产和社团这三个方面展开探讨。

① 《越南相济会会员捐资救济难民清册》（1940年2月），昆明市档案馆馆藏，全宗号：32，目录号：3，卷号：279，第114—115页。

（一）户籍管理

在“二战”期间中法两国断交和日本侵越导致中越边贸口岸关闭之前，云南省政府对居滇越侨的户籍管理主要依据民国中央政府颁布的《户籍法》来施行。在“户籍登记事项”中曾明确指出：“外国人于中国地界居住时，称为‘侨居’，应在所住地户籍公所报请登记之。”然在具体操作过程中，为避免户籍管理人员因语言不通造成彼此间误会，云南省民政厅将《户籍法》和《户籍法实施细则及关系书》翻译成外文，连同《户籍申请书》一并送至外侨手中，填写完毕后再上交各市县户籍公所统一造册。[①] 全面抗战爆发后，国民政府为确保西南大后方的政治军事安全，防止不法外侨为敌人利用作为间谍人员从事破坏活动，分令各省军政机关，遵照查填《外侨调查表》，务期迅速确实，除有特殊情形及接近战区暨交通便利之省市县，立填旬报外，余均按月填报，不得延迟而致生意外。[②] 而云南地方政府根据时局和省情需要，也出台了两项具体措施来管理本省的越侨群体。首先，实施人口居留证制度。对从中越边境入境内的越侨，须在十天内到河口、麻栗坡两对汛督办户籍室查验领证人之护照后照章领取居留证，而原本已定居在云南各地的越侨则须在公告发布一个月内持护照和原先登记的户籍信息到所居住地的户籍公所领取居留证。对没有依法取得居留证资格的越侨，则由云南省警务处统一收容管制，并在适当时机将其驱逐出境。[③] 其次，不定期对越侨居住地的情形展开调查汇报，及时掌握他们在当地社会活动的信息动态。具体做法是先由各市县区坊的保甲长将越侨所居住的街巷进行汇报，然后根据各越侨居住地的信息举行调查。其中在每次调查之前，各区应派人数、出动时间、约集出发地点等，均不能先有决定，要统一筹划。而有关越侨在当地社会活动的调查，除核实家庭成员的户籍信息和社会关系外，还通过走访他们所从事职业的周边人员、街坊邻居对其进行深入了解。[④] 以昆明为例，仅

① 《侨居外国人应依户籍法之规定实行登记》（1936年4月），昆明市档案馆馆藏，全宗号：32，目录号：17，卷号：49，第3—4页。

② 《军委饬报各地外侨状况，以便保护正当外侨并防范间谍活动》，载《云南日报》，1940年12月4日。

③ 《省政府关于严密调查越侨动态政令》（1943年6月7日），昆明市档案馆馆藏，全宗号：32，目录号：3，卷号：287，第17页。

④ 《云南省民政厅调查越侨居住地公函》（1942年7月14日），昆明市档案馆馆藏，全宗号：32，目录号：3，卷号：295，第114页。

1943 年，市民政局对越侨居住地开展不定期调查共计 6 次，其中因经商、传教的异动人员有 27 人，无居留证被收容管制有 2 人。[①] 从管理效果来看，全年居昆的越侨对当地的社会治安、政治军事安全并未带来严重的不良隐患，地方政府在非常时期里对越侨还是能够实现有效地控制。战后，为方便侨居云南的越侨能顺利回国开展重建工作，云南省政府根据法属越南政府的要求在昆明设立了越侨宣抚团，派员对越籍技术、医务、留学等人员进行抚慰工作，并函请当地政府优先安排他们回国服务。[②] 1947 年以后，随着边民持证进出国境口岸制度的恢复，越侨户籍管理又重新回到常态化阶段。

（二）财产管理

民国时期，云南省政府依照国际公法之规定，对越侨私人财产，除因作战行动或已尽力保护而仍有不能避免之损害外，应有尽力保护之责任。一般说来，越侨在云南各地的财产一般分为不动产和动产两部分。其中不动产管理（如矿山、森林、农业等）应在当地有关政府部门的监管下进行合法经营，而动产管理（如债券、货品、交通工具等）缴足其税项后其收入由私人自由支配。如越侨在当地有犯罪逃亡、素行不端、患精神病或传染病、危害公共安全之行为者，地方政府有权利将其财产扣押或没收，其中现款或有价证券及其他贵重物品，应储存国家银行或其指定之金融机关或觅妥当地点保管之。[③] 此外，抗战时期本省境内家境殷实的越侨富户，每月的财产收入及生活费用来源等应查明填写《在华私人产业查报表》，并及时上报各地市县的民政部门。省会及各县地方凡有越侨富户租地、建筑房舍时，务须遵照约章办理，如有违背，各地方官应即予以取缔。[④] 对有通敌嫌疑和违害中华民国利益之越侨，其财产则依据《敌产管理办法》给予登记没收，同时与当地金融机构（如银行、邮汇局等）联合调查其存储、支付各款项情形，

① 《各区镇调查管内越侨民居住、异动概况》（1944 年 1 月 30 日），昆明市档案馆馆藏，全宗号：32，目录号：3，卷号：290，第 26—29 页。

② 《云南省政府训令第 88 号》（1946 年 1 月 31 日），昆明市档案馆馆藏，全宗号：30，目录号：6，卷号：5，第 8 页。

③ 《外事科工作纪实》（1944 年 7 月 15 日），昆明市档案馆馆藏，全宗号：30，目录号：6，卷号：166，第 34—37 页。

④ 《云南省府第 735 次会议令》（1940 年 11 月 22 日），昆明市档案馆馆藏，全宗号：32，目录号：17，卷号：140，第 34—37 页。

每月提款数目是否超出生活所需，并探明其用途。凡须集中管理之越侨，除准其携带其日常生活必需物品（例如衣、履、寝具、炊具、盂具及食品）外，其他物品及款项与有价值之货品应自行造册，签证送请所在地政府接收。[①] 所以，受到当时特殊历史条件和环境的影响，云南地方政府依据越侨在华的政治动机和财产多寡采取了区别化的管理手段，通过采取各种限制措施来降低各种社会政治风险，寻求维护西南边疆地区国防安全利益的最大化。

（三）社团管理

从笔者目前所掌握的档案史料来考察，民国时期越侨在云南建立的社团多以民间自发为主，有相对完善的组织系统，其社员的职业成分较为复杂，经济状况多属一般。除前面提到的越侨旅滇同乡会、越南革命同盟会云南特别分会、越侨青年励志社外，旅滇越侨联谊会在当时云南地方社会的影响也很大。据该组织发起人越侨张南明（Truong Nan Minh）称："越侨自旅居滇省以来，瞬届数载。兹以此次世界大战结束，继而越南内乱掀起法越双方到处冲突，地方遭此浩劫，哀鸿遍野，民不聊生。年来，越籍居民辗转流离逃难于滇者，日甚一日。此辈越人自客滇以来，多不习于滇省生活，由是精神涣散，业馀毫无寄托相形之下，不免放荡。见于此，为联络在滇越人业馀感情，以谋合理正当之精神联系，而资约束管理。计拟就昆明市筹组一旅滇越侨联谊会，专以聚集在滇各地越侨，发扬越南艺术文化，藉作业馀之消遣为目的，恳请市政府准予备案。"[②] 而昆明市政府接函后便及时派员查明，得知"该组织目的属联络乡谊，救济贫病，扶助穷侨。若系属慈善性质，惟外人在华组织会社，仍应受我国法律之管辖"[③]。此外，依据国民政府《团体组织法》的相关规定，"外人在华只能成立联谊会或侨友会，不能组织同乡会或其他党团活动"[④]，最终依法批准

① 《关于处理通敌越籍侨民财产之办法》（1941 年 8 月 12 日），昆明市档案馆馆藏，全宗号：32，目录号：3，卷号：295，第 56—57 页。

② 《呈请组织越侨联谊会来函》（1947 年 7 月 7 日），昆明市档案馆馆藏，全宗号：32，目录号：3，卷号：289，第 53—54 页。

③ 《为越侨联谊会一案函覆查照由》（1947 年 9 月 30 日），昆明市档案馆馆藏，全宗号：32，目录号：3，卷号：289，第 60 页。

④ 《昆明市政府指令第 2662 号》（1947 年 7 月 10 日），昆明市档案馆馆藏，全宗号：30，目录号：6，卷号：8，第 174 页。

旅滇越侨联谊会在昆明设立。然值得注意的是，省民政厅在回函的文案中也明确提出了管理该组织的三项措施：第一，越民大会选举委员及讨论会务，须提前告知市警察局外事科备案，并由该科派员按时前往监护；第二，筹建各地分会应依照程序呈报外交部驻滇特派员公署核准，并呈经本府派员领导组织；第三，严禁越民以召开会议为名出现集会情节，从而干扰地方治安，如查明属实，应饬尅日解散。[①] 由此可见，民国时期云南地方政府对越侨社团的管理处于一种严控的政治现状，其社会效果和职责功能并没有达到起初预设的目的。后来法国政府为破坏越南国内的民族解放运动，要求国民政府当局积极配合，取缔旅居滇省的各类越侨社团。[②] 这样，到了 1948 年底，呈在云南极盛一时的各类越侨社团因其合法性的缺失至此便销声匿迹了。

五、结 语

综观民国时期越侨在云南的社会经济活动，有以下三个方面的社会影响是值得关注的。第一，推动了省会和滇东南一带交通、医疗卫生、机器制造、建筑等各行业的发展。依据《外侨户籍册》记载，仅在昆明一地参与管理和维护滇越铁路的越侨就有 13 人，在甘美医院担任医生、护士的越侨有 10 人，担当机工、机匠、机械师的越侨有 17 人[③]，而在开远、蒙自一带修筑滇越公路和个旧的锡矿开发过程中也时常出没越侨工人的身影。总之，越侨对推进近代云南基础设施建设事业和工业化进程所作的贡献是值得肯定的。第二，繁荣了当地的物质文化生活。由于旅居滇省的越侨职业成分复杂，聚居地交错性的分布特征又十分明显，加上长期受到法国文化殖民的同化作用，因而他们在便利市民生活的同时，也带来了西方的生活饮食习惯和消费观念。如昆明、蒙自、河口当地的西餐厅、咖啡室、音乐厅等休闲娱乐场所基本上都由越侨经营。此外，随着私人汽车消费在昆明、开远、蒙自等地的兴起，部分越侨在当地还开设了汽修厂和经营石油等服务部门，且

① 《云南省社会处公函第623号》（1947 年 10 月 2 日），昆明市档案馆馆藏，全宗号：32，目录号：3，卷号：289，第 63—64 页。

② 《法领事馆要求中国政府取缔越籍侨民在华社团组织电函》（1948 年 10 月 12 日），昆明市档案馆馆藏，全宗号：32，目录号：3，卷号：296，第 102—103 页。

③ 昆明市警察局外事科：《外侨户籍册》，云南省博物馆馆藏，1948 年 12 月编订。

经济状况多属“尚佳”。由此可见，民国时期的云南对新兴消费产品的市场需求还是很大的，市民对西方物质文化生活的态度是认同的，能够很好地弥合中西文化碰撞所生成的裂痕。第三，居滇越侨人数的激增，并积极占据滇省的各种社会生产资源，这就使得地方政府在解决救济和就业方面问题的难度也进一步增大。尤其在抗战初中期，日寇的南进军事政策，使得原来定居在东南亚各国、地区的中国侨胞处境十分艰难，因而纷纷回国另谋生计。而此时以谋生为主的越人也大量涌入云南，与侨胞争夺各种有限的社会资源和福利。据《云南日报》刊载：“截止1942年底，返归云南的侨胞将近2600多人。由于政府解决就业问题的力度不够和受物价暴涨影响，致使生活维持不易，只能离开经济较为发达的滇中和滇南地区，前往滇西谋生，侨务处为此还商准低价车票以供侨胞顺利出行。”① 另外，旅滇越侨多以经商为主，长期以来把持省府和迤南一带各县较大的商业市场份额，这给本地商人和侨胞从事商业贸易也带来了一定程度的竞争压力。

此外需要说明的是，由于民国时期入滇的越侨人数众多，加上还有民间社团的运作，云南地方政府对这一群体管理的行政成本开支还是很大。据《昆明市外侨护照查验站开办经费预算表》等档案中记载：“1. 为明了本市外侨之出入境动态，拟请在巫家坝飞机场、滇越铁路火车站、川滇铁路火车站、汽车东站、西站和大观楼轮船码头6处设立外侨护照查验站，需要配备主任查验员2员、查验员11员、警察4名、勤工6名，其中办公费用共计368万6千元，每月工作人员的薪金支出也达916万9千元；2. 增设外事警察，从各分局中挑选，并对优秀员警加以训练，需在二年内完成，此项支出国币500万元。”② 虽然这些经费的开支并不仅限用于针对越侨的管理，但从一个侧面反映了地方政府加强边疆地区国防经济安全的一种政治偏好。毕竟，成本支出的多寡并不是检查政治绩效的唯一途径，政府提供公共产品的基础在于维护其自身的统治秩序和安全，使协作和竞争关系能在合法、有效的制度框架中得以确定下来。

① 《侨胞赴滇西谋生，侨务处商准低价车票》，载《云南日报》，1943年1月8日。

② 《昆明市外侨护照查验站开办经费预算表》(1947年7月30日)、《昆明市警察局外事警察人员训练班经费预算表》(1947年9月7日)，昆明市档案馆馆藏，全宗号：30，目录号：6，卷号：66，第31、42页。

民国初年地域政治视野下的“西南”概念

| 张轲风 |

民国初年，我国处于军阀政治时期，当时存在着一个被贴上了政治标签的“西南”概念。它不仅具有浓郁的政治内涵，还具备特殊的区域指称，即“西南六省”（川、滇、黔、桂、粤、湘）。本文旨在探讨以下问题：作为大区概念的“西南”何时兴起？民初的“西南”，到底是一个政治概念还是地理概念？所谓“西南六省”，似乎弄错了基本的地理方位，为何这一区域认识能够获得广泛认同？本文从民初政治态势与西南区域观的演变角度展开分析，就教于学界同好。

一、民初的“西南”：政治概念抑或地理概念？

目前针对民国西南政治史研究主要形成两大领域：一是西南军阀史与西南地方实力派研究，这一领域以西南军阀史研究会展开的相关研究为代表①，学术界对西南军阀史研究向来存在两个疑问：第一，就民初军阀政治研究而言，广东、湖南不处于中国的西南地区，所谓“西南军阀”研究，当仅限于川、滇、黔三省的军阀；第二，西南军阀与北洋军阀不同，它不是一个单一集团，所谓“西南军阀”之说并不成立。从事西南军阀史研究的学者则辩驳道：“西南军阀这个概念，主要不是‘地理概念’，更

---

① 孙代兴：《西南军阀史研究述评》，见张宪文、陈兴唐、郑会欣编：《民国档案与民国史学术讨论会论文集》，档案出版社1988年版，第43页。

不是我们今天所习惯的地区概念，而首先是一个政治概念。”[①]“西南军阀作为一个历史概念，它是一个专有名词，它是民国初年出现的与北洋军阀相对立的西南各省的地方军阀。西南军阀不是按地域概念，仅指云南、贵州、四川（即今天中国西南地区）的军阀，应当包括两广、湖南的军阀在内。”[②]

“西南军阀”确如其说，属于一个“历史概念”，并非出自学界臆造。就笔者视野所及，“西南军阀”这一词汇早在20世纪20年代即被使用。1928年，汪精卫已明确使用了“西南军阀”这一词汇。[③]汪精卫不可能是第一个使用此概念的人，结合社会背景，这一词汇很可能产生于1926—1928年间的广州两党党政内部以及社会舆论对军阀政治的反思。然而，关键的问题是在“西南”而非“军阀”，“西南军阀”概念体现了军阀政治的地域性，如果笼统地解释为政治概念而忽略其中的“西南”这一地域指称，是很难解释清楚的。

近年的“西南异动”研究，则是民国西南政治史研究的另一个重要学术领域。这一研究领域的学者也谨慎地表示：“1932—1936年间的‘西南’，通常是一个政治概念，而非地理概念，有时，它用来指称广东与广西这两个‘华南’省份，而非云南、贵州、四川等在地理上真正处于中国西南部的省份。”[④]在军阀政治地域化的背景下，笼统地说“西南”是政治概念而非地理概念是很牵强的，“西南”作为一个方位性的区域表达词汇，民国人士岂能不顾其基本方位而随意乱用，而且还能引起人们的广泛认同？为何当时的“西南”概念不指云、贵、川，反而指向华南省份？

学界的上述辨析，不仅没有消弭原有疑问，反而使得民初“西南”概念的内涵更加混淆不清。那么，事实果如学界强调的那样，民国时期涵盖湖南、广东等省的“西南”概念，只是在特定语境、特殊领域内形成的一

① 谢本书、冯祖贻：《西南军阀史（第1卷）》，贵州人民出版社1991年版，第1—3页。

② 谢本书、王永康：《西南军阀史研究中的几个问题》，见西南军阀史研究会：《西南军阀史研究丛刊（第1辑）》，四川人民出版社1982年版，第26页。

③ 汪精卫：《汪精卫全集（第1册）》，三民公司1929年版，第192页。

④ 陈红民：《胡汉民西南政权与广东实力派（1932—1936）》，载《浙江大学学报》（人文社会科学版），2007年第2期。

种政治表达？而不具备地理内涵？如果说，“西南”仅仅作为一个“弄错方位”的政治概念存在，两广政界要人长期以“西南”二字表达他们的地域归宿，似乎缺乏能够引起认同的地理基础。事实上，两广要人不只是借用“西南”这一“政治概念”，而且也是他们心目中的地理意识。1936年，时人在考察广西时曾记述：“他们（新桂系军政要人）对‘西南’二字的范围很重视，常根据《唐史》以说明‘西南’二字在中国版图上，不仅是指粤、桂、滇、黔几个省，而是包括着安南、缅甸、暹罗以及其他被外人劫去了的大小属国。广西有志之士对于所谓‘西南’二字的意义，便大有和德意志对于东普鲁士一样的，有着重大的意味和志趣。”[①] 可见，对于当时以“西南”相号召的两广政界人士来说，“西南”二字确然是经过他们论证的。从1936年前后的政治语境来看，“西南”的确是主要指粤、桂二省，但它并不完全是一个只有在政治语境里适用的“政治概念”，实际情形要复杂得多。

张俊德撰文探讨海南岛与西南地区的国防关系，依照今天的区域观念来看，似乎不着边际：“欲明琼崖与西南之国防，吾人当应明了西南在地理上之范围者如何，盖今指西南乃包括广东、广西、湖南、云南、贵州、四川、西康、西藏八省区也。”[②] 张氏强调的是“西南在地理上之范围”，如此的“西南”不属于“地理概念”又属于什么呢？解放前，努力建构“西南文化”的陈序经先生，曾经这样评价他的“西南”：“我常常认为，西南是西方文化输入最早的地方，是新文化的策源地……”[③] 陈氏所云“西南文化”，所谈最多的地域空间却是广东。今天看来，我们感觉陈序经评价的是华南，而不应该是西南。陈先生是否出现了基本的区域认知错误？范云迁则云：“西南区域是极广大的地域，包括两湖、两广、川、滇、贵州、西康各省，原是富庶的区域，有‘两湖熟，天下足’的名谚。……”[④] 除非无知之外，“两湖熟”简直与“西南”扯不上关联。那么，这是民国时期不懂地理的小部分人的无知看法吗？我们还可以列举一些更权威的看法：

---

① 向尚等：《西南旅行杂写》，中华书局1937年版，第99页。

② 张俊德：《琼崖开发与西南国防》，载《边事研究》，1937年第1期。

③ 陈序经：《研究西南文化的意义》，载《社会学讯》，1947年第7期。

④ 范云迁：《发展西南合作事业与抗战前途》，见西南导报社：《中国今日之西南建设问题》，生活书店1939年版，第119页。

作者	原文摘要	资料来源
孙中山	中国西南一部所包含者：四川，中国本部最大且最富之省份也；云南，次大之省也；广西、贵州，皆矿产最丰之地也；而又有广东、湖南两省之一部。此区面积有六十万英方里，人口过一万万	《建国方略》，辽宁人民出版社1994年版，第173页
陈立夫	西南范围，包括川、康、滇、黔、湘、粤、桂诸省	《如何共同建设西南》(1940)，见重庆市档案馆编：《抗战时期大后方经济开发文献资料选编》(内部发行)，第90页
王伯群	环睹国中，所谓交通工具者，寥寥可数，而我西南诸省如粤，如桂，如川，如康，如滇，如黔，更属自桧而下，不足与语	《致西南人士及当局论成广铁路有速成之必要书》，载《交通杂志》，1933年第6、7合期
胡焕庸	西南者，指四川、云南、贵州、广西、广东五省言之	《西南亟应建造之铁道》，载《时代公报》，1932年第3号
陆象贤	所谓西南区域，包括四川、湖南、云南、广东、广西、贵州六个省份	《新中国经济地理教程》，一船书店1941年版，第151页
贺　湄	照广义的说法，西南包括了七个省份：四川、西康、云南、贵州、广西、广东、湖南	《中国地理讲话》，实学书局1944年版，第174页
江应樑	一般人所谓的西南边疆，大概指四川、云南、西康、贵州、湖南、广西、广东诸省境内有苗夷集区的地区而言	《请确定西南边疆政策》，载《边政公论》，1948年第1期

上表所列，大致上均是包含湘、粤二省的“西南”范围说。从作者身份看，孙中山自不待言；陈立夫、王伯群均为国民政府政界要人；胡焕庸、陆象贤、贺湄则是地理学家，贺湄所著《中国地理讲话》曾与翦伯赞

的《中国史纲》等著作同被评选为1944年度12种优秀图书，影响较大；[①]江应樑先生则是著名的人类学家。表内且有两种意见来自纯粹的地理学著作。上述“西南”概念具有明确的地理范围认定，显然不是“弄错了方位”的政治概念。倘要弄清这一问题，必须要具体分析民国初年“西南”概念频繁运用的地域政治语境及其关联。

二、由地域而政治：“西南”概念的兴起与民初政治

民国初年的“西南”概念，首先在政治领域内被频繁使用。梁启超在酝酿护国运动期间，与其弟子蔡锷书信往还，在四封书信中，共出现“东南”8次；“西南”则出现7次，与“东南”基本形成对举之势。[②]在“东南”迟缓、“海疆”卧侧的政治地理大势下，梁启超强调了“西南一隅为我神明氏胄唯一遗种之地”的地位，甚至云“西南责任之重大，国家存亡，系此一片土而已”。[③]就范围论，此处的“西南一隅”（southwest），实指非北洋系统的滇、黔、桂三省。梁氏的论述只是渐启其端，护国前后则很少使用“西南”概念来表达“西南各省”地方力量。1916年，张勋针对护国独立省份，两次使用了“南方各省”的表述，而不是“西南”。[④]护国期间，即便广西方面的护国人物如岑春煊等，只是重提“南北”，使用“南方”概念涵盖参与护国运动各省。[⑤]而多数表达则是直接使用省名，如“滇黔各省”等说法。

“西南”一词被频繁地使用，则是在1917年护法运动背景下才开始的。戴季陶说：“以护法相号召，亦每曰西南云云。”[⑥]民国时人曾表示：“从民国七年（1918）十月十日，护法国会在粤开幕，‘南’、‘北’、‘西

① 韩信夫、姜克夫：《中华民国史大事记（第5册）》，中国文史出版社1997年版，第213页。

② 丁文江、赵丰田：《梁启超年谱长编》，上海人民出版社1983年版，第737—751页。

③ 丁文江、赵丰田：《梁启超年谱长编》，上海人民出版社1983年版，第737—739页。

④ 中国第二历史档案馆、云南省档案馆：《中华民国史档案资料丛刊·护国运动》，江苏古籍出版社1988年版，第706—710页。

⑤ 中国第二历史档案馆、云南省档案馆：《中华民国史档案资料丛刊·护国运动》，江苏古籍出版社1988年版，第730、750页。

⑥ 唐文权、桑兵：《戴季陶集》，华中师范大学出版社1990年版，第864页。

南’等字样，才见之于报章。”① 这一看法存在纰漏，作为近代的地域政治话语，“南”、“北”概念早在晚清已现端倪；“西南”频繁见诸报章，则可追溯到1917年兴起的护法运动（1917年7月—1918年5月）。

护国运动后期，川、滇、黔、桂、粤、湘六省已形成脱离北洋势力并紧密联络的地域政治格局。1916年10月22日，韩凤楼给唐继尧的函电云：“弟意现在可拉拢为我辈之一气者，滇、黔、川、桂、粤、湘耳。务当彼此联合，协力同心，培植实力，以为联邦中之普鲁士。”而在韩凤楼看来，同样参加护国运动的浙江吕公望、陕西陈树藩则“可利用为友，而不可以心腹相示，盖亦地理、历史之关系然也”。② 1917年7月，孙中山与廖仲恺、朱执信等人南下宣布护法，不承认段祺瑞政府的合法性，致电西南六省军政要人，认为：“唯西南六省，为民国干净土，应请火速协商，建设临时政府，公推临时总统，以图恢复（民国）。”③ 1917年8月25日，非常国会在广州召开，通过《中华民国军政府组织大纲》，成立护法军政府，选举孙中山为大元帅。而滇、桂地方力量在护国运动后势力有所壮大，滇系势力在遥控贵州基础上势力拓展至四川；广西则占据了广东，并谋求向湖南发展。④ 除此之外，黔、粤、湘、川等省又存在力量较小的地方军事力量。孙中山领导的军政府只好依托滇、桂等省地方军事力量展开护法，而滇、桂等省地方势力也有意借助孙中山的“护法”旗帜实现政治、军事目标的愿望。⑤ 在这一政治背景下，“西南”一词被频繁地用来指称以六省为主体范围的政治联盟，伴随出现的还有“西南各省”、“西南护法”、“西南半壁”、“西南团体”、“西南政府”、“西南主义”、“西南局势”、“西南旧侣”、“西南问题”、“西南政策”、“西南自治”等政治意味浓厚的表述。陈独秀更是以《西南简直是反叛》为标题来批评西南地方

---

① 铸成：《西南问题之清算》，载《国闻周报》，1936年第30期。

② 中国第二历史档案馆、云南省档案馆：《中华民国史档案资料丛刊·护法运动》，档案出版社1993年版，第8—9页。

③ 孙中山：《孙中山全集（第4卷）》，中华书局1985年版，第111页。

④ 谢本书、冯祖贻：《西南军阀史（第1卷）》，贵州人民出版社1991年版，第188—199页。

⑤ 谢本书、冯祖贻：《西南军阀史（第1卷）》，贵州人民出版社1991年版，第244—245页。

军阀的联省自治运动。[①]“西南”概念越来越明显地演变为超然于地理方位之外的政治话语。

以下的两项统计可清晰反映民初“西南”概念的兴起状况及其政治内涵。在《中华民国史档案资料丛刊·护国运动》与《中华民国史档案资料丛刊·护法运动》二书汇集的电文内，1915 年“西南”仅出现 2 次；1916 年增至 11 次；1917 年则猛增至 198 次；1918 年又上升为 222 次。其递增趋势不仅明显，而且 1917 年的上升幅度非常大。这一统计是针对政治运动电文展开的，缺少与其他领域的对照性，还可以用以下统计数据加以印证。我通过对《中国近代期刊篇目汇录》中所录篇目内出现“西南”一词的情况进行统计发现，在 1857—1911 年间，出现在篇目中的“西南”一词，总共只有 11 次，而且都与国家内部政治无关；但在 1912—1925 年间，“西南”则骤增至 33 次，成为使用最频繁的一个大区概念。而 1917—1918 两年间则出现 15 次，延及以下年份个别刊物内的情况，则总共达到 24 次。1917 年以后除个别篇章外，全部是针对这个“西南”政治团体的。[②] 在很大程度上，1917 年以后的社会舆论常用“西南”概念取代原来的“南方”，而与“北方”、“北京政府”、“北洋”、“国民政府”、“中央”等概念形成直接或潜在的对应关系[③]，体现出“西南”一词作为地域政治概念的特殊性。

民国初年，作为政治话语的“西南”概念实际上具有双重蕴涵：一层

---

① 参见以下论文：未署名：《西南问题之种种》，载《瓯海潮》，1917 年第 17 期；未署名：《西南问题之变化》，载《太平洋》，1917 年第 8 号；鹄：《西南政策》，载《戊午评论》，1918 年第 4 期；鹤唳：《西南主义之战胜》，载《戊午评论》，1919 年第 42、43 期合刊；陈启修：《从“北洋政策”到“西南政策”：从军国主义到文化主义》，载《北京大学月刊》，1919 年第 3 期；陈独秀：《联省自治与新西南主义》，载《向导》，1923 年第 49 期；涵庐：《西南自治》，载《每周评论》，1919 年总第 33 号；涵庐：《评徐佛苏的西南自治与和平》，载《每周评论》，1919 年总第 34 号；只眼（陈独秀）：《西南简直是反叛》，载《每周评论》，1919 年总第 25 号等等。

② 上海图书馆：《中国近代期刊篇目汇录》，上海人民出版社 1965—1984 年版。

③ 目前已有学者指出：“（‘西南’）这一概念本与北洋相对，属于‘民党’的一方。”见王东杰：《国家与学术的地方互动：四川大学国立化进程（1925—1939）》，生活·读书·新知三联书店 2005 年版，第 315 页。此外，民国时期以“西南”与“中央”、“北洋”相对举的论文有：陈启修：《从“北洋政策”到“西南政策”：从军国主义到文化主义》，载《北京大学月刊》，1919 年第 3 期；未署名：《北京政局与西南问题》，载《太平洋》，1917 年第 7 号；未署名：《西南与中央》，载《中学生》，1933 年第 38 期；昭琛：《中央和西南》，载《清华周刊》，1936 年第 8 期；长春：《中央与西南》，载《砥柱旬刊》，1936 年第 16 期。

是国家内部政治分裂状态下的政治地域化，为谋求地域集团利益的特点，西南政团内部喜欢利用这个空间概念来表达他们有别于代表中央的“北方”势力，也有别于冯国璋代表的“东南”、张作霖代表的“东北”，致使形成了明显的、具有自立意味的大区政治趋势。正如“西南团体”喜欢强调“为西南大局计”一样，北方势力也在强调“为北人计”、“我北方将领必须一致”。[①] 然而，这种政治自立状态并不意味着国家的分裂。尽管省籍主义甚嚣尘上，大区政治态势显明，但“西南”毕竟还有另外一层内涵：地方力量不论怀有何种目的，都是首先承认国家统一为基础的，“西南”是中国的西南，他们所反对的仅仅是代表中央的北方政府而已。这些被政治化的大区概念，毕竟是在承认国家统一背景下言说的，是维系国家一体化的地域政治概念。

以地域政治话语呈现的“西南”概念大致沿用到 1936 年。1917—1936 年间，“西南”在各阶段表现为不同的政治状态。1917 年至 20 世纪 20 年代初，体现为滇黔川（滇系）、桂粤湘（桂系）以及孙中山革命力量三派政治力量，若即若离的联合关系；20 年代初至北伐时期，则体现为西南内部各省为保持割据状态，推行联省自治运动；陈炯明被击败后，孙中山名义上被舆论奉为“西南”领袖，开始筹划北伐事宜；北伐以后的 1928 年，则形成名义上统一于国民政府，但实质内部仍旧割据，并与中央时常有所摩擦的事实；1932—1936 年，粤、桂、闽三省地方力量与国民党元老派凭依“西南”两机关（国民党中央执行委员会西南执行部、国民政府西南政务委员会），半公开地与中央对抗，而川、滇、黔三省则和中央政府、西南政府两方保持着微妙关系。[②] 至全面抗战前夕，蒋介石势力深入湘、黔、川等省，两广之“西南”没有力量再与之对抗，1936 年 8 月，西南政务委员会及西南执行部被撤销。至此，尽管西南各省地方势力仍旧延续，但西南各省力量相号召的“西南”政治实体已不复存在，作为政治话语的“西南”概念随之隐为历史，“西南”范围由于政治控制区域实体的瓦解，也发生了较大变化。

① 中国第二历史档案馆、云南省档案馆：《中华民国史档案资料丛刊 · 护法运动》，档案出版社 1993 年版，第 913—929 页。

② 铸成：《西南问题之清算》，载《国闻周报》，1936 年第 30 期。

三、由政治而地域：政治态势影响下的“西南”区域观

以上论述充分证明，“西南”概念的频繁使用肇始于1917年的护法运动，此后又以特殊的政治话语而呈现，确然是一个政治概念。需要正名的是，此时的“西南”同样也是一个被广泛认同的地理概念，这是此前研究没有深入探讨的。探讨地理概念所标定的地域范围则是回答这一问题的核心，以下就从民初社会舆论对“西南”的区域认识角度进行论述。

在民初政治局势影响下，首先在政治领域内，“西南六省”（川滇黔桂粤湘）成为一种具有代表性的区域认识。自政治领域而及其他领域，“西南六省”说的影响深远而广泛。在社会经济、交通、民族、地理等领域的探讨中，“西南”区域的界定也往往与政治态势下的“西南六省”说呈现高度一致性，形成一个较为稳定的、具有广泛认同的区域概念。[①] 抗战以来，“西南六省”说仍旧呈现出很高的区域认同性。如余定义撰写名为《西南六省社会经济之鸟瞰》的长篇学术论文，开首即云：“本文所称之‘西南’，包括粤、桂、湘、黔、川、滇六省。”全文以详实的数据，总体上论述西南六省地区的社会经济发展状况。该文影响较大，并曾发行单行本。[②] 1940年，卫挺生撰文表示：“所谓西南，其范围系包括川、黔、桂、湘、滇、粤六省而言。”[③] 并于抗战初期，以“西南六省”为范围，积极筹划西南国防经济建设与政区调整。[④] 正如上表所列，“西南六省”说在地理著作中也有体现。量化统计结果显示：西南六省说在1939年前的所有西南范围界定意见当中，总比高达47.1%，在所有16种意见当中几乎占据一半。[⑤] 一直延续到抗战前期，西南六省说都是民国“西南”区域观的一种主流看法。

---

① 张轲风：《历史时期“西南”区域观及其范围演变》，载《云南师范大学学报》（哲学社会科学版），2010年第5期。

② 余定义：《西南六省社会经济之鸟瞰》，载《中外经济拔萃月刊》，1938年第4、5、10期。

③ 卫挺生：《西南经济建设之我见》，见唐润明：《抗战时期大后方经济开发文献资料选编（内部发行）》，重庆市档案馆2005年版，第113页。

④ 卫挺生：《调整西南各省区划刍议》，载《时事类编》，1938年第29期。

⑤ 张轲风：《民国时期西南大区区划演进研究》，云南大学博士学位论文，2009年。

受政治因素的影响，广东、湖南这些看似不符合地理方位的省份，具有较为稳定的“西南”地位。以广东为例，1917—1936 年间，社会舆论普遍认识的“西南”、“西南问题”、“西南当局”、“西南政府”，实际上是以广东为中心的“西南”，广东长期被视为“西南根据地”；① 孙中山先生在广州领导的北伐活动，时常被标以“西南”的地域标签。如 1923—1924 年间的时评中就出现“西南有孙文系”②、“西南的广州方面”、“西南的孙中山”③ 等表述；孙中山、汪精卫、孙科、胡汉民等人在不同时期均被奉为“西南领袖”④。社会民众一旦提到“西南”，在脑海里首先不是反映为地理方位上的川、滇、黔三省，反而是地处“华南”的广东，其中心则集中于广州。

1932 年，带有大行政区性质的西南政务委员会在广州成立。与之同时成立的，还有中国国民党中央执行委员会西南执行部，是所谓“西南政府”的高级党务机关。上述党、政机关时称“西南两机关”，事实上是陈济棠、李宗仁为代表的两广地方派与胡汉民为核心的国民党元老派用来对抗蒋介石政府的两大依托机构。⑤ 此后，以“西南”命名的机构、社团与刊物在广州纷纷成立。在 1932—1936 年间，在广州成立或拟议成立以“西南”命名的机构（行政、党政机关，社会、学术团体，教育、金融、经济等部门）多达 17 个；而西南核心区省份在内的全国其他地区，在此期间存在或成立的机构一共只有 5 个（四川 2 个；滇、黔为 0）。⑥ 以“西南”命名刊物的地域分布也体现出广州作为“西南”中心的地位。1937 年前，广州有 8 种，其中 6 种属于机关刊物；川、滇、黔三省则仅有

① 中国第二历史档案馆、云南省档案馆：《中华民国史档案资料丛刊 · 护法运动》，档案出版社 1993 年版，第 1018 页。

② 朔一：《东南各省的和平运动》，载《东方杂志》，1923 年第 15 期。

③ 大山：《北伐声中的西南团结运动》，载《东方杂志》，1924 年第 18 期。

④ 和森：《西南形势之进步》，载《向导周报》，1923 年第 22 期。

⑤ 陈红民：《胡汉民西南政权与广东实力派（1932—1936）》，载《浙江大学学报》（人文社会科学版），2007 年第 2 期。

⑥ 根据以下资料统计：张宪文、方庆秋、黄美真主编：《中华民国史大辞典》，江苏古籍出版社 2001 年版；尚海、孔凡军、何虎生主编：《民国史大辞典》，中国广播电视出版社 1991 年版；陈旭麓主编：《中国近代史词典》，上海辞书出版社 1982 年版；田子渝、刘德军主编：《中国近代军阀史词典》，档案出版社 1989 年版。并根据民国论文、专著、档案等资料增补。

5 种。[1]“西南”政务机关的存在意义至少是，以行政机构形式强化了广东属于“西南”的区域观，以行政中心巩固了广州作为 1917—1936 年间的“西南”中心的地位。

我对民国时期曾界定“西南”范围的论著进行了分类统计，得出的结果是：从整个民国时期来看，有 45.6% 的论著认为湖南属于“西南”；有 44.0% 的论著则认为广东属于“西南”，比例接近一半。如果把认为湖南、广东部分地区属于“西南”的论著加入，则分别高达 53.6%、48.0%。1936 年前，湖南则是 50.0%，广东则高达 65.0%。[2] 由此可见，所谓包括湘、粤二省的“西南”，并非仅仅是一个政治概念，也是民国时人对“西南”区域范围的一种普遍认知，属于存在于历史特定阶段的一个地理概念。

结　语

本文认为，民初的“西南”概念是在军阀政治形态下形成的地域政治概念。它的频繁使用肇始于民初护法运动（1917 年 7 月—1918 年 5 月），体现出鲜明的政治话语性。此后，在政治地域化发展形势影响下，民初的“西南”概念具备了一种稳定的区域性表达，它以“西南六省”（川滇黔桂粤湘）为主体地域范围。一直延续到抗战时期，“西南六省”说的影响深远而广泛，自政治领域而及其他领域，成为一种具有代表性和广泛认同的区域认识。因此，民初的“西南”不仅是如学界强调的政治概念，还是一个受政治态势影响而存在于特定历史时期的地理概念。其地理内涵不是一成不变的，也不由单纯的空间方位所标定，而是“西南”区域观在历史发展中逐渐演变的空间过程。

① 根据以下资料统计：任杰主编：《中文期刊大词典》，北京大学出版社 2000 年版。并据以下资料增补：全国第一中心图书馆委员会编：《全国中文期刊联合目录（1833—1949）》，北京图书馆，1961 年；王桧林、朱汉国主编：《中国报刊辞典》（1815—1949），书海出版社 1992 年版；中国第二历史档案馆编：《中华民国史档案史料汇编》第 5 辑第 2 编《文化》（共 2 册），江苏古籍出版社 1998 年版。

② 张轲风：《民国时期西南大区区划演进研究》，云南大学博士学位论文，2009 年。

多民族背景下的中国边陲

| 姚大力 |

很荣幸能有机会从我自己的专业角度，也就是从中国民族史的角度，谈谈我对中国边疆和民族问题的一些看法。我认为，为了更深入地认识中国的边疆与民族关系问题，我们非常需要这样一种具有历史向度的思考力，或者说是在观察和理解当代的时候所必须具备的一种寻本思源、谙古知今的历史背景意识。

今天想讲三个问题。首先，我要简单回顾一下中华民族历史文化和中国国家建构如何形成、发育和成熟的漫长历史过程。它可以用“从南向北”、“由北到南”、“自东往西”这样三个主题词来加以概括。这个过程讲清楚了，我们就比较容易理解中国边疆民族问题的特殊性究竟在哪里。另一方面，这个特殊性也并非全然是孤立地从中国本土产生出来的；它还与19世纪传入中国的现代民族主义思潮紧密联系在一起。所以接着要谈的，是民族主义思潮的产生、演变和它在当代世界遇到的困境，也就是“nation”为何及如何会演变为“国家”和“民族”这样两个不同概念，并且在它们之间导致激烈冲突的问题。最后，我将回到如何更正确地看待中国作为一个多民族统一国家的特殊性这个问题上来。

一

今天中国境内人口的绝大多数，都是在大约四五万年前从南部边界地区进入中国的不多几批祖先人群的后裔。这是靠十多年以来分子人类学研究的前沿成果所宣示给我们的全新知识。

分子人类学是在分子水平上研究人类群体遗传结构和族群起源的一门新兴学科。它是遗传学和人类学的交叉学科，研究对象是人类基因组。广义的基因，即生物体内的遗传物质，其化学成分就是脱氧核糖核酸（DNA）。除存在于细胞质的线粒体里以外，人类基因大多存在于细胞核的染色体里（核基因组），把卷缩起来的染色体拉长，就能看见包含四种不同碱基的脱氧核苷酸按一定顺序排列而成的长链，这就是基因。

人体内核基因分为常染色体基因和性染色体基因两类；后者又分为X染色体基因和Y染色体基因两种。在从祖先向子孙逐代传递的过程中，常染色体基因和X染色体基因不断发生重组。因此，它们很难被利用来追踪血族之间代代遗传的历史。而只存在于雄性细胞中的性染色体，即Y染色体基因组，以及只通过女祖先传递的线粒体基因组，都不存在重组的问题。除非发生随机突变，它们都可以相当稳定地随子孙繁衍而被世代继承下去。就Y染色体而言，所谓随机突变是指在下一代男性所继承的来自父系Y染色体的三千万个碱基中，平均会有一个碱基发生变异。而祖先基因组中的每一次随机突变，也都会被保留下来，在其所有后代的基因里留下一个记录此次变异的遗传标记。因此，从理论上说，根据先后产生在这个血缘群体诸多成员的遗传物质不同位点上的一列遗传标记，就可以把属于同一祖先后裔人群中的不同世代、不同支系间的遗传关系追溯出来，并把它们连接为一个树干状系谱，显示出这个血族团体中的主干、分叉、再分枝，或者也可以说是主流、支流、次生支流的派生关系。

上面说的原理不仅可以用来追溯按严格的父系或母系血统繁衍而成的家庭、家族和宗族等纯血统人群的遗传历史，而且也能适用于研究大型的、乃至如汉族这样超大型人群的遗传历史。与父系或母系家族以及宗族不相同的是，大型人群毫无例外地全属于血统上的混合人群。不同的混合人群间如果存在着不同的遗传结构，那么我们就可以根据他们各自所拥有的某个或者某些特定遗传标记，或者这些遗传标记在不同混合人群中的不同组合比率，把它们各自的遗传结构区分开来。在从事大型人群的遗传分析时，常染色体遗传标记对于估计混合人群的混合比例和混合发生的时间也很有用。

根据以上原理，学者们通过追踪 Y 染色体遗传标记，在 1997 年绘出了全球人类的系统发育树。在这棵系统发育树中，最早出现的人类分支都产生在非洲人群里。而后再分出欧洲人、亚洲人，从亚洲人再分出澳洲和美洲人。这说明现代人类最古老的祖先在非洲，而他们走出非洲的时间是大约 6 万至 5 万年前之间。2009 年，国际合作的“泛亚计划”项目组在《科学》杂志上发表了根据亚洲十个不同语系的七十三个群体的近六万个基因样本做成的亚洲人群进化树。在这样一幅分布图景里，我们看到，先后有四支人群进入今天的中国境内，成为绝大多数现代中国人的祖先。第一支是沿着海岸线东行的“早亚洲人”，在大约五万年前沿所谓藏缅走廊进入中国。在今日所谓南亚小黑人（尼格罗陀人）、白马藏人、日本蝦夷人里，都留下了他们的共同遗传标记。第二支还是从同一拨“早亚洲人”里分出来的，约在本世纪三万年前左右进入南部中国，他们的血统较多地保留在今天的蒙古语和满—通古斯语各人群中。第三和第四支进入中国的人群，属于穿越伊朗高原南部和印度次大陆的那支所谓“晚亚洲人”后代。他们大约在三万年前到两万年前分别从广西和云南进入中国。从前一支人群中发育出现代壮侗语各民族，后一支人群则成为现代苗瑶语、藏缅语各民族和汉族的祖先。

来源于分子人类学的独特信息，可以使我们产生以下几点关于中国民族史的新猜想：第一，现今发现的几乎全部中国旧石器文化的创造者，与现代中国人之间基本不存在直接遗传关系。第二，原始汉语和原始藏缅共同语的分化，大约在距今六千年左右。而壮侗语与马来—波里尼西亚语的关系，似乎应当比它与汉语、藏缅语的关系更近，所以它好像不应该被划入汉藏语系之中。第三，关于长期争论的阿尔泰语系是否成立的问题，答案也许是它可以成立，但只应当包括蒙古语和满—通古斯语，或者再加上朝鲜语—韩语。至于突厥语人群的形成，包含着诸多更早分化出来的来自中部西伯利亚及其以西地区各人群的成分，因此，他们的语言与蒙古语和满—通古斯语相比差异较大，是可以理解的。第四，汉民族向南部中国的扩散，肯定是包含了人口流动和文化传播两个层面的综合过程。但这两个层面之间的关系到底如何？基因检测的结果告诉我们，北方汉族对南方汉族人口的父系遗传贡献约在 90% 以上；而南方土著妇女对南方汉族的母系遗传贡献约有60%。这些都显示出跨学科研究可能给知识创新带来的巨大潜力。

我前面提到的中华民族历史文化“从南向北”的展开，就是指史前人类自南方进入今中国境内，并在讨寻生活资源的艰苦迁徙中不断分化、融合的这段故事。他们在全国各地留下了许许多多的史前文化遗迹，创造出一幅中国史前文化多头起源、多元发展，并在早期人类拓宽自身生存空间的过程中互相发生交互影响的灿烂画面。

但是，这样一幅画面，在公元前两千年左右，随着“三代”在华北的兴起而结束了。在如同星汉灿烂般壮美的晚期新石器文化和铜石并用文化之后，我们接着看到的，是华北各史前文化在逐渐被整合为一体的同时，超越全国各地其他史前文化而真正跨入文明的门槛。著名的夏、商、西周三代在华北的突起，就是这一跨越的历史成果。在从此以后的很长一个历史时期，华北成为中国历史文化不断向前推进的动力所在。现在历史变迁的空间节奏从“从南向北”转变为“由北到南”。华北的经济文化与社会发展遥遥领先于中国其他地区，并把自己的强大影响一波接一波地向它的外围尤其是南部中国扩散开去。

分布广泛、数量繁多的中国史前文化，为什么会是在华北最早实现了走向文明的突破呢？这个问题不太好回答。但我想生态环境一定是其中最重要的原因之一。面对南部中国多山、多树丛沼泽、河流到处泛滥无常的自然环境，使用石器、木器的原始农业人群只能以较小的人口规模长期生活在相对孤立的小块地域里。在那些地方，河里有鱼蚌，丛林中有蔬果鸟禽，生活资源相对丰富，可是想要拓展生存空间却极其不容易。而在华北黄土地带（包括西部黄土高原与黄河中下游冲积平原），情形正好相反。黄土地易于垦殖，但所能提供的生活资源又相对匮乏，迫使那里的原始人群必须、并且也有可能不断地扩大自己的生存空间，由此也就极大地提高了各人群内部以及它们之间社会互动的程度，并从而推动着那里的社会控制与社会动员的技术和幅度都以超越上古中国其他地区的规模发展起来。在这里我们看到，不同人群间的交流互动、社会控制和社会动员技术的发展、乃至产品分配和财富积累方式的改变，成为华北的史前文化最终被提升为一种新文明的最重要牵引力。

这种北强南弱的形势，非常生动地反映在公元前 1 世纪到公元 1 世纪之间两个伟大的历史学家，即中国“历史学之父”司马迁和《汉书》作者班固的记载中。在先后从当日处于经济文化核心地位的华北俯瞰中国南方的时候，两人都用“江南地势低湿，男子大多短寿早夭”来概括江淮以南的人类生存状态。他们写道，江南地广人稀，农夫放火烧田，再浇水浸泡焚燃杂草留下的灰烬，就地肥田，然后种稻。因为蔬果鱼虾富饶，生活容易，所以南方百姓多苟且偷懒，既无受冻挨饿之人，也无千金大富之家。可见明显的社会分化还没有在大部分土著人群中发生。他们说着各种各样的语言，包括今壮侗语族、藏缅语族，以及孟—高棉语族各支语言的前身。宋人已曾注意到，在古代“江”字只用于指称南部中国的河流。它极可能是为记录孟—高棉语族中“河流”一词的读音 kroŋ 而专门创制的一个上古汉语外来词。由诸如此类的证据可以推知，在长江流域曾经分布过一大批使用孟—高棉语族诸语言的人群；同时，现有证据也显示出，今壮侗语各族的祖先人群也是构成南部中国人口的重要成分。与南部中国诸人群大体身处于这样的生存状态同时，当日中原的华夏文明却早已呈现出一派远为发达成熟的形态。还是用司马迁的话来说，在华北大小城市里，来往的行人拥挤到摩肩擦踵的程度；把他们的袖口拼接在一起，可以连缀成一幅遮蔽太阳的大天幕。熙熙攘攘的人们个个行色匆匆，都在为争利图财而奔走。

上述政治、经济和文化各方面都存在的北强南弱的差距，在公元后的第一个一千年里逐渐被缩小了。推动着此种变化的一个最重要的原因，乃是北方汉语人群的大规模南迁，以及随之发生的汉文明由北向南的大踏步推进与拓展。这个时期最令人注目的汉语人群大规模南迁运动，分别发生在公元 310 年代和 750 年代，也就是由“五胡乱华”引起的“永嘉南渡”和标志着唐王朝由盛转衰“安史之乱”以后。南迁的北方人口放弃了原先种植谷子、小麦、高粱等旱地作物的农耕方式，像南方当地人口一样从事产出更高的稻作农业。他们对地广人稀的南方来说，不仅是珍贵的劳动力，而且成为全方位带动南方经济、文化和社会发展的重要人力资源。1120 年代由金朝入主中原造成的“靖康之难”，引发了中国历史上第三次北方人口的大规模南迁。拿南宋末年南部中国的人口数目与五百年之前相比，长江下游地区的人口增长幅度为643%，闽浙等东南沿海的增长更高达695%，长江中游则增长了483%。而同时期华北人口不过增加54%而已。根据对近代以前欧洲农业状况的估测，在相同面积的土地上从事畜牧业、小麦种植或水稻种植，由以获得的热量比分别为1:4.4:21.6。除了南方本来就地旷人稀之外，那里能够持续不断地接纳并消化这么巨大的北方移民潮的另一个重大原因正在于此。

随着南部中国的人口增加和生产开发，北方汉人开始改变对南方的印象。这种改变，其实在“安史之乱”阻断了华北对唐朝中央政府的税赋供给后，就已经被人们猛然看破。人们发现，“中原释耒”之后，中央政府依靠从南方抽取经济支持，就是所谓“漕吴而食、辇越而衣”，居然也足以支撑下去。所以杜牧说，“今天下以江淮为国命”；韩愈说，“当今赋出于天下，江南居十九”。到两宋之际的又一次北方人口大规模南迁之后，南方就从赶上北方而进入超越北方的阶段。

南宋王朝始终未能摆脱在军事上积弱的局面，这大概给现代中国人留下了太多的关于它的负面印象，所以他们很容易忽略南宋历史上光彩十足的那一面。中国经济文化的重心，就在这个时期完成了从华北向南部中国的转移；而12和13世纪的欧亚旧大陆所见证的，无疑是一个经济和文化全面繁荣的南宋时代。“苏湖熟，天下足”这句谚语的产生，表明长江三角洲这时已成为天下粮仓。金初向宋政府索要绢绸一千万匹；金人拿到从北宋府库里拨出的这批购买和平的费用后，只收下“北绢”，而浙绢则因为“轻疏”而被全数退回。这表明直到11世纪末，华北的丝绸纺织技术仍高于南方。北宋的所谓“五大名窑”，有四个位于北方，这是瓷器制造技术北胜于南的证明。这样的局面由于两宋之际北方人口的大规模南移而很快改变了。南宋人对自己在经济文化方面的优越地位有明确的意识。他们断言，天下“地利”，南方所有已超越北方：“儒学之盛，古称邹鲁，今在闽越。机巧之利，古称青齐，今称巴蜀。枣粟之利古盛于北，而南夏古今无有。香茶之利今盛于南，而西北地古今无有。兔利盛于北，鱼利盛于南。……然专于北者其利鲜，专于南者其利丰。……漕运之利今称江淮，关河无闻。盐池之利，今称海盐，天下仰给，而解盐荒凉。陆海之利今称江浙甲天下，关陇无闻。灌溉之利今称浙江太湖甲于天下，河渭无闻。”当时的人写诗道：“南船不至城无米，北货难通药缺参。”南北若不互通有无，南方所缺最多是珍稀药材之类，而北方的基本生活需求就会面临危机。经济的发达支撑起文化的迅速拓展。比较一下唐前期进士人选的地理分布与明代进士的地理分布特别是明代科举前三名人选的出生地，足以显示南方文化如何在大踏步地赶超北方。从宋代开始，南方士人进入最高权力中枢，也逐渐成为不可抑制的趋势，宋太祖所谓“南人不得坐吾此堂（按：‘此堂’指宋核心权力圈议决军国大事的政事堂）”的训诫，自王钦若、王安石入相开始被打破，南渡之后则再也无人理会。甚至宋元之际改朝换代的动荡与破坏，亦未曾完全中止这种经济文化的全面繁荣；加上某些新历史因素的刺激，它一路延续到元朝中后期。同样，汉文明再下一轮辉煌，也从明后期安然越过明清鼎革的政治大变局，而持续到清中叶。清朝所谓“京派”学术传统的中坚人物，实际上大多出生在南方。

不过，在说及汉文明自北向南的扩展时，我们在以上描述中所涉及的历史地理范围，其实主要还只局限于中国的东半部分。这里需要提到一条反映中国人口分布特征的著名划分线。如果我们在分别位于中国版图东北和西南的两个边城，即黑河和腾冲之间划一条直线，它就会把现代中国疆域划分为面积差不多相等的东、西两部分。直到大约半个世纪之前，占据着54%国土面积的西半部总人口，仍然还只占全国人口的10%，而将近90%的中国人口，集中分布在占国土面积46%的东半部，“黑河—腾冲线”所能告诉我们的，远远不止是有关中国人口的区域分布特征。它又与中国境内300—400毫米年降雨量带的走向相当一致。而这样一条年降雨量带，又大部分与前工业化条件下雨养农业与牧业经济的分界地带相重叠。二者只在青藏高原东南部形成一个分岔，将这片高寒低温的地域排除出雨养农业区。因此，除了在关中平原附近需要稍加修正外，“黑河—腾冲线”事实上已经把近代之前中国大面积雨养农业区域的西部界线粗略地勾勒出来了。

但这还不是问题的全部。把这条线叠加到中国各民族分布图上，就不难看出，在它以东，除去朝鲜族、壮族、侗族、傣族等其他几个农耕民族外，占绝大部分的是汉族人口。在它以西，则是广大的少数民族聚居区。所以它也可以被大致看做是汉族与其他少数民族分布区之间的划分线。汉语人群的移民运动停止在这条线附近并不是偶然的。汉文明如同铺地毯一般向外展延的成功与局限，都与它以雨养农业为根基的特别性格息息相关。毛主席曾经写道："我们说中国地大物博，人口众多，其实上是汉族'人口众多'，少数民族'地大物博'。""黑河—腾冲线"所反映的，难道不正是这样一个事实吗？

在中国历史上，从汉文明之中孕育和发展起来的中央王朝，曾多次将许多非汉语人群所在区域置于其政治统治范围之内。从唐、南北宋和明代历史来看，中央王朝把非汉语人群的分布区稳定、巩固地纳入国家版图的过程，主要通过三种依次演进的行政措置来逐步实现，即从建立"羁縻府州"到设置流官、"土官"相参用的"土司"，再到"改土归流"。而"改土归流"的一个必要前提，便是保证汉语人群在人口本不太多的土司辖区内取得起码程度的比重，从而为将该地区有效地整合到统一的国家治理体系之中培植出必要的基础或社会响应。这样的拓边方式，只能沿着大面积雨养农业区的边缘以相当有限的规模逐步向外推进。但在"黑河—腾冲线"之西，这一点却很难做到，因为它们缺乏足够的能力去征服占据着西北广袤地域上的各大型非农业人群。明清时代在川青藏区的土司制度得以长期维持，实际上与清代越过该地区而将蒙古、西藏和今新疆纳入国家的有效治理范围，因而将川青藏区变成"内边疆"，消除了诱发其离心倾向的外在势力密切相关。另一方面，中央王朝与那些只是被它长期羁縻、或者只能长期设置全用土官的土司地区及其人群之间的关系，完全可能朝着不同国家之间外交关系的性质演变。因此，把幅员广大的西部非汉族区域巩固地纳入统一的多民族国家版图，也就是把历史中国的国家建构从东向西覆盖到今天的全部中国版图的任务，便历史地落到诸如元、清这样的少数民族王朝的肩膀上。事实上，最近一千多年以来的历史本身就雄辩地证明，把西部中国牢固地整合在中原王朝的历史疆域之中，这个任务主要是由非汉语人群所创建的中原王朝，特别是元朝和清王朝来实现的。由此亦可见少数民族对中国历史的不可替代的重大贡献。

两种中原王朝之间的形态差异，直接反应在它们对首都地理定位的不同上。我们刚刚说到中国经济与文化重心的南移。值得注意的是，与上述南移运动差不多同时，中国历史上的政治统治中心却反而从过去的西安—

洛阳—开封一线北上，转移到今日的北京。这又是为什么呢？

最近一千年里，以今北京为中原王朝的首都，历经金、元、明、清四朝，其中三个由非汉语人群所建立。与塞北草原、东北的林海雪原向来被汉语人群仅仅当做是保护农耕社会的军事缓冲地带截然不同，对金、元、清王朝等各自具有特殊文化背景的统治者们来说，那里是他们自身的文化及身份认同的根据地，也是本族群人力资源的储备库，因而具有不同寻常的重要意义。为了在统治者自身的“祖宗根本之地”和被他们统治的汉地农耕区之间保持领土结构上的必要平衡，自然应当把首都选择在一个从汉地社会本身看来可能是过于偏北的地理位置上。明政权移都北京有一点偶然因素。因为明成祖永乐即位前的军事、政治基础均在北方，并受到很深的北亚文化影响。但放在更长的历史时段里去看，它也还是反映了大势所趋。也就是说，对首都地理定位的不同，实际上反映了两种类型帝国的不同版图结构之间的根本差异。

从汉文明之中孕育和发展起来的中央王朝，往往倾向于把汉文明以外地区当做自己的“边缘”，当做它推行“车同轨、书同文、行同伦，……而不见其为异”的国策，也就是推行以汉化为理想治理目标的施政对象。有意思的是，金、元、清等兴起于“帝国边疆”的“边疆帝国”，却没有简单化地把原先的“中心”与“边缘”关系倒转过来了事。凭借高度的政治智慧和技术，“边疆帝国”展示了一种真正多元的领土结构！只有在这样的多元化领土结构中，“边疆”才有与汉地同等的甚至更为重要的地位；古代中国的官方语言不局限于汉语、汉文一种，而是多种法定文字并用。

根据上面的讨论，我们或许可以按每一千年为一个分期段，从最近四千年中国政治、经济和文化的变迁过程中抽绎出一条非常简明的线索来：

——从公元前两千年到公元前一千年，华北各地的史前文化在强烈的交互作用与整合过程中，终于跨过文明的门槛，发育成以“三代”（夏、商、西周）著称的早期华夏文明。

——在公元前的最后一千年，华夏逐渐扩大势力范围，将未能被同化在自身文化圈内的其他人群排斥到边缘。华北开始呈现“内夏外夷”的空间分布特征，并确立了自己作为中国经济文化核心地区的地位。在那里形成的中央集权的专制君主官僚制政权，开始把远超出华夏文明地域范围的疆土置于自己的统治之下。

——在公元后第一个一千年，汉文明一波紧接一波地从华北向南方社会全面渗透，以越来越快的节奏推动东部中国经济文化均质化的进程。中央王朝将西北部中国纳入自己版图的努力则时断时续、事过于倍而功未及半。

——公元后第二个一千年，南方超越北方，中国经济文化重心南移完成。西部及西北各地区先后被元、清等政权稳固地整合到中央王朝的疆域结构之中，但西部中国经济文化的发展状况仍严重滞后。

从以上线索中，至少有四点是我们在思考今天中国的民族问题时非常值得加以注意的：

其一，在王朝有生有灭、新旧相替、疆域不断伸缩变化的时空中，逐渐凸现出来一个超越这个或那个具体王朝层面的、具有历史连贯性的政治共同体，它就叫中国。中国观念的绵长悠久的历史性，是属于我们的一笔宝贵和辉煌的遗产。

历史上的中国，先后有过五种互有区别的涵义。现存文字材料里的"中国"一词，最早出现在铸成于西周前期的著名青铜器"何尊"的铭文内。在其中，周成王追溯他父亲武王的话说，"余其宅兹中国"（且让我安顿在这个称为中国的地方）。成王口中的"中国"，原指洛阳及其邻近地区。它与古时候的华夏人群把今登封、洛阳一带视为"土中"（即天下中心）的观念有关。这说明至少是在西周初，"中国"已经成为对河南核心地区的一个流行称呼了。

"中国"的第二层涵义是指关东，即函谷关或者后来潼关以东的黄河中下游平原。《荀子》说：战国之秦，"威动海内，彊殆中国"；《韩非子》说："夫越虽国富兵彊，中国之主皆知无益于己也"；严师古在注释《汉书》记载刘邦左股有黑子之事时写道："今中国通呼为黡子；吴楚俗谓之誌，誌者记也。"纵观以上三项说法，即可知秦、越、吴、楚都不在"中国"的范围内。可见这个中国，仅指关东而言。它的第三层涵义则把关中也包括进去了。《史记》曰："天下名山八，而三在蛮夷，五在中国。中国：华山、首山、太室、泰山、东莱。"华山位于关中。是知司马迁所说的中国，已经把北部中国的核心地区全都包含其中。

差不多与此同时，“中国”也有了第四层涵义，即用它来指称以华北核心地区作为其统治基础、而后也用指自北方南迁、立国于南部中国的诸多中央王朝所控制的全部国家版图。在“中国”被用来命名这样一个疆域范围时，它当然就经常会远远超出汉地社会和汉文化所达到的边界。秦、汉版图已先后到达今广东、云南，尽管直到那时为止，淮河、汉水以南广大地区的土著，都还不是汉语人群。

“中国”的第五层涵义是随着汉语人群向华北以外地区的大规模迁徙流动而产生的。它指的是在国家版图内不断向外扩展其生存空间的那个主体人群及其文化，也就是汉语人群和汉文化。万斯同主编的《明史》稿本在讲述西南各土司的辖区时概括说：“大抵诸夷风俗，与中国大异。”很清楚，此处的“中国”，是指汉族和汉文化而言。

关于“中国”的最后那两层涵义一直被沿用到近代。所以英语中的“Chinese”才会既指“中国的”，又指“汉族的”。这并不是外国人的误读。它确实反映出如下事实，即“中国”这个词曾经长时期地拥有两个互相联系、但又不能互相混淆的不同意思。

其二，上述脉络告诉我们，把过去几千年内中国国家建构的历史进程，理解为仅仅是由外儒内法的专制君主官僚制这一种模式起源、发展和演变所支配的看法，并不完全符合历史的事实。它实际上是由外儒内法的专制君主官僚制和以辽、金、元、清等政权为代表的内亚“边疆”帝国体制这样两种国家建构模式反复地相互撞击与整合的过程。如果没有满族、蒙古族和藏族等民族对创建中国多民族统一国家的贡献，就不会有今天这样版图规模的现代中国。关于这个问题，有一本美国学者写的著作《中国向西挺进》（*China Marches West*）很值得参考。它认为，由清完成的对西北中国的征服，不但继承了、而且还改造了关于“中国”的认同。18 世纪的中国还没有进入民族主义的时代，但到 18 世纪为止的清朝国家体制所确立的框架，使 19 世纪晚期的中华民族认同得以在其中实现。这个框架包括：边界的确定，汉人、满洲人、穆斯林人群和藏人对各自的固定族裔身份及其集体谱系的认同，以及一个多民族统一帝国的构架。那么，这样一个架构与宋、明王朝的统治体系有什么重要的不同呢？

我们知道，包括清朝在内的中国传统王朝统治体系都持有“天下中国观”的立场。它由以下一些主要观念构成，即：中国处于“天下”之中；除中国之外的其他人群、国家，无一不为中国属国，而绝无敌国或与国的资格可言；处理中国与其他所有国家间关系的框架，就是所谓“朝贡体系”。在宋、明这样汉式的专制君主官僚制体系下，对待前来朝贡的地区、人群或国家，要么通过羁縻—土官—改土归流的制度最终把它们纳入汉语人群的海洋之中、变成清一色的编户齐民，要么就只能把它们纳入在今天看来实际上是属于的“外国”范围。洪武末，朱元璋曾说：“今天下一统，四方万国皆以时奉贡。如乌斯藏、泥八剌国，其地极远，犹三岁一朝。”他实际上完全是把明与当时西藏和尼泊尔的关系看做是属于同等性质的。

清朝继承了由前代传下来的朝贡观念和朝贡体制，但它另外还有创造性的地方，即把传统的朝贡地区、人群和国家分置于两个不同的治理空间。一称“外藩各部”，包括内札萨克（内蒙古各盟旗）、察哈尔（内属蒙古各旗）、喀尔喀（外札萨克蒙古）、青海、西藏诸地域，以及金川土司、南疆回部各伯克头人属下等部。凡有关对这些地方进行具体治理的政令、刑事、军旅、屯田、邮传、互市等方面的最高管辖权均属理藩院。另外一类，则称“域外朝贡诸国”，清朝对它们完全不负国家治理的责任，处理与这些国家之间关系的职责，由类似外交部礼宾司功能的礼部鸿胪寺来承担。非常有趣的是，当清政府力图从传统体制中为它的每一项机构设施寻找合法性依据时，它不得不承认，除了元代管理西藏地方及全国佛教的“宣政院”以外，在明代和宋代的国家机构中，根本找不到类似理藩院那样的建制。可见元和清这两个王朝在缔造多民族统一国家的体制方面，具有何等重要的历史地位。我们不难设想，如果没有元和清，继承了宋、明版图的中国会与今日中国的版图面积有多么巨大的差别！

说到这里，我们就大致接触到中国民族关系特殊性到底何在的问题了：就是由于上述那种由各民族参与其中的国家构建，由于两种不同的国家建构模式相互整合的历史传统，中国的形成才可能与这个世界上的几乎所有其他现代国家不同，不是诞生于旧式帝国的瓦解和分裂之中，而能够基本完整地将帝国时代的国家版图转换为现代中国的疆域。

其三，从三四千年以来历史演变的大脉络中，我们可以很真切地认识到，尽快缩小东西部在经济、文化与社会发展程度方面的差异，是西部广大地区越来越紧密地变成中国多民族统一国家内不可分割一部分的漫长进程所遗留给当代中国人的庄严历史使命。这种凝重的历史感是无穷的精神能量，能激励每一个中国人的责任意识，召唤他们去关注并投身于西部开发事业。

其四，那么，今天的西部开发，还能沿用历史上的汉民族在将古代汉文明由北向南推进时所采取过的那些策略与方式，诸如向被开发地区大规模移民、以农业经营为基本开发形式、用汉文化来覆盖被开发地区等等吗？如果说历史上的汉族是没有能力这样做，那么我们今天则是根本不应该这样打算、这样去做。在面对现代中国的民族关系和民族问题时，我们必须把此项认识当做一个最重要的出发点加以看待。以后我还要回到这个话题上来。

如前所述，近现代中国不仅是承继清朝以及在它之前的宋、明等汉式王朝历史遗产的结果，而且同时还是在外来的民族主义思潮冲击和影响之下去从事现代国家的构建活动的，所以现在需要对这股震荡全球直到今天的民族主义思潮，包括对它的起源、演变，乃至它在未来的去向，作一个尽可能简单明了的介绍。

二

在谈到如何认识民族和民族主义的时候，首先碰到的问题，是这二者之间究竟是怎样一种关系：究竟是先有民族、然后才产生了民族主义的观念和理论呢，抑或相反，像大多数当代民族学或人类学家从民族是一种“想象的共同体”这一认识出发，把它看做是近现代民族主义思想“构建”的产物，也就是说，是民族主义缔造了一个民族的集体身份意识，并从而也就缔造了这个民族本身？

对此，我的看法概括起来有三点：第一，民族的诞生，总少不了需要由一种出于主观构建的民族观念来承担催产的功能，来促成它的生成、发育和成熟，在这个意义上，它确实具有“想象的共同体”的性质；第二，不过这样的现象远在近现代社会之前早就在发生了；第三，民族主义则是近现代的人类社会才产生的一种观念、思潮和理论，而它的出现又的确极大地改塑了现代民族对于自身的观念、意识和期望，从而使现代民族获得一种与历史民族完全不一样的精神形态。我将主要通过中国历史上的实例来说明这三方面的道理。

民族是一种人为构建的范畴，从所谓“民族消失”的历史现象最容易看出来。比如匈奴民族在历史上的消失，当然不是这个人群的全部个体都已被斩尽杀绝、不再存活于世上的结果。匈奴的大量后裔们继续生活在后来的许多被标识为其他名称的人群里，变成这些不同人群之内的新成员。因此，实际情况只不过是，他们不再作为“匈奴”这样一个人群共同体而存在，人们因而便也取消了“匈奴人”这样一个曾经流行几百年之久的分类范畴而已。换句话说，“匈奴”的后裔们是否存在，与“匈奴”作为一个划分人群的范畴是否还存在、是否还被人们作为辨识人群时候的识别类型，这两者并不是一回事。

我们都知道，今天定居在新疆尤其是南疆各绿洲里的维吾尔族，是公元9世纪中叶从蒙古草原迁往那里、原先从事游牧的回鹘人后裔。但那时在回鹘人控制下的，其实只是南疆的东半部分，西半部则被另一个建立了喀拉汗朝的名叫“葛逻禄”的突厥语部落控制着。葛逻禄统治者在接受伊斯兰教的同时，把自己的过去与在波斯人传说中的古代敌手、图兰君王阿弗拉西亚卜家族联系在一起。由于这个缘故，在建立喀拉汗朝的这部分突厥人中间发生了某种“集体失忆”，即完全忘记了自己原先拥有过的葛逻禄人的集体身份，而只把自己叫做“突厥人”。直到那时候还信仰着佛教的回鹘人，在已经清一色地成为穆斯林的喀拉汗朝部众看来是“异教徒”。直到元代，维吾尔人还有很大一部分是佛教信仰者。所以南疆西部的伊斯兰教徒长期把“维吾尔”和“异教徒”看成是等义词。随着伊斯兰教信仰从南疆西部逐渐向东传播，皈依伊斯兰教的维吾尔人不再使用与“异教徒”等义的“维吾尔”这个自称，而只是用他来指称那一部分仍然是佛教徒的更东面的维吾尔人，并开始像其他南疆穆斯林一样自称“突厥人”。因此，最晚大约是到18世纪前后，当剩下的最后一批维吾尔人也全部皈依伊斯兰教后，维吾尔作为一个活的人群就消失在更广义的“突厥人”之中了。

维吾尔人的“复活”，与近代中亚的考古发现有关。俄罗斯和苏联学者在对从新疆获得的古代回鹘文的佛教、聂斯脱里派基督教以及世俗文书的释读过程中发现，这种文字所反映的，正是现代居住在同一地域的南疆“突厥人”的语言。基于这样的认识，斯大林时期的苏联在推行民族政策时，就把迁徙到苏联境内的新疆“突厥人”划为“维吾尔”民族。这个概念由留苏的维吾尔知识分子带回新疆，于是才会在盛世才时期的新疆出现一个维吾尔族。但这时候的“维吾尔”一名，却把南疆西部的那些“突厥人”也一起覆盖在内了；而我们知道，这部分人口的主体，其实并不是回鹘后裔，他们的祖先应当是葛逻禄人，尽管两者的语言还比较接近。

这个故事有点曲折，但是很能说明问题。在大约从1500年到1700年这两百年之间，原先曾称为维吾尔的那个人群，一点一点地消失在一个比它更大得多的称为“突厥”的人群之中。你能说它还一直存在着吗？答案是否定的。当它在近代“复活”的时候，它所包括的又已经远不止是过去那个维吾尔人群的后代了。你能说今天南疆西部的原居民“其实”不是维吾尔人吗？答案也只能是否定的。那么判断的标准到底是什么呢？只能是这个人群关于自己是谁的主观归属意识。说民族是一个“想象的共同体”，道理就在这里。

民族是“想象的共同体”的主张，对于还普遍地将民族视做“宛若存在于自然界中的实体”的观念来说，是一个重要的突破。最早实现这一突破的一部划时代著作，应数人类学家李奇（E. R. Leach）发表于1954年的《上缅甸政治体系：对克钦人社会结构的研究》一书。经过长时期的当地调查，李奇发现，所谓克钦人其实不是一个“宛若存在于自然界之中的实体”，不是“生而固有的”（just out there）、“大自然赋予的一项事实”。

他指出，在被自我标识为克钦人的那个族裔群体里，实际上流行着好几种不一样的语言，其社会结构也在两种不同类型的型态之间持续摆动，而其政治组织的整合，则主要是为应对另外一个完全不同的人群即掸人的集体需要而逐渐获得实现的。从李奇对克钦人的研究中，可以归结出来非常重要的两点：第一，在政治上和经济上聚合成为一个共同体的人群，未必要有共同的文化和语言；第二，尽管如此，它的成员却会感觉到他们享有一种共同的世系，具有共同的历史和共同的文化；至于外来的观测者们是否同意该群体内部成员们的这样一种感受，对后者而言丝毫不重要。族裔集团所具有的主观构建性质，也就是主观的归属意识在族群形成过程里的核心作用，就这样被李奇很明确清晰地揭示出来。

沿着上述思路，人们对事物真实性的理解也变得不再那么绝对了，因此就有了在客观的真实性与“社会真实性”之间作出区别的必要。正如某个著名人类学家说过的：“影响着人们态度与行为的，并不是事实为何，而是人们意象中的事实为何。”（It is not what is, but what people perceive as is which influences attitudes and behavior.）所谓“想象的共同体”之提出，显然也来源于对“社会真实性”的这种新认识。

“想象的共同体”被形塑的过程，其中的关键在于对共同血统的想象。因为只有当产生在群体成员间的集体身份意识以共同血统这样一种观念形态表现出来时，我们大概才有充分理由确认，该种集体身份意识已经被提升为“族群认同”（ethnic identity）的型态了。共享的集体身份意识可以有很多形式。比如说左撇子可以形成一种共同的集体身份意识，在现代的政党内部也可能形成一种集体身份意识，但二者都不会演变为民族或族群的意识，因为它们都没有共同血统观念这样一个核心。

在历史上，凝聚起民族身份认同的共同血统观念有两种表现形态。一种形态是把这个民族共同体的全体成员都追溯为同一个祖先的血脉后裔。哈萨克人是这种共同血统观最典型的例子：

> 哈萨克人都相信，他们自己全部来自同一祖先的男系传嗣。19世纪考察家们收集的各种部族系谱在细节上出入极大，甚至对始祖名字的说法也有不同。但是，他们在下面这一点上却众口一词。即这位始祖有三个儿子。他们分成了三个单独的阿吾勒（ayl，即最小规模的游牧单元），于是确立了哈萨克人的三个主要分支：大帐、中帐和小帐。……这三个儿子的儿子们又依次分立，分别成为诸帐之下各分支的始祖。而他们的儿子们也依次分立为更小的分支的先祖。这样一

直分支下去，直到阿吾勒为止。其所有的男子和未出嫁的女人都出自一个共同祖先。于是，哈萨克民族和它的所有分支，全都被认为是一个扩大的家庭集团的各支系。①

但是共同血统观还有一种更宽泛的形态。那就是把该共同体全体成员认做是过去某一个可以清楚地与同时代的其他人群清楚地分割开来的独特人群的血脉后裔。必须指出，这个所谓“独特人群”的界线，其实只在很久以后把它当祖先群体来追溯的人们眼里，才是清晰明确的。而在它存在的那个时代，情况往往并不如此。比如清代的满洲人把自己的祖先追溯为金元时期的女真。在满洲人的想象里，金元女真是一个可以与当时的蒙古、汉人、高丽、契丹、森林里的“兀稽”等周遭人群很清楚地分割开来的独特人群。但是如果我们进入金元时期去追问“到底谁才是女真”，又会发现这其实并不是一个那么容易自明的问题。不过在满洲人这样构建和想象自己的集体历史时，是决不会提出上述学术问题的。女真对他们来说，是一个足以自明而实在、不需要对它再加任何质疑的概念。汉族把自己追溯成“华夏”的血脉后裔，与满洲人以女真为祖先的情况相似。

那么共同血统观念又是怎样产生和发育起来的呢？

在这里有必要提到斯大林关于民族界定的著名论断，它一般被概括为四要素或五要素说，即共同语言、共同地域、共同经济生活，以及表现在共同文化上的共同心理素质。这个定义对中国民族史研究的巨大影响至今不可小视。我不清楚该段文字的通行汉译文本究竟是译自俄文原文，抑或是从英译本转译过来的。因为按俄文本的表述，所谓四要素应当分别被译为语言、地域、经济生活的共同性，以及“显现在文化共同性之中的心理结构的共同性”。从今天的认识看，这个定义有明显的不足之处。

最有问题的是他枚举的最后一项“共同性”。无论理解为心理素质或心理结构，其意义都颇有含糊不清之嫌。同样重要的是，心理结构的共同性是需要反映在文化（其中当然也包括语言）共同性之中的，因此这一义项类与前面列举的其他三个义项显然不应该被并列于同一分类层次之中。

---

① 〔美〕伊丽莎白·巴肯：《俄国统治下的中亚民族：文化变迁的研究》，康奈尔大学出版社 1968 年版，第 32 页及以下。

不过同时我们也应该承认，斯大林所谓“心理结构的共同性”，其实已不太自觉地触及到被界定对象的主体意识层面了。他甚至也已略约提示我们，这种主体意识是从该人群对其语言、生存地域、经济生活、社会生活习俗、宗教礼仪、集体经验及历史记忆等方面共同性的长期反复的感受之中萌蘖和发育起来的。沿着这样的思路再作进一步推论，似乎可以把共同血统观念的形成分解成这样两个阶段来叙述：从共同语言、地域、经济生活、宗教礼仪、社会习俗、集体经验及历史记忆等（A）中间产生一种比较宽泛模糊的共同集体身份意识（B）；再从这种共同集体身份意识（B）里发育出该群体出自于共同血统的观念（C）。前面已经讲过，正是这种共同血统观念，构成了民族或族群的集体身份意识，也就是所谓民族或族群认同的核心部分。

关于上面所讲的族群认同形成过程，还有两点需要加以补充说明：

关于从 A 到 B 的过程，也就是族群内集体身份意识的萌发，并不需要在 A 项所列举的所有那一大堆“共同”样样具备的条件下才能实现。它当然不可能从完全的虚无之中就得以被成功地“想象”出来。总需要有某些现实的“共同”要素，才可能促使一种对集体身份的朦胧感知从这个人群的草根意识中间逐渐滋长起来。但是对各民族、各族群的发育史所进行的历史考察告诉我们，要想为那样一种集体身份意识的自发滋长开列出一张放之四海而皆准的充要条件清单，是一件不可能的事情。

另一方面，关于从 B 到 C 的演变，则不可能也像由 A 到 B 那样，是一个完全自发的行为。共同血统观念不会从大众对其集体身份的朦胧意识中自动地、必然地生发出来，而只能是有人自觉地对后者予以加工和提升的结果。承当此一加工提升工作的人，大都是该人群内的精英或准精英分子。经过他们对自身群体的历史记忆和其他文化资源进行有意识地选择、强调、放大或“发明”，与此同时也就是有意识地沙汰、“失忆”、掩盖与修正，该族群或民族获得了有关自己是谁、从哪里来、本群体与周围其他人群有什么不同、为什么会有这些不同等一套相对固定的言说。而具有想象性格的共同血统观念则是这一套言说得以构建的最不可或缺的内核。

另外也要注意，把共同血统观念作为研究者考察人们如何“想象”自己的一个最重要的聚焦点，并不意味着所谓民族彻头彻尾就是一种主观想象出来的东西。谁都可以任情想象，但难道任何人的想象都可以在一个大型人群中激发出为大众所认可的集体意识来吗？答案自然是否定的。这样的"发明"如果能成功，它必定以该群体内带有草根性质的对自身的认知与情感作为基础，所以才能又反过来滋养、培育和形塑属于大众的集体身份意识。因此，强调族体主观认同意识的重要性，并不是想要、事实上也完全没有颠覆中国民族史领域内经过长期积累所形成的诸多基本事实和基本知识。它只不过力图揭示出在过去研究中一向被忽略的那个层面，即被称为民族或族群的大型人群，在利用其历史资源来构建一个特定的"想象的共同体"时所经历的心路历程。

像这样被想象出来的具有共同血统观念的人们共同体，固不必像很多学者以为的那样，要等到近代才会出现。刚刚我说到的满族，就是在中国历史尚未进入近代时就已经形成的这样一个民族共同体。类似的例子还有很多，比如汉族也是如此。难道可以说汉族是直到近代才形成为民族的吗？回族是又一个例证。20 世纪 80 年代以后，欧美学者逐渐获得允许，到中国来从事民族调查和长时期的人类学田野工作，由此形成一个研究中国少数民族的学术高潮，先后产生出许多很值得我们借鉴的著作和论文。其中最早一部作品在 1991 年出版，就是研究回族的，书名叫《讲汉话的穆斯林：中华人民共和国的族裔民族主义》。作者的基本看法是，回回在 20 世纪 50 年代被中国政府正式定位为民族之前，总的说来还是一个信仰伊斯兰教的文化共同体。是中国政府的民族调查和民族识别运动，把这个宗教文化共同体"变成"了民族。

在 20 世纪的前 50 年里，回回的概念是否仅仅意味穆斯林的身份？在这 50 年中先后出版的回回杂志约有一百六十多种。只要对其中较易搜寻的那些出版物作一番最粗浅的检阅，那么任何人都不难得出结论说，在 20 世纪上半叶的回回人群中，存在一个不折不扣的"族裔民族主义运动"。它表现出如下的历史特征：第一，它明确主张，回回以五千万之众（这是一个被极大地夸大了的数字）的人口构成中华民族的"五大民族"之一，并从"民族平等"的原则出发，要求在 20 世纪 30 年代的国民参政会和 40 年代的国民大会代表选举中，按蒙古和藏族代表的额度选举回民代表。

第二，这时期发生在各地的一系列抗议“侮教案”的行动，实际上是回回民族主义运动从事政治动员的重要途径。第三，回回人群体形成了属于特定时代的对自己共同历史的言说范式，即“始于隋唐，盛于元明，衰于满清”。第四，他们开始检讨和改变“舍命不舍教”、“争教不争国”的传统立场；这种参与意识在抗日战争中获得进一步的提升。第五，层出不穷的回民杂志，有系统的回民组织，到处兴办的新式回民小学，范围广泛的回民现状调查，使民族主义的动员远远超出精英的范围。可以说，20 世纪 50 年代对回回民族身份的官方承认，它的历史基础，即 20 世纪上半叶回回人群中广泛而持续的民族主义运动。

20 世纪前 50 年的回回民族主义运动本身，当然也不是毫无由头的一场空穴来风。它是自从清初以来一直广泛存在于回回人群中的拥有深厚群众基础的族裔意识的政治化发展。这种带有深厚草根性的族裔意识，充分反映在自清前期之后以各种略有出入的文本流传在陕甘、湖南、云南、山东、青海、河南，乃至远播域外东干人中间的“回回原来”故事里。其基本情节是说，唐代有西域伊斯兰圣徒噶心来华，唐皇欲留此人长住东土，遂以唐兵三千至回回国换得回回兵三千来华，以伴陪噶心，并为三千回兵各配一汉女为妻。中国回回人皆此三千回兵之后。这个口传故事形成之后不久，又与唐中叶借回纥兵平定“安史之乱”的史实互相混淆，遂形成“借兵回回”的另一种版本。

“回回原来”的广泛流传，表明它已被回回人群体普遍接受为有关自身根源性的共同历史叙事。不过，如果说这则故事意味着回回人对自身历史根源性追问的完成，那么他们的追问意识本身还要开始得更早一些：它应该是从回回人接受原先由汉地社会发明的“回回祖国”的观念开始的。这大约是在明后期。

“回回祖国”的说法，最早见于现存文献是在 15 世纪中叶成书的《大明一统志》中，本来是汉人用来解释生活在汉地社会之中的回回人群从何而来的一种说法。“回回祖国”从汉人区别“他者”的言说而内化为回回人自己的意识，一方面显示出汉文化作为当日强势文化所具有的强大的支配性影响，更重要的则反映了回回人在集体身份归属意识方面的新演进。他们要通过构想一个共同的“祖国”，来回答“我是谁，我从哪里来”的问题，接着才会有“我怎么从彼方的祖国来到此方”的问题，于是又产生出“回回原来”的故事。

从“回回祖国”到“回回原来”，标志着回回共同体发育过程中的一个重大进步。想象中的共同家乡，使回回人成为与中国的汉人、满人、蒙古人等完全不同的一个远方人们群体的集体后裔。回回人因此成为具有共同血统的一个前近代民族。因此，从明清之际，或者至少是从清前期开始，回回人早已不仅是一个宗教文化的共同体，已经变成一个具有共同血统意识的民族集团了。

那么，为什么到了明末清初，回回人中间会发生如此尖锐的“我是谁，我从哪里来”的问题意识呢？它应当与明代晚期开始的中国伊斯兰教文化复兴运动具有密切的关系。而后者又是对回回人群在整个明代逐渐衰微的历史性回应。

我们都知道，回回人群的形成是在元代。元代的回回共同体主要以三方面的特征区别于当日中国的其他人们群体。他们是保持着对母国鲜明记忆的外国移民；他们作为色目人的主体在政治上是一个特权集团；他们是伊斯兰教的信仰者。入明以后，回回人群的前两个特征渐次丧失，伊斯兰教信仰遂逐渐成为回回人区别于汉人的主要标志。但是，由于中断了与中亚和西亚的联系，伊斯兰教在中国作为一种失去了外来资源的非本土宗教，其本身也处于日益衰落之中。在这种情形下，相当大部分宗教信仰不太坚定的回回人，便随时间的推移而融化到像大海一样地包围着他们的汉人中间。另一方面，对自身群体的危机意识，也促使回回人中的有识之士断然行动。晚明以儒诠经、经堂教育和推行小经文字等发生于全国各地、各种社会层次上的伊斯兰教复兴活动，就产生在上述历史背景之下。回回认同与伊斯兰教信仰唇齿相依的观念，实际上也是到这时候才在中国最终确立的。而回回认同本身，也在伊斯兰教的文化复兴中获得提升，并由此而被赋予前近代民族认同的历史性格。

以上的倒溯式考察足可表明，回回人共同体对自身的集体身份意识，经历了一个漫长的历史变迁过程。在这个过程中，该共同体的性格从元代作为拥有共同宗教文化和优越政治地位的外来移民群体，经过明代前叶和中叶的长期衰微，在明清之际中国伊斯兰教文化的复兴运动中发育为前近代民族，而后又在19世纪与20世纪之交的现代环境中经过政治化动员而演变为现代民族。它在20世纪50年代被正式确认为一个少数民族，乃是对此前那一段历史变迁的总结，而不是它成为民族的开始。

“民族”这个专门用词，是近代经过日本人用来翻译“nation”一词时创造的日文汉字语汇，再传到中国变成一个汉语里的新词。但是，在这之前汉语里没有“民族”这个词，不等于中国就不存在类似“民族”的这样一个概念、一种分类范畴。中国传统社会里类似近现代“民族”那样的人们共同体，在许多场合被称为“族类”。

从“族类”一词之语义的演变逻辑来说，它最基本的意思是指物的类别，如说“以族类辨物，使族类相从”。由此推衍，它可特指由同一姓氏的直系后裔成员所构成的血族。著名古语“非我族类，其心必异”里的“族类”，即指特定的贵族姓氏而言；它还没有类似民族的意思。可是从这个意义上的“族类”再向外推广，就可以用以泛指被认为是具有共同血统的某个人群，这时它就具有今日意义中的民族意涵了。所谓“谨华夷之辨，所以明族类、别内外”；所谓“戎夏杂处，族类之不可分也”。这些文句里的“族类”，就可以看做出现在现代汉语中的“民族”这个外来词汇的同义语了。

现代社会产生之前的民族，或者让我们称它为“历史民族”，不仅出现在中国，也出现在各个不同历史时期的世界其他地方。把这个问题讲得最透彻的，是A. D. 史密斯（A. D. Smith）的《民族的族裔起源》（1986），以及根据他的讲演稿编成的《历史上的民族》（2000）这两种著作。

不过，我们认识到历史民族的存在，并不意味着就可以把它与现代民族混为一谈，或者把现代民族看成不过是历史民族的原有形态向近现代的延伸。两者之间有非常大的不同。之所以有这么巨大的不同，是因为民族主义彻头彻尾地改塑了近现代民族的存在形态及其自我意识，把现代民族变成了民族主义运动的原动力主体和民族主义所期望实现的那个目标的承载体。

现在就需要谈一谈彻底改造了历史民族的民族主义思潮了。与民族不一样，民族主义确实是出现在近现代社会的一种新事物。拿我们今天最熟悉的民族主义立场来说，它的根本原则，采用盖尔纳的界定，就是要使民族的地理边界与国家的边界互相重叠。自从玛志尼以来，这一基本立场被典型地表述在这样一个口号中："每个民族各自有一个国家，每个民族只能有一个国家。"（Every nation，a state. Only one state for one nation.）法国革命之后近两百年里，被压迫的各民族写在从中世纪帝国、从殖民地和被保护国的地位争取独立建国的伟大斗争旗帜之上，指引着过去两百年里"国家要独立，民族要解放，人民要革命"的民族主义运动的，实际上就是这个口号。

可是，这一场持续两百年的、理应受到我们充分肯定的伟大运动，却完全没有实现它当初所钟情的理想目标。在"一个民族，一个国家"口号鼓舞下的民族主义运动所造就的民族国家，大多数并不是单一民族国家。麦克尼尔因而把"一个民族，一个国家"原则，看成是由这个原则发动起来的民族主义运动本身的"牺牲品"。霍布斯·鲍姆则把它描绘成一头"怪兽"。他说，它怪就怪在当你最终追到它时，才发现它竟然与你当初想象中的模样大相径庭！

产生这个悖论的根本问题在于，这个世界上目前有二百数十个国家，而潜在地拥有建立国家诉求的"民族"可能多达七八百个。那么，人类的国际体系能够把八百甚至上千个国家都接纳进来吗？事实上，在许多成功地争取到民族独立的国家内部的非主流族群，已经或正在接过民族独立的旗号，去挑战业已确立的国家认同。这一类民族主义的诉求，"主要并不是用来对抗外来的帝国压迫者，而是用来反对新获得解放的国家宣称它是一个具有同质性的民族，因为它事实上并非如此"。正是民族主义在今天面临的全新历史环境，正是当今世界上到处发生的民族与国家之间的冲突，要求我们在充分肯定它在过去两个世纪所拥有的绝对正当性的同时，去郑重地思考针对"一个民族，一个国家"诉求的重新定位问题。

非常值得注意的是，遵循着这一思路去追溯民族与国家之间的关系问题，我们发现，在民族主义思潮形成发育的前期，国家和民族从如同钱币的两面那样，曾经是合二为一的概念。至于二者演变为两个不完全相重合的所指，则是后来的事情。正因为如此，英文里的"nation"才既可以指一国的全体国民，也可以指处于一国内局部地区、或跨国分布的不同的文化共同体。那么，国家与民族是如何从一个最初合二为一的概念物，演变为两种不相等同的东西的呢？关于这个问题，美国的犹太裔学者格林菲尔德在她出版于1992年的著作《民族主义：走向现代的五条道路》一书里，作过非常精彩的讨论。

格林菲尔德在本书里指出，在民族主义推动下，近代民族国家和民族先后产生于16世纪的英国、17世纪中期的法国、18世纪下半叶的俄国、18世纪晚期的美国，以及18与19世纪之交的德国。在这个历史序列的演进之中，民族主义和民族本身都经历了一番重大的变化。

当民族主义在它的原发地英国形成发育起来时，它原本是一场处于既定历史疆域内的全体人民把国家主权从皇室、贵族手里夺归大众所有的运动。也就是说，最初的民族主义所阐扬的，是主权在民的基本原则。这时候的民族概念，"等同于国家，等同于人民"；后者所指，不再是地位低微的群氓或草民，而是被从整体上提升到过去那种有身份的精英的地位、享有主权、政治身份基本平等的公民。这样一种民族的范围，是由国家疆域来界定的。它包含疆域之内的全体人民，不分肤色、语言、文化，乃至人们观念中的血统区分。格林菲尔德把这种最"原生态"的民族主义，定义为基于自由主义—个体主义原则之上的"公民民族主义"。由此产生的，是一个从本性上由自由和平等的个人之间自愿结合而成的"疆土民族"。

可是，上面描述的早期民族主义和早期民族观念，在从英国周游到法、俄、德等欧洲国家的一路上发生了改变。在法国，民族主义丧失了个体主义的原则，转变为集体主义的、但同时还是公民的民族主义。在俄国和德国，它的强调点更进一步从主权在民被转移到以某个人群的特殊性为依据来界定民族，从而为主权归属提供一个合理的对象主体。这样就形成了集体主义、权威主义的民族主义；而集体主义和权威主义的民族主义最容易与传统的共同血统观念结合在一起。结果便是民族主义与民主之间的等同关系从此失落；同时，以疆域来界定的契约民族转变为以文化（尤其是语言）、观念上的共同血统等因素来界定的族裔民族。

就这样，作者分别从两个不同的向度上建构起一个对民族主义进行比较分析的框架：在大众主权观念的向度上，民族主义可以是个体主义—自由主义，或者集体主义—权威主义的；从其成员构成的向度上进行分析，民族主义可以是公民的或者族裔的。由此产生出民族主义的三个类型，分别由英美、法国和俄德的民族主义来代表：

	公民的	族裔的
个体主义—自由主义	第一类型（英美）	【无】
集体主义—权威主义	第二类型（法国）	第三类型（俄德）

即使是在第一类型和第二类型这两种还都带有“公民”性质的民族主义之间，也已经产生了非常重要的差别：“构成英国民族的每一个个体的尊严，赋予英国民族这个集合体以尊严；而在法国，恰恰是作为整体的尊严，才使得每个取得其成员资格的人恢复各自的尊严。在后一种情形下，被当做崇拜对象的人民已经不再是活生生地存在着的那些人们，现在它只是作为某种认知的构建而被呈现出来。它意味着个人对集体性的完全顺服。个人被融介在集体性之中，却又从而满足了对平等的追寻。自由则变成仅只是对外国支配的摆脱。”格林菲尔德说，英国之后，继承那种最“纯真”的民族主义的，只有美国；而民族主义在向中欧、东欧乃至西方以外地区的传播过程里，被不断重复的主要是它的第三种类型，即俄—德模式的族裔民族主义（ethnic nationalism）；至于第二类型的法国模式，虽然也在19到20世纪被屡屡引为榜样，但被选择性地采纳的，实际上往往只是其中某些思想因素，例如卢梭对集体性高于个体性的强调、拿破仑式的经平民表决所产生的集权政府风格之类。这就是说，世界上大多数国家的民族主义，都是类似俄国和德国那种集体主义的、族裔性质的民族主义。

于是我们就很好理解，从早期民族主义思潮中与国家合二而一的疆土民族，一旦衍化出另一个不再与国民边界重叠的“族裔民族”，那么对族裔民族的忠诚与对于全体国民意义上的疆土民族的忠诚之间，便潜伏着互相冲突的可能性。民族主义使当今人类社会深陷困境的基本根由正在这里。

是否可以把民族主义的上述演变路径看做是它的“退化”呢？格林菲尔德本人似乎没有在书里使用“退化”这个词。但我相信她其实在暗示这样的意思。所以，本书的某些书评作者，在概括格林菲尔德的叙事线索时，不止有个别人，确实径直把上面的过程称为民族主义的退化。这里的一个关键性问题或许是社会背景上的根本差异。已有学者指出：英国的民族主义，是对英国社会的结构环境业已产生出英国民族这一深层社会现实的反映；而在人类社会的大部分其他地区，事情发生的次序被颠倒过来了，即人们力图通过民族主义在政治中发挥出来的动力作用，去激发当地社会与政治结构的转型。“每一个民族各自有一个国家，每个民族只能有一个国家”，就这样成为第三类型的民族主义思想最响亮的口号。

但从另一个角度看，与其说这是一种“退化”，还不如把它看做是民族主义之最早先形态的合乎逻辑的和必然的演变。这里有几点值得予以强调。

首先，一国内民族主义意识的苏醒萌发，一般总是从政治、经济、文化上最为强势的主流人群中开始的。这时候该国内部的各种边缘人群往往还没有形成各自明确并足够有力的集体身份意识。所以有人说，英格兰民族主义发育成长之时，威尔士和苏格兰认同都还是严重“破碎不全”的。这种情形使得主流人群竟能天真地拥有这样一种不可靠的“自我确信”，即他们的民族主义诉求确实代表了国家中包括各边缘人群在内的全体国民的利益和意志。

其次，几乎与近现代民族的形成同时，所谓民族已经被不证自明地被认为是、或者至少它终将会成为一个拥有同一文化的人群。克莱蒙特-丹奈赫（Clermont-Tonnerre）在法国革命时期宣称：“对作为一个民族的犹太人，我们什么也不给；对作为个人的犹太人，我们给予［作为国民应有的］一切。”犹太人作为一个文化—宗教共同体，在这里被明确地指为“民族”。不过，由于对当日还不甚发达的边缘人群及其文化状况的普遍忽略，在主流人群中虽然会生发出某种不言而喻的对边缘人群及其文化实施同化的模糊预期，但它总的说来还未经条理化，因而是含混而不清晰的，更没有发展成为一种以“民族同化”为目标的明确的国家治理战略。

再次，英国民族主义本身与其说是民族主义最正常的形态，还不如说它是“一个超越诸种法则的特殊个案”。认识这一点的关键在于，我们实际上根本不可能全然按照个体主义—自由主义的原则，把现代国家仅仅当做一个纯粹出于政治理性的建构，把它完全看做是从本性上自由和平等的一群个人之间的自愿结合！人们毕竟不能说，他之所以会与他的所有同胞一样成为某个国家的公民，只是因为他们恰巧都自愿地选择在某一条国家边界之内生活。集体认同的情感需要，决定了一个“契约民族”必需培育属于它自己的诸种独特文化属性，从而使自己变得“更文化”。从这一意义上讲，法兰西民族就是在“革命者把契约民族制度化的努力所遭遇的困难进程中，蹒跚地走向文化民族”的。

最后，正是在新生的民族国家从事民族主义的政治—文化动员、从而去构建或巩固其文化认同的过程中，一国主流人群的文化传统及其诸种特质被凸显甚至“发明”出来。这个过程的另一面，就是该国各种边缘人群的集体身份意识被迅速催发出来。因此，边缘人群的族裔认同，或谓族裔民族主义，在很大程度上乃是回应国内主流人群的国家民族主义的政治及文化动员的产物。

内在于民族主义思潮之中的这种在一个现代国家内部被引发的族裔民族主义与国家民族主义之间“剪不断、理还乱”的纠葛和冲突，不可避免地要随着民族主义思潮本身一起被传入近代中国。两种民族主义，即族裔民族主义和国家民族主义的思想因素在传入中国的当时，恐怕就是互相夹缠在一起的，所以难以从中区分出两条互相分离的源流。辛亥革命前的排满运动，主要动力大概来自族裔民族主义思想。外国学者中有人曾经认为，清朝到同治中兴时，满汉矛盾已基本解决了。无论这个估计是否有些夸大，清末排满声势的迅速扩张，除了由于清廷无力应对列强侵辱而引发的深刻政治不满外，显然与族裔民族主义之传入中国所催发的满洲统治合法性的全面瓦解有直接关系。它很快与中国文化资源中“非我族类”的传统观念结合为一体，产生出在族裔民族主义意义上“驱除鞑虏”的现代诉求。作为“大清”的中国与作为汉族的中国完全对立起来，“救大清”与“救中国”势成水火。在这样的形势下，清政权就绝难逃得脱哗啦啦如大厦倾倒的命运了。辛亥革命以一场几乎“无暴力的革命”而能推翻大清帝国，这至少也应该是最重大的原因之一。

但即使是在“驱除鞑虏”的阶段，我们仍能看到国家民族主义思想影响的明显痕迹。美国学者周锡瑞（Joseph W. Esherick）在他撰写的一篇被收入《从帝国到民族国家》一书的文章里，着重分析了清帝国如何转变为一个现代民族国家的历程。他描绘的当时中国人在以下三个问题上的立场，很值得我们深思：第一，满洲人是否应该被纳入“中华民族”？立宪派和革命派在这个问题上的争论十分激烈；第二，藏族、维吾尔族和蒙古族是否属于“中华民族”？由于双方几乎毫无二致地将“中华民族”等同于汉语民族，因而都同意藏族、维吾尔族、蒙古族不属于“中华民族”；第三，那么将来要建立的中华民国，是否应当把藏地、新疆与当日的内外蒙古也都纳入进来呢？回答也都是绝对肯定的。理由是这些“落后”人群还没有达到有权利建立属于自己的国家的文明程度。我们看到，在他们对这三个问题的回答中，族裔民族主义立场与国家民族主义立场经常是混杂在一起的。

辛亥革命之后，中华民国的国策马上从“驱除鞑虏”转向“五族共和”。“中国”的双重涵义之间的张力由此获得部分的缓解。另外，由于当日中国面临的更急迫的危机，民族关系可能一度不再属于最为人们关注的焦点所在。但是问题还没有真正解决。不但满族从一开始就被迫承受着巨大的精神压力，而且国民党以“五族共和”为标志的民族政策在后来也没有得到真正全面、具体的贯彻落实。最近，我在斯·索塞克（Svat Soucek）著《内亚简史》里读到：“苏联的民族和语言政策其实充满着矛盾”；1924 年在前苏联内部划分民族国家的举措与稍后表现出来的将前苏联版图“最终俄罗斯化”的意图，证明“莫斯科自相矛盾的心理似乎确实在它的民族政策中达到高峰”。这极可能是在非民主体制下的多民族国家都很容易碰到的普遍困境。

国民党民族政策的矛盾性，在抗日战争时期又一次被集中地反映出来。正当被迫迁往西南的一批民族学家孜孜于发掘当地民族学素材之时，傅斯年提出，面对日本企图从民族关系入手肢解中国的阴谋，若执意于“分析中华民族为若干民族，足以启分裂之病”。因此，他主张，对那些尚未发育出成熟的集体身份意识的“蕃夷”人群，中国学者应“少谈‘边疆’、‘民族’等等在此有刺激性之名词”。“务于短期中贯彻其汉族之意识，斯为正途。如巧立名目以招分化之实，似非学人爱国之忠也。”在傅斯年的影响下，顾颉刚抱病写出《中华民族是一个》的议论文。他声称：

“中国之内决没有五大民族和许多小民族，中国人也没有分为若干种族的必要”；“我们从今以后要绝对郑重使用‘民族’二字，我们对内没有什么民族之分，对外只有一个中华民族!”①

傅斯年们为什么如此忌讳“分析中华民族为若干民族”呢？他们担心的，是民族一旦被“分析”、“界说”出来，就可能引发其“国家诉求”。也许正因为身处在基本保留着帝国时期版图的一个现代民族国家之中，相比之下，他们似乎要比其他很多国家的政治家更早就敏感地意识到，族裔民族主义立场可能引起民族与国家之间激烈的观念冲突。隐含在“中国”的双重涵义之间的张力所带来的困惑再度展现出来，不过采取了一种与从前不太一样的曲折形式。苦恼仍旧来源于国家与民族的不能合二而一。所以，有必要成就一个具有“国族”性质的“中华民族”。然而，对这个“中华民族”，还需要“贯彻其汉族之意识”。如果当时有人进而追问他们，这个“国族”所讲的，到底应该是藏语、蒙古语，或者汉语？我猜他们给出的答案，大概不能不是讲汉语。所以，在他们内心深层的不自觉之处，这个所谓“国族”，其实还是汉族而已！把“五族共和”从政治目标蜕变为对中国实行全面汉化的依赖路径，实际上就是要在“五族共和”的幌子下转到传统的“书同文，行同伦”的立场。这是对“五族共和”原则立场的背叛。在这样的对比下，我们可以看出中国共产党推行的民族平等和民族区域自治政策的英明所在。

讲完了上面两个问题，再来认识当代中国作为一个多民族统一国家究竟具有何种特殊性的问题，就有了比较好的基础。接下来想简单地说说，从这样一种历史角度出发的思考，会给我们认识今天中国的边疆政治与民族关系带来一些什么样的启发。

三

先让我们来比较一下明朝和清朝国家建构之间的不同。根据传统的“天下中国观”，明人把天下划分成由明政府直接治理的省—府—县建制的

① 见华涛：《民国时期关于“回族界说”的争议及〈回回民族问题〉的理论意义》，未刊稿。

地区，也就是内地“中国”，以及朝贡地区这样两部分。在这两部分之间有一个过渡地带，又分别由内、外两个层面，即“土司”建制地带和“羁縻”建制地带所构成。位于“羁縻”地带以外的那部分“天下”，虽然也被看成是属于广义的“朝贡”地区，但其实“天朝”对它们只能采取“来者不拒、去者不追”的放任态度，用今天的眼光看，实际上都是十足的“外国”。在这幅“天下”结构图里，“中国”与“天下”其余部分的界限在哪里呢？“中国”从它的“内地”一直向外伸延到它的“土司”建制地带。按照理想的治理目标，这个外围地区将会通过“改土归流”而最终被内地的省—府—县体制完全消化。而在土司地区之外，“羁縻”地区就成为从“中国”向非“中国”的“天下”其他部分过渡的地带。如果近现代中国是承袭着明朝国家建构的历史遗产而成立的，那么这个“中国”的版图将很难囊括内蒙古、新疆、西藏，以及辽宁以北的东北其他地区。它比南宋大一些，包括宁夏、甘肃、云南。但其实这只能算是它继承了元朝遗产的结果。明代“中国”，基本上是一个汉语人群和汉文化的中国。

清朝当然也受“天下中国观”的影响。但是正如前面已经讲过的，它对中国历史的独特贡献，在于把内亚边疆帝国的国家建构模式引入它的统治体制。清王朝通过新创制的理藩院机构，将国家治理范围拓宽到“土司”辖地之外广袤的“朝贡”地区。自从北宋以后整整一千年间，只有在清代，或许还应当加上明以前的元代，“中国”才呈现出它作为一个多民族统一国家的面貌。清朝的国号最先叫“dai-qing gurun”，即“大清国”，后来满文中又出现了“tulimbai gurun”的专名，就是汉语“中国”的满文对译词。这是满洲人把自己看做“中国人”最直接的证据。有些西方人用民族主义思潮席卷时代的“后见之明”看待清朝，说清政权不能算“中国”。但满洲人自己都把清朝与中国等同看待，别人还有什么理由认为清朝不是中国呢？蒙古语“中国”的对译词“tumdadu ulus”，很可能也是根据满语翻译过去的。

中华民国的版图，是从清朝继承来的。但这并不是没有代价的。中华民国用承担清朝与列强签订的全部不平等条约所规定的义务作为代价，换来国际条约体系对中华民国继承清朝疆域版图的承认。在那以后，只有苏联违背了它对中国的承诺，其结果便是属于清代中国领土的外蒙古各盟旗从中国分离出去，成为一个独立国家；不仅如此，由于蒙古独立而成为飞地的唐奴乌梁海地区最终也被纳入苏联自己的版图。

所以，如果说这个世界上绝大部分近现代国家的成立，都是以民族国家的形式从过去的帝国如奥匈帝国、奥斯曼土耳其帝国、神圣罗马帝国，或者从列强建立的殖民帝国中分离出来、独立建国的结果，那么中国和苏联就曾经是两个少见的例外。而在苏联瓦解之后，中国变成几乎唯一的基本保留其帝国时代疆域版图的现代国家。西方学者中因此有人把这种所谓“令人吃惊的统一”看做是“中国的神话”。在他们看来，近现代中国的民族主义努力，很像是在把一件现代民族国家的紧身马甲，硬套到帝国的身躯上去。研究中国问题的著名政治学家白鲁恂说：“以西方的标准看来，今日中国就好像是罗马帝国或查理曼时代的欧洲一直延续到当前，而它如今却又在行使着一个单一民族国家的功能。”与其把外国人的这种想法简单地理解为是在对中国进行不怀好意的煽动和破坏，不如说他们中间的绝大部分人，实际上是在以他们自己的国家诞生于某个分裂的帝国的历史经验，来看待一个全然不同的中国的结果。

如果以上的认识可以成立，那么就可以看做是中国民族问题之所以会产生它非同小可的独特性的历史渊源。这就是我要说的有关中国民族问题独特性的第一层涵义。

由此产生的第二层涵义是，它主要并不表现在中国少数民族的人口比例有多高。相反，跟世界上的其他大部分多民族国家相比，中国少数民族的人口比例并不算高。根据 20 世纪 70 年代的一项统计，在当时的 132 个民族国家里，只有 12 个国家属于单一民族国家，有 50 个国家的主体人口在总人口的四分之三以上，主体民族人口占四分之三至一半的有 31 个，在剩下的 39 个国家里，人数最多的那个民族所占人口只有总人口一半以下。在中国，汉族之外各少数民族的总人口大体等于总人口的百分之十多一点。它们在总人口里占据的比例，远远算不上是高的。中国的特殊性在于，这百分之十的少数民族所曾长期生产、生活的历史地域，其面积占到中国国土总面积的一半还多一点。面对这样的事实，我们发现，仅仅用“多民族统一国家”这样一个笼统概念来描述中国，好像就显得不太十分贴切了。所以，需要引进一个著名的研究当代民族问题的政治学家康诺尔的更细致的分析。20 多年前，他曾把现代国家分为四个类型，进而又把其中的多民族国家这个类型，分为三种次级类型，即只有一个民族保有其原居地的多民族国家、有许多民族各自保有其原居地的多民族国家，和没有民族保有其原居地的多民族国家。这样的概念区分对认识中国极其重要。因为中国与任何其他国家相比都是一个更十足的“multihomeland multination state”。在西部中国至少有数十个仍保留着自己原居地的民族，它们绝不是由 20 世纪 50 年代民族识别和民族划分创造出来的；不叫它们“民族”而称之“ethnic groups”，仍不能改变这个无论如何都不该被我们故意忽略的基本现实。正如前面已经讲过的那样，之所以会如此，主要原因是由元和清引进的内亚边疆国家建构模式的巨大影响，被这个模式决定性地改造过的中国版图结构和国家认同，以及中华民国对清代政治遗产的继承。

有无原居地（homeland，或者用以赛亚·伯林的用语，称为“家园”）的区别，为什么会对考察和分析民族关系变得那么至关重要呢？这是因为拥有自己原居地的民族，会对恒久以来属于他们的这片山水产生一种难以割舍的特殊情感。事实上，这里涉及的不止是特殊感情的问题。原居地的自然生态和社会生态，对于保存该民族的语言、文化、宗教和生活方式具有至关重要的意义。这就产生出这样一个问题：每个民族是否应该拥有某些特定政治权利，以便根据本民族的集体意志去治理他们长期赖以生存发展的那片原居地？我认为答案应该是肯定的。没有一定的政治权利来保障，那个民族的集体意愿，它的民族语言和民族文化的保护与发展，就可能变成一种空洞而难以落实的说辞。这是无法由任何一群其他什么人来越俎代庖就可以干得好的。

过去一百年来有关社会变迁的一系列理论，包括例如杜尔凯姆、马克思和马克斯·韦伯的理论在内，都极其强调前工业革命社会与后工业革命社会之间的显著巨大的差别，并且不切实际地预期，在后工业化时代，不同人群所拥有的不同社会文化系统都会随着它们各自的现代化过程而逐渐趋同，从而产生出某种覆盖了整个人类的单一的、就像铁板一块那样同质化的“现代文化”。但是，人类社会现代化的实践经验告诉我们，那种结合了科学、技术的交流扩散，以及世俗化和理性思潮的世界文化尽管所向披靡，但它事实上并没有能力把各民族的文化都变得一模一样。全球化过程在每一个地方都只能以其特有的地方化形式才能获得实现。正像杜维明常常喜欢引述的，“globalization”与“localization”（“在地化”）之间的互动与整合，产生的是一种“glocalization”的结果。“全球化”在其中只剩下词头上的一个G字母。不同国家的文化之间是这样，同一国家内部不同民族的文化之间也是这样。中国文化当然都必须拥有“中国的”这一共同特性，但这不等于说，中国文化现代化的目标，就应该是创造一种覆盖了全部中国人的单一的、如同铁板一块那样同质化的文化，无论它以汉文化、或者中国某一个其他民族文化作为基础。

说到这里，我们已经面对着一个非常敏感、但又绝对无法回避的问题：如果说在一个多民族的国家内，各少数民族应该拥有“一定的政治权利”，以有利于在历史地属于他们的原居地保存和发展他们自己的语言和文化。那么，这里所谓“一定的政治权利”，包括这些少数民族要求从它目前所在的国家内分离出来、独立建国的权利吗？对这个问题，要分成两个方面来回答：

一方面，任何人都不敢担保，在这个世界上，今后绝对不会再发生某个少数民族从它所属的多民族国家内分裂出来、独立建国的事件。在某些特定历史条件下发生这类事件，并不是完全不可能的。尽管我们做不到事前就预知所有那些“特定历史条件”是什么，不过至少它们中间很可能包括了以下三者：第一，那个多民族国家由于外敌入侵或内乱而陷于解体；第二，极其严重的民族压迫使遭受压迫的少数民族要求分离和独立的要求正当化；第三，一国内长期滞后的政治民主化改革，由于尖锐的民族矛盾倒逼，而被匆忙推入实施轨道。

而在另一个方面，我们又可以相当有把握地说，在未曾发生某些特定历史条件的情况下，被赋予多民族国家内部少数民族的必要的和一定的政治权利，不应该包括它们要求从所属国家分离并独立的权利。但是拒绝这样的权利，是否又意味着我们必须全面否定这两百年以来各民族为挣脱帝国奴役的枷锁、争取独立和解放所从事的英勇斗争的历史正当性呢？我的回答是：在今天的国际关系形势下拒绝这样的权利，绝对不意味着我们同时必须从头到尾去否定“一个民族，一个国家”的政治诉求在过去两百年间民族主义斗争中所曾具有过的历史合法性，以及这一诉求曾经拥有过的在基本人类价值和道义方面的充分正当性。

这里的关键是，当代人类所面临的民族问题现实，使他们不得不改变对“一个民族，一个国家”这一口号的基本态度。其中最根本的原因在于，两百年来以这一口号作为理想发动起来的一系列民族主义运动的结果，不断地在否定这一口号本身。20 多年前，著名的美国历史学家麦克尼尔有一本小册子叫《多族裔性与世界历史上的民族国家统一》（1986）。它已经用十分简明易懂的风格，讲述了西北欧洲作为“拉丁基督教世界”的边缘，如何在 18 世纪后期和整个 19 世纪的特定历史环境下形成了若干单一民族国家，而除了法国稍有特殊外，“多族裔性”又为什么必然地会成为此后形成的大多数民族国家的基本特征。大多数现代国家都是多民族国家的事实告诉我们，在今天，一个民族是不可能随时都有权利自行建立国家的。因为国际政治体系显然无法接受“被看起来是自成单元的这个或那个人群所支配的地域”不断地、没完没了地从现成国家分裂出去的事实。而在可以预见的当代世界体系中，所谓“后民族时代”的到来似乎仍遥遥无期。克雷格·卡洪指出，那些代表了典型世界主义形象的精英们，包括加入到全球公民社会的“穷”国的精英在内，对他们来说，“好”护照和容易获得的签证、国际信用卡和航空俱乐部的成员身份、国际会议组织的邀请函与组织上的接触，都在促进他们将世界视为一体的意识；但大多数中下层的人民仍然需要依赖民族、国家和社群来解决生活中的许多基本问题、保护他们的基本利益。这就是说，民族国家依然会长期承担国际关系中最基本政治单元的功能，我们还无法完全从民族主义的基本立场上解脱出来。所以，我们可以作的选择，就只能是在坚持民族主义这杆旗帜的同时，更换写在旗帜上的“一个民族，一个国家”的口号。这是完全可以做到的。因为没有一种原则是永恒而不可变易的。事实上，正像前面已经说过的那样，“一个民族，一个国家”的原则也不是从一开始，而是到后来才成为民族主义的最基本诉求的。它本来就是在变化中被写上民族主义旗帜的。既然如此，为什么现在它就不能再有所变化了呢？

因此，21 世纪的人类社会需要一种新的民族主义。一方面，它应当回到早期民族主义曾最予强调的主权在民的原则，以及保障国家疆域内不同身份的人民都能享有基本平等的原则，回到它最初作为“限制政府权力、确保公民权利的政治运动”的性质。不过这并不意味着，新的民族主义只是简单地主张回到民族主义最原初的立场上去而已。前面引述过的法国革命中克莱蒙特·丹奈赫的言论表明，早期民族主义对于现代民族国家所可能具有的民族多样性，几乎完全没有意识。正相反，存在于他们思想深处的对本国文化发展的模糊预期，实际上还是通过将该国主流人群的文化覆盖到国家全部疆土的途径，来实现民族国家在经济文化上的“均质化”。而新的民族主义必须在这一点上超越早期民族主义；即它应当以前所未有的热情，全身心地拥抱多民族统一国家的观念。

我认为，认识并坚持这种新的民族主义立场，对于更深刻地理解和处理中国的民族关系问题有极其重要的意义。

这就让我们想起费孝通先生提出的中华民族“多元一体”这个重要概念来。

我们都知道，在民族学的理论与方法中，被考察人群的主体意识和自我叙事被放置在极其重要的地位上。对“民族意愿”的高度重视，实际上就是对上述观念的进一步提升，从而把它贯穿到我们对中国民族关系和民族问题的现实关怀之中。在这个意义上，中华民族“多元一体”的观念由费孝通先生这样一位民族社会学家提出来，就不完全是偶然的了。我以为，对“多元一体”论所包含的深刻涵义，还远远没有被我们完全认识。从最一般的意义上看，它所反映的，可以说只是这个世界上绝大部分现代民族国家的普遍状态。但是我以为费先生这个观念之所以了不起，并不在于他仅仅说出了全人类社会带普遍性的某种一般现象而已。它是对中国民族关系和民族问题特殊性的一种精炼概括。这种特殊性，来源于我们刚刚提到的这样一个基本事实：既然现代中国历史地继承了一个前现代帝国的版图，我们就需要有一种特别宽厚的胸怀和眼光，去处理这个其他国家和人民没有遇到过的局面，用中国人的智慧、用理解的同情，去维护这个包纳着数十个拥有各自原居地的民族的多民族国家的统一和领土完整。

这样一个多民族国家不能没有一种主体语言和主体文化。毫无疑问，中国的主体语言和主体文化，只能是属于中国人口将近90%的主体人群的语言和文化，也就是汉语和汉文化。这是任何人无法否认的事实。但是承认这个事实，并不意味着就必须否认另一个同样明显的事实，即这个主体语言和主体文化，无时无刻不在侵蚀和损害各少数民族的语言和文化。根据我们过去的认识，中国所以需要一些特殊的民族政策，是因为各民族在政治上的平等，不能立即消除历史上曾长期存在的民族压迫所导致的民族间在经济和文化方面“事实上不平等”。各民族间“事实上不平等”的提法，未见于马克思、恩格斯的经典著作，而是20世纪50年代初期的统战部对经典著作的一个创造性发挥。据说毛主席非常欣赏这个表述，曾夸奖说“统战部有人才”。但是现在看来，这样的认识恐怕还是不够的。需要用特殊的民族政策来弥补的，不仅是历史造成的不平等，而且还有少数民族在多民族国家内无法避免的边缘地位所带来的对他们语言和文化发展的制约。正因为如此，至少是在他们的原居地，他们必须拥有某些特别的政治权利，根据自己的意愿和决策，来保护其语言和文化的纯洁性与完整性。

因此，在解决中国民族问题时，我们没有理由去仿效主要反映了移民国家历史经验的“民族熔炉”模式。我们不应该赞成那种以“去政治化”来漂洗民族问题基本属性的主张，藉以否认民族问题的政治属性，把它转换成文化问题尤其是保护“地方文化”的问题，就像我们要保护广东文化或者上海文化一样，也不能赞成从民族区域自治的立场上倒退的所谓“改制建省”的方案。我们不应该把蒙古文化或藏文化与汉文化之间的区别，仅仅看做是类似于江苏与江西文化之间的那种地域文化差别，或者把内蒙古自治区与河北省看做是拥有完全相同的治理权限、治理目标和治理性能的地方行政建制。

我提到取消民族区域自治的主张，这并不出于虚构。相反，我很担心这甚至是中国知识界关于解决民族问题的主流观点。两三年前，在上海一个向社会开放的读书会上，上海研究国际关系的一个学者就公开宣扬：苏联的瓦解表明，民族区域自治政策是一条走不通的死胡同。对此，我想提三点看法：

第一，苏联的瓦解与它的民族区域自治政策到底是什么样的关系？对二者之间的因果关系，用一个如此简单武断的陈述是否就可以算是作出了交代？在这里我不准备直接回应他的这个具体看法。我想以康诺尔在 20 世纪 80 年代对发达国家内族裔民族主义思潮的分析来作一点方法论上的检讨。他从各种相关社会学调查资料中一共概括出十三条基本认识，这里暂只介绍其中六条：1. 一国之内各少数族裔对民族关系的认知态度和立场，可能有极大的差异；2. 就大多数被调查者来说，对国家的情感可以与族裔意识并存；3. 在分离主义十分活跃的大部分个案里，涉及人群的大多数并不赞同分离；4. 但占压倒多数的人确实赞成改变政治制度以获得更大程度的自主；5. 在拥有资料的全部个案里，占压倒多数的族裔群体成员拒绝以民族的名义施行暴力行动；6. 另一方面，当民族关系的危机导致暴力发生时，有很大比例的人，包括不赞成分离行动的人，都会同情那些暴力参与者，并把对暴力的谴责指向另一方。康诺尔强调，他并不暗示，这些来自第一和第二世界的经验信息，必定适用于估计第三世界国家内的民族问题。我深感我们太缺少像这样实事求是的细致分析。有关部门对很多问题的解释，不太注重证据，好像只要把有关事件与“境外反华势力”、“敌对势力”、“达赖集团”等标签挂上钩，就足以说明问题了。这样的逻辑，是否会让人觉得和把苏联瓦解的账算到民族自治制度头上的说法有点相像？复旦一位著名国际问题专家在校内报告里曾说，我们的对外政策向来有三套说法，一套对国内，一套对国外，一套放在肚子里。这让我想起孟德斯鸠对中国商人的评论。他说，中国商人手里有三杆秤，买进用大秤，卖出用小秤，碰到难以蒙骗的人就使用第三杆分量标准的秤。国家如果被人认为是在以奸商的把戏待人，又怎么能赢得信用、尊严和荣誉？

我的意思并不是说，总是有谁想要故意去诓骗什么人。问题在于，我们确实经常担心一般人民太容易被事物的复杂性所迷惑与误导，所以老是倾向于诱导人民以某种简单化的、线性的、非此即彼的思想方式去看待本来十分复杂的事情。当大多数人们逐渐习惯于认为，天下万事正确与否都只能有一个普遍绝对的、简单化的标准答案时，他们就真的变得不知道如何去面对复杂变化的事实真相了。因此，为了不使他们的心中方寸大乱，就只能让他们了解他们可以了解和应当了解的那部分事实，听见他们可以听见和必须听见的那些声音。

问题在于，这样一种思想“喂养”的方式，恰恰与人类学习和反思过程中的本质互相抵触。这种本质要求我们对事物的复杂性和特殊性保持高度的敏感。在最近出版的《善的脆弱性：古希腊悲剧和哲学中的运气与伦理》一书里，作者指出，即使终极的善，它本身也不是不包含任何冲突和对立因素的单一和纯粹的东西。所谓“善的脆弱性”，是说善在它的各个意义层面上完全可能是互相冲突的。因而我们不应该用“单单执着于唯一的一种价值，而摈弃所有其他价值”的错误方法来摆脱这样的冲突，我们应当在“复杂多样的承诺之间，找到一种没有冲突的和谐，而不忽视任何一种承诺”。这就需要我们强调“对复杂性的回应和关怀，尤其不赞成那种把特殊归于普遍的东西”。作者写道，我们需要学会的，是“通过思想和想象，在被看到的那个特殊事件谜一般的复杂性周围，反复盘旋捉摸……宛如坐在互相联系的蜘蛛网中央，回应来自每一根线索的张力”。

当然，强调对复杂性的意识和小心斟酌，并不等于主张用价值相对主义去模糊我们必须坚持的原则与立场，而只是为了非常强烈地提醒我们，任何原则和立场都不会是永恒的和绝对地排他的，也不是在无论何种境况下都能毫无疑问地为我们所持守的。熊彼得说，文明人与野蛮人的差异，在于前者了解个人信念只具有相对的有效性，但却能够坚定不移地捍卫这些信念。这句话曾被很多第一流的思想家，例如以塞亚·伯林、理查德·罗蒂等人引用。我觉得，中华民族可以、而且也完全应该学会像这样地“思想和想象”。用思想喂养的方式，结果将会把人民变成“没有灵魂的僵尸”（圣西门语）。而一个由没有灵魂的僵尸所组成的民族，可能会有一个“伟大领袖”，如果足够幸运的话，但它本身是不会成为一个伟大民族的。

第二，担心承认民族自治和少数民族的必要政治权利就会必然导致分离主义得逞的人，实际上是站在与民族分离主义相同的理论立场上。这个立场就是把“每个民族都有属于自己的国家，每个民族都只能有一个国家”的玛志尼信条绝对化、永恒化。两百年来，写在民族主义旗帜上的这句口号是推动国际政治走向今日成就的正义和正当的诉求。但是正如前面已经分析过的，我们今天要实行的对策，恰恰是要扬弃对“一个民族，一个国家”的不切实际的幻想，更不是把民族主义的政治诉求简单等同分离主张，即不能在“去政治化”的名义下把少数民族对正当政治权利的要求与分离主义立场混为一谈，一概予以否定。

第三，表面上从国家民族主义的立场反对族裔民族主义的人，实际上很可能是站在同样性质的族裔民族主义立场上，不过那是一国之内主体人群的族裔民族主义立场而已。我经常问那些抽象地空谈民族融合的人：你说的那个实现了融合的民族，到底是说汉语的、还是说藏语或维吾尔语的？这时候就不难发现，在他们思想里的未经自觉之处，“书同文、行同伦”的大汉族沙文主义传统影响其实并没有被肃清。辛亥革命前的革命派认为少数民族不具备与汉族一样享有平等政治权利的资格，国民党后来实际上是想通过对各少数民族实行“汉化”来造就文化上无差别的“国民”。今天仍有很多人相信一国国民在文化上变得越来越“均质”是“现代化”过程不可避免的结果，而这种绝对的“均质”论实际上就是在主张用主体民族的文化对少数民族实行同化。在上述那些表面上的不同理由背后，不自觉地反映出来的，难道不正是与大汉族沙文主义倾向一脉相承的旧传统影响吗？

中国民族关系思想的相关问题

| 崔明德 |

“民族关系思想”是笔者在20世纪80年代末期在学术界最早提出的一个概念，具体表述是：“中国民族关系思想是各个时期各个民族的各类人物对中国民族关系的认识，是统治者制定民族政策、处理民族关系的理论基础；既有政治家、思想家、史学家、军事家及普通民众对历史上民族关系的反思，也有他们对当时民族关系现状的理性思考和客观认识，还有他们对民族关系未来发展趋势的预见。”

20余年来，我之所以一直在关注、思考和探讨中国古代民族关系思想的相关问题，既有现实的考虑，又有学术的考虑。从现实来看，挖掘和研究中国古代民族关系思想至少有三个方面的意义：

第一，中国古代民族关系思想能为解决中国的现实民族问题提供智慧、经验和借鉴。历史是现实的一面镜子。历代政治家、思想家和军事家都十分关注、认真思考和妥善处理民族关系，留下了一些值得总结和借鉴的政治智慧、经验教训和思想遗产。当今的民族理论，相当一部分来自于传统的民族关系思想。这其中的养分很多，值得我们认真思索的东西很多，值得我们今天警醒的东西很多，值得我们借鉴的东西也很多。解决中国的现实民族问题，重要方法之一，就是从传统思想文化中寻找资源，从历史中寻找智慧。

第二，中国古代民族关系思想既能为世界上其他国家解决民族问题提供智慧和借鉴，也能为正确处理当今的国际关系给以启迪。中国古人为当今世界留下了许多有价值的东西，一些国家的企业家、政治家和军事家非常喜欢和学习《论语》、《孙子兵法》和算盘，说明中国思想文化的世界性和中国思想文化对世界的深远影响。当今世界，国际关系更加微妙、更加复杂，不稳定、不确定因素越来越多，大国博弈更加用力，小国寻求大国庇护的念头更加迫切。在这种形势下，大国与大国、大国与小国、小国与小国之间的合作与冲突的形式更加多样，合纵连横的手段更加高超，相互依赖、相互借力、相互防范、相互敌对的趋势更加明显。中国古代遗留下来的一些处理民族关系的思想观点，至今仍然闪耀着真理的光辉。如"和而不同"、"四海一家"、"爱之如一"、"以德抚远"、"亲仁善邻"、"以水洗血"、"化流无外"和"推诚布信"等思想观点以及按照这些思想处理民族关系的做法，符合人类文明的发展趋势，符合多数国家的利益，符合全球绝大多数人民的期望，同样适合现代国际关系，有助于正确处理国与国之间的关系，有助于构建良好的国际秩序。如果说世界上有普适性的思想文化的话，那么，中国古代民族关系思想的有些观点，就具有普适性。而且，"和而不同"、"四海一家"、"以德抚远"、"亲仁善邻"、"以水洗血"和"推诚布信"等，应当成为主流思想观念。

第三，中国古代民族关系思想中的"推诚布信"、"和而不同"、"以德报怨"等观念同样适合现代人的交际方式，可以成为现代人们交往的行为准则。尽管东西方文化有着诸多差异，但都倡导诚信，都希望建立起牢固的诚信体系，每个人、每个国家都应相互信任，坦诚相待；大都希望用"和而不同"的思维和方式处理问题，尊重他人，尊重其他民族的历史和文化，尊重其他国家的历史和文化；大都希望全社会能有"以德报怨"的境界，消除所有怨恨，化解各种矛盾，真正使四海之内皆兄弟。

从学术来看，重视中国古代民族关系思想至少有两个方面的意义：

第一，研究中国民族关系思想有助于解决中国民族史及中国民族关系研究中的若干理论问题。长期以来，学术界有不少理论问题始终没有达成共识。究其原因，除了学者理论水平的差异、审视问题的角度、思维方式以及对史料取舍或理解的不同之外，在很大程度上，还取决于研究的方法。如果我们能从思想的角度加以辨析和探讨，或许就会逐渐取得比较一致的看法。

第二，从国内外学术发展的趋势来看，研究民族关系思想既是学科建设和学科发展的重要方面，也是民族理论和思想史研究的一个重要方向。我们知道，20 世纪 80 年代以来，国内外掀起了“民族主义”浪潮。究竟怎样界定民族主义，国内外可以说五花八门。另外，中国民族主义的源流是什么？在定型之前它是一种什么样的理论形态或者说是一种什么样的思想观念？它是如何从传统的民族关系思想走向近代的民族主义的？章太炎曾经说过：“民族主义，自太古原人之世，远至今日，乃始发达。”① 章太炎的高明之处，就在于他看到了民族主义与古代民族关系思想的联系。其实，魏源、孙中山、梁启超和胡适等人的民族主义思想都曾受到传统民族关系思想的影响。所以，研究民族关系思想能够为中国近代民族主义找到历史源头。更为重要的是，重视和研究中国古代民族关系思想，可以应对国内外正在兴起的“民族主义”的研究热潮，正确把握这一研究热潮的发展趋势。

中国民族关系思想史的内容非常丰富，既有精华，也有糟粕。这里重点谈一下对中国产生重要影响的十大思想观点。

一、“大一统”

“大一统”是中国人的传统思维，这一理论最晚在春秋时期就有了萌芽，战国时期已经定型。在《春秋公羊传·隐公元年》中就出现了“大一统”的概念，《诗经》中所说的“普天之下，莫非王土，率土之滨，莫非王臣”，就体现了“大一统”观念。到秦汉时期，大一统理想不仅变为现实，而且成了主流思想，即董仲舒所概括的“大一统者，天地之常经，古今之通谊”。此后，大一统观念成了维护中央集权的多民族国家的重要理论基础，任何一个有作为的政治家都要强调、追求和实践大一统。汉族政治家在追求大一统，少数民族政治家也在追求大一统。而且，在中国古代历史上，汉族实现过大一统，少数民族也实现过大一统。

从中国古代统一时期的历史来看，秦、汉、隋、唐、北宋、元、明和清八个朝代都实现了中国的大一统。在这八个朝代中，汉朝、隋朝、北宋

① 章太炎：《驳康有为论革命书》，见朱维铮、姜义华编：《章太炎选集》，上海人民出版社 1981 年版，第 175 页。

和明朝四个王朝是汉族人建立的，元朝是蒙古族建立的，清朝是满族建立的。按照历史文献的记载，在整个春秋时期，秦一直被视为少数民族（戎狄）。而建立唐朝的皇帝，一半是汉族血统，另一半是少数民族血统。唐高祖、唐太宗和唐高宗三位皇帝的母亲都是鲜卑族。朱熹就说，唐朝“源流出于夷狄，故闺门失礼之事不以为异”①。

再从魏晋南北朝和宋辽夏金两个大分裂时期的历史来看，也有一些少数民族的政治家在高调呼吁大一统，在积极追求大一统，在努力实现局部地区的统一。在魏晋南北朝时期，一方面，汉族和少数民族都承认自己是炎黄子孙，都反复强调自己的正统地位；另一方面，汉族和少数民族都以统一中国为己任，而且也都完成了局部地区的统一。如氐族人前秦苻坚和鲜卑人北魏太武帝拓跋焘都统一过中国北方。再如，宋辽夏金时期，契丹人建立的辽、党项羌族人建立的西夏和女真族建立的金，各个政权的政治家都高举大一统的旗帜，试图实现统一中国的理想。从结果来看，辽实现了东北地区和北方地区的统一，西夏实现了西北地区和北方局部地区的统一，金实现了东北地区和北方局部地区以及华东局部地区的统一。

综上所述，“大一统”是中国人的传统思维，统一是中国历史发展的主流，是各族人民共同的追求目标；各民族共同创造了中华民族辉煌灿烂的历史，都为中国的统一作出了重要贡献。

二、“爱之如一”

“爱”是人类文明史上最耀眼的一个字，也是文学作品中的永恒主题。从政治层面和政治家的角度来说，“爱”具有至高无上的地位。孔子说：“古之为政，爱人为大。”② 先秦时期的政治家和思想家对“爱”有很多论述，归纳起来，有这样几点：第一，“爱”与“仁”紧密联系在一起，如中国古代著名的思想家、教育家孟子就说，“仁者，爱人”，仁的真谛就是爱人；第二，用什么爱人呢？孔子的学生曾子给出了答案：以德爱人；第

① 《朱子语类》卷一三六。

② 《礼记·哀公问》。

三，爱他人也会得到他人的爱。[1] 作为普通人，你爱别人，别人就会爱你；作为国君，你爱老百姓，老百姓就会爱戴国君；第四，爱要真诚，绝对不能虚情假意；第五，中原王朝的皇帝不仅要爱以汉族为主体的中原人民，而且要爱包括少数民族在内的天下所有的人。这里我想再补充一条，就是爱是无私的。当然，这需要很高的境界，要有博大胸怀。人们之所以赞颂母爱，因为母爱是天下最无私的爱。

唐太宗是中国历史上最早提出"爱之如一"思想观点的政治家。他说："自古皆贵中华，贱夷、狄，朕独爱之如一，故其种落皆依朕如父母。"

唐太宗曾经从多方面对"爱之如一"思想进行比较系统地论述，概括起来，主要有三条：第一，把少数民族当人看待，承认少数民族应有的地位；第二，要信任少数民族，绝不能猜疑他们；第三，要善待少数民族，对他们施以恩德。这也是唐太宗处理民族关系的几条原则。

一个成熟和文明的社会，人人都要有爱心，不仅爱自己的亲人，也要爱他人。不仅爱本民族的人，也要爱其他民族的人。只要人人都把爱放在心里，落实在行动中，社会就会更加和谐，人类就会更加文明。

三、"推诚布信"

"推诚布信"就是要对少数民族讲信用，以诚相待，以实际行动取信于少数民族。

"诚信"包括"诚"和"信"两方面内容，就是诚实守信。孔子是一个对"信"谈论较多的人，他说："与朋友交而不信乎？"认为一个有道德的君子应"言而有信"，一个人只要有了诚信的优良品德，就会得到他人的信任和重用，即"信则人任焉"。只要"言忠信，行笃敬，虽蛮貊行焉"。在孔子那里，诚信属于道德范畴，后来一些政治家把它从道德层面扩展到民族关系层面，主张对少数民族要"推诚布信"。

中国古代的许多政治家都不同程度地认识到"诚信"在民族关系中的

① 《孟子·离娄章句下》："爱人者，人恒爱之。"

重要作用，提出了以诚信处理民族关系的思想观点。如前秦皇帝苻坚就告诫大臣，利益是小事，诚信是大事，千万不要为了一点小利而丢掉诚信这件大事。唐太宗刚即位时，就明确宣布：要以诚信治理天下，要求当官的和老百姓都要诚实守信。唐太宗时期的大臣魏征说，不讲信用、不诚实，上能败坏国家，下能危害自己。

唐太宗时期的另一个大臣褚遂良认为，安抚边疆少数民族的最好方式，就是“信义”两个字。在他看来，诚信至少有四大作用：

第一，诚信是国家的根本。一个国家，一个政权，只要守信，就会产生巨大的向心力和凝聚力，即他所说的“信为国本，百姓所归”。

第二，对少数民族守信能够充分展示大唐王朝的形象。如果失信于少数民族，就会损害唐朝在少数民族中的良好印象，使唐王朝处于非常尴尬的境地。

第三，守信是避免民族战争的有效途径。只要对少数民族许下的诺言就必须兑现，否则，少数民族就会感到受了欺骗，不满情绪随之而来，不满情绪一旦达到极限，就会爆发战争，给中原王朝造成灾难。

第四，只要守信，就能够使边疆永远太平无事。

非常难能可贵的是，褚遂良还提出了“守信”的两条基本原则：一是有始有终，始终如一；二是即使别人失信自己也不能失信。

唐宪宗就是在中国西南少数民族政权吐蕃“失信”的情况下提出了“推诚布信”的观点，体现了他的宽广胸襟。

在当今社会，“诚信”仍是人的优良品德，国家形象的标志，但在现实生活中，说假话、相互欺骗和不讲信用的人和事屡见不鲜。在这种情况下，每个人、每个单位、每个国家都应从自身做起，从每一件事情做起，努力做到诚实守信，努力净化社会风气。

四、“因俗而治”

这一思想在先秦时期就已经出现了，《礼记·王制》中说“修其教不易其俗，齐其政不易其宜”，就是对少数民族和民族地区采取不同于汉族地区的管理政策和管理方式，要尊重其风俗习惯，要因地制宜。如唐朝在少数民族地区设立的大量羁縻府州，元朝的土官制度，明朝的土司制度，清朝前期在蒙古族地区实行的盟旗制度等等，都是在“因俗而治”的思想框架下所设计的一些制度。

新中国成立后，中央明确规定实行民族区域自治，这是中国的一项基本政治制度。这一制度基本沿袭了“因俗而治”的历史传统。实行这一制度的好处，一是有利于保障民族平等，二是有利于保障少数民族当家作主，三是有利于保障各民族共同团结奋斗、共同繁荣发展。

五、“以夏变夷”

这一思想观点早在先秦时期就已经出现了，中国古代著名的思想家、教育家孟子就有这方面的论述。

中国古代汉族人自称为华夏（即华夏族），把边远地区少数民族称为夷狄。东汉时期的著名学者何休认为，华夏和夷狄之间并没有天然不可逾越的鸿沟，在一定条件下，能够相互转换，华夏可以退化为夷狄，夷狄也可以进化为华夏。他还认为，少数民族的野蛮和落后是相对的，并不是绝对一成不变的。只要少数民族能够按照华夏的礼仪标准行事，脱离野蛮状态，就应列于文明之列。那么，少数民族怎样才会步入文明行列呢？一是靠自身努力，二是需要汉族的引领。

西汉时期著名的思想家和文学家贾谊提出了“三表”、“五饵”的战略构想，试图彻底改造和同化匈奴，达到“以夏变夷”的目的。

“三表”就是“信”、“爱”、“好”。“信”就是用诚实守信等方式感化匈奴，得到匈奴的信任，使匈奴归附汉朝。“爱”就是要求汉族帝王要爱包括少数民族在内的所有人。“好”是爱好之意，就是希望汉族帝王喜欢和学习少数民族的优点和长处。

“五饵”就是通过衣、食、住、行、色等五种诱饵来吸引匈奴、分化匈奴、同化匈奴。贾谊想通过这五种诱饵来同化匈奴，可谓抓住了关键。因为只要匈奴人能够脱下本民族的服装，穿上汉族的服装，就会认同汉族的服饰文化；只要他们喜欢汉朝的美味佳肴，就会认同汉族的饮食文化；只要他们喜欢住在城市，就会从游牧生活转向定居生活；只要他们愿意乘坐马车，就会放弃狩猎，转为农耕，变成农民；只要他们喜欢儒家文化，就会注重个人修养，以汉族的礼仪规范自己的行为。所以，“五饵”的独特功效就在于同化匈奴，使匈奴人逐渐减少对本民族的认同感转而认同中原汉族文明。

当然，在当时情况下，同化匈奴需要时间，需要耐心。贾谊所设计的仅用三至五年就能争取和同化匈奴的时间表，只是一种理想主义和空想主义，根本不切实际。况且，匈奴人也很聪明，他们不仅不会轻易上钩，而且还会想尽一切办法消除“三表”、“五饵”在匈奴的影响，所以，直到贾谊去世，他也没有看到他所设想的效果，匈奴照样不断侵扰汉朝的边境。

唐朝人更想“以夏变夷”，最具代表性的观点，就是将少数民族改变为汉族（“化胡为汉”）。公元630年，唐朝出兵消灭了北方的少数民族政权——东突厥。就如何安置突厥问题，唐太宗和他的大臣们展开过三次大讨论，出现了许多观点，设计了很多方案。比较集中的意见，就是将少数民族改变为汉族。这一思想观点包含两方面内容：一是强迫突厥离开蒙古高原，把他们全部迁到内地；二是把他们由游牧民族改造成农民。

六、“先守身而后四夷”

“先守身而后四夷”就是如何处理内部和外部的关系、内地和边疆的关系、汉族与少数民族的关系。唐文宗时期的宰相牛僧孺在《守在四夷论》中系统阐述了这一观点。

在他看来，历史上一些政权灭亡了，从表面来看，是被周边的少数民族消灭了，实质上是自己灭了自己，责任不在别人，只能怪自己，是自身出了问题给别人以可乘之机。

牛僧孺总结了促使王朝和帝王灭亡的六种攻击，概括地说，就是历史上许多王朝的灭亡是亡在帝王的好色、贪财、横征暴敛、奢侈腐败、重用奸臣和穷兵黩武上，而不是少数民族的攻击。

从历史来看，凡是有作为的政治家都主张“先守身而后四夷”。如唐太宗认为，“治安中国，而四夷自服”。再如宋太宗就说，要治理好外部，首先要治理好内部；内部治理好了，外部自然就安定了。

“先守身而后四夷”的思想观点不仅提醒当时的当政者始终保持清醒的头脑，时刻警惕骄奢淫逸，集中精力搞好内政，而且在当今也有一定的现实意义。在任何一个时代，虽然国际局势相当复杂，敌对势力也一直在兴风作浪。但是，只要政治清明、经济繁荣、科技发达、文化先进、社会进步、国力强盛、百姓安逸，任何敌对势力的阴谋都不会得逞。无数事实充分证明，堡垒往往会从内部攻破。所以，发展经济是第一要务，解决民生问题是出发点，增强综合国力是根本。只要经济繁荣了，民生问题解决好了，国力增强了，那么，就会永远立于不败之地。

七、“推亡固存”

早在先秦时期就已经出现了这一思想观点，《尚书》中就有“推亡固存，邦乃其昌”的记载，意思是说，对于“无道”者要毫不留情，坚决镇压，将其推翻、彻底消灭；对于“有道”者要大力保护，积极扶助，使其根基牢固。只要这样干，国家就会昌盛。《左传》襄公三十年中也有“推亡固存，国之利”的记载。

那么，区分“无道”和“有道”的标准是什么呢？不同的政治家和思想家有不同的界定。有的把“无道”界定为政治黑暗，百姓困苦不堪，怨声载道；把“有道”界定为政治清明、上下同心。但从处理民族关系的实践来看，有些政治家区分“无道”和“有道”的标准是：少数民族是否反叛，是否对中原王朝忠诚，是否俯首帖耳。

汉宣帝是用“推亡固存”思想处理民族关系的典范。他的思想和行动，取得了显著成效。史书中有两条资料，都说明这一思想的成效：一条是说，汉朝的号令能够在西域畅通无阻了；另一条说，北方地区出现了几代没有发生战争的太平盛世。

在当今世界，强国在处理国际关系时，只想“推亡”，不愿“固存”，因此，往往会遭到抵制和报复。

八、“以水洗血”

这一思想观点是由回纥顿莫贺可汗（即唐朝册封的武义成功可汗）提出来的，相当于汉族的以德报怨。

公元780年，发生了唐朝振武军劫杀回纥商团的事件。客观地说，这一事件的发生，唐朝和回纥都有责任。当时，在国都长安有很多回纥人，不少回纥人通过合法或非法途径发了大财，成了暴发户，激起了一些唐朝人的仇富心理。从回纥方面来看，有些回纥人不守规矩，经常惹是生非，随意欺负当地居民，引起了唐朝人的极大反感。为了平息唐朝人的怨气，公元780年，唐德宗命令他们离开长安。这些人在振武停留期间，振武军使张光晟带领部队把回纥人全部杀掉，并抢劫了一大批财物。据史书记载，张光晟共杀了一千多人。

面对这一突发事件，顿莫贺可汗先是准备复仇，后来用“以水洗血”思想为指导，努力化解矛盾，积极推动双方关系的良性互动。

现在，没有多少人能够记住顿莫贺可汗，但他的“以水洗血”思想则永放光芒。我们知道，在古代人类历史上，无论是政权与政权之间，还是个人与个人之间，在处理双方的关系时，不外乎如下四种方式：一是以暴易暴，就是用暴力对付暴力；二是以怨报德，就是用怨恨来回报别人的恩惠；三是以德报德，就是用恩惠报答恩惠；四是以德报怨，就是用恩惠回报别人对你的仇恨。在这四种方式中，无论是从政治层面还是道德层面来看，以暴易暴是往后看的思维，不仅无助于问题的解决，相反只能增加人们新的仇恨，引起更大规模的残杀，因此，这是最为恶劣、最为残暴和最不得人心的一种方式。因为暴力永远不会带来和平，“以暴易暴”更不会带来和平。而以德报怨是向前看的思维，不仅顾及到自己的利益，而且也顾及到对方的利益，尤其是更多地考虑对方的感受，使双方都能摒弃前嫌、面向未来，使双方关系沿着良性互动的方向深入持久地发展。因此，以德报怨是一种最为明智的方式。只要人们能够按照以德报怨的思路处理各种矛盾，民族关系就会更加和谐，社会秩序就会更加稳定，世界就会更加太平。

九、“夷夏一家”

“夷”泛指四方的少数民族，“夏”是古代汉族的自称，也指中原地区。“夷夏一家”就是汉族和所有少数民族都是兄弟姐妹，都是一家人。尽管不同时期不同人物对这一思想的表述不尽一致，有的称“四海一家”，有的称“天下一家”，有的称“胡越一家”，有的称“四夷一家”，但精神实质是一致的。

“夷夏一家”思想早在先秦时期就已形成了。孔子说：“四海之内皆兄弟”①，他所追求的“大同”理想社会，其实就是“天下一家”的美好蓝图。荀子说：“四海之内若一家”②。按照《尔雅》“释地”篇的记载，“四海”包括了东西南北的所有少数民族。贞观七年（633），唐朝的开国皇帝李渊在未央宫让突厥颉利可汗起舞、南越酋长冯智戴咏诗，营造民族和谐氛围，目的就是彰显“胡、越一家”③和“夷夏一家”的治国理念。忽必烈随时提醒自己，要“以四海为家”④，元初著名学者许衡说：“天下一家”，对任何民族都要“一视同仁”⑤。明成祖朱棣认为，华夏和夷狄本来就是一家人，只要是上天覆盖的、大地承载的，都是明朝的子民，绝对不能区分出你我。由此可见，凡是有大智慧的政治家都主张“夷夏一家”，不分彼此。

经过长期的民族交融，我国各个民族已经形成了你中有我、我中有你的格局。在中华民族的伟大复兴征程中，全国各个民族都应亲如一家，各个民族都应“共同团结进步、共同繁荣发展”。

十、“以夷治夷”

“以夷治夷”就是让少数民族自己管理本民族的内部事务，通过少数

① 《论语·颜渊》。
② 《荀子·王制》。
③ 《旧唐书·高祖纪》。
④ 《元史·世祖纪三》。
⑤ 《鲁斋遗书》，《语录》下。

民族来治理少数民族，从而解决边疆问题。

“以夷治夷”这一概念虽然出现在明朝（《明史 · 张祐传》：“以夷治夷，可不烦兵而下。”），但这一思想和实践却早已存在。历史上的多数政治家都有“以夷治夷”的思想。隋唐时期政治家的这一思想更为突出。如下两种方式，就体现了这一思想。

第一，设置羁縻府州，任用少数民族的首领当都督、刺史，同时派中央官员对他们进行有效监督。这样，既尊重了少数民族的生活习惯和社会特点，也兼顾了少数民族首领的“面子”，因而比较容易得到少数民族上层和普通民众的理解和支持。唐朝统一边疆地区后，设置了 856 个羁縻府、州、县，其中大的为都督，其次为州，小的为县。宋朝和明朝在部分边疆少数民族地区基本因袭了这种办法。

第二，安排具有在中央王朝学习和生活经历的少数民族首领的子弟回去当首领。有些少数民族首领的子弟经常在中央王朝的国都学习和生活，有的还与公主结婚。他们不仅熟悉中央王朝的政治制度和基本政策，而且对中央王朝有着很深的感情，自然是中央治理其民族的最佳人选。如隋炀帝就把在长安住了三年的高昌王麴伯雅送回高昌，让他统治高昌。再如吐谷浑国王的儿子顺曾经在长安住了几年，隋炀帝先把他派回吐谷浑，让他当国王，不久又把他召回长安。唐朝建立后，唐高祖觉得他对唐朝很忠诚，又把他派回去，统治吐谷浑。这种做法，比较容易沟通中央王朝与少数民族之间的思想感情，同时也能减少猜疑、消除误会。

元朝和明朝的土司制度，实质上也体现了“以夷治夷”的思想。到了清朝，一些长期在边疆地区任职的官员发现了“以夷治夷”的弊端，认为当地人只知道有土官而不知道有国法，云贵总督鄂尔泰甚至在雍正皇帝面前讽刺“以夷治夷”如同“以盗治盗”①，建议改土归流。随后，改土归流基本取代了土司制度。

在“以夷治夷”思想框架下设计的一些管理制度虽然已经成为历史，但这种思想仍有一定影响。

最后，我想说明的一个问题是，无论是对待历史上的民族关系，还是

---

① 《清史稿 · 鄂尔泰传》。

现实中的民族关系，都有必要把思想、政策、制度与行为区分开来。因为想的东西不一定立即行动，也不一定马上变成政策，政策并不一定立即变成制度。思想变成政策需要一个过程，政策变成制度也需要一个过程，一种想法要实现也有一个过程。一种观点、一种思想要成为政策、成为制度、要实施，还有很长的路要走。同一个民族问题，不同的人或许会有不同的处理方式和不同的处理结果。非常优秀的和非常普通的人，精明的和愚蠢的人，处理的方式和处理的结果可能相反。所以，我们对有利于民族关系的想法，要大力呼吁和支持，使其成为政策；对有利于民族关系的政策，要尽可能地使其成为制度，因为制度是管根本的、管全局的、管长远的；对有利于民族关系的制度，要让优秀的精明的人去贯彻执行。如果我们能把思想、政策、制度与行为区分开来，对一些争论，对一些不同意见，就会以平常心来看待，就会以宽容之心来对待不同的学术思想和学术观点。

尽管从思想到政策再到制度有一定的距离，但思想是基础，起决定作用。而且，思想的高度决定政策的先进性和制度的合理性。更为重要的是，有什么样的思想，决定什么样的未来。所以，我们高度重视和深入研究中国古代民族关系思想，主要是想回答中国民族理论和民族政策“从哪里来”和“到哪里去”这两大问题。只有能够认真回答这两大问题，学术才有价值，理论才有生命力。

战后国民政府对外维护西藏主权的政策与实践

——以中美“西藏商务代表团”访美交涉为中心

| 关培凤 |

清末民初以来，西藏的地位问题以及围绕西藏问题的涉外交涉一直困扰着中国中央政府。坚持中国对西藏地方的领土主权是历届中央政府坚定不移奉行的政策。战后国民政府为了缓和中央与西藏地方的关系，维护和巩固中央对西藏的领土主权，制定了积极的对外维护西藏主权的政策，并进行了一系列实践活动。与美国就“西藏商务代表团”访美事件进行的交涉即是其中之一。

一、战后国民政府对外维护西藏主权的政策

自英国第一次侵藏以来，西藏问题便开始成为困扰中国中央政府的一个顽疾。清末民初以来，特别是抗日战争期间，英国利用中国的困难，怂恿和策动西藏大肆进行图谋“独立”的活动，更使西藏地方与中央的关系严重疏离。稳定西藏，维持中央对西藏的主权是国民政府亟需考虑的重要事项之一。而战后民族解放运动的兴起，也为中国彻底解决西藏问题，创造了有利的契机。

为了以和平方式缓解达扎摄政以来西藏地方与中央政府的紧张关系，并进一步巩固对西藏的领土主权，蒋介石在 1945 年 8 月 25 日的国防会议和国民党中央常务委员会议上，发表了关于边疆民族问题的讲演，谈到西

藏的政治地位时，重申国民党第六届全国代表大会的决定，同意西藏高度自治，并进一步指出："如果他们将来在经济条件上能够达到独立自主的时候，我们政府亦将与对外蒙古一样，扶持其独立，但必须西藏能巩固其本身永久独立的地位，不致蹈袭高丽过去的覆辙。"① 同年9月8日，国防最高委员会所属的中央设计局拟定的《战后蒙藏政治设施方案》中，也提出"允许西藏地方高度自治，称为西藏特别自治区"，凡国防、外交（渐次扩至教育、司法、交通）及有全国一致性之事项，"概由中央统筹办理"，其他如宗教、农牧、警政、卫生与一切地方事业，悉归该特别自治区自治政府办理。西藏特别自治区可自制宪法，但不得违反国宪及三民主义。② 后来的历史表明，蒋介石关于西藏高度自治，甚至在条件成熟时允许其独立的许诺，其根本目的不是要放松对西藏的主权要求，而恰恰是希图缓和当时西藏地方对中央的对立情绪，固守中央政府对西藏的主权。③ 事实上，早在1944年7月初，新任驻藏办事处处长的沈宗濂在入藏途中于甘托克会晤英驻锡金政治专员古德时就清楚指出："最高统帅除了把西藏视为中国不可分割的一部分之外，绝不可能有其他想法，中国公众舆论也不可能容忍达成一项三方协商。"④ 1947年底，驻印大使罗家伦在与印度就"西藏商务代表团"问题交涉时，也特别强调"自治领土非独立国家之谓，西藏之自治权，以中国宪法所赋予者为限"⑤。很显然，无论是蒋介石本人，还是国民政府高层，都坚持西藏是中国领土主权范围下的高度自治区，这是战后国民政府在西藏问题上的一个最根本的政策。

在对外关系方面，外交部早在1944年底就奉命拟定了一份《关于拟调整藏务之意见》的文件，就如何解决西藏问题提出了初步构想。其中对外交涉部分指出："关于对英交涉，今后应避免同英国交涉，纵英方向我

① 《中央日报》，1945年8月25日。

② 参见陈谦平：《抗战前后之中英西藏交涉 1935—1947》，生活·读书·新知三联书店 2003年版，第327页。

③ 郭卿友：《民国藏事通鉴》，中国藏学出版社 2008年版，第205页。

④ 《英国外交部档案》371/41586，转引自〔美〕梅·戈尔斯坦：《喇嘛王国的覆灭》，杜永彬译，中国藏学出版社 1994年版，第546页。

⑤ 《西藏商务代表团考察英美节略》，1948年2月5日，国民政府档案；中国第二历史档案馆编：《中华民国史档案资料汇编》第五辑第三编政治（五），凤凰出版社 1999年版，第197页。

提出，在可能范围内以敷衍与拖延之法应付至不能再延，方表示我方对藏案谈判之标准。”而外交部既定的谈判标准是：“西藏完全为中国领土，依照天然界址不能更动；西藏外交应由中国主持；中国对于西藏之交通、内政均有自由之主权；藏境税关税款应由中国派员监督接管；藏边乱事及匪患应由中国军队剿办肃清；为保卫西藏之治安，中国应在西藏驻兵设警；中国驻藏办事处长官有管辖全藏内政外交之权。”外交部还强调，以上各项条件，如果缺一，宁可不同英国谈判。该份文件还指出，为免英印政府利用尼泊尔、锡金和不丹等小国给西藏地方政府制造困难，中国应密切同此三国的关系，对其“联络与亲善”，这样，即便英国利用此三国，“亦难彻底”。文件并认为，战后印度独立将是大势所趋。①

“二战”结束后，殖民主义势力的衰落和民族解放运动的蓬勃发展使英国撤出印度越来越成为一种必然的发展态势。国民政府较之战时更加深切地认识到，在事关西藏的对外交涉中，印度将取代英国成为中国的主要交涉对象。1947 年 4 月，外交部欧洲司所拟定的“西藏问题资料”中认为，“英国撤离印度后，将出现信奉印度教的印度与信奉伊斯兰教的巴基斯坦两个自治领。与西藏南部及西康西南部接壤的阿萨姆邦将会划归印度，而与西藏西部阿里毗连的克什米尔等地，势将划归巴基斯坦；又藏南至加尔各答必经之孟加拉省东部又已划归巴基斯坦。因此今后关于藏事的外交主要为印度，而巴基斯坦于此亦有相当关系，亦须妥为应付”②。同年 8 月 25 日，蒙藏委员会驻藏办事处代处长陈锡璋提出的对藏政五项意见中，着重强调了同印度政府协商或谈判有关西藏问题及印藏关系的思想。③ 蒋介石对此极为重视，命令外交部和蒙藏委员会与驻印大使罗家伦一起商讨这一问题。同年 11 月 7 日，外交部和蒙藏委员会向蒋介石和国民政府报告了商讨结果，同样把交涉主要对象确定为印度。④ 从上述文件

① 转引自陈谦平：《抗战前后之中英西藏交涉 1935—1947》，生活·读书·新知三联书店 2003 年版，第 326 页。

② 转引自陈谦平：《抗战前后之中英西藏交涉 1935—1947》，生活·读书·新知三联书店 2003 年版，第 337 页。

③ 陈谦平：《抗战前后之中英西藏交涉 1935—1947》，生活·读书·新知三联书店 2003 年版，第 341 页。

④ 陈谦平：《抗战前后之中英西藏交涉 1935—1947》，生活·读书·新知三联书店 2003 年版，第 342 页。

可以看出，战后国民政府在涉藏问题的交涉方面，从主观上是极力想避免同英国交涉，以免再受英国胁迫；在客观上，战后印度独立的必然趋势也使国民政府把交涉重心转移到印度身上，而且基于印度也是一个深受殖民压迫的国家，国民政府最初的考量是印度处理对藏关系上可能会与英国有所不同，对与印度政府友好协商，彻底调整中、印与西藏地方之间的关系抱有一定幻想。① 与此同时，国民政府也设想密切与周边小国的关系，以免在同英国或印度的交涉中受到这些国家的牵制。

综上所述，战后国民政府对外维护西藏主权的政策，包含两个基本内容：一是强调西藏是中国领土主权范围下的高度自治区；二是将涉藏问题的交涉对象国主要确定为英国和印度，但在主观上又希望避免与英国进行直接交涉。值得注意的是，无论是在战时还是在战后初期，国民政府外交部和蒙藏委员会都鲜见有关美国卷入西藏问题的预案，换句话说，国民政府对与美国交涉其对西藏的主权问题缺乏思想准备。在“西藏商务代表团”事件之前，国民政府内部似乎并没有想过美国会卷入中国关于西藏问题的对外交涉中来。

二、围绕“西藏商务代表团”访美的签证交涉

1947 年 11 月，西藏地方政府派出以孜本夏古巴·旺秋德丹（兼“制币局”局长）为团长的“西藏商务代表团”前往印度、中国内地、美国、法国和英国进行活动。国民政府早在 1947 年 6 月间已知悉商务代表团出访一事。噶厦曾为此正式函告蒙藏委员会驻藏办事处，“为西藏公共福利计，派银行总经理‘资本’夏古巴率同随员前往印度、美国、中国、英国考察输入西藏商品及西藏输出羊毛、皮革等货之销路，请报告中国政府给予便利，并祈信任”。但驻藏办事处分析其出访动机是“西藏当局因处理热振事件未遵中央意旨，心怀疑惧，决定派资本夏古巴往英美乞援”。②

① 陈谦平：《抗战前后之中英西藏交涉 1935—1947》，生活·读书·新知三联书店 2003 年版，第 411 页。

② 《西藏商务代表团考察英美节略》，1948 年 2 月 5 日，国民政府档案；中国第二历史档案馆编：《中华民国史档案资料汇编》第五辑第三编政治（五），凤凰出版社 1999 年版，第 195 页。

中央政府对此事高度重视，1947 年 8 月 17 日，蒋介石亲自指示外交部长王世杰，要求其“转饬驻英美大使注意随时具报”①。1947 年 10 月 8 日，蒙藏委员会驻藏办事处陈锡璋处长致电该委员会报告，西藏地方政府及其“外交局”“筹备制发出国护照，其格式与左（疑为‘古’）通行证相同。……将来夏古巴等前往英、美、印，拟持用此项护照”。② 西藏地方政府自制护照希图在国际上运用，无疑会损害中国对西藏的主权，因此，代表团虽以商务出访为名，但对其出访的政治意图，驻藏办事处、外交部和包括蒋介石在内的中央政府高层保持了高度警惕。驻印领馆和中央对西藏商务代表团在印度及内地活动的应对，充分证明了这一点。

商务代表团于 1947 年 12 月初到达噶伦堡，12 月 23 日抵达新德里。国民政府驻印度大使馆大使罗家伦在代表团抵达新德里之前的 12 月 21 日就与尼赫鲁会晤，希望印度不要承认西藏自发护照。但尼赫鲁对此表示，“藏人入印，向无护照，赴英护照系由英驻印高级专员签证，不归印政府办理”。不仅如此，西藏商务代表团还在新德里会见尼赫鲁两次、甘地四次，而行踪均未见报。代表团和印度这种有意隐蔽行动的做法不能不引起中方的警惕。关于西藏护照事，罗家伦也知照有关使馆免其混过，各使馆均表示协助。③

鉴于西藏商务代表团在印度的隐蔽活动和印方的态度，国民政府在 1947 年 12 月间曾推测藏方派遣商务代表团出访的目的有：（1）想在国际间表示西藏独立之身份；（2）想自由与各国交涉，不受中央限制；（3）英允印独立，藏思联美以为己助；（4）在英美发表言论容易耸动国际视听，以为对中央措施之张本；（5）先到中央观察情势，继续作政治要求，或要求经济上之补助；（6）使西藏能与英美进行直接贸易，（藏币）与美金联系；（7）可能与印度政府秘密洽商印藏关系、英印条

① 《蒋介石转告驻英美大使应随时报告西藏商务代表团活动情况致外交部电》，1947 年 8 月 17 日，国民政府档案；中国第二历史档案馆编：《中华民国史档案资料汇编》第五辑第三编政治（五），凤凰出版社 1999 年版，第 193 页。

② 《陈锡璋为噶厦命外交局筹制出国护照等情致蒙藏委员会电》，1947 年 10 月 8 日，蒙藏委员会档案；中国第二历史档案馆编：《中华民国史档案资料汇编》第五辑第三编政治（五），凤凰出版社 1999 年版，第 193 页。

③ 《西藏商务代表团考察英美节略》，1948 年 2 月 5 日，国民政府档案；中国第二历史档案馆编：《中华民国史档案资料汇编》第五辑第三编政治（五），凤凰出版社 1999 年版，第 197 页。

约承继问题及收购军火问题。[①] 从西藏商务代表团其后在内地向国民政府提出的政治要求和在英美的活动来看，国民政府在商务代表团活动伊始对其出访目的所作的判断是比较准确的。特别是代表团在 1948 年 2 月，抵达南京并向中央政府提出将西康、青海、甘肃等藏民聚居地区划归西藏的非法领土要求后，国民政府对代表团下一步的欧美之行，更生防范之心。1948 年 2 月，蒋介石对代表团请求准结美金外汇以便前往美英考察所作的批示是，“在未参加国大以前，勿给护照与外汇”[②]。显然，蒋介石是希望通过西藏代表参加国民大会的形式来体现西藏地方对中央的服从和中央对西藏的主权，并以护照和外汇作为阻挠西藏商务代表团出访的筹码。在此之前，行政院也曾于 1947 年 10 月 24 日指示蒙藏委员会，“护照暂不发给”[③]。

然而，国民政府的层层防备并未能阻止西藏商务代表团成行。1948 年 5 月 20 日，代表团离京返沪，6 月 26 日离沪飞往香港。在香港期间，夏古巴一行用西藏“护照”向美国驻港总领事馆获得赴美签证，于 7 月 3 日由香港飞马尼拉转赴美国，7 月上旬抵达美国。为此，中国政府向美国作了较为强烈的抗议和交涉。

7 月 12 日，国民政府外交部次长叶公超于是向美国驻华大使馆提出了口头声明与质询：“（一）西藏当局对外无独立办理外交之权，其所发旅行证件，不能替代中国护照；（二）夏古巴等在美无权与美政府洽商事件；（三）美驻香港总领事于发给夏古巴等入境签证前，何以并未通知我驻港郭特派员；（四）美国政府对于西藏素以承认中国之主权为原则。此次接受西藏地方当局所发证件，中国政府颇为诧异。如此非美政府驻香港总领事私人之错误，是否为美政府变更其对西藏态度之表示？

① 转引自陈谦平：《抗战前后之中英西藏交涉 1935—1947》，生活·读书·新知三联书店 2003 年版，第 431 页。

② 转引自陈谦平：《抗战前后之中英西藏交涉 1935—1947》，生活·读书·新知三联书店 2003 年版，第 433 页。

③ 《蒙藏委员会为西藏商务代表团赴美英考察经过致行政院呈》，1948 年 8 月 18 日，蒙藏委员会档案；中国第二历史档案馆编：《中华民国史档案资料汇编》第五辑第三编政治（五），凤凰出版社 1999 年版，第 204 页。

此点盼美政府予以说明。”① 对此，美国大使馆人员当即表示，美国向来承认中国在西藏之主权，且美国政府亦无变更其对西藏立场之意。对叶公超代表中国外交部所质询各点，将转告美国驻华大使向国务院查明后再行答复。

与此同时，外交部密电驻美大使顾维钧，指示其：“（一）密洽国务院，查询该项签证是否曾经国务院核准发给，并向国务院说明该团仅系商务考察性质，倘其有对美政府机关接洽及交际事宜，我驻美使领馆当代为洽办，如有正式交涉事宜，应由中美政府直接磋商；（二）设法与该代表等取得联系，〔岂〕剀切告中央诚心协助西藏人民，该团在美言行，必求谨慎，如有对外接洽，应先与大使馆磋商，并由我使领馆出面代洽；（三）对该团在美言论行动，严密注意，随时具报，对其在美考察，可以主动方式酌予协助照料。”②

7 月 15 日，驻美大使顾维钧利用陪同陈立夫对美国国务卿马歇尔作礼节性访问的机会，向他递交了一份说明中国政府对代表团访问美国的态度的备忘录。内容是：1. 西藏是中华民国领土的一部分，根据民国宪法，西藏无权和外国政府进行外交谈判，其与外部世界的关系，要受中国中央政府的指导和批准。2. 以夏古巴为首的西藏贸易代表团成员所持的旅行证件，不能代替中国政府为出国旅行签发的必要的护照。美国驻香港总领事签证于这些异乎寻常的旅行证件，事先并未通知或磋商于代表外交部的中国驻香港外交特派员，是一项出乎意料之事。估计他这样做也未曾事先向其政府请示。3. 夏古巴和该代表团的其他成员无权和美国政府发生直接关系，但中国大使馆将乐于为他们访问的目的，即为了贸易利益的目的，提供便利。4. 美国政府一向承认中华民国的领土主权。因此，中国政府相信，美国总领事为西藏贸易代表团签发旅行证件以代替中国政府的正式护照是一种疏忽，而不是有意违反美国政府尊重中华民国领土完整的

① 《外交部调查西藏商务代表团赴美签证与英政府交涉等情致国民政府签呈》，1948 年 9 月 17 日，国民政府档案；中国第二历史档案馆编：《中华民国史档案资料汇编》第五辑第三编政治（五），凤凰出版社 1999 年版，第 216—217 页。

② 《外交部调查西藏商务代表团赴美签证与英政府交涉等情致国民政府签呈》，1948 年 9 月 17 日，国民政府档案；中国第二历史档案馆编：《中华民国史档案资料汇编》第五辑第三编政治（五），凤凰出版社 1999 年版，第 217 页。

传统政策。[①]

马歇尔表示，美国政府会完全按照中国政府关于西藏的看法和愿望行事。国务院官员巴特沃思也向顾维钧保证，美国政府没有任何侵犯中国对西藏主权的打算。对顾维钧询问的美国驻港总领事的做法事前是否报请国务院批准，巴特沃思表示，他不能就此问题作出明确回答，但将去查阅卷宗。[②] 事后，美国国务院向顾维钧解释说，美国驻港总领事发签证给西藏商务代表团是因对发给签证规定有误解所致[③]，这种解释显系托词。

这样，围绕签证问题的交涉，中国政府一方面取得了美国尊重中国对西藏主权的保证。但另一方面，对西藏商务代表团事实上的出访成行，英美两国都不过是"口头微表歉意"，甚至"并无书面纪录交换存照"[④]。西藏商务代表团在没有中国护照的情况下顺利访美，尽管面对中国的抗议和质询，美国在事后仍保证尊重中国在西藏的主权，但这无论如何都掩盖不了国民政府在维护对藏主权上的外交挫败。

三、"西藏商务代表团"出访期间的中美交涉

"西藏商务代表团"在美期间，多次发表政治性言论，将中国视做与苏联、印度一样的邻国，对中国在藏主权影响恶劣。代表团于 7 月 7 日抵达旧金山后，向旧金山新闻界发表谈判，声明此次赴美除希望与美国进行商务谈判外，还拟前往华盛顿谒见美国总统杜鲁门。7 月 19 日，该团抵达华盛顿。在此之前，中国驻美大使馆已将中方意旨以及美国政府态度告知美国商务部，促其注意，并得到美国国务院中国司长保证，美方亟欲避免西藏代表团来美之任何政治上之意义。[⑤] 中国政府对西藏商务代表团拟拜

① 顾维钧：《顾维钧回忆录》第 6 分册，中华书局 1990 年版，第 408—409 页。

② 顾维钧：《顾维钧回忆录》第 6 分册，中华书局 1990 年版，第 409 页。

③ 顾维钧：《顾维钧回忆录》第 6 分册，中华书局 1990 年版，第 411 页。

④ 《蒋介石为西藏商务代表团赴美时如有荒谬之谈英饬我驻外使馆立予纠正事致外交部代电》，1948 年 10 月 26 日，国民政府档案；见中国第二历史档案馆编：《中华民国史档案资料汇编》第五辑第三编政治（五），凤凰出版社 1999 年版，第 224 页。

⑤ 《外交部为西藏商务代表团在美活动详情致蒙藏委员会代电》，1948 年 9 月 22 日，蒙藏委员会档案；中国第二历史档案馆编：《中华民国史档案资料汇编》第五辑第三编政治（五），凤凰出版社 1999 年版，第 219 页。

谒杜鲁门总统一事高度重视，王世杰在7月26日致顾维钧的电报中明确要求顾维钧告知美国国务院，不要为代表团安排杜鲁门总统的接见。① 了解到中国坚决反对西藏商务代表团谒见杜鲁门总统后，国务院的巴特沃思在7月28日会见中国驻美公使谭绍华时表示，美国政府对中国与西藏之间的关系的态度和政策仍保持不变，但由于“二战”期间美国的工作人员曾受到藏官的优待和达赖喇嘛的亲自接见，因此，美国国务院不能拒绝西藏代表团请见杜鲁门总统之事，且杜鲁门总统也愿意接见这个代表团。因此，他要求大使馆理解美国方面的困难。谭得到的印象是，国务院正在为代表团谒见杜鲁门总统进行安排。②

鉴于美国国务院的态度，顾维钧在与谭公使商议后认为，由中国驻美大使馆代表西藏商务代表团提出拜谒杜鲁门的要求最为合适，并且将有顾维钧亲自带代表团去白宫。只有这样，才能避免美国国务院径行安排代表团谒见杜鲁门给中国造成的困难和尴尬。③ 外交部很快采纳了顾维钧的建议，并要求：（一）向美方郑重表示，该团仅属技术性质，我国政府认为总统无予接见之必要。且该团赴美，未经我国政府核准，而美国务卿又已表示尊重中国在西藏之主权，则该团在美，美政府不应予以官方接待；（二）如美方坚持准许该团晋谒总统，亦应由我驻美大使率领前往。④ 8月3日，顾维钧即请国务院代向白宫约定晋见美总统的日期，并于当天告知了夏古巴。顾维钧的这一举措令夏古巴等人感到措手不及。为了能单独谒见杜鲁门，夏古巴向顾维钧辩解说，代表团到美国访问，没有政治目的，只为促进贸易。他还指出，代表团在印度拜会尼赫鲁和其他印度高级官员时，也没有任何公使馆人员陪伴。顾维钧当即严肃而坚定地指出：“凡国内要员晋见他国当局，由驻使偕往介绍，乃国际仪节通例。该团如觉不便，亦可不往，而将所賫函件、像片等交由大使馆代递。将来如有复函，

① 顾维钧：《顾维钧回忆录》第6分册，中华书局1990年版，第411页。

② 顾维钧：《顾维钧回忆录》第6分册，中华书局1990年版，第412页。

③ 顾维钧：《顾维钧回忆录》第6分册，中华书局1990年版，第412页。

④ 《外交部为西藏商务代表团在美活动详情致蒙藏委员会代电》，1948年9月22日，蒙藏委员会档案；中国第二历史档案馆编：《中华民国史档案资料汇编》第五辑第三编政治（五），凤凰出版社1999年版，第220页。

亦当由该馆转递。”[①]

顾维钧的这一策略巧妙地使中央政府由被动转为主动，使西藏代表团面临两难选择：拒绝顾维钧的建议，代表团将无法完成拜谒杜鲁门，亲自递交达赖照片与函件的出访任务；但同意顾维钧的建议，则意味着其在美国显示其独立于中国之外的政治意图完全落空。权衡之后，西藏商务代表团于8月9日电话通知中国驻美大使馆，他们已决定不去谒见杜鲁门总统，达赖喇嘛的照片和西藏地方政府的公函已经留给了国务院的礼宾司。当天上午，代表团一无所获地离开了华盛顿。为免除后患，顾维钧又命谭公使于8月10日拜访巴特沃思，以查明西藏代表团的说法是否属实，并且向美方确定，将来如不通知大使馆不要在白宫接见该代表团。[②] 美国务院主管人员遂答复说：“如该团重申前请，仍当依照我（指中国）大使馆主张办理。”[③] 至此，围绕“西藏商务代表团”访美一事而进行的中美交涉终告结束。

纵观“西藏商务代表团”访美事件的全貌，可以说，国民政府对外维护西藏主权的实践并没有取得根本的或完全的成功。

第一，对西藏代表团的出访目的，国民政府上下在前期虽有准确判断，但终究未能阻止代表团出访。个人认为，蒙藏委员会委员长许世英在代表团于内地活动期间的判断失误可能导致蒙藏委员会对代表团出访一事出现了轻心和疏漏。1948年4月23日，许世英曾向蒋介石呈文指出，自“西藏商务代表团”来京后，他经过多方侦查，“觉前此所虑其企图作政治活动一点，迄未发现其丝毫迹象。更从外交大势观察，美英两国方自顾不遑，势不能因扶植区区一西藏而开罪中国。又西藏现行政制与英美之民主政治两相凿枘，决非彼等所愿亲附者。且如不准其出国，则必怏怏而去，转增藏事困难。恐彼等仍可自印度径行出国，示远人以不广。故世

① 《外交部为西藏商务代表团在美活动详情致蒙藏委员会代电》，1948年9月22日，蒙藏委员会档案；中国第二历史档案馆编：《中华民国史档案资料汇编》第五辑第三编政治（五），凤凰出版社1999年版，第220页。

② 顾维钧：《顾维钧回忆录》第6分册，中华书局1990年版，第414页。

③ 《外交部为西藏商务代表团在美活动详情致蒙藏委员会代电》，1948年9月22日，蒙藏委员会档案；中国第二历史档案馆编：《中华民国史档案资料汇编》第五辑第三编政治（五），凤凰出版社1999年版，第221页。

（英）对于彼等声明此行无政治企图一点，敢保证其确系由衷之言”[①]。从商务代表团出访的实践可以看出，许世英的上述判断，失误之一在于认为“西藏商务代表团”出访绝无政治企图，而轻信了代表团所谓考察只为“谋改善西藏经济、增进公共福利”的谎言所致；失误之二在于对英美幕后支持和包庇西藏进行图谋独立活动的野心及动机认识不清，盲目自信英美不会因为区区西藏而得罪中国。由于许世英的判断失误而对代表团出访的政治目的掉以轻心，致使代表团最终出访成行，使后来的中美、中英交涉无可避免，也使中国政府在外交上处于一种被动地位。

第二，国民政府对外维护西藏主权的既定政策是强调西藏是中国领土主权范围下的自治区，在“西藏商务代表团”出访的前前后后，国民政府也确实坚定地执行了这一政策，但受客观环境的局限，坚持这一政策的成效是有限的。国民政府与美国就签证问题进行的交涉，取得了部分的成功，即美国仍然保证尊重中国对西藏的主权；但这种保证难以抵消代表团出访并在美国发表政治性言论对中国在藏主权所造成的消极影响。更何况美国对发放签证给代表团仅仅是口头微表歉意，这也使它对承认中国在藏主权的保证打了折扣。

第三，在中美围绕代表团拜谒杜鲁门总统的交涉中，尽管中美双方进行了较多的沟通，但美国事实上仍然准备安排杜鲁门总统与夏古巴一行的会面，如果不是顾维钧灵活成熟的外交应对，使代表团处于一种两难境地而自动放弃拜谒杜鲁门，那么很可能会有杜鲁门总统接见代表团的事情发生，从而将中国政府置于一种更加尴尬的地位。可以说，至“西藏商务代表团”访美事件之前，国民政府内部显然对美国关于西藏与中央关系的态度认识不清，对美国罔顾中国政府在藏主权的行为也缺乏心理准备。这是其对外维护西藏主权的政策中几乎没有考虑到美国因素而导致的一个必然结果。

① 《蒙藏委员会请发给西藏商务代表团出国护照并结购外汇事致国民政府呈》，1948 年 4 月 23 日，蒙藏委员会档案；中国第二历史档案馆编：《中华民国史档案资料汇编》第五辑第三编政治（五），凤凰出版社 1999 年版，第 200 页。

民元察隅巡边标界史实考*

吕昭义　刘名望

压必曲龚的中华民国标界

民国元年（1912）夏由成都出发的中国赴川滇边特使历尽艰险进入孤悬边塞重围之中的察隅城。不久，赴川滇边特使及其英文翻译、向导一行又冲出重围，南下日马，顺高山深谷中的察隅曲，跨越簸荡虚悬的偏桥栈道，过瓦弄，穿石峡，进至压必曲与察隅曲交汇处的压必曲龚，他们沿路巡查当年 1 月间日马中国军营受命树立的用汉藏文标写“中华帝国四川省边境察隅南部边界”的界牌，并指示随行的日马军营人员将他们随即送来的新界牌树立于原界牌旁边，并搭建木棚遮蔽风雨。他们还查看了 1911 年末至 1912 年初英属印度派遣远征队非法入侵中国藏南地区其中一支进至中国树立界牌对面驻扎的营地。

1914 年初春，英属印度东北边境特区政治官员助理奥卡拉汉（O'callagham）再度溯洛希特河北上至门巩，在中国树立界牌处发现了这块新立的界牌。其时英国经 1911 年末至 1912 年初非法进入中国藏南地区的考察对其所要建立的将传统习惯线北移至喜马拉雅山脊的“战略边界计

* 本文为 2012 年国家社科基金“近现代印度对华关系史料考释、汇编与数字化处理”、2012 年国家社科基金重大招标项目“中英美印俄有关中印边界问题解密档案文献整理与研究”的阶段成果。

划”原定的边界走向已有调整和修改，在察隅方向谋划将原定走向北推至瓦弄以北。奥卡拉汉将这块新界牌拔出，北上带至卡巴村，丢弃于森林之中。

中国特使赴察隅巡边立界牌事见诸英属印度方面的记载。

其一，英属印度东北边境萨地亚官员邓达斯的报告，兹翻译如下：

> 1912 年 7 月 15 日，自密西米远征队撤离后专职东北边境的邓达斯（Dundas）报告，两个米珠密西米人（Miju Mishmi）数天前到达萨地亚报告，三位中国官员到叶普克（Yepuk）和梅尼克赖（Menilk-rai）巡访。据米珠人说，这伙中国人不属于日马军营，而是来自中国的某个地方，其中一位似乎是重要的官员。他们沿洛希特（Lohit）河左岸而下，在临近英军叶普克河营时，对工兵和矿工在两块大石头碑文拓片（碑文一为孔子语录“有朋自远方来不亦乐乎”，一为团队的姓名及日期），检查了梅尼克赖的双语界牌（即上面所说的汉藏语标示“中华帝国四川省边境察隅南部边界”界牌），并指示将他们即将送来的另一个界牌树立在旁边，搭建木棚遮蔽风雨。他们沿着新路一直走到芒洛尔（Manglor）平地南端，始折回循原路返回日马。没有其他的密西米人在场，只有他们从丁内（Tin-ne）和其他村子带来的一队苦力，建立新界牌的命令就是向他们发出的，此外并没有直接或通过藏人向部落民发出其他命令。

中国团队可能就是“特别官员”Chiang Feng-ch'i 及他的随员英语翻译（Chao Yang-yun）和向导 Shu Chi-liang，成都报纸曾报道了他们出发到边境，总领事务 Wilkingson1912 年 4 月 1 日的信件中附上这篇报道。①

其二，奥卡拉汉对他在门巩附近发现后被他抛弃在卡巴村附近林中界牌的记述，英文如下：

① IOR，political and Secret Memoranda，L/P&S/18/B. 189，Dundas to Assam Government（No. 337M，15th July 1912）. Assam Government to Government of India（No. 15 P. T.）22nd July 1912（P. 3323 A/12）.

the new Post, a pine Plank 7' × 16' on which was inscribed neatly in English, Tibetan and Chinese: The southern boundary of Chuan Tien Tsa Yu of Chinese Republic established by special Commissioner Chiong Fon Chi and magistrate of Tsa-Yu, Kes Min Chin-Tsa-Yu, June 9th 1912.

笔者试译如下：

在这块 7 × 16 英寸新松木牌用英、藏、汉三种文字工整地题写：中华民国川滇察隅南界，特使 Chiong Fong Chi、察隅县长 Kes Win Chin 立，1912 年 6 月 9 日。[①]

在上引两则史料中，"Kes Win Chin"，即苟国华。苟国华，字文卿，甘肃举人，以州判分发四川。赵尔丰任川滇边务大臣，苟国华随军入川滇边，曾任边军左营帮带、车路监工委员。宣统二年赵尔丰令新军后营管带程凤翔进兵桑昂曲宗，南下察隅，招抚民众，调查人口地亩、钱粮赋税，择要施治，于当年十二月奏请清廷将桑昂曲宗改为科麦县，杂瑜改为察隅县，原梯龚拉改为原梯县、妥坝改为归化州，木牛甲卜改为木牛县，同属昌都府，颁布地方章程，设官施治。[②] 宣统三年四月初四日（1911 年 5 月 2 日），苟国华被委任为察隅县委员，赵尔丰下的委任令称："照得桑昂曲宗、杂瑜全境肃清，设治、划界、定赋诸凡待理。查该员堪以委任，特委为察隅委员，前往会商管带程凤翔接收办理。"[③]

密西米人在我国民族识别中定为僜人，米朱是其一个分支。文中所说的两个米朱密西米人为潘古姆（Pangum）村村民，英文中的"Pangum"即汉文文档中的帮工，东经 96 度 38 分，北纬 28 度。

叶普克（Yepuk）河即汉文文档中的压必曲，为察隅曲支流。察隅

① Foreign and Political Department Oroceedings, December 1914, Procs. 156 – 184. see Parshotam Mehra, *The McMahon line and After*, Macmillan Company of India Limited, 1974, p. 83.

② 四川民族研究所《清末川滇边务档案史料》编辑组：《清末川滇边务档案史料》（下），中华书局 1989 年版，第 835、835—837 页。

③ 四川民族研究所《清末川滇边务档案史料》编辑组：《清末川滇边务档案史料》（下），中华书局 1989 年版，第 928 页。

曲，在汉文文档中又记为穆曲、绰多穆楚、杂瑜曲等，英文文献中记为洛希特（Lohit）河。压必曲与察隅曲交汇处称为压必曲龚。

梅尼克赖（Menilkrai）即汉文中的门巩村，地处压必曲与察隅曲交汇处，中国树界牌处在该村附近，约当东经 96 度 38 分，北纬 28 度。

“W. H. Wilkingson”，汉文译名务谨顺，时任英国驻成都总领事。

从以上记载来看，此次察隅巡边立界是辛亥革命后新建立的中华民国在西南边疆的一次重要的彰显边界、宣示主权的行动。这次行动上承赵尔丰、程凤翔所部进兵桑昂，南下察隅，巩固边防，在压必曲龚树大清龙帜，立中华帝国边界之界牌，在革命风暴摧毁旧制，清帝逊位，民国肇建之初，在原有界牌旁树立新成立的中华民国之界牌。建界牌之时为 1912 年 6 月 9 日，囿于笔者见闻，尚未得见此前居有标示居中华民国疆界之举。如此说不谬，这当是中华民国第一界标。

危城孤军捍卫国土的壮举

然而，仅从上述英人记载，仍有若干问题不清楚。首先，派遣特使赴边建立界牌的背景、缘由如何？民国元年正是古老的中国辞旧迎新，事件频发，变化莫测的巨变之时。年初始在南京建立临时政府，未几南北议和，袁世凯逼孙中山交权后又匆匆北迁，窃取中央权力的袁世凯对内瓦解革命党，巩固地位为要务，对外力求诸列强的承认，并未下在全国范围内巡察标示边界的命令。达赖十三世鼓动“驱汉”，藏军围攻驻西藏及川滇边军队、官员，四川、云南筹办、组织西征，重在援救被围困军民，收复地方，也没有下令在川滇边和西藏巡察标示边界，为什么出使察隅的特使要与察隅县地方当局及驻军会同于生死危急之际突出重围，甘冒风险南下巡边标界呢？

要解决上述问题还须从中国方面的记载探求。兹将笔者查录到的有关史料分述如下：

其一，辛亥革命之际关于英人入侵察隅南界的禀报。《川滇边务档案》共收录了三份荀国华的禀报，一为宣统三年十一月十八日（1912 年 1 月 6 日）的《荀国华报顾占文据报有洋兵千余人至瓦弄等处》；一为宣统十一月二十三日（1912 年 1 月 11 日）《苟国华报顾占文探查外人来境情形》；一为宣统三年十二月初九日（1912 年 1 月 27 日）《苟国华报顾占文续探外人来界情形》。此外，尚有宣统三年十二月初九日（1912 年 1 月 27 日）《川边巡防新军统领详报顾占文英兵突至热巴》。①

上述禀报内容综述如下。宣统三年十一月间察隅县委员苟国华三度收到有洋人到察隅南界活动的报告：初八日（1911 年 12 月 27 日）下察隅村长阿登报告，称据来热巴贸易的密西米人说有洋人来到密西米人居住境内；十八日（1912 年 1 月 6 日）下察隅南界德能村村民报告洋人 300 余人各带兵器至德能村；同日，又收到热巴夷民报告洋人“约有千余人，已到瓦陇，距绒密两站”。苟国华得报一面行文当地驻军，请派新军前营右哨由鸡贡迅速开驻察隅预防，一面派杨万全赴瓦陇侦探，杨万全二十三日夜间至瓦陇，见河对岸有洋人巡行。访问当地居民，据称洋人来界“约有十日”，“日在界南一带修路，并未前进”。十二月初四日（1912 年 1 月 22 日）苟国华与新军前营右哨卢哨长会商，派通事杨宗汉与哨兵晏大 X 等顺河西岸下行探查。杨宗汉等人行至距瓦陇约 50 里处“遇外人二，随带背夫五人”，相互交谈，该外人要杨宗汉传告地方官，约于七日在路途相会。杨宗汉返回报告，晏大 X 继续前往瓦陇。七日，苟国华与晏大 X 应约前往路途中会见，但未得这两个洋人。晏大 X 八日返回，报告他们到了洋人军营中，并与洋人官长交谈，洋人官长称：“彼等来此亦与吾边军分防各地情形相同，亦无他事也。”晏大 X 侦探英营，“隐查人数，约有四百人之谱，均有器械，日在界南一带修路宽五六尺”。

关于以上禀报中提到的地名德能、绒密、瓦陇等地，宣统二年四月间段鹏瑞受赵尔丰委派考察上下察隅地亩税收情况禀报中，记录下杂瑜西东两岸一带的村落及税收：

> 下杂瑜西岸一带项下：松工十户，每年出产两季稞稻。洒马七户，娃弄一户。以上共十八户，水田八十三块，籽种一百五十三克。旱地二块，籽种二克。男女雇工共一百二十六丁口，牛三十一条，

① 四川民族研究所《清末川滇边务档案史料》编辑组：《清末川滇边务档案史料》（下），中华书局 1989 年版，第 1133、1135—1137 页。

马、羊全无。

下杂瑜东岸一带项下：竹阴五户，作姑一户，常思一户，足音一户，墨溪一户，呷荷三户，浪巴二户，得哩一户，褥妈十户，汤沐四户，热登八户。

以上共三十七户，水田九十三块，籽种二百五十六克四批。旱地九十七块，籽种一百六十克零四批。男女雇工共二百四十一丁口。牛一百三十八条，马三十六匹，羊无。①

其中，娃弄即为苟国华禀报中的瓦陇，即现在我国地图上通记为瓦弄的地方；得哩当为苟国华禀报中的德能，褥妈为绒密。这些地方与段鹏瑞上述禀报中提到的下杂瑜东西两岸各村落一样，在程凤翔进兵桑昂与察隅前属西藏地方桑昂曲宗管辖收税，程凤翔进兵后赵尔丰报请清廷设立察隅县，委任苟国华为察隅委员，负责管辖该县行政。

这里要强调的是：苟国华这些禀报中报告的洋人进兵察隅之事并非如与晏大X交谈的洋人长官所说的“彼等来此亦与吾边军分防各地情形相同，亦无他事也”，而是英国与英属印度为了实施其“战略边界计划”进行的预谋已久的行动。

20世纪头十年，英国与俄国达成调整两国在亚洲的利益，缓和两者在亚洲的争夺，准备从亚洲收缩，加紧备战欧洲，集中力量对付德国。正当此时，中印两国民族解放运动高涨，两国民族主义者相互声援；清末张荫棠、联豫在西藏，赵尔丰在川滇边推行新政，激发爱国主义，号召喜马拉雅山南侧诸国联合拒英，在诸山国反响强烈；赵尔丰所部程凤翔进兵察隅，巩固边防，在压必曲龚树龙旗、立中华帝国界牌，南下招抚抚僜人，设立原梯县、归化州。凡此种种，均被英国视为对其英国在南亚殖民地及势力范围的威胁，防堵中国民族主义思想辐射英属印度及喜马拉雅山南侧诸国成为英国维护其殖民统治和势力范围的主要战略考虑之一。1910年10月23日，行将离任的英属印度总督明托提出战略边界计划企图将英属印度东北边界从喜马拉雅山南侧坡脚北移至山脊，建立战略边界，以便防

① 四川省民族研究所《清末川滇边务档案史料》编辑组编：《清末川滇边务档案史料》（中册），中华书局1989年版，第638页。

堵中国，封锁镇压印度民族解放运动。①

1911—1912 年间的冬季，英属印度组织三支远征队，打着讨伐杀死萨地亚政治威廉森的珞巴人的一支阿波尔的旗号，非法越境，勘测地形，搜集民情，为确定“战略边界”的确切走向作准备。米里人远征队由克尔伍德（G. H. Kerwood）率领，前往苏班西里河（Subansiri，在我国境内称西巴霞曲）及其支流地区；阿波尔远征队在鲍威尔（Hamilton Bower）率领下溯德亨河（Dihang，在我国境内称为藏布河）而上，征伐阿波尔人；继威廉森担任萨地亚助理政治官员的邓达斯率领密西米远征队。该远征队又分为两个支队，一个队考察迪邦河（Dibang，在我国境内称为丹龙曲），另一个支队溯洛希特河而上至中国插旗处西行与另一队汇合。总参谋部对远征队下达了关于勘测的原则及具体注意事项。总的原则是：

> 适宜的军事边界应该遵循主要的分水岭并把布拉马普特拉河、洛希特河及伊洛瓦底江等河流下流的支流囊括在我们一边，从一切角度来看山链是最有利的边界。
>
> （我们）承认其他问题，如，原来属于西藏的边境部落及边境上独立的部落之间的居住分界线，将在很大程度上影响我们与中国间的边界问题，但是军事方面的因素应当置于突出的地位予以考虑。②

对于洛希特河流域的考察，总参谋部特别指出：“洛希特河。我们的界标应当置于在梅尼克赖中国树立旗帜的对面。在其附近的考察应尽力与从缅甸——中国边界向北延伸的共同位置连结起来。”③

邓达斯亲自带领赴洛希特河的远征队。受荀国华令前往侦探的晏大X曾到英人军营中，“与彼族官长一名都拉蓑，一名琐伏来相谈”④。这里所

① 参见吕昭义：《英属印度与中国西南边疆：1774—1911》，中国社会科学出版社 1996 年版，第 123—139 页。

② IOR, P and EF, 1910/13，印度政府外事秘书致阿波尔远征队指挥鲍威尔，1911 年 9 月 25 日。

③ IOR, P and EF, 1910/13，印度政府外事秘书致阿波尔远征队指挥鲍威尔，1911 年 9 月 25 日。

④ 《荀国华禀报顾占文续探外人来界情形》，四川省民族研究所《清末川滇边务档案史料》编辑组：《清末川滇边务档案史料》（下册），中华书局 1989 年版，第 1136 页。

说的“都拉蘘”，即应为邓达斯。邓达斯所带的远征队溯洛希特河而上，1911 年下旬进入密西米人地区，1912 年 1 月 3 日到叶普克河。这些情况基本与苟国华所得到的报告相符。

据邓达斯 1912 年 1 月 14 日报告：“两天前，3 个西藏人（原注：据另外的报告是两个中国士兵，而不是 3 个西藏人）在梅尼克赖以外四分之三英里处，北距原来树立旗帜大约 75 码处，树立：1. 一面绘有四爪龙的旗帜；2. 一块木牌，上面用中文和藏文书写，意为：中华帝国川边察隅南界。1910 年树立的旗帜还在原处。”①

考核此事，苟国华接下札瑜村长阿登报告后于宣统三年十一月二十日（1912 年 1 月 8 日）“专差雇丁通事杨万全改作蛮装，并派精壮夷民二名协同驰赴瓦陇一带确探情形”，据杨万全返回后报告：

> 该通事等于二十一日夜约二更时分，行至瓦陇，见河对岸边火光数十处，有洋人约二三十逡巡上下，带有兵器。其人身高面丑，不着中衣，新造草棚三四十间，并有白布帐篷两座，暮夜之间，亦难知其人数。该通事又访居民，称彼族来界，约有十日。②

该年阴历十一月二十一日为公历 1912 年 1 月 9 日，寻访当地居民在第二天，即 10 日。邓达斯是 1 月 3 日到达叶普克河的，距杨万全寻访当地居民七八天，说“约有十日”，合乎常理。杨万全改着蛮装，与当地夷民同往，邓达斯将他们三人当做西藏人，也在情理之中。至于邓达斯所说的这三名藏人树立龙旗和建中华帝国界牌之事，则应当是苟国华接杨万全报告后，再指令杨万全所为，时间在 12 日。可惜尚未见到有关汉文文档。按理苟国华必定有向顾占文的禀报，是尚未查出，还是有突发事变，致使苟国华未及写，抑或写了未能送出，或送出而未能送达，不得而知。在《清末川边档案史料》中，宣统三年十二月初九日《苟国华禀报顾占文续探外人来界情形》的禀报，是苟国华最后一次禀报。从当时西藏及川滇边

① IOR, L/P & S/18/B,《密西米远征队日记》，1912 年 1 月。

② 《苟国华禀报顾占文探查外人来界情形》，四川省民族研究所《清末川滇边务档案史料》编辑组：《清末川滇边务档案史料》（下册），中华书局 1989 年版，第 1135 页。

骤然突变的局势而言，上述诸种情况都是可能的。

辛亥革命爆发的消息两天内传到西藏，驻藏川军在会党组织的操控下发动兵变，始而“勤王”，继而“革命”，为抢劫财物擅自发兵攻打色拉寺，引发与西藏地方的内战。川军进藏时逃亡印度的十三世达赖在英人的唆使与支持下乘机发动“驱汉”运动。1912 年初，十三世达赖与英属印度总督哈定会见后，派遣其亲信达桑占东潜返西藏策动“驱汉”。驻藏川军攻打色拉寺后，“达赖授权其噶伦”动员“驱汉”，西藏地方政府以十三世达赖名义发布文告。[①] 该文告称：“苟其地居有汉人，固当驱除净尽，即其地未居汉人，亦必严为防守，总期西藏全境汉人绝迹，是为至要。”达桑占东入藏后组织了万余僧俗民兵，自任卫藏民军总司令，疯狂围攻中央驻藏机构与军队。“驱汉”狂潮迅速试卷川滇边，“达赖更密檄康地僧徒，嗾蛮民仇汉”。乡城、定乡、稻坝、贡嘎岭、江卡、乍丫、三坝、南墩、理唐、河口、盐井纷纷陷落，巴唐、昌都被围困。[②] 察隅城虽然暂时未被攻破，但已被切割包围，围城的敌军达数千之众，城中文武官兵仅百数十人，在新军前营帮办蒋洪喜的率领下苦苦支撑。

从成都出发的特使一行 4 月 1 日上路，历尽艰险与危难，到达察隅城当在 5 月底或 6 月上旬。从目前的史料来看，察隅城苟国华与蒋洪喜等人与特使会见，赞同共和，拥戴新生的中华民国，接受特使带来的民国委任，并决定在 1 月间刚树立的清朝龙旗及中华帝国界牌旁建立中华民国界牌。此时的察隅城孤悬绝境，四面被围，守军以寡敌众，粮弹殆尽，救援无望，生机几绝，用古诗“黑云压城城欲摧”来形容一点也不为过。就是在这样的形势下，特使与守城官兵仍作出了出城巡边建立中华民国界牌的决定，这是何等壮烈的忠诚与奉献，用该诗的最后两句“为君黄金台上意，提携玉龙为君死”来形容他们也不为过，这里的“君”已是推翻千年帝制新建立的中华民国，他们接受民国政府守土防边的委任，抱必死的决心来履行职责，捍卫祖国边疆。

要以言之，民国元年察隅巡边立界是在英国及英属印度推行“战略边

① 朱绣编著、吴均校注：《西藏六十年大事记》，青海人民出版社 1996 年版，第 29 页。

② 关于辛亥革命后西藏政局及十三世达赖的武装“驱汉”，参见吕昭义：《英帝国与中国西南边疆：1911—1947》，中国藏学出版社 2001 年版，第二章。

界计划”谋略侵占我国门隅、珞瑜、察隅固有领土之时，在辛亥革命之后西藏及川滇边“驱汉”狂潮汹涌，察隅被重兵围困随时有城破人亡的危急之中的捍卫国土的壮举。

壬子百年祭

刘赞廷编纂的《察隅县志略》记述了守城官兵的结局：

> 惟居民国元年，藏番东侵以数千人来犯时，县知事为苟国华，与新军前营帮力蒋洪喜誓死守城，蒋洪喜勇敢善战，藏番惧之，愿出五千金请汉官携带老幼由云南假道回川，弗允。被困三月，粮尽弹竭，于是年五月二十一日，全城文武男女及蒋之老母共一百四十七口，同时投江而死。

文中说的城破之日是阴历，公历为 1912 年 7 月 5 日，此时距在压必曲龚建立民国界牌不足一月。在“驱汉”狂潮中，有不少被围困的驻藏机构和军队接受和议，假道撤离。察隅城的“文武男女及蒋之老母”守土护边，恪尽职守到最后一刻。他们的死悲壮惨烈，激荡着慷慨赴难殉国的浩然正气。

关于民国元年特使赴边会同察隅官员与守军巡边立界之事，我曾在《关于中印边界东段的几个问题》及《英帝国与中国西南边疆》一书中简要地论述[①]，然而并没有写专文论述。原因是有一些史实尚未搜寻到确切和足够史料来作出清晰的考证。

关于四川当局帕特使赴边查到的有关史料在《民元藏事电稿》有 9 月 18 日《蔡锷电政府据殷承献电遵示暂驻盐井并拟以一军守杂瑜波密等处请核示》及 9 月 23 日《国务院电蔡锷所称经营珞瑜波密一节珞瑜已有川

① 吕昭义：《关于中印边界的几个问题》，载《历史研究》，1997 年第 4 期；吕昭义：《英帝国与中国西南边疆：1911—1947》，中国藏学出版社 2001 年版，第一章。

员前往波密距滇较远就先探明地势勿得轻进》有极其含糊的记载。[①]

西藏与川滇边掀起武装驱汉攻击围困驻藏机构与军队后，四川与云南组织西征，但不久双方即在进兵路线及攻防区域发生龃龉。云南方面攻占盐井后拟再西进察隅、珞瑜、波密等地，四川主张藏事由川独任，不同意滇军由盐井西进，并要求云南退出盐井，由四川派员接任。上述蔡锷电报陈述云南方面的意见：

> 我军遵电暂驻盐井，不与川军逼处，惟滇边接壤之杂瑜、波密等处，既不属藏，亦不属川，紧与怒、俅两处西北相错。承献拟以一军实力经营，以屯以守。现英人修路，已抵亚必曲陇（即压必曲龚），距杂瑜九十里耳，川军能长驱固善，否则以驻波密杂瑜之师一出江达而北，一度楚河而西，不惟形势利便，而近可置藏番之死命，远可X强英之野心，退可与怒俅打成一片。

后电陈述袁政府不同意上述由云南进兵杂瑜、珞瑜、波密方略，称：

> 所称以滇军经营珞瑜、波密一节，查珞瑜已有川员前往，设波密系上年驻藏了陆军平定之地，且道里距滇较远，应先探明地势番情，勿得轻进。

电文中所说已经派出官员前往珞瑜，疑为在派赴察隅特使的同时还向珞瑜帕特使，或者两处特使均为一人兼任，先赴察隅再至珞瑜。电文发出的时间为9月23日，距特使出发的时间已近半载，而电文未提到特使赴边及返回的情况，可以料想是未收到特使的信息。那么，赴察隅的特使是在巡边立界后又返回察隅城中，最终与察隅军民共同赴难，还是继续前往珞瑜而不知其所终。这些也都不可得而知。

由于缺乏这方面的汉文史料，最主要的是没有查找到英国驻成都总领事务谨顺所提到的特使出发的报道，对英文史料中所提到了界牌的建立者

---

① 《西藏研究》编辑部：《民元藏事电稿·藏乱始末见闻记四种》，西藏人民出版社1982年版，第61、70页。

究系何人难以考证。界牌上写的 Commissioner Chiong Fon Chi 是否就是务谨顺报告中所说的 Chiang Feng-ch'i ？如系一人，哪一个的拼写有误？上面提到的英文姓名及特使随员翻译、向导的英文姓名应复原为何种汉文姓名，他们的履历如何？建立界牌后命运如何？

去年是特使赴边会同察隅军政巡边立界牌和察隅军民赴难殉国的百年纪念，上述诸多疑问未有答案，我只能敬录《察隅县志略》中诗句，焚香遥祭察隅县殉国军民及特使一行。诗云：

千里孤军势已危，滇云假道愧谁知。齐东不没田横殇，塞上悠归赵母悲。

羌笛吹来壮士血，戍楼人去儒林碑。遗留唯有英雄泪，一瓣心香万古垂。

我没有照录界牌上及务谨顺所写的特使一行人的威妥玛拼与的姓名，但我多么希望有一日能恭书他们的汉文姓名而祭拜之。刊布此文，也为呼吁有心于此者共同考证，使他们的英名得以昭示于天下。

从黎峻使团来华看中法战争前的中越关系

——兼议清代东亚“国际秩序”的虚实

| 孙宏年 |

1868 年（阮嗣德二十一年，清同治七年），越南阮朝派遣黎峻、阮思僩、黄竝率使团向清王朝岁贡。这次朝贡使团是在特殊背景下派出的，反映出清代中、越两国朝贡关系的一般特点，又在特殊条件有新变化，具有“传承中有嬗变”的特点。中、越文献对于这次使团来华有较为丰富的记述，本文拟依据这些档案、文献，探讨中法战争前中越关系乃至清代东亚“国际秩序”[1] 的相关问题，不当之处，恳请方家指正！

一、使团来华的背景、行程

1644 年以后，清王朝与今天越南的高平莫氏、安南黎朝、西山朝建立“天朝”与“藩属”的关系。1802 年，阮福映建国称帝，消灭西山政权，1803 年嘉庆帝赐予阮朝国名“越南”，1804 年派册封使齐布森抵升龙

---

① 有关古代中国与邻国关系的概念非常多，如“华夷秩序”、“朝贡体系”、“宗藩体系”、“藩属体系”、“属国体系”、“封贡体系”、以及相应的“关系”、“体制”、“制度”概念，限于篇幅，本文不对概念展开讨论。在本文中，清代东亚“国际关系体系”、“国际秩序”都是指当时中国与朝鲜、琉球、越南等邻国在内的国际关系体系；“属国关系”是指当时文献中反映的由清王朝这个“天朝（上邦）”的“属国”（藩属）构成的国际体系。

（今河内），册封阮福映为越南国王，清朝与越南阮朝的宗藩关系正式确立。此后，越南按两年一贡、四年一朝的规定按期朝贡，1839 年道光帝谕令该国“二年一贡改为四年遣使朝贡一次”，贡品“照两贡并进之数减半呈进”[①]，此后改为四年一贡，而且双方往来较之黎朝、西山朝更为频繁。[②]

1852 年，越南遣使岁贡之后，两国都受到西方侵略，国内又都变乱不止，清廷多次谕令越南缓期入贡，以致 1853—1868 年中断了朝贡往来。1868 年，越南派遣黎峻等入贡，此时的中、越两国都发生巨大变化。在中国，清政府镇压了太平天国和捻军起义，但各地的反清斗争仍未止息；对外以割地赔款、开埠通商暂时满足了西方列强的要求，而他们又加紧侵略中国的边疆地区和藩属国，边疆危机进一步加深。在越南，阮朝统治者虽然镇压了各地的农民起义[③]，但对边境地区不断涌入的中国天地会余部和“游勇”难以应付；对外，无力抵抗法国的侵略，1862 年被迫签订《越法和平友好条约》（第一次西贡条约），割让嘉定、定祥、边和三省和昆仑岛，开埠通商、支付巨额赔款、允许“自由传教”。[④] 1867 年，法国又强占永隆、昭笃、河仙三省，越南南部六省沦为了殖民地。

在上述背景下，中、越两国对这次朝贡都极为重视，1868 年 5 月清廷谕令：越南国王阮福时“请示进关时期”，以前因贡道不通，“该国例贡业经三次展缓，现在由太郡（按：即广西太平府）至省道路既无梗阻，自应令其依期入贡，以遂其爱戴之忱”，并令沿途各省“妥为护送，以昭慎重”。此次越南使者将四次贡物一并呈进，清廷则将所“补进上三届例贡，命留抵三次正贡，赏赉如例”。[⑤] 接到清朝谕令后，越南的准备工作陆续展开：8 月 12 日（阴历戊辰年六月廿四日），甲、乙副使阮思僩、黄竝和随行官吏到勤政殿“行望拜礼”，当晚领到嗣德帝阮福时的“御制诗”；13 日，礼部通知“此次奉充使部，其公派、行随人等”先行“分起由驿领递、公货”前往河内，并检点“贡品各项”；15 日，正使黎峻“恭候拜

① 《清宣宗实录》卷三二八。

② 参见孙宏年：《清代中越宗藩关系研究》，黑龙江教育出版社 2006 年版，第 1—42 页。

③ 明峥：《越南史略（初稿）》，生活·读书·新知三联书店 1958 年版，第 286—289 页。

④ 条约全文，见中国近代史资料丛刊本《中法战争》（一），上海人民出版社 1957 年版，第 366—370 页。

⑤ 《清穆宗实录》卷二二九、二五二。

命，奉领国书及预纸各道”，17 日“恭进谢表”。8 月 18、21、24 日（戊辰年七月初一、初四、初七日），黎峻、阮思僴、黄竝和随行等人分批离开都城顺化，9 月 5 日（戊辰年七月十九日）陆续到达河内，黎峻、阮思僴、黄竝“会同检认品仪并打发物项，归置箱函”。9 月 8 日，黎峻等率领使团离开河内，向中越边境行进，经过北宁、谅山，9 月 15 日（戊辰年七月廿九日）到达文渊州（今越南同登）。[①] 至此，使团已经在路上走了 29 日，如果算上此前 6 天的准备工作，已经耗时 35 日。

1868 年 9 月 16 日（阴历戊辰年八月初一日）入广西镇南关，1869 年 3 月 11 日（阮嗣德二十二年，清同治八年，阴历己巳年正月廿九日）到北京，这年 5 月 21 日（阴历己巳年四月十日）离开北京，12 月 15 日（阴历十一月十三日）出镇南关回国。这次出使总计历时 456 天，既有在广西、湖南、湖北、河南、直隶五省境内水路、陆路相连的往返奔波，又有在北京 70 天的政治、外交、经济活动（详见表 1）。

表 1　1868—1869 年黎峻使团在华主要活动及日程表

	时间	主要活动/重要事件	《行程撮要》所记日程
镇南关至北京行程	1868 年 9 月 16 日—9 月 17 日（戊辰年八月初一、二日）	9 月 16 日入关仪式	镇南关—宁明州，陆路，行 2 日
	1868 年 9 月 17 日—11 月 10 日（戊辰年八月初三日至九月廿六日）	9 月 19 日在宁明祭江神；10 月 1 日在南宁阮思僴、黄竝拜会署理广西兵备道王达材等官员；10 月 3 日使团行人、书吏阮得进病故，10 月 4 日请永淳县代买棺木送回谅山；10 月 4 日在横州祭伏波庙；10 月 18 日在梧州祭奠以前出使时病故葬在此地的阮有绚、阮观通；在各地停泊时，沿途各知府、知州、知县和主要官员“具贴问好”	宁明州—太平府—新宁州—南宁府—永淳—横州—贵县—平南—藤县—梧州—昭平—平乐府—阳朔—广西省城（桂林），水路，共 54 日，行 37 日、泊 17 日

① 黎峻、阮思僴、黄竝：《如清日记》，第 4—7 页，越南汉喃研究院藏钞本，编号 A102，见复旦大学文史研究院、越南汉喃研究院合编：《越南汉文燕行文献集成（越南所藏编）》(18)，复旦大学出版社 2010 年版，第 79—86 页。

续表

	时间	主要活动/重要事件	《行程撮要》所记日程
镇南关至北京行程	1868年11月11日—11月22日（戊辰年九月廿七日至十月初九日）	11月12日广西布政使佛尔国春验贡；11月15日广西巡抚苏凤文接见越南使臣，款茶、款宴、演戏；11月16日再次接见，款茶并告知奉命派军到越南北部协助镇压天地会武装吴亚终等部；11月18日黎峻等派人到桂林文庙、文昌阁、伏波庙、关公庙进香；经过各州、县时，沿途各知州、知县和主要官员"具贴问好"	桂林—灵川—兴安—全州，陆路，共13日，行4日，住9日
	1868年11月23日—12月17日（戊辰年十月初十日至十一月初四日）	停泊时，沿途各知府、知州、知县和主要官员"具贴问好"	广西全州—湖南零陵—祁阳—衡州—衡山—湘潭—湖南省城（长沙），水路，共26日，行20日，泊6日
	1868年12月18日—1869年1月9日（戊辰年十一月初五日至十一月廿七日）	12月18日湖南巡抚刘崐接见越南使臣，款茶、款宴、演戏；12月27日在湘阴祭洞庭湖神；在各地停泊时，沿途各知府、知州、知县和主要官员"具贴问好"	长沙—湘阴—岳州—湖北汉阳，水路，共30日，行12日，住18日
	1869年1月10日—5月20日（戊辰年十一月廿八日至己巳年四月初九日）	1月11日署理湖广总督郭柏荫、署理湖北巡抚何璟等接见越南使臣，款茶、款宴、演戏；3月2日直隶总督官文接见越南使臣，款茶、款宴、演戏，3月4日再次接见越南使臣，询问该国幅员、兵力、国王年纪等；经过各府、州、县城时，沿途各知府、知州、知县和主要官员"具贴问好"	湖北汉阳—黄陂—孝感—应山—河南信阳州—确山—遂平—临颍—许州—新郑—荥泽—新乡—淇县—汤阴—安阳—直隶磁州—邯郸—邢台内邱—柏乡—栾城—新乐—望都—直隶省城（保定府城）—安肃—定兴—涿州—良乡—北京，陆路，共56日，行42日，住14日

续表

	时间	主要活动/重要事件	《行程撮要》所记日程
在北京活动	1869年3月11日—5月20日（己巳年一月廿九日至四月初九日）	3月11日呈递国书；3月13－20日越南使臣与朝鲜使臣金有渊、南廷顺、赵秉镐笔谈，互赠诗文、礼物；3月14日颁发赏赐物品；3月18日，3月3日，4月24日，同治帝到大高殿拈香，越南使臣三次到神武门外跪迎，“瞻仰天颜”；4月5日同治帝到寿皇殿行礼，越南使臣到神武门外跪迎；4月15日，同治帝到大高殿行礼，越南使臣到神武门外跪迎；5月3日万寿节，两宫皇太后、同治帝在宁寿宫听戏、赐宴，越南使臣陪同；5月4日群臣、越南使臣在午门外向皇太后、同治帝行礼，越南使臣参加；5月11日同治帝到太庙行礼，越南使臣在午门前跪迎，恭请圣安；5月16日越南使臣到午门前拜领赏赐物品；5月18日越南使臣参加礼部宴	一直在北京，住在内务府四译馆
北京至镇南关返程	1869年5月21日—7月3日（己巳年四月初十日至五月廿四日）	5月28日直隶总督曾国藩接见越南使臣，优礼相待，当晚薛福成、吴汝纶等前往拜访并笔谈；6月1日通言武登弟在正定府城病故；经过各府、州、县时，沿途各知府、知州、知县和主要官员“具贴问好”	北京—良乡—涿州—定兴—安肃—直隶省城（保定府城）—满城—望都—定州—新乐—正定—栾城—赵州—柏乡—内邱—邢台—邯郸—磁州—河南安阳—汤阴—淇县—汲县—新乡—获嘉—荥泽—新郑—长葛—襄城—叶县—裕州—南阳—新野—湖北樊城，陆路，共46日，行39日，住7日

续表

	时间	主要活动/重要事件	《行程撮要》所记日程
北京至镇南关返程	1869年7月5日—10月1日（己巳年五月廿五日至八月廿六日）	7月26日—8月4日在汉阳、汉口购买货物；8月6日湖广总督李鸿章接见越南使臣，询问越南“年谷及幅员、兵象之数”；8月21日在湖南湘阴县“买金银纸、香烛，谢洞庭湖庙”；8月25日湖南巡抚刘崐接见越南使团；在各府、州、县停泊时，沿途各知府、知州、知县和主要官员“具贴问好”	樊城—宜城—钟祥—荆门州—京山—潜江—天门—沔阳州—汉川—汉口—汉阳—江夏—嘉鱼—湖南岳州—湘阴—湖南省城（长沙）—湘潭—衡山—衡州—祁阳—广西全州，水路，共88日，行45日，泊43日
	1869年10月2日—8日（己巳年八月廿七日至九月初四日）	在全州改为陆路行进，经过各地时，沿途各知州、知县和主要官员“具贴问好”，安排车马	全州—兴安—灵川，陆路，共7日，行3日，住4日
	1869年10月9日—12月10日（己巳年九月初五日至十一月初八日）	10月12日广西巡抚苏凤文接见越南使臣，款茶、款宴、演戏，并告诉黎峻等人清军到越南北部协助镇压天地会武装，吴亚终等部“败走太原，木马城现已解围”，黎峻等人为此呈文致谢；11月12日在横州到伏波庙“行谒谢礼”；在各府、州、县停泊时，沿途各知府、知州、知县和主要官员“具贴问好”	灵川—广西省城（桂林）—阳朔—平乐府—梧州—藤县—平南—浔州—桂平—贵县—横州—永淳—南宁府—新宁州——太平府—宁明州，水路，共60日，行41日，泊19日
	1869年12月11日—15日（己巳年十一月初九日至十四日）	在宁明改为陆路前进，12月15日出关	宁明州—镇南关，陆路，共5日，行3日，住2日

说明：1. 本表主要依据黎峻、阮思僩、黄竝《如清日记》（越南汉喃研究院藏钞本，编号A102，复旦大学文史研究院、越南汉喃研究院合编）及《越南汉文燕行文献集成（越南所藏编）》（18）和阮思僩：《燕轺笔录》越南汉喃研究院藏钞本，编号A852，复旦大学文史研究院、越南汉喃研究院合编《越南汉文燕行文献集成（越南所藏编）》（19）（二书均为复旦大学出版社2010年5月第1版）编制；2. 为方便在原文献中查找，表中时间阴历、阳历并存；3. 本表中的“时间”是指使团在沿途各地的到达或离开时间，不作为统计总天数的依据，而“行程”根据《如清日记》中的《行程撮要》编排，二者所处的时间段大致接近，又不完全相同。

对于这450多天的经历，1869年黎峻、阮思僩、黄竝在回国后就把“所有途间返往行走、事宜逐日登记”，撰写了《如清日记》，向嗣德帝专门汇报情况，其中开篇就是介绍日程的《行程撮要》。在《行程撮要》中，黎峻等人报告说：从嗣德二十一年（清同治七年）“捌月初壹日开关到本年正月贰拾玖日抵燕京”，实际行走117天，沿途住宿64天，共181天；在北京住70天；“本年肆月初拾日自燕京回程，至拾壹月拾叁日抵南关”，实际行走131天，沿途住宿75天，共206天。[①]

二、使团活动传承的朝贡规范、职能

黎峻率使团朝贡，从行前准备到出关回国的过程、礼仪中都反映了清代中越朝贡往来的礼仪、规范，该使团来华又同时承载着两国政治、外交、经济、文化往来的职能。这些都是对以往朝贡活动基本规范、职能的继承，主要包括以下方面：

首先，使团朝贡首先是中、越两国政治、外交的重大事件，有一整套的礼仪、规范。这些礼仪、规范既反映朝贡前的申请和清王朝的审批，又反映在批准后的准备、使团出发前的辞行和沿途拜祭之中，还反映进入镇南关后到离开中国的全过程。这些礼仪、规范又基本遵循了1869年前的体制、惯例。

一是朝贡前的申请和协商。贡期将至时，越南“国王”要向中国皇帝申请，获得批准后再与广西地方协商入关日期。这一制度由来已久，1869年阮朝朝贡时仍然遵循。阮思僩在《燕轺笔录》中就收录了同治七年正月廿七日（1868年2月20日）“越南国王”请广西巡抚转奏请求朝贡的咨文，和这一年闰四月十六日（1868年6月6日）广西巡抚给越南国王同意当年八月初一开关的照会。“越南国王”在咨文中强调，“本国仰荷天朝封殖，预列职方，经蒙准四年一贡，奉为成式”，咸丰七年、十一年（1857、1861）和同治四年（1865）三贡都“暂行展缓”，“来年己巳正属

① 黎峻、阮思僩、黄竝：《如清日记》，第2—4页，南汉喃研究院藏钞本，编号A102，见复旦大学文史研究院、越南汉喃研究院合编：《越南汉文燕行文献集成（越南所藏编）》(18)，复旦大学出版社2010年版，第75—79页。

贡期”，请广西巡抚转奏“大皇帝”，如“仰蒙恩准”，将“遵例遴委陪臣，恭赉四贡方物呈进”，而且请确定“准于本年何月进关”。在照会中，广西巡抚表示奉同治七年四月十六日（1868 年 5 月 8 日）清廷已批准越南入贡、八月初一日开关，请“贵国王接到照会，即饬使臣等先诣谅山镇静候”，到时“启钥”，他“敬体皇仁”，通知沿途各省“照料使臣人等按期行走，于年内到京，以仰副大皇帝柔怀至意”。①

二是使团的准备和在越南境内的沿途拜祭。8 月 12 日（阴历戊辰年六月廿四日），甲、乙副使阮思僩、黄竝和随行官吏到勤政殿“行望拜礼”，当晚领到嗣德帝的“御制诗”；15 日，正使黎峻“恭候拜命，奉领国书及预纸各道”，17 日“恭进谢表”。8 月 18 日后，黎峻、阮思僩、黄竝和随行等人分批离开都城顺化，9 月 7 日（戊辰年七月廿一日），黎峻等率领使团成员“各具朝服，恭诣河内省行宫，行望拜礼”，当晚又“具常朝冠服，致祭祖道之神”。8 日，黎峻等率使团离开河内，11 日（戊辰年七月廿五日）在谅江府境内拜谒芹营祠，12 日在长庆府境内鬼门祠“行谒告礼”。14 日，在谅山省城，黎峻等率使团成员“各具朝服，恭诣谅省行宫”，谅山省官员“行请安礼”，而后朝顺化方向“行望拜礼”，又到会同庙“行谒告礼”。15 日，黎峻等率使团成员到谅山省土山城隍庙拜谒。② 黎峻、阮思僩、黄竝等人率使团一行在顺化向勤政殿“行望拜礼”，又在河内、谅山省行宫向顺化方向“行望拜礼”，既体现了臣子对君主的“君臣大礼”，又表明了此次朝贡的重要性。而且，他们在沿途的芹营祠、鬼门祠、会同庙“行谒告礼”，又拜谒谅山城隍庙。笔者认为，这些拜谒庙、祠的行动是当时中国、越南等东方国家民间信仰的组成部分，不能简单地视为古代东方国家的迷信，还反映了黎峻等人祈求神灵保佑平安、出使顺利的意愿，也同样表明了他们此次出使前的庄重、严肃的心境。

三是在中国境内各项活动的规范、礼仪，这涉及很多方面，主要

---

① 阮思僩：《燕轺笔录》，第 1—4 页，越南汉喃研究院藏钞本，编号 A852，见复旦大学文史研究院、越南汉喃研究院合编：《越南汉文燕行文献集成（越南所藏编）》(19)，复旦大学出版社 2010 年版，第 7—13 页。

② 黎峻、阮思僩、黄竝：《如清日记》，第 1—4 页，越南汉喃研究院藏钞本，编号 A102，见复旦大学文史研究院、越南汉喃研究院合编：《越南汉文燕行文献集成（越南所藏编）》(18)，复旦大学出版社 2010 年版，第 73—79 页。

包括：

1. 入关的礼仪。越南使节进入镇南关，是他们在中国境内朝贡行程的开始，入关程序较为简单，礼仪却极为隆重。1868 年，署理太平府知府徐延旭主持了越南贡使入关的仪式，他在《越南辑略》中详细地记述了这一过程：第一步是准备，在进关的前一天，越南贡使先驻在仰德台等候；广西方面的官员也到镇南关，他们各有分工，太平府知府（1868 年前均为左江道）“掌锁钥封条，新泰协副将带兵，龙州同知验贡，思州土知州预备銮仗、龙亭，下石州土知州祭关，礼生用宁明州廪生，凭祥州土知州、上龙土巡检各执黄令旗带陪臣入关”。第二步是祭关、开关：是日，“鼓乐齐奏，于昭德台设立万岁牌，文武东西侍立”，凭祥土知州、上龙土巡检“立阶下，均蟒服补褂，馗纛营都司跪台上，南关汛千总跪台下，禀请钥匙，祭关。毕，领陪臣入”。第三步是行礼，越南正、副使三员入关，“谅山各夷官亦同来，均纱帽蟒衣，玉带执笏”，他们在昭德台下“行三跪九叩头礼”，然后退出“更道袍”，前来谒见中国官员，“行跪拜礼”，中国官员“离座立而拱手，赐矮座，赐茶，周旋数语后退出，换行装”，准备出发，入关仪式也到此结束。[①] 作为徐氏迎接的贡使，阮思僩在《燕轺笔录》中也做了详细的记述，所记程序、礼仪与徐氏所记相近，又强调入关后见沿途“道路观者阗喧，盖十六年来贡期屡展，故相传以为太平盛世”[②]。

2. 越南使臣与沿途地方官往来有一定的规范，会谒总督、巡抚时需要行一跪三叩礼。在往返途中，所过地方要为使团提供车、船、公馆、脚夫等“供应物项”，特别是使团泊船、入住的府、州、县，当地的知府、知州、知县往往会向越南使者“具帖问好”，除个别地方会把越南使者请到衙署接待外，一般不出面接待，往往是派人问候，给使团送去酒席以示慰问和热情。作为答谢，越南使者要给知府、知州、知县和其他递过名贴的主要官员送上“土仪”。对于这些“土仪”，一部分官员出于“人臣无外交”的原则会全部退回，大多数地方官会收下绢、布或蜡盏等少量越南

① 《同治十二年贡表》，徐延旭注，徐延旭辑：《越南辑略》卷 2《文学·奏疏》，光绪三年梧州刻本。

② 阮思僩：《燕轺笔录》，第 30—31 页，越南汉喃研究院藏钞本，编号 A852，见复旦大学文史研究院、越南汉喃研究院合编：《越南汉文燕行文献集成（越南所藏编）》(19)，复旦大学出版社 2010 年版，第 65—68 页。

土特产，把他们认为比较贵重或者不宜收受的礼品退回。根据《如清日记》的记载，从镇南关到北京的途中，黎峻使团经过了广西、湖南、湖北、河南、直隶五省52个府、州、县，大致有四种情况：

第一种是地方官“具贴问好”，不出面，只派人送酒席，或安排车、马等，全部退回礼物。1868年12月2日（阴历戊辰年十月十九日），使团乘船到祁阳县城停泊，知县张正纪“具贴问好”，并派人把酒席送到船上，表示欢迎。黎峻等派“行人、通事具贴”，带着“土仪送好”，张知县“尽璧”。类似情况出现在湖南的衡州、湘阴、岳州3个州、县，湖北的黄陂、孝感2个县，河南的信阳州、确山、遂平、临颍、许州、新郑、荥泽、新乡8个州、县，直隶的磁州、邢台、内邱、栾城、新乐、望都、安肃、涿州等8个州、县，共21个府、州、县，占所经府、州、县总数的40%。

第二种是地方官“具贴问好”，不出面，只派人送酒席，或安排车、马等，收下少量礼物，退回贵重的礼物。如1868年9月18日（阴历戊辰年八月初三日），广西宁明州知州罗惇德“具贴问好”，派人“递送酒席及供应物项到船”，并协助使臣们安排好祭江神的各项准备工作。黎峻等派“行人、通事具贴”，送去纨、绢、布、蜡盏、象牙扇、桂皮等“土仪陆色”表示感谢，并送上银两作为备办祭江神礼品的费用。罗惇德表示，祭江神的礼品已经预先准备好了，仅仅收了绢、蜡盏和桂皮，把银两和象牙等其他“土仪”一并退回。这种情况多次出现，包括广西的新宁州、平乐府和永淳、横州、贵县、平南、藤县、梧州、昭平、阳朔、桂林、灵川、兴安、全州等14个府、州、县，湖南的零陵、衡山、湘潭等3个县，湖北的德安府、应山县2个府、县，河南的汝宁府、新乡、淇县、汤阴、彰德府、安阳6个府、县，直隶的邯郸、柏乡、良乡3个县，共计28个府、州、县，约占所经府、州、县总数的54%。这些官员所收受的礼品各不相同，如新宁州知州杨士壬只收了“土仪六色”中的蜡盏、象牙扇、桂皮，汤阴县知县双林收下了绢、桂皮，安阳县知县刘观光收了绢、砂仁，良乡县知县收了纨、桂皮，总体上看又多是具有越南特点、不太贵重的物品。

第三种是地方官“具贴问好”，不出面，只派人送酒席，或安排车、马等，收下全部礼物。这种情况比较少见，《如清日记》中仅仅记载了一例，即1869年3月7日（阴历己巳年正月廿五日），黎峻等经过直隶定兴县，该县知县赵秉怛（?）“具贴问好”，安排车、马，越南使臣派“行人、通事具贴，将土仪送好”，该知县将礼物“并登”。

第四种是地方官“具贴问好”，并邀请越南使者到衙署会面，只收下部分礼物。1868年9月23日（阴历戊辰年八月初三日），黎峻等到广西太平府，向知府徐延旭、苏镇祥瑛“具贴送好”，送上“土仪捌色”，当天又应知府徐延旭邀请，“亲往拜见，随事问答”。黎峻等人所送“土仪捌色”包括纨、绢、布、银帮指、象牙扇、象尾毛、蜡盏、桂皮，徐延旭只收了纨、象牙扇、象尾毛三种，“余并璧谢”。这种情况在南宁府也出现过，1868年9月30日（阴历戊辰年八月十五日），黎峻等到达南宁，第二天署理广西兵备道王达材、“镇守左江振威将军”李起高、护送委员李淑林都“具贴问好”，王达材等派人“邀请相见”。黎峻因病留在船上，阮思僩、黄竝前往拜会，“款茶”后辞回，王达材等又派人送来酒席，又送上羊、猪、酒、米作为“送好”。黎峻等给送上王达材、李起高“土仪捌色”，王达材只收下了象牙扇、象尾毛、玳瑁蜡盏三种，李起高只收下了绢、象尾毛、蜡盏三种，其余都退回。①

经过省城时，越南使者一般要拜会总督、巡抚甚至布政使等大员，黎峻等人就拜谒过广西巡抚、湖南巡抚、湖广总督、湖北巡抚、直隶总督，拜谒督抚时行一跪三叩礼，行礼后“款茶”，即礼仪性的交谈，接着一般还会“款宴”——安排酒宴和演戏表示欢迎，而后使者告辞，主人送客。比如，据黎峻等《如清日记》记载，1869年1月9日（戊辰年十一月廿七日），黎峻等率使团北上进途中到达湖北省城，署理湖广总督郭柏荫、署理湖北巡抚何璟、布政使王文韶等官员“各具贴问好”，黎峻等委派通事呈递名帖，请求确定谒见日期。11日，黎峻等“率行人各具朝服”前往拜谒，总督、巡抚坐在大堂中间，左、右两边是布政使、按察使和道台等官员。越南使者向郭柏荫行一跪三叩礼，督、抚“各起身答揖，恭问我皇上安好、年谷丰登”，并慰劳他们“一路艰劳”。这些礼仪性的交谈之后就是“款茶”，中国官员还安排了酒宴、演戏，表示对邻国使

① 黎峻、阮思僩、黄竝：《如清日记》，第10—51页，越南汉喃研究院藏钞本，编号A102，见复旦大学文史研究院、越南汉喃研究院合编：《越南汉文燕行文献集成（越南所藏编）》（18），复旦大学出版社2010年版，第90—174页。

臣的欢迎。[①] 再如，1869 年 8 月 25 日（己巳年七月十八日），黎峻等在返回时经过长沙，拜谒湖南巡抚刘崐，刘氏把他们“延入花厅”，使臣“行一跪三叩礼”，而后“款茶”。[②] 当然，1869 年 5 月 28 日（同治八年四月十七日）黎峻等拜会时直隶总督曾国藩出现例外，曾氏对他们“优礼”相待：曾氏把使者“延入花厅”，使臣等行一跪三叩礼，曾氏“答揖，立不受拜”。[③] 对此，阮思僩在《燕轺笔录》中专门记述：这天“午刻，具品服晋谒督部堂曾公国藩”，曾氏把他们“延入花厅”，使臣“行一跪三叩礼，曾公立答，揖不受拜”，入座后，使者坐在东边椅子，面向西，曾氏“西坐，问我皇上安好及年谷好否?”[④] 薛福成参加了会见，在日记中专门强调：按照惯例，使臣“见中国大员，不能上座，坐地而已”，这次曾氏“特优礼，令坐椅，与之笔谈”。[⑤]

四是进京后呈递国书、呈交贡物、觐见中国皇帝、颁赐物品等的礼仪。这些礼仪在清代都有具体的规定，早在康熙时期的《大清会典》中就有相关的内容。[⑥] 黎峻等越南使臣在 1869 年 3 月 11 日到达北京，被安排住在正阳门附近的内务府四译公馆，在京活动 70 天，他们在北京参加了多项活动，大致可以分为两大类，一是朝贡中的“常规事项”，如呈递国书、呈交贡物、颁发赏赐物品、到午门前拜领赏赐物品、参加礼部宴。二是朝觐皇帝、太后或陪同参与相关活动的“特殊礼遇”，这包括同治帝三次到大高殿拈香，越南使臣三次前往神武门外跪迎，“瞻仰天颜”；4 月 5 日，同治帝到寿皇殿行礼，越南使臣到神武门外跪迎；4 月 15 日，同治帝

① 黎峻、阮思僩、黄竝：《如清日记》，第 34—35 页，越南汉喃研究院藏钞本，编号 A102，见复旦大学文史研究院、越南汉喃研究院合编：《越南汉文燕行文献集成（越南所藏编）》(18)，复旦大学出版社 2010 年版，第 139—142 页。

② 黎峻、阮思僩、黄竝：《如清日记》，第 89 页，越南汉喃研究院藏钞本，编号 A102，见复旦大学文史研究院、越南汉喃研究院合编：《越南汉文燕行文献集成（越南所藏编）》(18)，复旦大学出版社 2010 年版，第 249—250 页。

③ 黎峻、阮思僩、黄竝：《如清日记》，第 73 页，越南汉喃研究院藏钞本，编号 A102，见复旦大学文史研究院、越南汉喃研究院合编：《越南汉文燕行文献集成（越南所藏编）》(18)，复旦大学出版社 2010 年版，第 217—218 页。

④ 阮思僩：《燕轺笔录》，第 115—117 页，越南汉喃研究院藏钞本，编号 A852，见复旦大学文史研究院、越南汉喃研究院合编：《越南汉文燕行文献集成（越南所藏编）》(19)，复旦大学出版社 2010 年版，第 236—239 页。

⑤ 薛福成：《薛福成日记》，吉林文史出版社 2004 年版，第 32 页。

⑥ 孙宏年：《清代中越宗藩关系研究》，黑龙江教育出版社 2006 年版，第 93—105 页。

到大高殿行礼，越南使臣到神武门外跪迎；5 月 3 日，遇到万寿节，两宫皇太后、同治帝在宁寿宫听戏、赐宴，越南使臣陪同；5 月 4 日，清朝的文武群臣和属国使臣在午门外向皇太后、同治帝行礼，越南使臣参加；5 月 11 日，同治帝到太庙行礼，越南使臣在午门前跪迎，恭请圣安。

对于上述各项活动，黎峻等人在《如清日记》、《燕轺笔录》中做了详细的记述，尤其注重记载相关程序、礼仪。比如 3 月 12 日，黎峻等人“各具朝服，带同行人、通事”，前往礼部“奉递国书”。他们先随礼部官员到礼部，在主客清吏司房间内等候，随后进入礼部正堂。这时，正堂正中间已经摆放了一张黄案，礼部尚书万青藜站在黄案左边，提督四译馆卿、礼部主客司郎中裕宽和主客司员外郎松林等官员“各于左边站班”。黎峻等使臣被引导到正堂，行三跪九叩礼，而后都跪着，礼部官员“转将国书二劄文”，正使黎峻“加额恭进，部司转交，尚书官捧置于黄上”。接着，黎峻等人起身，“向左边尚书立处行一跪三叩礼”，每一次叩头，万尚书都“答揖”，并“恭问我皇上安好，并慰问”使臣“一路辛苦”，使臣们“随事应答”。然后，万尚书转回后堂，黎峻等使臣又向裕宽等官员“各行三揖礼，每一揖，各员均还揖”。这些礼仪结束后，他们上车回四译公馆。① 又如，同治帝三次接见、赐宴，如 3 月 18、29 日（己巳年二月初六、十七日）同治帝“诣大高殿拈香”，越南使臣们到神武门外“昭仰天颜”，场面更为隆重。② 这些活动都让越南使臣们感到了“天下共主”的威严；中国君主的“降旨慰问”、“赐坐”、“赐茶”的象征性关怀和“优礼”，又使该国使臣体会到了“天朝大皇帝”的“恩典”与对属国的“怀柔”和“体恤”。

第二，朝贡是中越官方经贸往来的渠道，也使越南的朝贡活动本身承担着两国经贸的职能。对此，阮朝统治者从不回避，朝贡使团代表国家开展对华贸易，他们出发前阮朝皇帝往往命令内务府开列购物清单，让他们

---

① 阮思僩：《燕轺笔录》，第 84—86 页，越南汉喃研究院藏钞本，编号 A852，见复旦大学文史研究院、越南汉喃研究院合编：《越南汉文燕行文献集成（越南所藏编）》（19），复旦大学出版社 2010 年版，第 175—177 页。

② 阮思僩：《燕轺笔录》，第 90—97 页，越南汉喃研究院藏钞本，编号 A852，见复旦大学文史研究院、越南汉喃研究院合编：《越南汉文燕行文献集成（越南所藏编）》（19），复旦大学出版社 2010 年版，第 185—198 页。

到中国购买。而且，1840 年有的官员这种以货易货“未足以示雅观”，明命帝强调“物各出于其所产，以有易无，古今通义，即如肉桂、荳蔻、燕窝等项均是本国所有，每遇如清之期，曾有附带多少，换易人参、药材、书籍、清贵之品，以充国用，非如市肆之贩买杂货图利者，向来已经成例，于国体何伤？何况清国易其所有，而得其所无，想亦未尝不乐？”①这表明了他在这一问题上的明确立场：使团承担着中、越两国互通有无的使命，对两国都是有利的，而且以物易物，更能发挥这种作用。在这种思想指导下，代表国家（或为皇室）开展对华贸易就成为朝贡使团的重要任务。因此，1868 年 8 月黎峻使团出发前就准备好了“公货”，在中国境内多次有“买药材”、“采办公货”等活动，有时也会向中国的地方官提出了安排时间“采办公货”的要求。（详见表 2）比如，1869 年 1 月 16 日（阴历戊辰年十二月初四日），黎峻、阮思僩等人经过湖北时提出“采办公货”的要求，表示以前越南使臣“过汉口，必留歇采办公货”，而且天气转冷，需要“整办寒服”，滞留几天，但湖北官员以“使部不可久留”为由婉言拒绝，这让阮思僩等人很不满意。② 在北京，黎峻等人又几次让随行人员到“号铺”里查看“货项”，应当是委托了这些商铺销售从越南带来的“公货”。至于《如清日记》中多次提到“买办药材”、“各项参”，有一些属于在华采购参、药材的贸易活动，但是黎峻等人有时强调说买药是为了“服用”、“备用”或“随船服用”，因为有人生病时的确需要买药，比如 1869 年 6 月 9 日（阴历己巳年四月廿九日），黎峻使团返回途中经过直隶永年县，护贡官员李均樱“病不堪”，黎峻等“支钱，买药材需用”。这种情况下所买药材数量比较有限，目的仅仅是使臣们路上“服用”，不是带回越南销售，因此这些只能视解决实际需要的一般商业行为，不能认定为成一定规模的药材贸易。

① 《大南实录》正编第二纪，卷二一八。

② 阮思僩：《燕轺笔录》，第 66—67 页，越南汉喃研究院藏钞本，编号 A852，见复旦大学文史研究院、越南汉喃研究院合编：《越南汉文燕行文献集成（越南所藏编）》（19），复旦大学出版社 2010 年版，第 137—140 页。

表 2　1868—1869 年黎峻使团的商贸活动简表

时间	地点	活动
1868 年 9 月 24 日（戊辰年八月初九日）	广西太平府城	支出白金兑取钱，买药材
1868 年 11 月 24 日（戊辰年十月十一日）	广西全州	支出银两，换兑取钱需用，再买药材，随船服用
1869 年 1 月 16 日（戊辰年十二月初四日）	湖北汉阳	向湖北方面提出到汉口“采办公货”，被婉拒
1869 年 3 月 14 日（己巳年二月初二日）	北京	派随员“遍往诸号铺看货项”
1869 年 4 月 1 日（己巳年二月二十日）	北京	派随员处理“就铺买项”事务
1869 年 4 月 4 日（己巳年二月廿三日）	北京	派随员“买办药材，服用”
1869 年 4 月 7、8 日（己巳年二月廿六、廿七日）	北京	德泰号陈如山把锦、缎、纱、绸送到四译公馆，供越南使臣挑选
1869 年 4 月 9 日（己巳年二月廿八日）	北京	买铁匣、药材备用
1869 年 4 月 18 日（己巳年三月初七日）	北京	派随员到各商户“采买药材”
1869 年 4 月 26 日（己巳年三月十五日）	北京	派随员“买书籍，载回公馆”
1869 年 4 月 30 日（己巳年三月十九日）	北京	派随员“往各铺户看买书籍，载回公馆”
1869 年 5 月 2 日（己巳年三月廿一日）	北京	派随员“买药材，服用”
1869 年 5 月 6 日（己巳年三月廿五日）	北京	派随员买铁钉、松油，“补办箱函”
1869 年 5 月 9 日（己巳年三月廿八日）	北京	派随员买油纸、松油、桃色纸等物品
1869 年 5 月 13 日（己巳年四月初二日）	北京	派随员买“药品、茶叶各项”
1869 年 5 月 14 日（己巳年四月初三日）	北京	雇木匠，买铁钉，“补办箱抬”
1869 年 5 月 15 日（己巳年四月初四日）	北京	增买皮箱、麻绳、油纸，整理箱函；买药材、并“买油辛，贮各项参”
1869 年 6 月 9 日（己巳年四月廿九日）	直隶永年县	护贡官员李均樱病重，“买药材需用”

续表

时间	地点	活动
1869年6月13日（己巳年五月初四日）	河南淇县	增买药材，需用
1869年6月30日（己巳年五月廿一日）	河南南阳	黎峻感冒，兑换银两，办买药材
1869年7月8日（己巳年五月廿九日）	湖北樊城	兑换银两，增买药材，随船备用
1869年7月26日—8月5日（己巳年六月十八至廿八日）	湖北汉阳、汉口	船只停在汉阳，兑换银两，派员到汉阳、汉口各商铺“寻买货项”及草纸、药材

说明：1. 本表主要依据黎峻、阮思僴、黄竝《如清日记》（越南汉喃研究院藏钞本，编号A102，复旦大学文史研究院、越南汉喃研究院合编）及《越南汉文燕行文献集成（越南所藏编）》（18）（复旦大学出版社2010年5月第1版）编制。2. 为方便在原文献中查找，表中时间阴历、阳历并存。

三是越南所派使者多为文学之士，与中国官员、文人诗文一路唱和，朝贡使团又成为中、越文化交流的使者，深化了双方“同文之邦”的认同感。

宋代以来，越南各王朝派往中国的使者都是当时“国内最优秀的学者和诗人”，都“曾以科举状元领北使之衔”，这些使臣们与中国历朝派往越南的使臣一样，“主要通过赠答酬和、请序题词、鉴赏评点、书信笔谈四种方式为中越文学交流写了最绚烂的一页”。[①] 阮朝在派遣使者来华时也继承了这一传统，正使、副使一般是进士、举人出身，具有良好的汉文化素养，以便在华期间能够参与宫廷宴会时的吟诗作对，能够与中国官员、文人诗文唱和，显示越南为“同文之邦”。1868年，阮朝所选派正、副使就是如此：黎峻（1819—?），字叔嵩，号莲湖，是嗣德三年（庚戌，1850）举人，1868年授翰林学士，担任正使；阮思僴（1823—?），字恂叔，是绍治四年（甲辰，1844）进士，1868年以鸿胪寺卿之职担任“如清甲副使”；黄竝（1822—?），字偕之，举人，1868年任兵部郎中，改授侍讲学士，担任“如清乙副使”。

黎峻等人在华期间与探花李文田、湖南伴送委员吴嗣仲、衡州知府张士宽等中国官员及李辅耀（幼梅）等文人吟诗联对、互赠著作，中国官

① 刘玉珺：《越南汉喃古籍的文献学研究》，中华书局2007年版，第314—363页。

员、文人还赠送他们经史书籍、诗文集和对联以及笔、笺、墨、砚等具有浓郁文化气息的礼物。这在阮思僩的《燕轺诗文集》中有较为详细的记载（详见表3），这里不一一详述，仅仅以他们与曾国藩等人的往来为例加以介绍。1869年5月28日（阴历己巳年四月十七日），黎峻、阮思僩、黄竝拜会直隶总督曾国藩，曾氏询问越南“试法、经学、诗文学如何?”曾氏还问他们沿途有什么诗作，阮思僩出示了“近作”《过张桓侯庙》：“先主原同闬，桓侯此故乡。灵声依蜀汉，佳气接楼桑（《先主故里志》言：有桑树高十丈余，乃先主儿时常指以为羽葆者。桓侯在其东北）。庙古余寒井，林疏见夕阳。停车抚碑碣，光岳久茫茫。”对此，曾氏认为这首诗“有盛唐风韵”。双方“笔话叠叠可观”，阮思僩认为曾氏“稍称为贤相”，只要看他所选用的“门客”薛福成、吴汝纶等人就知道这一点，而且大堂东间有曾国藩的自述楹联，内称“虽贤哲未免过差，愿诸公谠论忠言，常攻吾短；凡堂属亦同师弟，使僚友行修名立，方尽我心”，可见曾氏的“谦恭雅量”！这天晚上，曾氏的幕僚、部属薛福成、吴汝纶、陈兰彬、萧世本等人又前往拜访，与使者们笔谈了很长时间。第二天，曾氏派人送给三位使者每人一幅“手书楹联、横幅大字”，给黎峻的大字是“鹿鸣敦好”，楹联是“功业首传霄汉上，政声多在道途间”；给阮思僩的大字是“龙翔凤翥”，楹联是“新篇波澜情皓荡，古人廉陛要跻攀”；黄竝得到的大字是“东箭南金”，楹联是“多才自有云霄望，犍思潜搜海岳空”。①

表3　1868—1869年黎峻使团在华期间的文化交流活动简表

时间	地点	主要活动	《燕轺诗文集》中诗文及页码
1868年9月20日（戊辰年八月初五日）	广西宁明	举人黎申产主动登船访问，与黎峻、阮思僩等谈论时事、诗文相和，并赠文送别	《答宁明举人黎申产》(26—27)，《宁明州举人黎申产（号松山、别思）送越南黎峻阮思僩二使臣入贡》(238—240)

① 阮思僩：《燕轺笔录》，第115—117页，越南汉喃研究院藏钞本，编号A852，见复旦大学文史研究院、越南汉喃研究院合编：《越南汉文燕行文献集成（越南所藏编）》(19)，复旦大学出版社2010年版，第236—239页。

续表

时间	地点	主要活动	《燕轺诗文集》中诗文及页码
1868年10月14日（戊辰年八月廿九日）	广西桂平	浔州府知府固鲁铿赠黎峻、阮思僩、黄竝对联、茶扇	
1868年11月17日—19日（戊辰年十月初四、五、六日）	广西桂林灵川	广西巡抚苏凤文赠越南使臣图章、笔砚、花笺；临桂县知县赵准赠越南使臣笔、墨、笺、扇，并送至灵川，使臣“各以诗赠别”	
1868年12月18日（戊辰年十一月初五日）	湖南长沙	湖南巡抚刘崐赠黎峻、阮思僩、黄竝每人“湖笔、徽墨、诗笺”等礼品	
1869年1月11日（戊辰年十一月廿九日）	湖北汉阳	署理湖广总督郭柏荫赠黎峻、阮思僩、黄竝每人“湖笔、徽墨、诗笺”等礼品	
1869年1月14日（戊辰年十二月初二日）	湖北汉阳	湖北布政使王文韶赠黎峻、阮思僩、黄竝每人对联一副、“小学四部、协辰宪书”；粮台道丁守存赠每人对联一副、《兰言集》三卷、《筑寨图说》四卷、“小学二部、旷视山房制艺二襍”，盐法道何维键每人对联一副、“读书分年日程二部”	
1869年1月15日（戊辰年十二月初三日）	湖北汉阳	护贡官员李和甫赠黎峻、阮思僩、黄竝每人《槲湖诗钞》一部	《伴送李和甫道台和复三首》（240—241）
1869年1月16日（戊辰年十二月初四日）	湖北汉阳	湖北按察使郑兰赠黎峻、阮思僩、黄竝每人对联一副、“国语三君德一部、涛笺一襍”	
1869年1月18日（戊辰年十二月初六日）	湖北汉阳	湖北护贡官员伍继勋赠黎峻、阮思僩、黄竝每人楹联二对、长条四幅、《十三经集字》一部和“靴页扇、套笔袋”等礼物	《湖北护贡伍继勋见示夜泊江滨忽闻涛声偶作二首》（248—249）

续表

时间	地点	主要活动	《燕轺诗文集》中诗文及页码
1869年1月19日（戊辰年十二月初七日）	湖北汉阳	署湖北汉黄德道关钟谦赠黎峻、阮思僩、黄竝每人对联一副、《陈思王集》一部、《包孝肃奏议（?）》一部、《历代帝王世系表》四套。	
1869年1月21日（戊辰年十二月初九日）	湖北汉阳	湖北粮台道丁守存“具贴送行”，汉阳知府赠黎峻、阮思僩、黄竝每人对联一副	
1869年3月13日—20日（己巳年二月初一至八日）	北京	越南使臣与朝鲜使臣金有渊、南廷顺、赵秉镐笔谈，互赠诗文和笔、墨、纸、折扇等礼物	《送朝鲜使臣金有渊等归国（并柬）》（116—117），《朝鲜大陪臣金有渊和复》、《二陪臣南廷顺（和）》、《三陪臣赵秉镐和》（253—254）
1869年3月23、24日（己巳年二月十一、十二日）	北京	越南使臣与己未（1859）探花、时任詹事府右春坊右赞善的李文田往来密切，相互诗文唱和，李文田赠阮思僩“雷州葛纱、蒲州栞砚、成都笺纸、闽中印塗”	《燕轺诗草序》（7—11），《探花李文田（号若农）》（254）
1869年5月28日（己巳年四月十七日）	直隶省城（保定）	黎峻等拜会曾国藩，赠黎峻、阮思僩、黄竝每人一副“手书楹联、横幅大字”；当晚薛福成、吴汝纶等前往拜访并笔谈；曾氏认为《过张桓侯庙》有“有盛唐风韵”	《过张桓侯庙》（128）
1869年6月16日（己巳年五月初七日）	河南新乡	在小蕢镇“小憩，镇人相率携扇求书”，阮思僩为他们题写几幅	
1869年6月19日（己巳年五月初十日）	河南新郑	该县幕客赵子霖等人到越南使臣住处“攀话”	

续表

时间	地点	主要活动	《燕轺诗文集》中诗文及页码
1869年6月29日—7月1日（己巳年五月二十至廿二日）	河南南阳	29日，河南伴送官员、怀庆府知府马先登向阮思僩问越南“故事”；南阳府知府刘拱宸赠越南使臣《孝经》百部、《黄忠端公孝经述》六本、《百孝经图说》一本、《太上感应注案》二本，《惜字金诠》百张，七绝诗八首，《晾室灯》、《是人便读》各一册，《谢康乐全集》一部，画纨扇一把，书折扇两把。30日，阮思僩和诗回赠刘拱宸。7月1日，刘拱宸又赠越南使臣楹联、条幅各三幅	《和南阳太守刘拱宸》（139—141），《南阳太守刘拱宸（伯援）投赠八首》、《临发又赠八首用前韵》（256—259）
1869年8月6—7日（己巳年六月廿九至三十日）	湖北汉阳	湖广总督李鸿章接见越南使臣，询问越南“年谷及幅员、兵象之数”，并赠黎峻、阮思僩、黄竝每人对联一副	
1869年8月6日（己巳年七月初一日）	湖北汉阳	阮思僩、黄竝登黄鹤楼，欣赏李鸿章所题楹联，作诗一首	《偕黄云亭登黄鹤楼》（146）
1869年8月21日—10月1日（己巳年七月十四日至八月廿六日）	湖南境内从岳州至永州	湖南伴送官员吴嗣仲与越南使臣相处融洽，时常诗文酬答	《燕轺诗草叙》（11—13），《和湖南委员吴春谷投赠元韵四首》（149—151），《湖南护接吴嗣仲（春谷）》、《吴春谷和贾傅诗元韵》、《春谷再柬用贾傅诗韵》（269—271）

续表

时间	地点	主要活动	《燕轺诗文集》中诗文及页码
1869年8月23—30日（己巳年七月十六至廿三日）	湖南长沙	越南使臣船只停泊长沙后，当地在不少文士前来拜访，“或投赠诗章、楹联，或惠诗文集，或求题扇、求观途中近作”。其中，湘阴人李黼堂、李辅耀叔侄与越南使臣往来最多，24日李辅耀（字幼梅）“闻使船回到”，赠送越南使臣团扇、诗作和他祖父李星沅、叔父李黼堂的文集，阮思僩等和诗回赠。28日，他又和李黼堂一起登船拜访越南使臣，李黼堂又向使臣赠送楹联和“忆余”二字	《李辅耀（幼梅）》、《幼梅夜坐偶成见示叠前韵》、《幼梅和泊舟长沙感怀贾太傅原韵》（263—265）
1869年9月10日（己巳年八月初五日）	湖南衡州	衡州府知府张士宽赠黎峻、阮思僩、黄竝每人《知悔斋诗草》、《尘（?）香小隐遗稿》、《补轩诗文》三部	
1869年9月23日（己巳年八月十八日）	湖南永州	永州府知府黄琭赠越南使臣《思贻堂诗集》三部	
1869年10月1日（己巳年八月廿六日）	湖南永州	湖南伴送官员吕燮塘（唐）赠诗话别	《吕燮唐寄别》（285—287）

说明：1. 本表主要依据阮思僩：《燕轺笔录》［越南汉喃研究院藏钞本，编号A852，复旦大学文史研究院、越南汉喃研究院合编《越南汉文燕行文献集成（越南所藏编）》（19）］、《燕轺诗文集》［越南汉喃研究院藏钞本，编号A199，复旦大学文史研究院、越南汉喃研究院合编《越南汉文燕行文献集成（越南所藏编）》（20），二书均为复旦大学出版社2010年5月第1版］编制。2. 为方便在原文献中查找，表中时间阴历、阳历并存。3. “《燕轺诗文集》中诗文（页码）”中的“页码”为复旦大学出版社2010年5月第1版的页码。4. 《燕轺笔录》为手抄本，其中个别字不易辨认，故用“（?）”表示存疑。

对于这次会见，双方都印象深刻，阮思僩在《燕轺笔录》较为详细地记录了双方往来的过程，曾国藩、薛福成、吴汝纶在日记中都记述与三位使者会见、笔谈的情况，都记载了阮思僩的《过张桓侯庙》①。曾氏记载这天"正二刻，越南国陪臣三人来见，一翰林直学士黎峻，字叔嵩，号莲湖；一鸿胪寺卿阮思僩，字恂叔，号云麓；一翰林院侍读黄竝，字偕之，号云亭。与之笔谈良久，又令阮恂叔录其近作《过张桓侯坟茔》五律一首"②。薛福成则记载，曾氏问越南使者"途中所作诗"，阮思僩呈《过张桓侯庙》："先主原同闬，桓侯尚故乡。灵声依蜀汉，佳气接楼桑。庙古余寒井，林疏见夕阳。停车抚碑碣，光岳久茫茫"，强调曾氏"批云'有盛唐风韵'。又问该国讲经学及能诗文者，思僩复举三四人以对"，这三位使者"一为该国鸿胪卿，一为翰林院侍读学士，一为翰林院直学士。手皆执笏，衣冠尚近明制，不剃发。爵相各赠匾一方、对联一副"。③ 吴汝纶在日记中比曾氏、薛氏记得更为详尽，除了他们所说情况外，还专门提到：一是越南"讲经学者二人范庭琥、张国用，能诗者为阮文超，能文者为武范启，范、张俱已物故，阮七十余，已致仕；武亦六十余矣，尚在朝"；二是三位使臣中，黎峻"官翰林院直学士，癸丑二甲进士，正三品；阮思僩官鸿胪寺卿，甲辰二甲进士，正四品；黄偕之官翰林院侍读，丙午举人，正四品"。④

对比阮氏与曾国藩等三人《日记》中的记述，我们可以清楚地看到：无论中国的封疆大吏曾国藩，还是作为幕僚的薛福成、吴汝纶，对于越南的科学制度、经学、诗文、幅员、官制等非常关心。吴氏强调三位使臣考中进士、举人的"功名"，薛氏强调"爵相"曾国藩肯定阮氏《过张桓侯庙》的水准，还赠予楹联、赠匾，这些都表明了他们对越南这个"同文之国"的关注和认可。从越南使者的视角来看，阮思僩把曾氏视为"谦恭雅

① 按：张桓侯庙即三国时蜀国大将张飞的庙，在今河北省涿州市。《曾文正公手书日记》中所记《过张桓侯庙》的名称与阮思僩《燕轺笔录》有差异，《薛福成日记》、《桐城吴先生日记》中都把"桓侯此故乡"记为"桓侯尚故乡"，当时记忆不同所致。又，阮思僩两次经过涿州，第一次是1869年3月8日（己巳年正月廿六日），第二次是1869年5月24、25日（己巳年四月十三、十四日），综合相关文献，这首诗应当是阮氏在5月24、25日前后完成的，限于篇幅，不作详述。

② 〔清〕曾国藩：《曾文正公手书日记》，同治八年四月十七日，凤凰出版社2010年版，第5225—5226页。

③ 薛福成：《薛福成日记》，吉林文史出版社2004年版，第32页。

④ 吴汝纶：《桐城吴先生日记》，戊辰五月莲池书社印行，卷七《外事》页一，见李德龙、俞冰主编：《历代日记丛钞》(66)，学苑出版社2006年版，第527—528页。

量”的“贤相”，对这位“同治中兴”的名臣充满景仰之情，对于薛福成等人也十分赞赏，既是欣赏曾氏的“功业”，又是诗文交流激发出来的文化认同。

此外，在北京期间阮思僩等人就与朝鲜使者往来密切，相互诗文唱和。据《燕轺笔录》记载：1869 年 3 月 13 日（己巳年二月初一日），朝鲜三陪臣赵秉镐“投柬相问”，阮思僩“以问答名帖答之”。这天的名贴是朝鲜“荫补二品官、都通事”韩文圭递送的，他向阮思僩“求书对联”，阮氏“书联以赠”：“所谓故国非乔木也，吾闻东海有神山焉”。14 日，阮思僩“以诗柬通问”朝鲜使臣。16 日，阮氏在玉成参店与朝鲜使臣金有渊、南廷顺、赵秉镐会面，双方笔谈。17 日，金有渊向阮思僩“赠好”，包括清心丸 10 丸、竹青纸 20 张、彩笺 20 张、彩折纸 50 幅、别油折扇 3 把、笔 20 枝、竹篦 10 个，还有和诗 1 篇。18 日，南廷顺又派人送给黎峻、阮思僩、黄竝三人礼物，每人送了清心丸 5 丸、折扇 2 把、色笔 5 柄、墨 5 丁、精纸 5 幅，并送来和诗。这天，黎峻、阮思僩、黄竝回赠金有渊、南廷顺、赵秉镐礼物，包括象牙酒杯 3 只、象尾毛 3 条、肉桂 3 片、白豆蔻 3 两和象牙扇、班（斑）竹扇、光竹扇各 3 把。20 日，阮思僩又派人“递诗草吟筒，就于四译公馆”，送别朝鲜使臣，因为他们在 21 日就要离开北京回国。① 阮思僩等越南使臣与金有渊等朝鲜使臣不仅互赠包括笔、墨、纸、折扇等文化用品在内的礼物，而且多次诗文酬和，在他的《燕轺诗文集》中就收录了《送朝鲜使臣金有渊等归国（并柬）》和《朝鲜大陪臣金有渊和复》及南廷顺、赵秉镐的和诗。他们在诗文酬和时都强调朝鲜、越南与中国“同文”的特点，比如南廷顺的和诗有朝、越“山河应有异，翰墨自相通”，赵秉镐的和诗中有“交契三生重，车书四海同”。②

① 阮思僩：《燕轺笔录》，第 86—92 页，越南汉喃研究院藏钞本，编号 A852，见复旦大学文史研究院、越南汉喃研究院合编：《越南汉文燕行文献集成（越南所藏编）》(19)，复旦大学出版社 2010 年版，第 177—189 页。

② 阮思僩：《燕轺诗文集·燕轺文集》卷上，第 44 页，越南汉喃研究院藏钞本，编号 A199，见复旦大学文史研究院、越南汉喃研究院合编：《越南汉文燕行文献集成（越南所藏编）》(20)，复旦大学出版社 2010 年版，第 253—254 页。

三、嬗变：黎峻使团朝贡期间的新变化

黎峻使团是在中、越两国都遭受西方侵略的背景下来华朝贡，遇到了1852年以前从未有过的新情况，也产生了一些新意识、新观念。这些新变化主要反映在以下方面：

一是越南使者关注“天朝”和“同文之国”朝鲜遭受列强侵略的情况，并思考应对“洋人”之策。

从19世纪40年代起，作为“天朝”的中国遭受列强侵略，越南方面已经有所了解。1840年，越南明命帝就得知“红毛（英国）谋扰广东”，为此感叹“清人懦弱，我知之矣”。① 19世纪60年代末，列强对中国的侵略进一步加深，黎峻使团在汉口、北京都深切地感受“洋人”、“洋馆”的存在和影响。1869年1月15至23日（阴历戊辰年十二月初三至十一日），黎峻等人到达湖北，被安排住在汉阳府。他们了解到，在汉口“俄罗斯、法兰西、英英吉通商”九年了，都住在汉口下街，有300多家“洋行”、约1000多“洋人”，经常有六七艘商船“自西南来”；列强在汉口“各设领事”，任用上海人、广东人做通事；“洋行”房屋都是两三层的楼房，有玻璃窗，“四面玲珑如一”；因为有“洋人”通商，汉口设立了江汉税关，还在北面筑城，屯兵六处。②

在北京，黎峻、阮思僩等人对于被列强焚毁的圆明园印象深刻，所住的内务府四译馆附近又有天主堂，他们更直接地感受到“洋人”的活动，对于“洋人”侵略“天朝”的情况非常关心。阮思僩对此尤其关注，他的《燕台十二绝》共12首诗，第10、11首诗分别写到了圆明园和宣武门天主堂（今称南堂）。第10首是：“圆明园抱玉河湾，晻画楼台水木间。闻说天津兵火后，翠花不复到青山。”阮氏为这首诗作了注释：圆明园在京城西四十里，雍正初年建，四译馆的人讲“此地虽无土木金碧之美，而

① 《大南实录》正编第二纪，卷二一二，第32—33页。

② 阮思僩：《燕轺笔录》，第66—69页，越南汉喃研究院藏钞本，编号A852，见复旦大学文史研究院、越南汉喃研究院合编：《越南汉文燕行文献集成（越南所藏编）》（19），复旦大学出版社2010年版，第137—144页。

修然有山水之胜，列帝数岁临幸”，自辛酉年（1861）“西人闯入”，池沼、宫殿被毁，现在仍未修复！对于天主堂，他写道：“天主堂开译馆东，当年历法召西戎。近闻和好删新约，要见王师不战功”，而且作了注释：“内务府四译馆东数十步有天主堂，或云自康熙年间用洋人南怀仁、汤若望等参订历法，遂敕于京师建天主堂，凡数处。咸丰末年和约，近闻中国已向他删改，诸领事等方寄回。西方诸国阅定所约何款，事秘，不得知，亦未知将来如何究竟也。”① 他还专门记下：“使馆之东，隔数店有洋人屋，屋上作十字架形，不知洋人驻此多少”，并感叹“中国自与洋约和以后，气挫势屈，虽京师根本重地，他亦杂处，不能禁”。②

此外，越南使者在北京还关心朝鲜遭受列强入侵的情况，并反思越南、朝鲜抗击列强侵略的得失。1869 年 3 月 19 日（阴历二月初七日），阮思僩秘密致函朝鲜使臣，询问“洋船曾否来扰”。朝鲜使臣回答说：丙寅（1866）秋，“洋船来侵，随机捍御”，使他们“不能肆毒，自此以后渠反畏缩”。阮思僩又问“捍御之道”，朝鲜使臣告诉他：“制敌之道，以其国之伎俩临辰外变，要在当场用。”阮氏为此感叹：大盖“洋人”最初侵扰朝鲜时，让他们“未可大得志，故暂退”，越南“未与洋约和之前”，列强“屡来屡去”，属于类似情形。朝鲜使臣所说的“他反畏缩”有夸大其辞之嫌，是“狃小安而忽远图，他日之患正未可逆观”。③ 阮氏的反思有一定道理，19 世纪中期列强侵略中国、越南、朝鲜时都是多次尝试，最后达到强迫这些国家割地、赔款、通商等目的，而十多年后朝鲜又遭到日本侵略，或许应了阮氏“他日之患正未可逆观”的忧虑和预感。

二是朝贡期间是中国了解越南国情、越南了解中国国情的重要机会，但越南使者并未主动报告本国遭受法国等西方国家侵略的情况，甚至在中

① 阮思僩：《燕轺诗文集·燕轺诗草》卷下，第 14—15 页，越南汉喃研究院藏钞本，编号 A199，复旦大学文史研究院、越南汉喃研究院合编：《越南汉文燕行文献集成（越南所藏编）》(20)，复旦大学出版社 2010 年版，第 124—125 页。

② 阮思僩：《燕轺笔录》，第 89—90 页，越南汉喃研究院藏钞本，编号 A852，见复旦大学文史研究院、越南汉喃研究院合编：《越南汉文燕行文献集成（越南所藏编）》(19)，复旦大学出版社 2010 年版，第 183—185 页。

③ 阮思僩：《燕轺笔录》，第 91—92 页，越南汉喃研究院藏钞本，编号 A852，见复旦大学文史研究院、越南汉喃研究院合编：《越南汉文燕行文献集成（越南所藏编）》(19)，复旦大学出版社 2010 年版，第 188—189 页。

国官员询问时故意隐瞒有关情况。

在华期间，黎峻、阮思僩、黄竝多次与中国官员接触，甚至长时间“笔谈”，涉及内容很多。其中，1869 年 5 月 28 日（同治八年四月十七日），黎峻、阮思僩、黄竝在保定拜会了直隶总督曾国藩，曾氏“与之笔谈”，薛福成、吴汝纶等人下午又去拜访，并笔谈很长时间。双方谈了哪些问题，是否涉及列强侵略越南的问题，越南使臣是否通报了越南遭受法国侵略的情况？阮思僩在《燕轺笔录》中记述：曾氏“问我皇上安好及年谷好否？试法、经学、诗文学如何?”使臣们“随事酬答”。曾氏又问“西洋人每往来我国否?”使臣仅仅回答说“现在通商南陲海口”。下午，陈兰彬、萧世本、薛福成、吴汝纶等前往拜会，在笔谈时询问越南“试法、兵制，又问本国又从天主教否?”使臣答“愚民间有从之者”，并反问“广东西洋现情如何?”陈兰彬等答：“他现虽来往省城，亦安静无事，日下中国经改定和约，他等已寄回，呈诸西国王，尚未有来信。”[①]

对于双方的笔谈，薛福成则记述，当天下午“笔谈甚久，问该国幅员、财赋、官制、考试、风俗甚悉”[②]。吴汝纶在这年 3 月 7 日（己巳年正月廿五日），“宿北河，遇越南使臣阮思僩，与之笔谈”，“问及通商事”。5 月 28 日，他又与黎峻等笔谈，他所了解的内容也与薛福成相近，包括：一是“其国君即位已二十年，现年四十一岁。其相臣一为武仲平，一为阮姓，名知方”；二是“考试之制与中国略同，翰林系由进士、举人升用。仕进之途有荫入监者、有由书算者，亦有捐资入宦者，不使之从政、治军”；三是“官制多用前朝之制，如直学士本朝所无，又六部尚书之下有参知，位在侍郎上；不立宰相，大臣当国者二人”；四是“养兵约三十万，每岁军饷米约五六百万斛，钱银之数约与米同”；五是该“凡十三省，幅员三千里。其民食，稻米最重，闻广东多有市越南米者”；六是该国“历代皆有国史，近又开局修纂地志”。[③]

① 阮思僩：《燕轺笔录》，第 115—117 页，越南汉喃研究院藏钞本，编号 A852，见复旦大学文史研究院、越南汉喃研究院合编：《越南汉文燕行文献集成（越南所藏编）》（19），复旦大学出版社 2010 年版，第 236—239 页。

② 薛福成：《薛福成日记》，吉林文史出版社 2004 年版，第 32 页。

③ 吴汝纶：《桐城吴先生日记》，戊辰五月莲池书社印行，卷七《外事》页一，见李德龙、俞冰主编：《历代日记丛钞》（66），学苑出版社 2006 年版，第 527—528 页。

如果结合阮思僩与薛福成、吴汝纶的记述，就看到：尽管曾国藩向越南使臣问到了“西洋人”是否与越南往来，陈兰彬、萧世本、薛福成、吴汝纶等人询问了“幅员、财赋、官制、考试、风俗”和“通商”等情况，但越南使臣并未主动告知法国入侵越南一事，反而关注中国与西方列强的关系，特别中国与列强签约、中国人信奉“洋教”的情况。不仅如此，黎峻、阮思僩等人在回答中国其他官员询问时也采取了类似的处理办法。1869 年 8 月 25 日（己巳年七月十八日），黎峻等在长沙拜谒湖南巡抚刘崐，刘氏向他们询问云南与越南“接界处江道”，并问“古占城、真腊地”，他们仅仅“随事应答”。[①] 对此，阮思僩在《燕轺笔录》中称：刘崐是云南人，“家居澜沧江之东”，所以询问“本国富良江发源所自”。他还问了“禄柰、东埔古今地名”，黎峻等“随事酬答”。[②] 刘崐所问到的“禄柰、东埔”原来的确是“古占城、真腊地”，17、18 世纪时已被阮福映祖先建立的南方阮氏政权吞并，1869 年时已成为法国侵占下的殖民地，黎峻等仅仅用“随事酬答”敷衍中国官员，故意隐瞒了这一事实。又如，阮思僩在华期间撰写了《答马龙坊书》，介绍越南的历史、地理、行政区划、科举、官制、物产、市镇贸易等多方面的情况，回答了中国人马龙坊对该国的关心，但并未透露当时法国侵占越南领土的消息。[③] 笔者认为，黎峻等人之所以这样做，主要因为这时阮朝尚未确定向中国求援、抗击法国的政策，而使团的使命仅仅是进贡，使臣没有被阮朝授权向中国求援，他们也不敢主动向中国官吏通报法国侵略越南的情况，在被问到相关问题时也只能“随事酬答”，甚至要故意隐瞒相关情况。

三是越南使者在中、越都遭到列强侵略的情况下，强调中、越、朝等国“同文”，并强调越南并非“蛮夷”，并希望“同文诸国”联合抗击西

① 黎峻、阮思僩、黄竝：《如清日记》，第 89 页，越南汉喃研究院藏钞本，编号 A102，见复旦大学文史研究院、越南汉喃研究院合编：《越南汉文燕行文献集成（越南所藏编）》(18)，复旦大学出版社 2010 年版，第 249—250 页。

② 阮思僩：《燕轺笔录》，第 131—132 页，越南汉喃研究院藏钞本，编号 A852，见复旦大学文史研究院、越南汉喃研究院合编：《越南汉文燕行文献集成（越南所藏编）》(19)，复旦大学出版社 2010 年版，第 268—269 页。

③ 详见阮思僩：《答马龙坊书》，《燕轺诗文集・燕轺文集》卷上，第 14—17 页，越南汉喃研究院藏钞本，编号 A199，见复旦大学文史研究院、越南汉喃研究院合编：《越南汉文燕行文献集成（越南所藏编）》(20)，复旦大学出版社 2010 年版，第 213—219 页。

方侵略。

鸦片战争之后，中国有的方志和典籍中仍把自己疆域内的少数民族、周边一些邻国和欧美的荷兰、葡萄牙、英国等都视为“夷”。这引起了当时越南一些知识分子的不满，阮思僩和他的《辨夷说》就是代表。在《辨夷说》中，他首先就说在出使中国期间见到了广西新刊刻的《粤西地舆图说》，其中凡是广西西南地区与越南各州县的地方都标着“某国某夷州、夷县界”，他为此感叹地写下：

> 戊辰（宏年按：即阮朝嗣德二十一年，清同治七年）秋，入贡京师。十月道粤西，见书肆新刻《粤西地舆图说》一书，凡粤之西南境接本国诸州县者，辄标曰“某国某夷州、夷县界”。阅来终幅，则喟然叹曰：噫，是何言欤？是何言欤？为此说者得无曰“吾属中土，当为中夏，彼僻处海外者，俗虽同于中国，地仍为藩封，例固应夷之”？
>
> 夫天盖地球，麗而处者亿万国，为中为外从何辨之？然而，古来夷夏之辨者，则亦视乎礼义之存亡，文行之同异焉耳。若必执土地之中以求之，则四海大州唯末利亚之西红海乃为地中，从未见彼方之能夏也。若谓从其本初立国而名之，则在上国之云、贵二省与东三省之吉林、黑龙江、宁古塔，固皆秦汉以前夜郎、昆明、鬼方、肃慎、沃沮诸国地也，今将从其朔一例以“夷”之乎？云贵无论已，东三省为天朝圣神开基之地，“夷”之一字，不惟本朝臣子所不敢形诸笔墨，亦断不敢心言而意话者。此之不“夷”，而于人则“夷”之，儒者秉笔之公，似不应如是。夷夏之辨，莫严于《春秋》，而予夺亦莫严于《春秋》，故卫伐凡伯，虽诸姬也，而戎之；季札来观，虽僭国也，而进之。安在与我同域者必为夏，与我异宜者必为夷哉？且吾越自汉以后常与西粤并隶上国版图，其诗书六艺之学，衣冠礼乐之化，浸浓郁几二千年，中间虽乍合乍分，而道义之一、风俗之同，今犹古也。况累世职贡，不失事大之礼，天朝盖常许为同文国之一矣，而奚其“夷”之？又尝考之会同四译馆，明人之四夷馆也，至本朝始改为四译，于此有以仰见大圣人柔远之诚、待人之恕，道与天地同其大，彼明人之自尊卑人，适足示天下以不广，陋矣！

夫土地有大小，国势有强弱，天之所为，苟德义之不瑕，则虽弱必强，虽小必大矣。是故临人以德而天下归之，古之道也。未闻矜心谩辞加于人，而强人之必服，昔晋侯以为诸侯师，一言之失而齐侯侈有大兴之志；李亚子自谓十指上得天下，而荆南不朝，言之不可不慎也。如此著书立言，将以行之四海、传之万世，又所当慎之至也。“夷”之一字，五愿凡为此说者亟改而正之，则坦然大公，同归于好。日月之食也而改焉，谁不仰之？左氏曰：子无谓秦无人，则此敌国应容之辞，下价不敏，其何敢及此？①

这篇《辨夷说》全文不过850字，却针对越南被称为“夷”一事引经据典，大谈“夷夏之辨”，又列举出种种事实，强调越南不应“夷”，应“亟改而正之”。在陈述理由时，他强调了两个事实：一是越南“自汉以后常与西粤并隶上国版图，其诗书六艺之学，衣冠礼乐之化，浸浓郁几二千年，中间虽乍合乍分，而道义之一、风俗之同”；二是越南自建国后“累世职贡，不失事大之礼，天朝盖常许为同文国之一”。这就透露当时越南士大夫阶层和该国统治集团对本国历史、文化的认识，即越南原为中国郡县、后获独立，在文化上深受中国文化影响，与中国“同文”，与中国同为“华夏”。

这种中、越、朝等国“同文”的思想，使越南使者充满了对“同文诸国”的好感，在北京期间阮思僩等人就与朝鲜使者往来密切，相互诗文唱和。不仅如此，这种意识也成为越南使者联合抗击列强入侵的基础，如阮思僩就在《燕台十二绝》第12首就借荆轲刺秦王的典故，抒发抗击列强的强烈愿望，诗中写到“易水风高九陌尘，荆郎去后几经秦。只今宣武门前路，燕市谁为击筑人（洋人在燕京者，惟宣武门为多）!”② 他在感叹“燕市谁为击筑人”之后，又加上北京的“洋人”多宣武门为多的说明，

---

① 详见阮思僩：《辨夷说》，《燕轺诗文集·燕轺文集》卷上，第22—24页，越南汉喃研究院藏钞本，编号A199，见复旦大学文史研究院、越南汉喃研究院合编：《越南汉文燕行文献集成（越南所藏编）》(20)，复旦大学出版社2010年版，第230—234页。

② 阮思僩：《辨夷说》，《燕轺诗文集·燕轺诗草》卷下，第15页，越南汉喃研究院藏钞本，编号A199，见复旦大学文史研究院、越南汉喃研究院合编：《越南汉文燕行文献集成（越南所藏编）》(20)，复旦大学出版社2010年版，第125—126页。

显然希望有更多的“击筑人”和荆轲不畏强暴，勇敢地抗击“洋人”侵略。作为遭受了法国侵略的越南官员，这也隐约地表达了希望中、越联合抗法的意愿。

四是越南使者在汉口、北京等感受到了清政府不同的外交体制，对中国依然限制“同文诸国”使者过多往来、却允许西方在华设立使领馆的“双重体制”产生了隐约的不满。

1869 年 1 月 15 日（阴历戊辰年十二月初三日），黎峻等人到达湖北，住在汉阳府。他们了解到，以前越南贡使经过湖北时公馆都设在汉口，这次安排在汉阳，是因为英、法、俄等国在汉口通商，又设了领事，湖北省官员不愿意让越南使团“居止相近，故于汉阳城中设馆”。16 日，他们又提出派人到汉口“采办公货”的要求，湖北官员以“使部不可久留”为由婉言拒绝，阮思僴认为这只是托词，真正的原因是中国方面“西事受亏，恐惹外人”。① 这年 3 月 11 日到达北京后，越南使团被安排住在正阳门附近的内务府四译公馆②，内务府专门发布告示，称“此次朝觐之越南国使臣等业已到京，在四译馆居住，理宜严肃”，附近军民不得在此喧哗、“擅行出入”，否则“锁拿严办”。阮思僴从四译馆官员陈火膏、账房头目恩普那里了解到，“洋人现居宣武门内，他习气不比同文诸国，故总管内务府大臣以日下本国本使到馆，严禁闲杂人不得擅自出入，盖为洋人也”。他还得知，“朝鲜每岁冬来朝”，朝鲜“诸君贡务完，每可相见”。3 月 16 日（阴历己巳年二月初四），阮思僴与朝鲜使臣金有渊、南廷顺、赵秉镐相约在玉成参店见面，谈及各自历史、疆域、官制等情况。会见分开后，

---

① 阮思僴：《燕轺笔录》，第 66—67 页，越南汉喃研究院藏钞本，编号 A852，见复旦大学文史研究院、越南汉喃研究院合编：《越南汉文燕行文献集成（越南所藏编）》（19），复旦大学出版社 2010 年版，第 137—140 页。

② 按：根据阮思僴《燕轺笔录》［《越南汉文燕行文献集成（越南所藏编）》（19），第 172—174 页］记述，1869 年 3 月 11 日（己巳年正月廿九日）越南使团“从广安门入外京城”，“行至正阳门，由右门入，过内京城，进内务府四驿（译）公馆安歇”。这说明，使团所住的“内务府四驿（译）公馆安歇”在“内京城”即皇城内。根据王世仁的《北京会同馆考略》（http://www.bjww.gov.cn/2006/4－5/15185.html）可知，清代在正阳门附近的会同四译馆是在“东江米巷御河桥会同馆”，这个会同馆附近有“御河桥”（在今北京东城区正义路上）。又查阮思僴的《燕轺诗文集》中有《御河早行》［《越南汉文燕行文献集成（越南所藏编）》（20）第 118 页］，可知他们在北京所住的会同四译馆就是“东江米巷御河桥会同馆”，在今北京东城区东交民巷（应在今最高人民法院院内）。

阮思僩感叹：朝鲜使臣“所驻会同四译馆与本国使馆相去只四五十步，初请来馆拜会，他辞以中国法严不敢来”，才约在参店相会。可是“使馆之东，隔数店有洋人屋，屋上作十字架形，不知洋人驻此多少”。中国“自与洋约和以后，气挫势屈，虽京师根本重地，他亦杂处，不能禁”，可是担心朝鲜、越南“诸国窥其深浅、护其轻重”，所以对于越南、朝鲜使臣，“虽不显禁其往来，而每每构阂，不得如从前之宽简”，内务部的告示，与“朝鲜使之不敢来会”，都是明显的证据。①

四、余　论

1868—1869 年，黎峻、阮思僩、黄竝率使团来华朝贡，是当时中越关系、中国与邻国往来的重要事件之一。笔者认为，这次使团活动和相关记述可以提供三个视角的思考：

首先，这次使团仍延续着 1868 年前越南的封建王朝入贡清朝时的两个特点：一是程序、贡道、相关活动及礼仪都继承、遵循了清代以来的规范。无论朝贡前的申请和入关时的规范、礼仪，还是在华期间越南使者朝觐中国“大皇帝”、呈递国书和贡物、领取颁赐物品以及与中国官员会见时的礼仪，都反映了清代中越朝贡往来的礼仪、规范。正因为朝贡有这些礼仪、规范，黄枝连把以朝贡为载体、以中国为中心的国际秩序称为“天朝礼治体系”，认为“从小农经济发展而来的礼治主义体系，即是‘汉族的文明’及由其组成的中华传统的主要精神及内容了”。② 费正清、赖肖尔教授也认为，“中国统治者和其他国家之间的宗藩关系表现出传统的‘文化主义’”，“简言之，把外国的统治者纳入尊卑关系以及按礼仪这样做，仅仅是把中国统治者企图在国内保持的儒家社会制度在外部世界的延

① 阮思僩：《燕轺笔录》，第 86—90 页，越南汉喃研究院藏钞本，编号 A852，见复旦大学文史研究院、越南汉喃研究院合编：《越南汉文燕行文献集成（越南所藏编）》(19)，复旦大学出版社 2010 年版，第 177—185 页。

② 参见黄枝连：《天朝礼治体系研究：亚洲的华夏秩序——中国与亚洲国家关系形态论》（上卷），中国人民大学出版社 1992 年版，“前言”部分。

伸”。[①] 笔者认为这些认识都有一定的合理性，因为中国历代封建者推崇儒家经典中“非礼勿视，非礼勿听，非礼勿言，非礼勿动”的观点[②]，这既适用于个人修养，也可以扩大为社会、政治生活的理念、原则。这些礼仪又体现着上下尊卑的等级秩序，当越南使者庄重地向嗣德帝、朝顺化方向行“望拜礼”时，在中国境内向中国皇帝行“三跪九叩”礼和向总督、巡抚行“一跪三叩”时，这些礼仪就反映着越南对中国的臣属地位，即中国是“天朝”、“上国”，越南是“仰荷天朝封殖，预列职方”的“属国”。

二是越南使团朝贡承载着两国经济、文化往来的职能。无论是由贡物、赏赐构成的“朝贡贸易”，还是使团在华销售“公物”、购买中国商品的采购行为，都是当时两国经济往来的组成部分。无论是使团成员与中国官员的诗文唱和，还是他们与中国文人间互赠文集、题字、楹联等活动，都使朝贡活动成为中、越文化交流的重要平台。而且，这种文化交流还扩大到了越南、朝鲜使者之间，增进了中、越、朝“同文”的认同感。

结合上述两个特点，笔者认为：1. 清代越南向中国的朝贡活动兼具政治、外交、经济、文化多种职能的活动，它首先是中、越间的重大政治、外交活动，又附带着促进贸易往来、文化交流的职能，如果把它仅仅视为政治、外交活动，或者仅仅看到单纯以贸易为目的的“朝贡贸易”活动，都很难全面地反映朝贡活动的真实面貌。2. 正是通过朝贡，清代的中国与邻国越南、朝鲜、琉球等国建立起了东亚的国际秩序。在清代官方文献中，各个时期对“朝贡之国”、“互市之国”有不同的记载，到了1899年《大清会典》有了清晰的区别，即“凡四裔朝贡之国，曰朝鲜，曰琉球，曰越南，曰南掌，曰暹罗，曰苏禄，曰缅甸，余国则通互市焉”。[③] 如果说康熙、乾隆时代还有可能把荷兰、英吉利等国看成“四裔朝贡之国”，此时清王朝的“属国体系”在列强入侵的冲击下基本崩溃，之中分出来，清朝已经较为清醒地区别“朝贡国”、“互市之国”。这七个

---

① 〔美〕费正清、赖肖尔：《中国：传统与变革》，陈仲丹等译，江苏人民出版社1996年版，第194页。

② 《论语》第十二《颜渊》。

③ 敕修：《光绪会典》卷二十六，第12页，光绪二十五年成书，台北文海出版社1967年版，第149页。

国家中有五个是东南亚国家，反映了清代中国与东南亚邻国往来的基本事实，即中国君主对这些“属国”君主进行册封，“属国”向“上邦”定期朝贡，都是双方政治、外交往来的主要内容之一，通过一系列的礼仪、规范体现上下尊卑的等级秩序，又通过“朝贡贸易”建立起双边的官方经贸往来体制，通过文化交流形成一定程度的“文化认同”。这些政治、外交、经济、文化交往既在清代的汉文文献中有诸多的记载，又在朝鲜、琉球、越南的汉文文献中有反映，比如越南、朝鲜使者的“燕行日记”、诗文集和琉球的《历代宝案》都是非常重要的材料。当然，“朝贡制度”和相关活动也有其目标，主要是在战略上实现中国封建王朝“守在四夷”、维护国家安全和巩固国防的目标，到了 19 世纪中期列强入侵时这一战略已经无法实现，如果说“朝贡制度”不能给中国带来安全保障，再加上中国统治者的“厚往薄来”原则也无法使“朝贡制度”给中国带来实际的经济利益，因此，如果从能否获利的角度看，“属国体系”在效果上有“虚”的一面。但是，这种“虚”不能否认“属国”向中国封建王朝朝贡的活动发生过，属国的“朝贡制度”在历史时期存在过的“实”。如果因为效果上的“虚”就认为“所谓以中国为中心的东亚朝贡体系，很大程度上是根据一厢情愿的中国文献演绎出来的传统东亚国际关系体系”①，恐怕有以效果的“虚”掩盖“朝贡体系”存在的“实”之嫌，因为：中国、朝鲜、越南、琉球的文献中都反映过“东亚国际关系体系”曾经存在的大量史实，包括“属国”的求封、朝覲、进贡和清朝相对应的册封、“赏赐”、谕祭等活动，这些活动在当时是历史的真实。同时，安南后黎朝时期自称“大越”，阮朝时期自称“南国”，把邻近的南掌、万象、真腊、寮国（以上今属老挝、柬埔寨）及火舍等看成了“夷”，迫使这些“蛮夷”臣服，依照中国的制度向它“朝贡”，力图在中南半岛建立起自己的“属国体系”。这也从侧面表明历史上越南的封建王朝认为“朝贡制度”是可以模仿的制度。

其次，在延续、传承清代朝贡一般特征的同时，由于特殊的历史背景，1868—1869 年黎峻使团的朝贡又有很多新特点，特别是越南使者关注

① 庄国土：《略论朝贡制度的虚幻：以中国古代与东南亚的朝贡关系为例》，载《南海问题研究》，2005 年第 3 期。

中国、朝鲜遭受列强侵略的情况，注意到清朝对于“同文诸国”和“洋人”不同的外交体制，强调中、越、朝“同文”，隐约地希望能够找到抵抗外国侵略的办法，尽管他们不敢向中国方面透露法国侵略越南的情况。这些就使这次朝贡具有了承前启后的特征，即前承 1852 年前的朝贡特点，后启中法战争前夕中越关系的加强、中国的抗法援越：

一是越南通过朝贡加强对华联系，并明确请求清政府保护“属国”。1869 年，阮朝尚未确定联华抗法政策，黎峻等使臣不敢主动通报法国侵越的情况，甚至故意回避、隐瞒有关事实。十年后，面对法国的步步紧逼，1879 年嗣德帝向中国上疏求援，称“臣国世受栽植，永作藩篱，虔供职贡，终始一心。从前中国乂安，臣国幸亦无事，自咸丰年间，上国偶遭多故，臣国孤立，以致已失南陲六省土地，兵财渐形贫弱”①。他明确表达了加强两国关系、抗击法国侵略的意向。

二是中国的清政府向法、英等国强调中、越之间“上邦—属国”的关系，同时与越南协调行动。为此，清政府多次派人与越南联系，1882 年 12 月又向法国驻华公使宝海提出，由越南国王遣派“大员”参加中、法、越三方会商。1883 年，阮朝派刑部尚书范慎遹、侍郎加参知衔阮述来华，3 月 17 日（阴历癸未年二月初九日）到达天津，24 日李鸿章接见，并进行笔谈。在笔谈中，李氏询问：“法国与越立约几次？每次系在何年？”范慎遹回答：“壬戌年曾立一次，至甲戌年再立新约，其旧约废。”李氏为此强调：“属邦与他国立约必应报知天朝”，越南“如果擅自与法立约，先未呈明天朝，后又未专使申报，显违属邦体例。今隔十年，始咨呈约稿，于事何济？”范慎遹解释说，当年法国恃强凌弱，“下国急于求安，且事出创举，体例未谙，致此违率，罪无可辞”，“祈天朝体谅，轸其迫切情形，略其前过，图以后善”。李氏非常不满地说：“壬戌既立一次，至甲戌再立，不得谓系创见”，既然说“被人凌迫，事后即应呈报”，越南“从前蒙蔽，今日弥缝，究之成约，以后法人动以违约相责，此兵端所由开，中

① 黄国安、萧德浩、杨立冰编：《近代中越关系史资料选编》，广西人民出版社 1988 年版，第 85 页。

国如何能代解说?"[1] 1869 年 8 月 6 日（阴历己巳年六月廿九日），时任湖广总督的李鸿章就接见过越南使臣黎峻等，询问越南"年谷及幅员、兵象之数"，黎峻等只是"随事应答"[2]，事实上向接待过他们的所有中国官员隐瞒了越南受法国侵略、被迫签约的情况，十多年后出现被动局面，李鸿章当然十分不满。尽管如此，范慎遹、阮述"曲折辩明，仍请中朝代为伸理，妥为筹办"，据说李鸿章"均纳其言"。[3]

三是阮思僴注意到了 1869 年时清政府对待列强和越南、朝鲜等"属国"不同的外交体制，到了1881 年越南也提出仿西方体制派广州。这年2月间，清朝特派招商局官员唐廷庚和盐运大使马复贲前往顺化，以商办运粮事宜为名，求见越南嗣德帝，阮廷派礼部左侍郎陈俶讱和协办大学士、户部尚书阮文祥会晤中国特使。在这次会晤时，阮文祥还提出三项要求：派驻使节常驻北京，"若有何事得于总理衙门控诉"；设领事馆于广东，"以便来往商卖，通报信息，因与诸国交游，得以通达情意"；派人搭乘中国轮船往来各国"探学"。[4] 这些要求"大大突破了传统朝贡关系的框架，是想使两国建立近代外交关系的一种尝试"[5]，在法国即将大规模入侵的前提下，又具有其现实意义，即加强中、越联系，从机制方面增强联合抗法的能力，力求得到更多的国际支持，提高其国际地位，以抗法自存。

1884 年，法国侵略者迫使越南阮朝廷签订了第二次《顺化条约》，1885 年中国在《越南条约》承认越南由法国"保护"，越南阮朝参照西方近代外交体制与中国发展关系的设想无法实施了。

最后，中国与越南、朝鲜等国通过文化交流形成"同文诸国"之间的"文化认同"，形成了"汉文圈"的"文化边界"。[6] 这种认同是在千百年

① 郭廷以、王聿均主编：《中法越南交涉档》（二），台北"中央研究院"近代史研究所 1962 年版，第 713—717 页。

② 黎峻、阮思僴、黄竝：《如清日记》，第 86—87 页，越南汉喃研究院藏钞本，编号 A102，见复旦大学文史研究院、越南汉喃研究院合编：《越南汉文燕行文献集成（越南所藏编）》(18)，复旦大学出版社 2010 年版，第 243—245 页。

③ 〔越〕阮述：《往津日记》，陈荆和编注，香港中文大学出版社 1980 年版，第 31 页。

④ 《大南实录》正编第四纪，卷六十六。

⑤ 余定邦、喻常森：《近代中国与东南亚关系史》，中山大学出版社 1999 年版，第 317 页。

⑥ 参见孙宏年：《清代中国与邻国"疆界观"的碰撞、交融刍议——以中国、越南、朝鲜等国的"疆界观"及影响为中心》，载《中国边疆史地研究》，2011 年第 4 期。

来中国与邻国文化交流的基础上形成的，在19世纪60年末又得到延续和巩固，越南、朝鲜、琉球等“朝贡之国”的朝贡使臣不自觉把彼此视为“同文之国”，在华朝贡期间的诗文唱和，而且相互关注，比如1869年3月，越南使团到达北京后，朝鲜使臣赵秉镐就“投柬相问”，阮思僩还向四译馆官员陈火膏、账房头目恩普等询问朝鲜使臣情况，并问“琉球使部何日到京?”①

阮思僩在北京期间强调中国、越南、朝鲜“同文”，隐约地表达了联合起来抗击西方侵略的意愿。这一思想到1883年阮述来华时就更加清晰了，他既与王韬、伍廷芳等中国的“新派”人物频繁接触，又和英国人麦士尼为能（William Mesny）、日本人曾根啸云等广泛交往。他同样强调越南与中国、日本“同文”，对曾根啸云倡导建立“兴亚会”更感欣慰，希望中、越、日等国联合抵制西方侵略。② 十多年后，朝鲜也在甲午战争之后被日本控制，以中国为中心的“东亚国际秩序”基本瓦解，但是基于越南、中国、朝鲜“同文”认识的“文化认同”发展成为联合抵制列强侵略的意识，对后来各国的民族解放运动产生了一定的影响，包括孙中山、潘佩珠等人在民族独立斗争中相互支持，都可以视为这一观念的反映和延续。

① 阮思僩：《燕轺笔录》，第86页，越南汉喃研究院藏钞本，编号A852，见复旦大学文史研究院、越南汉喃研究院合编：《越南汉文燕行文献集成（越南所藏编）》(19)，复旦大学出版社2010年版，第177页。

② 参见孙宏年：《从传统到“趋新”：使者的活动与清代中越科技文化交流刍议》，载《文山学院学报》，2010年第1期。

从《国朝柔远记》管窥清代治外法律思想*

| 杜文忠 |

一、士大夫的化外观：《国朝柔远记》中的几篇“叙”

在中国清后期的“士人”的观念中，它的近代国家意识仍不成熟，“外”和“夷”没有严格的区分，以坚持华夏儒家政教为前提的“化外主义”[①] 仍然是其治边、治外的基本态度和方略。关于边疆之治有两本重要的论著：一是魏源的《圣武记》；二是王之春的《国朝柔远记》，其中王之春的《国朝柔远记》集中反映了清王朝关于治边、治外的观念和态度。

王之春的《国朝柔远记》今版书言之曰《清朝柔远记》。[②] 约成书于光绪五年（1879）前后，此间有当时一些名臣为之作“叙”。从这些“叙”中我们可以看到光绪年间，国门洞开之时清廷官方的主流思想，也可见其对于中国自古以来在边疆问题上奉行的以德柔远思想，以及他们在民族危机时刻，所以坚守的政教文化自信。他们的治边、治外思想是中国传统儒家化外主义思想的反映，也代表了晚清时期保守主义者（如戊戌变

* 此文系作者主持的国家社会科学基金项目（编号 11XP024）、西南民族大学法学硕士点一级学科建设经费资助项目（编号：2013XWD－S0301）。

① 杜文忠：《边疆的法律：对清代治边法制的历史考察》，人民出版社 2004 年版，第 36 页。

② 〔清〕王之春：《清朝柔远记》，赵春晨点校，中华书局 1989 年版。

法和清末宪政法律改革时出现的保守主义者）在这一问题上的表达。

在王之春的《清朝柔远记》中，突出了一个“柔”字。在清臣彭玉麟于光绪八年为之所作的“叙”中，解释了这个“柔”字的含义，反映了当时清廷“士大夫”在边疆问题上的主流意识。

> 夫秦汉而还，多事四夷，往往兵连祸结，为累世隐忧。即赖石燕然山，击单于颈致阙下，而财穷力竭，得其土不可治，得其人不可臣，隋珠弹雀之诮，所难免焉。至于若两晋、南宋已事，率皆君臣玩泄，养痈贻患，自小其朝廷，史册所书，千载下读之，犹令人发指。[①]

从政治利益的角度看，中国古代的主流治边、治外思想在处理与“化外”地方的关系时，往往认为与“外国”打交道只能是“财穷力竭，得其土不可治，得其人不可臣”，是一件“吃力不讨好”的事情。因此，采用“礼尚往来”、“薄来厚往”的办法。鉴于历史教训，一般不主张采用武力，多事四夷，因为这样会造成“兵连祸结”的局面。相反主要以“柔远”为术，即彭玉麟在其“叙”文中所说的“高明柔克”。

> 昔宣圣与鲁君论文武之政，于远人则曰“柔”。诚以远人不可遽怵之以威也，遽怵之以威，则彼必震动不安；又不可故示之以弱也，故示之以弱，则彼必狡焉思逞。此求一至善不易之经，则非“柔”不为功。且夫“柔”之云者，非我之处柔也，道在其归附之心，而孚之以诚信，则柔者益柔，所谓“燮友柔克”也。化其犷悍桀黠之习，而迪之以中庸，则不柔者亦柔，所谓“高明柔克”也。[②]

所谓“高明柔克”，仍然是“中庸”之心术，其做法是“诚以远人不可遽怵之以威”，“又不可故示之以弱”，重在“归附”，而不在追求获得利益。柔远之政，不主张以武力克之，认为此等柔术，“可以行久远而无

① 〔清〕王之春：《清朝柔远记·彭叙》，赵春晨点校，中华书局1989年版，第1页。
② 〔清〕王之春：《清朝柔远记·彭叙》，赵春晨点校，中华书局1989年版，第1页。

弊者”。[1]

同样，在谭钧培为《国朝柔远记》所作的“叙”中，强调了康熙三十三年针对俄罗斯遣使来朝一事的上谕：“外藩朝贡，固属盛事，总当以粒宁中国，培养元气为根本。”[2] 这符合乾隆四十一年针对刑部奏驳李质颖谳英商狱而不得其平允一案乾隆皇帝谕旨的精神，该谕旨“传旨申饬，反复数百言”，谕旨表达了“粒宁中国，培养元气”是国家外事的基本原则。因此，在该“叙”中，谭钧培引《礼记》云：“日月所照，霜露所队，凡有血气，莫不尊亲”来说明固本纾外的重要性，同时说明“柔远”政策的正确性，主张“柔远人，四方归之”。[3]

在清臣卫荣光为之所作“叙”中，回顾了中国治边、治外的做法。

> 《禹贡》纪要荒，《周官》有职方氏之掌，明堂之位，九夷八蛮，如在幕庭。……诚务修其德政，则四海犹一家，如天君泰而百体从令。苟或失之，则指臂之间，亦驱使之所不及，遑论其他乎？[4]

卫荣光的“叙”文中再次提到“修其德政，则四海犹一家”，这与上述柔远思想是一致的，都是养元气、修德政，同样反映了中国传统固本治外的思想，其中所谓的“天君泰而百体从令”就是这个意思。

清臣俞樾为《国朝柔远记》所写的“叙”文对于王之春的“柔远”之说也尤为赞赏，认为光绪朝王之春的《国朝柔远记》与道光朝魏源的《圣武记》一样，其“自顺治以迄与同治，于中外交涉机宜以及通商始末，凡所以控制八荒，怀柔万国者皆在此焉”。[5] 俞樾说：

> 晋皇甫谧《帝王世纪》云：“自神农以上有大九州岛岛岛，柱州、迎州、神州之等。皇帝以来，德不及远，惟于神州之内分为九州岛岛岛。”是说也，儒者或未之深信。及佛氏之书出，而四大部洲之

① 〔清〕王之春：《清朝柔远记·彭叙》，赵春晨点校，中华书局1989年版，第2页。
② 〔清〕王之春：《清朝柔远记·谭叙》，赵春晨点校，中华书局1989年版，第3页。
③ 〔清〕王之春：《清朝柔远记·谭叙》，赵春晨点校，中华书局1989年版，第4页。
④ 〔清〕王之春：《清朝柔远记·卫叙》，赵春晨点校，中华书局1989年版，第5页。
⑤ 〔清〕王之春：《清朝柔远记·俞叙》，赵春晨点校，中华书局1989年版，第7页。

说舆，更为儒者所不道。……以是推佛氏四大部洲可信，而神农以上大九州岛岛亦可信。[①]

俞樾的地理观念反映出中国人对于“天下”有新的认识，中国自古“九州岛岛”之说可信，而佛教说的四大部洲同样存在。不过在俞樾观念中，仍然是坚持“华夏中心”说，认为“然则神农以上君临大九州岛岛岛者，皆吾中国圣人，而四夷无与焉”。俞樾进一步坚持传统儒家的“本末”之关系说[②]，以此解释中国中外关系，认为“治天下有本有末”，西国人“其心计之奇巧，器械之精良，则天实启之，使得以自通于中国者也，皆其末也”。[③] 提出“若夫其本，则固在我中国矣”[④] 的思想。这显然是附会了康熙的治边、治外思想。康熙三十三年（1694）针对俄罗斯遣使入贡一事，康熙阅其章奏，谕大学士，“至外藩朝贡，虽属盛事，恐传至后事，未必不因此反生事端。总之，中国安宁，则外不作，故当以培养元气为根本要务耳”[⑤]。因此，俞樾说：

世徒见其人心计之奇巧，器械之精良，挟其长技凌犯我边陲，则惴惴焉惧中国之不可以为国，而不知治天下有本有末。其心计之奇巧，器械之精良，则天实启之，使得以自通于中国者也，皆其末也。若夫其本，则固在我中国矣。……今西国之人心计奇巧、器械精良，虽孟子无以尚之也。孟子则一言以折之曰：“盍亦反其本矣！”[⑥]

那么如何才能“固本”、“反本”，俞樾阐述了一些传统的做法：

所谓反其本，无他焉，省刑罚，薄税敛，使仕者皆欲仕其朝，耕

① 〔清〕王之春：《清朝柔远记·俞叙》，赵春晨点校，中华书局 1989 年版，第 7 页。

② 《论语·学而篇第一》曰：“君子务本，本立而道生”，不仅以君子的态度务本，而且还以君子的态度治国，自然也包括治外、治边。

③ 〔清〕王之春：《清朝柔远记·俞叙》，赵春晨点校，中华书局 1989 年版，第 8 页。

④ 〔清〕王之春：《清朝柔远记·俞叙》，赵春晨点校，中华书局 1989 年版，第 8 页。

⑤ 〔清〕王之春：《清朝柔远记·俞叙》，赵春晨点校，中华书局 1989 年版，第 43 页。

⑥ 〔清〕王之春：《清朝柔远记·俞叙》，赵春晨点校，中华书局 1989 年版，第 8 页。

者皆欲耕于其野，商贾皆欲出于其涂，邻国之民皆仰之如父母。如此者，在孟子时不过朝秦楚、莅中国，而在今日则虽统大九州岛而为之君不难矣。[①]

另外一位作“叙”者李元度的论述更具有理论性，认为薄海内外诸国之人也都是人，按照“有教无类”的原则，他们都可以接受我中国的尧舜孔孟尊亲之道，只是因为过于遥远，他们“礼闻来学，不闻往教，故不知有圣人，未得闻其教耳”[②]，但是“圣人有教无类，必不忍出此也。圣人之道，譬如天地之无不持载，无不覆帱，是以声名洋溢乎中国，施及蛮貊，舟车所至，人力所通，天之所覆，地之所载，凡有血气者莫不尊亲，故曰‘配天’”[③]。

李元度还从中国与周边文化的历史关系中，论证了中国传统“教化万邦”的“无外”思想。

尧舜都冀州，其时惟今山西、山东、直隶、河南、陕西数行省为中原，余皆要荒服也。孔孟时，吴越荆楚尚为蛮服。宋以来，三江、两湖、闽、越、黔、滇、川、粤始大盛，文学比邹鲁。谓非圣教之自近而远欤？我朝雍正中，滇、黔、川、楚、两粤诸苗猺改土归流，亦自开辟以来始沾王化。至乾隆中，新疆拓土二万里，则中土业已遍覆无遗，繇是可以及外国矣。[④]

李元度的立场显然有强烈的“华夏中心主义”的色彩，是以我化人，而不是以人化我。在“叙”文中，他强调了传统的“天地无外，圣人无外”。在新出现的中西方关系中，他寄希望于中国改变外国，而不是外国改变中国，认为西洋人的比递斯尼教、天主教、耶稣、希腊诸教以躬行实践为宗，此即尧舜孔孟之正教，这表明它们已“自悟其非”。他说：

① 〔清〕王之春：《清朝柔远记·俞叙》，赵春晨点校，中华书局1989年版，第8页。
② 〔清〕王之春：《清朝柔远记·李叙》，赵春晨点校，中华书局1989年版，第9页。
③ 〔清〕王之春：《清朝柔远记·李叙》，赵春晨点校，中华书局1989年版，第9页。
④ 〔清〕王之春：《清朝柔远记》，赵春晨点校，中华书局1989年版，第10页。

天欲使尧舜孔孟之教自中国以施及蛮貊，列圣先天而不违，故在二百年前即已启其机括。盖天地无外，圣人无外，故列圣之包涵遍覆亦无外。吾知百年内外，尽地球九万里，皆当一道同风，尽遵圣教。天下一家，中国一人之盛，其必在我朝之圣人无疑矣！目下泰西诸国，皆能识华文、仿中制，译读四子、五经书，不变其陋俗。英国近有比递斯尼教，以躬行实践为宗，此即尧舜孔孟之正教也。彼其所谓天主、耶稣、希腊诸教，已自悟其非，而迁乔出谷矣。[①]

不仅如此，李元度更进一步从中外比较的角度深入阐述了这样的思想，认为西洋人应当“幡然改从尧舜孔孟之教”，仍然不失其“人性”，他具体分析了西洋宗教、政治、科学文化，认为其犯“天忌”者有十：

一、洋人所奉者天主，然而天道之所忌彼皆犯之。残忍，天所忌也，洋人于火攻则精益求精，于鸦片则创鸩毒以害人，充其量不至尽天下之人类不止，犯天之忌一。

二、机巧，天所忌也，洋人无事不用机械，犯天之忌二。

三、强梁，天所忌也，洋人则以强凌弱，以众暴寡，犯天之忌三。

四、阴险，天所忌也，洋人吞噬兼并，每蓄意于数十年前，而坐收后利，犯天之忌四。

五、狡猾，天所忌也，洋人智取术驭，得寸进尺，犯天之忌五。

六、忘本，天所忌也，洋人不敬祖先，废宗绝祀，犯天之忌六。

七、黩武，天所忌也，洋人恃其船坚炮利，不戢势将自焚，犯天之忌七。

八、专利，天所忌也，洋人上下交征利，君臣、父子、兄弟怀利以相接，犯天之忌八。

九、奢侈，天所忌也，洋人厚于自奉，穷奢极欲，犯天之忌九。

十、忌刻，天所忌也，洋人暗分朋党，彼此猜嫌，犯天之忌十。[②]

---

① 〔清〕王之春：《清朝柔远记》，赵春晨点校，中华书局1989年版，第10页。

② 〔清〕王之春：《清朝柔远记》，赵春晨点校，中华书局1989年版，第11页。

总结以上十条，他认为："吾中国之所以为中国者，在此不在彼也。"[①] 认为时下，面对外患之侵扰，文化的根本不可以失，"言时务者虽师彼之所长，尤当以尧舜孔孟相传不变之道为本，而后可与言富强"。应当说李元度对西方文化的分析和归纳是比较具体的，他的理论的出发点正是从儒家的天道和人道思想出发，以孔孟之道为本，然后再寻求国家富强，即使今天看来，其也不失文化比较的价值。此外，在王之春的"自叙"中，认为"先王之训"，在于"耀德不观兵，止戈之文，安民而和众"，表达了"虽近在要荒，但示怀柔之意，岂远违声教，必伸挞伐之威！"[②] 的思想。

二、传教、经商之困扰与明清相关治外法令

在赵春晨于1985年为该书写的前言中，认为王之春的《国朝柔远记》存在的问题有二：一是"陈腐的华夷之辨和名教观念时有流露"；二是"很多地方说的是国内少数民族，这都是较大的缺陷"。[③] 如果站在中国文化本位的立场，而不是西方中心主义的立场来看，所谓的名教观念是可以理解的。从文化的性质看，中国传统对外治法中不乏文明的因素；从人类政治文明发展的角度看，讲求"治天下有本有末"，进而"固本"、"反本"，其主张德化而"怀柔万国"的思想也不无道理。同时，我们在《国朝柔远记》中仍然难以看出这时的清朝士大夫具有近代主权"国家"意识，在他们的观念中，近代主权国家概念仍然只是"中外"这类十分模糊的文化概念，这说明即使到了光绪年间，传统的"化外"和"边疆"的概念仍然是清王朝"官方"的主流意识。

古代中国人的世界观十分宏大，动辄称"天下"，中国儒家的政治理想也十分远大，有普世主义的蓝图。由于王朝力量局限和特定地理环境的限制，中国人往往正是在周边有限的范围内推行自己坚信的"圣教"，以仁为本的儒家圣教使得它的治边、治外政策同样具有"传教"的性质。同时传播孔孟圣教文化是为了协和万邦，具有"和"的属性，武力和法律的

① 〔清〕王之春：《清朝柔远记》，赵春晨点校，中华书局1989年版，第11页。
② 〔清〕王之春：《清朝柔远记》，赵春晨点校，中华书局1989年版，第12页。
③ 〔清〕王之春：《清朝柔远记·前言》，赵春晨点校，中华书局1989年版，第9页。

统治并不是它的终极目的，因此“怀柔万国”才是它的基本策略。清王朝继承了这一切，它的世界观是雍正所说的“中外一体”，“朕以万物一体为怀”[①]，由于有“天下一体”的思想，清王朝本身在经济、政治上并不拒外，其所以在经济、政治上有拒外之心，只是担心洋教的传播，破坏了始终遵循并自信的“尧舜禹汤文武周公孔子”之道。

明清时期，尤其是清代伊始，中国面临的“化外”问题有二：一是海外西方人前来传教与经商而可能危及儒家圣教的矛盾和困扰；二是边疆的历史遗留问题，如蒙古遗部之寇乱、西藏之稳定、东部台湾蕃族、西南苗人的归化以及周边之藩属如朝鲜、安南、暹罗等之归附等等问题。这些问题在相关的法律上也有所反映。

（一）杨光先的《不得已》：来自洋教与经商的困惑

从明朝开始，西方外夷与中国的交往最要紧者有二：一是洋教；二是互市。中国官方所惧者，非互市、非天文、非利器，恰恰是西方人带来的洋教。如果我们能站在清王朝的角度来看待当时的中国边疆问题，就会发现这不是一个纯粹的政治问题，也不是纯粹的经济问题，更不是法律问题，而仍然是一个文化自信的问题。清朝的士人早在清前期就已经意识到与西方沟通存在着来自文化上的威胁和挑战，这在利玛窦开启明代传教活动与清代康熙时期钦天监正杨光先的《不得已》一书中可以看出，也可以从时担任钦天监事的汤若望与杨光先之间的矛盾中看到。

西方与明清王朝之间，大规模的互市贸易发生在洋教传播之后，而洋教的传入则是洋教士通过帮助明王朝修定“历法”入手的。先是明万历九年利玛窦来华入京贡方物，传其“推步之术”，同时在朝廷官员中发展教众。到清朝时，同样如此，顺治元年（1644）秋七月修正历法，依据汤若望所传西方历法造《时宪书》通行全国，此时汤若望已经在更深入的层面上宣传天主教。

西方人的传教活动的确是以“奇技淫巧”为先，天文历法对于传统中国政治来讲是十分重要的事情。明朝万历九年，意大利传教士利玛窦来广

① 〔清〕王之春：《清朝柔远记·前言》，赵春晨点校，中华书局1989年版，第61页。

州香山澳，后入京贡献方物。由于其人“精推步之学，士大夫皆重之”[①]，“今以臣局新法，所有诸方节气及太阳出入昼夜时刻，俱照道里远近推算，明列篇首，开卷了然。得旨试行。乃以新法造《时宪书》，颁行各直省。此我朝用西人沿历之始。”[②] 利玛窦来华的根本目的，显然不是为科学而来，是为文化而来（传教）。利玛窦带来了耶稣经像，并显扬天主为天地万物之主宰，这对于援“天道”而进行统治的中国来说，在思想和政治上都具有挑战性，王之春在论述西教在中国滥觞时，认为这也是随后“彼教流染中华，议和战、通贡市”的原因。他说：

> 其徒党继至者，相率和之，或居京师，或在各直省，开堂礼拜，以其说煽惑愚众。时廷臣已有恶之请驱斥者，特当事因其历法准验，不肯严为禁绝，遂使彼教流染中华，议和战、通贡市，胥此滥觞。萌蘖不扎，将寻斧柯，殆谓是哉！[③]

到了康熙八年（1669）秋八月出现了杨光先一案。当时杨光先为钦天监正，吴明烜为监副。钦天监是清朝掌管天文历法的机构，钦天监由于工作失误，当年出现了“本年置闰之误”。此事十分严重，南怀仁以此事弹劾吴明烜，但是作为监正的杨光先“自觉其非，自行检举。但《时宪书》已颁行，乃下诏停止闰月。下光先于狱。刑部议光先罪当斩，上怜其年老，加恩从宽免死。至是改戍。后遇赦归，行至山东暴卒”。[④] 作为钦天监正的杨光先对于西洋传教的事情十分敏感。对于天主教在中国的传布，杨光先自愤其先忧之隐不白于天下后世，于是才著《不得已》一书，批判天主教法而维护传统儒教义理，并深为当时担任钦天监事的汤若望所嫉。

杨光先之所以名之曰《不得已》，是因为在战国时杨朱、墨翟之言盈天下进而威胁孔孟之说，孟子不得已而以言拒之。又后千余年，隋唐盛行佛老之说，陷溺人心，韩愈不得已而作《原道》以拒之，由此以明先王之

① 〔清〕王之春：《清朝柔远记·前言》卷一，赵春晨点校，中华书局1989年版，第1页。
② 〔清〕王之春：《清朝柔远记·前言》卷一，赵春晨点校，中华书局1989年版，第2页。
③ 〔清〕王之春：《清朝柔远记》卷一，赵春晨点校，中华书局1989年版，第2页。
④ 〔清〕王之春：《清朝柔远记》卷二，赵春晨点校，中华书局1989年版，第18页。

教。杨光先仿效孟子、韩愈，表达了他著《不得已》的初衷，他说："我朝定鼎之初，汤若望挟其新法，混入中国。一时喜其历法准验，稍驰中外之大防，遂致腥膻杂处。光先不得已而为是篇。"① 其著《不得已》中的论题如下：

首先，关于中国人起源的问题。在汤若望著的《天学传概》一书中说中国人祖先是伏羲氏，令人惊讶的是，他认为伏羲氏是"如德亚之苗裔"，"如德亚"又是亚当夏娃子孙所居住的地方。他说："其在《书》曰：昭受上帝，天其申命用休；《诗》曰：文王在上，于昭于天；《鲁论》曰：获罪于天；《中庸》曰：郊社之礼，所以事上帝；《孟子》曰乐天、畏天、事天。何莫非天学之法语微言？是中国之教，无先天学者。"② 照此说法，中国代之圣君、贤臣都成了天主教之苗裔，而儒家的经典也成了天主教之微言，清朝的君臣也成为了天主教之苗裔。汤若望的这种逻辑自然为杨光先这样的士人不能接受，在他们看来，甚至有些搞笑。

其次，天主教不供君亲，无君、无父、无母，这对于主张"忠孝"的中国政治文化来讲是不能接受的。因此，杨光先说："吾儒以天秩、天序、天伦、天性立教乎！""天主教不供君亲，是率天下而无君父者。……惟天主耶稣以犯法钉死，是莫识君臣；耶稣之母玛丽亚有夫名若瑟，而曰耶稣不由父生，是莫知父子。何颠倒之甚也！"③ 耶稣以犯法钉死，是不识君王国法。因此，杨光先说孟子针对墨家和杨朱学说云："杨墨之道不息，孔子之道不著。"而如果按照汤若望的意思，则成了"孔子之道不息，天主之教不著。孟子之拒，恐人至于无父无君。祖白之著，恐人至于有父有君"。④

再次，"天"是中国文化的基本概念，儒家敬天，援天道而治是中国基本的政治哲学，天主教上帝造天之说，威胁到了传统的"天道"观。"天主教所事之象，名曰耶稣。手执一圆像，问：'何物？'则曰：'天。'问：'天何以持于耶稣之手？'则曰：'天不能自成其为天，犹万有之不能

① 〔清〕王之春：《清朝柔远记》卷二，赵春晨点校，中华书局1989年版，第23—24页。
② 〔清〕王之春：《清朝柔远记》卷二，赵春晨点校，中华书局1989年版，第19页。
③ 〔清〕王之春：《清朝柔远记》卷二，赵春晨点校，中华书局1989年版，第20页。
④ 〔清〕王之春：《清朝柔远记》卷二，赵春晨点校，中华书局1989年版，第20页。

自成其为万有，必有造之者而后成。'"如果天持于耶稣之手，那么耶稣则必是圣人，既然这样，那么与伏羲、文王、尧舜、周公、孔子相比，耶稣又做了什么呢？"耶稣而诚全天德之圣人也，则必一言而为法后世，一事而泽被生民，若伏羲、文王之明易象，尧舜之致时雍，大禹之平水土，周公之制礼乐，孔子之明道德，斯万世之功也，耶稣有一于是乎？"①

最后，除了上述理论上的批判，杨光先对于天主教在中国的传播对于中国政治、国防的威胁提出了担忧。天主教当时已开堂于京师，几乎遍布全国，共有三十余处。而"若望藉历法以藏身金门，而棋布邪教之党羽于十三省要害之地，其意欲何为乎？……徐光启以历法荐利玛窦于朝，以数万里不朝贡之人，来而弗讥其所从来，去而弗究其所从去，行不监守之，止不关防之，十三省之山川形势、兵马钱粮，靡不收归图籍而弗之禁。古今有此玩待外国人之政否？"② 杨光先的《不得已》集中体现了明清时期中国士人对洋教的排斥意识和谨慎态度。

（二）明朝对于洋教与互市的法令

在明朝时，明王朝在与西方的贸易中就采取了比较谨慎的态度，对洋教的恐惧，究其原因，是对于西方"洋教"传播的担忧，这也影响了清朝针对中外贸易的法律，这表现在当时的一些相关法令中。

明朝时对中国海上外贸有冲击性的是"佛郎机"（法兰西），正德十三年，遣使入贡，但因法兰西并马六甲一事，御史何鳌上书，恐其在南方滋事，绝其朝贡互市。后巡抚林富上言："粤中公私诸费，多资商税，番舶不至，则公私皆窘。"林富从经济利益的角度，希望朝廷开设互市。"因陈许佛郎机互市有四利。部议从之。自是佛郎机得市香山澳，又越境商于福建。"③ 嘉靖二十六年，因互市与法兰西的纠纷出现了，巡抚朱纨严禁与海外的互市，于是这些有法国背景的马六甲外商聚众侵犯福建漳州的月港、浯屿。巡抚朱纨命官军迎击，生擒了为首的李光头等九十六人，朱纨用便宜斩之。朱纨此举遭御史陈九德劾，认为朱纨不应当擅自诛杀马六甲商人，朱纨于是被逮自杀。

① ［清］王之春：《清朝柔远记》卷二，赵春晨点校，中华书局1989年版，第23页。
② ［清］王之春：《清朝柔远记》卷二，赵春晨点校，中华书局1989年版，第20页。
③ ［清］王之春：《清朝柔远记》卷一，赵春晨点校，中华书局1989年版，第7页。

巡抚朱纨死后，福建的海禁复弛，互市复开。先是暹罗、爪哇、占城、浡泥诸国都在广州进行互市，正德时，移高州电白县，由市舶司进行管理。到了嘉靖十四年，由于指挥黄庆受外商贿赂，互市地点又从电白县移到香山澳门濠镜。法国商人乘机混入，其他国家商人“皆畏避之”，为了实现贸易的目的，法国商人假称是满刺加（马六甲）入贡，已改称“蒲都丽家”①，朝廷认定他们是法国人，于是部议驱赶他们。

这些商人在香山澳濠镜筑室建城，“雄踞海畔若一国”（此澳门有洋楼之始），明王朝地方官员“利其货宝”，“佯禁而阴许之”，加上又有许多侵犯明朝的倭寇藏匿于此。这一情况引起了当地官员的重视，于是总督张鸣冈上书朝廷说：

> 今倭去而番尚存，有谓宜剿除者，有谓宜移之浪白外洋、就船贸易者。顾兵难轻动，濠镜在香山内地，官军环海而守，彼日食所需咸仰于我，一怀异志，我即制其死命，若移外洋，则巨海茫茫，奸宄安诘，制御安施？似不如申明约束，无启衅，无弛防，相安无患之为愈。②

朝廷听从张鸣冈的建议，于是在澳门设“雍陌营”，拨了大约有一千士兵驻防，对于当地互市则采取“申明约束，无启衅，无弛防，相安无患”的政策。这一治策显然是有效的，到了天启元年，监司冯从龙等毁掉了他们在澳门所筑城市，这些外国商人也未敢抗拒。王之春对于此的评价是“中朝疑之过甚”，“盖番人本求市易，初无不轨谋，而中朝疑之过甚，不许其朝贡，又无以制之，故议者纷纷。然终明之世，此番固未尝为变也”③。

从上可见，明王朝对于外商到广州做贸易，有所开放，也有所禁止，开始只是从一般性的贸易管理角度出发，担心其相互之间招惹事端，观念上仍然视之如夷狄。尤其是认为法国人凶顽，因此，更不希望把互市深入

① 〔清〕王之春：《清朝柔远记》卷一，赵春晨点校，中华书局1989年版，第7—8页。
② 〔清〕王之春：《清朝柔远记》卷一，赵春晨点校，中华书局1989年版，第8页。
③ 〔清〕王之春：《清朝柔远记》卷一，赵春晨点校，中华书局1989年版，第8页。

内地，期间之所以颁布禁令，有所禁止，只是因为发现互市已经深入到了广州内地，正如广州总督佟养甲上疏所言："佛郎机国（法兰西）人寓居濠镜澳门，与粤商互市，于明季节已有历年，后因深入省会，遂饬禁止。请嗣后仍准番舶通市。"① 从佟养甲的上疏看，并不是一味"闭关"的态度，在佟养甲的上疏中仍有准番舶通市的建议，只是不允许在省会通市而已。此后每年"通市不绝，惟禁入省会"②，佟养甲的这一做法，本是出于"圣朝招徕之仁"，不过在当时的士大夫的眼中，也有代替法国人请许互市的嫌疑。

到了清朝康熙二十二年（1683），起初尚禁商舶出洋互市，后来由于荷兰曾经帮助剿灭台湾郑经，施琅等几次上书，首次请求与洋人通市，得到了朝廷的准许。后来因为疆臣请开海禁。朝廷设粤海、闽海、浙海、江海四个榷关，在澳门、漳州、宁波府、云台山，署吏以莅之。③

（三）清朝前期洋教和外贸禁令

在中国的西南边疆地区，清王朝开国初期亦面临西方人传教与互市的问题。顺治十六年（1659）安南（越南）向清朝入贡，安南自古与中国关系密切，秦朝时隶属于中国，作为以交趾隶象郡，后改交州。唐置安南都护府。五代时，出现曲承美窃据安南，开始自立为国，才开始成为"外藩"。宋初封丁琏为安南郡王，明朝张辅、沐晟等荡平其地，置安南布政使。封黎氏为安南都统史，莫氏为安平令。是年，大兵征云南，莫敬耀首纳款，至军贡方物，诏封为安南都统使。④

安南本中国隶属之地，五代以后才开始自立为国，但是一直都接受中央王朝的册封，明朝时基本上可以算做是以土司羁縻之法治之。由于中国文化的影响，"衣冠仍唐宋之制，职官、选举、文字大都尊仿中国。坐则席地，贵人乃施短榻，尚循古制"⑤。在明清王朝的藩属体系中，属于中国的"外藩"，是中国的西南边疆之地，安南本身也一直有这种明确的意

① 〔清〕王之春：《清朝柔远记》卷一，赵春晨点校，中华书局1989年版，第7—8页。
② 〔清〕王之春：《清朝柔远记》卷一，赵春晨点校，中华书局1989年版，第7—8页。
③ 〔清〕王之春：《清朝柔远记》卷二，赵春晨点校，中华书局1989年版，第36页。
④ 〔清〕王之春：《清朝柔远记》卷一，赵春晨点校，中华书局1989年版，第12—13页。
⑤ 〔清〕王之春：《清朝柔远记》卷一，赵春晨点校，中华书局1989年版，第13页。

识。乾隆、嘉庆时，新旧阮氏皆以藩封得国，因此，西洋人与安南之间的通市贸易必然也属于中国的利益，西洋人与安南之间的通市，就如同是他们与中国之间的通市。由于当时已经出现西洋人与安南人之间的鸦片贸易，安南才立置重典，杜绝洋人的鸦片贸易并严禁天主教的传入。其法律对于凡是从事鸦片贸易者，进行严惩，对于本国有入教者，则歼灭之。

> 国中禁令甚严。红毛人以鸦片诱据交留巴，复诱安南，安南觉其阴谋，犯者立置重典。又严禁天主教，有入教者，歼灭之。不与西洋通市（乾隆中，阮光平以广南篡据安南，引法兰西人为助，与之通市，后遂据其西贡）。①

安南的这一立法，也反映了明王朝对鸦片和传教的基本态度。

清朝康熙时期对于天主教尚比较开放，但是仍然有限制。康熙八年（1669）冬十二月，朝廷下旨禁止各省设立天主堂，由于南怀仁的历法上的准确判断，朝廷“遂特旨许西洋人在京师者自行其教。凡在各省开堂设教者，禁之”②。允许在京师者自行其教，而禁止在各省开堂设教者，但是实际情况是当时许多私立的天主教堂并没有奉诏追毁，加上洋人都是自行其教，原来禁止各省开堂设教得法令“日久法弛”，于是康熙五十六年（1717）广东碣石镇总兵官陈昂上请朝廷再次禁止开堂传教。陈昂言：

> 天主一教，设自西洋，今各省开堂聚众，此辈居心叵测，目下广州城内外尤多，加以洋船所汇，同类招引，恐滋事端。乞循例严禁，毋使滋蔓。③

陈昂的这一上请得到朝廷准许，这就是关于禁止洋教传播的“康熙五十六年定例”。虽然有了这一“定例”，但问题并没有根本解决，由于沿海互市仍在进行，仍然是“洋船所汇，同类招引”，伴随着互市而传播洋

① 〔清〕王之春：《清朝柔远记》卷一，赵春晨点校，中华书局1989年版，第13页。
② 〔清〕王之春：《清朝柔远记》卷二，赵春晨点校，中华书局1989年版，第24页。
③ 〔清〕王之春：《清朝柔远记》卷三，赵春晨点校，中华书局1989年版，第53页。

教的情况仍在继续。由于洋教与孔孟之道迥异，洋教的传播威胁到了王朝政教的根本，沿海互市带来的经济利益与维护政教传统之间的矛盾仍然存在，对互市的法律限制也总是与对洋教传播的限制联系在一起。

到了雍正时期，一方面坚持“康熙五十六年定例”，禁止洋教传播；另一方面进一步限制海外贸易。由于康熙时期海禁已开，越来越多的洋人前来贸易，这引起了清政府的注意。雍正时期二年（1724）夏六月，通政司右通政梁文科上奏朝廷：

> 查香山县澳门地方，明季嘉靖间租与红毛居住，率年来户口日增，居心未必善良，不可不严加防范，以杜隐忧。今宜设一弁员在澳门弹压，凡外洋人往来贸易，不许久留，并不许内地奸民勾通为匪，则地方安静，庶不致有意外之虞。①

雍正皇帝责成两广总督孔毓珣进一步查实情况后再行上奏。在孔毓珣的回奏中，提到了“康熙五十六年定例”，并提出了限定来粤洋商船额数和限制外国贸易船只停泊地点的建议。孔毓珣认为原来为了防止西洋人擅入内地，在澳门设置的关卡防务都没有问题，无庸另议安设，只是前来贸易的船只日多，恐致滋事。为此，“臣拟查其现有船只，仍听贸易，定为额数，朽坏准修，此后不许添置，以杜其逐岁增多之势”②。此外，前来贸易的外国船只允停泊在省城黄埔，不准泊于澳门湾。“至外国洋船每年来中国贸易者，俱泊省城黄埔地方，听粤海关征税查货，并不到澳门湾泊。”③ 这一建议得到了朝廷的许可。同年冬十月，雍正皇帝又责成孔毓珣对广东外夷之事妥善料理，于是孔毓珣提出了区别对待，分而治之的办法：

一是对于各省居住西洋人中有通晓技艺愿赴京效力者送往北京，此外一概送赴澳门安插。“臣思西洋人在中国，未闻犯法生事，于吏治民生原无大害，然历法、算法各技艺，民间俱无”，“查各省居住西洋人，先经闽

---

① 〔清〕王之春：《清朝柔远记》卷三，赵春晨点校，中华书局1989年版，第58页。

② 〔清〕王之春：《清朝柔远记》卷三，赵春晨点校，中华书局1989年版，第58—59页。

③ 〔清〕王之春：《清朝柔远记》卷三，赵春晨点校，中华书局1989年版，第58—59页。

浙督臣满保题准，有通晓技艺愿赴京效力者送京，此外一概送赴澳门安插，嗣经西洋人戴进贤等奏恳宽免逐回澳门，发臣等查议。”①

二是为防止西洋人在各省传教，将各省送到之西洋人，集中于广州省城天主堂暂时居住，并不许其出外行教，亦不许百姓入教，并在有其本国洋船到广东时，“陆续搭回，此外各府州县天主堂，尽行改为公所，不许潜往居住”②，各府州县天主堂，尽行改为公所，不许教民前往居住。

三是对于在澳门居住的西洋人不同于那些遍于各省行教的西洋人，考虑到他们已经在此居住了二百年之久，“守法纳税，亦称良善”，准许其继续居住，但是为防止他们“将来船只日多，呼引族类来此谋利，则人数益众”。需要对现存船只编列字号，作为定数，不许添造，并不许再带外国之人容留居住。

四是对于新来贸易的商人，“宜使其怀德畏威”，在洋船到广东时，“止许正商数人与行客公平交易，其余水手人等俱在船上等候，不得登岸行走”，并定于十一、十二两月内，乘风信便利，将银货交清，遣令回国，以达到“关税有益而远人感慕，亦不致别生事端矣”③ 的效果。

对于两广总督孔毓珣的这一禁教方案，雍正皇帝似有王者不忍之心，认为西洋教法本无让人深恶痛绝之处，应采取不可“绳之过严”的从宽态度，雍正的回复是：

> 于西洋教法，原无深恶痛绝之处，但念于我中国圣人之道无甚裨益，不过聊从众议耳。尔其详加酌量，若果无害，则异域远人自应一切从宽。尔或不达朕意，绳之过严，则又不是矣。④

雍正皇帝的这一答复模棱两可，有让孔毓珣便宜行事的意思，基本上是若果无害，一切从宽。实际上，早在雍正元年（1723）闽浙总督满保就针对西洋人杂处内地进行传教一事，提出安置西洋人于澳门并将其天主堂

① 〔清〕王之春：《清朝柔远记》卷三，赵春晨点校，中华书局 1989 年版，第 59 页。
② 〔清〕王之春：《清朝柔远记》卷三，赵春晨点校，中华书局 1989 年版，第 60 页。
③ 〔清〕王之春：《清朝柔远记》卷三，赵春晨点校，中华书局 1989 年版，第 60 页。
④ 〔清〕王之春：《清朝柔远记》卷三，赵春晨点校，中华书局 1989 年版，第 60 页。

改为公所，对于误入其教者严行禁饬的奏议，其奏称："西洋人杂处内地，在各省起天主堂，邪教偏行，闻见渐淆，人心渐被煽惑。请将各省西洋人，除送京效力人员外，余俱安置澳门，其天主堂改为公廨，误入其教者严行禁饬。"① 对此当时的雍正皇帝就不是很强硬，他说："远夷住居各省已历年所，今令其迁移，可给限半年，委官照看，毋使地方扰累、沿途劳苦"②。

到了雍正三年，雍正在上谕中对待洋教和洋人贸易的态度逐渐清晰，针对洋人的海洋贸易，雍正三年秋九月颁布《禁民入番船》令：

> 本年六七月间，粤东到英吉利洋船三、法兰西洋船一，皆载黑铅、番钱、羽缎、哆啰哔叽诸货，又续到哥沙国、咖喇吧国、吗吧喇斯国洋船、英吉利洋船，皆载胡椒、檀香、苏木、黑铅，停泊黄埔。总督孔毓珣奏请委员弹压稽查，不许内地闲杂人等擅入夷船生事，并严饬牙行公平交易，务在年内乘风信尽令开发归国。奉旨："严加约束，不可宽从。"③

这里说的"禁民入番船"令，可归纳有三条：一是不许内地闲杂人等擅入夷船，意指禁止在夷船内进行交易；二是只准在"牙行"进行公平交易；三是英法洋船必须在年内乘风信全部归国，不能长时间停泊于黄埔。这显然是既允许其前来贸易，并不"闭关"，同时也有防范限制。雍正时期的这一禁令，有出于防止洋人传教和输入鸦片的考虑，令其当于年内乘风信尽开发归国，就已经包含了不甚欢洋人前来贸易的意思。

清政府的禁教政策从来都不是一概而论的，之所以禁洋教只是因为天主教在理论上与孔教对立，而对于国内边疆民族的宗教却少有禁止。在流行于中国的僧、道、剌麻教等宗教中，伊斯兰的"回教"是最异于中国传统文化的，尽管如此，清王朝对于伊斯兰"回教"却一直很宽容。如雍正二年（1724）秋九月，山东巡抚陈世倌曾经请禁回教，在陈世倌的疏言

---

① 〔清〕王之春：《清朝柔远记》卷三，赵春晨点校，中华书局1989年版，第56页。

② 〔清〕王之春：《清朝柔远记》卷三，赵春晨点校，中华书局1989年版，第56页。

③ 〔清〕王之春：《清朝柔远记》卷三，赵春晨点校，中华书局1989年版，第61页。

中，认为回教不敬天地，不祀神祇，另立宗主，自为岁年，党羽众盛。请求朝廷概令出教，毁其礼拜寺。但是雍正的上谕则认为陈世倌所请偏激，他认为回教同僧、道、刺麻教一样，虽然由来已久，但是历来却并不为中土人所崇尚，其传播范围也十分有限，不易蔓延。“其来已久，今无故欲一时改革禁除，不但不能，徒滋纷扰，有是治理乎？未知汝具何意见也。”① 至于回教的礼拜寺、回回堂，也不过是在同族中进行，“惟彼类中敬奉而已，何能惑众？”② 因此，在上谕中对山东巡抚陈世倌所请不仅不允许，且多有责备之意，由此可见清朝统治者对于回教只是在同族中进行，这不同于西洋人的传教。

三、结束语

《国朝柔远记》集中体现了清朝士人的主流治外意识。从上分析可知，清政府对于西洋人在中国周边的贸易也并不是一味拒绝的态度。其所担心的只是洋教和鸦片，因为这已经触及清朝的经济利益和政治文化根基（儒家政教），二者是清朝国家的“核心利益”。明清所谓的“柔远”，是以儒家政教为内容的柔远，它的治外政策和法律一方面体现了儒家政治的宽容精神；另一方面也表现出对于自身政教文化的坚持，这两个方面共同构成了明清时期治外或治边的基本态度。比如在雍正三年（1725）春二月的《诏安辑台湾降番》中，关于对待台湾生番的上谕就说得很清楚，上谕：“生番野性难训，全在地方文武官弁安戢得法，封疆大吏当严饬属员施恩布教，令其心悦诚服，永无变更，方不愧柔远之道。”③ 这里“严饬属员施恩布教，令其心悦诚服”中所谓的“教”，是指“儒教”。与历史上一些政教合一国家（基督教国家、回教国家）不同，“儒教”非神教，而是人教，是人文之教，以“儒教”为立国指导思想的明清王朝，在对外关系上奉行的本也是“万物一体”的宽容态度。正如雍正三年秋八月赐谕曰：“至西洋寓居中国之人，朕以万物一体为怀，时时教以谨饬安静，果能慎

① 〔清〕王之春：《清朝柔远记》卷三，赵春晨点校，中华书局1989年版，第59页。
② 〔清〕王之春：《清朝柔远记》卷三，赵春晨点校，中华书局1989年版，第59页。
③ 〔清〕王之春：《清朝柔远记》卷三，赵春晨点校，中华书局1989年版，第61页。

守法度，行止无亏，朕自推爱抚恤。”① 尽管忌讳鸦片，但对待寓居中国的洋人，只要能够遵守中国的法律，仍然是“推爱抚恤”；尽管忌讳洋教，但是并非以敌人视之，如雍正三年秋八月西洋教皇遣使入贡，赐谕曰：“教化王地处极远，特遣使臣齐章陈奏，感先帝之垂恩，祝朕躬之衍庆，周详恳至，词意虔恭，朕心嘉慰。使臣远来，朕已加礼优待。……兹因尔使臣归国，特颁斯勅，并赐妆缎、锦缎、大缎六十匹，次缎四十匹，王其领受，悉朕绻绻之意。”② 甚至对于那些私入洋教的宗室贝勒的处罚也采取教化的宽容态度，如雍正五年（1727）丁未，曾议宗室贝勒苏努子乌尔陈、苏尔金、库尔陈私入天主教一案，因雍正先命人对之“分晰开导”，但其仍不悛改，有大臣请将乌尔陈等即行正法，但雍正上谕对之仍然是将乌尔陈等人交于步军统领“牢固锁禁，俾得穷究西洋道理”③ 自请悔过的方式进行处理。

① 〔清〕王之春：《清朝柔远记》卷三，赵春晨点校，中华书局1989年版，第61页。
② 〔清〕王之春：《清朝柔远记》卷三，赵春晨点校，中华书局1989年版，第61页。
③ 〔清〕王之春：《清朝柔远记》卷三，赵春晨点校，中华书局1989年版，第64页。

从“南洋宣抚使”到“华侨参议员”的法理考察

——以北京临时参议院对云南华侨土司案的议决为中心

| 宋培军 |

一、云南华侨土司案的典型性

“旅缅滇侨及土司拟请于省议会增设议员”① 案，是特别委员长张耀曾的说法，应该说最为准确。按照今天的语言习惯，称为“云南华侨土司案”，也许通用性更好。云南旅缅华侨及土司拟请于省议会增设议员案（云南都督蔡锷来电提出），于1912年10月4日参议院议交法制审查②，8日法制审查报告，9日允派“特派员”到省议会陈述的决议案咨大总统袁世凯转咨蔡锷。福建咨请特设华侨专额案，也于10月28日议决交法制审查。③ 满族同进会呈请国会议员特设旗人专额案（大总统交议），尽管早于9月12日初读，并派定特别审查11人：籍忠寅、顾视高、刘崇佑、刘星楠、陈国祥、邓镕、谷钟秀、王家襄、李肇甫、王振垚、曾有翼④，但直到11月1日才二读，所以16号阮庆澜才得以总结对“特设专额议员”

---

① 参议院第91次会议速记录10月8日上午9时50分开议，李强选编：《北洋时期国会会议记录汇编》第3册，国家图书馆出版社2011年版，第417页。

② 参议院第89次会议速记录10月4日上午9时45分开议，李强选编：《北洋时期国会会议记录汇编》第3册，国家图书馆出版社2011年版，第374页。

③ 参议院第100次会议速记录10月28日下午1时20分开议，李强选编：《北洋时期国会会议记录汇编》第4册，国家图书馆出版社2011年版，第1—2页。

④ 参议院第78次会议速记录9月12日上午9时40分开议，李强选编：《北洋时期国会会议记录汇编》第3册，国家图书馆出版社2011年版，第158—159页。

类议案的共同态度，那就是参议院都是持反对立场：“大凡特设专额议员，本院均未议决，如福建之旅闽专额、云南之滇侨专额，而黑龙江北部之满人不通汉语者，其选举票之书法当为之通融办理，满族亦决不至再放弃其选举权。况专额之制含有歧异之性质，五族之中他族均无专额而独满族有专额，则是人民不能平等而妄生阶级，显然有种族之区别，揆之约法亦为不合。况现在各处选举人名册已告成，前日观顺天府尹告示，满人亦多有选举权，并不发生问题。”① 该案最后66人50人起立二读通过，后省略三读，举手多数咨送政府。②

这里阮庆澜所谓“旅闽专额”指的是为到福建的客民在省议会设置专额议员。9月12日，在讨论众议院议员广东复选区之更正案（大总统咨询）时，面对广东来电询问赤溪厅、南澳厅是否列入的问题，108号徐傅霖表示土客民之分在广东也常有：“赤溪厅本在广州，属之新宁县，该地本来习惯有土客之分，土民与客民势不两立，互相争斗甚剧，于是乎新宁县中设赤溪厅，赤溪厅者属于客民者也，学额赤溪厅有两名，为客民的，去年光复以后召集临时省议会，由每州县派人，赤溪厅亦有一名……，至于南澳厅在广东与福建交界之处，该处前清时代设有总兵，即南澳镇总兵是也。有一小岛曰南澳岛。南澳厅有同知，人民甚少，仅有二三万左右，……并且该处设官治民有学额、有钱粮，岁考二名、科考八名，所以改为区域甚好……”③ 而众议院议员选举法施行法案于10月9日讨论之际，81号金鼎勋还谈到东三省“客籍人”的存在：“东三省各处多有客籍人在彼居住至一百年以上，并未置产者，如以地丁漕粮四各字概直接税，所有各客籍商人尽失却其选举权。”④

由上看来，在福建、广东、云南乃至东三省，也就是说在清末民初的中国边疆乃至周边地区，“土客华洋”之分具有一定的普遍性。本文以云

---

① 参议院第102次会议速记录11月1日下午1时30分开议，李强选编：《北洋时期国会会议记录汇编》第4册，国家图书馆出版社2011年版，第77页。

② 参议院第102次会议速记录11月1日下午1时30分开议，李强选编：《北洋时期国会会议记录汇编》第4册，国家图书馆出版社2011年版，第77页。

③ 参议院第78次会议速记录9月12日上午9时40分开议，李强选编：《北洋时期国会会议记录汇编》第3册，国家图书馆出版社2011年版，第158—159页。

④ 参议院第92次会议速记录10月9日上午9时48分开议，李强选编：《北洋时期国会会议记录汇编》第3册，国家图书馆出版社2011年版，第429页。

南华侨土司案为中心考察华侨土司问题，鉴于该案之中有关滇侨是否允许设置“特派员”的讨论甚少，语意模糊，只有通过考察“华侨要求代议权案”，才能明了云南华侨土司案的处置意义，所以对于华侨在参议院的代议权问题成为论述的前提。

二、宣抚南洋与问题意识

张謇《致袁世凯电》（1912 年 2 月）秘示三条，其中第二、三条指出：“一、分别派蒙、藏、南洋宣抚使。蒙可阿王，金还副，盛先觉参赞。藏可温宗尧，姚锡光副，范源濂参赞。盛范均尝留心蒙、藏。南洋可汤寿潜。汤方辞交通，应华侨之约，胡国廉副，吴作鏌参赞。请酌。一、宣布以公债票酬同盟、光复党死事效命人，数自一万至五万，期自五年至廿五年，均五等。电孙查开各名籍，以消其隐私而杜其他望。”就蒙古参赞的人选，《致袁世凯电》（1912 年 3 月 10 日）变更前荐，指出：“前荐盛先觉，近察其国际知识尚不足，未可便用。”（第 31 页）尽管这种具体的人事任免安排建议因时事变迁未能全部实行（姚锡光、阿穆尔灵圭先后宣抚蒙古，前者于 10 月 28 日出任“口北宣抚使”①，后者则在长春出席东蒙古王公会议进行宣抚②），但就总体思想脉络看来，张謇把南洋视同蒙、藏，主张同样设置“南洋宣抚使”，是值得特别关注的。尽管他关于派已经辞去南京政府交通总长的汤寿潜“应华侨之约”宣抚南洋的建议未见实行，但“电孙查开各名籍”亦与稽查华侨支持革命的勋业有关，无疑直接间接促成了以冯自由为局长的临时稽勋局的建立，而冯自由本人长期被视为美洲华侨代表乃至被选举为华侨参议员。这就提出了一个问题，那就是“华侨参议员”是否可由“南洋宣抚使”获得法理依据。

针对单纯运用西洋国际法原理来解释中国近代外交存在的障碍，台湾学者张启雄教授总结出“中华世界原理”，计十二大原理。按照由内到外、

① 《临时大总统令》，载《政府公报》，第 181 号。

② 参议院第 106 次会议速记录 11 月 11 日下午 1 时 40 分开议，阿穆尔灵圭因长春会议未终续假七日，李强选编：《北洋时期国会会议记录汇编》第 4 册，国家图书馆出版社 2011 年版，第 153 页。

由静到动、由原理到操作的角度，笔者认为把它划分为三大原理也许更好理解：华夷名分秩序原理（其理论基础是注重德治王道内圣外王的民意天命论、大一统论，操作层面是册封朝贡论、奉正朔论、正统王朝论、国与天下重层认同论），华夷分治原理（其理论基础是五伦宗藩国际关系论、五服六服九服服事天子论，依据内臣、外臣、客臣、不臣的亲疏远近关系奉行法治、礼治、不完全不治治之、完全不治治之论，就实际运作层面来说是事大字小交邻论、兴灭国继绝嗣论），华夷可变原理（其理论基础是天命转移论，就实现途径来说，正常状态下是王化教化论，极端状态是争天下论）。[①] 其中，依据内臣、外臣、客臣、不臣的亲疏远近关系奉行法治、礼治、不完全不治治之、完全不治治之论，或许更有助于笔者处理面临的"华洋土客关系"难题。笔者考察的主要是北京临时参议院的如下议案：华侨参议员案、滇侨土司案。

面对辛亥革命后的中国乱局，"分裂中国"的老问题重又成为当时知识阶层的新担心。严复主张，与其南北政府相互战斗到最后，半路杀出一个"拿破仑"，不如逼迫幼帝逊位而遴选一个成年皇室成员接替之。[②] 这是从延续清代帝国"正统王朝论"的立场出发的。相反，以袁世凯接受逊位，则具有了汉族"争天下论"的意义。对于袁世凯，张謇《与汤寿潜致袁世凯电》（1912 年 1 月 28 日）表示"尚望作华盛顿之助"（第 29 页），不过，与南京临时参议院以"中华民国之第一华盛顿"[③] 相期许不同，张謇亦曾以"汉满大总统兼蒙回藏皇帝"相期许。张謇《致袁世凯函》（1911 年 11 月 27 日）就指出："至会议政体，固宜先谙不私帝位之谕旨，公亦须有他人反对之防闲。满、蒙、回、藏，幅员辽阔，风俗不一，共和政体，能否统一，此诚绝大研究之问题也。于此亦窥见公盛怕之所在。二三同志，私相讨论，参酌英与印度制，则汉、满以大总统名义领之，而兼蒙、回、藏皇帝。政治则军政、外交咸统于中央；司法用美制，

---

① 张启雄：《中华世界秩序原理的缘起：近代中国外交纠纷中的古典文化价值》，见吴志攀等编：《东亚的价值》，北京大学出版社 2010 年版，第 105—146 页。

② 骆惠敏编：《清末民初政情内幕——〈泰晤士报〉驻北京记者、袁世凯政治顾问乔·厄·莫里循书信集》上卷（1895—1912），知识出版社 1986 年版，第 784—785 页。

③ 《参议院为选定临时大总统致袁世凯电》，见中国第二历史档案馆编：《中华民国史档案资料汇编》第二辑，江苏人民出版社 1981 年版，第 83 页。

分中央与各省为两级：财政、民政各省自定，而统计于中央。此就全局之舆地、民俗、政教、习俗、现状之事实，各方面为之计画，调停于共和民主之间。”①

应该说，张謇上述对于“大总统兼皇帝”的国体构想最起码主导了清末民初一段时期内的政治走势。对于蒙藏，情形更为明朗，基本上是按照在《致孙中山函》（1912 年 1 月 3 日）后就任南京政府实业总长的张謇于《致袁世凯》（1912 年 1 月）中要他“千万秘密”的七条建议来推进的：“一、开会地点在汉口。二、议员由各省谘议局或省议会公举。三、各省议员人数暨票数、旧查人口之多寡为比例。四、蒙古即派在京王公，西藏或派北京雍和宫喇嘛，或五台山之呼图克图，或章嘉佛。五、开会期至迟不得逾一月。六、多数决定政体后，两方即须照行，蒙、藏亦不得翻悔。七、政体决定，另举总统。以上各条，皆极公允。望请酌核速复。千万秘密！”（第 29 页）此处第四、七条直接涉及蒙藏，袁世凯无不依计而行。张謇与“大总统兼皇帝”合作的底线就是这里的“兼”字，否则，就要与梁启超双双退出于 1913 年 7 月才刚刚组建的“贤人内阁”了。

大陆学者对华侨参议员案进行研究的代表性论文，多是附属在第一届国会研究的框架下或者作为北洋政府选举制度的一部分来处理的，比如张亦工《第一届国会的建立及阶级结构》（载《历史研究》，1984 年第 6 期）和徐辉琪《论第一届国会选举》（载《近代史研究》）。前者的落脚点在于论证第一届国会的“小资产阶级性质”，而后者倾向于强调议会道路走不通。两者都利用了参议院速记录来研究华侨参议员问题，前者引用 78 次速记录强调华侨商人是“有特殊势力者”②，引用 104 次速记录强调“酬报”论和“扶助”论（值得注意的是，查核 104 次速记录③显示，张耀曾用的字眼是“报酬”，而这种说法应是他的首创④，从此可以判断张

① 杨增强等编:《张謇存稿》，上海人民出版社 1987 年版，第 24 页。

② 参议院第 78 次会议速记录 9 月 12 日上午 9 时 40 分开议，李强选编:《北洋时期国会会议记录汇编》第 3 册，国家图书馆出版社 2011 年版，第 160 页。

③ 参议院第 104 次会议速记录 11 月 6 日下午 1 时 40 分开议，李强选编:《北洋时期国会会议记录汇编》第 4 册，国家图书馆出版社 2011 年版，第 118 页。

④ 中国第二历史档案馆整理编辑:《政府公报》（5 月 11 日第 11 号）第 1 册，上海书店出版社 1988 年版，第 148—152 页。

亦工运用的速记录版本似乎与《北洋时期国会会议记录汇编》底本有出入。——笔者注）作为给予华侨议席的两大政经理由（第115页），后者除了前述两大政经理由，还列出“权利平等”论作为理由之一，还指出，有的议员有“中华民国创此特别例”的“创举”论，页下注显示为刘崇佑发言（查核104次会议速记录，原文是“中华民国开创此种特别例”[①]，从此判断徐辉琪运用的速记录版本似乎与《北洋时期国会会议记录汇编》底本也有出入，或许他们利用的是一个版本。——笔者注），对于议决过程则只说明可以参见参议院第2、3、7、9次会议速记录（第4页）。议员个人特色淹没在文字叙述之中，其主要的思想脉络恐怕还需要切实考察才能呈现出来。尽管张亦工和徐辉琪都没有具体标出所利用速记录的版本信息，但从内容可知，当基本与《北洋时期国会会议记录汇编》底本一致，而决不会是《政府公报》（参见下表）。还有的论文从华侨概念入手，考虑旅侨地域、侨居时间等因素的影响，增加了论文的思辨性，不过似乎对“台湾也设华侨议员”类现象，缺乏必要的法理说明。

笔者认为，“边疆”一词最起码有三种用法：

第一，“新疆”未复之前的“甘肃”，言下之意，“边疆”为行政控制之边省。乾隆二十四年（1759）十一月，谕：“西陲大功告成，一应事宜，必期熟筹而久。从前哈密、巴里坤、辟展等处，办理粮饷台站诸务，具有内地派员经理。今军需事竣，而新隶版图，均有专责，若仍行兼办，致本任久悬，殊非常制。且甘省各营伍官职，较他省独多，原为地属边疆起见。今准噶尔、回部荡平，屯田驻兵，自伊犁以达叶尔羌向日之边陲，又成内地。”[②] 与之并列的，是边地相应的军政单位地区。康熙二十二年（1683）谕：“边疆提镇将军久握兵权，常来朝觐，则心生敬畏。”[③] 乾隆十七年（1752）谕陕甘总督黄廷桂、安西提督李绳武：“边疆奏事，有不能尽实……惟该提督是问。”[④]

第二，长城边塞、柳条边一线及其附近地区。柳条边外本是“不准樵

① 参议院第78次会议速记录9月12日上午9时40分开议，李强选编：《北洋时期国会会议记录汇编》第3册，国家图书馆出版社2011年版，第160页。

② 《清高宗实录》卷六五一，乾隆二十四年（1759）十一月甲戌。

③ 魏源：《圣武记》卷二《藩镇》，中华书局1984年版，第80页。

④ 《清高宗实录》，乾隆十七年（1752）五月壬申。

采、游牧”的“边疆禁地”[①]，对柳条边来说，也有个“展栅”即“展边垦土”的问题。清朝兵部认为“即开展边疆，垦辟地亩，亦系内地，不致杂扰”，但是朝鲜国王“称凤凰城树栅之外，向留空地百余里，务使内外隔截”[②]，所谓“空地百余里”也就是凤凰城城守尉博明希哲所说“其地皆弃同瓯脱者，盖恐边民扰害属国，乃朝廷柔远之仁”[③]。这就把“边疆”一词限定为“柳条边内”了，可以称为“边内”之“边疆”。而“开展边疆”，“边”专指“柳条边”，言下之意，“边疆”即是农耕地区之边缘。乾隆二十四年（1759）十月，谕：“今幸边陲式廓万有余里地利方兴，以新辟之土疆佐中原之耕凿，而又化凶顽之败类为务本之良民。”[④] 与之类似，万历二十三年（1595），身为建州卫都督的努尔哈赤以“保塞功，升龙虎将军”[⑤]，三十三年（1605）他致书辽东巡抚赵楫、总兵李成梁：“我奴儿哈赤收管我建州国之人，看守朝廷九百五十余里边疆。”[⑥]

第三，边外、卡伦外的哈萨克、蒙古游牧地区或土司地区。道光五年（1825）九月，当俄国私入巴尔喀什湖以南的哈拉塔拉，伊犁将军庆祥请旨要求饬下理藩院转俄国萨纳特衙门交涉时出现了“边疆”一词：“否则嗣后秋令，巡查边疆，收取租马，均有窒碍难行，于地方大有关系。”[⑦] 此处“边疆”显然是对“卡伦外边界内”的简单替换：“曾经前任大学士阿桂奏奉谕旨：爱古斯河以内不准哈萨克游牧，爱古斯以外，方行哈萨克游牧，嗣后以驱逐为艰，蒙高宗纯皇帝以好生为心，念哈萨克迁徙之劳，将博罗霍集尔、崆郭罗鄂伦卡伦外千余里之地赏借哈萨克游牧，哈喇塔拉即在其内。乾隆三十二年，经军机大臣议覆，前任大学士阿桂等所奏，卡

---

① 光绪《通化县乡土志·兵事录》，《东北乡土志丛编》，辽宁省图书馆1985年印本，第551页。

② 《清高宗实录》卷二七一，第8—9、10页。转引自张杰、张丹卉：《清代东北边疆的满族》，辽宁民族出版社2005年版，第251页。

③ 博明希哲：《凤城琐录》，《辽海丛书》（一），辽沈书社1985年版，第274页。

④ 《清高宗实录》卷五九九，乾隆二十四年十月丁酉。

⑤ 海滨野史：《建州私志》上卷，见潘喆等编：《清入关前史料选辑》第1辑，中国人民大学出版社1991年版，第265页。

⑥ 转引自郭成康：《清朝皇帝的中国观》，载《清史研究》，2005年第4期。参见姚大力：《北方民族关系史十论》，广西师范大学出版社2007年版，第29页。

⑦ 〔清〕庆祥：《庆祥奏俄罗斯私入边界建房请查办折》，见故宫博物院文献馆：《史料旬刊》（第四册），京华印书局1930年版，第280页。

伦外边界内游牧之哈萨克，每岁交租马若干，以作纳赋，即令秋季查边之领队大臣，顺便收取。”①

延至民国元年，第三种用法依然存在。参议员49号胡璧城有言：“对于土尔扈特有疑问，有旧土尔扈特，有新土尔扈特，有东土尔扈特，是当列举出来则当不能有旧字，若系专指新疆以内之旧土尔扈特而言，则山西边疆之扎萨尔与夫天山以南之诸部落未曾提及，讵可挂漏？须规定与否，此边疆之事，诸君斟酌。”② 此处所谓“山西边疆”，言下之意，特指山西“边外”之蒙古“扎萨尔”。而112号段宇清所谓“云南之边疆”与之类似：“云南土司聚处于云南之边隅，如不设法以坚其内向之心，苟有蠢动足以扰乱云南之边疆，蔓延所及恐非云南一省之关系，而与大局关系亦非浅鲜矣。”③

既然云南土司地处“云南之边疆”，对云南华侨土司案的关注便具有了比较浓厚的边疆研究意味。本文拟从华侨案与土司案在边疆结合的视角，考察边外、边内视阈下的民初边疆治理问题，借以探究由“南洋宣抚使”过渡到“华侨参议员”的法理依据何在。也就是说，把华侨选举问题上升为国家边疆治道变革问题来理解，关注的是清末民初之际“中华世界秩序原理”对于处理“华洋土客关系”的效用问题。

表1　北京临时参议院速记录的载录异同表

《北洋时期国会会议记录汇编》序号	北京临时参议院开议日期	《政府公报》序号	备注
第1次 ……	1912年5月4日上午9时开议 ……	第1次 ……	参议员发言时，只标席位号而不出现姓名
第8次	5月16日上午9时开议		《政府公报》缺此日速记录

① 〔清〕萨迎阿：《摘录道光五年俄罗斯私入边界情形原案折》，见马大正、吴丰培：《清代新疆稀见奏牍汇编·道光朝卷》，新疆人民出版社1996年版，第482页。

② 参议院第55次会议速记录8月2日上午9时30分开议，李强选编：《北洋时期国会会议记录汇编》第2册，国家图书馆出版社2011年版，第370页。

③ 参议院第92次会议速记录10月9日上午9时48分开议，李强选编：《北洋时期国会会议记录汇编》第3册，国家图书馆出版社2011年版，第427页。

续表

<table>
<tr><th>《北洋时期国会会议记录汇编》序号</th><th>北京临时参议院开议日期</th><th>《政府公报》序号</th><th>备注</th></tr>
<tr><td>第9次
……</td><td>5月17日上午9时45分开议
……</td><td>第8次
……</td><td></td></tr>
<tr><td>第20次</td><td>6月12日上午9时30分开议</td><td>第19次</td><td>参议员发言时，只标席位号而不出现姓名，此为最后一次</td></tr>
<tr><td>第21次</td><td>6月17日上午9时25分开议</td><td>第20次</td><td>参议员发言时，同时标席位号和姓名，此为第一次</td></tr>
<tr><td>第33次
第34次</td><td>7月6日上午9时30分开议
7月6日下午3时开议</td><td>第32次</td><td>《政府公报》3册第503、531页，同日上下午开会算一次</td></tr>
<tr><td>第35次
第36次</td><td>7月8日上午9时35分开议
7月8日下午3时40分开议</td><td>第33次</td><td>《政府公报》3册第569、594页，同日上下午开会算一次</td></tr>
<tr><td>……
第94次</td><td>……
10月15日上午10时15分开议</td><td>……
第91次</td><td>《政府公报》8册第393页</td></tr>
<tr><td>第95次
……
第122次</td><td>10月16日下午1时25分开议
……
12月23日下午2时4分开议</td><td rowspan="3">第92次(?)
……
第119次(?)
……
第127次(?)</td><td rowspan="3">10月16日之后速记录《政府公报》均缺①</td></tr>
<tr><td>……
第130次</td><td>……
1913年3月26日下午2时55分开议</td></tr>
<tr><td>第131次</td><td>1913年4月7日下午2时25分开议</td></tr>
</table>

① 李学智：《北京临时参议院立法活动程序、规则的若干考察》，载《历史教学》，2003年第6期，第25页注1中指出第92—119次速记录《政府公报》缺载。李学智：《北京临时参议院人数及变动情况考》，载《近代史研究》，1998年第4期，第234页在谈到参议院最后一次会议时注明资料来源系《参议院第一百二十七次会议速记录》，《政府公报》第331号，1913年4月8日。笔者查对《政府公报》第12册第182页，实际上亦无此《速记录》，不知李学智所据何来。其实，1912年10月16日之后的会议速记录，《政府公报》均缺载。

三、华侨案及其相关议案

一说到华侨案，给人的感觉似乎只涉及华侨问题，其实议案本身经常与其他问题一并提出，比如云南华侨土司案（可分滇侨案、滇土案）、福建华侨客民案（可分闽侨案、闽客案）等。而云南土司、客民问题的解决，也成为处理黑龙江省蒙古议员专额案（简称黑蒙案）、奉天省蒙古议员专额案（简称辽蒙案）等的先例。

北京临时参议员对于此类议案的讨论和表决是按照《临时约法》第五条进行的，因此，不同的议案处理也便有了一以贯之的约法精神。参议院法制部委员长张耀曾的如下说法确实是经验之谈："土司设专额与滇侨增设名额，此万不能许可，一经许可，如广东、如福建、如浙江必纷纷援例。""决不能以种族分畛域，全系以地方为界限"，"与五族平等之旨相悖，设独对于云南准设专额，其何以从前对于满族同进会及粤闽等旅外华侨又不同？此种前例俱在"，"不过此事总得为之设法"。"不能径咨云南都督，径咨各省都督虽偶有前例，是于手续上之错误，应咨由大总统转咨云南办理"。[①] 除了一以贯之的约法精神，本节更关注所谓"设法"变通之处。

（一）华侨代议权案的讨论与解决

1912 年 5 月 6 日第一读会，5 月 8 日继续第一读会，决定提交全院委员会讨论，5 月 17 日继续读会，决定通过。

对于华侨案的提起缘由，52 号谷钟秀指出："初时各省代表由武昌来南京时，日本华侨与南洋华侨代表二人要求在代表团请愿，代表团亦请其入席旁听，当时谢碧田即提出此请愿书。代表团以为关系重大。民国成立之初，华侨之功颇伟，当时几有承认其为正式代表之势。嗣后参议院成立，遂将此案付审查。而审查会之主旨在报告书上已甚明白，今日列为一

① 参议院第 91 次会议速记录 10 月 8 日上午 9 时 50 分开议，李强选编：《北洋时期国会会议记录汇编》第 3 册，国家图书馆出版社 2011 年版，第 418—419 页。

读会者诚恐尚有人未明前后原因，故再提出。”[1] 22号浙江殷汝骊补充道：“本员在上海遇华侨代表谢碧田君，当时彼备述欲代议权之理由，本员答以法律上国际上有种种困难之理由，而谢君即云或为代表既有名目亦属予以权利，如此则或特设一旁听席亦无不可。”[2]

主要的反对理由如下：第一，不符合请愿案法定手续。46号江西李国珍指出：“此案性质非法律案，应作为请愿案，但照院则请愿案必经议员三人介绍之手续，此案亦无介绍人姓名，殊不按法律手续成立。”[3] 第二，选权重复赋予。江西李国珍提出本籍已有选权：“照华侨之要求，在约法已规定民国国民俱有选举权及被选举权，华侨亦民国国民在其本籍当然有选举权及被选举权，何必再为陈请？”[4] 28号湖北张伯烈则提出与侨居地重复：“华侨在其本籍已有选举权被选举权，在其侨居地又有选举之资格，是权利显优于居住本国一之人民，在法律上实有所不能。”[5] 52号谷钟秀：“华侨不回本籍所以无选举及被选举之际遇，其故在华侨之不回，非选举及被选举之不及。”[6] 第三，担心外人干涉。与上述诸人观点不同，40号河南陈景南认为华侨在“海外”只有被选举权，他的立论基于与外国统治权的冲突问题：“华侨虽在海外，然事实上只限其选举权，并未限其被选举权，若另设一调停办法，则我国行选举权于外人统治权之下，必至酿成国际交涉。”[7]

主要支持理由：第一，本籍实难于被选，也不必担心外人干涉。84

---

① 中国第二历史档案馆整理编辑:《政府公报》(5月11日第11号）第1册，上海书店出版社1988年版，第148—152页附录参议院第2次会议速记录5月6日上午9时开议，第149页。

② 中国第二历史档案馆整理编辑:《政府公报》(5月11日第11号）第1册，上海书店出版社1988年版，第148—152页附录参议院第2次会议速记录5月6日上午9时开议，第150页。

③ 中国第二历史档案馆整理编辑:《政府公报》(5月11日第11号）第1册，上海书店出版社1988年版，第148—152页附录参议院第2次会议速记录5月6日上午9时开议，第148—149页。

④ 中国第二历史档案馆整理编辑:《政府公报》(5月11日第11号）第1册，上海书店出版社1988年版，第148—152页附录参议院第2次会议速记录5月6日上午9时开议，第149页。

⑤ 中国第二历史档案馆整理编辑:《政府公报》(5月11日第11号）第1册，上海书店出版社1988年版，第148—152页附录参议院第2次会议速记录5月6日上午9时开议，第151页。

⑥ 中国第二历史档案馆整理编辑:《政府公报》(5月11日第11号）第1册，上海书店出版社1988年版，第148—152页附录参议院第2次会议速记录5月6日上午9时开议，第151页。

⑦ 中国第二历史档案馆整理编辑:《政府公报》(5月11日第11号）第1册，上海书店出版社1988年版，参议院第3次会议速记录5月8日上午9时30分开议，第180页。

号福建陈承泽："……试一从事实上着想则华侨虽在本籍有纯粹之公权，而实则断难于被选。……"[①] 113 号湖南覃振："华侨在南洋居住竟有至一二百年者，其于祖国情形诸多隔膜，本籍行选举时，万不能得选举及被选举之际遇。诸君所言直可谓之欺人之语。现在华侨极力扶助祖国，而祖国以欺人之语对之，甚非政策所宜有。"[②] 针对 40 号河南陈景南对于"华侨虽在海外，然事实上只限其选举权，并未限其被选举权，若另设一调停办法，则我国行选举权于外人统治权之下，必至酿成国际交涉"的担心，15 号贵州平刚："外人干涉一层，本院不能凭理想以逆料而拒绝华侨之请。本员以为代议权必与华侨。至其选举方法，则可由各机关选举或由领事监督，是应妥筹善法，绝不能绝对拒绝。"[③] 第二，革命有功之"报酬"。75 号江西曾有澜一开始就反对报酬论[④]，不过从不同角度坚持此说者还是大有人在。56 号湖南彭允彝指出："此纯为事实上之问题非法律上之问题。华侨于此次革命成功辅助甚大，民国若不施政策与之联络，实恐非爱护华侨之至意。故此事有纯照法律解释，拒绝其请愿则华侨必不甘。……"[⑤] 79 号云南张耀曾："无论以属地主义属人主义立论，选举无一定之方法，必生纷扰之弊。但……予华侨代表以权利亦正为其曾负义务之报酬。"[⑥] 4 号四川熊成章："华侨要求选举议员，多数反对，实则华侨热心祖国，于革命事业甚属有功，前日讨论只就害处设想，并未就利益上研究，若利大而害小，似不妨许以代议权。"[⑦] 104 号直隶王振垚："南京审查报告纯系主张法理，但华侨要求代议权与法理亦毫不违背。各国限制选举有所谓国

① 中国第二历史档案馆整理编辑:《政府公报》（5 月 11 日第 11 号）第 1 册，上海书店出版社 1988 年版，第 148—152 页附录参议院第 2 次会议速记录 5 月 6 日上午 9 时开议，第 149 页。

② 中国第二历史档案馆整理编辑:《政府公报》（5 月 11 日第 11 号）第 1 册，上海书店出版社 1988 年版，第 148—152 页附录参议院第 2 次会议速记录 5 月 6 日上午 9 时开议，第 151 页。

③ 中国第二历史档案馆整理编辑:《政府公报》（5 月 11 日第 11 号）第 1 册，上海书店出版社 1988 年版，参议院第 3 次会议速记录 5 月 8 日上午 9 时 30 分开议，第 180 页。

④ 中国第二历史档案馆整理编辑:《政府公报》（5 月 11 日第 11 号）第 1 册，上海书店出版社 1988 年版，第 148—152 页附录参议院第 2 次会议速记录 5 月 6 日上午 9 时开议，第 150 页。

⑤ 中国第二历史档案馆整理编辑:《政府公报》（5 月 11 日第 11 号）第 1 册，上海书店出版社 1988 年版，第 148—152 页附录参议院第 2 次会议速记录 5 月 6 日上午 9 时开议，第 149 页。

⑥ 中国第二历史档案馆整理编辑:《政府公报》（5 月 11 日第 11 号）第 1 册，上海书店出版社 1988 年版，第 148—152 页附录参议院第 2 次会议速记录 5 月 6 日上午 9 时开议，第 152 页。

⑦ 中国第二历史档案馆整理编辑:《政府公报》（5 月 11 日第 11 号）第 1 册，上海书店出版社 1988 年版，参议院第 3 次会议速记录 5 月 8 日上午 9 时 30 分开议，第 179 页。

籍限制者，华侨既未脱离本国国籍，断不能取消其选举权，有所谓住所限制者，然自1848年以后，被选举权即纯取对人主义，华侨居住南洋群岛，与西洋所谓归化者大不相同。华侨于光复事业有绝大之功力，人数亦有六百余万之多。试问民国成立，既赖华侨之资助，今则不许其参政权。于心安乎？故本员主张前此审查报告全作为无效可也。"① 第三，太平洋商务地位上升之要求。43号贵州文崇高："……现在巴拿马运河将通，世界大势必将为之一变，全球商务必趋集于太平洋。各国必在太平洋上占重要地位。中国濒海数省虽沿太平洋，而台湾、琉球已为人有，华侨向在南洋，将来于中国关系甚大。此次请愿必当允许。……"② 第四，国内经济发展之要求。56号湖南彭允彝："……为郑重其事起见，拟请其以人为范围，而不以其地为范围，商会、工会等团体选出代表，与以发言权、陈述权，则感情既洽，以后于民国实业资本之资助、国家公债之销路均于财政上大有关系，实不可不为之注意。"③ 这四大理由，前人研究中对第一、三似乎注意不够，而这正反映了参议员在世界大势下把握中国边疆乃至周边发展的世界眼光。

这里一个关键问题是，给予华侨代表权（特派员）还是代议权，一字之差，差别极大，后文给予土司和黑蒙的就是代表权。一读会上，即发生了如下争论。4号四川熊成章援美国为例指出："……如予以代表名义固已甚善，在美国议院上亦有特别代表之名义，并与议员一体出席，有陈述权，有发言权，所缺者惟无表决权耳。……" 52号谷钟秀则主张只给予陈述权："予以陈述权则可，予以发言权，与议员同时出席发言则不可。"④ 到表决之际，125号王鑫润主张的"特殊势力主义"成为主导："……如主张人口比例主义而选举代议士，华侨有所不能者，则将来组织国会时下院虽取人口比例主义，而上院之参议院则必取地方代表主义并兼取特殊势力

① 中国第二历史档案馆整理编辑:《政府公报》(5月11日第11号) 第1册，上海书店出版社1988年版，参议院第3次会议速记录5月8日上午9时30分开议，第180页。

② 中国第二历史档案馆整理编辑:《政府公报》(5月11日第11号) 第1册，上海书店出版社1988年版，参议院第3次会议速记录5月8日上午9时30分开议，第181页。

③ 中国第二历史档案馆整理编辑:《政府公报》(5月11日第11号) 第1册，上海书店出版社1988年版，第148—152页附录参议院第2次会议速记录5月6日上午9时开议，第152页。

④ 中国第二历史档案馆整理编辑:《政府公报》(5月11日第11号) 第1册，上海书店出版社1988年版，第148—152页附录参议院第2次会议速记录5月6日上午9时开议，第150页。

主义，则将来选举时自必以地方代表主义为原则，而以特殊势力为例外，并无有困难之处。况此种特殊势力亦非民国所创，而各国均有行之者。故本员主张华侨必须与以选举权，即将来行选举时亦并无妨碍。”①

（二）华侨议员名额及其确定原则

5 月 15 日，全院委员长 52 号谷钟秀报告指出：“华侨要求代议权系大会议决，交全院委员会审议。全院委员会讨论结果认为，华侨应有代议权，第既许以代议权而华侨出（?）于外人领土之下，欲实行选举殊甚困难。在全院委员会讨论有主张以内地商会与华侨商会联合组织总商会为选举机关者，有主张以华侨商会为选举机关者，故讨论结果华侨不照普通选举法选举，应将选举方法规定于国会组织法及选举法大纲中。至华侨代议士应在下议院，抑应在上议院，此问题亦俟定选举法时再行研究。”②

6 月 27 日，国会组织法大纲案继续二读，就第一条第三项华侨议员定额问题发生了如下一幕对白：

28 号张伯烈：“请问委员长当时议决六人有何标准?”

45 号刘成禺：“华侨议员不定四人，不定八人、十人，而独定六人者，有何理由?”

52 号谷钟秀：“以此数表决，遂得多数，至于据何理由，本席却不知道。”

58 号顾视高：“华侨二字范围甚广，是否仅限侨商，抑凡是华侨均可得选举权否?”

52 号谷钟秀：“将来选举办法由商会内选举代表来京组织选举机关，至于华侨中苦工当然不在其内。”

98 号杨永泰：“本员以为此时可以不必规定人数，照上项蒙藏议员同一办理。”

---

① 中国第二历史档案馆整理编辑：《政府公报》（5 月 21 日第 21 号）第 1 册，上海书店出版社 1988 年版，第 391 页附录参议院第 8 次会议速记录 5 月 17 日上午 9 时 45 分开议，第 391 页。

② 中国第二历史档案馆整理编辑：《政府公报》（5 月 18 日第 18 号）第 1 册，上海书店出版社 1988 年版，第 335—336 页附录参议院第 7 次会议速记录 5 月 15 日上午 9 时 15 分开议，第 335 页。

52 号谷钟秀："蒙藏议员额之所以未定者，因为根本问题尚未解决，至于华侨事情不同。"

(多数起立)①

对于全院委员长竟然不知道华侨议员额数的确定理由，也许值得说明一下。早在5月8日，104 号直隶王振垚即提到华侨人数"有六百余万之多"②。5月15日，75 号曾有澜则指出了这一数据的来源及其对于议员数额的意义："刻下南洋华侨又来一信，谓本院有意欺诳，多方恫喝，本议会对一议题有赞成即有反对，万不能因院外之恫喝，本院即潦草通过。……本席以为华侨代议权难行之处甚多，兹说明于下：一、华侨普通选举法不能行，必行特别选举法，既行特别选举法，倘在外人领土之下或起选举诉讼，试问谁为判断？一、办理选举前最重调查，有谓领事馆可以调查，是固然矣，而华侨并非人人常在外国居住……华侨既无一定居处，调查从何入手？一、华侨并不皆在南洋一处，据外国 1906 年之调查统计，在各国者有六百余万，凡南洋群岛、新加坡、印度、暹罗、坎拿大、美国、日本、朝鲜等处皆有华侨之踪迹，第人数不等而已，设南洋一处华侨有代议权，而他处华侨亦要求代议权，又将如何对待？……。惟华侨既有六百余万人之多，设竟无一代议士，亦属不可。……"③ 122 号刘彦则谈到华侨调查之于商务发达的意义，但主张议员额数不宜太多："本席以为 20 世纪纯粹商人时代，日本为推行商务，故调查各处人民若干，各种人民居留何处若干，吾中华民国反不知本国人才若干，同胞居于外国者若干，外国人反知之甚详。当此经济争竞时代，华侨在外国经营商业受外人种种虐待，今民国初立商务不能振兴于全球，将来必藉资于华侨者甚多，故本员（?）赞成华侨有代议权。然华侨寄居外国，又恐于国法不合。故主张由农工商

① 参议院第 26 次会议速记录 6 月 27 日上午 9 时开议，李强选编：《北洋时期国会会议记录汇编》第 1 册，国家图书馆出版社 2011 年版，第 432 页。

② 中国第二历史档案馆整理编辑:《政府公报》(5 月 11 日第 11 号) 第 1 册，上海书店出版社 1988 年版，参议院第 3 次会议速记录 5 月 8 日上午 9 时 30 分开议，第 180 页。

③ 中国第二历史档案馆整理编辑：《政府公报》(5 月 18 日第 18 号) 第 1 册，上海书店出版社 1988 年版，第 335—336 页附录参议院第 7 次会议速记录 5 月 15 日上午 9 时 15 分开议，第 335—336 页。

会选举，亦并非主张额数太多。……华侨到院发表意见可助商业之进行，可助国家经济之发达。”①

那么，是否是按照百万分之一的比例，从而确定六百万出六名的额数呢？由《内务部复参议院秘书厅华侨人数函》可知，参议院秘书厅先问外交部，后问内务部，最后得出的华侨人数与600万之数相差太多：

敬复者。咨准参议院秘书厅函称，现因起草国会组织法及选举之规定，欲得参考资料，业经缄向外交部查取各国属地及商埠有华侨住所、地名及侨民人数，据外交部复缄称，于宣统元年前民政部因国籍关系，曾通行外洋各埠领署饬令调查在洋华侨户口，谅各署必已遵饬详查，申报内务部有案云云，用特缄恳饬抄惠示，但列地名、人数及其地之何处便可参考等语，查前民政部于前光绪三十四年奏定调查户口章程内载第37条，凡旅居外洋无论游学、经商、作工人等，应由出使大臣督率各该领事照本部章程另定细则分别调查一律按期汇报民政部等因，并绘其表式通行在案，复历年咨催去后至今尚多未能咨报，其已咨报者但将碍难办理情形累牍声明，并未酌筹办法，兹除美国、德国、义国及英属之新加坡、美利滨未经驻扎使臣领事查报外，其有英属之南斐（非）洲、纽丝纶、坎（加）拿大、仰光，日本之长崎、横滨、大版（阪）、神户，俄属之彼得堡、莫斯科、海参崴等处，及法奥比和四国，均经驻扎各使臣领事及商务委员等先后调查册报送部，相应开列清单函复，即希查收，顺颂日祉。

计开：英属南斐（非）洲1827人，英属纽丝纶2797人，英属坎拿大4016人，英属仰光30207人，英属槟榔屿65295人，俄属海参崴21277人，法国所属159人，奥国所属38人，比国所属112人，和国所属18588人，日本长崎1205人，日本横滨3599人，日本神户2878人，日本大阪303人。②

① 中国第二历史档案馆整理编辑：《政府公报》（5月18日第18号）第1册，上海书店出版社1988年版，第33—336页附录参议院第7次会议速记录5月15日上午9时15分开议，第336页。

② 中国第二历史档案馆整理编辑：《政府公报》（7月21日第82号）第3册，上海书店出版社1988年版，第447页。

由上看来，在确实人数在政府很难掌握的情况下，6 名之数“全凭票决通过”作为无奈之举，也许就是事实。从《临时约法》对于省级参议员 5 名的基数规定看来，华侨的定位大于省。从 1912 年通过的参议院议员选举法对于省级参议员 10 名的基数规定来看，华侨的定位则要小于省，却相当于两个青海的定位权重。在广州，选举法中蒙古不分内外蒙古，就是作为惯例被运用的。1917 年 8 月 29 日议决的《国会非常会议组织大纲》第四条规定：“国会非常会议非有十四省以上之议员列席不得开议。蒙古、西藏、青海、华侨各选举区以省论。”① 考虑到第二届国会众议员每省一百万分之一的人口比例，而第一届尚是八十万分之一，如果真是按照这一比例关系，以 600 万人为选举基数，也应该是 7 名，而不是 6 名。

（三）华侨范围问题：海外华侨 vs. 海内华侨

对于华侨范围问题，尤其是港澳台地区有无华侨、是否派华侨代表的问题，早就为参议员所关注。8 月 2 日，国会组织法第三读会，针对第二条，98 号杨永泰指出：“华侨二字太不明了，可加‘海外’二字，似觉稍有范围，不然香港亦未尝无华侨，试问能有选举权否？”55 号汪荣宝表示：“可以在施行细则内加以说明。”② 在随后召开的参议院议员选举法三读会上，针对第三条第二项对于参议员以通晓汉语为限的规定，106 号时功玖指出：“华侨之中不能说中国话，仅能操马来语者甚多，其皆有被选举之资格否？今日关系三读会，仅能就文字上修改。”③ 这就提出了香港居民是不是华侨的问题。尽管当时没有港澳台华侨代表，国民党政府却是有的。

四、滇侨土司案的主要议题和三大特色

滇侨土司案是由云南都督蔡锷来电请求所引起，因为侨寓缅甸滇人数

① 李强选编：《北洋时期国会会议记录汇编》第 12 册，国家图书馆出版社 2011 年版，第 361 页。

② 参议院第55 次会议速记录 8 月 2 日上午 9 时 30 分开议，李强选编：《北洋时期国会会议记录汇编》第 2 册，国家图书馆出版社 2011 年版，第 376 页。

③ 参议院第 55 次会议速记录 8 月 2 日上午 9 时 30 分开议，李强选编：《北洋时期国会会议记录汇编》第 2 册，国家图书馆出版社 2011 年版，第 378 页。

逾十万，省议会议决暂行选举法，主张两点：其一，定居缅滇人得选议员1名；其二，各土司得选议员6名。对于云南土司选举的困难，100号张华澜所说甚详："云南沿江土司甚重，且与英法相连，关系甚为重要，若不设法联络，甚为不妥，所以非定特别额不可。若不定特别额则有三种困难：一若由各府州县分别选举则必不能选出，二土地虽广，人口甚少，亦不易选出，三程度低者甚多，尤不易选出。"①10月4日，参议院议决交法制审查，8日法制审查报告，9日议决咨大总统袁世凯转咨蔡锷。以下以讨论主题略作分类，概述讨论内容和要旨。

（一）法制审查报告的主要内容与草拟情况

10月8日，张耀曾所作法制审查报告指出："此事系云南都督来电请求，因为云南土司情形不同，如欲适用普通选举求得选出一二名土司议员实在是办不到，且云南之于土司向用专制，故土司近与云南感情颇甚恶劣，似将生外向之心，所以万不能不设方法，因此云南都督来电拟设土司议员六名，以为羁縻之法。原电又请拟于旅缅滇侨内另选议员一名，以示联络之意。……本委员会均不赞成，以为此与通行法律有碍，……决不能以种族分畛域，全系以地方为界限，……与五族平等之旨相悖，设独对于云南准设专额，其何以从前对于满族同进会及粤闽等旅外华侨又不同？此种前例俱在……不过此事总得为之设法，以示羁縻，如该省能特定变通办法，……仅称代表准其在省议会陈述意见，……不过代表名称不合。要知此数名议员祗能在议会有发言权而无表决权，故议决可由都督给此所选出之六名委任以特派员名义，令到会陈述意见。如于土司设专额与滇侨增设名额，此万不能许可，一经许可，如广东、如福建、如浙江必纷纷援例。……本员以为不能径咨云南都督，径咨各省都督虽偶有前例，是于手续上之错误，应咨由大总统转咨云南办理。"② 对此报告，94号秦瑞玠提出异议："此报告与审查委员会结果不相同。报告有尽可援该省前议会特定变通办法，令代选出六名二句……" 98号杨永泰则主张："应当将此二句删

① 参议院第89次会议速记录10月4日上午9时45分开议，李强选编：《北洋时期国会会议记录汇编》第3册，国家图书馆出版社2011年版，第373页。

② 参议院第91次会议速记录10月8日上午9时50分开议，李强选编：《北洋时期国会会议记录汇编》第3册，国家图书馆出版社2011年版，第418—419页。

去……”58 号顾视高说明起草情况指出：“审查报告本员拟草的。……因为从前省议会有如此办法。”①

（二）“特派员”与“土司”的名称界定问题

对于“特派员”之名称，52 号谷钟秀首先发生疑问：“写在上面，不是法律，尽可如此办法而已。不过特派员名义本员以为可以加上行政字样或行政官署特派员名目。”② 58 号顾视高：“议员是人民之代表，现在土司亦云代表，其性质未免相混。”94 号秦瑞玠：“……特派员名义或者改为委员亦好。此项之报告本来不是法律，是一种之政策……”③ 98 号杨永泰：“政府之特派员从来没有说政府之代表员，本员还赞成谷君之说……”④ 52 号谷钟秀：“诸君于特派员、代表名称争论许久，要是用代表名义则议会现出一种怪现状，不如名称上用特派员，而实际上代表土司之意志，则事实与法律两不冲突。”⑤ 27 号战云霁：“本席反对特派员名词，亦反对代表员名词。”⑥

以土司是否行政官来立论，但意见两歧。60 号姚华：“诸君对于此种问题，讨论均有所错误。土司是土民之官，亦行政官之一种，行政官可以派特派员到议会陈述意见，则土司当然可以派特派员到议会陈述意见也。”（注：好说法）⑦ 66 号（原文六十号，应该为六十六号）孙钟：“本员反对审查报告，有三大疑问，以立法机关为敷衍之地，将来各省立法机关纷纷援例则于立法统一上甚有妨碍，此疑问一。坚土司内向之心固为紧要，

---

① 参议院第 91 次会议速记录 10 月 8 日上午 9 时 50 分开议，李强选编：《北洋时期国会会议记录汇编》第 3 册，国家图书馆出版社 2011 年版，第 419 页。

② 参议院第 91 次会议速记录 10 月 8 日上午 9 时 50 分开议，李强选编：《北洋时期国会会议记录汇编》第 3 册，国家图书馆出版社 2011 年版，第 419 页。

③ 参议院第 91 次会议速记录 10 月 8 日上午 9 时 50 分开议，李强选编：《北洋时期国会会议记录汇编》第 3 册，国家图书馆出版社 2011 年版，第 420—421 页。

④ 参议院第91 次会议速记录 10 月 8 日上午 9 时 50 分开议，李强选编：《北洋时期国会会议记录汇编》第 3 册，国家图书馆出版社 2011 年版，第 421 页。

⑤ 参议院第91 次会议速记录 10 月 8 日上午 9 时 50 分开议，李强选编：《北洋时期国会会议记录汇编》第 3 册，国家图书馆出版社 2011 年版，第 422 页。

⑥ 参议院第92 次会议速记录 10 月 9 日上午 9 时 48 分开议，李强选编：《北洋时期国会会议记录汇编》第 3 册，国家图书馆出版社 2011 年版，第 430 页。

⑦ 参议院第 92 次会议速记录 10 月 9 日上午 9 时 48 分开议，李强选编：《北洋时期国会会议记录汇编》第 3 册，国家图书馆出版社 2011 年版，第 425 页。

然除设特派员而外可以想出其他之种种办法，何以专注于此，此疑问二。非行政官之土司可否作特派员，此疑问三。有此三疑问，如谓土司系土官可以作特派员，则都督自有全权，勿用本院之议决，如谓土司非行政官，则土司既在选举区内，自有选举及被选举权，不得专就事实上立说，知其一而不知其二也。……”[①] 111 号李肇甫：“参议院立法机关，若今日此省来电准其设特派员，明日彼省来电又准其设特派员，尚成何办法？本席以为，设特派员虽不关系选举法，然既经参议院议决，则即有关系。政府议及行政官吏可以有特派员，土司并非行政官吏，何以可有特派员？若如此办法，将来必生有若干（车谬车葛），且土司在选举法中已规定于各州县，何必又开此端，若恐其不能选举，该省都督可以设法敷衍，无须经参议院之议决，如此规定，开各省之先例，甚为不妥。”[②]

（三）对于设置土司特派员的正反双方意见

10 月 9 日，政府委员首先说明政府也收到了同样内容的云南电报，并且有顾虑：“云南前亦有电致政府，政府原欲并案提出咨询贵院，后以土司所在不止云南一省，故对于云南一省未曾提出，此政府对土司之意有不得不申明之者。”[③] 从云南土司对他省土司的范例意义上，反对设置特派员或代表大有人在。121 号李肇甫：“本员意见同诸君不同。特派员、代表本员均不主张，本员以为参议院立法终要有威严，不能作为政策之区别，从前有许多案件，何处要加议员，何处要特设专额，皆拒绝之。诚以参议院旧不能敷衍一部分人民之意志及一方面之事实，要看大多数为标准，假使此时允许云南之土司有特派员或代表之名称，则四川、广西之土司其不要援例以求乎？还有各省之驻防，其亦援例以求，又将奈何？所以参议院立法机关不能为政策二字所牵制，遂破坏立法之统一，所以此事不

① 参议院第 92 次会议速记录 10 月 9 日上午 9 时 48 分开议，李强选编：《北洋时期国会会议记录汇编》第 3 册，国家图书馆出版社 2011 年版，第 425 页。

② 参议院第 92 次会议速记录 10 月 9 日上午 9 时 48 分开议，李强选编：《北洋时期国会会议记录汇编》第 3 册，国家图书馆出版社 2011 年版，第 428 页。

③ 参议院第 92 次会议速记录 10 月 9 日上午 9 时 48 分开议，李强选编：《北洋时期国会会议记录汇编》第 3 册，国家图书馆出版社 2011 年版，第 423 页。

能讨论。"[①] 47 号王树声："本员反对之意即系如此，云南土司设置专额议员，则四川、广西之土司势必援例而来。况前此对于新疆之土尔扈特均未许可，今对于云南之土司一经许可，则土尔扈特亦可以要求。选举法不能统一，谁执其咎?"[②] 27 号战云霁："于议员外定出特派员之名称，似此通融办法不应出于立法机关，可由云南都督行之。若出于立法机关，则于立法统系上甚有不便。况有土司者，又不止云南一省，假使援例而来，将何以否拒之耶?"[③]

支持设置土司特派员者，立论角度也不同。122 号段宇清强调系"共和时代"的需要："本员极力反对李君之说，云南有特别情形，不能不变通办理，要使土司不有代表殊非共和时代所宜有。"[④] 100 号张华澜认为云南土司之于他省土司的特殊性在于"聚处一方"："对于王君之说，本员不赞成。云南土司与他省之土司不同，他省土司系散处于各州县，云南土司则聚处一方，散则不足为患，聚处者如不善为羁縻，一有不测之患，不惟扰及云南一省，并可以牵动大局。蒙古其近事也。考之历史，云南土司古称南诏，唐朝不善羁縻，过于轻视，故一起而隳唐室。今即不以之比例蒙古加以优待之条例，而彼亦不敢要求有优待之条例，然蒙古既设有议员专额，而土司无之，则必启土司非常之疑心，对于边务上恐不不能无所影响，险状即可以逆料而知矣。质而言之，似此种变通办法直出于事实上之不得以者，不必拘泥立法之议而置事实于不顾，为大局计断无不可。"[⑤] 19 号陈国祥强调系"行政上之例外"："本员亦赞成审查报告，不许其设议员专额而许设特派员于立法机关并无妨碍。盖此乃一种例外之事，直是行政上之例外，并非立法上之例外，问题甚小，无须多所讨论，且省议会

① 参议院第91 次会议速记录 10 月 8 日上午 9 时 50 分开议，李强选编：《北洋时期国会会议记录汇编》第 3 册，国家图书馆出版社 2011 年版，第 421 页。

② 参议院第92 次会议速记录 10 月 9 日上午 9 时 48 分开议，李强选编：《北洋时期国会会议记录汇编》第 3 册，国家图书馆出版社 2011 年版，第 424 页。

③ 参议院第 92 次会议速记录 10 月 9 日上午 9 时 48 分开议，李强选编：《北洋时期国会会议记录汇编》第 3 册，国家图书馆出版社 2011 年版，第 424 页。

④ 参议院第91 次会议速记录 10 月 8 日上午 9 时 50 分开议，李强选编：《北洋时期国会会议记录汇编》第 3 册，国家图书馆出版社 2011 年版，第 422 页。

⑤ 参议院第 92 次会议速记录 10 月 9 日上午 9 时 48 分开议，李强选编：《北洋时期国会会议记录汇编》第 3 册，国家图书馆出版社 2011 年版，第 427 页。

以前即设有专额者，今即不许其设专额，讵特派员而亦可少之耶?”[①] 122号刘彦从土司对于革命的贡献和云南省议会议员曾有专额先例来立论：“在光绪初年缅甸受法国之侵略，近年以来安南又受英国之窥伺，以此缅甸、安南之土人归化于云南之治安者甚多，当时中央对于土人欲羁縻、固结，曾设土官以治之，颇为倾心内向。自民国成立以来，又随南边革命之潮流以赞成共和政体，其为中华民国而绝不为英法二国所动，宜如何推诚相与，以坚其向内之心。况自归化以来云南省议会议员曾经设有专额，现因中央所定之省议会议员选举法并土司议员之专额而无之，不有以灰其诚服中华民国之心乎？云南都督即不来电请增修，亦当审其情形，使其同享幸福。今审查报告对于云南都督之电筹一变通之方法，实于法律无所冲突，于事实亦有所济定，不能不予以赞成。即四川土司援以为请，广西土司从而效尤，亦无不可以许之者。故本员对于审查报告极力赞成，并希诸君赞成之也。”[②]

（四）云南土司案的特色

1. 对于是否属于立法机关职权范围，是否关系到选举法，政府委员比较深入地介入争论，这是云南土司案最大的特色之一。

39号刘盥训：“本员对于此事有二疑问，今如准云南土司选特派员六名，其他省土司援例而来，将许之与否？此疑问一。特派员是否为立法机关所应有，此疑问二。有此二疑问，故本员以为此事当视政府之态度以定之。本院不能为云南都督一电，即予以议决。当请政府酌量办理之，为是也。”[③] 52号谷钟秀：“此事非为纯粹之法案，本院不便于决定，只可以咨请政府酌办，使活动于行政上而与立法机关无关。故审查报告亦云尽可援该省前议会特定变通办法办理，尽可云者，可不可未有下断语也。”[④] 政

① 参议院第92次会议速记录10月9日上午9时48分开议，李强选编：《北洋时期国会会议记录汇编》第3册，国家图书馆出版社2011年版，第425页。

② 参议院第92次会议速记录10月9日上午9时48分开议，李强选编：《北洋时期国会会议记录汇编》第3册，国家图书馆出版社2011年版，第425—426页。

③ 参议院第92次会议速记录10月9日上午9时48分开议，李强选编：《北洋时期国会会议记录汇编》第3册，国家图书馆出版社2011年版，第426页。

④ 参议院第92次会议速记录10月9日上午9时48分开议，李强选编：《北洋时期国会会议记录汇编》第3册，国家图书馆出版社2011年版，第426页。

府委员："选举法之变更不能谓与立法机关无涉。兹所定之特派员是否都督派遣，法律上未有明文，事实上又有特派员之设置，虽非为贵院所议决之一种法案，然系经贵院开大会议决者，在政府视之不能不认为法律上之关系。谷议员谓咨请政府酌办，在政府之意即不以省议会有特派员为然，势不得不交复议，一交复议，则贵院已申明非法律案，如不交复议，政府又确无办法。盖土司非云南一省所独有，广西、四川均有之者，云南一设专额，则广西、四川之土司亦必援例要求，选举法因以不能统一办理，选举殊多困难矣。现各省对于选举法非常奉行，如因之而不能统一，将若之何？至羁縻土司之政策，除设置议员专额外，在政府均可以随时设法。若在选举法寓羁縻土司之意，则不得不归于贵院之议决也。"① 72 号刘显治："此事与选举法并无冲突，才政府委员所说系错误，盖派特派员该行政官固有此权，可以斟酌办理。"② 政府委员："本员说明，此事甚为重要。特派员一层本非在选举法之内，贵院若以为特派员不应规定选举法中，则可以不必提出，若以为应规定于选举法内，则并无此先例，将如何办法且法律各省皆应一律，则不能独偏于云南。本员说明如此。"③ 72 号刘显治："政府委员研究说明数次，此事并非变更选举法，即与法律并无冲突。不过为联络土司起见而已。政府委员既反对，即请说明办法。"④ 政府委员："政府提出之选举法施行法中，已有此项规定。盖此事与该案有关，故本员得说明之。"⑤ 121 号陈同熙："本席之意与适才政府委员所说之意相同。以为各省土司当然与蒙藏相视一律，不能有分彼此，选举法系中华民国全国之选举法，则各省皆应一律，不过蒙藏在选举资格中稍有分别，并未有他种之问题。至土司一层，本分配于各州县之内，即无须特别选举，比如

① 参议院第 92 次会议速记录 10 月 9 日上午 9 时 48 分开议，李强选编：《北洋时期国会会议记录汇编》第 3 册，国家图书馆出版社 2011 年版，第 426—427 页。

② 参议院第 92 次会议速记录 10 月 9 日上午 9 时 48 分开议，李强选编：《北洋时期国会会议记录汇编》第 3 册，国家图书馆出版社 2011 年版，第 427 页。

③ 参议院第 92 次会议速记录 10 月 9 日上午 9 时 48 分开议，李强选编：《北洋时期国会会议记录汇编》第 3 册，国家图书馆出版社 2011 年版，第 427—428 页。

④ 参议院第 92 次会议速记录 10 月 9 日上午 9 时 48 分开议，李强选编：《北洋时期国会会议记录汇编》第 3 册，国家图书馆出版社 2011 年版，第 428 页。

⑤ 参议院第 92 次会议速记录 10 月 9 日上午 9 时 48 分开议，李强选编：《北洋时期国会会议记录汇编》第 3 册，国家图书馆出版社 2011 年版，第 428 页。

河（?，云）南省土司附属于祥符，该省土司即在祥符县管辖之内，万不能另行规定。又有特派员、代表员等等之名称，当然由祥符县选举，万不能特别办理，至云南之土司在选举区域表并未详细规定，本席以为似乎遗漏，然应列举明白为是，盖土司亦系一种人民，不能令其向隅。至土司本有一定之部落一定之区域，即当然在各州县管辖之内，与选举法并无关系，应从选举区域表上解决。适间政府委员所说甚是，盖今日第一案系众议院议员选举法施行法案，本关系土司一种之规定，故可以说明。本席以为此事当由选举表上解决，即请大家讨论。"①

2. 对于云南土司案是否可以以河南案为先例，讨论很有意思，耐人寻味。

79 号张耀曾首先提出赞成的原则是"与法律统一并无妨碍，而事实又有调停之办法，则本院即应赞成"，进而提出"河南案"作为先例："此事若与法律统一并无妨碍，而事实又有调停之办法，则本院即应赞成。且本院因有先例在，并非由此开端。以先例而论，即如河南之案官制官规本应由中央制定，然河南与地（他）省情形不同，若中央不准，则该省自定之官制官规即不能有效，于该省情形甚有妨碍，大家以为事实上可以照准，遂准河南自定官制官规，由此观之，则本院已有先例。在本院为立法机关，前后万不能自相矛盾，既在法律范围以内，即可以斟酌事实而行，云南土司与他省不同，则对于土司即应有特别办法，且该省省议会已议决有特别选举法，已准其设六名之专额，若中央不准，则将土司已得之权利而又取消。本席以为不但不能联络，反恐因此而生出恶感，既有此种变通之办法，又与法律无妨，本院又何乐而不为？所以报告书上因在法律不能特设专额，故云碍难照准，但恐因此而生出恶感，故云尽可以照该省议决办法变通办理，固与法律无干，更不关于选举法。"② 94 号秦瑞玠从颁布时间的先后上提出质疑："本员以为张君所说理由不甚充分，所云以河南为先例，然河南系在中央法律未颁布之前，而此则选举法既经颁布之后，

① 参议院第 92 次会议速记录 10 月 9 日上午 9 时 48 分开议，李强选编：《北洋时期国会会议记录汇编》第 3 册，国家图书馆出版社 2011 年版，第 429—430 页。

② 参议院第 92 次会议速记录 10 月 9 日上午 9 时 48 分开议，李强选编：《北洋时期国会会议记录汇编》第 3 册，国家图书馆出版社 2011 年版，第 428 页。

若以河南为先例，则理由似不甚充足。”① 66 号孙钟从还有更早的先例上反对“河南先例说”：“张君所说有错误之处，本席所以反对审查报告者并非因云南一省之问题，盖因为全国之问题。至于张君以河南为先例，本席不表赞成，盖当时广东、山西已有先例，所以本院可决，并非以河南作为专例也（注：此正可以证明 79 号对呀，怎么反说自己对）。至其余理由，秦君已经说明，可以不必再说。”② 79 号张耀曾提出“河南案”的实质“系斟酌事实而变通者”，加以反击：“秦君所说对于本席之言，有误解之处。本席所说并非立法上理由，盖因该省省议会已经议决准其特设专额，若中央不允恐于政治上生出危险之状况，因土司已经得此权利而中央又为之取消，恐生出恶感，所以不得不想一办法敷衍之，以免生出恶感，且审查报告所云并非一定之辞，本席修正云尽可由该省都督设法选出数人，以表明与该省前所议决之变通办法无干，解脱法律上之关系，故本席提出修正。至 94 号所说不成问题，本席向主张法律上不能有矛盾之处。所以斟酌事实得此变通办法，前河南案亦系斟酌事实而变通者，与法律上并无关系。（注：说得有理）”③

3. 此案说法有六七种之多，意见纷纭，对于 1 名“滇侨特派员”也是隐约其辞，现在把主席宣告讨论终局后至表决之间的对白照录于下，可见一斑：

> 13 号黄宏宪：“本席对于此案以为无有讨论之余地，亦无表决之余地。”
>
> 主席：“现在已宣告讨论终局，发言无效。黄君既以为不成议案，何不于日昨付审查之时反对。”
>
> 13 号黄宏宪：“本席不赞成，亦不反对，如何表示？”
>
> 30 号谷芝瑞：“请黄君对于表决赞成、反对皆不起立即可。”

---

① 参议院第 92 次会议速记录 10 月 9 日上午 9 时 48 分开议，李强选编：《北洋时期国会会议记录汇编》第 3 册，国家图书馆出版社 2011 年版，第 429 页。

② 参议院第 92 次会议速记录 10 月 9 日上午 9 时 48 分开议，李强选编：《北洋时期国会会议记录汇编》第 3 册，国家图书馆出版社 2011 年版，第 429 页。

③ 参议院第 92 次会议速记录 10 月 9 日上午 9 时 48 分开议，李强选编：《北洋时期国会会议记录汇编》第 3 册，国家图书馆出版社 2011 年版，第 429 页。

主席："现在有数说。一系审查报告，一系七十九号所修正者，一系反对特派员名词改为代表员者，一系全案反对者。"

27号战云霁："本席反对特派员名词，亦反对代表员名词。"

主席："现在共有四说，一系反对审查报告，一系修改审查报告，修改文词云尽可由该省都督设法选举数人，给与委任状，作为行政官厅特派员。"

121号陈同熙："本席尚有一说，系应从选举区域表上解决。"

主席："请百二十一号提出修正案。"

121号陈同熙："本席不提出修正案。"

39号刘盥训："本席尚有一说，系将此案送交政府，本院不下断语。"

主席："现在共有六说，一系审查报告，一系修正审查报告，一系反对特派员之名词，一系反对审查报告，一系将此案送交政府，一系百二十一号提出之修正案。"

121号陈同熙："本席动议取消。"

主席："现在表决。照议事细则第44条规定，应以离案最远者先表决。现在表决全案反对者。"

79号张耀曾："本席声明，若系反对审查报告，则系赞成原案，仍是准其特设专额。"

主席："系从'惟'字下全然删去，不准其特设专额，47号、66号、94号、27号皆系此意，现在在场者60人，请赞成自'惟'字下全然删去者起立，起立者（少数）。"

主席："现在表决39号提议之说，即本院不管此事，咨送政府由政府去办理，有附议否？"

1号苗雨润："附议。"

主席："现在61人，赞成39号之说者请起立（29人起立，少数），现在表决特派员改代表员（三人起立，少数）。现在62人赞成79号所提之修正案请起立（37人起立，多数）。"

主席："是否照法律案手续办理？"

30号谷芝瑞："可以无庸照法律案手续。"

52 号谷钟秀："今日议决即咨送政府，请政府转咨云南都督。"

7 号李素："此案不能照法律案手续，因为是复他的电。"

60 号姚华："本员有修改文字之处，拟将'选举'二字改为'遴选'。"

主席："姚君主张改为'遴选'，有异议议否（众谓赞成），赞成修改者请举手（多数），赞成即咨送政府者请举手（多数）。"①

综观此案，讨论土司议员、代表、特派员问题占了绝大篇幅，张耀曾的法制审查报告也是如此，无论对于土司议员、代表，还是对于滇侨议员、代表都明确表示反对，对于 6 名土司特派员明确表示支持，独独对于 1 名"滇侨特派员"似乎是隐约其辞。也许在华侨案和土司案的比较视野之下，才好解释。

五、结　论

第一，之所以对于 1 名"滇侨特派员"，似乎隐约其辞，其根源恐怕在于相比于"南洋华侨"乃至"美洲华侨"，旅缅滇侨相对落后的社会经济地位。

细考下来，不能设置滇侨议员于省议会，这是肯定的，但问题是，在变通其所请名目而允许设置 6 名"土司特派员"之后，是否按照同样的逻辑，变通其所请名目而允许设置 1 名"华侨特派员"呢？对于云南来说，理论上应该是可以的，问题是实际上有没有价值。云南的特殊之处就在于，别的省份连这个可能性恐怕都没有。当然，这种可能性云南是否实际利用了，尚需查找资料印证，或许这是一个时人没有注意、也认为不值得注意的可能性。

现在所能了解到的大体情形是，华侨议员只在国会参议院作为特殊势力者的代表才有专额，第一届国会有 6 个名额，第二届国会有 4 个名额，第二届都是广东籍人，第一届除了 1 名福建籍人，也都是广东籍人。旅缅

① 参议院第92次会议速记录10月9日上午9时48分开议，李强选编：《北洋时期国会会议记录汇编》第3册，国家图书馆出版社2011年版，第430—432页。

滇侨没有出现在民初国会中，尽管他们有派特派员到省议会陈述意见的可能性。历史际遇给予他们的，也许只是理论可能性而已。从华侨参议员当选的财产资格来说，恐怕很多滇侨远远落后于闽侨和粤侨。

第二，对于土司设置特派员到省议会陈述意见的理由，与华侨参议员的设立出于同一历史根据，也同有革命贡献的因素。

对于华侨参议员的历史依据问题，52 号谷钟秀首先比较笼统地谈到前清时代各省咨议局章程有关华侨代表的规定："……至云调停方法……本员则谓亦必稍有根据。从前满清时代各省咨议局章程中本有华侨代表可得至原籍咨议局为参议员之规定，今如照其成例亦一通融之办法。"① 后来，111 号四川李肇甫更为具体地谈到江浙闽粤各省咨议局章程的有关情况："本员甚采折衷主义。因事实上于华侨选出代议士既有所不能，而绝对拒绝则又伤华侨之感情，不如由华侨选出代表，略仿前清时代江浙闽粤各省咨议局章程，有华侨代表得陈述意见之规定，如此则办法既有根据，而特别选举之方法亦不必另定，只由华侨商会选举代表由领事监督选出即为正式代表，庶得调停之善法。"52 号马上表示附议。②

尽管如此，把运用于省级地方的制度设计上移中央层级的历史根据，总觉得不如云南土司特派员那样的平级论证显得更合理。前述 122 号刘彦就是从云南土司特派员对于革命的贡献和云南省议会议员曾有土司专额先例来立论的："在光绪初年缅甸受法国之侵略，近年以来安南又受英国之窥伺，以此缅甸、安南之土人归化于云南之治安者甚多，当时中央对于土人欲羁縻、固结，曾设土官以治之，颇为倾心内向。自民国成立以来，又随南边革命之潮流以赞成共和政体，其为中华民国而绝不为英法二国所动，宜如何推诚相与，以坚其向内之心。况自归化以来云南省议会议员曾经设有专额，现因中央所定之省议会议员选举法并土司议员之专额而无之，不有以灰其诚服中华民国之心乎？云南都督即不来电请增修，亦当审其情形，使其同享幸福。今审查报告对于云南都督之电筹一变通之方法，

① 中国第二历史档案馆整理编辑：《政府公报》（5 月 11 日第 11 号），第 1 册，上海书店出版社 1988 年版，第 148—152 页附录参议院第 2 次会议速记录 5 月 6 日上午 9 时开议，第 150 页。

② 中国第二历史档案馆整理编辑：《政府公报》（5 月 11 日第 11 号）第 1 册，上海书店出版社 1988 年版，参议院第 3 次会议速记录 5 月 8 日上午 9 时 30 分开议，第 180—181 页。

实于法律无所冲突，于事实亦有所济定，不能不予以赞成。”[①] 这里，多出的因素是，清末之际，面对英、法的侵略，缅甸、安南的土人归化于云南。缅甸、安南土人，作为另一种云南“边外”之民，显然处于尚隶属清朝版图之内的“边外土司”的外围，原来应该属于张启雄先生“四臣”之说中“不臣”的地位。

总之，张謇对“南洋宣抚使”的构想是一个伟大帝国的落日余晖，尽管宣抚活动在内蒙古地区有切实的实践，但在南洋、外蒙古和西藏则多有窒碍；而“华侨参议员”的艰难诞生无疑是一个新生共和国的伟大创举，6 个土司特派员和 1 个滇侨特派员则是多民族国家现代转型中处理各种“华洋土客关系”的地方性伴生物，力量或有不济，生命或有早夭。安抚、控驭的羁縻之道作为历史的智慧，对于缅甸、安南之土人归化于云南者，“南洋宣抚使”自然并非全无用武之地，但是民主、共和大潮滂沱，面对顺昌逆亡的世界大势，土司特派员和华侨参议员或是上佳之选。1912 年的“五族共和”自是春寒料峭，所谓“同享幸福”尚不易得。

① 参议院第 92 次会议速记录 10 月 9 日上午 9 时 48 分开议，李强选编：《北洋时期国会会议记录汇编》第 3 册，国家图书馆出版社 2011 年版，第 425—426 页。

家国情怀、书生本色：方国瑜先生的西南边疆史地研究

| 潘先林 |

方国瑜先生开拓了中国西南史地研究，成绩卓著，为世人所公认，被誉为“南中泰斗，滇史巨擘”。对此，学者们已进行了全面的介绍和深入的讨论，如林超民《方国瑜与西南边疆史地研究》[①]、方福祺《方国瑜传》[②]、王国梁《方国瑜历史地理学思想研究：以〈中国西南历史地理考释〉为中心》[③]、娄贵品《方国瑜与西南边疆研究：基于〈西南边疆〉及西南文化研究室的考察》[④] 等。但也存在观点上的分歧与争鸣，如参加《中国历史地图集》西南部分编绘时，方国瑜先生“对一些图幅的画法提出异议，与人发生争论”[⑤]。又有年轻学者同意他关于西南的定义，但“不敢苟同方先生在中国中心论影响下的前提，那就是，西南自秦汉以来就是中国的一部分”[⑥]。

---

① 林超民：《方国瑜与西南边疆史地研究》，载《思想战线》，1988 年第 6 期。

② 方福祺：《方国瑜传》，云南大学出版社 2001 年版。

③ 王国梁：《方国瑜历史地理学思想研究：以〈中国西南历史地理考释〉为中心》，云南大学硕士学位论文，2009 年。

④ 娄贵品：《方国瑜与西南边疆研究：基于〈西南边疆〉及西南文化研究室的考察》，云南大学中国边疆学专业博士学位论文，2011 年。

⑤ 方福祺：《方国瑜传》，云南大学出版社 2001 年版，前言，第 2 页。关于方国瑜先生与谭其骧先生的争论，木仕华先生有较详细的介绍和评论。参见木仕华：《双峰并峙因其大、悠悠长水铭斯人——方国瑜与谭其骧的学术争议述论》，见和仕勇主编：《缅怀先贤、激励后人——纪念方国瑜先生文辑》（下），云南美术出版社 2012 年版。

⑥ 杨斌：《全球视角下的边疆历史思考——以云南为例》，见陆韧主编：《现代西方学术视野中的中国西南边疆史》，云南大学出版社 2007 年版。

为什么会有如此截然的分歧？产生争论的焦点或核心是什么？问题到底出在哪里？这是我们长期思考而又不得要领的理论难题，也是我们特别是初学者学习、研读方先生论著的难点甚或是瓶颈所在。2012 年，方国瑜先生的首位副博士研究生、80 高龄的纳西族学者木芹教授指出："先生的史地之学源于极强的国家情结。……方先生不止一次同我谈到，纳西族从来就有维护国家统一之心。"① 这使我们豁然开朗，某些分歧与争论似乎有了合理的解释和答案。我们认为，国家情结是方国瑜先生西南边疆研究的基石，他的论著始终以浓烈的家国情怀著称于世。我们只有对此有深刻的认识与体认，才能与方国瑜先生产生共鸣，才能更好地学习和阅读他的论著，从而在更高的起点上推动中国边疆学构筑的向前发展。

一、以国为重：纳西族的爱国主义传统与方国瑜的早年教育

有学者研究纳西族的国家认同历程，认为纳西族的中国认同"经历了自发到自觉，从政治行为上积极参与认同中国'大一统'的政治活动主动认同中国，到思想意识上的中国认同，从社会上层的认同到民众的普遍认同的主要发展阶段"。"纳西族形成了'以国为重'的政治认同，产生了强烈的国家意识和国家归属感，将祖国（中央政权）视为自己民族的安身立命之所。"② 木芹教授也指出："明代木氏学习汉文、写汉诗，清代顺应历史潮流，兵不血刃完成改土归流，这些都是纳西民族维护国家统一的自觉意识。"③

清光绪二十九年（1903）正月十八日，方国瑜先生就出生并成长于这样的环境。早年入丽江大研镇旧式学馆，后进公办蒙养学堂，9 岁入新式初等小学堂，学习新式教科书。12 岁入县立高等小学堂，后升入丽江县

① 木芹口述，张昌山、木霁弘撰文：《回忆方国瑜先生》（上），载《云南日报》，2012 年 2 月 24 日。

② 周俊华：《历史上纳西族中国认同的发展历程及其启示》，载《云南社会科学》，2007 年第 2 期。

③ 木芹口述，张昌山、木霁弘撰文：《回忆方国瑜先生》（上），载《云南日报》，2012 年 2 月 24 日。

六属联合中学。进小学后，晚上由伯父、叔父在家教读《四书》等典籍，“读《幼学琼林》、《左传句解》、《古文释义》、《东莱博易》、《史记精华》等书，这些书他读后也多能讲解。除以上这些书外，他还读了《诗经》、《书经》、《礼记》的部分内容，浏览过《纲目通鉴》、《历代史论》等书”①。从少年时代起就打下了深厚的国学基础，修身、齐家、治国、平天下的儒家文化精髓融入他的生命之中。进高小后，节假日与几个同学从和让（德谦）先生学习诗文，和先生常向他们宣扬“人死留名、豹死留皮”，“有名才不负此生”等思想②。“太上立德、其次立功、其次立言”，“达则兼济天下，穷则独善其身”等理念对他产生了巨大影响，产生了中国知识分子以天下为己任的责任意识。

1924年入北京师范大学预科，“多闻议论，胸襟开扩”③。第一次从偏僻的云南乡村来到北京，如同年长他16岁的丁文江一样，“我第一次看见中国地图是在日本”④。又如同年长他10岁的毛泽东，“在那里（长沙），我第一次怀着浓厚的兴趣观看和研究了世界地图”⑤。有了强烈的参照、对比和分界，他的乡土情结和国家观念无疑发生了较大变化，与传统的“家国一体”相比，变得更加具体，更为明确。当时反帝反封建的爱国浪潮席卷中国，年轻的方国瑜以“读书不忘救国，救国不忘读书”相号召，积极投入爱国学生运动。他曾担任北京师范大学校学生会干事、北京市学生联合会和全国学生总会干事，作为学生代表到北京东直门火车站月台迎接孙中山先生，参加云南旅京学生团体组织左派的新滇社，参加1926年3月18日天安门广场的群众大会和反帝示威游行。后因生病休学。1929年返回北京后，受“整理国故”风气的影响，立志于国学研究。入北京师范大学国文系二年级，学习考据学、音韵学，1930年又考入北京大学研究所国学门。他还与王重民、靳极苍等组织了“努力学社”，以研究古书为

---

① 方福祺：《方国瑜传》，云南大学出版社2001年版，第9页。

② 方福祺：《方国瑜传》，云南大学出版社2001年版，第11页。

③ 方国瑜：《略述治学经历》，见方国瑜：《滇史论丛》第一辑，上海人民出版社1982年版，第1页。

④ 丁文江：《现在中国的中年与青年》，见欧阳哲生主编：《丁文江文集》第一卷，湖南教育出版社2008年版，第355页。

⑤ 〔美〕埃德加·斯诺：《西行漫记》，董乐山译，生活·读书·新知三联书店1979年版，第106页。

目的。他们标点古书，由文化学社出版，每千字收5角钱报酬。还出版了《努力学报》，编辑天津《益世报》的《文学周刊》、北京《益世报》的《国学周刊》。[①]

二、家国情怀：边疆危机与方国瑜学术研究转向

由于来自边远的少数民族地区，身处北京的方国瑜对传统史家“异内外”的思想有了深刻的认识，他们视云南等边疆少数民族地区为“别种殊域”、“化外之地”、“西南徼外”，根本不可能客观公正地认识和评论边疆及沿边少数民族在中国历史上的地位和作用。在日常的生活与学习中，方国瑜也常常受到这种观念的刺激与影响。如同江应樑先生1936年10月所述：“说起云南，许多人尚自把她看做一个神秘的迷；‘云南人也像我们一样的面目吗？’‘云南人吃的穿的是什么？’‘云南人有尾巴吗？’这种带着神秘的蹟近侮辱的探问，恐怕每一个自云南到江南或北方的人常受到的。”[②] 1939年秋间，方国瑜在昆明宴请著名学者陈寅恪、顾颉刚、方豪、姚从吾、向达、张维华等。席间，方豪因宗族观念，“向国瑜先生询问：‘宗兄！你们云南姓方的是从哪里迁来的？’他说：‘我是桐城方氏的后裔。’于是我觉得更为亲热……饭后，顾颉刚先生把我拉在一旁，轻声告诉我：‘方国瑜先生是麼些人，说是桐城方氏后裔，只是面子好看些。’此时，陈寅恪先生也在旁边，就插嘴说：‘我们万不可拆穿他，唐代许多胡人后裔，也用汉姓，也自道汉姓始祖何处。’这时，我恍然大悟”[③]。这是一个较为典型的事例，对于陈寅恪、顾颉刚先生来说，他们顾全了麼些人方国瑜的“面子”，后人也据此认为，“几位史学家也对少数民族不无偏见”[④]。但对方国瑜先生来说，则毫不足怪，相同的场景、相同的议题、客人们略显尴尬的表情，自1922年离开丽江到昆明，之后又远游北平、

---

① 靳极苍：《靳极苍自述》，见高增德、丁东编：《世纪学人自述》（第三卷），北京十月文艺出版社2000年版，第169—170页。

② 江应樑：《昆明民俗志导论》，载《民俗》专刊，1936年第2期。

③ 方豪：《陈寅恪先生给我的两封信》，见张杰、杨燕丽选编：《追忆陈寅恪》第三辑，社会科学文献出版社1999年版，第325—326页。

④ 余斌：《陈寅恪在昆明》，载《边疆文学》，2004年第11期。

南京，不知道遇到过多少次。因此，他对自己的家乡、对自己的民族寄予了强烈的关注。1923 年刚到北京时，他住在宣武门外教场头条的云南会馆，与云南在京的学生交往较多，是新滇社社员。他担任过云南旅平学会出版的《云南周刊》及《云南旅平学会会刊》（季刊）的编辑，在《云南旅平学会会刊》上发表《滇南旧事》一文。1927 年回丽江养病期间，开始阅读《云南备征志》等地方文献。1933 年，他在北京大学研究所所长刘半农学生的鼓励下，回丽江学习纳西象形文字。

也就在这一时期，西南边疆的危机却在进一步加剧，这对生长在云南边疆的方国瑜刺激较大，他对英法等帝国主义觊觎、鲸吞和分裂中国的阴谋有着深刻的认识和警惕。1935 年 3 月 1 日，他在《新亚细亚》上发表《滇缅边界的昌蒲桶》一文，呼吁及早注意并重视云南西北部昌蒲桶的重要地位。4 月，中英会勘滇缅边界。他“闻之亦喜亦忧”，连续发表《葫芦王地之今夕》、《滇缅南段未定界之孟仑》、《条约上滇缅南段未定界之地名》等文，“颇多建议”。[①] 呼吁国人督促政府与英方交涉，据理力争，“以保我滇边之完整而杜外人之觊觎，幸勿再事含糊敷衍，以贻民族国家前途之祸也”[②]。

8 月，由于李根源先生的关系，因缘巧合，方国瑜担任了“中英会勘滇缅南段未定界”中国委员随员的职务，亲身参加了滇缅南段未定界的勘察工作，负责联络未定界内少数民族土司头人，进行边地实地调查。10 月 30 日，勘界的中国委员会成员从昆明启程，经禄丰、下关，11 月抵达孟定。11 月 30 日，方国瑜从孟定出发，12 月 1 日到达班洪，12 月 6 日抵达中英谈判地点南大营。12 月 28 日前往耿马，次年 2 月 7 日到达岗猛。后又随委员会一起前往猛角、猛董等地。3 月 26 日到达募迺厂，“中英勘界委员会”闭会于此。4 月 9 日离开募迺厂，于 6 月 20 日回到昆明。这次勘界和调查，历时八个多月，历尽艰辛，甘苦备尝，对此后方国瑜先生的人生和学术研究产生了意义深远的影响。尤其 1936 年 1 月 16 日在耿马病倒，由于条件艰苦，几乎危及生命，直到 2 月 7 日回到勘界委员会驻地，

① 方国瑜：《滇西边区考察记·自序》，见方国瑜：《滇西边区考察记》，云南大学西南文化研究室 1943 年版。

② 方国瑜：《葫芦王地之今夕》，载《新亚细亚》，1935 年第 5 期。

服药后才日渐好转。在与孟定土司、班洪总管、班老总管、耿马土司及绍兴王等头人的接洽宣慰中，他对沿边少数民族上层的国家认同意识及英国势力对边境地区的影响有了更为深入的认识。①

与此同时，方国瑜先生也认识到，中国各级政府及其相关研究机构对云南边疆的了解“异常隔膜”，相关的考察和研究也极为滞后。而边疆问题的研究对于维护国家统一、反击外敌入侵具有紧迫的现实意义。对家乡的热爱、对国家的忠诚，知识分子以天下为己任的责任意识促使他放弃了已经取得的学术成就，转而投身一片荒芜的西南边疆史地研究。

三、文化学术救国：民族主义旗帜下的西南边疆研究重镇

1931 年“九一八”事变后，“外患日亟，边警频传”，一批有志之士群起而注意边疆、研究边疆、经营边疆。1934 年 3 月 1 日，《禹贡》半月刊创刊。1936 年，顾颉刚先生等“谋以沿革地理之研究，俾补民族复兴之工作，俾尽书生报国之志”②，正式成立禹贡学会。拟定《禹贡学会研究边疆学计划书》，“强邻肆虐，国亡无日，遂不期而同集于民族主义旗帜之下；又以敌人蚕食我土地，四境首当其冲，则又相率而趋于边疆史地之研究”③。民族主义、保家卫国成为这一时期边疆研究的核心内容。

全面抗日战争爆发后，国民政府西迁，内地研究机构和高校纷纷向西南转移。清华大学、北京大学、南开大学迁到昆明，组建了西南联合大学，带来大批博通中西的一流学者，也带来了具有世界水平的学术思想。昆明一时风云际会，成为全国的学术中心。各个学科利用云南得天独厚的自然条件和人文条件，纷纷展开有关云南历史文化的研究，迎来了“建设西南边疆千载难遇的机会”④。方国瑜先生其时在云南大学和云南通志馆任职，故友重逢，自然而然成为连结内迁入滇学者与著名滇籍学者之间的桥梁。他们团结在民族主义的旗帜下，共同开展西南边疆的研究，使这一

① 参见方福祺：《方国瑜传》，云南大学出版社 2001 年版，第 50—59 页。

② 《本会三年来工作略述》，载《禹贡》半月刊，1937 年第七卷第 1、2、3 期合刊。

③ 《禹贡学会研究边疆学计划书》，载《史学史研究》，1981 年第 1 期。

④ 凌复民：《建设西南边疆的重要》，载《西南边疆》，1938 年第 2 期。

时期的云南大学成为西南边疆研究的重镇。

1938 年 10 月 27 日，方国瑜、凌纯声、闻宥、楚图南、向达等在昆明成立西南边疆月刊社，出版《西南边疆》创刊号，方国瑜任主编。他们认为："后方的救亡工作，也是不容忽视的。我们这班从事于文化学术工作的人，鉴于敌人到处破坏我们的文化机关，不容我们不负起加紧推行文化学术工作的责任。……我们的主要旨趣，即在以学术研究的立场，把西南边疆的一切介绍与国人，期于抗战建国政策的推行上有所贡献。"① 此后，至 1941 年 5 月 30 日，《西南边疆》在昆明共出版了十二期，成为抗战时期西南边疆研究的综合性学术期刊，产生了深远的影响。

1941 年 4 月 1 日，国民党中央组织部在第五届中央执行委员会第八次全体会议上，提出《设置边疆语文系与西北、西南文化研究所培植筹边人才而利边政施行案》，其西南文化研究所拟分西南边区与越南、泰国、缅甸、印度、南洋等组。10 月，李根源上书蒋介石，由于建设边疆之迫切，请求拨款在昆明设立西南边疆文化研究机关，"招致学人，付以研究、调查、建议之责，使于军事、经济、文化有所助益。藉此联络缅越诸境，增强亲切，必能收安边定员之效也"。蒋介石批转教育部和中央研究院，要求"妥商规划办理为要"②。在此背景下，1942 年 7 月，国立云南大学成立西南文化研究室，方国瑜任主任，姜亮夫、徐家瑞、楚图南、陶云逵、陈定民、白寿彝等任研究员。其工作地域以云南、西康、贵州为主，次及西藏、四川、湖南、两广，又及安南、缅甸、印度、马来半岛诸境。计划研究西南开发、西南移民、西南地理沿革、西南宗教、西南民族史、边区地理、边区人民、西南边裔等问题。至 1953 年 10 月结束，共编印《云南大学学报》1 期，出版"西南研究丛书" 10 种，成为云南现代学术史发展上的第一个研究机构，"开创了作为整体性区域文化比较及综合研究的'西南研究'或'西南学'，为云南现代学术的发展奠定了基础"③。

这一时期，面对空前严重的亡国危机，方国瑜先生对外国学者有关中

---

① 《发刊词》，载《西南边疆》，1938 年创刊号。

② 参见《方国瑜与西南边疆研究：基于〈西南边疆〉及西南文化研究室的考察》，云南大学中国边疆学专业博士学位论文，2011 年，第 130—132 页。

③ 参见《方国瑜与西南边疆研究：基于〈西南边疆〉及西南文化研究室的考察》，云南大学中国边疆学专业博士学位论文，2011 年，第 221 页。

国边疆的研究予以了警惕与关注。1939 年，他应顾颉刚先生之约，计划撰写《僰人与白子》、《叟与爨》、《南诏之民族》、《白衣与摆夷》、《中国的云南》、《暹罗与中国》等文章，“每一问题当详于系统与地理”，批驳“南诏泰族王国”说，以应对暹罗改国名为“泰”的事件。10 月，在《益世报》边疆周刊发表《僰人与白子》、《僰人与白子（续）》，12 月，在《新动向》二卷六期发表《南诏是否泰族国家》。“以令人信服的缜密考究，论证了南诏不是泰族建立的独立国家，而是受汉文化影响较深的白子（僰人）建立的臣属于唐王朝的地方政权。”①

1940 年，他在《西南边疆》第 8 期、第 11 期上发表《读伯希和〈交广印度两道考〉》、《步头之方位》等文，驳正了法国汉学家伯希和关于“云南与安南的古代交通”、“步头之方位”、“南诏所通用之文字为缅甸文字”等问题上的错误看法。

四、书生本色：《中国历史地图集》西南部分的编绘

1954 年秋，因毛泽东讲到读历史不能没有一部历史地图放在手边，以便随时检查历史地名的方位。吴晗立即邀集中国科学院、北京大学、高教部等单位，于 11 月成立“标点《资治通鉴》、改编‘杨图’委员会”，请复旦大学的谭其骧主持改编清末民初杨守敬编绘的《历代舆地图》。由于多种原因，改绘工作进展缓慢。1960 年，中国科学院哲学社会科学学部协作主持绘图工作，决定将中原王朝以外的少数民族政权和边疆政权包括进来。1961 年初，中国科学院哲学社会科学学部要求云南大学承担唐代南诏、宋代大理两图的编绘工作。方国瑜先生与同事商量后，决定将有关西南部分（即大渡河以南、贵阳以西地区，主要是云南区域）的图幅全部承担下来。这样，云南大学成为了改绘“杨图”的协作单位之一。此后，方国瑜等人投入了绘图工作，多次赴京参加“杨图”工作会议。到 1965 年冬完成全部工作量的 80%，编写刻印地名考释三本，民族分布一

① 参见林超民：《文章惊天下、道德著春秋——方国瑜教授对中华文化的贡献》，见和仕勇主编：《缅怀先贤、激励后人——纪念方国瑜先生文辑》（上），云南美术出版社 2012 年版，第 18 页。

本，共约 60 万字[①]。

1966 年“文化大革命”爆发，改绘“杨图”工作被迫停止。方国瑜先生也受到了冲击，但他了解到毛泽东的指示及改绘“杨图”工作的经过，判断绘图工作“仍有继续下去的可能”。于是，一面参加政治学习和到农场劳动，一面于 1967 年下半年起，“重新做了计划，安排时间进行这项工作”。修改、誊清第二稿，续写其他部分，再写第三稿。1968 年 10 月，方国瑜先生开始受到审查批判，成为重点对象，被打为“反动学术权威”，但他并“未放弃自己绘制地图的工作”。1969 年 10 月，地图绘制工作重新开始，易名为《中国历代疆域政区图》。“这件事使他在两年前的判断得到了验证，这两三年的‘地下工作’终于能够走上地面，堂堂正正地进行了”[②]。到 1973 年底，西南部分的图幅全部绘制完成，定名为《中国历史地图集》。1974 年，《中国历史地图集》第一版八开本由地图出版社出版，内部发行。

在地图绘制过程中，方国瑜先生与复旦大学绘图组、云南大学绘图组的学者产生了分歧和争论。1964 年 5 月，方国瑜先生受中苏边界问题的影响，认为绘制地图不能超脱于现实政治之外，他给改绘“杨图”委员会的主要负责人吴晗、尹达写了信，提出“把中原王朝版图只认做中国的一部分，其余政权区域也认做中国的一部分”的认识。同时以明代总图为例，就标题、政区界线符号、政权着色、全国首都符号只有一个北京等提出了自己的意见。谭其骧先生并不赞成他的看法，也没有采纳他的部分意见。[③] 1970 年后，方国瑜先生又与绘图组发生分歧，主要是针对隋代和唐初的南宁州与交州之间的界线、大理前期的图幅问题。对于南宁州与交州之间的界线，复旦大学方面主张不划界线，他们根据伯希和《交广印度两道考》的资料及其研究，主张将当代云南省文山州的全部、红河州的一半划归安南都护府。方国瑜先生认为云南与安南之间有一条传统的边界线，该地区应划入南宁州都督府。对于大理前期的图幅，他认为《元史·地理志》、《混一方舆胜览》出自大理后期编成的大理图志，将大理前期误为

① 参见方福祺：《方国瑜传》，云南大学出版社 2001 年版，第 163—171 页。

② 方福祺：《方国瑜传》，云南大学出版社 2001 年版，第 174 页。

③ 参见葛剑雄：《悠悠长水·谭其骧前传》，华东师范大学出版社 1997 年版，第 279—283 页。

"前朝"，改写作"蒙氏"。应将两书所载"蒙氏"的政区设置，作为绘制大理前期图幅的依据。但他提出的意见，被认为不能成立。于是，他于1971年、1972年、1973年写成"中国历史疆域图地区隋代、唐初、南诏三幅图在爨地南部的边界线"、"再论隋代、唐初、南诏在爨地南部的边界线"、"唐代前期剑南道南部图、南宁州都督府与安南都护府的边界（提要）"、"关于广南府三蓬的边界问题"等材料，寄往复旦大学与北京审图组；1974年，他又写成"明清时期云南东南边境与安南的关系事迹"，分临安府、广南府、开化府三篇；1978年，他又给当时的外交部副部长韩念龙和外交部亚洲司写信，提出"广南府三蓬的边界问题"；1982年3月，他在给高德同志的信中，再次提出"云南部分唐代前期剑南道南部图与安南都护府的边界"、"清代的云南图与越南的边界"等问题，但都没有得到支持，"不得要领"。

方国瑜先生参加《中国历史地图集》西南部分的编绘工作，一开始是自告奋勇，主动承担西南部分的图幅；"文化大革命"中，又能克服重重困难，坚持进行"地下工作"；在极为艰难的条件下，不顾个人安危，独树一帜，敢于提出自己的意见。他从未将绘制图工作当做任务，当做所谓课题、项目，而是"凭着一个史学工作者对祖国、对人民的忠诚，对事业的执着"，凭着一个边疆研究工作者的历史使命感和责任心，本着"严肃、认真、负责的态度"，提醒人们"不要迷信伯希和这位法国汉学家，不要被'同志加兄弟'的政治形势所左右"。[①] 他坚持了一个知识分子热爱乡土、忠诚国家的本色，表现出了浓烈的家国情怀。

五、边疆视角："中国历史发展整体性"理论的提出

在参加《中国历史地图集》的编绘工作中，方国瑜先生注意到了中国史的研究范围问题。1963年3月，他在云南大学校庆40周年之际发表了《论中国历史发展的整体性》一文，认为中国是以汉族为主干的多民族国家，历史上的中国不仅包括汉族和中原王朝，也包括各少数民族及其建立

① 以上参见方福祺：《方国瑜传》，云南大学出版社2001年版，第175—181页。

的地方政权。中国的历史发展是有其整体性的，“我国国土之内，自古以来居住着不同的民族，由于社会生活的共同要求，相互联系，相互影响，而且相互融合，发展了共同的社会经济文化，构成一个整体”。“在整体之内，不管出现几个政权，不管政权如何不统一，并没有破裂了整体。”“统一的概念，主要就政治而言。……政权的统一与不统一，只能是整体之内的问题，而不是整体割裂的问题。”“在中国整体之内，历史发展过程存在着不平衡的情况，这种情况，以族别之间为最显著。”“整体之内存在差别而歧视是错误的。”①

方国瑜“中国历史发展整体性”理论来源于他长期研究祖国西南边疆及中国少数民族史的“边疆视角”。早年因自身经历的影响，他对传统史家“异内外”的思想有了深刻的认识，正确阐述云南等边疆地区在中国历史上的地位和作用；由于严重边疆危机的刺激，他对外国学者有关中国边疆的研究予以了警惕与关注，不遗余力驳正其分割云南、分裂中国的谬论。1938 年冬，方国瑜先生开始参加《新纂云南通志》的编纂工作，写成《疆域沿革》、《金石考》、《宗教考》等，修订《族姓考》，强调“中华民族为整个民族，无论汉、满、蒙、回、藏、苗以及其他各族，皆华族中分支之氏族，亦即四海之内皆兄弟之义”。“以示中华大一统之意云”。② 1944 年 2 月，发表《云南政治发展之大势》一文，认为：“今日之云南，为中国之一部分；自有历史以来之云南，即为中国之一部分；故云南之历史，为中国历史之一部分，此为确然可信之事实。然有若干史家，不承认此说，甚至谓云南自元代始入中国版图，此不考究之过也。”“中国历史应该是中国各民族共同的历史。”③ 1945 年，写成《云南沿革》，认为：“中原文化发展于云南，则自远古，一脉相承，日益增进。”“云南自有历史以来，为中国文化之领域。云南历史为中国历史之一部分，此确然可信之事实。”由于史家好为怪异，浅识者不察，“即至今日，犹有以荒远之语见诸

① 方国瑜：《论中国历史发展的整体性》，载《学术研究》，1963 年第 9 期；方国瑜：《滇史论丛》第一辑，上海人民出版社 1982 年版，第 1—16 页。

② 《新纂云南通志》卷一百六十九，《族姓考一》，1949 年铅印本，第一页。

③ 方国瑜：《云南政治发展之大势》，载《边政公论》，1944 年三卷二期。

吟咏者，谬妄已甚。然今人如此，则古人所以形容为鄙野者，又何足信矣”。①

方国瑜先生反复强调：云南地方史是中国史的一部分；“彝族历史发展过程绝不是孤立而是全国整体的一部分”，了解彝族的来源，“要排除‘极端土著论’的说法”；② 西方学者认为只有汉族才是中国人、中国史就是汉族史、南诏和大理政权是中国之外的独立实体等观点是错误的、反动的。也就是说，中国历史发展的整体性表现为边疆与内地是一个整体，少数民族与汉族是一个整体，中国古代史与中国近代史是一个整体。必须以整体史观为指导研究中国的边疆史地③。

林超民教授指出，中国历史发展整体性理论的观点，一是王朝史与中国史应当有所区别，二是整体性与统一性有所不同，三是汉族在中国历史整体发展中起着主干作用，四是中国整体之内存在不平衡情况，五是整体之中存在差别但歧视是错误的。该理论的提出，“揭示了中国的社会结构在经济与文化的整体性，在政治上分裂的偶然性与统一的必然性，在社会发展上的差异性与一致性，论述了中国统一多民族国家形成发展的根本原因、历史真实和发展趋势”④。

结语：学科差异与中国边疆研究的特殊性

综上讨论，方国瑜先生西南边疆研究中与人发生的争论，主要是由于学科间的差异造成的。方国瑜先生的研究，核心是历史学的基本理论和方法。不同学科基于不同的立场和目的，处在不同的语境，从而与人类学、民族学、社会学、政治学、文化学、国际关系等的研究产生了有时甚至是原则性的分歧。

在中国边疆的研究历程中，似乎存在着中华思想体系上边界谈判中

① 见云南昆华民众教育馆编：《云南史地辑要》上，云南昆华民众教育馆1949年版，第3页。

② 方国瑜：《彝族史稿》，四川民族出版社1984年版，第4、12页。

③ 潘先林、张黎波：《西南边疆早期现代化的主要现象及其与国家安全之关系》，载《思想战线》，2011年第2期。

④ 林超民：《整体性：方国瑜的理论贡献》，载《云南民族大学学报》，2013年第5期。

"舍实求名"文化[①]与"边疆视角"两大系统的影响。众所周知，在典型的雍正安南勘界案中，雍正认为"宁与争尺寸之地?""其地果有利耶，则天朝岂宜与小邦争利！如无利耶，则又何必与之争!"[②]"况此四十里之地，在云南为朕之内地，在安南仍为朕之外藩，一毫无所分别。"[③]此后，直至民国时期，在有关中缅、中越、中蒙等边界谈判中，中国方面始终满足于所谓"宗主权"，常常是赢了空名，输了实利。应该说，参加谈判的官员大多是边疆研究的有名学者，或者说有不少著名学者参与其中，这种谈判文化无疑对中国的边疆研究产生了较大的影响，他们始终受到国际国内局势、外交关系、友好同盟、同志加兄弟、社会稳定等因素的制约而不自觉。另一方面，沿边各地的地方大员和少数民族上层，又大多能坚持原则，寸土必争，寸步不让。这种捍卫疆土的思想，无疑又影响了中国边疆研究中的"边疆视角"。方国瑜先生的西南边疆研究及他提出的中国历史发展的整体性，就是这种研究视角的典型，这也是他与人发生争论的根源。

因此，中国的边疆研究具有极为明显的特殊性，边疆研究必须有国界。一方面，20世纪上半叶中西方在西南民族分类中，存在"中国化的西南视野"与"帝国殖民化的东南亚视野"之间的抗争。[④]另一方面，即使是中国的边疆研究，也存在着中华思想体系上边界谈判中"舍实求名"文化与"边疆视角"两大系统的影响。问题的关键点正如著名民族史专家冯家昇先生所说："学术虽无国界，但对这一项——边疆史地——却该有国界。如果以为人家干得好，我们就可以坐享其成了，那末矢野仁一的《满蒙非支那论》，我们作文章的时候岂不是可以照抄了？《满洲国历史》、《满洲国地理》，岂不是就可当做中华民国的中学或大学的课本了吗?"[⑤]

方国瑜先生西南研究的"边疆视角"，主要又基于他浓烈的家国情怀，

---

① 张启雄：《中华思想下的"外蒙主权"谈判——民初陆库北京会议》，载《中央研究院近代史研究所集刊》，1992年第21期。

② 《清实录》第七册，《世宗宪皇帝实录》（一），卷三十一，雍正三年四月，中华书局影印1985年版，第480页。

③ 《清实录》第七册，《世宗宪皇帝实录》（一），卷六十五，雍正六年正月，第1001页。

④ 彭文斌：《中西之间的西南视野：西南民族志分类图示》，载《西南民族大学学报》，2007年第10期。

⑤ 冯家昇：《我的研究东北史地的计划》，载《禹贡》半月刊，1934年第1卷第10期。

即他始终如一地对乡土的热爱，对国家的忠诚。家国情怀超越了国界，超越了政治，超越了党派，是每一个中华儿女共同的情感。因此，方国瑜的西南边疆研究，“体现了一个学者真挚、赤诚、广阔的爱国主义情怀，体现了他不是为学术而学术，而是为国家的统一、民族的进步、社会的发展、为政府解决祖国边疆民族问题孜孜不倦工作的精神。方国瑜勤于著作的动力，不仅出于个人的兴趣与爱好，更主要的是出于‘救国救民’、‘维护国家主权’、‘保卫祖国边疆’、‘促进民族团结’、‘捍卫国家统一’的强烈的爱国主义”①。

理解了方国瑜先生西南边疆研究的家国情怀和“边疆视角”，我们就能更好地学习他的经典论著，体会他的观点、主张、情感和苦痛，与他和他的研究产生共鸣。据木芹先生回忆，晚年的方国瑜提及《中国历史地图集》云南部分时，谈到了当时的争论，说了“死不瞑目”② 的话。我们虽不能评论谁是谁非，但细心思量，这是何等的悲苦，何等的无奈，何等的孤独，又是何等的可敬。这是中国知识分子的脊梁，真正的书生本色。因此，随意在方国瑜先生及他的研究上冠以“中国中心主义”、“东方主义”、“中国的东方主义”、“族群中心主义”、“大汉族主义”等概念，泛起的仍是西方学者的陈词旧论，并不是特别合适的，也是不客观的。

① 林超民：《整体性：方国瑜的理论贡献》，载《云南民族大学学报》，2013 年第 5 期。

② 木芹口述，张昌山、木霁弘撰文：《回忆方国瑜先生》（上），载《云南日报》，2012 年 2 月 24 日。

图书在版编目（CIP）数据

中国的边疆治理：挑战与创新 / 周平，李大龙主编.
—北京：中央编译出版社，2014.9
ISBN 978-7-5117-2287-4

Ⅰ.①中…
Ⅱ.①周… ②李…
Ⅲ.①边疆地区-行政管理-研究-中国
Ⅳ.①D63

中国版本图书馆 CIP 数据核字（2014）第 198829 号

中国的边疆治理：挑战与创新

出 版 人：刘明清
出版统筹：贾宇琰
责任编辑：侯天保
责任印制：尹 珺
出版发行：中央编译出版社
地　　址：北京西城区车公庄大街乙 5 号鸿儒大厦 B 座（100044）
电　　话：（010）52612345（总编室）　（010）52612339（编辑室）
（010）52612316（发行部）　（010）52612317（网络销售）
（010）52612346（馆配部）　（010）66509618（读者服务部）
传　　真：（010）66515838
经　　销：全国新华书店
印　　刷：北京金瀑印刷有限责任公司
开　　本：787 毫米×1092 毫米 1/16
字　　数：445 千字
印　　张：30
版　　次：2014 年 9 月第 1 版第 1 次印刷
定　　价：108.00 元

网　　址：www.cctphome.com　**邮　　箱：**cctp@cctphome.com
新浪微博：@中央编译出版社　**微　　信：**中央编译出版社(ID: cctphome)
淘宝店铺：中央编译出版社直销店(http://shop108367160.taobao.com)

本社常年法律顾问：北京市吴栾赵阎律师事务所律师 闫军 梁勤
凡有印装质量问题，本社负责调换，电话：（010）66509618